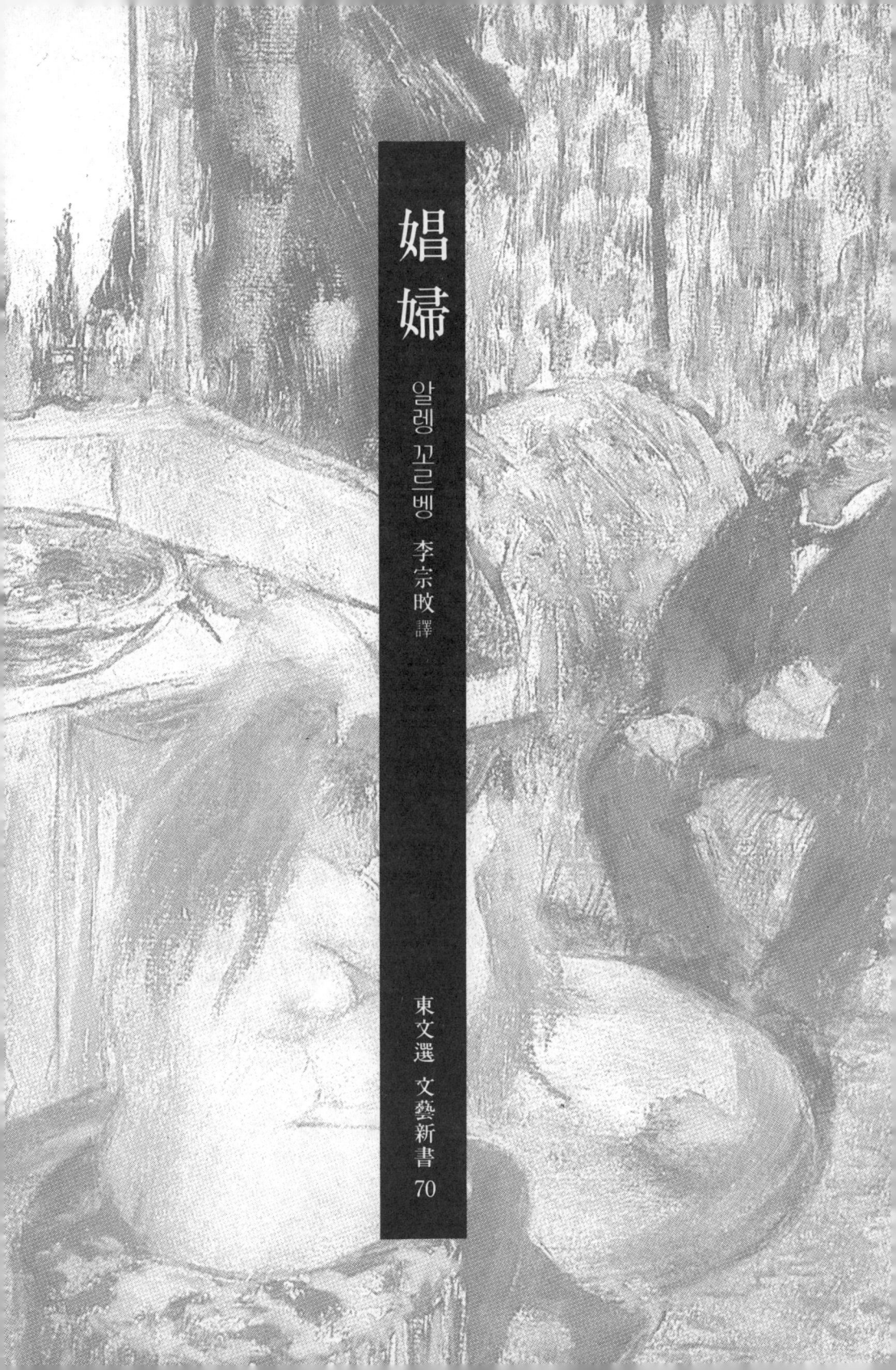

Alain Corbin
LES FILLES DE NOCE
Misère sexuelle et prostitution(19ᵉ et 20ᵉ siècles)

Copyright © Aubier Montaigne 1978 Paris
Korean Translation Copyright © 1995 by Dongmoonsun Publishing Company

This edition was published by agreement with Flammarion
Paris through DRT International, Seoul

▲ 몸매, 성병의 유무 등을 관찰하며 매춘부를 평가하고 있는 여경영자. (그림 롭스, 1833-1898)

▲ 19세기말 고급매춘부의 이미지
번화가에 자리잡은 공인창가에서 몸을 한껏 노출시킨 저속한 매춘부들과는 달리, 꽃과 보석으로 아름답게 장식하고 사치스러운 부르주아 가정을 연상시키는 듯한 실내에서 〈나무랄 데 없는〉 태도로 고객을 맞이한다. (*L'histoire*, n°63에서)

▲ 창가에서의 여인들 소개. 1905년의 그림엽서. (*L'âge d'or des maisons closes*에서)

▶ 고급매춘부. (그림 롭스)

▼ 공사현장 등을 떠도는 하급매춘부.
(그림 롭스)

▲ 지방 창가의 여경영자. 경우가 바르고 의젓한 상인처럼 보이는 경우가 많았다. (*L'âge d'or des maisons closes*에서)

▲ 19세기 후반 이래로 알선업자는 악한 형이 되었다. 좋은 알선업자가 되려면 능숙한 말솜씨에 우아한 태도를 지니지 않으면 안 되었다. (*L'âge d'or des maisons closes*에서)

◀ 「오만한 얼굴로 서 있는 단골고객 앞에 매춘부들은 눈이 빨개질 정도로 선정적인 태도를 취하고 있다」는 설명이 붙여져 있다. (*L'âge d'or des maisons closes*에서) Léo Taxil, *La Prostitution Contemporaine* 의 삽화.

▲ 물렝 가의 살롱. 중앙의 여성상은 뚤루즈-로트렉의 마음에 드는 매춘부, 밀레유가 모델이 되었다. (그림 뚤루즈-로트렉)

▲ 19세기말 물렝의 부르주아 살롱.
체면 유지를 위해 장식적인 가구를 살롱에 비치하는 것이 빠리 부르주아들의 한결같은 고민거리였다. 사진에는 골동품을 애써 모아서 진열한 모습이 보인다. (Coll. Sirot-Angel, *Histoire de la vie privée*, t. 4에서)

▲ 〈봉 마르셰〉 백화점. (1870년 전후 바크 거리와 세뷔르 거리의 모서리에 건축되었다.) 창업은 1852년이지만 1867년 이후 주식회사가 되었고, 대형 점포로 발전하게 되었다. 제2제정기에는 오스만 지사의 빠리 시 근대화 계획 실시로 인하여 대형 유통센터로서의 백화점은 출입이 자유로웠을 뿐만 아니라, 유행상품의 진열공간이 확대됨으로써 부인들의 외출 목적의 구실이 되었다. 뿐만 아니라 〈기분전환〉(간통)의 장소로 가는 도중에 행방을 감추는 데 적절한 장소로도 이용되었다. (Coll. Sirot-Angel, *Histoire de la vie privée*, t. 4에서)

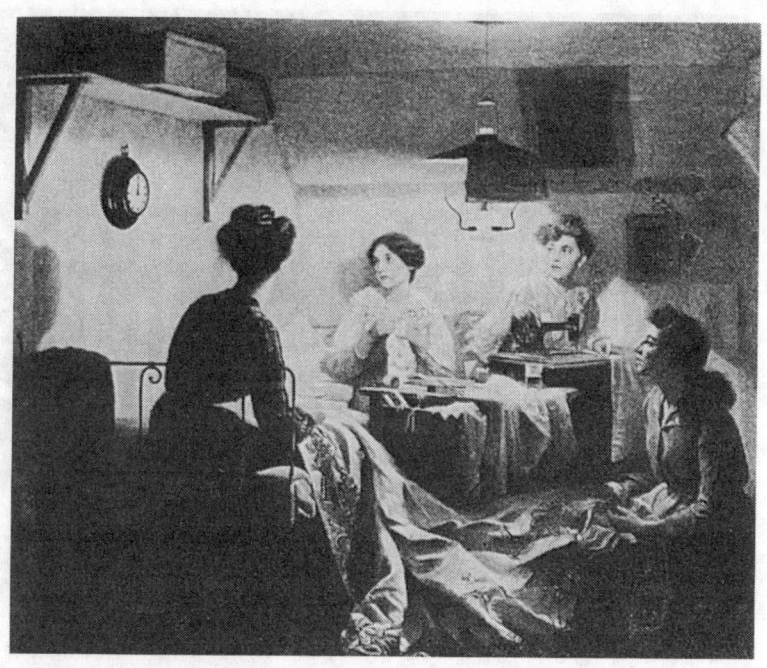

▲ 〈여성들의 바느질—신화와 현실〉
시계가 0을 가리키고 있는 심야, 바느질하는 부인들이 서둘러 주문을 완성하기 위해 철야작업을 강행하고 있다. 어둠침침한 작업장과 호화로운 천이 대조적이다. (Minuit sonne, Paris Bibi. nat.—Histoire de la vie privée. t. 4에서)

▲ 다림질을 하는 여공들의 일이 끝난 그림. 다림질을 한 깨끗한 의류와 그녀들의 비밀이야기. 일이 끝난 후의 〈즐거움〉을 기대하는 것 같은 분위기로 가득 차 있다. (Marie Petiet, Les Repasseuses, 1882. Paris, Bibi. nat.—Histoire de la vie privée. t. 4에서)

▲ 루앙 매춘가의 주인과 여경영자, 그리고 함께 거주하는 매춘부들. 모빠상의 작품에 힌트를 주었다고 한다.
(*L'âge d'or des maisons closes*에서)

▲ 창가에 거주하는 매춘부 가족 사진. 1930년. 창가의 여경영자와 11명의 매춘부들. (*L'âge d'or des maisons closes*에서)

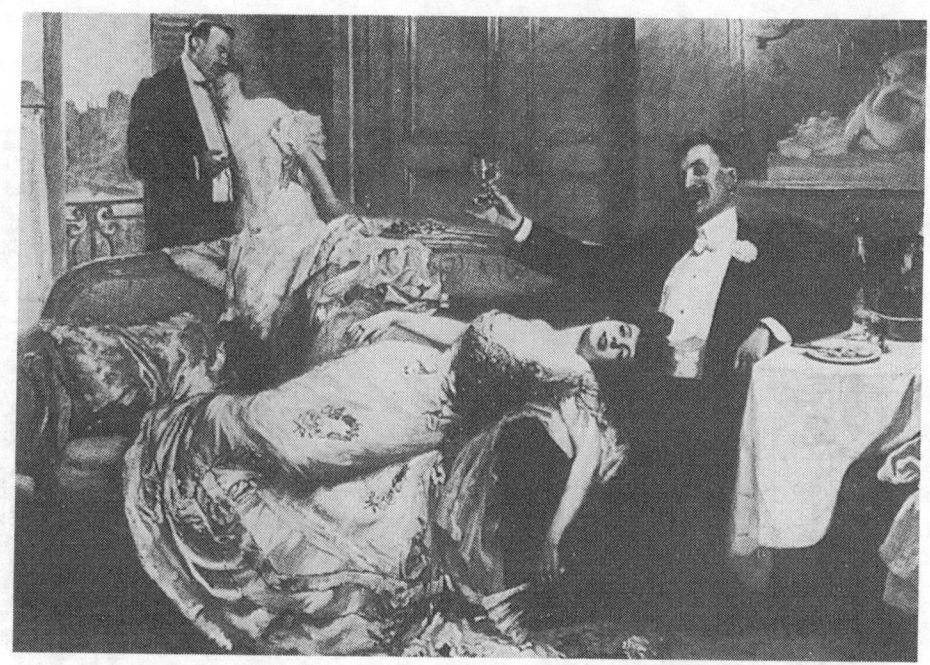

▲ 〈아내인가 고급매춘부인가?〉 (Léon-Laurent Galand 《즐거움》 1909년)
제3공화정기에는 스포츠, 목욕 습관, 피임 등 육체에 대한 금기가 서서히 늦춰지고 부부간의 새로운 육체적 즐거움도 보이게 되었다. 고급매춘부와 즐기는 것도 부르주아적 체면을 과시하는 것과 무관하지 않았다. 이 작품은 보는 사람을 불유쾌하게 만드는 것이 아니더라도, 유복한 청년 남성의 방탕을 연상시킨다. 남성의 욕망이 단순하지 않다는 점이 교묘하게 표현되어 있다. (Histoire de la vie privée, t. 4에서)

▶ 〈간통〉 (Oswaldo Tofani의 스케치. 1896년)
아내의 간통과 창가의 출입도 19세기말 성풍속의 하나로 열거할 수 있다. 부자이건 가난한 자이건 19세기 여성은 〈연민〉을 구걸하는 것에 길들여져 있었고, 어떤 사회에서나 동정을 나타내는 태도는 남성 권력의 지나친 행위에 대한 보상처럼 생각되었다. (Histoire de la vie privée, t. 4에서)

▶▲ 〈새로운 유행〉
공인창가의 여경영자들은 제2제정기에 멋지게 일러스트된 안내(광고) 카드와 그림엽서를 나누어 주기 시작, 이어서 창가의 수신인 주소와 성명이 들어 있는 화려한 팜플릿도 선보이게 되었다. 이러한 것은 통행인에게 까페의 종업원이나 길목에서 손님을 태우는 마부들이 건네 주었다. 철도 종업원과 맥주홀의 회계원조차도 그 일을 하였다. 영어가 통한다는 점을 어필하여 외국인을 상대하는 곳도 꽤 있었다고 여겨진다. 그러한 일러스트 카드나 팜플릿이 세상의 불평을 낳아 금지당하자 본래의 명함으로 되돌아왔다. (L'âge d'or des maisons closes에서)

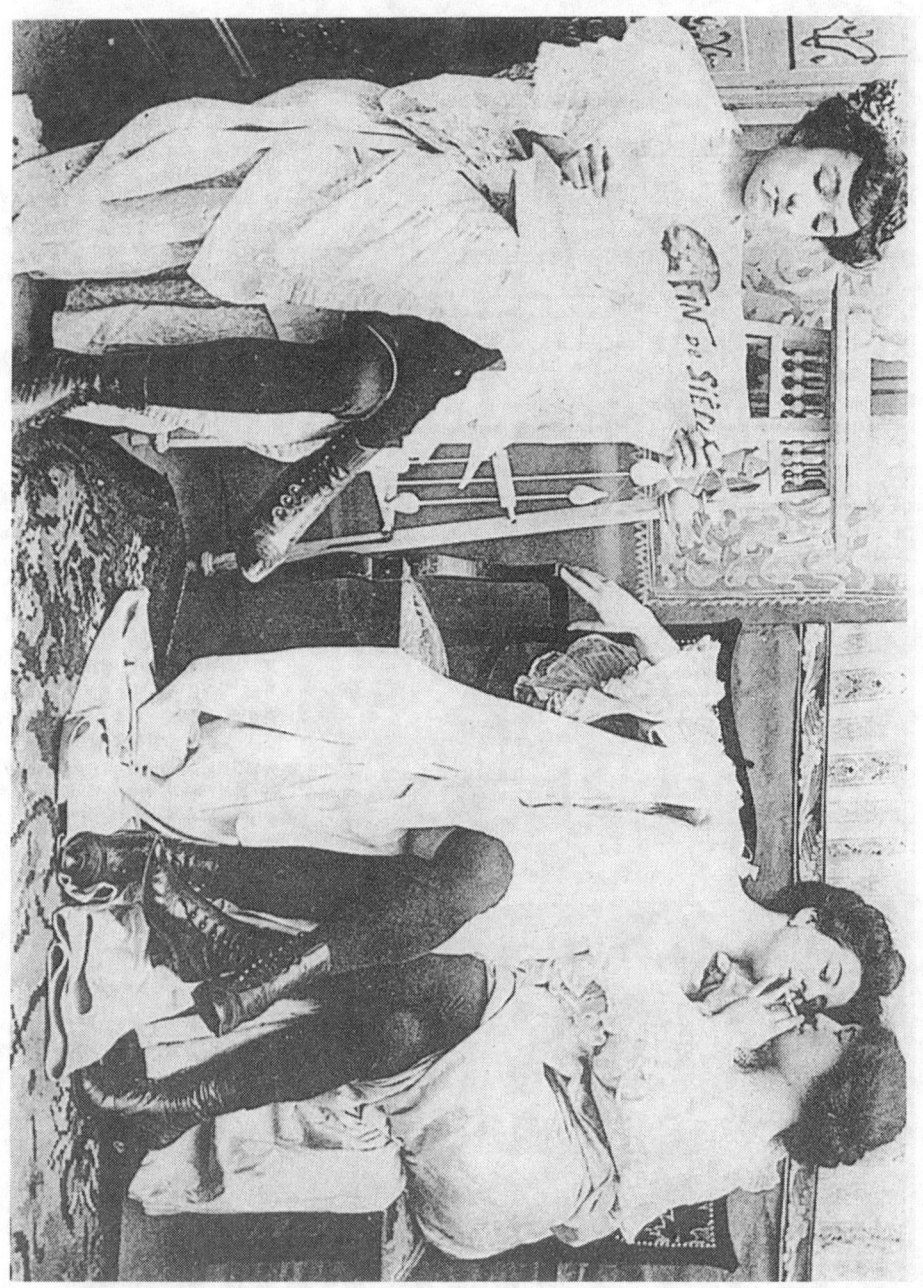

▲ 〈세기말의 퇴폐〉
매춘부들의 동성애는 당시 성풍속의 하나라고 할 수 있다. (*L'âge d'or des maisons closes*에서)

"**Absteigehotels für durchreisende Offiziere**"
die unter deutscher sanitärer Ueberwachung
stehen :

Absteigehotels :	Métro :	Sanierstellen :
12, Rue Chabanais.	Opéra.	Truppenkrankenrevier im Hotel Continental, rue Castiglione, 3.
6, Rue des Moulins.	Opéra.	
50, Rue Saint-Georges.	N.-D.-Lorette.	Sanitätswache Bahnhof Saint-Lazare.

Die in den Hotels ausgehändigten Karten müssen zur Verfolgung etwaiger Klagen wenigstens 2 Monate aufgehoben werden.

Weitere Sanierstellen befinden sich :

Sanitätswache Ostbahnhof.
— Nordbahnhof.
— Bahnhof Montparnasse.
— Bahnhof Austerlitz.
— Krankenverteilungs- u. Unfallmeldestelle, Rond Point des Champs-Elysées, neben dem Soldatenheim.

Revierstube Wehrmachtsgefängnis, Rue du Cherche-Midi. Nr. 38.
— Fahrerunterkunft Ecole Militaire, Place Joffre Nr. 13.

▲ 1941년 독일 점령하의 빠리에서 발행된 독일 장교용 빠리 창가의 리스트. 독일군의 위생감독하에 있었다는 점이 명기되어 있다. 샤바네 가와 물랭 가, 쌩-조르주 가 등 창가의 소재와 가장 가까운 지하철 역의 이름, 그리고 각각의 담당의무국도 기록되어 있다. 창가에서 건네 주는 카드는 만일 성병에 걸렸을 경우 추급하기 위해, 최저 2개월은 중요하게 보존해 두어야 한다는 것을 주요사항으로 하고 있다. (*L'âge d'or des maisons closes*에서)

▼ 창가에서 독일군 장교에게 건네 준 카드. 상대를 한 매춘부의 이름과 날짜 기입란 아래에는 『매춘부와 교접한 이후에는 질병에 주의하지 않으면 안 된다! 위생기관은 출입구에 게시하라! 이 카드는 최저 5주간 분실하지 말고 보존할 것!』이라는 주의사항이 쓰여져 있다. (*L'âge d'or des maisons closes*에서)

Bordell : **4, RUE DE HANOVRE**

Name der Partnerin : *Germaine*
(Surnom de la pensionnaire)

Datum : 4.8.44.
(Date)

Du musst Dich nach dem Geschlechtsverkehr sanieren lassen! Die nächste Sanierstelle findest Du auf dem Plakat am Ausgang! Bewahre diese Karte mindestens 5 Wochen gut auf!

▲ 경찰의 보고서에 따르면 1938년 빠리에서는 12개의 숏타임 매춘가가 있었다. 그 중의 하나가 106번지. (*L'âge d'or des maisons closes*에서)

▲ 뚜르의 유명한 매춘가 에또왈 블뢰, 4층에 10실이었다. (*L'âge d'or des maisons closes*에

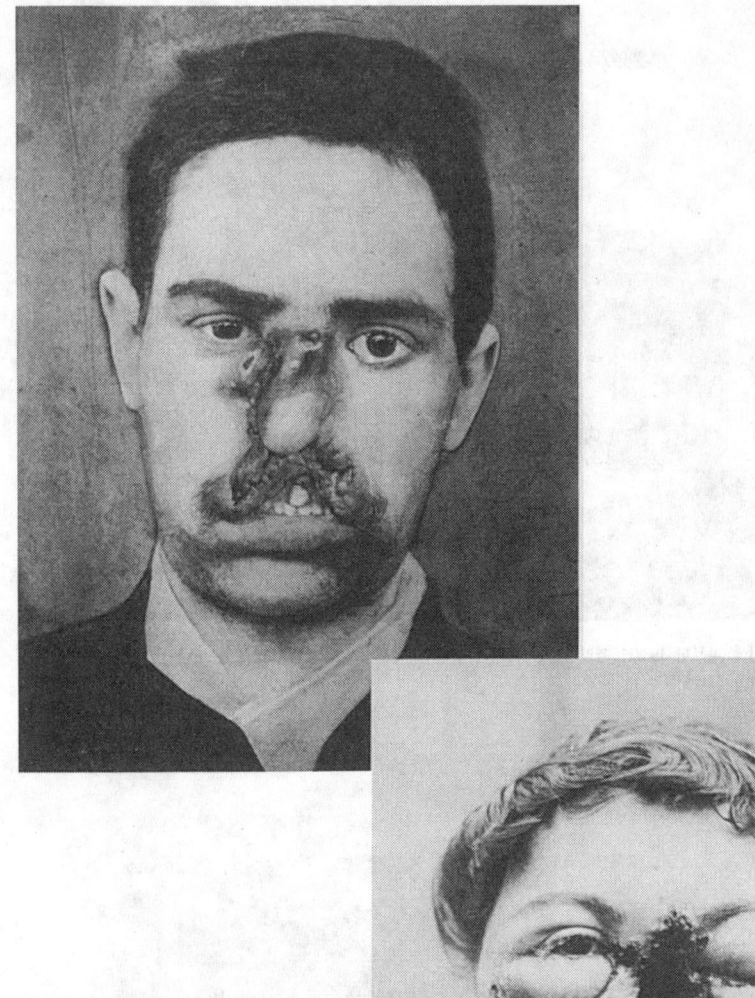

▲▶ 성병환자의 증상.
19세기말 쌩-루이 병원에서 촬영.
[오른쪽 페이지 좌하도—앙리 프랄 도서관 소장]

▶ 남성용 공중화장실에 붙여져 있는 성병 치료에 대한 노하우를 선전하는 유인물. 1980년. (*L'histoire*, n°63에서)

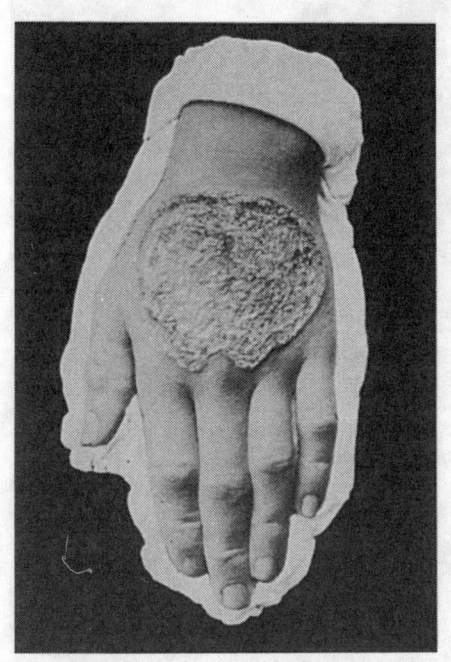

▲▶ 1946년 마르뜨 리샤르법에 의해 공인 창가제가 공식적으로 폐지되었다. 폐쇄 안내 이후 많은 낙서와 저주가 원래 창가의 현관에 쓰여져 있었다. (마르뜨 리샤르, 똥이나 먹어라)라는 문자가 보인다. (*L'âge d'or des maisons closes*에서)

역자 서문

 우리는 프랑스라는 나라를 어떻게 이해하고 있는가? 그리고 얼마나 정확하게 이해하고 있는가? 혹시 문학이나 철학·예술 등으로 포장된 그럴 듯한 그림들만을 연상하고 있지는 않는가? 오늘날 수많은 여행자들의 허풍스런 방문기와 무책임한 여행담을 통해서 낭만과 동경의 그릇된 이미지들만을 간직하고 있지는 않는가?
 아마도 독자 여러분들 대다수도 프랑스를 문화와 예술, 그리고 미각의 나라로 인식하고 있을 것이다. 프랑스가 고급스런 문화를 향유하고 있다는 인식은 분명히 타당성을 지니고 있다. 그런데 이러한 인식은 지금까지 프랑스에 관해 소개된 수많은 관련서적의 편중화 현상에서 기인한다. 다시 말해 프랑스학이라는 학문의 장르가 아직까지 우리에게 활성화되지 않은 상황에서, 그 동안에 출간된 서적들 대부분이 문학과 철학·미술 등의 아카데믹한 분야에만 편중되어 있었던 것이다. 그 결과 우리들은 오늘날 어디서든 빅또르 위고나 싸르트르를 만날 수 있고, 고갱과 쎄잔느를 감상할 수 있으며, 심지어는 프랑스산의 고급 포도주를 어렵지 않게 음미할 수도 있게 되었다.
 그러나 이것들만이 프랑스의 진정한 모습이라고 단언하기에는 상당한 무리가 뒤따른다. 왜냐하면 한 나라, 혹은 한 민족의 문화적·예술적 제 산물들은 수많은 역사적·사회적 현상들을 그 기저로 삼고 있기 때문에 과거의 흐름에 대한 명확한 역사적 시각이 없이는 특정 문화에 대한 가치의 유무를 성급하게 판단할 수 없는 것이다. 이런 의미에서 프랑스인들의 과거를 살펴보면, 그들에게도 우리 못지않게 오욕으로 점철된 역사가 있었음을 알 수 있다. 그들의 수많은 혁명과 민중봉기는 우리의 왕조사에 다름 아닌 피비린내로 가득 차 있으며, 반면에 그들이 내세우는 현란한 문화유산이 우리에게도 얼마든지 존속하고 있다는 사실을 깨달아야 한다. 이러한 인식의 토대 위에서만이 한 나라에 대한 객관적이고도 명확한 개념을 정립할 수 있을 것이다. 따라서 철저한 사회적·역사적 인식이 없는 상태에서 한 나라의 가치를 논한다는 것은, 우리가 이제까지 프랑스에 대해 간직하고 있는 그릇된 환영들처럼 논리적 배경을 결여한 사상누각의 이론이 되거나, 혹은 문화적 사대주의의 오류에 빠질 위험성을 초래할 것이다.
 그렇다면 이제는 과연 프랑스를 어떻게 이해해야 하는가? 라는 의문이 제기된다. 바로 역사적·사회학적 접근방식이 이 의문에 대한 가장 확실한 대답이 될 것이다. 문학이나 철학·예술 등의 문화적 제 산물들은 그것들 자체가 문화의 한 부분을 형성하고 있을 뿐이며, 그 산물들을 이해하기 위해서는 전술한 바와 같이 그 밑을 흐르고 있는 역사의 흐름을 먼저 파악해야 한다. 이때 사회와 역사에 대한 명확한 인식의 획득을 위해서는 역사학적·사회학적 고찰과 함께 인류학적인 고찰을 가미하는 것이 가장 효과적인 수단이 될 것이다. 왜냐하면 이들 분야의 학문은 특정 시대의 삶의 구조와 양상을 가장 극명하게 드러낼 수 있는 접근방식이 될 수 있기 때문이다. 이런 과정을 거쳐 형성된 역사적·사회적 인식의 토대 위에 특정 나라의 문화적 현상에 대한 인식이 융합된다면 그것은 그 나라를 진정으로 이해할 수 있는 첩경이 되는 것이다. 그래서 이러한 학문들에 토대를 두고 프랑스의 제 문화들을 파헤친다면 우리는 이제까지 왜곡되어 있거나, 혹은 잘 알려지지 않은 프랑스의 모습을 정확하게 꿰뚫어볼 수 있을 것이다. 결국 빅토르 위고와 싸르트르에 쥘르 미슐레와 미셸 푸꼬가 합성될 수 있는 인식의 상태를 우리는 지향해야 하는 것이다.
 이러한 논리에 의거하여 우리는 문화인류학적 고찰의 대상으로서 매춘이라는 한 사회현상에 주목할 필요가 있다. 알렝 꼬르벵이 자신의 저서에서 〈가장 오래된 직업〉이라고 표현한 바와 같이, 매춘은 인류가 지구상에서 존재한 이래로 세인들의 뇌리에서 결코 사라진 적이 없는 가장 생명력이 긴 직업일 것이다. 그리고 매춘은 아마도 인간의 본원적인 성적 욕망과 연결된 인간행태의 한 양상이기 때문에 인류가 존속하는 한 절대로 소멸하지는 않을 것이다. 따라서 매춘은 동서를 막론하고, 그리고 각각의 세대를 초월하여 사람들의 의식 속에 깊이 뿌리박혀 있는 전인류의 보편사를 형성하고 있다. 물론 시간적·공간적·지역적·관습적 차이에서 약간씩 다른 형태의 매춘이 나타나기는 하지만, 돈과 결부된 성적 욕구불만의 해소책이라는 매춘의 기본적 기능은 동서고금을 막론하고 모든 인간들에게 공통적·보편적인 개념으로 적용되고 있다. 따라서 우리는 알렝 꼬르벵의 저서 《창부》를 통해서 우리의 주변에서 벌어지는 매춘형태가 프랑스의 매춘과 크게 다르지 않다는 사실을 인지할 수 있으며, 그 속에서 별다른 문화적 이질감을 찾아볼 수도 없다. 그리고 19세기 프랑스의 매춘사를 개괄하는 그의 저작을 통해서 우리들은 비단 매춘이라는 특정한 사회적 현상뿐만 아니라, 그에 수반되는 당시의 사회적 제 양상들을 추적해 볼 수 있으며, 그것을 바탕으로 프랑스의 진정한 모습을 스케치할 수 있을 것이다.

《창부》의 저자 알렝 꼬르벵은 1936년 노르망디 지방에서 출생, 까앙 대학에서 역사학 교수 자격을 취득했다. 1960년부터 2년간 알제리에서의 군복무를 마친 후 리모즈의 고등학교와 대학, 뚜르의 프랑소와 라블레 대학에서 현대사 교수를 역임했고, 1987년 이래로 빠리 1대학의 교수로서 19세기 프랑스사를 담당하면서 현재에 이르고 있다. 투철한 의식의 역사학자로서 알렝 꼬르벵은 저서 《창부》속에서 새로운 테마와 독창적인 방법으로 19세기의 프랑스 매춘사를 쏟아부었다. 그는 19세기 프랑스 사회에 있어서 욕망과 쾌락, 그리고 채워지지 않는 성의 역사를 기술할 목적으로 성에 얽힌 행동들을 추구하고 부부의 침실을 비롯해서 공인창가와 비밀창가의 내부에 이르기까지 분석의 메스를 가했다. 따라서 학술적인 이 연구서는 매춘에 관한 언설을 통하여 현시대로 계승되고 있는 19세기의 사회적 고민과 욕구불만을 냉철하게 해독하는 역작이다.

딱딱한 학술서적의 성격을 띠고 있는 이 책에서, 그러나 우리는 매춘의 주체로서 매춘부들에 대한 신랄한 비판보다도 오히려 그들에 대한 저자의 따뜻한 눈길을 포착할 수 있다. 그들에 대한 저자의 진심어린 온정은 바로 이 책의 이름을 《Les filles de noce》라고 명명했던 사실에서 기인한다. 일반적으로 매춘부나 창부라는 용어는 프랑스어로 〈les prostituées〉・〈les femmes publiques〉, 혹은 〈les putains〉이라는 속어로 사용되며, 〈les filles de noce〉라는 표현은 거의 사용되지 않는다. 〈les filles de noce〉라는 용어는 1907년 매춘혐의로 체포된 미성년 매춘부들이 도덕성 교정을 위한 갱생원으로 호송될 당시에, 매춘을 떳떳한 하나의 직업으로 내세우면서 매춘부들 스스로가 붙였던 명칭이었다. 〈사랑을 파는 아가씨〉, 혹은 〈도락을 즐기는 여성〉이라고 해석될 수 있는 이 용어는 앞의 세 가지 용어보다 확실히 고상한 느낌을 부여하고 있으며, 매춘부들이 자칭한 단어를 꼬르벵이 차용하고 있다는 사실에서 그들에 대한 저자의 따뜻한 마음을 충분히 헤아려 볼 수 있다.

알렝 꼬르벵은 《창부》속에서 19세기 프랑스 매춘사의 흐름을 세 개의 커다란 줄기로 기술하고 있다. 바로 규제주의와 공창제폐지론, 그리고 신규제주의가 19세기에서 제1차세계대전 전야까지의 매춘사를 규정하는 주요 흐름인 것이다. 빠랑-뒤샤뜰레의 구상으로 알려진 규제주의는 사창가를 공식적으로 인정하는 공인창가제도를 의미한다. 빠랑-뒤샤뜰레는 매춘을 사회구조적인 측면에서 파악하였다. 다시 말해 억눌린 성의 돌파구로서, 혹은 정액의 배수구로서의 역할을 인정하면서도 그 매춘이 사회에 가져다 주는 폐해를 역설하였다. 그리고 매춘이라는 악덕이 일반 사회에 확산되는 것을 막기 위해서는 그 악덕을 한 곳으로 집중시키고 통제를 가할 필요성이 대두되었고, 따라서 규제주의는 일정한 구역을 매춘 전용구역으로 설정하고 그 속에서의 매춘만을 공식적인 것으로 인정함으로써 매춘부들을 통제·관리하고, 더 이상 매춘의 해악이 사회에 미치는 영향을 차단하려는 의도를 지니고 있었다.

그러나 이런 의도로 시작된 규제주의는 급격히 늘어난 비밀매춘시설들의 출현으로 인해 심각한 타격을 받기 시작했다. 특히 1880년의 법률에 의해 주류와 음료의 자유판매가 인정된 이후부터 일반 유흥음식점들은 소비매상의 증대를 위해 〈여자〉를 끼워 파는 비밀매춘의 무대로 전환되었다. 이러한 비밀매춘의 주요 무대로는 극장과 캬바레·맥주홀·레스토랑을 비롯해 양품점과 모자가게 등을 꼽을 수 있다. 이렇듯 다양한 매춘시설들의 증가는 고객들에게 선택의 폭을 넓혀 주었으며, 따라서 고객들은 출입에 제약이 많은 공인창가보다는 더욱 다양한 서비스를 받을 수 있는 비밀창가를 선호하게 되었다.

여기서 주목해야 할 것은, 고객들의 성적인 욕구에 질적인 변화가 일어나고 있었다는 것이다. 다시 말해 고객들은 돈에 의한 천편일률적이고 무미건조한 성적 행위보다는 서로 교감의 정을 나눌 수 있는 결합을 원했다는 사실이다. 결국 고객들의 이러한 다양한 욕구에 능동적으로 대처할 능력이 없던 군소 공인창가들은 쇠퇴의 길로 접어들 수밖에 없었고, 재력이 풍부한 대규모 창가들만이 호사스런 살롱으로 변모하여 종종 도착적 취미를 파는 에로티시즘의 전당 구실을 하고 있었다. 여기에다 자본주의의 진보는 매춘조직의 생태계를 변화시키는 요인으로 작용했다. 특정한 인물에서 익명주주에 의한 기업적인 매춘조직이 생겨났는가 하면, 에로티시즘을 위한 도구에 공업화의 기술이 도입되었고, 〈약속의 창가〉나 〈숏타임 매춘의 창가〉라는 신형창가가 출현하였다. 폐쇄적인 분위기를 유지하는 전형적인 공인창가와는 달리 이러한 신형창가는 남녀의 자유로운 출입을 보장하고 있었으므로 유부녀나 일반 아가씨들에게 간통의 기회를 증대시켜 주었다.

따라서 남성들의 욕망의 처리구 혹은 배수구라는 전통적 개념으로서의 매춘은 더 이상 존재치 않았고, 유혹의 매력을 수반하는 영업형태로 변화되었다. 번화한 거리에는 〈보바리 부인〉들이 즐비하게 늘어서 있었고, 일반 여성과 매춘부를 구별할 수 없을 정도로 여성들은 도처에서 은밀한 매춘에 노출되어 있었다. 도시화 정책의 일환으로써 빠랑-뒤샤뜰레가 구상한 규제주의, 혹은 공창제도는 도저히 손을 쓸 수 없을 정도로 성의 매매가 일반 계층 사이에 만연됨에 따라 그 위력을 상실할 수밖에 없었다. 간단히 말해 빠랑-뒤샤뜰레의 규제주의는 근본적으로 〈민중〉에 대한 공포감과 불안감에서 기인한다. 사회적 불안의 씨앗을 지니고 있는 매춘부들을 오염물의 처리와 마찬가지로 일정한 장소에 가두어 일반사회와 격리시킨다. 그리고 그곳을 정액의 배수구로 설정하면 도시에 급증하고 있는 〈민중〉들과 독신남성들, 그리고 노동자들의 성적 불만을 해소할 수 있고, 그렇게 함으로써 무장봉기와 혁명을 예방하여 치안을 유지할 수 있을 것이라고 그는 생각했던 것이다. 따라서 앞에서 언급한 바와 같이 빠랑-뒤샤뜰레는 매춘현상을 사회적·경제적·정치적 요인들로 해부하였으며, 궁극적으로는 도덕적 측면이나 의학적 측면보다는 사회구조가 지니는 역학관계를 통해 매춘을 파악하고자 했다.

규제주의가 결정적 패배를 자인할 수밖에 없었던 1880년대 후반부터 규제주의에 반대하는 공창제폐지론과 신규제주의론이 시기적으로 교차하면서 빠리 시의회 등을 무대로 자신들의 세력을 확장해 갔다. 이들 두 이론에서 명확하게 파악할 수 있는 것은, 사회적 불안의 형상은 빠랑-뒤샤뜰레가 보았던 〈민중〉이 아니라 〈성병〉, 특히 매독이라는 재앙이었다. 다시 말해 규제주의가 사회구조적 측면에 입각해서 매춘을 설명하고 있다면, 이 양자의 이론은 도덕적이고 보건위생적이며 의학적인 측면에서 매춘을 분석하고 있는 것이다. 공창제폐지론은 특히 도덕적 측면을 강조하여 성병을 신의 징벌로 간주하고 혼인관계 이외의 성적 결합과 쾌락을 일체 인정치 않으며, 공창제 매춘뿐만 아니라 여성을 상품화시키는 모든 매춘의 전면적이고도 완전한 폐지를 주창했다. 〈새로운 전략의 승리〉라고 꼬르벵이 명명했던 신규제주의 이론은 의학의 진보를 배경으로 의사들 사이에서 일어난 것으로서 보건위생적 입장에서 감시와 통제를 가함으로써 안정된 성을 관리할 수 있다는 논리를 견지했다. 그리고 공창제폐지론자들에 의한 정치적 입법화의 시도가 번번이 무위로 돌아갔던 반면, 성병 예방의 차원에서 펼쳐진 신규제주의의 의학적 논리는 더욱더 세론의 지지를 받을 수 있었다.

이와 같은 세 개의 큰 흐름이 19세기와 제1차세계대전 직전까지의 여론을 이끌어 갔음을 우리는 이 책에서 분명하게 파악할 수 있다. 저자 알렝 꼬르벵은 그 이후부터 현재까지의 매춘의 흐름을 부록으로 간략하게 기술하고 있다. 우리가 이 책에서 알 수 있는 것은 규제주의나 공창제폐지론, 혹은 신규제주의와 같은 유사한 이론들이 끊임 없이 세인들의 입에 오르내리고, 매춘부들에 대한 규제와 완화·감시와 보호가 주기적인 싸이클로 되풀이되었다는 사실과, 수많은 규제와 감시에도 불구하고 매춘 자체는 결국 단 한번도 소멸된 적이 없었다는 사실이다. 알렝 꼬르벵이 매춘을 〈세계에서 가장 오래 된 직업〉으로, 〈초역사적이며 불변의 존재〉로 파악하고 있는 것도 바로 이러한 이유 때문일 것이다. 1946년의 공창제폐지로 오늘날 프랑스에서는 공식적인 창가의 존재를 찾아볼 수 없지만, 그러나 보건위생카드의 발급을 통해서 사창들에 대한 감시와 통제는 지금도 암암리에 계속되고 있다.

알렝 꼬르벵은 매춘을 역사연구의 새로운 테마로 취급함으로써 우리에게 많은 호기심을 가져다 주었다. 그러나 그의 저작은 단순한 역사학적·인류학적 연구만을 포함하고 있지는 않다. 《창부》 속에서 그는 위의 두 요소들 이외에도 통계에 의한 사회학적 수법으로 정확한 근거를 제공하면서 성에 얽힌 인간의 행동을 분석하였다. 그리고 제시된 자료의 신빙성을 높이기 위해 의학적·법률적 지식들뿐만 아니라, 당시의 문학 속에 표현된 매춘의 양상을 인용함으로써 우리에게 당시 프랑스 사회의 삶의 양상에 대한 대단히 현실적이며 생생한 그림을 제공하고 있는 것이다.

1995년 2월   이 종 민

창부 / 차 례

서 언 ———————————————————————— 29

제 I 부 규제주의자들의 공창제 계획과 그의 격리된 세계

제 1 장 규제주의의 논설 ——————————————————— 33
  1 빠랑-뒤샤뜰레와 규제주의 ——————————————— 33
    매춘과 매춘부들 ——— 33
    묵인과 감시의 필요성 ——— 40
    인식론적 영향력 ——— 48
  2 불안감의 증대와 제도의 강화 ————————————— 50
    규제주의론의 영속적 효력 ——— 50
    매춘문제의 확대 ——— 53
    극단적인 치료법 ——— 58

제 2 장 규제주의의 격리된 세계 ——————————————— 63
  서론 〈수치스런 직업〉의 여자들 ————————————— 63
    공창이 되어가는 절차 ——— 63
    〈수치스런 직업〉의 여자들—공창의 지리적 분포 ——— 69
    〈수치스런 직업〉의 여자들—사회인류학적 개요 ——— 77
  1 공인창가, 혹은 정액의 배수구 ————————————— 86
    공창제 매춘의 분포와 유형 ——— 87
    다양한 고객층 ——— 93
    기업과 그 주요 관계자들 ——— 98
    매춘기업의 업무 ——— 105
    공창의 일상생활 ——— 118
  2 감찰표를 지닌 매춘부—그의 과도적 지위 ———————— 121
  3 병 원 ———————————————————————— 124
    보건위생관리의 진보, 혹은 〈억제된 페니스〉 ——— 126
    감옥의 치료법 ——— 133
  4 감 옥 ———————————————————————— 141
    이론의 정당화 ——— 141
    매춘부에 대한 추격과 탄압상황 ——— 144
    형무소에 넘치는 매춘부들 ——— 148

제 II 부 감금에서 행위의 감시까지

제 3 장 규제주의 계획의 실패, 혹은 유혹에 대한 환상 ─────157
1 공인창가 매춘의 사양화 ─────157
창가 수효의 감소 ─────157
폐쇄적인 공인창가에서 출입이 자유로운 창가로 ─────163
공인창가에서 방탕의 창가로 ─────166
2 비밀매춘의 전통적 형태의 발전과 변화 ─────172
화류계 여자들, 고급매춘부들, 무대와 야간식당의 여인들 ─────178
혼전의 임시처와 첩 ─────182
비밀매춘부들 ─────185
거리와 싸구려 호텔의 매춘부들, 혹은 가장 저속한 매춘 ─────186
위장가게의 증가 ─────191
캬바레 매춘업의 급격한 발전 ─────193
농촌지역에서의 매춘 ─────196
〈병사의 매춘부〉, 신화와 그 실체 / 시골의 〈바람둥이 여자들〉 /
광산지대에서의 매춘의 확산과 억압—브리에의 실례
기둥서방의 다양한 얼굴들 ─────205
사창에 관한 인류학적 연구의 어려움 ─────212
3 새로운 매춘의 형태들 ─────220
맥주홀의 여자들 ─────221
〈저속한 까페〉의 여자들과 〈여가수들의 매매〉 ─────225
약속의 창가들 ─────227

제 4 장 성적인 굶주림과 매춘의 공급 ─────242
1 최초의 규제주의 모델의 완만한 붕괴 ─────242
방황하는 성 ─────243
가족의 통합과 가정의 친밀성 ─────244
2 매춘의 새로운 수요 ─────250
〈신사의 지출〉 ─────250
강렬한 욕구불만 ─────251
특수 매춘집단의 격증 ─────255
정욕의 여러 형태변화 ─────259
3 수요와 공급의 일치 ─────263
〈외향성의 도시〉와 이목을 끄는 여인들 ─────263
매춘행위에 대한 유혹 ─────265
콜셋의 포기 ─────272

제 5 장 규제주의제도의 비판 ─────275
1 공창제폐지론의 고조와 그 다양성(1876-1884) ─────275

    조세핀 뷔틀레의 십자군과 매춘폐지연맹의 시작―――― 275
    풍속담당 경찰에 대항하는 빠리 극좌파의 캠페인―――― 282
    여권주의와 재연되는 노동운동 사이에서의 공창제폐지론―――― 294
  2 〈자본가의 규방〉과 〈빈곤한 남성들의 배수구〉―――――――――――― 298
    매춘에 관한 사회주의자의 언설―――― 298
    〈자본주의체제의 적응을 위한 유력한 보조수단〉―――― 305
    〈자본주의체제하의 전형적 여인상〉―――― 306
    매춘부에 대한 또 다른 시각―――― 308
    쾌락의 권리와 매춘의 소멸―――― 310
  3 투명성에 대한 새로운 계략――――――――――――――――――― 312
    성병학적인 언설의 확산―――― 312
    과학적 성병 예방과 보건위생 경찰―――― 319

제 Ⅲ 부 새로운 전략의 승리

제 6 장 성병·유괴, 그리고 신체적 퇴화, 혹은 감시의 필요성――――― 329
  1 20세기 초엽의 성병의 위험성―보건위생적·도덕적 예방――――― 331
    끔찍한 위험성―――― 331
    투쟁의 조직화―――― 333
    집요한 홍보활동―――― 336
    풍속담당 경찰의 구조활동에 의한 성병의 위험성―――― 343
  2 부녀자 매매, 현시대 최악의 재앙――――――――――――――――― 345
    신화의 형성과정과 최초의 투쟁―――― 347
    사건들의 실태―――― 351
    부녀자 매매에 관한 세론의 동향과 국제문제화(1902-1910)―――― 360
    새로운 괴물―――― 360
    국제적 행동통일을 위한 조직의 어려움―――― 366
  3 매춘·광기, 그리고 신체적 퇴화――――――――――――――― 370
    전통적인 질문―――― 371
    매춘부의 정신질환 빈도―――― 371
    히스테리의 빈도―――― 372
    선천적으로 타고난 매춘부와 생식본능의 착란―――― 373

제 7 장 입법부의 침묵과 신규제주의의 사실상의 승리――――――――― 384
  1 현실상황에 대한 인식노력과 여론조사――――――――――――――― 384
    정치적 상황을 이용하려는 공창제폐지론의 헛된 시도―――― 384
    세론을 향한 구원 요청―――― 388
  2 변함 없는 입법부의 침묵과 미봉책들――――――――――――――― 390
  3 실행에 옮겨진 개혁안들―――――――――――――――――――――― 397
    약속의 창가의 인정과 그에 대한 원활한 감시―――― 397

         성병환자들의 인간적 처우 ——— 400
    4 제1차세계대전 직전의 강화된 감시 ——————————————401
         도덕단체들의 가중된 압력 ——— 402
         경찰의 보건위생관리 확대 ——— 403
         젊은 매춘부들의 감금과 반항 ——— 404

   결 론 ————————————————————————407

20세기—벨트컨베이어식 연애와 신체의 새로운 관리구조 —————411
   위생주의시대(1914-1960) ——————————————————411
       전시 번영기 ——— 411
       테일러식 합리주의 매춘과 예방의 창가(1919-1939) ——— 414
       비시프랑스—묵인에서 정식 공인의 창가로 ——— 422
       유럽의 매춘가(A. 히틀러 정권) ——— 424
       프랑스의 해방과 위생주의의 절정기 ——— 426
       감시의 황금시대(1946-1960) ——— 430
   매춘알선업에 대한 투쟁의 애매함 ————————————431
       확실성과 양식의 시대(1960년대) ——— 431
       매춘알선업의 원격조작의 비약적 발전 ——— 435
       교회의 점거와 1975년의 운동 ——— 439
       프로인가, 육욕에 빠진 여성인가 ——— 445

   원 주 ————————————————————————451
   색 인 ————————————————————————529
   참고 문헌 ————————————————————————539
   역자 서문 ————————————————————————17

서 언

유럽의 매춘에 관한 실태조사에서 미국인 플렉스너는 1912년에 다음과 같이 쓰고 있다.『오늘날 남자 편에서의 수요가…… 너무나 보편화된 것이어서 매춘이란 일반적인 현상으로 인식될 수 있다.』[1] 당시의 소설과 행정문서·경찰조서와 재판기록 등을 읽어보면 이러한 느낌을 확인하게 된다. 다시 말해, 위의 문헌들은 돈으로 거래되는 성행위가 당시 사회의 가장 골치 아픈 걱정거리들 중의 하나였다는 사실을 충분히 입증하고 있는 것이다. 그런데 현대 프랑스 대학의 역사학은 사회심리학의 근본적 양상들을 무시하고 있다.[2] 이 간극이 바로 문제가 되는 것이다. 〈역사가와 매춘부〉, 필자가 독자 여러분들의 사고 속에 제안하고자 하는 것이 바로 이와 같은 주제이다. 매춘에 대한 침묵은 타부라는 개념에서 비롯되는 것일까? 그렇다고 단정지을 수는 없다. 요컨대 그 침묵이란 매춘이라는 현상에 대한 비역사적인 신념에 토대를 두고 있다. 〈세계에서 가장 오래된 이 직업〉은 역사에서 벗어나는 유일한 직업일 것이다. 최근에 나오고 있는 보기드문 프랑스 연구서적[3]—과거의 매춘에 할당된—들은 제한선거왕정시대 * 자선가들의 저서들과 함께 지난 시대의 바로 그 병적인 성욕을 드러내 주고 있다. 따라서 이 책이 중간적인 기간의 범위만을, 더 정확히 말하자면 1871년부터 1914년까지의 매춘현상만을 다룬다는 것은 잘못일 수도 있다. 결국 이 책은 하나의 설명서가 되어야 마땅할 것이다.

* 1814-1848년. 부르봉왕조 루이 18세의 왕정복고로부터 2월혁명으로 무너진 오를레앙왕조 루이 필리프의 칠월왕정까지의 입헌군주제시대. 선거권은 납세액에 따라 극단적으로 제한되었고, 대토지소유자·상층 부르주아가 정치상 중대한 역할을 하였다.

첫번째로, 청중이나 독자의 환심을 사기 위한 미사여구를 배제하고 심각한 고뇌의 가치를 주장하지 않으면서, 또한 허세를 부리지도 않으면서 주제에 접근해 간다는 것이 문제이다. 말하자면, 역사적 인구통계학이 구성하고 있는 노아의 옷으로 자신을 감싸려 하지 말고, 성병의 문제를 벗어나서[4] 성적 굶주림과 돈으로 매매되는 성적 쾌락의 문제를 연구하는 것이 적합할 터이다. 이제 현대 프랑스의 역사가들은 호적계원을 대동하지 않고서 서둘러 부부의 침실로 들어가야 한다. 지금까지 사회심리학자들의 손에서 버림받은 19세기의 성과학사는 도덕적인 문제나 출산장려, 혹은 우생학의 차원에서 탈피하여 욕망과 쾌락과 굶주린 성의 역사가 되어야 한다.

미개척 분야에서 시야를 열어 주는 것 이외에 무엇을 할 것인가? 이 책은 논문이 아니며, 한편으로는 성적인 굶주림과 또 다른 한편으로는 매춘의 구조, 행태, 이야기, 그리고 매춘정책 사이에 존재하는 밀접한 연결관계를 확인해 보기 위한 하나의 시론이다. 이를 위해 필자는 통령정부시대* 이후에 확립된 격리제도[5]가 점차적으로 붕괴되어 가는 시기를 연구의 대상으로 선택했다. 그 시기는 빠랑-뒤샤뜰레가 이론화시킨 규제주의적 제도가 흔들리고 우생학이라는 이름으로 행위의 감시체제가 세워지고 있던 때였다. 제2제정 말기와 제1차세계대전 사이에, 적어도 18세기의 계몽주의에 뿌리를 둔 법적 조치들의 규제가 기술들의 규제시대로 이행되어 갔다. 이것은 건강한 사회를 열망하던 20세기 사회의 개막을 예고하는 것이었다. 이 책은 또한 19세기의 매춘의 역사가 동시대를 이해하는 최선의 길이라는 신념에 그 기저를 두고 있다. 매춘의 언설은 따라서 집단적 광기의 교차점이며, 모든 사회적 불안의 교차점이기도 하다..

*1799-1804년. 브뤼메르(안개의 달) 18일 쿠데타(총재정부 체제를 뒤엎어 통령정부로 대체한 쿠데타)의 결과 성립된 정체기. 나폴레옹 보나파르트의 전제정치 서막을 열었으며, 그외 2명의 3통령이 정부를 구성했다. 나폴레옹의 황제 즉위에 의해 폐지됨.

마지막으로, 방탕이라는 말의 의미에 의문을 품는 사람들에게 그 말의 다면성을 숙고할 수 있는 여러 요소들을 제공해야 한다. 방탕이란 물론 성적인 굶주림에서 기인하는 소외의 한 형태이며, 또한 대책을 강구해야 할 위험한 사회 전복의 항거이자 위협이다. 특히 여성의 방탕과 관계될 때, 그것은 집단적인 〈사도매저키즘〉의 희생물로서 이 시대의 남성사회에서는 도저히 용납될 수 없는 행위가 된다. 이 책 말미는, 매춘사 편찬의 미비점을 보완하면서, 현대의 매춘(1914-1978)을 언급하고 있다. 그 목적은 매춘부들의 운동과 당시 그들이 보이고 있던 태도 속에서, 변혁의지와 신체의 관리라는 새로운 통제의 거부를 밝혀보고, 거기에서 비롯되는 매춘구조의 복고적인 경향이나 묵시적인 합의를 살펴보려는 것이다.

제 I 부

규제주의자들의 공창제 계획과 그의 격리된 세계

〈병사들의 단골 창가〉 Léo Taxil, *La Prostitution Contemporaine* 중의 삽화.

제1장 규제주의의 논설

1 빠랑-뒤샤뜰레와 규제주의

　빠랑-뒤샤뜰레[1]의 저서가 우리가 연구대상으로 삼았던 기간의 초엽보다 수십 년 앞선 것이라 해도, 그 책을 소홀히 한다는 것은 19세기 최후의 30년 동안에 전개되던 논쟁의 의미를 전혀 이해하지 못하도록 하는 우를 범하게 할지도 모른다. 사실상 통령정부시대 이후에 틀이 잡힌 규제주의제도에 있어서 단지 그 제도의 이론가만이 아닌 선구자로서 이 의사가 출현했던 것은 바로 칠월왕정의 초기였으며, 그는 이 제도의 가장 고귀한 선창자로 인식되어졌다. 제정시대와 복고왕정시대의 행정관료들이 지침으로 삼았던 다소 의도적인 제 원칙들을 빠랑-뒤샤뜰레는 통합·정리하였으며, 사회인류학의 훌륭한 연구체계를 세워 놓았다. 전체 구성의 일반적인 조화, 방대한 연구규모, 혁신적 방법론은 그의 저서가 광범위한 인식론적 영향력을 지니고 있으며, 거의 반세기 동안의 매춘에 관계되는 문헌들의 강력한 모델을 설명해 주고 있다.[2] 이 저술가의 개성이 이미 현대사가들의 관심을 끌게 되었다.[3] 다시 말해서, 제3공화국하에서 펼쳐지던 논쟁에 대한 독자의 이해를 도우려는 의도에서 간단하게나마 그의 사상적 윤곽을 본 연구범위 내에서 되새겨 보아야 한다. 그 시대는 규제주의제도가 사회적·정신적 구조의 격변이라는 타격을 받고 붕괴되어 가던 시대였다.

매춘과 매춘부들

　빠랑-뒤샤뜰레의 저서는 〈공식적인 매춘〉만을 언급하고 있는데, 그 이유는 이 저술가가 금전매수에 의한 사랑은 매춘분야에 있어서 충분하고도 명백한 자료를 제공하지 못하는 것으로 파악했기 때문이다. 따라서 그의 저서는 첩과 바람둥이 여자, 고급스런 비밀매춘부와는 관계가 없다. 베로처럼[4] 그러나 제3공화정 초기의 그의 추종자들과는 다르게 빠랑-뒤샤뜰레는 고정된 거주지를 소유하거나, 필요에 따라 세금을 납부하고, 시민으로서의 권리를 향유하며, 자신들의 집을 벗어나서는 품위 있게 처신하고, 이러한 근거로 행정당국의 감시에서 벗어나는 매춘부들을 자신의 연구대상에서 분리시켰다. 그의 말에 따르면, 바로 그와 같은 여자들은 지배계층에 대해 현실적인 위험을 나타내지 않으며 오히려 그녀들은 지배계급에 통합되어 버린다.

빠랑-뒤샤뜰레가 많은 장[5]에서 매춘의 존속성과 게다가 영속성을 강조하고 있다 해도, 매춘이 영구불변의 것이라고 판단하지는 않는다.[6] 그는 심지어 매춘이 시간성을 초월할 수 있다는 사실을 강하게 부인하기까지 한다. 이러한 점에서 경험적인 방법론의 적용과 주변의 역사에 대한 존중은, 그를 수많은 규제주의자들이나 오늘날 대부분의 사가들과 구별해 준다. 그들의 눈에는 매춘의 구조와 양태의 가정된 영원불변성은 현상에 대해 그들이 나타내는 무관심을 정당화한다.

대단히 오래된 재앙, 즉 매춘은 또 하나의 필요악을 형성한다.[7]『매춘부란 또 하수구나 도로·오물처리장과 같이, 남자들이 모여 있는 곳에서는 불가피한 것이기도 하다.』[8]『매춘부들은 사회의 질서와 평화 유지에 공헌한다.』[9] 하수구와 오물처리장의 남자[10] 빠랑-뒤샤뜰레는, 여기에서 이제 가장 순결한 성 아우구스티누스의 전통 속에 위치한다.[11] 그의 근심은 당시 세간에 대단히 광범위하게 퍼져 있던 오물과 그 독기에 대한 공포와 강박관념을 반영하고 있다. 사실 매춘부가 존재하지 않는다면,『성적 욕망을 가지고 있는』남자는『당신의 딸들과 가족을 타락시킬 것이며, 가정 내의 불화를 야기할 것이다.』[12]라고 그는 쓰고 있다. 당시 유행하던 생명기관설에 동조하던 빠랑-뒤샤뜰레는 매춘을 병든 사회의 육신을 지켜 주는 필수불가결한 배설현상으로 생각했다.[13]

사실상 거의 강조되지 않았던, 근본적으로 그의 뇌리에서 떠나지 않고 있었던 것은 그 자신의 말에 따르자면, 통제가 가능한 공적인 매춘의 존재도 베로[14]나 혹은 그의 추종자들이 도덕질서의 시대 동안에 관심을 가졌던 비밀매춘의 존재도 아니었으며, 바로 매춘부들의 삶 속에서 드러나는 매춘이라는 〈직업〉의 일시적 성격이었다.『그 여자들은 세간으로 들어와서, 우리를 둘러싸고 우리들의 집과 가정에 침입한다.』[15]라고 그는 불안스럽게 쓰고 있다. 그 불안은 프레지에가 〈타락한 계급〉, 혹은 동시에 〈위험한 계급〉[16]으로 동일시한 근로자계급의 존재가 당대의 저명인사들이 지니고 있던 불안과 완전히 동일한 불안의 기저를 이룬다. 이러한 견지에서, 가능한 한 모든 수단을 동원하여 매춘부들의 행위를 방지하고, 그 여자들이 〈직업〉을 그만두게 되었을 때 전염시킬지도 모를 악덕을 포착하기 위해서 먼저 그녀들을 잘 이해하는 것이 중요하다. 특히 여성의 성도덕에 직접적인 타격을 가하는 〈여자의 동성애〉에 적합하게 대처해야 한다.

빠랑-뒤샤뜰레가 생물학적 전염에 대한 공포를 격렬하게 강조했다는 사실에 주목하자. 그는 19세기말의 성병과 매독에 대한 공포를 확산시키는 데 공헌한 의사들의 선구자로 당연히 인정될 수도 있을 것이다. 실제로, 그의 저서 속에는 다음과 같은 주제들이 중요한 자리를 차지한다.『전염의 통로를 통해서 인간에게 파급될 수 있고, 사회에 가장 심각한 타격을 가져다 주는 모든 병들 중에서 매독보다 더 심각하고 위험하고 무서운 것은 없으며』[17] 이것은 페스트보다 더욱 나쁜 재앙이다. 그럼에도 저자의 객관적 시각은 저자로 하여금 사회 전체의 성병 발병률의 저하를 동시에 강조하도록 한다.[18] 매춘과 그에 의한 위협의 수용에 의거하여 빠랑-뒤샤뜰레는 〈공적인 매춘계급〉에 속하는 매춘부들에 관해 눈부신 문화인류학을 확립시켰다. 이 공적인 매춘계급은 사회와 동떨어진 존재로 정의된다. 이 계급은『지구의 다른 반구에 있는 나라들의 삶의 모습이 이질적이듯이』[19] 『동향인들의 풍속과 기호·관습 들과는 상당히 이질적인』사회의 외곽에 그녀들 스스로가 위치하는, 여성들로 구성된 〈별종의 집단〉[20]이다. 빠랑-뒤샤뜰레에 따르면, 바로 이러한 소외의 성격은 공창제도의 구상의 근거를 이루는 집단 속의 개인들, 즉 매춘부들에게서 기인하는 것이다. 이들 권력으로부터의 소외화는, 사실상 이들이 그 이전에 사회로부터 겪었던 소외에 의해 정당화된다.[21] 범죄처럼 매춘은 잠재적인 반사회성을 형성하고, 동시에 도덕적·사회적·위생적·정치적인 위협을 형성하는 사회적 기반을 구축한다.[22] 하수구에 대한 전문가인 빠랑-뒤샤뜰레보다 누가 매춘에 대한 연구를 더 잘 시도할 수 있었겠는가?

사회적 기반은 그러나 미분화된 마그마가 아니다. 근로자계급만이 존재한다고 생각하던 동시대의 사람들이 그 계급에 대한 공포가 가져오는 관찰력의 약화 때문에 그들을 정확하게 이해하지 못하는 데 반해서, 빠랑-뒤샤뜰레는 하수구에서 오랫동안 체류하면서 자신을 부추겼던 그와 똑같은 의식으로써 〈공적인 매춘계급〉을 분석하고 해부·분할하였다. 그는 그 매춘계급을 구성하고 있는 여러 계급들에 대해 아주 정확한 연구를 전개했으며, 그 결과 그의 기술은 20세기까지 끊임 없이 인용되고 있다.[23] 그러나 한편으로 그의 연구가 너무나 엄청난 권위를 지니고 있었기 때문에, 그 시대 유행의 변화를 잘못 인지시키면서 후세 연구가들의 시야를 흐려 놓기도 했던 것이 사실이다. 지상의 각 사회계급에는 거기에 맞는 지하사회의 카테고리가 있다.『가장 일반적으로, 가장 최상급에 속하는 매춘부들은 법대생들이나 의대생들·변호사들 중에서 자신들의 애인을 고른다······ 중급에 속하는 매춘부들은 모든 부류의 점원들과 특히 양복점 주인들 중에서 애인을 고른다······ 또는 이발사와 선술집의 떠돌이 악사, 그리고 보석·귀금속 세공사가 거기에 추가되기도 한다. 나머지 하급매춘부들이 모든 부류의 노동자들 몫이다.』[24] 이러한 등급은 요금의 다양성에서 유래하는 매춘부들의 상호 반목으로 표현된다.

기묘한 사회의 모방을 통하여 매춘부들의 각 카테고리가 고객층에 의해 결정된다고 빠랑-뒤샤뜰레는 강조한다.『특정계급의 남자들이 출입하는 이 각각의 장소에서 매춘부는 장인과 인부, 그리고 석공과 관계를 맺음으로써 그 계급의 관습이나 말투·수단이 몸에 배고, 따라서 관리와 함께 있는 경우에는 그 계급의 매춘부는 거북스러움을 느끼게 된다. 교육정도가 높고 고상한 품위를 지닌 계급들의 관습에 젖어 있는 매춘부의 경우도 마찬가지이다. 그 매춘부는 상스러운 사람들과 함께 있는 것을 싫어한다.』[25] 이러한 등급 사이의 단절은 사회적인 전염의 위험성에 대한 불안을 없애 주는 데 공헌한다. 그것은 부르주아적인 행동양식이 확산되어 가는 상황에서 계급간의 벽이 무너져 가는 데 대한 강한 불안감이다. 제3공화정 초엽에 규제제도의 제방이 무너지는 것을 바라보는 두려움은 최후의 규제주의자들의 비명 소리를 야기시키게 되었으며, 이 불안감이 바로 그 시대를 대변하는 정서였던 것이다.

매춘에 관한 진정한 분류학자인 빠랑-뒤샤뜰레는, 이제는 〈번호제 창부〉[26](등록번호를 부여받고 창가에서 사는 창부)와 〈감찰표를 가진 등록된 창부〉·〈병사의 창부〉·〈장벽의 창부〉, 그리고 마찬가지로 〈저급한 대지의 창부들〉(공사장 부근에서 고객을 유인하는 하급창부)에 이르기까지 정확한 기술을 전개하고 있으며, 어둠 속에서만 활동하는 이 〈저급한 대지의 창부〉는 너무나 치욕적인 것이어서『매춘의 기록에 삽입하기에는 부적당한』[27] 것이 될지도 모른다.

매춘에 이르게 되는 원인 분석과 행로 묘사는, 규제주의라는 언설에 대한 가정과 규제주의의 기초인 성행동의 자유를 비난하고자 하는 심오한 의지를 분명하게 보여 준다. 사람들은 〈무질서한 삶〉의 뒤에 이어지는 〈방탕〉[28]의 시기가 지나서야 〈공적인 매춘〉의 단계로 들어간다. 최종적으로 〈공적인 매춘〉은 타락의 절정, 즉 동성애[29]로 이어지는 위험성을 지니고 있다. 이러한 매춘에의 행로는 체질의 영향과 사회적인 메카니즘의 영향을 결합시킨다. 그것은 원래 타고난 방종과 나태의 습관에서 기인하며, 바로 그 숙명의 수레바퀴 속으로 들어가도록 부추기는 것은 정열이다. 매춘은 근본적으로 〈어떤 특정 부류의 여자〉[30]와 관계된다. 기본적인 두번째 요인인 방탕과 이어서 매춘으로 이어지는 경향은 가정환경에 좌우된다. 〈천한 출생 신분〉[31]을 지닌다는 것은 양친의 〈가정에서의 부부관계의 무질서〉[32]를 목격하는 것이며, 이것이 악덕으로 이어진다.[33] 그러나 빠랑-뒤샤뜰레는 또 빈곤함과 함께 저소득을 매춘의 요인으로 상기해 본다. 빌레르메는 공장지대 여공들의 부업적이며 단속적인 매춘행위의 빈번함을 여러 번 강조했으며, 우리가 참고하고 있는 사회주의자들과 모든 작가들처럼 작업장과 공장에서의 문란한 성행위를 개탄하기도 했다. 그때부터 매춘을 연구하는 사람들의 눈에는 실업과 여성의 저임금, 그리고 더욱 일반적인 의미로는 근로자의 빈곤함에 매춘의 주요한 원인이 있다고 이해하게 되었다.[34]

빠랑-뒤샤뜰레가 소묘한 매춘부상은 매춘에 관한 문헌 속에서 수없이 인용되었다. 앞에서 언급했듯이 그는 후세 연구가들의 관찰력을 흐려 놓았을 뿐만 아니라, 매춘부 자신의 행동을 부분적으로 밝혀냈다고 생각할 정도로 수많은 소설가들에게 영감을 불어넣어 주었다. 빠랑-뒤샤뜰레가 매춘부상에 대한 모든 전형적 틀을 만들지 않았다 해도, 매춘부의 미래의 영향력을 보다 쉽게 파악하기 위해서 그가 다시 모아 놓은 연관들을 열거하는 것이 바람직할 터이다.

이 매춘부상은 매춘부가 시대의 가치관에 반하는 모든 성격들을 지닌다는 중심 사상에서 구조화된다. 이것은 가치관을 자신의 것으로 동화시킬 능력이 없는 매춘부의 유아상태로부터 부분적으로 유래한다. 매춘부의 미성숙성이라는 연관은 알다시피 먼 훗날에나 보장될 것이다.[35] 그런데 미성숙은 성숙과 일반사회의 가치관의 수용 사이에서 고의로 일어나는 혼동에서 비롯된다. 매춘부, 그것은 우선 쾌락을 위해서 노동을 거부하는 여자이다.[36] 게으름과 나태함, 그리고 하루 시간표, 이 모든 것이 그것을 증명하고 있다. 침대에 죽치고 틀어박힌 채 매춘부는 누워서 일하는 것만을 생각하고 작업의욕을 떨어뜨린다. 매춘부는 또한 일정한 거주지에 정착하여 생활해야 하는 필요성을 느끼지 못하며, 따라서 노동의 필요성도 인식하지 못한다.[37]

매춘부는 이동성과 불안정·〈소란〉·〈동요〉를 구현한다. 빠랑-뒤샤뜰레의 눈에는 이것은 벌써 〈격리〉와 감옥의 필요성에 대한 근거로 보여진다. 움직임에 대한 매력은 춤을 좋아한다거나 기분의 불안정성, 혹은 산만한 주의력을 통해서 나타나듯이 빈번한 이동과 이행을 통해서도 나타난다. 빠랑-뒤샤뜰레가 여기서 그 모순점을 확인하고 있다 해도, 심지어는 일반적인 사회의 이동성 속에서도 그러한 이동의 경향이 보여진다. 왜냐하면 이동성은 부르주아계급에서와 마찬가지로[38] 매춘부의 한 계급에서 또 다른 계급으로의 이행의 의미를 잘 보여 주고 있기 때문이다.

매춘부는 또 무질서와 과도함과 부주의를 상징한다. 요컨대 매춘부는 질서 있는 생활과 저축을 거부한다. 이것은 매춘부의 실내를 보면 알 수 있다. 불결함은 매춘부 그 자체가 증거를 보여 준다. 과도함에 대해 말하자면 그것은 모든 종류의 지나침을 포함한다. 〈열기〉와 〈격정〉에 대한 타고난 순응성, 술과 음료수에 대한 지나친 욕구, 탐식, 게다가 탐욕과 그칠 새 없는 수다, 잦은 신경질 등이 바로 그것이다. 거의 드문 경우를 제외하고 매춘부들은 금전에 대한 절약을 무시한다.[39] 매춘부들은 불필요한 낭비벽을 많이 보여 주는데, 특히 꽃에 대한 낭비가 그것이다. 그들은 카드나 혹은 복권과 같은 오락에 쉽게 빠져 버린다.

특히 필자가 말하고자 하는 것은, 매춘부는 언젠가 〈동성연애자〉가 될 위험성이 있다는 것이다. 다시 반복하자면, 매춘부는 한편으로 성적 질서의 가장 확실한 보증임에도 불구하고, 또 다른 한편으로 그 성적 질서에 심각한 위협을 행사하기도 한다는 것이다. 빠랑-뒤샤뜰레가 보기에는 그러한 위험이 커지면 커질수록 여성의 동성연애는 치유할 수 없는 하나의 악이 되며, 외적 특징들에 대한 객관적 관찰만으로는 더욱더 밝혀내기 어려운 것이 된다.[40] 왜냐하면 클리토리스의 크기가 그에게 동성애에 관한 확실한 수치를 드러내 주지는 않기 때문이다. 따라서 그는 오랫동안 악의 요소를 분석하려고 애썼다. 게다가 그는 자신이 전념하던, 문자 그대로 매춘부의 성행위에 관한 연구들이 동성애에 국한되어 있다는 사실을 확인하기도 했다. 그밖의 나머지 것들은 정도에 따라 암시적으로 취급되었다. 동성애에 있어서 감옥은 유일한, 그리고 유용한 관찰장소이며 동시에 자연에 반하는 풍속의 확산을 조장하는 유해한 장소로서 관찰자의 눈에 비쳐진다.[41] 빠랑-뒤샤뜰레는 투옥중인 매춘부들의 소행을 엄중히 감시하고, 매춘의 대상으로부터 그들을 분리시키고, 다른 여죄수들을 그들로부터 격리시켜야 한다고 요구했다.

규제주의자들이 매춘부들에 대해 이구동성으로 인정하게 될 특성들의 카탈로그는 빠랑-뒤샤뜰레에 의해 거의 완전한 방법으로 확정되었다. 따라서 사람들은

19세기 전체를 통해서 타락한 여자들에게 확고부동한 종교적 감정을 고취시키고, 어린애들에 대해서 그들이 느끼는 애정을 강조하거나 혹은 시골에 대한 향수를 상기시켰다는 사실에 만족감을 느끼게 되었다.[42] 매춘부들에게 있어서 사랑의 감정은, 그들이 자신들의 〈정부〉나 동성애의 상대자에 대해 보여 주는 거친 애정을 통해 나타난다. 그들의 수치심은 경찰이 있는 장소나 다른 여자들 앞에서 탈의를 거부하는 것으로 표현된다. 끝으로 사회로부터의 소외가 그녀들 사이의 깊은 연대감과 자비심을 불러일으킨다. 간단히 말해서 정숙한 부인들과 신앙심 깊은 어머니들의 특성들을 지니고는 있지만, 그들이 영위하는 비열한 생활양식은 삶의 환희를 가로막는다. 그리고 그들의 특성들에 대한 열거는 부르주아적 여성관을 고무시킨다.

반대로 놀라운 것은, 빠랑-뒤샤뜰레의 저서에서 그려지는 바로 그 매춘부의 육체적인 면이 불명확하다는 것이다. 유행하던 골상학과 인상학의 이론들을 고려하면서 도덕적인 면들의 틀을 충실하게 반영하는 어떤 정확한 모델을 기대할 수도 있었을 것이다. 그러나 사정은 전혀 그렇지 않았다.[43] 관찰의 객관성과, 예를 들자면 키나 눈과 머리 빛깔에 관해 행했던 방대한 연구를 통해서 저자는, 매춘부들에게 엄청난 신체의 다양성이 존재한다는 결론을 내리게 되었다. 최종적으로, 매춘부들이 별도의 사회를 조직하는 것은 그들도 다른 사람들과 똑같은 개체들이기 때문이다. 우리가 잊지 말아야 할 것은, 빠랑-뒤샤뜰레가 매춘이라는 직업의 일시적 성격에 확신을 가질수록 매춘부를 더욱더 위험시했다는 사실이다.

당시에 퍼져 있던 편견과는 반대로, 그는 매춘부의 특수한 양상들을 나타내 주는 것은 매춘부의 클리토리스도, 소음순도, 질도, 항문도 아니라는 결론에 이르게 된다. 그들의 임신에 대한 재능, 아니면 수태능력은 그의 견해에 따르면 보통 사람들의 경우에 거의 뒤지지 않는다. 그리고 또 그는, 매춘부들에게서는 히스테리가 드물다는 사실을 확인하게 되었다. 더 훌륭한 것은 자신의 조사방법을 엄격히 적용함으로써 과도한 성행위가 수명을 감소시킨다는 당시의 지배적인 사상을 반박하기에 이르렀다는 것이다. 결국 그는 매춘이 특별히 건강에 해로운 직업이라고는 생각지 않는다.『그토록 과도한 방탕과 병들의 요인들에도 불구하고, 그들의 건강은 아이들을 낳고 가정에서 일하는 평범한 여자들의 건강상태보다 더욱 튼튼한 것이다.』[44]

육체적인 두 측면들만이 강조, 되풀이된다. 그 두 가지 중 하나는 탐욕과 나태한 생활태도, 그리고 고객의 기호에 의해 쉽게 설명되는 비만이며, 또 다른 하나는 쉰 목소리이다.⁴⁵⁾ 그 쉰 목소리는, 대중의 편견과는 달리 실제의 성교로부터가 아닌 사회적인 출신 성분과 지나친 음주, 추위 속에서의 장시간의 체류 등의 요인들에서 비롯되는 것으로 그는 생각했다.

묵인과 감시의 필요성

필요하지만 위험한 매춘은 그래서 묵인되기도 했지만 엄격한 감독을 받기도 했다. 감시의 목적은 지나친 모든 방종을 억제하기 위한 것이었다.⁴⁶⁾ 실제로 빠랑-뒤샤뜰레는 매춘 금지의 반대편에 서 있음을 선언했는데, 매춘 금지는 그에 따르면 역사에 의해 그 비효율성이 증명되었다는 것이다. 똑같은 방법으로 그는 자유주의자들의 입장을 비난했다. 과도한 자유는 방종이다. 수많은 사람들은 자신들의 미숙성 때문에 현실적으로 자유를 누리지 못하는 개인들이다. 매춘부들도 바로 이러한 범주에 속하는 것이다.

묵인과 감시의 필요성은 당시 프랑스식 제도라고 불리어진 규제주의의 세밀한 준비를 통해서 통령정부시대 이후에 나타났다. 이 방식은 다음의 세 가지 근본적인 원칙들에 입각해 있었다.

1) 아이와 소녀, 그리고 정숙한 여인들의 눈에 띄지 않는 〈격리된 장소〉를 만드는 것이 중요하다. 울타리는 사회로부터의 극도의 소외와 혼외정사를 허용한다. 울타리는 모든 방탕함을 억제시키는 하나의 방책이다.⁴⁷⁾

2) 이 격리된 장소는 항상 행정적 감시를 받아야 한다.⁴⁸⁾ 이 장소는 일반사회에서는 보이지 않지만, 그것을 통제하는 사람들에게는 분명하게 보인다. 감옥에 관해서⁴⁹⁾ 미셸 푸꼬가 강조한 빠높띠즘(죄수들을 한 장소에 몰아 놓고 독방에서 감시하는 원형 형무소 체제)의 의도는 규제주의의 거의 편집적인 방식을 표현한다.

3) 매춘세계를 효율적으로 통제하기 위해서, 이 세계는 엄격한 등급화가 이루어져야 하며 간막이로 구분되어야 한다. 모든 가능한 수단을 동원하여 연령과 계급의 혼합을 피하면서, 관찰과 동시에 행정당국의 지배가 용이하게 행해지도록 해야 한다.

이 제도는 분명히 계몽주의시대의 합리주의에 뿌리를 두고 있다. 그것은 학교와 극장·병원·묘지에서 나타나는 혼란을 제거하려는 계획이라 할 수 있다. 규제주의의 역사는 이후부터 매춘부들의 규율을 바로잡기 위한 끊임 없는 노력의 역사가 되었다. 〈매춘부들-여성 수도사들〉을 한 카테고리로, 그리고 착하지만 꼭

두각시처럼 순종하는 〈여성 근로자들〉과 특히 쾌락을 추구하는 나쁜 여자들을 한 카테고리로 만드려는 것이 바로 그 이상이다.

 이 원칙들의 적용을 위해 감옥제도라는 형태가 생겨났으며, 매춘부는 그 제도 내에서 매춘에 종사하면서 변화한다. 이 제도는 네 가지의 격리시설을 상정한다. 창가·병원·감옥, 그리고 최종적으로 갱생시설이나 보호시설이 바로 그것이다. 매춘부는 뚜껑이 덮인 신형차 속에서 이곳저곳으로 순회하게 된다. 빠랑-뒤샤뜰레는 이 신형차라는 매춘부의 격리시설에 커다란 중요성을 부여하고 있으며, 강조해야 할 것은 그 차의 사용이 독방식의 수인호송차[50]보다 앞선 것이었다는 사실이다. 그와 똑같은 방법으로 도형수의 대열은 사회 내부에 확산된 불법행위를 흡수·자극시키고 있었다. 유치장에서 감옥으로 이감되는 매춘부들의 이송 광경을 보기 위해 수많은 사람들이 자연스럽게 몰려들었으며, 이것은 어떤 의미에서는 은연중에 군중들 사이로 혼외의 성교섭을 전염시키는 경향이 있었다. 『수많은 사람들의 이목을 끌던 매춘부들의 행진에서, 거리의 부랑아들과 매춘부들은 자신들의 방약무도한 파렴치를 드러내 보이면서 병사들과 함께 가가대소하거나, 그들과 함께 제멋대로 나뒹굴고 있었다.』[51]

 이 제도의 핵심은 〈법률로 용인되는 창가〉이다. 이 제도의 이상은 바로 〈지정된 특정구역〉에서만 창가 영업을 허가하는 것이다. 이 제도를 통해 건물 자체가 일반 여성들의 시야에서 보이지 않도록 울타리는 더욱 견고하게 만들어졌고, 『사람들이 모여 있는 유해한 장소에서 단번에 전체를 파악할 수 있는』[52] 감시를 위한 원형 형무소 체제를 구상하게 되었다. 불행하게도 빠랑-뒤샤뜰레에 따르면, 이러한 구상은 그 제도 자체가 효과가 없었음을 보여 주는 것이기도 했다. 빠리에서의 제한구역 설정은 오히려 비밀매춘을 조장할 뿐이었다. 그래서 저자는 악덕의 존재가 행인들에게 직접 나타나는 것보다, 그 악덕이 감시로부터 벗어나는 것을 더욱더 두려워했다.

 아르시스 구역의 페이도 가에서 한 창가가 사람들의 눈을 피해 은밀히 설치되고 있었다. 후에 가서 가장 악명 높은 스캔들을 야기시키는 이 창가는 악덕을 집중시키고, 동시에 그 악덕으로부터 이웃 주민들을 정화시키는 기능을 지니고 있었다. 특정구역에서 용인된 창가를 개업할 때, 『무질서가 순간적으로 중단되거나 약화된다는 관찰이 있다. 매춘부들은 서로 자제하며 더 이상 흩어지지 않는다. 따라서 더욱 효과적으로 감시가 이루어지고 억압은 더욱더 용이해진다.』[53]

 폐쇄적인 공인창가의 경우, 이중장치로 되어 있는 문을 통해서만 그 안으로 침투할 수 있다. 창문은 창살과 잿빛 유리들로[54] 이루어진다. 높이에 의한 격리, 감시를 위해 가능한 한 1층과 중2층은 피해야 한다. 매춘부들은 아주 드물게 외출허가증을 받게 되고, 정기적인 검진이 창가 안에서 이루어지게 된다.

또한 법적으로 용인된 공인창가제도는 행정관리들에게 수시로 드나들 수 있는 권한을 부여한다. 매춘부와 고객이 만나는 방은 열쇠가 갖춰져서는 안 되며, 문에는 유리창이 끼워져 있어야 한다. 창가의 여사장과 부여사장은 지속적인 감시를 수행해야 하며, 상호간의 감시통제가 항상 서로에게 작용되도록 매춘부를 방치해서도 안 된다.

매춘부의 숙소는 권력의 대리인, 다시 말해서 〈창가의 여경영자〉에 의해 상하의 질서가 유지되고 보호되는 장소이어야 한다. 빠랑-뒤샤뜰레가 그 경영자에 대해 요구하는 자질은 경영자가 해야 할 역할들을 잘 보여 주고 있다. 그것은 한 기업의 최고 자리에 앉아 있는 부르주아층 부인의 자질들과 관계된다. 여경영자는 실내장식업자에게 돈을 낭비하지 않도록 가구의 소유주가 되어야 한다. 창가는 가능한 한 번성해서 여사장의 자립을 보장해야 한다. 창가의 유지에 있어 여사장은 남성적인 태도를 지니고서, 자신에 대한 특별한 존경심을 매춘부에게 심어 주어야 하며, 그렇게 함으로써 어떠한 종류로든지 행정기관의 대리인을 통한 자신의 영향력과 권위에 매춘부들을 순응시켜야 한다.『체력과 활력, 정신적·육체적인 에너지 등에서 지휘능력이 나오게 되므로 남성적이며 근엄한 관록이 창가의 여사장에게 요구되는 자질이다.』[55] 여사장은 자신의 남편이나 정부를 절대로 창가에 출입시켜서는 안 된다. 남자의 영향력은 실제로 경찰의 권위를 붕괴시킬 위험성이 있을지도 모르기 때문이다. 용인된 매춘은, 행정기관의 직접적인 통제하에 남자들의 성욕을 만족시켜 주어야 할 여자들의 사회가 되어야 한다. 고객도 아니고 풍기문란을 취급하는 경찰도 아닌 남성들의 실체는 매춘의 역할에 대한 혼란만을 불러올 뿐이다. 여경영자들이 자신들의 자녀를 최고의 기숙학교에서 교육을 받게 하고 있다는 사실을 빠랑-뒤샤뜰레는 확인한다. 일단 창가에서 손을 떼게 되면 여경영자들은 때때로 자선사업가나 상류층의 부인이 되기도 한다.

요약하자면 창가의 여경영자는 포주나 기둥서방과 정반대의 입장을 형성한다. 포주와 기둥서방은 비도덕적이며 유해한 존재들이다. 윤곽이 희미하고 잘못 규정되어 정확하게 그 실체를 파악할 수 없는 이 개체들은 〈방탕의 피조물〉들이다. 그들은 이러한 현상으로부터 끔찍한 위협을 나타낸다. 그들이 행정기관의 통제에서 벗어날수록, 그들은 경찰이 매춘세계에 행사하는 감시를 더욱더 방해한다. 따라서 아주 논리적으로 말하자면 창가의 개업을 장려해야 하며, 특히 〈비천한〉[56] 구역들에서는 그 수를 늘리는 것이 바람직하다. 그럼에도 불구하고 명석한 두뇌의 소유자인 빠랑-뒤샤뜰레는, 매춘부들의 상당수가 독자적인 길거리의 매춘부로 남기를 바라고 있기 때문에 그들을 통제할 수 없다는 사실을 인식하기에 이른다. 이러한 상황에서는—그리고 실제로 실행되고 있듯이—매춘부들에게 감찰표 소지를 의무화하면서 종래의 매춘행위를 계속하도록 인정해 주는 것이 더 바람직하였다.

불행하게도 창가는 이상적인 감시장소가 되지는 못했다. 빠랑-뒤샤뜰레는 매춘부의 숙소를 주야로 출입하여야 한다는 사실에 별다른 신경을 쓰지 않았지만, 그것은 언제나 경찰청의 경관을 대동해야 하는 부담스런 견학이었다. 그때부터 병원과 감옥이 규제주의 내에서 담당하는 모든 역할을 더욱 충실하게 수행했다. 보건위생관리가 경찰청의 설립 이후부터 빠리에서 공식화되었다. 특기해야 할 것은 바로 보건위생관리와 경찰청의 동시탄생이라는 점이다. 똑같은 성격을 함유하는 이 제도들은 제3공화정 초기 동시에 재검토의 대상이 된다. 빠랑-뒤샤뜰레는 검진을 행하던 무료진료소에 대해, 『인간의 관리라는 소명의식을 지닌 의사들이 의학으로 인간에게 공헌하는 순간부터 생겨난 가장 아름다운 보건위생시설』[57]이라고 격찬했다. 사실 빠랑-뒤샤뜰레에게 있어서—그도 역시 의사였다는 사실을 잊지 말자—의학의 기능은 우선 통제를 행하는 것이었다. 의학의 치료행위에 관해 말하자면 그것은 육체적인 면과 동일하게, 혹은 그 이상으로 정신적인 면도 고려해야 한다. 따라서 성병에 관한 사항들보다 매춘부들의 품행에 관해 의사들이 수집한 결과에 빠랑-뒤샤뜰레는 더 민감한 반응을 보였다. 결국 『환자들에게 육체적인 장점보다는 도덕적인 선을 선호하도록 하는 것』[58]을 치료의 원칙으로 삼았던 자끄멩 박사가 그의 눈에는 임상의의 표본으로 보였다.

이러한 제 원칙들은 빠랑-뒤샤뜰레의 병원론을 밝혀 주는 것이다. 첫번째로, 그의 병원론은 의학계의 주류를 형성하는 입장과 동일한 입장에 있지만 경찰행정당국의 견해와는 차이를 보이고 있다. 그는 성병에 걸린 매춘부들을 위한 특수병원의 설립을 요구한다. 그는 같은 병원에서 매춘부와 〈민간의 여인들〉이 뒤섞여 치료를 받고 있는 것과, 일반병원에서 성병환자를 취급하는 진료제도를 동시에 비난한다. 관찰의 장소이며 참회를 준비하는 장소로서, 병에 걸린 매춘부들을 수용하는 병원은 마땅히 그녀들 전용의 병원이 되어야 한다. 전체적인 구상

으로부터 또다시 격리의 필요성이 유래하며, 그것은 이상적인 병원상이 구조화
시키는 감옥의 모델과 연관된다. 바로 이 시기에 쌩-라자르 의료형무소가 설립
된다. 감옥에서와 마찬가지로 의료시설 내부에서도 매춘부들을 뒤섞어 놓지 않
는 것이 바람직하다. 병든 매춘부들의 세계는 취업중에 있는 매춘부들의 서열을
다양하게 반영해야 한다. 지표로서 출신계층과 출신지, 그리고 성적인 행동을 중
시하는 저자는 〈동성연애자들〉·〈하급창녀들〉·〈보통 창녀들〉·〈햇병아리 창녀
들〉과 시골에서 올라온 창녀들을 구분해서 격리시켜야 한다고 제안한다.

규제주의제도의 논리는 매춘부의 성병을 다루는 의사가 풍속담당부서의 지휘
하에 놓여 있어야 한다고 요구한다. 경찰이나 여사장, 혹은 여성 자선사업가와
함께 〈풍속담당의사〉가 이 제도의 한 구성요소가 되어야 한다. 빠랑-뒤샤뜰레가
그 의사에게 요구하는 자질은 풍속담당경관이 갖추고 있는 자질과 흡사한 자질
이다. 그 자질은 도덕적인 배려의 중요성을 보여 주고 있다. 『전혀 파손되지 않
은』[59] 품행이 방정한 남자는 성숙의 단계에 도달할 것이며, 혹은 적어도 『결혼이
라는 끈에 구속될 것이다.』 신중한 자세와 과묵함, 검진시의 겸손한 태도, 친숙
함과는 다른 형태의 부드러움 등이 의사의 도덕적인 사업추진에 도움이 될 것이
다. 의사는 특히 〈근엄함과 고귀함〉을 과장해서 보여 주어야 한다. 요컨대 자신
의 태도로부터, 그리고 자신의 태도를 통해서 의사는 자신이 대변하는 행정당국
과 타락한 고객들 사이에 존재하는 어떤 차이점을 상당히 강조해야 한다. 그렇
게 함으로써 그는, 매춘부의 소외화―이것이 규제주의의 전체적 구상이다―에 반
하는 모든 언행을 삼가게 될 것이다.

그러나 한편으로 빠랑-뒤샤뜰레는 성병환자에 대한 인간적인 대우를 강하게
요구했으며, 이것은 동시대 경험주의적 사회학자들을 고무시키는 박애주의적인
감정과 일치하는 것으로 보인다. 〈중대한 악〉의 희생자들에 대한 징벌에 반감을
가지고 있던 그는 신규제주의의 선구자가 되었다.[60]

감시제도의 확립은 그때부터 야만적인 방법으로 간주되던 소송절차를 무용지
물로 만들어 버린다. 징벌제도에서 일어나던 진보와 함께 또 하나의 진전이 이
분야에서 이루어지는데, 미셸 푸꼬는 그것을 명철한 방법으로 서술한 바 있다.

반대로, 빠랑-뒤샤뜰레의 저서에서 감옥은 규제주의의 필수불가결한 요소로서
나타난다. 감옥의 주된 목적은 과격한 행위를 수용할 수 있고, 매춘의 엄청난 확
대를 억제할 수 있는 지속적인 공포를 매춘부에게 심어 주는 것이다. 이는 제도
란 어떤 것이든 본질적으로 억압적인 성격을 띠고 있다는 사실을 강조하는 것이

다. 매춘이 형법상 위법적인 것이든 아니든, 세론이 생각하듯이 매춘이 『문명의 원리나 풍속과 가정의 이익, 사회적 외침, 어머니의 불안과』[61] 일치하는 이상 법이 그것을 어떻게 인정하는가 하는 문제는 거의 중요성이 없다.

매춘부에 대한 감옥의 기능은 다양하다.

1) 지속적인 위협을 통해 감옥은 매춘부에게 압력을 행사함으로써 병원이나 창가·무료진료소에서의 질서를 보증하는 기능을 한다.

2) 각 매춘부는 행정의 자유재량에 의해 그곳에 계속 머물게 되기 때문에 감옥은 매춘부의 세계를 연구하고 동시에 더 잘 감시할 수 있는 특수한 연구실이 된다. 거기에서 획득된 지식은 매춘의 확산을 억제하고 〈자연에 반하는〉 성행위의 증가를 막는다. 비천하지만 필요한 존재로서, 규제를 받는 매춘세계가 혼외정사를 한 곳으로 유인하고 매춘을 자연의 법칙과 일치시키려는 기능을 수행한다는 사실을 잊어서는 안 된다.

3) 그밖에도 매춘부들을 위한 감옥은(이 제도의 논리는 사실상 특수시설을 의미하는 것과 관계가 있다) 당시의 감옥들이 부여받은 일반적 기능들을 지니고 있기도 하다. 이 점에 있어서 빠랑-뒤샤뜰레의 저서는 광범위한 감옥론의 한 요소만을 취급하고 있을 뿐이며, 그의 감옥론을 여기서 분석한다는 것은 어쩌면 쓸모 없거나 불가능한 것인지도 모른다. 빠랑-뒤샤뜰레에 따르면 감옥은 인성에 깊숙이 내재해 있는 욕구를 끌어내며, 따라서 참회에 이르는 길을 준비시킨다. 지방으로 유배를 보내거나, 노동으로 근육에 피로를 가져다 주거나 구보와 같은 행진은 참회에 이르는 과정을 도와 준다. 그외에 설령 매춘부들이 고객을 상대하면서 불감증의 상태에 놓여 있는 것이 사실일지라도, 감옥은 더할 나위 없이 음란한 매춘부들의 성적 욕망을 진정시켜 주는 가장 좋은 방법이다. 빠랑-뒤샤뜰레의 논술은 여기서 19세기 말엽의 의사들과 위생학자들이 전개하게 될 캠페인, 즉 신체의 단련이 성적인 금욕을 실행하는 필수불가결 요소라는 캠페인을 이미 예고한 바 있다.

그럼에도 매춘의 필요성 그 자체는 이 점에 관해 특별한 문제를 제기하고 있다. 매춘부가 참회의 과정에 이르게 되면 그 결과는 어떻게 될 것인가? 자신들의 활동이 사회의 성적 질서 유지에 필수불가결하다고 생각하는 매춘부들로부터 바른 생활로 복귀하겠다는 동의를 얻어낸다는 것은 어리석은 일이 아닐까? 이 점에 있어서 매춘은 근본적으로 범죄와는 다르게 보인다. 그 두 세계는 분명하게 구별된다. 이러한 난제를 잘 알고 있는 빠랑-뒤샤뜰레는, 각 개인들을 교화시키는 과정에 있어서 이 제도가 지니는 가장 우수한 기능을 인식하게 되었다. 징벌제도는 무엇보다도 먼저 매춘부로부터 공창의 규칙에 복종하겠다는 동의를 얻어내야 한다. 비난할 만한 것은 무질서이지 매춘행위가 아니다. 『구류의 효과, 즉 피구류자의 교정은 매춘부들에게 있어서 경찰의 규칙에 대한 소극적 복종』[62] 이라는 사실을 저자가 환기시킬 때 징벌제도는 더욱더 명확하게 설명되어질 수 있다.

이런 시각에서 볼 때, 갱생의 과정과 자선사업을 하는 상류부인들의 역할은 이상하게도 한정되어 있었다. 그 부인네들이 규제주의의 전체 구상을 손상시키고 싶어하지 않았다 해도, 결국 그들은 극소수의 매춘부만을 구제할 수 있었을 뿐이며, 교회측의 입장에서 볼 때 자선사업을 통해서 그녀들은 제도의 기능을 정당화시켜 주는 역할을 담당했을 뿐이다. 자선사업을 하는 상류부인들은 궁극적으로 규제주의제도 그 자체에 반드시 필요한 인물들이었다. 이 부인들의 존재는 세인의 여론에서 규제주의에 반하는 세속적인 스캔들을 완화시켜 주었다. 면죄의 가능성을 그대로 놓아두면서, 참회의 과정과 보호시설의 개설을 병행하는 것—보호시설들은 그러나 극히 소수의 인원만을 효과적으로 수용할 뿐이다—은 복음주의에 젖어 있는 사람들이 이 제도를 쉽게 수용할 수 있는 요건이 되었다. 그러나 실제로 참회를 했다고 해도 규제주의자들이 세워 놓은 격리시설에서 매춘부가 쉽사리 빠져 나오지 못했다는 사실에 주목할 필요가 있다. 그 이유는 일반사회에 편입되어 〈사라져 버린〉 매춘부와는 달리, 참회한 매춘부는 단발에 투박한 모직물로 된 옷을 걸친 채 수도원을 본따 만든 보호시설 속에서 삶을 영위하고 있었다. 그리고 자신의 인생이 끝나가고 있다는 생각에 쉽사리 외부세계로 나가려 하지 않았던 것이다.

자선사업을 하는 상류부인과 투옥된 매춘부의 대면은 체계적 분석을 해볼 만한 대상이지만, 여기서는 그것을 다룰 여지가 없을 것이다. 연민의 감정을 불러일으키는 상당한 연령—정확하게 40세의 나이로서 성직자의 하녀가 될 수 있는 나이—에 이르게 되면, 아내와 어머니의 경우 성적인 충동을 억제하게 되는 바로 그러한 여성의 모습으로 나타난다. 빠랑-뒤샤뜰레는 투옥중에 있는 매춘부에게 모델로 제시된 여자의 언행을 들려 준다. 자선사업을 하는 부인이 매춘부에 대해 좋은 영향력을 행사하기 위해서는 매춘부의 친지들과의 교유를 금하는 것이 바람직하다. 이렇게 함으로써 여사장과 경관·풍속담당 의사, 그리고 자선사업을 하는 상류부인들이 바로 투옥된 매춘부들과 교유할 수 있는 유일한 사람들

이 된다.⁶³⁾

빠랑-뒤샤뜰레는 자신이 규정하고 있는 이 제도의 정당성을 제도가 가져온 결과 속에서 분명하게 발견한다. 그의 논조는 아주 빈번히 규제주의의 규칙을 격찬하는 진정한 찬가로 발전된다. 이 규칙들은 혁명 말기부터 매춘세계를 진정시키면서 동시에 그 세계에 커다란 변화를 가져다 주었던 것이다.『이제는 빠리 시내에서 구역질나도록 음란한 장면들을 보기가 아주 힘들다.』⁶⁴⁾ 결국 근로자계급의 성적인 방종을 진정시키는 것이 문제인데, 빠랑-뒤샤뜰레의 말에 의하면, 그들의 방종을 진정시키는 것은 그들의 충동적인 몸짓과 말투를 불러내는 요소들을 제거함으로써 이루어진다는 것이다. 성행동에 대한 이러한 교화가 알다시피 19세기 전반을 지배하던 과정, 즉 노동자계급 사이에서 확산되던 폭력의 감소를 동반했다는 점에서, 그리고 그 폭력의 감소에 앞서 도덕적 교화가 실시되었다는 점에서 필자는 교화를 중요한 것이라고 생각한다.⁶⁵⁾ 매춘세계에서 일어난 태도의 분명한 변화는 사회 전체에서 일어나고 있던 성행동의 변화를 반영한다. 마찬가지로 부르주아 가정의 특정 가치관들이 조금씩 확산되어 노동자세계⁶⁶⁾에 흡수·통합되고, 그에 따라 노동자계급의 성행동도 小부르주아계급의 모델을 통해서, 그리고 사생활의 개선을 통해서 조금씩 영향을 받게 되었으며, 이것이 특히 매춘의 분야에도 강한 영향을 끼쳤다.

그러나 더 정확히 말하자면, 빠랑-뒤샤뜰레가 인지한 변화들이 지금 당장 무엇을 통해서 어떻게 나타나고 있는가? 매춘부에 대한 여러 규칙의 적용, 입원과 수감, 강제노동 등은 매춘부계급에 진정한 변화를 가져다 주었으며, 이 변화는 『빠리에 들어오는 모든 외국인들』⁶⁷⁾의 놀라움을 자아냈다.『오만하고 도발적인 시선, 단정치 못한 의상, 음탕스런 몸짓과 태도, 끊임 없이 되풀이되는 싸움을 빠리에서는 더 이상 볼 수 없었다. 그곳에서는 더 이상 외설스런 대화도, 공포감을 불러일으키는 고함 소리도 들리지 않았다.』⁶⁸⁾ 특히 매춘부들은 자신들의 특징을 이루던 〈소란〉과 〈동요〉를 부분적으로 상실해 버렸다. 동시에 위생학에 대한 개념이 널리 확산되었다. 잘 알다시피 이 모든 것은 참회한 매춘부들의 증가와 함께 빠스뙤르 교정원의 성공을 촉진시켰다.

그럼에도 불구하고 하나의 걱정이 남아 있다. 그것은 대중적으로 확산된 비밀 매춘의 존재이다. 이 점에 관해서 빠랑-뒤샤뜰레는, 베로와 프레지에, 그리고 뽀똥 박사가 지니고 있던 강한 불안감에 관해 언급을 회피했다. 그에게는 결국 하나의 제한된 현상이 필요했다. 경험주의에 토대를 두고 또 그 원리에 충실했던 그는, 단시간 머물러 가는 창가의 형태가 자신이 원래 구상했던 용인된 창가제도와는 거리가 먼 것이었다 해도, 행정당국에 그 제도 내에서 타협하고 또 그러한 창가를 인정하라고 충고했다. 이어서 사신검열소를 구비하고 있는 캬바레와 술집이 조성하는 위협의 문제가 남아 있다.[69] 빠랑-뒤샤뜰레는 그 위협의 문제를 폭로했지만, 규제주의에 대한 그의 낙관적 시각 때문에 그 문제는 별다른 불안감을 초래하지 않았다.

인식론적 영향력

이것이 본 연구의 직접적인 목표가 전혀 아니라 해도, 빠랑-뒤샤뜰레의 규제주의론과 19세기말에 행해졌던 매춘연구의 인식론적 영향력을 강조하는 것이 바람직할 터이다. 인문과학의 탄생과 함께 인문과학이 감시와 징벌에 대한 행정적인 배려에 어느 정도 연결되어 있는가 하는 문제를 더욱 명확하게 규명해 주는 것은 이 영역에 대한 연구밖에는 없기 때문이다. 빠랑-뒤샤뜰레의 장기간에 걸친 조사연구의 궁극적 목적은, 행정당국이 영향력을 쉽게 행사할 수 있도록 당국에 매춘에 대한 지식과 감시의 테크닉을 심어 주자는 것이었다. 그는 처음부터 그것을 확실하게 표명했다.『인간들에 대한 통치가 필요하게 될 때 그들의 나약함을 인식하고, 그들의 특성을 이용하여 지배하는 것이 필요하다.』[70] 그가 권장하는 매춘가 설치의 취지는, 반복하자면 우선 매춘부에 대한 관찰과 실험을 용이하게 하려는 것이었다. 관찰을 위해 폐쇄하고, 알기 위해 관찰해야 하고, 감시를 위해 이해해야 하고 권력의 내부를 장악해야 하는 것, 이것이 바로 그 저자가 구상하고 있는 것들이었다. 그리고 이 저서가 유토피아에 대한 반대명제로서, 그리고 경험적 사회학 최초의 주요서적으로 간주되는 것은 이러한 관찰 제일주의적 입장에서 유래한다.

수량과 분류에 대한 집착이 항상 빠랑-뒤샤뜰레가 행했던 연구과정의 특징을 형성한다. 그 자신의 고백에 따르면『내가 취급하고자 시도했던 모든 점들에 관해서 수량적인 결과에 도달하는 것』[71] 그것이 바로 방법론적인 주요 관심사였다.『내가 통계학이라고 부르게 될 이 방법이…… 얼마 지나지 않아서 일반적으로 채택될 것이다.』[72]라고 그는 부언한다. 그는 자신의 통계적 방법이 의학분야에서 빨리 채택되기를 바랐다. 그 이유는『과학으로서의 의학은 아직 존재하지 않지만, 그것과 관계되는 모든 면에 있어서 수학적 방법의 적용을 통해서 의학은 자연과학 중에서 가장 실증적인 과학이 될 수 있다.」[73]라고 생각했기 때문이다. 빠랑-뒤샤뜰레가 정교하게 가다듬은 조사기술의 현대화 또한 통계적인 방법에 못지 않게 위대한 업적으로 평가된다. 매춘부들에게 등록시에 기입하도록 제안하는 질문서의 작성, 개선된 감찰표제도, 개인적인 신상명세서 작성의 개선, 그리고 지속적인 확인작업에 대한 집착,[74] 이것들이 바로 그가 가져온 조사기술의 현대화를 보여 주는 것들이다. 개혁에 대한 그의 열의는 결과를 제시하는 도표 속에까지 나타나 있으며, 통계학 서적 속에 등장하는 막대그래프도 그의 공으로 돌려져야 할 것이다.[75]

더욱 흥미로운 것은 매춘세계에 대한 관점을 조명해 주는 다양성에 있다. 인류학적·민족학적·언어학적·문화사회학적·사회지리학적·의학적인 그의 분석들 중에서 그 어느것도 어둠 속에 방치되는 것이 없을 정도이다. 서명을 이용하여 그가 헌신한 문자의 보급률에 관한 연구의 발전은 그가 그 분야의 선구자임을 예시해 주고 있으며, 또한 그것은 역사가들의 최근에 행했던 연구결과와 정확하게 일치한다.[76] 그의 연구서들은 매춘부와 고객의 성교섭에 관한 행동만을 누락하고 있는데, 이것은 매춘부와 고객이 있는 그 주위에 출입이 금지된 사람들의 입장을 참작해 보면 쉽게 설명될 수 있다. 그러나 그것이 누락되어 있다고 해서 그를 비난하는 것은 전혀 시대착오적인 발상일 것이다.

그때부터 궁극적으로 매춘연구에 몰두했던 연구가들이 빠랑-뒤샤뜰레가 제시한 모델을 자유로이 이용하면서 진정한 대전서를 쓰기에 이르렀다. 그 대전의 방대함은 제한선거왕정기의 문헌에 거의 정통하지 못한 현대 독자를 아연실색케 할 수 있을 정도로 엄청난 분량이었다. O. 꼬망쥬가 1876년에서 1886년 사이에 비밀매춘에 관해[77] 이룩해 놓은 방대한 작업은 따라서 빠랑-뒤샤뜰레의 저서를 참조했기에 가능한 것이었다. 그런데 빠랑-뒤샤뜰레가 제시한 모델은 너무나 구속적인 것이어서 매춘의 사회학은 당초의 방법을 고수하게 되었으며, 예를 들면 르 쁠레학파의 모노그래픽적인 기법을 소홀히 취급하였다. 사법권력의 간섭을 벗어나서 행정의 자유재량권이 효과적으로 발휘되기 위해서는 지나친 방탕을 저지·억제시키고, 또 그것을 한 방향으로 집중시켜야 하는 것, 이것이 바로 빠랑-뒤샤뜰레와 이어서 베로에 의해 전개된 규제주의의 이상이었다. 행정당국·경찰·군대에 의해 뒷받침되는 이 제도는, 교회의 암묵적 동의를 얻어내는 방식을 취함으로써 당연히 세인들의 비난을 받게 되었다. 즉 징벌이론과 마찬가지로 처음부터 일단의 자유주의자들로부터 비난을 받았다. 그럼에도 불구하고 이 방식을 가다듬은 여러 규칙들과 그 규칙들을 지지하는 사회적 세력이 흔들리기 전까지는, 즉 공화정이 승리를 거두기 이전까지는 이 방식은 근본적으로 재검토되지 않았다. 그리고 마침내 사회 전반에 걸쳐 성행위에 다양한 변화가 일어나며, 이러한 변화는 20세기 초엽의 엄격했던 규제주의방식에 완화를 가져왔다.

2 불안감의 증대와 제도의 강화

보불전쟁의 패배와 빠리 꼬뮨 이후에 규제주의 이론은 일신되고, 그 방향이 바뀌게 된다. 30년 이상 동안 빠랑-뒤샤뜰레의 저서는 연구가들의 참고문헌이 되었다. 1857년, 전문가들이 그의 사후의 후원 아래 모이게 되는데,[78] 감히 그 주제에 관한 자신들의 논문을 발표하지도 못하고서 그의 유작을 세상에 내놓는 것으로 자족하고 있었다. 그런데 이 연구자들이 1871년과 1877년 사이에 수많은 중요 작품들을 출간함으로써[79] 그들 이론의 괄목할 만한 성장을 보여 주었다. 보수적이고 자유주의적인 부르주아계급은 제정의 환락과 빠리 꼬뮨의 학살에 대한 속죄양을 필요로 하면서 동요현상을 보이고 있었으며, 부르주아계급을 짓누르고 있던 염세론적 상황 속에서 규제주의의 구상은 이 제도의 실패가 명약관화한 것임에도 불구하고 더 가혹하게 추진되었다. 그때부터 잠재적인 위협으로서가 아니라 출렁거리는 파도로서 나타나고 있던 성행동에 대한 가혹한 억압이 펼쳐졌다. 매춘에 대한 불안감의 증대는, 당시의 사회적·정치적 변화가 도덕질서의 세계* 속에서 야기하는 깊은 공포심을 반영하고, 동시에 그 공포심을 떠맡고 있었다. 규제주의론이 제정시대와 제한선거왕정기 동안에 가다듬어진 기본적인 분석과 틀을 충실하게 지키고 있었다 해도, 그것은 당시 또 다른 별도의 차원을 열망했다. 매춘에 관한 문학이 바로 그 시대의 불안을 가장 현저하게 드러내 주고 있었다.

* 〈도덕질서〉(l'ordre moral)란 정통왕조파 브로글리가 1873년 5월 26일 보수적·교권적 정책에 대하여 언급한 명칭이며, 가톨릭교회를 지지하며 왕정복고를 목표로 하였다. 여기서 의미하는 〈도덕질서〉의 세계란, 왕당적 입장(부르봉 정통왕조파나 오를레앙왕조파)의 사람들로서 민중과 사회주의 세력의 대두를 두려워하고, 〈가족·재산·종교·질서〉를 존중하며, 기본적 정치자세로서 공화주의를 거부하는 가톨릭 성직자·전통적 지주·금융자본가 들의 상층 부르주아를 사회적 기반으로 하는 명망가층의 세계라 생각해도 좋을 것이다.

규제주의론의 영속적 효력

규제주의를 가장 충실하게 신봉하던 사람들조차도 그 제도의 부분적인 실패를 인지하고 있었으며, 따라서 그 제도는 다음과 같이 강화되지 않으면 안 되었다. 즉 감시방법이 개선되어져야 했다. 실패의 요인은 제도 그 자체에 있는 것이 아니라 당초에 그 제도의 그릇된 운용에 있었다. 따라서 근본적으로 그 제도를 파기할 필요는 전혀 없었다. 빠랑-뒤샤뜰레 저서의 내용은, 후진들의 연구를 구속하는 요인이 되고 있었기 때문에 문제의 근본적인 개혁과 반성에 착수하기 위해서는 이브 귀요[80]의 저서가 출현하기를 기다려야 했다. 1889년, 뢰쓰 박사는 빠랑-뒤샤뜰레가 최초로 착수했던 눈부신 인류학 시리즈를 종결하는 책을 집필했는데, 그때에도 그는 여전히 50여 년간 전래되어 온 빠랑-뒤샤뜰레의 모델에 집착하고 있었다.

규제주의에 관한 저서들의 총목록 속에서 매춘은 불가피하고 치유될 수 없는 악으로서 줄기차게 기술되었다. 헤브루 민족의 과거와 고대 로마 혹은 중세시대의 역사에 할당된 논술들은, 현상에 대한 초역사성을 설명해 주는 과거시대의 욕망과다중을 항상 표현하고 있었고, 이것이 칠월왕정기 저작들의 특성을 이룬다. 성 아우구스티누스나 성 바울의 문헌[81]을 필수적으로 참조했다는 사실은 그 제도가 교회의 보증을 필요로 한다는 것을 의미했다. 병원과 경찰·감옥의 행정관계서류의 개선과 조사방법의 개선은 한층 더 정확한 연구를 가능케 해주었으며, 따라서 매춘부에 관한 인류학은 그 위력이 거의 줄어들지 않았다.

매춘의 원인에 대한 분석[82]은 상세하고 예리해지면서 동시에 빈약해졌다. 빈곤과 실업, 그리고 사회적 구조를 들추어내는 모든 설명에 관해서 본능우위설이 이제는 분명하게 자리잡았다. 〈음탕한 체질〉·〈도락에 대한 욕망〉, 그리고 타락에 대한 유전적 경향 등이 매춘의 원인에 있어서 결정적인 요인이 된다. 나태함과 오만은 악덕의 또 다른 주요한 원천을 형성한다. 사회현상을 고찰할 때, 노동자계급을 착취하고 여성이 위치해 있는 상황을 이용하는 사회악은 불행하게도 아주 드물게 강조된다. 기아는 매춘행위의 첫째 요인이 될 수 없다. 이 점에 있어서 제3공화정의 규제주의자들은 제한선거왕정기의 박애주의자들과 구별되며, 위고의 고통예찬주의와도 상당한 거리가 있다. 사람들은 〈사회적 변화〉를 비난한다. 매춘론은 따라서 19세기 중엽 유명인사들의 끊임 없는 불평을 선동하는 모든 틀의 반향이 된다. 가정에서의 부친의 권위 실추, 무신론과 자유사상의 침투, 교회의 영향력 저하, 여러 공공기관의 의견에 대한 이의, 경찰의 억압을 더욱 어렵게 만드는 자유주의 사상의 발전 등이 세론의 관대한 허용과 함께 규제주의의 논조 속에서 끊임 없이 제시되고 있었다. 노동자계급의 위험한 전염성을 심화시키는 지나친 사회적 유동성, 신분의 확인을 어렵게 하고 대중들 사이에 퍼진 화장과 같이 사치의 맛을 부추기는 의복의 균일화, 정치적 격변, 〈순간적인 쾌락〉을 조장하는 찰나주의의 침투 등, 바로 이러한 현상들에 대한 힘찬 고발이 그 세기의 전반에 교묘하게 세워진 방파제들을 무용지물로 만들어 버리면서 사회적 변화를 바라보는 저자들의 강한 불안감을 증명하였다.[83] 물론 산업화의 폐해도 자주 지적되지만, 근본적으로 산업화가 공장에 가져다 주는 혼잡한 집단에 대한 개탄이 필요하다.

매춘부상은 지난 세기 전반에 만들어졌던 것과 거의 똑같은 형태로 오랫동안 남아 있었다. 저자들은 놀라운 끈기로써 매춘부들의 주거부정과 수다·음주, 특히 압쌩뜨 술의 탐닉, 탐식, 도박에 대한 열정, 게으름과 거짓말과 분노의 경향에 주목한다. 사람들은 도덕적인 어떤 자질들을 즐겨 강조한다. 특성은 매춘부의 연대의식과 아이들에 대한 애정, 의사 앞에서의 수치심과 특히 깊은 신앙심 등이다. 매춘부의 꽃에 대한 풍취에 동물들, 특히 새와 개에 대해 갖고 있는 애정이 추가된다.

그러나 후기의 규제주의자들이 끈질기게 강조하는 드문 변화들 속에 문신의 감소와 위생관념의 발달이 나타난다. 여전히 빠랑-뒤샤뜰레 저서를 참조하면서, 후기 규제주의자들은 동성애의 빈도수를 아주 빈번히 상기하는데, 그 빈도수는 과거와 같은 강한 불안감을 결정해 주지는 않는 것 같다.

단 하나의 중요한 변화는 매춘부가 애국심을 지니고 있다는 테마의 갑작스런 출현인데, 주지하다시피 그 테마는 모빠쌍의 《비곗덩어리》나 아름다운 여인 이르마[84]에서부터 레옹 블로와[85]에 의해 환기된, 쌩-깔레의 창가에 사는 영웅적인 불로뜨에 이르기까지 미래의 풍요로운 문학작품의 탄생을 예고해 주었다. 오쏭빌 백작은 빠리의 어린이들에 관한 조사를 벌일 당시 매춘부의 이러한 감정을 강하게 지적했던 최초의 인물로 간주된다.[86] 도덕의 안정을 보증하기 위해서, 그리고 부르주아 여성들 사이에서의 간통의 증가와 음탕한 행위들의 확산을 막기 위해서 다소간 의도적으로 공창을 찬양하려는 욕구를 거기서 포착할 수 있다. 애국심은 종교적 감정과 마찬가지로 타락한 사람들에게 있어서도 전혀 훼손되지 않은 상태로 남아 있기 때문에, 이것은 아마도 애국심의 깊이를 보여 주려는 욕구를 나타내는 것일지도 모른다.

규제주의 이론의 영속적 효력은 창가를 고양시키고, 그 창가의 필수불가결한 성격을 강조하는 방법 속에서 드러난다. 창가에 대한 찬양의 빈도수가 많아질수록 그것을 확인하게 될 것이다. 오모 박사는 『젊은이들에 의한 창가의 포기』[87]를 개탄한다. 가랭 박사는 여경영자의 권위가 증대되고, 매춘부에게 창가를 떠날 자유를 제한시켜 주기를 원한다.[88] 『용인된 창가는 매춘규칙의 토대이며…… 그것은 경찰에게 있어서는 악을 감시·억제하고, 이렇게 해서 비밀매춘에 타격을 가할 수 있는 가능성을 부여하면서 그 악을 국지화시킬 수 있는 효과적인 수단이 된다.』[89]라고 르꾸르 박사는 재확인하고 있다. 마르세유의 매춘부 모델로부터 영감을 얻은 미뢰르 박사는, 그 여자가 그 이후에 공식적으로 인정된 유일한 매춘부가 되기를 희망한다.[90] 그의 견해에 따르면, 이것은 위생의 안전을 희망하는 고객을 창가로 끌어들이는 결과를 가져올 것이다.[91] 이보다 5년 후에 뢰쓰 박사는 용인된 창가의 증대를 위해 노력해 줄 것을 행정당국에 다시 요구한다.[92]

초기의 규제주의자들이 지침으로 삼았던 막혀 있는 것과 보이지 않는 것에 대한 집착을 다시 볼 수 있다. 가랭이 흡족하게 지적하고 있듯이, 리용에서는 매춘부가 무료진료소를 찾아갈 때 타인의 눈길을 끌지 않도록 애써 조심해 줄 것을 당부했다. 『예방은 매춘부들에게 똑같은 길을 지정해 주고, 또 어두운 색의 의복을 착용하도록 지시하는 차원까지 도달한다.』[93]

쌩-라자르 의료형무소에 대한 막씸 뒤 깡[94]의 목가적 묘사와 갱생시설에 할당된 찬양은 역시 규제주의 이론의 영속성을 나타낸다. 보수주의자들의 특징인 속죄에 대한 열망은, 참회가 당시의 질서가 되어야 한다는 사실을 설명해 주고 있다. 오쑹빌 백작에게서 현저하게 나타나듯이, 규제주의는 타락한 여자들을 위한 갱생의 활성화에 더욱더 그 기반을 두었다. 행정의 감시는 사실상 자선사업을 가능케 해준다. 자선사업이 없다면 자선사업을 하는 상류부인은 악덕에 대한 영향력을 행사하지 못하고 그 악덕 위에 남아 있을 것이다. 병원과 의료형무소, 더 나아가서 감옥에서 매춘부는 길거리나 셋방에서는 도저히 만날 수 없는 이 상류부인들과 쉽게 접촉할 수 있다. 매춘부들이 〈여자 수도원〉이라고 조롱삼아 부르는 보호시설에 대한 묘사가, 그 어느 때보다도 수도원의 모델로부터 분명하게 영감을 받았다는 사실을 첨가시켜 보자.

매춘문제의 확대

그러나 규제주의의 영속적인 효력 이상으로, 앞에서 언급한 규제주의의 사상이 확산되었다는 사실을 강조하는 것이 바람직할 터이다. 당시의 관심사들 중에서 매춘문제에 대한 관심의 고조와, 초규제주의를 세워 보려는 일단의 사람들의 욕망을 잘 이해하려면 1871년의 빠리 폭동으로 거슬러 올라가야 한다.

매춘에 관한 빠리 꼬뮨 당시의 작품은 대단히 모호하다. 왜냐하면 원칙적으로 그의 반규제주의는 시당국측의 금지정책의 기도와 현실적인 면에서 무정부주의자의 부추김을 동시에 동반했기 때문이다. 어찌되었든 폭동기간 동안의 거리에서의 방종문제, 쌩-라자르나 롸이얄 가에 설치된 바리케이트에서의 〈소란〉, 경찰청에 불을 지르는 〈대화재의 중개자들〉[95]인 매춘부―석유방화인의 신화, 사토리 군용기지의 광경에 대한 묘사들, 이러한 것들이 규제제도의 지지자들에게 행정적 감시의 중요성을 절감케 했던 것이다. 그 지지자들에 의하면, 꼬뮨의 경험은 오히려 경찰에 의한 더 강력한 규제체제를 마련하는 토대가 되었다. 이 점에 대해서는, 5월말부터 풍속을 다루는 경찰의 『즉각적인, 다시 말해서 아무런 이의 없는 재구성』[96]이 성급하게 이루어진다. 행정당국이 그 경험으로부터 끌어낼 수 있는 장점들을 인식하고 있던 르꾸르는 제정말기에 자신이 착수했던 책에다 몇몇 단원들을 서둘러 추가시킨다. 그에 비하여 모리악 박사는 매춘학의 강의에서 그 사건이 빠리의 발병률에 미치는 영향력을 즐겨 역설한다.[97]

매춘은 일반적으로 그 이전에 비해 훨씬 더 큰 영향력을 지니게 된다. 매춘의 논의에 대한 이러한 증대는 1871년부터 두드러지게 되었으며, 10여 년 후의 세론의 캠페인들보다는 상당히 앞선 것이었다. 거의 악몽에 가까운 막씸 뒤 깡의 분석은 당시의 규제주의자들의 사상을 과장하면서 그것을 대변하고 있었다.[98] 사회 밑바닥의 부패된 부분으로서 매춘은 곰팡이처럼 제2제정 동안에 사회 전체에 스며 들어갔다.[99] 이제 19세기 초엽에 예상되었던 묵은 공포가 노동자계급에 의한 타락으로써 매듭지어진다. 방탕한 여자와 특히 창부의 부상, 그리고 사회구조 내에서의 악덕의 순환은 〈사회적 문란〉을 야기시켰다. 부르주아계급을 짓누르고 있었던 비관론 속에서 막씸 뒤 깡은 자신의 독자에게, 사회의 이러한 분위기는 방파제를 부수어 버리는 거대한 밀물과, 그 밀물의 확산과 관계가 있다는 사실을 암시해 주었다. 제도의 불안정성과 자유주의 사상의 지나친 확산에서 기인하는 사회 전체의 이러한 무기력증은 천벌의 당위성을 인식시켜 준다. 사회 전체의 무력화는 삶을 급히 즐기려는 쾌락의 욕망을 야기시키고, 이러한 욕망을 이용하는 매춘부는 사회 전체를 짓누르는 죽음이라는 위협의 화신이자 상징이 된다. 무엇보다도 도덕적 질서의 회복, 다시 말해서 매춘세계에 대한 규칙의 적용만이 사회를 건강하게 치유시킬 수 있다.

우리는 따라서 빠랑-뒤샤뜰레식 규제주의의 낙관적 시각에서 멀리 떨어져 있다. 사람들이 그때까지 〈사회의 밑바닥〉을 억압하는 것만으로 만족해 있었고, 거기에는 또 약간의 성과가 있었기에 이후부터는 사회의 밑바닥에 더 이상 위협이 남아 있는 것처럼 보이지 않았다. 또한 최후의 규제주의자들은 경찰의 감시를 확대하는 것이 필요하다는 견해를 가지고 있었다. 〈악덕의 사회적 순환〉[100] 앞에서의 강한 불안감은 매춘에 관계되는 문헌 속에서 매춘문제를 부상시킴으로써 여실히 증명되고 있었다. 제2제정기에 이미 두드러지게 나타나고 있었던 사창의 존재가 야기하는 공포는 까를리에[101]의 저서가 보여 주고 있듯이 빠랑-뒤샤뜰레파가 소홀히 취급했던 불안감을 계승하고 있다. 되풀이하면 그 공포는, 그 규칙이 실패했다는 의식을 드러내 주는데, 그렇다고 해서 옹호자들이 그 제도 자체를 비난한 것은 아니었다. 사창들로부터 〈침략〉을 받고 있다는 느낌은 부르주아 사회에서의 성의 해방에 관한 모든 사상이 불러일으키는 공포를 분명히 표현한다. 간통, 자유스런 풍속, 방탕, 악덕과 매춘 사이의 경계는 애매모호한 것이 되어 버렸다.[102] 바로 이러한 모호성 때문에 막씸 뒤 깡이 빠리 한 도시에만도 12만 명의 매춘부들[103]이 있다고 계산하기에 이르렀고, 뢰쓰 박사는 1889년 당시에 10만 명 이상의 매춘부가 존재했다고 생각한다. 비밀매춘과 그 위험성에 대한 연구, 즉 〈모든 체제화에 반항하는 집단〉[104]에 대한 분석은 디데이 박사가 자신의 저서에서 쓰고 있듯이, 이후 규제주의와 신규제주의의 최대의 테마로 남아 있었다. 그런데 반면에 공창제폐지론자들은 공인된 창가의 폐해를 열심히 강조하고 있었다.

동시에 초기의 규제주의자들이 소홀히 취급했던 첩도 관심의 대상이 된다. 샤또-공띠에에서 그 문제를 연구하던 오모 박사에게 있어서 첩은, 특히 소도시에서 위험한 존재로 나타난다. 〈토지의 아이〉인 첩은 사회와의 관계를 계속해서 유지한다. 『그녀의 어릴 적 친구들은 다른 사람들이 없는 상태에서 그녀에게 말을 거는 것을 두려워하지 않는다. 그녀는 자신이 고용하는 노동자들을 자기 집에서 맞아들인다.』[105] 그녀는 사치와 오만의 모델을 형성한다. 그래서 샤또-공띠에에서는 그후부터 바로 비밀매춘부들이 젊은이들에게 성의 기초를 가르쳐 주었다. 실제로 그 젊은이들은 〈음란한 광경〉[106]을 보려는 목적 이외에는 더 이상 창가를 찾지 않았다. 매춘부들이 통제된 특별지구 이외에서 쾌락과 혼외정사를 벌인다면 그것은 가장 심각한 위협 중의 하나가 될 것이다. 노동·절약·행복이라는 가치관에 대립되는 오만·사치 그리고 쾌락이, 반복하자면 그 기능이 분명하게 구별되지 않는 첩과 공인되지 않은 매춘부에 의해 구현되고 있었다.

후기 규제주의자들의 저서는 전사회의 부패 원인으로서 매춘이 인체 전반에 미치는 악영향을 정확하게, 그리고 엄밀하게 강조한다. 건강에 대한 위협, 정확히 말하자면 위생에 대한 위협의 문제를 그들은 더 많이 다루었으며, 과거보다 더욱더 위생의 권위를 지지하고 있었다.[107] 의사들의 저술에 대한 르꾸르의 수많은 참조는 신규제주의의 싹을 틔우는 이러한 경향을 암시하고 있다. 콜레라가 매독으로 대체되고, 성병은 이후부터 위험한 계급에 의한 전염이라는 위험성을 상징하게 된다. 이러한 사실에서 매춘은 인류의 미래에 있어서 끔찍한 위협을 형성한다. 그래서 인간의 퇴화에 대한 사상이 제기되는데, 그 사상은 성병의 위협에 대한 세기말의 캠페인 속에서 절정에 이른다. 당시로서는 그것은 유전성 매독이라는, 혼인율과 출생률에 영향을 미치는 문제와 관계되는 것이었다. 매춘과 매춘이 요인이 되는 발병률이 군사력을 위협한다는 사실을 고려하지 않더라도, 인구의 감소는[108] 곧바로 국방력의 저하를 가져온다는 사실을 환기시켜 준다. 무조 박사는 『육체적·도덕적 타락에 직면하여 가증스럽게도 무관심한 태도를 견지하는 국가는 자녀들수의 감소와 각자의 체력의 저하를 방치할 것이며, 필연적으로 더 인구가 많고 강한 국가들의 먹이가 될 것이다』[109]라고 생각한다. 그 독일인의 위협에 의해 생겨난 수많은 공포감은 세기말의 인구증가에 대한 대캠페인을 부채질하게 된다.

그런데 도시화가 확산되면서 예상되었던 발병률의 상승과 함께 혼인율과 출생률의 저하를 가져왔던 것은 바로 반도덕성, 특히 매춘이라는 현상이었다. 돈으로 매매되는 사랑은 젊은이들을 결혼에서 멀어지게 했으며,『그들은 성욕을 쉽게 만족시키고, 따라서 자신들의 표현에 따르자면 결혼생활보다 더욱 즐거운 방탕을 그만두게 될 때에는 아쉬움마저 느끼게 된다. 왜냐하면 결혼을 하지 않음으로써 그들은 가장으로서의 위치에서 갖게 되는 모든 근심거리에서 벗어날 수 있기 때문이다.』[110] 게다가 매춘의 영향은『젊은이들에게 나쁜 버릇을 붙여 주고, 이것은 조만간 가족 내의 융합을 깨뜨리며 부부간에 지켜야 할 존경심에 상처를 준다.』[111] 마지막으로, 비밀매춘은 젊은이들의 때이른 방탕을 허용한다. 이 현상은 오모 박사에 따르면, 제2제정기 이후에는 증가하지 않았지만 방탕을 저지른 이후 그들의 생식력을 약화시키고, 심지어는 불임성이라는 치명적인 타격을 가할 위험성도 있다. 『생명의 원천 속에서 오염된 듯 허약해져 가는 인류의 이름으로』 『상류계급의 보호를 위해서』[112] 막씸 뒤 깡은 빠리에서의 경찰청의 절대적인 자유재량권을 요구한다.

매춘으로 인해 건강을 위협받는 부르주아계급은 재산상의 위협을 받고 있기도 했다. 〈망쟈르드〉(아귀도에 떨어진 여자)[113]·〈牛頭人身의 여자 괴물〉(무엇이든 다 먹어 버리는 것)[114]·〈낙지〉(성가신 사람)[115]·증권의 점화부, 혹은 자본가의 배수구, 〈식인귀〉로 불리는 매춘부들은 더 이상 귀족계급의 자손들을 파산시키는 것에 만족해하지 않는다. 매춘부들은 그 이후부터, 자본가계급의 어머니들이 자녀들의 공인된 창가에의 출입을 다행스럽게 생각하던 시절을 그리워할 정도로, 어머니들의 공포의 대상으로 묘사되어진다. 언뜻 보아서 사람들이 가장 안정적인 지위로써 고려하는 〈돈〉[116]의 이러한 〈이상한 흐름〉은 방탕스런 여자와 모든 비밀매춘부들에 의해 부분적으로 결정된다. 게다가 『합자회사와 출자분담이 연애의 세계로 확대되었으며』[117] 여러 명의 정부가 공유하고 있는 한 명의 〈낙지〉를 먹여 살리기 위해서 돈을 갹출하게 된다. 그래서 『같은 침대에서 당일 별다른 질투심도 없이 양가의 아들과 양품점 점원과 뜨내기 배우를 만나게 된다』[118] 사회적 문란의 원인이자 상징인 〈성도덕의 문란〉은 근본적으로 규제주의자들에게 강박관념을 불러일으키기까지 한다.

비밀매춘이란, 만일 주의하지 않는다면 사회 전반에 성행위의 일반화를 만연시킬 위험성이 있을지도 모른다. 그것은 〈도덕적 질서〉를 주창하는 규제주의자들에게 있어서 가장 심오한 지침이었던 부르주아계급 여성들의 순결성과 관계되는 두려움이었으며, 그래서 이것이 초규제주의의 출현 이유를 설명하고 있는 것이다. 초규제주의의 공인된 목적은, 공적인 매춘이나 비밀매춘을 더 이상 통제하는 것이 아니라 일체의 혼외정사적인 행위를 통제하는 것이다. 그것은 규제주의 구상의 논리적인 귀결이었다. 전투적인 공창제폐지론이 고개를 들게 되는 순간에도 병세는 악화되어 갔다. 빠리 꼬뮨 직후의 정세는, 고급창부와 방탕스런 여자의 증가로서 상징되어진 시대인 제2제정기의 여러 양상들의 청산과 관계되었기에 이러한 계획에 상당히 유리한 작용을 했다는 사실을 언급해야 한다.

빠랑-뒤샤뜰레와 함께 자신감에 가득 차 있던 규제주의의 논설은 따라서 그 시대 자본가계급의 모든 강박관념을 반영하였으며, 그 강박관념의 교차점이 되었다. 규제주의의 논설은 부르주아계급에게 새로운 것에 대한 불안감을 가져다 주었는데, 이것은 근본적으로 성적인 면에서의 변화에 대한 강박관념이었다. 그리고 개방된 성이 이제는 풍속과 방탕·매춘으로 고의적으로 혼동되어 가정과 아내의 정절, 소녀의 순결, 그리고 혈통과 종족의 순결에 대해서 하나의 위협을 행사하고 있었다. 규제의 포기는 노동자계급의 성관리의 종말을 의미하는 것일지도 모르며, 부르주아 가정에 대한 전염의 위험성을 증가시킬 수도 있었다.

하층계급이 지배계급에게 특히 매춘을 통해서 확산시켰던 해악에 대한 반응은, 따라서 제한선거왕정기 이후부터 근본적으로 변화되었다. 물론 거기에는 생물학적 전염성에 대한 두려움이 상존하고 있다는 사실을 우리는 알고 있다. 그 이외에 재산과 부인들의 성적인 순결성에 위협을 가한다는 의식은, 노동자계급의 폭력의 빈발성을 야기시키는 육체적인 공포를 대체했다. 19세기 중반부터 대중의 폭력 감소와 비합법적 행위의 점진적인 감소가 이러한 변화를 설명해 주고 있다.

바로 이러한 의식들이 규제주의의 구상을 악화시켰다는 것은 조금도 놀라운 사실이 아니다. 그래서 제반 규칙들의 적용은 당연히 행정과 경찰의 전횡을 동반하였다. 행정과 경찰의 전횡은 1877년 5월 16일 이후와 마찬가지로 1874년에도 정치적인 영역 속에서 영향을 미치게 된다. 이런 의식에서 출발하여, 규제주의의 옹호파와 공창제폐지론자들 사이에서 격렬한 논쟁의 대상이 되었던 매춘론은 필연적으로 정치적인 영역으로까지 비화했던 것이다.

극단적인 치료법

체제의 전복을 위협받고 있다고 느끼는 한 사회의 불안이나 어지럼증을 극복하기 위해 고려되는 치료법은 수없이 많다. 검열의 속박에서 어렵게 벗어나는 소설이 그 불안감을 겨우 묘사하기 시작함으로써 그것을 떠맡게 되었다.

가랭[119]은 리용에서, 쟈넬[120]은 보르도에서, 마찬가지로 마르세유에서는 미뢰르가 매춘문제에 대한 사법권의 개입을 항상 거절하고 경찰의 자유재량권을 법률로서 보장하기 위한 입법권의 개입만을 고려하고 있었으며, 그들은 또 전국토에서의 규칙의 통일화를 요구했다. 쟈넬과 미뢰르는 심지어 국제적인 보건위생법의 검토를 희망했다. 이 두 사람은, 크록 박사와 롤레 박사가 1887년 빠리국제의학협회에 제출한 보고서 속에서 제안하였으며,[122] 이어서 1873년 비엔에서 개최되었던 협회의 멤버들이 제안한 공식적인 요망사항들을 다시 손질하였다. 비엔 회의의 준비를 위해서 미뢰르 박사는 《위생·도덕, 그리고 법률과 연관된 매독과 매춘》[123]에 관한 두터운 저작을 집필한 바 있다.

좀더 후에 나오게 될 뢰쓰의 저서와 마찬가지로 이러한 저작들 속에서, 우리는 매춘을 감시하는 임무를 띤 여러 행정기관들 사이의 유대가 긴밀해지기를 바라는 어떤 욕구를 발견하게 된다. 《규제주의적인 여러 제도의 이러한 집중》에 대한 모델이 리용에서 실현되었다. 『보건위생과는 뤼제른느 가에 있는 舊경찰서의 2층에 자리잡고 있는데, 이곳에는 아직도 경관이라는 직함이 존재한다. 그 층계의 계단은 그 층을 두 개의 부분으로 나눈다. 그 층의 한편에는 시찰관실과 회계과, 병이나 죄로 인해 검거된 매춘부들의 유치장이 있으며, 또 다른편에는 검진에 할당된 전용부속시설이 있다.』

『그 이외에도 건물의 꼭대기에는 저속하게 바이얼린이나 못으로 불리는 유치장이 있는데, 그곳에서는 경범죄를 저지른 여자들이 야영용 침대에서 나흘까지 구금된 상태로 있을 수 있다.』[124]

이에 반해 미뢰르는 마르세유에서 『매춘을 취급하는 모든 부서들, 즉 검진을 위한 무료진료소와 유치장과 치료소 등이 가능한 한 매춘지구와 인접해서 집결될』[125] 수 있는 〈특수의료시설〉의 설치를 강력하게 요구한다. 저자는 매춘지구 설정의 지지자이며, 매춘이 공인된 창가 내로 한정되어야 한다는 사고의 지지자였기 때문에 그의 제안은 격리체제의 거의 유토피아적인 모델이었다. 연령별 카테고리로 다시 나뉘어지는 〈특수의료시설〉의 기숙생들은, 자신들이 병 때문이든지 강제로 억류되었든지간에 시설 내의 작업장에서 노동을 해야만 한다.[126]

1887년에 델라보스트 박사는 쎈느 강 하류의 매춘부들 전용의 매춘부 감옥과 무료진료소, 그리고 병원의 재편성을 촉구하게 되었다. 이 시설들의 총체는 〈일종의 보호시설〉을 형성하며, 시설의 『이러한 집중은 거의 돈을 들이지 않고 개수가 가능한, 임대되지 않는 낡은 공장에서 저가로 수행될 수 있을 것이다.』[127]

마지막으로 뢰쓰는 1889년에 매춘부의 등록과 감시·억압은 3위일체의 일관성이 있어야 한다고 주장하였다. 『매춘문제에 있어서는 목적과 방침의 통일성이 사실상 근본적으로 필요한 것이다.』[128]라고 그는 쓰고 있다.

규제주의제도의 확산은 바로 이러한 전문가들에 의해 고려되어졌다. 1871년과 1873년 사이에 프로방스에서 전개된 경찰의 대활약 효과에 고무된 미뢰르는, 당국이 더욱 〈단호하고 억압적인〉[129] 수단을 써야 한다고 주장한다. 1871년과 1873년에 시작된 두 개의 시조례 시행은 실질적으로 마르세유의 매춘을 공인된 창가 내로 한정시키는 데 성공했다. 이러한 〈봉쇄〉는 매춘부들의 시외로의 이동을 수

반하였기 때문에, 예를 들면 바르 지역과 같이 인접해 있는 지역의 도의회와 시장들은 마르세유와 유사한 조치를 취하기에 이르렀다.

가장 열띤 논쟁은 수부와 병사·걸인·여행자·노동자·공무원과 관계가 있으며, 또 그들이 창가의 출입시에 성병에 걸릴 경우에 대비한 그들의 격리와 관계가 있는 것이었다. 게뺑 박사[130]에 의해서 1846년부터 대중화되었던 격리라는 이 낡은 사상은 1850년 가제뜨 메디칼誌 속에서 디데이[131]에 의해, 그리고 제2제정 동안에 그밖의 많은 사람들을 통해서 격찬되었다.[132] 또 1867년 빠리협회에서 레이[133]에 의해 되풀이되었으며, 1873년의 비엔협회에서 더욱 단호한 방법으로 제기된 성병으로부터의 격리문제가 오모 박사와 가랭 박사, 그리고 마찬가지로 쟈넬 박사[134]에 의해 다시 언급되기에 이르렀다. 사실 쟈넬 박사는 노동자도, 여행자도 그 격리제도에 강제로 순응시킬 것을 고려하지 않았다. 그러나 그는 『성병에 이르게 된 남성의 격리와 치료를 위한 격리병원의 창설』[135]을 제안했다. 오모 박사는 더욱 야심적인 구상을 내놓는다. 그는 1872년에 『육군·해군, 그리고 군수산업에 종사하는 다양한 노동자 등』의 남성들을 위한, 그리고 마찬가지로 상선의 선원, 『부랑자·죄수·형사피고인들』[136]을 위한 검진을 주장한다. 그러나 오모 박사는 격리제도를 검토해 본 끝에 『대공업분야(수공업공장·근대적 공장·철도·광산 등)에 고용된 민간노동자들』[137]을 그 제도에 강제로 순응시키려 했던 당초의 계획을 철회했다. 노동자계급 사이에서 확산되던 매독을 감시하려는 욕구로부터 사회의학의 구상이 묘사된다. 사실상 이것은 당장 노동자계급 이외의 다른 계급들을 전염으로부터 근본적으로 보호하려는 것과 관계가 있는 것이었다.

공화정시대 초기의 규제주의의 기본을 더욱더 잘 드러내 주는 것은, 매춘을 감시한다는 구실 아래 모든 형태의 혼외정사를 억압하거나 적어도 통제하려는 경향이 있는 규칙들이다. 1872년에 오모 박사는 첩들의 행위를 위장매춘으로 간주하면서 모든 첩들의 등록을 요구하였다.[138] 물론 그 발상은 새로운 것은 아니었지만, 스트라스부르의 스트롤 박사와 같이 그런 발상에 대한 조치를 검토하고 있던 사람들은 아주 빈번히 그런 발상을 거부해 버리곤 했다. 오모 박사의 견해에 따르면, 사회는 첩의 위험성에 대항하여 자신을 보호해야만 한다는 것이다. 『이 유해한 환경의 영향으로 얼마나 많은 젊은이들이 결혼의 기회를 놓치고 있으며, 얼마나 많은 가정들이 불화를 겪고 있고, 얼마나 많은 재산들이 탕진되고 있는지를 오늘날 우리는 보고 있지 않는가?』[139] 게다가 그러한 조치에 대한 도덕적인 타당성은 오모 박사의 눈에는 그 이전에 뽀똥 박사에 의해 서술된 규제주의의 원칙에 의거할 때 명백한 것으로 보인다. 뽀똥 박사에 따르면 『악덕은 결코 자신의 파렴치로부터 제거되지 않는 것 같다.』[140] 당시 전개되던 초규제주의의 구상은 결혼할 때까지의 개인의, 특히 여성의 모든 성행위에 대한 압력이나 감시를 예측하는 것이다. 그리고 이것은 매춘에 대한 투쟁이라는 명목하에 이루어진다. 딸이 돈으로 거래되는 성행위에 빠지는 것을 바라지 않는 부모들에게 보내는 미뢰르 박사의 아낌 없는 충고를 경청해 보자. 『사물에 대한 첫인상을 정말로 느끼게 되는 나이』[141]인 네 살이나 다섯 살부터 『언어에 있어서와 마찬가지로 행동에 있어서도 주의를 기울이도록 밤낮으로 딸을 감시하는 것이 현명할 터이다……』[142] 그 딸의 사회적 지위가 어떠하든지간에, 정확하게 말하자면 그 딸의 양친의 사회적 지위가 어떠하든지간에 어릴 때부터 딸에게 수공 노동을 시키는 것이 불가피하다고 느껴진다…… 일하는 여자가…… 단정치 못한 생각을 품게 되는…… 경우는 드물다』[143]라고 미뢰르 박사는 마르세유 지역의 매춘에 관한 저서 속에서 쓰고 있다. 학교에서는 소녀들에게 도덕교육을 시켜야 할 것이다. 그리고 『여러분의 딸들에게 사치에 대한 기호를 억제시켜야 한다.』[144]라고 그는 〈신세대〉의 어머니들에게 주문한다. 그러나 애석하게도 소녀의 가게와 공장에의 출입이 가장 극복하기 어려운 일일 것이다. 그녀는 거기에서 자신의 적인 남자[145]를 만나게 될 것이다. 이상과 같은 보고를 더 계속할 필요는 전혀 없다. 공상적인 이야기는 이미 잘 알려져 있기 때문이다. 여기에서 규제주의적인 저작들은 혼전의 성행위를 억압하는 전체적인 기도들을 반향한다. 다른 한편으로 의학이 추구하고 있었던 이러한 혼전 성행위의 억압은 베르띠용 박사가 시도한 캠페인이 보여 주고 있듯이, 21세 이전에 생식기를 사용할 경우의 끔찍한 위험성을 포고하기 위한 것이었다.[146]

더욱 독창적인 것은 디데이 교수의 규제주의이다. 이 교수는 매춘의 기능을 명철하게 인식하였으며, 논리정연한 사회학적 분석의 토대 위에 자신의 사상을 확립시켰던 유일한 연구자였다. 그가 비록 탁월한 매독학자라 해도, 그는 매춘의 증가를 더 이상 저차원적인 본능의 만족이나 악덕의 유혹과 연결시키지 않았으며, 일부일처제 결혼이라는 실체에 연결시켰다. 이러한 이유로 그는 매춘에 대해 비난을 멈추고, 매춘을 쉽게 접근할 수 있는 친숙한 것으로 만들어야 한다고 대단히 논리적으로 요구했다. 그는 자신의 냉철함과 명석함으로 인해 동료들로부터 고립되었고, 공창제폐지론자들의 비판을 받았으며, 규제주의자들로부터도 부인되었다. 그는 매춘이 지니는 〈사회의 보호〉라는 역할을 확대시키는 것을 두려워하지 않는다.『도덕이라는 입장에서 보게 될 때 매춘은 당연히 비난을 받아야 한다. 그러나 인간의 본성에 있어서 가장 억제할 수 없는 욕구들 중의 하나인 성적 욕망의 만족에 우리의 사회구조가 가져가는 장애물과, 거기에서 파생하는 반목과 불화·스캔들·부정행위와 범죄를 예방할 수 있는 문명화된 사회의 유일한 수단으로써 매춘은 용인된다.』[147] 따라서『남자라는 부류를 붙잡을 수 있도록 매춘을 조직화시키고, 매춘의 바람직한 기능을 보장해 주어야 한다. 그렇게 함으로써 파멸을 초래하게 될지도 모르는 치명적인 음란한 행위로부터 사회는 그들을 부부 화합의 방향으로 이롭게 바꾸어 주고, 남자는 매춘이라는 것에 대해 스스로 만족하게 되는 것이다.』[148] 그런데 이것은 장래성이 없는 이론이다. 규제주의는 덜 세속적인 것처럼 보이는 논술 위에서 자신의 존속 근거를 확립한다.

*　　*

　　디데이 박사의 경우를 제외하고, 규제주의의 논설은 현상의 근원에 대한 전통적 분석에 충실했다. 규제주의는 본능원인설을 최고의 가치로서 강조한다. 매춘부像은 적어도 제한선거왕정기에 시작되었던 틀과 일치하는 것으로 남아 있었다. 당연히 고려될 수 있는 치료법은 항상 규제와 감시였다. 그러나 빠랑-뒤샤뜰레가 오물의 문제만을 취급하는 데 전념했었고, 특히 억제시키고 국지화시켜야 할 지하를 흐르는 위협에 대한 치료에만 집착했었기 때문에 〈도덕질서〉를 지향하는 규제주의자들은 이후부터 전체 사회집단의 성문제와 관계되는 문제에 몰두하게 된다. 이런 사실로 인해서 매춘은 주요한 관심사가 되었다. 규제주의의 논설은 이후부터 자신의 기초가 되고 있었던 성에 대한 전반적 억압이라는 구상을 공공연히 인식시키기에 이르렀다.

　　소설 속에서 매춘문제의 갑작스런 출현은, 매춘에 대한 공포라는 표현보다는 바로 전문가들의 저작 속에서 볼 수 있는 매춘에 대한 강한 불안감에서 기인한다는 사실은 명백하다. 여러 양상을 통해서 《나나》는 꼬뮨시대 이후의 규제주의를 위협하던 악몽에서 생겨난 창부였다.[149]

제2장 규제주의의 격리된 세계

서론 〈수치스런 직업〉의[1] 여자들

공창이 되어가는 절차

여성은 등록이라는 제도를 통해 공식적으로 용인된 매춘세계로 들어간다. 그녀는 등록을 함으로써 공창의 매춘부가 되며 창가로 들어가든지, 혹은 독자적으로 자신의 매춘행위를 실행하든지를 스스로 결정할 수 있다. 전자의 경우 매춘부의 이름이 창가의 여경영자의 장부에 기재되며, 따라서 그 매춘부는 소위 〈번호가 매겨진 창부〉로 불리어진다. 후자의 경우에 매춘부는 카드를 발급받음으로써 행정당국에 의해 〈감찰표를 지닌 매춘부〉로 간주된다. 그러나 이러한 등록을 했다고 해서 그것이 직업인으로서의 어떤 신분을 의미하는 것은 전혀 아니다. 왜냐하면 매춘은 하나의 직업으로서 인정되지 않았고, 일단의 규제주의자들이 서슴 없이 군대체제와 같은 것으로 비교하고 있었기 때문이다. 그런데 매춘의 경우 군대와는 달리 부분적으로 행정적인 제재의 자유재량권을 확립시켰기 때문에 이러한 차이를 구별하는 것이 상당히 중요한 문제가 된다.

등록절차는 도시에 따라 다양하게 나타났다. 그러나 자발적으로 등록을 하는 매춘부들과 행정기관에 의해 강제등록을 하는 매춘부들을 항상 구별해서 취급하는 것이 바람직할 터이다. 빠리의 경우 자발적인 등록은 그 절차가 간단했다. 지원자가 출생증명서 사본을 가지고 경찰청 제1국 제2과에 출두해서 등록을 요청한다. 제2과의 과장대리가 신청자가 기혼인지 미혼인지, 부모의 직업이 무엇인지를 묻는다. 신청자는 자신이 부모와 항상 함께 살고 있는지의 여부를 분명히 밝혀야 하며, 그렇지 않은 경우에는 따로 살고 있는 이유를 제시해야 한다. 신청자는 또 언제부터 빠리에 살고 있는지, 자녀가 있는지, 그리고 그 자녀를 부양해야 할 의무가 있는지를 밝혀야 한다. 마지막으로, 어떤 동기로 등록을 결심하게 되었는지를 설명해야 한다.

신청자는 이어서 경찰청의 무료진료소에서 건강진단을 받게 된다. 필요한 경우 경찰은 신청자의 출신지역 시장에게 조사를 의뢰하고 진술내용을 확인한 다음 서류를 작성한다. 기혼자의 경우에는 풍속담당과에서 남편을 소환한다. 이러한 절차가 끝나면 신청자는 자신의 선택에 따라 창가에서 직업을 수행할 것인지, 아니면 독자적으로 일할 것이지를 결정할 권리가 있다. 이 점에 관해서 주목해야 할 것은, 빠리에서는 창가의 여경영자들이 이전과는 달리 등록을 위해 더 이상 매춘부들을 경찰청에 데리고 가지 않았다는 사실이다.

강제등록은 더욱 복잡한 절차를 요구했다. 특히 지고 조례가 적용되던 1878년 10월 15일부터 절차는 더욱 복잡해졌다. 등록을 필하지 않은 매춘부가 호객행위를 하다 현장에서 적발·체포될 경우, 관할구역의 경찰서장은 〈지체 없이〉[2] 그녀를 심문한다. 이것은 그녀가 저녁에 체포되었을 경우에 그날 밤을 유치장에서 보내야 한다는 사실을 암시한다. 경찰서장은 그녀를 석방할 것인지 야간수용소로 보낼 것인지를 결정하며, 그 결정에 따라 그녀는 경찰청의 유치장으로 보내져서 독방에 수감된다. 풍속담당과의 과장대리는 그녀를 취조한 후에 직원이 작성한 구두기소장에 서명을 시키고, 검진을 위해 무료진료소로 보낸다.

매춘부가 성병에 걸려 있는 경우, 그녀는 쌩-라자르 의료형무소로 이송된다. 만일 그녀의 건강상태가 양호하고 초범이라면, 그녀는 관대한 처분으로 훈방될 것이다. 그 반대의 경우, 즉 재범이라면 경찰의 결정을 받아들여 즉석에서 등록을 해야 한다. 등록으로부터 파생되는 행정적인 의무 복종에 대해 이의를 제기하거나 거부할 경우에는 유치장으로 이송되어 그곳에서 최종 결정을 기다려야 한다. 과거에 실행되었던 것과 달리, 최종 결정은 더 이상 심문담당 경찰서장의 소관이 아니었다. 최종 결정은 이론상으로는 『경찰청장이나 혹은 그 대리인, 제1부국장, 심문담당 경찰서장』의 세 명으로 구성된 위원회에 달려 있다. 그러나 실제로는 제2과 과장이 두 명의 경찰을 배석시켜 최종 결정을 내리는 것이 관례였다. 등록을 필하지 않은 매춘부가 성년인 경우, 심문자들은 사실상 심문담당 경찰서장의 의견을 최종 결정에 반영하는 것으로 만족해한다. 매춘부가 미성년자일 경우, 그녀는 반드시 위원회의 결정에 따라야 한다. 풍속담당과는 이때 매춘부의 조서를 작성한다. 풍속담당과는 시장의 중재를 통해 가족들과 연락을 취한다.³⁾ 그리고 이 과정은 그 미성년 매춘부가 〈법에 복종하는〉 매춘부, 다시 말해 공창으로 완전히 인정될 때까지 상당히 오랜 기간을 필요로 하는 절차의 시작일 뿐이다.

풍속담당과의 경관들이 매춘부를 잘못 체포했을 경우, 커다란 파문을 몰고 왔다는 사실은 분명하다. 수도의 어느 거리에서 저녁에 경찰의 실수로 체포된 〈정숙한 여인〉은, 관할구역의 유치장에서 깡패나 부랑아 들과 함께 그날 밤을 보내야 할 것이다. 경찰서장이 경관의 구두기소장을 인정하게 되면 그녀도 역시 야간수용소와 유치장으로 송환되어 강제로 성기 검진을 받게 된다. 바로 이러한 종류의 실수가 종래에는 공창제폐지론자들의 대캠페인을 초래하게 된 것이다.⁴⁾

그밖에도 등록장부에서 〈사라져 버리고〉, 말소되어 버린 것으로 간주되던 모든 등록 매춘부들도 강제적으로 재등록을 필해야 했으며, 공공연히 호객행위를 하는 매춘부는 현행범으로 체포되어 처벌을 받았다는 사실을 명기해야 한다.

마르세유에서⁵⁾ 1878년에 확정된 조례절차는 빠리의 경우와는 약간 다르다. 등록을 희망하는 여자는 24항목 이상의 질문서에 답해야 한다. 지원자는 이어서 건강진단을 받는다. 지원자에 관한 서류는 중앙경찰서장과 이어서 시장에게 전달된다. 일단 확인과정을 거치고 나면 이 서류는 풍속담당과로 되돌아오고, 그녀는 하나의 감찰표를 발급받게 된다. 그 감찰표에는 반드시 받아야 할 정기 건강검진의 일정이 표시되어 있다.⁶⁾

미성년자의 경우에는 더욱 조심스럽게 심문이 이루어지는데 그 과정은 위와 동일하다. 호객행위를 하다 현장에서 현행범으로 체포된 등록되지 않은 매춘부는 풍속담당과 형사의 심문을 받는다. 형사는 보고서와 심문의 결과에 의거해서 등록을 시킬 것인지 아닌지를 결정한다. 만일 매춘부가 기혼자일 경우, 남편이 그녀를 받아들이기를 거부했을 때에만 등록결정이 취해진다. 따라서 마르세유에서는 배심원도 위원회도 존재하지 않았다.

중소도시에서의 절차는 더욱 간단하게 이루어졌다. 1882년에 귀요가 수행했던 조사⁷⁾는, 중소도시에서 알지도 못하는 낯선 남자―자신의 이야기를 들어보려고도 하지 않던―에게 체포된 모든 매춘부들이 체포 당일로 등록했다는 사실을 보여 주고 있다. 이런 점에서 조사에 관한 응답은 밀고의 중요성을 강조하고 있다. 밀고는 군인과 이웃들, 동네 사람들, 혹은 아주 단순하게 비밀매춘부들을 시샘하는 질투심 많은 공창들로부터 이루어졌다.

1904년 현재 시행중인 4백45개의 조례들을 분석했던 에네껭⁸⁾에 따르면, 자발적인 등록절차는 2백79개 시에서, 그리고 강제등록은 4백3개 시에서 시행되고 있었다. 대다수의 조례들이, 매춘부에게 매춘에 헌신할 수 있는 습관을 요구하고 있었음에도 불구하고[9] 통제하는 쪽의 일방적인 자유재량, 즉 경찰의 자유재량권에 대해 피의자를 보장해 주는 조항은 찾아보기가 힘들었다. 2백 개 이상의 지역에서 강제등록을 행사할 수 있는 권한이 명시되어 있지 않았다. 실제로는 경찰서장·부서장·경찰부장을 포함하는 모든 등급의 행정관리들이 실무적인 권한을 지니고 있었다. 50개의 조례는 시장이 이 권한을 경찰서장(34)이나 불특정 개인(16)에게 위임하고 있다는 사실을 분명히 밝혀 주고 있다. 1백50개 도시의 조례가 『권한행사는 시장에게 귀속되어 있다』[10]고 명시하고 있었다. 이 보고에 따르면, 63개의 조례만이 강제등록을 집행하기에 앞서 어떤 법적 보호수단의 보장을 요구했다. 40개 시에서 강제등록은 이웃들이나 동네 사람들의 불만에 의거해 시행될 뿐이었다. 17개 조례는 매춘부의 전력과 가족, 그리고 올바른 길로 돌아올 수 있는 가능성에 관한 조사를 명시했다. 1904년 당시 마르세유와 나르본에서 체포된 사람들만이 경범죄 재판소의 공소절차를 미리 숙지하고 있을 정도였다. 또 주목해야 할 것은 25개의 시조례는 기혼여성을 등록시키기에 앞서 남편에게 경고를 주고, 그로 하여금 권위를 행사하도록 유도해야 한다는 조항을 명기하고 있다는 사실이다. 리모즈에서는 『남편의 부재나 남편의 묵인, 혹은 남편에게서 단정치 못한 행실을 바로잡을 수 없다는 불가능성이 확인된 연후에만』[11] 등록이 허용되었다. 심지어 쉘부르에서는 남편에게 〈포기〉 각서를 쓰게 하기도 하였다.

[표 1] 5개 도 공창들의 등록 수효와 등록말소 수효(1886-1901)

	강제등록	%	자유의사에 의한 등록	%	등록총수	등록말소	등록 1백 명당 말소수치
피니스떼르	1759	99.7	6	0.3	1765	1688	95
쎈느-에-와즈	365	93	28	7	393	97	25
샤랑뜨-엥페리외르	788	74	278	26	1066	407	38
에 로	2781	59	1890	40	4671	2468	52
뫼르뜨-에-모젤	1072	79	279	21	1351	453	33.5
합 계	6765	73	2481	26	9246	5113	

1880년경까지, 자발적인 등록 수효가 강제등록의 수효를 훨씬 앞서고 있었던 것처럼 보인다. 1855년부터 1861년까지 보르도에서는 『1천2백16명의 전체 등록자 중 1천5명이 자발적 등록자였으며, 2백11명이 강제등록자였다.』[12] 이보다 10년 전부터 마르세유에서는 2천5백10명의 여성들이 자발적인 등록자들이었으며, 반면에 강제등록은 1천74명이었다고 미뢰르는 1882년에 기술한 바 있다.[13] 반대로 앞의 표와 같이 1902년에 5개 도에서 실시된 조사결과가 보여 주고 있듯이, 그 이후에는 강제등록의 수효가 압도적으로 자발적 등록의 수효를 상회하게 된다.[14] [표 1 참조] 한편 자발적 등록은 롸르 강 이북지역들보다 남프랑스 지방에서 더 성행했던 것 같다.[15]

공창은 자신이 스스로 선택했거나 강제로 부과된 상황에서 벗어날 수 있다. 이렇게 되려면 그녀는 이론적으로 등록말소라는 혜택을 받아야 한다. 실제로 그녀는 완전히, 그리고 간단히 〈사라지기〉만 하면 되는 것이다. 당시 빠리에서 시행중이던 조례는 사망의 경우를 제외하고 몇몇 개의 공식적인 등록말소 사유를 인정하고 있었다. 결혼하는 매춘부는 결혼증명서를 제출하면 등록이 말소될 수 있다. 진지한 태도를 보이고 있다고 판단되는 애인이 신청을 하는 경우, 그 사람의 재산상태와 두 사람의 교제기간을 상세하게 검토한 후에 이와 동일한 절차가 취해진다. 가족에 의해 요청된 공창도 등록이 말소된다. 등록이 말소되기 위해서는 부모의 경제상태가 안정되어야 하고, 근본적으로 부모가 자녀에게 매춘을 조장하지 말아야 한다는 사실이 중요하다. 마지막으로 병든 매춘부는 즉각적인 등록말소의 혜택을 받을 수 있다. 그러나 특기해야 할 점은 노령이 항상 한 여자의 이름을 등록장부에서 삭제할 수 있는 충분한 동기를 형성하지는 못한다는 사실이다. 참고로 〈감찰표를 지닌 매춘부들〉 중 최연장자는 1904년 당시 73세였다. 그녀는 1848년에 등록을 필하였고, 65세이던 1896년에 〈두번째 고참〉으로서 재등록되었다.[16]

3개월에서 9개월까지의 관찰기간을 거쳐 등록말소 절차가 이루어지는 경우도 있었다.[17] 자선사업을 하는 상류부인들이 타락한 여성들의 갱생을 위한 공동작업장에 매춘부들을 수용시켰다. 그리고 공동작업장에 계속 남아 일하고자 결심한 매춘부들은 경찰로부터 지속적인 감시를 받고 있었다. 특별히 사면을 받은 매춘부들, 현행범으로 붙잡혀 경범죄의 처벌을 받은 매춘부들, 통행증을 소지하지 않고 시골로 떠난 매춘부들, 특히 〈사라져 버린〉 매춘부들이 일시적으로 등록이 말소된 매춘부들이었다.

마르세유에서[18] 등록말소에 대한 유일한 결정권자는 사실상 풍속담당부서의 형사였다. 그 이외 부분의 절차는 거의 대동소이하다. 그러나 이 도시에서는 정부와 부부관계를 이루고자 하는 매춘부의 경우, 등록을 말소시켜 주지 않았다. 도시를 떠나고 싶어하는 매춘부가 자신의 목적지를 제시하고 검진을 받게 되면, 이 경우도 자동적으로 등록이 취소되었다. 에네껭의 말에 의하면[19] 1904년 당시 거의 대다수 시조례들이 등록말소를 규정하고 있었는데, 말소 여부는 대개가 대리인이나 당사자가 제출한 문서를 토대로 시장이 결정했다. 그러나 20여 도시에서는 약 3개월간의 보호관찰이 부과되기도 했다. 다양한 조례들 속에는 등록말소에 대한 네 가지 동기가 나타나고 있다. 올바른 품행과 취업이나 신뢰할 만한 인물의 보호하에 보장되는 안정적 생활(2백21개 조례), 결혼(55), 가정으로의 복귀(33), 그리고 노령과 병(19)이 바로 그것이다.

매춘부가 다른 생계수단을 찾아냈거나 결혼을 했거나 혹은 다시 직업을 갖게 되는 경우를 제외하고, 실제로 등록이 말소되는 경우는 아주 드물었다. 빠리에서는 1880년에서 1886년 사이에 2백23명의 매춘부들만이 등록말소의 혜택을 받았다. 같은 시기에 2백62명의 등록된 매춘부가 사망했으며, 4백90명이 금고형을 선고받고 복역함에 따라 일시적으로 등록이 말소되었고, 1만 1천5백10명이 〈사라져〉 버렸거나 통행증을 소지하지 않은 채 지방으로 내려가 버렸다.[20]

매춘부들의 등록말소에 관해 풍속담당 경찰이 보여 준 소극적 태도는 다음 사례들과 비교하면 아무것도 아니었다. 1888년부터 1903년까지 3백14명의 매춘부가 사망했고, 3백78명이 결혼을 이유로, 5백45명이 행정당국의 결정에 의해 등록이 말소되었다. 이 기간에 2만 3백97명의 매춘부들이 〈사라져〉[21] 버렸다. 〈사라짐〉은 따라서 경찰의 지배에서 벗어날 수 있는 상당히 효과적인 수단이었다. 그럼에도 불구하고 자취를 감추어 버린 매춘부들이 일시적인 등록말소의 혜택을 누릴 수밖에 없었다는 사실을 상기해야 한다. 마지막으로 염두에 두어야 할 것은, 표본을 형성하는 5개 도에 관한 1902년 당시 매춘부의 등록수치가 등록말소의 수치보다 훨씬 앞서 있다는 사실이다.

이상의 사실은 공창의 커다란 이동성을 증명한다. 대다수 매춘부들에게 있어서, 등록된 매춘행위는 일시적인 성격을 지니고 있을 뿐이었다. 빈번한 재등록에도 불구하고 상당수 매춘부들이 어디론가 사라져 버렸다는 사실과, 엄격한 절차와 효과적인 시행 사이에 어떤 불균형이 존재하고 있었으며, 이것이 바로 규제주의 계획이 실패로 돌아갔음을 극명하게 보여 주고 있다. 게다가 이러한 빈번한 이동성은, 특정 시점에서 실제로 매춘에 종사하고 있는 매춘부 수치의 정확한 측정을 어렵게 만든다. 르꾸르가 호칭하는 〈현역 매춘부〉[22]와 가랭이 표현한 〈영업중에 있는 매춘부〉,[23] 리샤르의 〈순회중인 매춘부〉[24]의 전체 수효는 사실상 다음과 같이 계산된다.

(등록된 매춘부+재등록 매춘부)—(등록이 말소된 매춘부+자취를 감춘 매춘부+치료중에 있는 매춘부+복역중인 매춘부).

바로 이러한 그룹의 매춘부들을 본 연구의 대상으로 삼아 포괄적으로 묘사하고, 조례들을 통해서 그리고 매춘부들을 위해 조직된 다양한 격리시설 속에서 필자는 그녀들을 추적해 보고자 한다. 이 작업을 위해 풍속담당 경찰의 풍부한 보존기록문서들과 규제주의에 관한 최근의 뛰어난 연구서들을 사용하고자 한다. 그 이유는 규제주의 구상의 한 요소가, 매춘부들을 더 잘 연구하고 동시에 더 잘 관리함으로써 그 집단을 사회에서 격리시키는 것에 주안점을 두고 있다는 사실을 기억해 둘 필요가 있기 때문이다. 그러나 공창제 매춘이 매춘을 대표한다기보다는 오히려 전체 매춘현상 중 일부분을 차지하고 있다는 사실을 먼저 언급해야 할 것이다. 공창이라는 존재가 대부분 비밀매춘에서 유래하며 결국 비밀매춘부로 돌아가게 되어 있다고 하더라도, 공창은 한때나마 규칙에 얽매인 채 격리제도의 틀에 갇혀 행정당국의 감시를 받는 존재였다. 이런 성격의 삶과 태도를 통해서 공창은 사창과는 미묘한 차이를 나타내며, 공창은 사창을 자신의 경쟁자로 파악하게 된다.

〈수치스런 직업〉의 여자들—공창의 지리적 분포

1851년에서 1879년 사이의 공창의 실제 수효를 알아보는 것은 비교적 쉽다. 실제로 1851년, 1856년과 1872년에 실시된 인구조사에서 행정당국은 공창을 위한 특별항목을 만들었다. 1879년, 내무부는 데스프레스 박사의 요청에 따라 공창들의 실제 수효에 관한 전국적인 조사를 실시했는데, 이 조사는 뢰니에 박사가 이미 1878년말에 실시한 조사와 같은 성격을 지니는 것이었다. 그 조사결과가 바로 데스프레스의 저서 속에 나와 있다.[25]

그보다 3년 뒤 자신의 저서를 집필할 당시, 이브 귀요는 주요 도시의 시장들을 상대로 하나의 조사를 실시했다. 그는 35개 시로부터 회답을 얻어냈는데 그 중 28개 시가 1876년에서 1881년 사이의 연례보고서를 제공했으며, 나머지 도시들은 1880년이나 1881년의 실제 매춘부 수치를 밝혀 주는 수준 정도의 응답을 보내왔다. 이 조사결과는 불행하게도 데스프레스가 발표한 결과와 항상 정확하게 일치하지는 않았다. 다시 말해 위의 두 조사결과 중 데스프레스의 조사결과가 현실에 더욱 근접하는 것이었다. 게다가 그가 얻어낸 결과는 프랑스 전국을 토대로 한 객관적 조사였다는 장점을 지니고 있다. 공식적 성격을 지녔던 1879년의 조사는 따라서 행정당국 관리들의 주도로 실시되었다. 이 조사와는 반대로, 대단히 국지적이라는 평가를 받은 귀요의 조사는 특히 자신의 논문을 보강하려는 목적을 지니고 있었기 때문에 그가 만든 설문은 각 도시에 따라 다르게 해석될 수밖에 없었다. 결국 연도에 따른 수치의 대폭적인 변동과 마찬가지로 수리상의 수많은 결함은 그가 얻어낸 결과의 타당성을 의심케 하고 있다. 1879년 이후의 공식적인 매춘부의 수요는 잘못 알려져 있다. 인구조사가 실시될 때 공창들이 실제적인 인구수에 포함된다고는 더 이상 생각하지 않았기 때문에 이들을 인구조사의 수치에 집어넣는 계산은 무시되었다. 다행스럽게도 필자는, 1902년에 시행된 대규모 조사에 관한 데이터들을 소지하고 있다. 이 데이터들은 순전히 매춘부들의 상황을 개선시키려는 행정적 수단들을 강구하려는 것이 그 목적이었다.[27]

필자는 빠리 지역에서 집중적으로 실시된 조사결과들이, 1903년에 구성된 풍속제도 검토를 위한 원외위원회의 의도대로 이용되었다는 사실을 주지하고 있다. 필자는 앞으로 방대한 작업을 구성하는 이러한 여러 조사들에 관해 철저한 분석이 이루어지기를 희망한다. 지금으로서는 전국토라는 총체 위에서 분할되어 있는 7개 도에 관한 결과를 분석하는 것으로 자족해야 할 것 같다.

[표 2][28]

	공창수	15-49세 사이의 여성인구 비율 (인구 1만 명당)
1851	16239	17.35
1856	14413	15.21
1872	11875	12.83
1878	15047	16.01

그밖에도 단편적인 데이터들이 존재한다. 다시 말해, 1881년에 미성년 매춘을 다루던 상임위원회—Th. 루쎌이 주도하던—에 제공된 데이터들[29]과 1904년 〈감옥

협회〉가 실시한 조사결과[30]에 관한 기록들이 그것이다. 요컨대 마르세유의 매춘에 관한 보존문서들은 빠리의 경우와 같이 그 지역 매춘의 실상을 잘 보여 주고 있다. 1851년에서 1878년 사이에, 프랑스로 편입되었거나 전쟁으로 상실한 지방들을 고려해 본다 해도 공창들의 수효는 나라 전체를 놓고 볼 때 상대적으로 안정적인 수치를 기록하고 있었다. 실제로 1851년에서 1872년 사이에는 매춘부의 수효가 미약한 감소현상을 보이고 있으나, 1872년에서 1878년까지 다시 증가됨으로써 거의 같은 수치를 유지하게 되었다. 후자의 증가현상은 원래의 자료들이 사라져 버림으로써 안타깝게도 그 신뢰성을 증명할 수 없다. 1879년, 조회에 응했던 각 경찰의 풍속담당부서는 매춘부들의 수치 증가를 사실상 과소평가하는 경향을 보였다. 앙리 아이양이 1904년에 지적하고 있듯이, 어떤 도시들의 경우에는 『이미 오래 전에 자취를 감춘 매춘부들의 수치가 경찰의 기록부에 기재되어 있음』[31] 정도였다.

따라서 본 연구 속에서 앞으로 확인하게 될 것은, 공창의 수효가 상대적인 안정성을 보이고 있던 현상이 실제로는 창가에 입주해서 사는 매춘부들이 감소되고, 독자적으로 매춘을 하는 사창들이 증가됨으로써 상쇄하였다는 사실을 감추고 있다는 점이다. 이렇게 해서 1878년 당시 창가에 수용되어 있던 매춘부의 총수효[표 4 참조]는 감찰표를 지닌 매춘부의 수효를 훨씬 상회하고 있다.

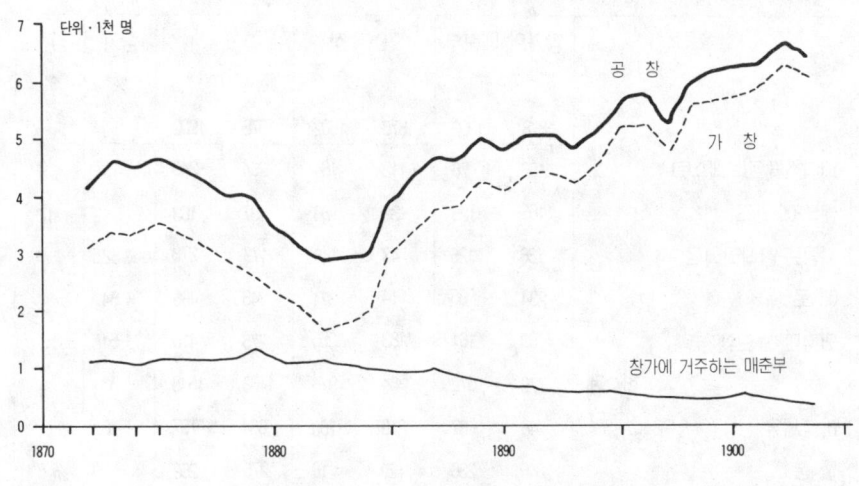

빠리 공창들의 수효 변화(1872-1903, 경찰청 보존기록)

공창제폐지론의 여러 캠페인과 규제주의제도에 대한 異論들에도 불구하고, 공창의 수치는 1880년에서 1890년까지의 중간시기, 다시 말해 1885년경부터 증가현상을 보이기 시작했다. 분명히 빠리 지역에서도 그 수효는 증가추세에 있었다.[71쪽 그래프 참조] 도덕질서의 정부시대* 에 안정적으로 유지된 공창의 수효는, 이후 공화주의자들이 승리를 거두고 공창제폐지론자들이 첫번째 대규모 캠페인을 벌였던 1876년과 1883년 사이에 감소하다가 1884년부터 1902년 사이에 다시 엄청난 증가를 보인다. 이러한 증가와 감소의 반복에도 불구하고 창가에 입주해 사는 매춘부들의 수효는 계속 감소하고 있었다.

* 제3공화정 초기 공화파와 타협하려 한 띠에르를 실각하고, 마크마옹 원수를 대통령으로, 브로글리를 총리로 한 보수적 왕당파의 정부.(1877년으로 3회)

표 3[32]이 보여 주고 있듯이, 그외의 매춘 중심지들에서 매춘부의 증가현상은 두드러지게 나타나지 않는다. 그러나 에로 지방과 뫼르뜨-에-모젤·샤랑뜨-엥페리외르 지방에서 그 수효가 상당히 큰 폭으로 증가했음을 확인할 수 있다. 마르세유에서는 매춘부의 수효가 조심스럽게 증가했다. 쎈느-에-와즈 지방과 브레스트와 뚤롱 지방에서는 반대로 수치의 미약한 감소를 볼 수 있다. 그러나 전체적으로 이것이 실제 매춘부의 수효가 증가했다는 느낌을 주기에는 부족한 것이다. 1902년에는 거의 모든 경우에[33] 감찰표를 지닌 매춘부가 창가에 거주하는 매춘

[표 3] 5개 도와 빠리·마르세유·뚤롱의 매춘부 수효의 변화(1878-1902)

	창가의 매춘부		가 창		총 계		증가 %	감소 %
	1878	1902	1878	1902	1878	1902		
피니스떼르(브레스트)	152	76	112	164	264	240		-9
쎈느-에-와즈	165	125	32	38	197	163		-17
샤랑뜨-엥페리외르	136	125	43	148	179	273	+52.5	
에 로	234	85	14	371	248	456	+84	
뫼르뜨-에-모젤	92	161	183	255	275	416	+51	
합 계	779	572	384	976	1163	1548	+33	
마르세유	448	87	216	700	664	787	+18.5	
뚤 롱	246	236	29	16	275	252		-8
빠 리	1343	382	2648	6257	3991	6639	+66	

부를 수치면에서 압도하고 있었다. 규제주의제도의 운명을 이해하기 위해서 본 연구는 이러한 현상을 재검토해야 할 것이다.

등록된 공창의 지리적 분포[아래의 지도 참조]는 오래 전부터 끊임 없이 강조

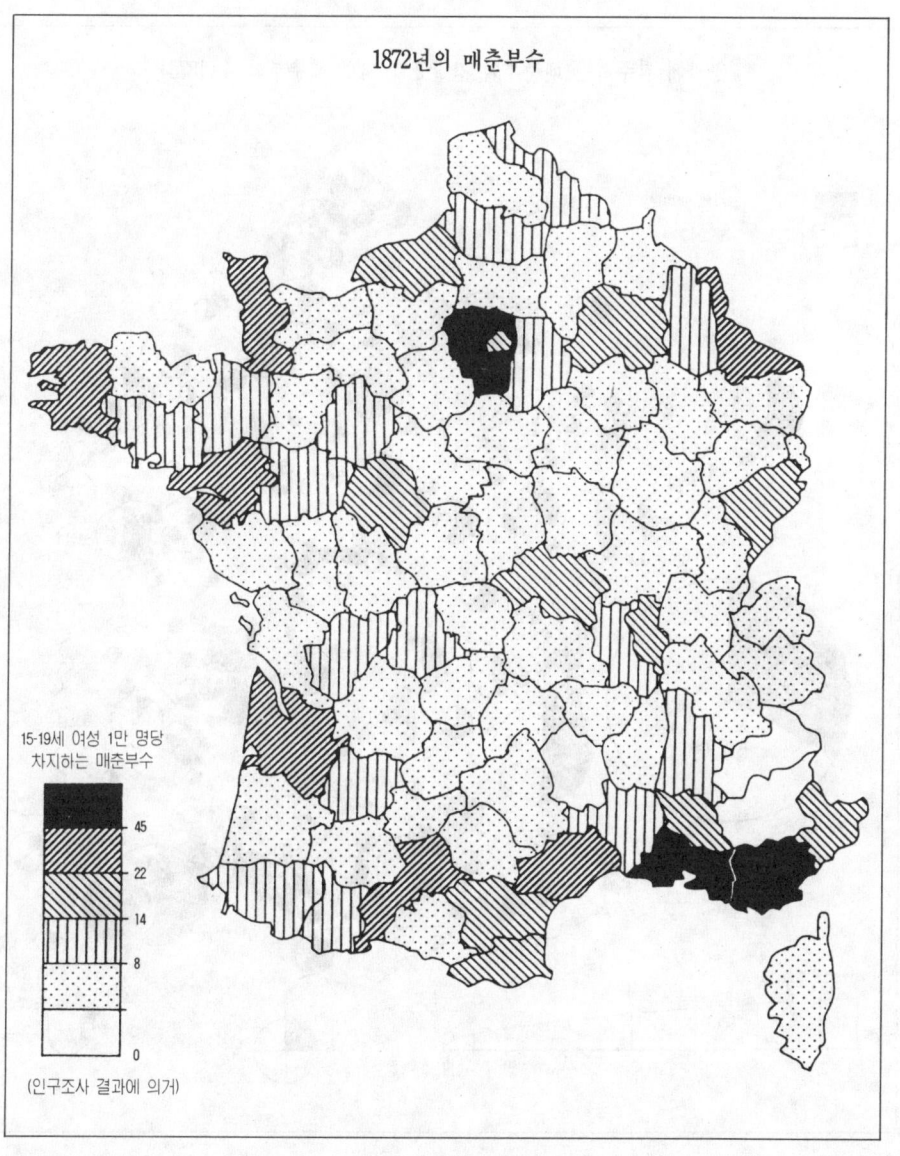

되었던 환경요인들의 영향을 부각시키고 있다.[34] 공식적 매춘이 하나의 도시적 현상이며, 그것이 도시인구의 크기에 비례해서 증가한다는 것은 명백한 사실로 보여진다. 이것은 다음과 같이 쉽게 설명된다. 인구가 밀집된 사회가 세분화되

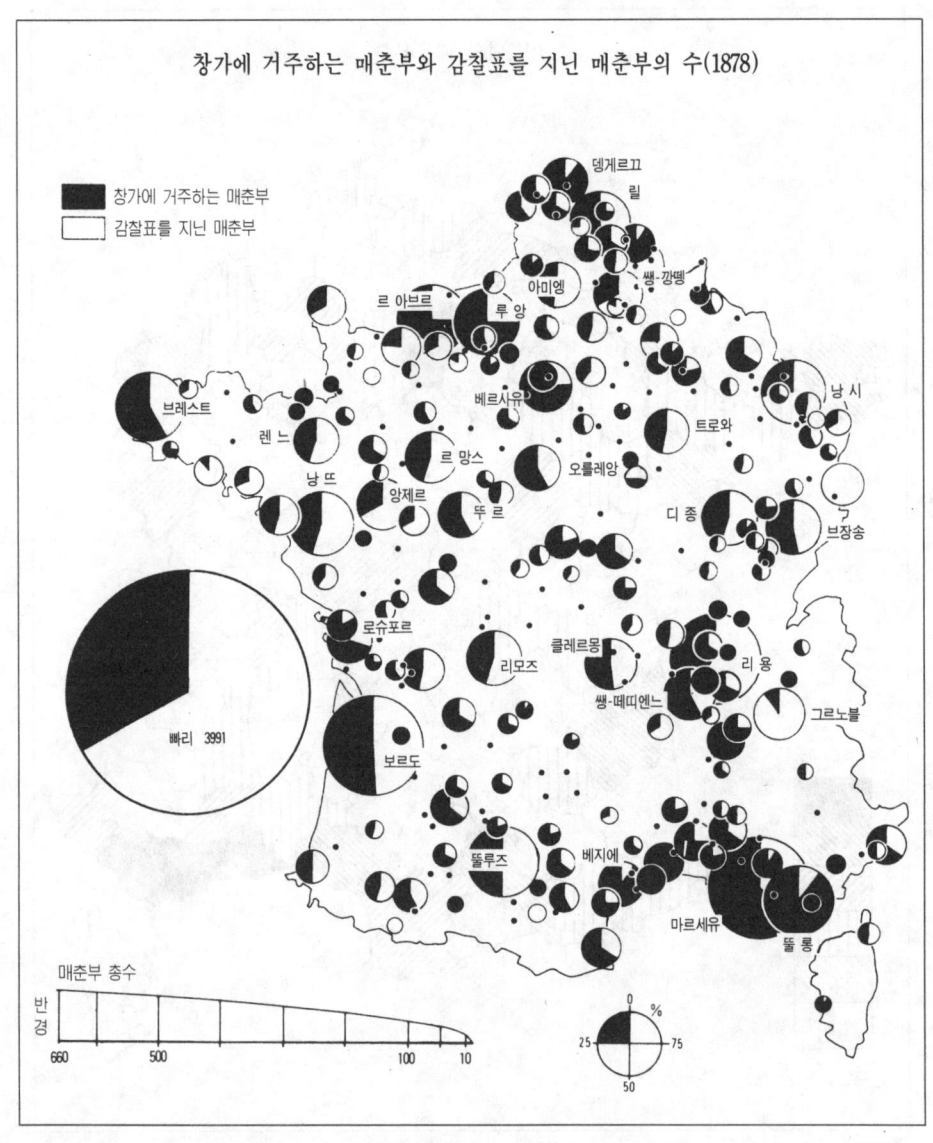

창가에 거주하는 매춘부와 감찰표를 지닌 매춘부의 수(1878)

74 제 I 부 규제주의자들의 공창제 계획과 그의 격리된 세계

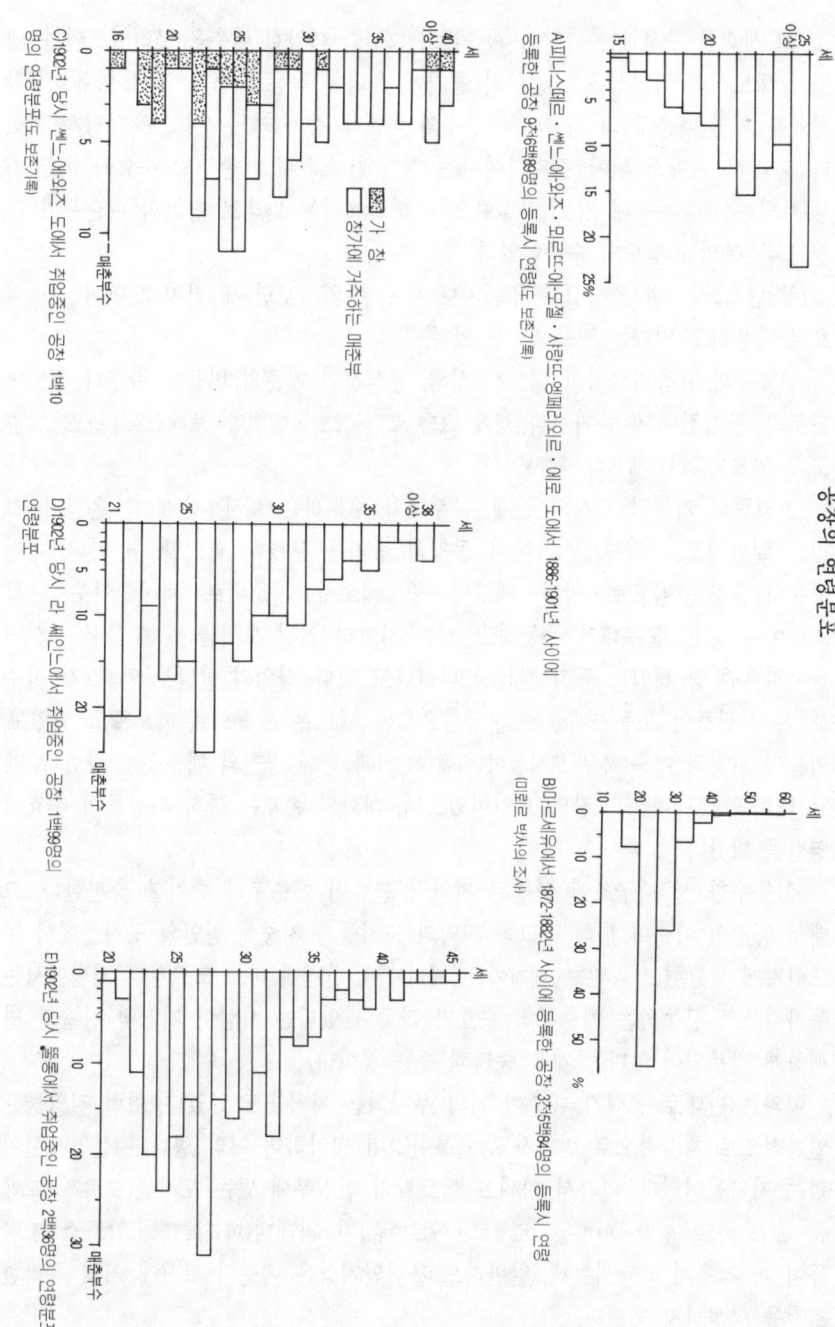

제 2 장 규제주의의 격리된 세계 75

고, 그 사회를 구성하는 다양한 계층들이 그만큼 다양한 매춘을 불러일으킨다. 게다가 대도시의 익명성은 매춘부의 증가에 유리한 작용을 한다. 같은 이유로 〈감찰표를 지닌 매춘부〉의 비율이 인구수와 비례해 증가한다는 사실도 타당성이 있다. 따라서 프랑스 전체 군지역에서는 창가에 소속된 매춘부의 수효가 街娼(가창)들의 수효를 두 배 정도 앞질렀으나, 빠리에서는 반대로 창가의 매춘부가 경쟁자의 2분의 1 정도의 수준이었다.

1878년의 상세한 조사결과[74쪽 지도 참조]를 읽어보면 세 가지 요인이 결정적으로 작용하고 있다는 것을 알 수 있다.

1)교통의 요충지로서의 대도시 상황. 공식적인 매춘의 비율은 항구나 철도·도로의 분기점에서 증가한다.(뎅게르끄·르 아브르·쉘부르·브레스트·낭뜨·로슈포르·보르도·마르세유와 뚤롱)

2)일련의 기능적 도시의 존재. 군부대가 주둔하는 도시·순례지·온천지, 그리고 일반적으로 관광도시들에서 공창의 증가를 분명히 확인할 수 있다. 이런 종류의 증가는 벨포르·낭시·베르뎅·뚤·베르사유·소뮈르·비시·이쑤뎅·꼬뜨렛이나, 혹은 군부대가 주둔하고 있는 지역의 인접 도시들 즉 무믈롱·쌩-맥쌍·파르쥬-앙-세뗀느 등지에서 잘 나타나고 있다. 산업의 발달로 인해, 갓 이주해 온 사람들이 노동자계급을 구성함으로써 새로운 세력으로 떠오르고 있었고, 이들이 사창의 매춘(북부 도시들이 이에 해당)과 함께 공창의 매춘을 조장했다. 때로 대학교들도 매춘 조장의 요인이었으며, 대학의 존재는 특히 사창들의 수효에 영향을 미쳤다.

3)특수한 성적 구조에 연결된 지역적 관습이 매춘부의 증가를 촉진한다. 그래서 공창의 매춘이 특히 랑그독 지역의 도시들과 지중해 연안의 도시들에서 두드러지게 발달했고(뚤루즈·베지에·몽뻴리에[35]), 반면에 바쓰-노르망디 지방에서는 독자적으로 활동하는 매춘부의 수효가 더욱 많았다는 사실이 지역적 관습과 명백하게 결부되어 있다는 것을 증명해 주는 것이다.

이와는 반대로 공식적 매춘이 거의 무시되는 지역들도 있었다. 이런 지역들은 일반적으로 재정적으로 빈약하고 교통환경이 열악하며 거의 별다른 산업시설이 없는 지역들이었다. 따라서 마씨프 쌍트랄의 심장부에 있는 도시들(크뢰즈·꼬레쥬·오뜨-롸르·깡딸·아베롱·로제르·아르데슈)과 피레네(아리에즈)·알프스 지역 등이 이 경우에 해당되는데, 일반적으로 산악지역은 매춘의 확산에 거의 유리한 조건을 형성하지 못했다.

요컨대 공창의 지리적 분포에 관한 연구는, 창가에 출입하는 고객의 성격과 매춘부들이 집단적 성생활에서 수행하는 다양한 역할을 식별하도록 해준다.[36]

〈수치스런 직업〉의 여자들—사회인류학적 개요

공창의 대부분이 21세에서 25세 사이에 등록을 한다. 1880년에서 1886년 사이에[37] 빠리에서 등록된 매춘부들의 5천4백40명 중 73.91퍼센트가 등록 당시 성년을 넘긴 여자들이었고, 23.73퍼센트는 18세에서 21세까지의 여성들이었으며, 2.35퍼센트만이 16세에서 18세 미만의 나이에 해당되는 여성들이었다. 마르세유에서 1872년부터 1882년 사이에[38] 등록된 3천5백84명 가운데에서 3퍼센트가 18세 미만이었고, 8퍼센트가 18세 이상 21세까지였으며, 89퍼센트가 성년에 이르렀다고 주장했다.[75쪽 그래프 참조] 표본에 나온 5개 도에서 1886년부터 1901년까지 등록된 매춘부들 9천6백89명의 연령별 분포는 이러한 사실을 전체적으로 증명해 주고 있다.[75쪽 그래프 참조] 그럼에도 불구하고 여기서 주목해야 할 것은, 미성년 매춘부들이 등록시에 무시할 수 없는 집단을 형성했다는 사실이다.

매춘부들에게 있어서 때이른 처녀성의 상실은, 그녀들이 등록을 신청한 시점에서 이미 몇 달 전 혹은 몇 년 전부터 매춘행위를 지속해 오고 있다는 사실을 상기시켜 준다. 그런데 실제로 등록할 당시 처녀성을 간직하고 있던 몇몇 여자들도 있었지만, 그것은 아마도 대단히 찾아보기 힘든 예외적인 경우들이었을 것이다. 바르뗄레미 교수가 1891년에서 1899년에 걸쳐 쌩-라자르 의료형무소에서 행한 조사[39]는 이러한 가정을 증명해 준다. 이 교수는 매춘부가 사실상 평균적으

[표 4] 1878년에 등록된 매춘부수[40]

	창 가	창가에 거주하는 매춘부	%	감찰표를 지닌 매춘부	%	매춘부 총수
빠 리	128	1340	33	2648	66	3988
기타 도청 소재지	698	3764	54	3153	45	6917
군청 소재지	414	2313	65	1228	34	3541
읍 소재지	79	396	75	129	25	525
기타 면 소재지	9	46	60	30	39	76
합 계		7859	52	7188	47	15047

로 16세에 처녀성을 상실한다는 결론에 도달했다. 그는 1백95명의 매춘부들의 전력을 조사했는데 그 중 66명은 매춘행위를 시작하던 첫해에 등록했고, 47명이 두번째 해에, 63명이 3년째에서 6년째 사이에, 그리고 19명이 매춘행위를 시작한 지 5년 이상이 지나서야 등록을 했다. 따라서 공창의 매춘부들은 자신들이 등록되기 이전에 평균 3년 9개월을 매춘에 종사했다는 사실을 인정할 수 있다고 저자는 덧붙인다.[41] 이 점에 있어서 19세기 말엽의 노동조합회의에서 면밀하게 검토된 매춘부상들 중 하나[42]가 여러 사건들을 통해 손상되었던 듯하다. 그것은 부르주아계층의 아들들로부터 유혹을 받거나, 사장에게 처녀성을 빼앗긴 어느 젊은 처녀 노동자의 이미지와 관계되는 것이다. 절대다수의 매춘부가 자신이 처해 있는 동일한 계층의 남자와 그 환경범위 안에서 처녀성을 상실했다. 쌩-라자르 의료형무소에 수용되어 있던 5백82명의 매춘부들에 관해 르 뻴뢰르 박사[43]가 행했던 조사는, 이 점에 있어서 비밀매춘에 관계된 마르띠노 박사의 결론을 확인해 준다.[44] 그 매춘부들 중에서 38퍼센트가 노동자들에게 순결을 잃었으며, 17퍼센트가 〈수공업자〉들에게, 5퍼센트가 자신의 남편에게, 11퍼센트가 〈다소 자유로운〉 직업에 종사하는 사람들에게, 그리고 3퍼센트만이 자신의 주인이나 사장 혹은 그 아들에게 처녀성을 상실했고, 자신의 가족들에게 처녀성을 잃은 경우도 1.3퍼센트를 차지했다. 그밖의 여자들은 자신을 유혹했던 남자들의 신상을 모른다고 대답했다. 또한 19명(3퍼센트)만이 강간을 당했다고 주장했다. 쎄인느와 뚤롱, 그리고 쎈느-에-와즈 지방 매춘부들의 1902년 당시 연령별 분포[45]는 어린 공창의 연령을 증명하고 있다. 이 시기에 경찰이 미성년자들의 등록을 꺼리고 있었다는 사실을 다시 강조해야 한다. 75쪽 그래프를 보게 되면, 감찰표를 지닌 매춘부들의 경우 평균 나이가 창가에 거주하는 매춘부들보다 더 어린 것을 알 수 있다. 일반의 견해와는 반대로 30세 이상 되는 공창들의 수효가 길거리에서보다 창가에서 더 많은 증가현상을 보였다.

거의 대다수 매춘부들이 사생아[46]라는 편견은 다음의 분석에 빛을 잃게 된다. 마르세유에 등록된 3천5백84명의 매춘부[47] 가운데 90.3퍼센트가 합법적인 출생이었으며, 9.7퍼센트만이 사생아였다. 그러나 6.5퍼센트가 자신의 부모가 누구인지를 모르고 있었다는 사실을 여기에서 명기해야 한다. 이보다 10년 전에 오모 박사는 이미 샤또-공띠에의 공창 비율에 관해서 이와 비슷한 비율의 수치를 이미 내놓은 바 있다. 오모 박사의 비율에서는 거의 10퍼센트에 이르는 수치가 사생아 출신이었다.[48]

1882년에 마른느 지역에 등록된 매춘부 2백34명 중에서 23명(9퍼센트)이 사생아였으며, 2백4명이 자신의 가정에서 성장했다. 1백97명이 부모에 의해서 혹은 어머니나 아버지 중 한 사람에 의해 양육되었으며, 7명만이 친척에 의해 자라났다. 나머지 30명 중에서 14명이 봉 빠스뙤르 보호시설에서, 9명은 고아원에서 유년기를 보냈고, 7명은 법률적인 양육보호를 받았다.[49]

이러한 비율은 전국 평균에 거의 완전히 일치하는 것이며, 반복하자면 비합법성과 공인된 매춘의 경향 사이에서 어떤 상호 관련성을 가정한다는 것은 어려운 일처럼 보인다.[50]

대다수의 매춘부들은 등록할 당시에 당연히 미혼의 상태였다. 기혼자와 심지어는 과부도 있었지만 그것은 예외적인 경우였다. 샤또-공띠에의 매춘부 1백51명 중 7명만이 기혼이었다.[51] 마르세유에 등록된 3천5백84명 가운데 기혼자는 2백39명(6퍼센트)에 불과했으며, 기혼자들 중 67명이 과부였다.[52] 1880년에서 1886년 사이에 빠리에서 등록된 매춘부들의 경우, 기혼자의 비율은 5.88퍼센트에 그치고 있다.[53] 1902년 마르세유의 고급창가에서 거주하던 매춘부 87명 중 84명이 독신이었으며, 3명만이 기혼자였다.[54] 같은 시기에 베르사유 지역의 창가에 거주하는 매춘부들 중 96퍼센트와 독자적으로 활동하는 매춘부의 89퍼센트가 독신이었다. 브레스트에서는 당시 그 비율이 공창의 경우 92퍼센트, 독자적 활동을 하는 가창이 84퍼센트에 이르렀다.[55] 이번에도 그 비율이 다른 도시지역에서와 완전히 일치한다는 사실을 깨닫게 될 것이다.

공창의 출신지는 매춘이 행해지던 도시의 크기와는 다소 거리가 멀다. 1880년에서 1886년에 이르는 기간에 수도에 등록된[56] 5천4백40명의 매춘부들 가운데 4.74퍼센트가 외국 태생이었고, 65.39퍼센트가 지방 출신이며, 빠리 교외의 출신이 2.92퍼센트였다. 빠리 출신은 26.95퍼센트에 불과했다. 마르세유에서는 외국여성들이 더욱 큰 비중을 차지했다.[57] 그 도시에 등록된 3천5백84명의 매춘부 중에서 8백78명(24퍼센트)[58]이 프랑스 국경 밖에서 출생했다. 외국 여성들의 수효가 가장 많은 순서대로 열거하면 이탈리아(3백42명), 스페인(2백19명), 스위스(1백28명), 독일(93명)의 순이었다. 주목해야 할 것은, 마르세유의 매춘부 모집의 범위가 당시 그 도의 전지역을 총망라할 정도로 대단히 광범위한 것이었다는 사실이다. 그러나 부슈-뒤-론 지역에서는 2백70명(전체의 9퍼센트)의 매춘부를 공급했을 뿐이며, 론 지역이나 산악지역에서는 거의 공급되지 않았다. 산악지역의 경우에는 매춘이 거의 행해지지 않았기 때문에 마르세유의 창가에 많은 공급을 할 수가 없었던 것이 그 이유이다. 그밖의 다른 주요 공급원은 지중해 연안의 몇몇 도였다. 예를 들면 론 강을 따라 형성된 지역과 주요 항구가 위치해 있는 도들이 이에 해당된다. 이것이 상기시켜 주는 것은 바로 항구도시들 사이에서 매춘부들의 순회가 이루어졌다는 사실이다. 이와 함께 알싸스-로렌에서 나오는 중요한 수치를 설명해야 한다. 이 지역에서의 수치는 이 지역이 프루시아에게 양도될 때의 매춘부들의 철수에서 기인한 것이다. 먼저 살펴본 조사결과와 1902년의 공창에 관한 조사결과를 비교해 보면, 이 지역의 모집범위가 상대적으로 안정되어 있다는 것을 알 수 있다.[59]

반대로 1862년과 1869년 사이에 샤또-공띠에에 등록된 매춘부들의 모집은 북쪽에 위치한 지역(망슈, 오른느)을 제외하고는 국경에 인접한 도들에서 펼쳐졌다. 그러나 이 소도시들에서도, 역시 자신이 태어난 인근지역에서 활동하는 매춘부들의 경우는 드물었다. 16.5퍼센트만이 마이엔느에서 출생했고, 2.6퍼센트가 샤

[표 5] 조사결과에 의거한 1872년에서 1882년 사이 마르세유에 등록된 매춘부들의 부모 직업

지주·금리생활자	207		행정부의 중견관리	3	
자유업, 관리, 교사	43		행정부의 하급관리, 공무원		58(1.8%)
예술가	47	352(11.3%)	(우편배달부, 경관, 세관리, 전원감시인)	55	
군장교	17		철도사무원, 철도원	60	(1.9%)
〈제조업자〉와 기업주	38		퇴역군인	42	(1.3%)
중개인	34		공장하급관리직(직공장)	14	(0.4%)
상인·상점주	125		중개인, 외판원	28	(0.9%)
다방, 여관, 음식점,		353(11.3%)	사무원, 대서소직원	67	(2.1%)
담배가게 경영자	97		호텔, 다방 종업원	38	(1.2%)
행상인	97		공장노동자, 철물공	22	(0.7%)
공장주와 匠人:			일일고용인, 잡역부, 청소부,		
건축	126		하역부	562	
금속	127		하인, 문지기	60	641(20.7%)
목공	113		걸인, 맹인, 싸움꾼, 떠돌이악사	19	
피혁	107		도형수, 죄수	2	
직물	119	855(27.5%)	수부, 어부	44	(1.4%)
서적	23		농부, 소작인, 농장주, 포도재배자	467	(15%)
식료품	88		정원사, 종묘업자	37	(1.1%)
운송	65		목동	4	(0.1%)
기타	87		나무꾼, 숯장사	18	(0.5%)
합 계				3102	

또-공띠에 구역 출신이었다.[60]

빠랑-뒤샤뜰레가 최근 빠리의 매춘부들에 대해서 확인했던 것은 수도나, 심지어는 대도시로서의 특유한 성격이 없다는 것이다. 등록된 매춘부가 자신이 활동하는 소도시에서 그다지 멀리 떨어지지 않은 곳에서 출생했다 해도, 그녀는 항상 고향을 거의 송두리째 잊고 산다. 창가에서의 매춘부 모집방식[61]과 매춘부들이 종종 보여 주는 익명성에 대한 욕구가 그러한 현상을 설명해 준다.

매춘부의 출신계급은 미묘한 문제를 제기한다. 여기에는 상반된 두 가지 전설이 있다. 첫번째 전설은 귀족 출신이나 혹은 부르주아 출신의 전설에 관한 것으로, 자신들의 행위가치를 높이려는 이 계층 출신의 매춘부들은 고객의 욕망을 부추기려는 창가의 여경영자들과 포주들에 의해 교묘한 보호를 받고 있었다. 두번째는 굶주림과 매춘 사이에서 생겨나는 필연적인 관계의 전설인데, 이것은 19세기 전반의 자선가들과 민중주의 작가들에 의해 규정되었으며, 최종적으로는 사회주의자들에 의해서 분석·보강된 전설이다. 사실상 마르세유에 등록된 매춘부 3천1백2명을 대상으로 한 미뢰르[62]의 조사결과는, 반세기 전에 빠랑-뒤샤뜰레가 빠리에서 실시했던 조사결과와 현격한 차이를 보이지 않았으며, 위의 두 가지 전설을 정당화시켜 주고 있다.[표 5 참조] 매춘부들이 등록될 때 그들에게 설문을 던지고, 거기에서 얻어진 반응만을 이용함으로써 그의 조사방법에 절대적인 타당성이 결여되어 있다 하더라도, 공창의 매춘부들이 모든 사회계층에서 골고루 나타나고 있다는 사실은 명백한 것이다. 그러나 매춘부들과 전체 인구의 사회직업적인 분포를 비교해 보면, 바로 도시형의 직종이 매춘부 모집에 가장 많은 몫을 제공하고 있다는 것을 알게 된다. 농촌의 노동자들[63]은 완전히 부차적인 존재들일 뿐이다. 공업이 창가의 대공급원이 되지 못한다는 사실 또한 분명하다. 대부분의 매춘부들은 수공업 노동자나 날품팔이·구멍가게 주인, 혹은 주변의 하급노동자 가정의 출신들이다. 이 점에 관해서 표 5에서 보듯이, 다방과 여관의 경영자들·행상인·외판원·호텔 종업원 그리고 떠돌이악사들이 상위를 점유하고 있다는 것은 놀랄 만한 일이 아니다. 자유직업 종사자들과 부동산 소유자와 금리생활자는 그들이 사회 전체 내에서 점유하고 있는 비율보다 더 많은 몫을 제공한다. 따라서 매춘부의 공급은 실제로 도시형의 직종과 근본적으로 관계가 되는 것이다. 그러나 이 모든 것에도 불구하고 마르세유의 공인된 매춘의 대열 속에서 교수나 교사의 자녀 13명, 집달리의 자녀 6명, 변호사의 자녀 4명, 행정관리의 자녀 4명과 풍속담당 경찰의 자녀 1명을 발견한다는 것은 놀라운 일이다. 앞에서 언급한 부친의 전직들 중에서 퇴역군인(59명 중 17명)과 경찰관이 대다수를 점유하고 있다는 사실 또한 놀라운 것이다.

[표 6] 1871년에서 1881년 동안 마르세유에 등록된 매춘부들의 전직

매춘부	1822
무 직	213
〈가정주부〉	61
견습공	203
	2299
신고된 직업 목록	
〈금리생활자〉	13
각종 교사	7
악극단의 예술인	40
까페와 술집 종업원	58
꽃가게 종업원과 떠돌이 행상	34 ⎫ 115
기타 가게 종업원	23 ⎭
양장점 여공, 내의류공장 여공, 자수여공, 세탁소 종업원	265 ⎫
재단사	91
여성용 모자제조 여공	28
장갑제조 여공	16 ⎬ 544
장화제조 여공	26
미용사	38
기타 수공업 종사자	80 ⎭
대규모 공장의 여공	11
하녀와 요리사	305 ⎫
청소부	202 ⎬ 521
일일고용 노동자	14 ⎭
총 수	**1251**

대다수의 매춘부들이 이미 비밀매춘에 종사하고 있었기 때문에 등록 이전에 그녀들이 가졌던 직업에 대해 조사한다는 것은 거의 의미가 없는 것이라고 말할 수 있다. 이 경우 그녀들이 신고하는 전직은 자신들의 본업을 은폐하려는 데 이용되었을 뿐이다. 그렇지 않아도 모호한 견습과 실제 직업에의 실행 사이에는 종종 혼란이 생긴다. 그럼에도 불구하고 일단의 매춘부들이 매춘행위와 병행해서 자신의 다른 직업을 수행했다는 사실을 전적으로 부인할 수는 없다.

이런 사실에 비추어 볼 때, 매춘부들이 내세우는 전직의 목록은 전혀 흥미로

[표 7] 1902년 당시 바르와 쎈느-에-와즈 도 매춘부들의 전력

	라 쎄인느의 가창수	%	라 쎄인느와 뚤롱의 창가에 거주하는 매춘부수	%	전체수	%	쎈느-에-와즈(가창과 창가에 거주하는 매춘부의 합계)
무직	19	9.5	112	41.3	131	27.8	5
가정주부	15	7.5	3	1	18	3.8	1
교사, 간호사	—		1	0.4	1	0.2	1
악극단의 가수, 무용수	4	2	4	1.5	8	1.7	
점원, 판매원, 회계원	—	—	6	2.2	6	1.3	2
상인, 고물상인, 청과상인, 꽃상인	3	1.5	6	2.2	9	1.9	3
세탁소 여공, 내의류공장 여공	33	16.5	28	10.3	61	12.9	16
바느질공(양장점, 모자 제조, 자수, 쿨셋, 양복재단, 장식끈 제조, 틀바느질) 여공	61	30.5	28	10.3	89	18.9	16
기타 수공업 노동자: 미용사, 비단접지사, 진주세공, 인쇄공,	7	3.5	5	1.8	12	2.5	3
시계제조 여공	—		8	3	8	1.7	2
농부	1	0.5	—	—	1	0.2	
하인, 청소부, 요리사	54	27	64	23.6	118	25.1	53
일용 잡부	3	1.5	6	2.2	9	1.9	6
	200		271		471		108

운 관심을 끌지 못한다. 한편으로 경찰이 체포된 사창들 중에서 한 사람을 추려내어 그녀의 전직을 조사했다는 사실을 입증해 주는 것은 아무것도 없다. 경관들이 다소 의식적으로 어떤 특정 직업을 가진 여자들을 등록시키지 않는다는 결정을 내렸을 수도 있는데, 이 경우에는 공창이 이전에 종사했던 직업의 목록이 사창들이 지녔던 직업의 목록과 정확하게 일치하지 않을 수도 있을 것이다.[64]

1882년 마르세유에서 행해진 과거 10년간의 등록결과 분석에 나타난[65] 대다수 매춘부들의 고백에 따르면, 매춘이 그들에게 있어서 과거의 유일한 직업활동이

었다는 사실을 확인하게 된다. 표 6을 보게 되면, 공장이 아닌 하녀의 방이나 술집·세탁실·재봉실이 창가의 대기실을 형성하고 있다는 사실을 확실히 깨달을 수 있다. 등록을 신청했던 하녀들과 여자 요리사들 중 대부분이, 지도계층의 인사들이 서비스업종 종사자들의 품행에 대해 느끼고 있는 불안요소를 지니고 있었다.[66] 필자는 후에 스스로 등록하고자 결심한 여배우들과 가정교사들의 경우를 되살펴볼[67] 것이다. 왜냐하면 그녀들이 처한 상황은 여가수와 여교사의 인신매매에 반대하는 격렬한 캠페인을 불러일으켰기 때문이다.

위의 결론을 제외하고 1902년의 조사결과[표 7]를 분석해 보면, 라 쎄인느와 뚤롱의 공창의 경우 무직(41퍼센트) 비율이 대단히 높다는 결론을 내릴 수 있다. 이 두 도시의 감찰표를 지닌 매춘부들의 전력을 비교하면, 별다른 직업이 없었던 여자들이 주로 창가에 의지했던 반면, 이미 다른 직업활동의 경험이 있던 여자들은 독자적인 영업을 선호했다는 사실을 감지할 수 있다.

공창의 교육 수준이 평균치보다 대단히 낮다는 사실을 입증해 주는 것은 아무 것도 없다. 1880년에서 1887년까지 빠리에 등록되어 있던 5천4백40명의 매춘부들 가운데 19.65퍼센트만이 문맹이었다.[68] 마르세유에서의 상황이 빠리의 그것보다 두드러지지 못했다는 것은 사실이다. 그 이유는 1871년에서 1881년까지 등록된 매춘부 3천5백84명 중에서 알파벳을 읽을 수 있는 비율은 55퍼센트선이었기 때문이다.[69] 그러나 이것은 일시적인 현상에 불과할 뿐이다. 1902년에 고급창가에 속해 있던 매춘부들의 72퍼센트가 읽고 쓸 줄 알았으며, 심지어 2명은 고등교육을 받은 여자들이었다.[70] 같은 시기에 베르사유의 공창들 중에서 9퍼센트만이 문맹이었고, 7퍼센트가 국민학교 졸업장을 지니고 있었다.[71] 어떤 여경영자들은 교육받은 여자들만을 모집하는 데 몰두하기도 했다. 1902년에 라 쎄인느의 창가에 거주하던 모든 매춘부들이 읽고 쓸 줄 알았다는 조사결과도 있다. 『심지어는 중등교육을 받은 여자도 있었는데, 그녀는 9세 때부터 가정교사에게 사사를 받은 우수한 음악가였다.』[72] 1902년 샤또-돌레롱에서 활동하던 매춘부들 전원이 읽고 쓰는 법을 알았다.[73] 인용된 예들을 보면, 이들의 문자식별률은 같은 시기의 중부지역이나 브르따뉴 지역의 몇몇 도들에서의 여성 인구 전체의 문자식별률을 상회하고 있다는 사실을 인지하게 된다.

공창들의 임신능력이 보통보다 처진다는 견해가 있음에도 상당수는 자신이 잉태한 아이를 만삭이 되어 낳는다. 아주 종종 그녀들은 아이가 태어난 직후에 아이와 헤어져야 한다. 1901년 한 해 동안에 마르세유에서는 73명의 매춘부가 아이를 출산했다.[74] 13명의 아이가 사산되었고, 17명이 태어난 지 얼마 지나지 않아 사망했으며, 19명은 보육원에 위탁되었다. 1899년에서 1901년 사이에 베르사유의 매춘부들에게서 태어난 아이들 중 11명이 보육원에 맡겨졌다. 1902년 뚤롱에서는 창가에 거주하고 있던 총 2백36명의 매춘부 중 48명의 매춘부에게 아이가 있었다. 그들 중 6명은 2명의 자녀를 두고 있었고, 2명은 자녀가 셋이나 되었다. 이 여자들 중 21명이 아이를 자신의 부모에게 보냈고, 12명이 유모나 보모에게 양육을 위탁했으며, 8명이 구제원이나 자선시설에 양육을 의뢰했다.[75]

공식적인 매춘에 이르게 되는 과정을 충분히 추적할 수 있다 해도, 공창의 매춘부들이 형성하는 특수한 세계―스스로를 소외시키는―는 대단히 다양한 사회계층 출신의 사람들을 끌어모았던 것 같다. 결국 사생아율과 부모의 직업이나 교육 수준의 비율을 감안해 볼 때, 공창의 매춘부들이 일반사회의 평균치와 대단히 현격한 차이를 보이지 않는다는 사실을 확인할 수 있다. 그리고 이것은 위와 같이 단순한 상호 관련성에 토대를 둔 모든 해석을 피해야 한다는 것을 보여 준다.

그럼에도 불구하고 평균치라는 수치에 유의할 필요가 있다. 규제된 매춘세계는 엄청나게 다양한 소우주이다. 규제주의의 구상에 의해 통제받는 매춘지역에 관한 기술에서 우리는 줄곧 매춘세계의 이러한 다양성을 발견한다. 이 다양성은 궁극적으로 성적인 욕구불만이 가중된 결과로써 고객측의 다양한 요구를 반향한다. 성적인 욕구불만은 사실 약간의 정도 차이는 있을지언정 모든 부류의 남자와 모든 사회계층에서 골고루 발생한다. 매춘세계의 확대와 사회적 다양성의 근원이 되는 것은, 매춘부의 굶주림이나 음란성이 아니라 바로 성적인 욕구불만인 것이다. 부르주아에 의해서 순결을 상실한 처녀나 자신의 몸을 값싸게 팔려는 미혼모들의 운명에 대해 탄식할 필요는 없으며, 또 그것을 통해서 굶주림의 극치를 강조할 필요도 없다. 그리고 규제주의자들처럼, 매춘에 헌신하는 젊은 여자들에게 욕설을 퍼부을 필요도 없으며, 마찬가지로 체질의 정도 문제를 증명하자고 주장할 필요도 없다. 한 시대의 성적 구조가 막대한 수요를 창출하고, 동시에 매춘이라는 효과적인 산업의 출현으로 여자들은 거의 모든 곳에서 매춘을 행한다.

한편으로 매춘부가 특수한 부류에 속한다고 주장하는 규제주의의 논설에는 커다란 모순점이 내재한다. 사회학적・통계학적 연구결과는 공창이 성적 행동의 차이와 노동의 거부를 제외하고, 그 특성에 있어서 보통의 여자와 비슷하다는 결론을 내리고 있다. 그러나 정확히 말해서, 규제주의 논설의 본래 목적이 정숙한 여자와 매춘부 사이의 차이점을 설정하고, 매춘부를 사회에서 소외시키고자 하는 것이 아니었을까? 그렇게 함으로써 매춘부는 반사회성을 형성하고, 그것을 통해 정숙한 여자는 한층 더 자신의 성격을 파악할 수 있는 기회를 갖게 될 것이기 때문이다.[76]

1 공인창가, 혹은 정액의 배수구[77]

창가에 관한 연구는 특별한 문제에 봉착한다. 성행위에 대한 격리와 함께 지속적인 감시를 표방하는 규제주의는 사실상 실현이 불가능한 제도였다. 창가의 여경영자·의사, 그리고 때때로 풍속담당 경찰들조차도 거의 준수하지 않았던 이 제도의 여러 규칙과 일상적 현실 사이에 공창제폐지론자들이 수없이 강조했던 왜곡된 현상이 발생하고 있었으며, 이것이 증언의 기술을 어렵게 만들고 있다. 그밖에 공인된 매춘시설에 관계된 증언들이 종종 그것을 제공하는 사람들의 그릇된 환상을 반영하고 있다는 것도 한 원인이 될 터이다.

이 주제에 관해 네 가지의 기술형태를 나누어 볼 수 있다.

1) 소설 속에 형상화된 기술.

2) 창가의 여자들과 지속적 접촉을 유지했던 전문가들에 의한 기술. 의사·경찰·행정관리와 같은 전문가들은 창가로부터 정확하긴 하지만 약간은 통계적인 그림을 형상화시켰다. 이러한 사실로부터, 공창의 지지자로서 규제주의자들은 반복하자면 빠랑-뒤샤뜰레에게서 비롯된 영향을 광범위하게 받게 되었다. 이밖에도 인류학적 관찰에 대한 염려와 성에 대해 느끼고 있는 불안감을 통해 규제주의자들은 약간은 피상적이면서도 냉랭한 묘사를 하게 되었으며, 이것으로 인해 그들은 그 제도의 기능을 명확하게 파악치 못했고 제반 행위들에 대한 실태를 제대로 설명할 수 없었다.[78]

3) 고객이나 개인적 차원의 조사에 몰두했던 연구자의 증언을 토대로 한 기술. 그림같이 생생하고 방대한 자료들에는 실제로 겪은 체험이 들어 있다. 그러나 스캔들이나 추잡한 행위에 대한 단순한 호기심은 분명히 경계해야 할 대상이다.[79]

4) 신문기자와 논쟁가, 혹은 여러 부류의 평론가의 견해들과 심지어는 정치가의 저서나 팜플렛 등은 자신들의 주장을 독자에게 강요하려는 의도를 내포하고

있다. 공창제폐지론을 지지하는 작가들은 그들의 활발한 활동에도 불구하고 창가에 관해 얄팍한 경험을 지니고 있을 뿐이었다. 따라서 그들은 종종 주위에 떠도는 여러 풍문들이 조금이라도 흥미롭다거나 통속적인 요소를 지니고 있다고 판단되면 쉽게 그 풍문들에 휩쓸려 버리는 경향을 보였다. 특히 매춘부들에 대한 그들의 몰이해가 그것을 증명해 준다.[80] 게다가 교회·군대, 그리고 경찰에 대해 빈번하게 보였던 적대감이 그들의 증언을 왜곡시키고 있었다.[81]

문헌들의 방대한 양에도 불구하고, 결국 그 문헌들 속에 매춘부 자신이 작성한 이야기나 회고담이 결여되어 있다는 것은 유감스런 일이다. 실제로 매춘부가 자신의 삶을 거리낌 없이 스스로 말할 수 있게 되기까지에는 더 많은 세월, 즉 아주 현대적인 시대가 도래하기를 기다려야 했다. 그럼에도 불구하고 필자에게는, 매춘부가 자신의 친구들이나 정부에게 보냈던 서신들과 행정당국에 보냈던 여러 장의 탄원서가 준비되어 있다. 그외에도 리용에 존재했던 3개의 공인창가의 기록장부를 참고할 수 있다.[82] 마지막으로 마르세유의 풍속담당 경찰의 보존문서들이 여경영자[83]들과 방탕한 장소에 관한 일련의 자료들을 포함하고 있다.[84] 그러나 불행하게도 이 자료들의 대부분은 1900년에서 1914년에 이르는 기간에만 국한되어 있을 뿐이다.

이런 어려움에도 불구하고, 우리는 19세기 최후의 4반세기 동안에 기능을 발휘했던 바로 그 창가에 대한 소묘를 시도해 볼 것이다.[85]

공창제 매춘의 분포와 유형

당시 프랑스에서 매춘을 위한 전용구역이 설정되어 있던 도시들은 드물었다. 그러나 앞서 인용한 남프랑스 지방의 도시들과 몇몇 항구들이 전용구역을 갖추고 있던 도시들이었다. 마르세유에 존재했던 88개의 창가 중에서 하나의 예를 제외하고는 전체가 동쪽으로는 레이나르드 가에서 서쪽으로는 라도 가에 이르기까지, 남쪽으로는 랑스리 가에서부터 북쪽의 깨쓰리 가에 이르는 제한구역에 밀집되어 있었다.[86] 부뜨리 가에는 따라서 15개의 창가가, 랑떼른느리 가에는 13개의 창가가, 그리고 드 라망디에 가에는 12개의 창가가 몰려 있었다. 그리고 마르세유에서는 당시에 공인창가가 번성일로에 있었다는 사실을 덧붙여야 한다. 다시 말해, 독자적으로 행동하던 가창의 비율이 다른 대도시들에 비해서 상대적으로 낮았던 것이다. 창가를 떠났을 때 감수해야 할 투옥의 위험성을 우려하면서 공창들은 지속적으로 가창으로서의 매춘행위에 전념하고 있었다는 사실도 언급해야 할 것이다.

같은 시기 몽뻴리에의 등록 매춘부들은 〈빠스키에〉[87]라는 지구에 모여 살았으며, 그 구역의 〈방〉에서, 〈고급창가〉에서, 그리고 〈합동창가〉에서 매춘행위를 벌이고 있었다. 합동창가는 부채를 짊어진 여자들의 행위를 은폐시키면서 경찰의 감시하에 일시적으로 매춘에 종사하도록 하는 기능을 지니고 있었다. 뚤롱에는 〈빨간 모자〉라는 매춘 전용구역이 있었는데, 이 구역은 시장의 말에 따르면[88] 매춘의 지리적인 호조건을 구비하고 있었다. 왜냐하면 이 구역은, 요새화된 성벽의 밑에서부터 시작하여 가장 인적이 드문 장소까지 제한되어 펼쳐져 있기 때문이다. 그러나 사람들은 여러 길을 통해서 그곳에 빈번하게 출입했다. 1902년에 그 구역은 55개의 창가를 수용하고 있었다. 1878년[89]과 이어서 1902년에 행정당국은 경찰의 강력한 단속을 통해 제한구역을 지키려고 노력했다. 그러나 공창은 사실상 도시 중심으로 몰려들어 거주하는 경향을 보였다. 항구도시들에서 풍속담당 경찰이 보여 준 태도는 뒤늦은 반격이라는 생각을 불러일으킨다. 따라서 1896년의 쎄뜨 시의 조례는 시의 공창들이 수라-오 구역에 수용되어야 한다는 규정을 명시하고 있었다.[90] 엑-쌍-프로방스의 시장은 당시 가장 복고주의적인 제의를 했는데, 그 제의의 취지는 1907년에 퐁드리 가와 브르똥 가, 그리고 쟈르뎅 가에 매춘 전용구역을 설치하고자 하는 것이었다.[91]

브레스트는 울타리가 마르세유에 비해 덜 견고한 편이었다. 그럼에도 불구하고 행정당국은 1874년경에 창가들을 쎄뜨-쌩 가와 오뜨-데-쎄뜨-쌩 가, 뇌브-데-쎄뜨-쌩 가, 그리고 끌레베르 골목에 집중·수용하려고 애썼다.[92] 행정당국은 끌레베르 가와 귀요 가에서의 영업허가를 거부하기로 결정했다. 수치스런 직업에 대한 이러한 의도적 지도의 재편성과 그에 의한 도시화의 변화가 필연적인 것이었다고 1875년 그 시의 부시장은 밝히고 있다. 그는 끌레베르 가가 주요 간선도로인 시앙 가에 면해 있어서 창가의 증가를 그대로 방치시키기에는 사람들의 통행이 너무나 빈번하다는 생각을 했다.[93]

전용구역이 없는 도시들에서 공인창가는 반드시 금지사항을 준수해야 했다. 금지사항을 가장 많이 요구했던 곳은 빠리였다. 지고 조례는 중요 공공시설들, 즉 국민학교와 중학교·교회와 인접한 지역에서의 창가 개업을 금지시켰다. 게다가 창가들은 서로가 일정한 거리를 두고 위치해 있어야 했다. 따라서 같은 건물 안에 두 개의 창가가 존속한다는 것은 불가능했다. 요컨대 비밀매춘에 대항하기 위해 경찰청은 악덕의 집중보다는 그것의 분산을 선택했던 것이다. 지방에서는 여러 조례들이 시의 기념건조물, 교육문화시설, 그리고 시민들이 통행하는 곳과 인접한 곳에서의 창가 영업을 불허했다. 1904년 당시 이러한 종류의 금지사항이 82개의 법령을 정형화시켰다.[94]

19세기 초엽부터 일어난 도시계획의 변화와 공인 매춘시설의 감소가 매춘시설의 지리적 분포에 커다란 변화를 가져왔다. 물론 과거에 강제적으로 제한했던 구역은 그대로 잔존해 있었다. 때로는 아주 불결한 다수의 창가들이 도시의 심장부, 즉 성당이나 중세기 건조물들 근처의 좁고 어두운 골목에 집중적으로 들어섰다. 따라서 시청이나 빨레-롸이얄에 인접한 구역과 같은 빠리의 몇몇 구역들은 상당히 오래 된 대표적인 매춘지역들이 되어갔다.

그러나 수도의 중심부에서 일어나던 대변화는 벌써 몇몇 오래 된 매춘지구의 소멸을 가져왔다. 그래서 중세 이후부터 매춘의 중심지 역할을 하고 있던 씨떼지구와 쌩-루이 섬이 빠리의 도시 변화를 통해 정화되었다. 리볼리 가가 연장되고 루브르 지역에 호텔과 상점 들이 신설됨으로써 프로드망또 가와 삐에르 레스코 가, 비블리오떼끄 가로 구성되어 있던 매춘의 주요지역들이 파괴되는 결과를 초래했다.

그래서 우리는 3개의 새로운 지역이 도시의 전통적인 중심부로 집중되고 있었다는 것을 인지하게 된다. 빠리의 예를 인용해 보면 설명이 가능할 것이다.

1) 제한선거왕정기 이후부터 대규모의 창가들이, 후에 상업 중심지를 형성하는 대간선도로와 인접한 통행이 빈번한 거리에 들어섰다. 마들렌느 사원과 오뻬라 거리, 그리고 증권거래소와 인접한 지역에 정착한 창가의 존재는 매춘이 고급상점의 증가와 통행인의 증가에 연결되어 발전한다는 사실을 잘 보여 주고 있다. 예를 들면 샤바네 가에 들어선 창가들은 당시에 이미 국제적인 명성을 얻고 있었다.

2) 도시가 확대되고, 간혹 요새들이 건설됨으로써 창가들이 제3공화정시대 이전에는 도시계획선을 따라 설치되는 결과를 가져왔다. 빠리에서는 요새의 건설과 함께 매춘의 〈새로운 민속〉[95]이 생겨나고, 시내의 전통적 매춘구역과 함께 또 하나의 세력을 형성했다. 창가들은 성벽과 성 외곽 사이의 대로변에서 영업활동을 전개하고 있었다. 더 정확하게 말하자면, 1840년 이후 경찰청은 비밀매춘의 중심지가 된 캬바레에 공인창가의 허가권을 정식으로 인정해 주었다. 이 경우 행정당국은 창가의 여사장에게 작은 까페의 경영권을 동시에 부여했다. 도시 중

심부에서 활동하던 여경영자들이 자신의 동료들에 대해 질투심을 지니고 있던, 이러한 특권이 그들에게도 인정되었던 것이다. 그럼에도 불구하고, 이 구역들에서 비밀창가의 수효가 공인창가의 수효를 압도했다는 사실에 주목해야 한다.

3)기대와 좌절의 장소들(여기서는 창가를 의미함)이 교통의 발달이나 상업활동의 변화와 함께 증가하고 있었다. 따라서 창가들은 역과 시장, 그리고 새로 건설된 항구들에 인접해서 설치되고 있었다. 가끔 이 새로운 요인들은, 빠리의 중앙시장이 설치되었을 때와는 반대로 전통적인 매춘지구를 더욱 번성시킬 수밖에 없는 역할을 수행하기도 했다.

4)마지막으로 군대의 주둔과 병영의 수많은 창설이 공인창가의 전용구역에 변화를 가져왔다. 창가는 군대의 주둔지와 도시의 야영지 부근에서 증가추세를 보였다. 주지하다시피 에드몽 드 공꾸르가 썼던 《매춘부 엘리사》는 바로 군사학교 부근에 있던 창가에서 영감을 얻은 것이다.

그밖에도 지적되어야 할 사항은, 방금 상기해 보았던 공인창가의 지리적 분포가 길거리에서 고객을 유인하는 가창과 비밀매춘부들의 여정과 항상 일치하지는 않으며, 오히려 그것과 거리가 멀었다는 사실이다. 매춘의 총체 속에서 〈매춘권〉을 규정하기에 앞서서 매춘부들의 정묘한 움직임을 포착, 기술하는 것이 바람직할 것이다.

창가의 유형은 일반적으로 매춘의 지형에 일치하고 있으며, 이런 관점에서 빠리의 경우가 가장 두드러진 예가 될 것이다. 여러 창가들의 정점에는 1등급과 2등급의 창가가 존속하는데, 이것은 사치스러움과 비밀엄수를 무엇보다도 소중하게 생각하는 귀족과 부르주아층에 할당된 전용창가였다. 우선 오뻬라 구에 자리잡고 있던 대규모의 창가들을 살펴보아야 하는데, 그 지역 창가들에 대한 묘사가 고급창가를 다루는 모든 문학작품들의 화려한 주제를 형성한다. 고객의 이국적 향취에 대한 기호나 퇴폐행위를 만족시키려는 가구와 장식의 기발한 모습 등에 관심을 두지 않고서[97] 이 창가의 내부를 간추려서 묘사하는 것으로 필자는 만족할 수밖에 없을 것 같다. 방 안에는 우선 3면이 원주기둥과 나사류의 모직물로 둘러싸인 침대 하나가 놓여 있다. 그 침대는 보통 시트로 덮여 있으며, 천정에는 침대 매트와 같은 넓이의 대형거울이 설치되어 있다.[98] 대리석 세면대가 방 한구석에 설치되어 있고, 그 위에는 화려한 향수병들이 놓여 있다. 벽난로 위에는 동물과 박쿠스신의 여제관을 연상시키는 동상들이 놓여 있다. 침대 곁이나 옆에 딸린 작은 방에는 길다란 의자와 쿠션이 달린 침대 겸용 의자가 놓여져 있어서 고객의 성적인 변덕을 만족시켜 준다. 빛은 유리창문을 통해 부드럽게 새어들고, 혹은 벽난로 위에 설치된 가스램프를 통해 발산된다.

복도·계단·거실 등 사방에 두터운 양탄자와 거울, 수많은 청동제품이 비치되어 있다. 천정과 벽에는 신화를 소재로 한 그림들이 장식된다.[99] 이국적인 식물들과 꽃들이 방의 장식들과 함께 관능적 분위기를 더욱 돋우어 준다. 길다란 침대 겸용 의자와 낮은 의자들이 간막이를 따라 설치되어 있다. 『쌀가루와 지하실의 곰팡이를 연상시키는 역하고도 향기로운 냄새가 도처에 깔려 있다. 뭔가 형용할 수 없는 냄새가 무거운 분위기 속에 스며들어 마치 인간을 짓이기는 듯, 한증탕의 냄새와 같이 우리를 짓누른다.』[100]

귀족과 부르주아계급이 쾌락을 즐기던 대규모 공인창가의 거실에는 고요함과 은밀함이 깊숙이 내재해 있었다. 하급창가에서는 소음과 움직임, 고성방가, 춤, 술, 선정적인 옷차림, 나아가서 육체적인 흥분이 관능성을 돋우어 준다. 반면에 고급창가에서는 전라에 가까운 자태와 날씬한 몸매, 암시적인 은은한 자태, 먼 거리에서의 몸짓이나 시선에 의한 유혹, 그리고 주위의 호화로움 등이 조용하고 은밀한 분위기 속에서 고객의 성적 욕망을 부추긴다. 창가를 소재로 한 일련의 걸작들 속에서 드가는 이 모든 것을 표현해내었다. 이렇듯 고요하고 은밀한 분위기는, 나체상이 없는 뚤루즈-로트렉의 그림 《살롱》 속에서 다시 재현된다.

2등급 창가가 1등급 창가보다 더욱 광범위한 고객층을 상대하고 있었음에도 이 창가 역시 고객의 절대적인 비밀을 보장해 주는 방법으로 꾸며져 있었다.[101] 교묘한 시스템이 고객들 사이의 우연한 만남의 가능성을 완벽하게 차단시켜 준다. 새로운 고객이 도착하면 그는 자그마한 대기실로 안내되고, 그곳에서 여자를 선택하게 된다. 각 계단에서의 능란한 보호감시와 초인종 시스템을 통해서 아무런 위험 없이 음모가 수행되도록 세심한 배려를 해놓는다. 살롱의 증가가 이러한 창가의 특징을 규정하는 것이다. 방에는 평평한 침대가 놓여 있으며, 침대는 여러 개의 거울로 둘러싸여 있다. 바닥에는 양탄자가 깔려 있어 은밀한 분위기를 조성한다.

이른바 〈구역의〉 창가들은 소시민계급을 위한 것이었다. 단골고객은 벽이 거울로 장식된 거실로 조용히 들어간다. 그 벽을 따라서 붉은색 빌로드로 된 침대 겸용의 길다란 의자들이 놓여 있다.[102] 단 한쪽 방향으로만 커튼이 드리워져 있으며, 털이불로 뒤덮인 침대 하나가 방을 장식할 뿐이다. 구역의 창가는 하숙집을 연상시킨다. 공동접견실과 개인실 이외에 숙박객들을 위한 식당이 있으며, 〈일종의 정식〉[103]이 제공된다.

일반대중을 상대로 하는 이 창가는 그 종류가 많은 만큼이나 대단히 다른 양상들을 보인다. 이 계급의 창가는 종종 〈술과 음식을 같이 파는 창가〉의 구실을 하고 있었다. 거울을 좀더 많이 설치했고, 가스 조명에 더 신경을 썼다는 점을 제외하고는 이러한 류의 창가는 내부장식에 있어서 보통 술집의 장식과 크게 다르지 않다.[104] 소음과 연기와 알콜의 취기 속에서 지나치게 화장을 한 매춘부들이 몸을 꽉 죄는 웃옷에 넓적다리까지 내려오는 아주 짧은 스커트의 천박스런 차림을 하고 있거나, 어깨와 팔·가슴, 혹은 새틴으로 감싼 다리가 훤히 들여다보이는 구멍이 숭숭 뚫린 가운을 입고서 방으로 올라가기 전 고객과 먹고 마시는 과정을 갖게 된다. 따라서 여기서는 은밀한 분위기는 존재치 않으며, 심한 말싸움이 빈번히 일어난다. 〈창가의 급사〉가 주정꾼을 내쫓는 역할을 수행한다. 고객은 자신이 선택한 여자와 동침하기 전에 이미 술에 취해 있게 마련이다. 방의 치장은 저급한 호텔의 장식과 별로 다를 바가 없다.

병영이나 항구 부근에 위치한 몇몇 창가들은 군인들 전용의 매춘시설이었다. 군인들은 일반창가의 주요 고객층이 아니었기 때문에, 실제로 일반창가에서 제복을 입은 군인을 받아들이는 경우는 드물었다. E. 드 공꾸르와 모빠쌍이 남겨놓은 작품들 속에 병사와 수병 전용의 이러한 창가의 모습이 생생하게 표현되어 있음을 기억해 두자.[105]

최하급의 창가는 몽루즈나 샤론느의 성벽 근처에 세워지거나, 모베르 광장과 같은 어떤 구역의 중심지에 위치하기도 한다. 이 창가에서는 술과 음식을 함께 파는 작은 공간이 테이블과 나무의자로 꾸며진 공동실과 인접해 있다. 매춘부들은 대개 나이가 많고, 얼굴의 주름을 감추려고 화장을 짙게 하고 맥주나 압쌩뜨 술을 마셔댄다. 그리고 철제 침대나 심지어는 짚을 넣어 만든 매트가 덜렁 놓여 있는 방에서 고객에게 몸을 내맡겨 버리는 것이다. 바로 이것이 여자가 맥주 한 잔의 값어치도 없이 취급되는 〈싸구려 갈보집〉의 모습이다. 그르넬 구역의 군인전용 창가에서는 단 50쌍띰(현재 프랑스의 가장 낮은 화폐단위, 우리나라 통화의 70원 정도에 해당)으로 고객이 자신의 순서를 기다리는 대기번호표를 받을 수 있었다. 이러한 상황은 마그레벵(모로코, 알제리, 튀니지 등 북아프리카에서 이민 온 사람들의 통칭)의 창가에서도 마찬가지였다.[107] 지방의 몇몇 창가들에서도 군대의 대훈련이 있던 날 저녁이면 이런 광경이 벌어지곤 했다.[108]

이상과 같은 현상을 너무 성급하게 전개한 감이 있긴 하지만, 여기에서 본 연구의 목표는 생생한 회화적 묘사를 하는 것이 아니기 때문에 빠리 지역의 공인 창가에 대한 극도의 다양성을 보여 주는 것으로 필자는 자족하고자 한다. 이 다양성은 사회적인 피라미드 구조의 넓이를 반영시키고 있다. 지방도시에서의 창가의 계급화는 빠리의 경우보다 덜 세분화되어 있었다. 따라서 1902년에 뚤롱의 행정당국은 공인창가를 단순히 두 종류로만 분류했다. 부유계층과 해군·육군의 장교 출신들이 출입하는 〈고급창가〉와 〈노동자·수부, 그리고 군인이 출입하는 일반창가〉[109]가 바로 그것이다. 브레스트에서는 시장의 보고에 따르면 『창가의 품위를 이루는 설비에는 별다른 차이가 없었다. 고객층과 요금에 있어서도 마찬가지였다.』[110] 랑베르빌리에에서는[111] 외판원·점원·사무원과 약간의 노동자들이 주간에, 그리고 일요일 저녁에 창가에 출입하였다. 때때로 뻬깡의 《멜리에 창가》[112]에서처럼, 대중계층의 고객이 술과 음식을 함께 파는 장소로 안내되던 반면에 부르주아층 고객은 공인창가의 거실로 출입한다. 이 뚜렷한 차이는 소도시의 경우 부르주아층이 드나드는 클럽이 때때로 일반대중이 출입하는 까페의 위층에 있다는 위치상의 차이와도 부합되는 것이다. 부르주아계층의 살롱과 일반대중의 캬바레가 창가라는 매춘시설의 모델을 형성해 주고 있었기 때문에, 수도에 위치한 창가의 전형을 묘사했던 문학작품은 당시의 지배적 사교형태를 잘 드러내 주고 있다 할 수 있다.

다양한 고객층

창가를 규정하는 것은 우선 그곳을 출입하는 고객들이다. 그런데 극도로 다양한 고객층은 공인창가가 담당하는 기능의 증대에 의해서만 설명될 수 있다. 창가는 따라서 미성년자에게 있어서는 성의 입문의 장소이며, 동시에 성적 욕구불만에 차 있는 사람들을 위한 발산의 장소가 되기도 하고, 혼외정사를 꿈꾸는 남편에게는 위안거리를 제공하는 장소의 역할을 하기도 한다. 마찬가지로 오락에 심취한 부르주아 남성에게 있어서 창가는 하나의 클럽이다. 그리고 성적 쾌락에 무감각해진 사람이나 변태성욕자들, 혹은 부르주아층 부부에게 금기시된 낯설고도 세련된 성행위에 단순히 호기심을 갖고 있는 사람들에게 있어서 창가는 에로티시즘을 실현할 수 있는 고귀한 장소이다. 마지막으로 창가는 관광객들에게 있어서나, 혹은 여행을 통해서 일상적인 성생활을 중단하고 생활의 변화를 추구하려는 순례자들에게 있어서 일시적인 오락의 장소가 되기도 한다.

그래서 이렇듯 다양한 기능들에 대한 중요성 때문에 19세기 후반부에 현저한 변화가 일어난다. 뒤에 가서 알게 되겠지만, 설령 창가가 성의 입문의 장소이며 사회로부터 소외된 사람들에게 있어서 성욕 발산의 장소 역할을 하고 있었다 해도, 그 이후부터 또 다른 형태의 매춘에 현혹된 부르주아층 기혼자나 독신자 들의 관심권으로부터 창가는 조금씩 멀어져 가기 시작했다. 이러한 상황 속에서 창가는 해를 거듭함에 따라 〈퇴폐의 성당〉[113]과 거의 동일하게 취급되어졌다. 반면에 소도시들에서는 사회·문화적인 현상으로 간주할 수 있는 창가의 역할— 이런 생각은 도발적이라는 비난을 받을 수도 있다—이 증대되어 가고 있었다.[114]

고급창가에서 고객이 취한 행동은 아직도 미지의 것으로 남아 있다. 그것은 그림자나, 혹은 살짝 덧칠해진 실루엣 형태로 제작된 드가의 몇몇 작품들을 제외하고는 소설가나 화가 들[115]에게서 고급창가와 고객에 대한 묘사를 거의 찾아볼 수 없다는 사실로서도 증명된다. 툴루즈-로트렉의 그림 《살롱》에는 남성의 부재 그 자체가 나타나 있으며, 이것은 보이지 않는 남성의 성적 쾌락의 대상으로서만 존재하는 듯한, 여성들의 끈질긴 기다림을 창조한다. 유동적인 개체들로 구성된 이 계급의 고객층은 체면을 중시하며, 따라서 짧고 은밀하게 머물다 떠나기 때문에 좀체로 타인의 이목을 끌지 않는다. 이러한 이유로 창가에서도 전혀 눈에 띄지 않았기 때문에, 창가에서의 부르주아 남성들은 당시의 문학이나 회화 속에 거의 등장하지 않는 것이다. 그리고 그것은 아마도 부르주아층의 엿보는 취미에 대한 커다란 유혹을 설명해 주고 있는 것인지도 모른다. 은밀함에 대한 걱정 때문에 타인의 비밀스런 사생활을 몰래 엿보고, 그럼으로써 그들에게는 정욕이 되살아난다.[116]

이와는 반대로 구역의 창가와 소도시의 창가, 그리고 대중적 매춘시설에 출입하던 고객들에 관한 상당한 자료들이 남아 있다. 여러 부류의 창가들이 복잡하게 뒤섞여 있기 때문에 여기서는 매춘부들을 묘사하면서 동시에 그들의 상대인 고객층을 묘사하는 것이 바람직할 터이다. 여러 조례가 여경영자들에게 매춘시설 내에서의 미성년자 고용을 금지시켰다. 1904년에 시행중이던 2백94개의 시조례 중에서 1백81개의 조례가 미성년자와 중학생들에게 공인창가의 출입을 엄격하게 통제했다.[117] 그런데 실제로 창가들은 이들을 흔히 고용하고 있었고, 창가의 침대 위에서 小부르주아와 中부르주아계급에 속하는 대다수의 아들들이 자신들의 첫오락에 몰두하기 시작했다.[118] 이것에 대한 증거자료는 무수히 많다. 『바로 쾌락의 수도원에서 대다수의 어린 처녀들이 경찰의 감시하에 자신의 순결을 잃는다』라고 뿔 부르제[119]는 쓰고 있다. 어느 목요일의 중학교 교정을 회상하면서 그는 또 덧붙인다. 『그 구석에는 우리가 알프스 산처럼 우러러보곤 했던 친구들 중 하나가 항상 있었다. 거기에 갔던 놈이 그놈이었다! ……어디냐고? 바로 저 아래 변두리! 우리는 항상 그 변두리 골목길을 무리지어 산보했다.』 자신의 연구를 종결하려고 빠리의 어느 고등학교에 부임했던 작가는 그곳의 경우도 마찬가지라고 생각했다. 그러나 지적되어야 할 중요한 사항이 하나 있다. 그것은 『빈궁한 시골 청소년들이 비싸지 않은 가격으로 예쁜 여자를 고르기 위해 그 도시의 유일한 장소를 맴도는 데 반해서, 빠리의 청소년들은 벌써 모험을 추구하고 실행에 옮기기 시작했다.』[120]는 사실이다. 이어서 작가는 죄와 수치심, 그리고 빈번한 병에의 입문이 청소년의 성생활에 미치는 예측할 수 없는 결과를 강조한다. 『아직도 기묘한 청년기 속에 머무르고 있던 그 젊은이는 여성에 대한 생각으로 신체적인 퇴색을 겪게 된다.』[121]라고 그는 자신의 작품 속에서 강조하고 있다.

　공인창가의 근본적 취지는 역시 성생활에서 배제되고 소외된 모든 남성들의 욕망을 만족시켜 주는 것이라고 할 수 있다. 만혼의 풍습이 확산되던 사회에서 창가의 출입은 독신기간이 연장되는 미혼자들에게 있어 수음과 함께 임시적인 성생활의 한 형태를 이룬다. 이것은 너무나 가난해서 한 여자를 부양하거나, 혹은 결혼할 엄두도 내지 못하는 점원이나 호텔보이,[122] 혹은 사무원들의 경우에 특히 해당된다. 이러한 고객층에 사회로부터 소외된 떠돌이 노동자들과 갓 이주해 온 이주민들의 부류가 추가된다. 그들은 도시적인 삶에 너무나도 철저하게 동화되지 못해서 성적인 욕구를 달리 충족시킬 수 없는 사람들이었다. 그들 중 어떤 사람들은 너무나 가난해서, 또 어떤 사람들은 시간이 없어서, 마지막으로 또 어떤 사람들은 매춘부로부터 거절을 당함으로써 성적인 욕구 충족의 기회를 갖지 못했다. 이것은 외판원[123]이 지방 소도시에서 고객의 최하층을 형성하고 있다는 사실로 설명이 된다. 마찬가지로 지방대학의 학생들이 무리를 지어 빈번히 창가에 출입하고 있었다. 그들은 거기서 우선 카드 도박을 벌여 〈에이스 하트〉[124]를 집은 사람이 여자의 방으로 올라가는 특권을 누렸다. 그럼에도 불구하고 또 다른 형태의 매춘에 관심을 갖게 된 대학생계층이 전통적인 공인창가에서 조금씩 멀어져 가고 있었다는 사실을 인정해야 한다. 소도시에 거주하는 가정의 자녀들은 주위에 얼굴이 너무나 잘 알려져 있어서 매춘부를 찾아갈 수 없었기 때문에 역시 인접한 대도시의 공인창가에 출입하고 있었다.[125] 징병검사위원회가 열리는 날이나 아주 단순한 지역축제가 벌어지는 날이면 이웃의 젊은이들이 몰려와서 〈빠르띠 몽떼〉[126]라는 전통의식을 벌였다.

사회로부터 소외된 고객들이 대중계급의 매춘시설을 이용했는데, 고객층은 일용노동자와 막노동꾼·토목인부·청소부·넝마주이[127]·이주민 노동자[128]나 외국인 노동자 등으로 구성되어 있었다. 이들은 노동자사회에 잘못 통합되어 대개의 경우 자신의 아내나 약혼녀를 고향에 남겨둔 채 도시에서 셋방살이를 하고 있었다. 공인창가에서 욕망의 충족을 권장하는 전통이 군당국의 의도와 부합되었기 때문에 수병이나 일반병사의 경우에 창가의 출입은 더욱 분명한 사실이었다.[129] 그러나 이 군대사회에서 용병제도가 사라지게 됨으로써 행동형태에 급속한 변화가 왔다는 사실에 주목할 필요가 있다.[130]

이 경제적인 프롤레타리아계급에 애정으로부터 소외된 모든 남자와[131] 더럽고 추한 용모의 무산자계급 남성들을 추가시켜야 한다. 가창이나 비밀매춘부들은 추한 용모를 이유로 그들을 기피하지만 공인창가의 여자들은 의무적으로 그들을 받아들여야 했다. 마지막으로 이들에게 있어서 성적인 욕망을 충족시키는 수단으로써 성교섭은 공인창가에 가는 것 이외에는 별다른 방도가 없었던 것이다.

항상 성적 욕구불만에 차 있는 하층계급 남성들의 욕구를 충족시켜 주어야 한다는 것이 공창제도의 기본적 취지이며, 따라서 공창제 매춘의 기본적인 기능으로써 줄곧 존속하게 될 것이다. 이것은 한편으로 사회가, 빠랑-뒤샤뜰레와 그 이전 규제주의자들의 아우구스티누스적 시각을 토대로 공창제 매춘에 요구하는 목적이기도 하다. 반복하자면, 규제주의자들은 창가의 기능 자체가 문제되었기 때문에 창가의 활동을 제한시키는 것이 필요하다고 생각했던 것이다.

실제로 공인창가는 일상적인 성생활에 문제가 있는 기혼 남성들의 성적 욕구를 충족시키는 역할을 담당한다. 그러나 반대로 혼외정사를 지속적으로 유지하고자 하는 남편들은 독자적으로 활동하는 가창이나 비밀매춘부, 혹은 첩을 더 선호한다. 따라서 감성과 행동양태의 변화를 재검토할 필요가 있다. 빠리에서 며칠간 체류하려고 상경한 지방 사람들과 마찬가지로, 빠리에 사는 외국인들의 경우도 창가의 순례가 하나의 관례가 되어 있었다.[132] 여가와 여행의 과정에서 벌어지는 이러한 매춘, 이를테면 〈사회로부터의 일시적 도피〉 과정에서 벌어지는 매춘은 알다시피 확실한 산업을 형성시켰다. 1878년과 1889년·1900년에 개최된 만국박람회에 즈음하여 대규모 창가가 번영을 구가했다는 사실이 그것을 증명한다. 매춘업의 경기는 이런 종류의 사건들에 의해 결정된다. 쾌락의 열차가 공인창가에서 즐거운 시간을 보내고 싶어하는 지방 사람들을 인근의 대도시로 실어 나른다. 〈방탕한 남자들〉이 축제기간이나 휴가 때를 이용해서 소위 〈유람여

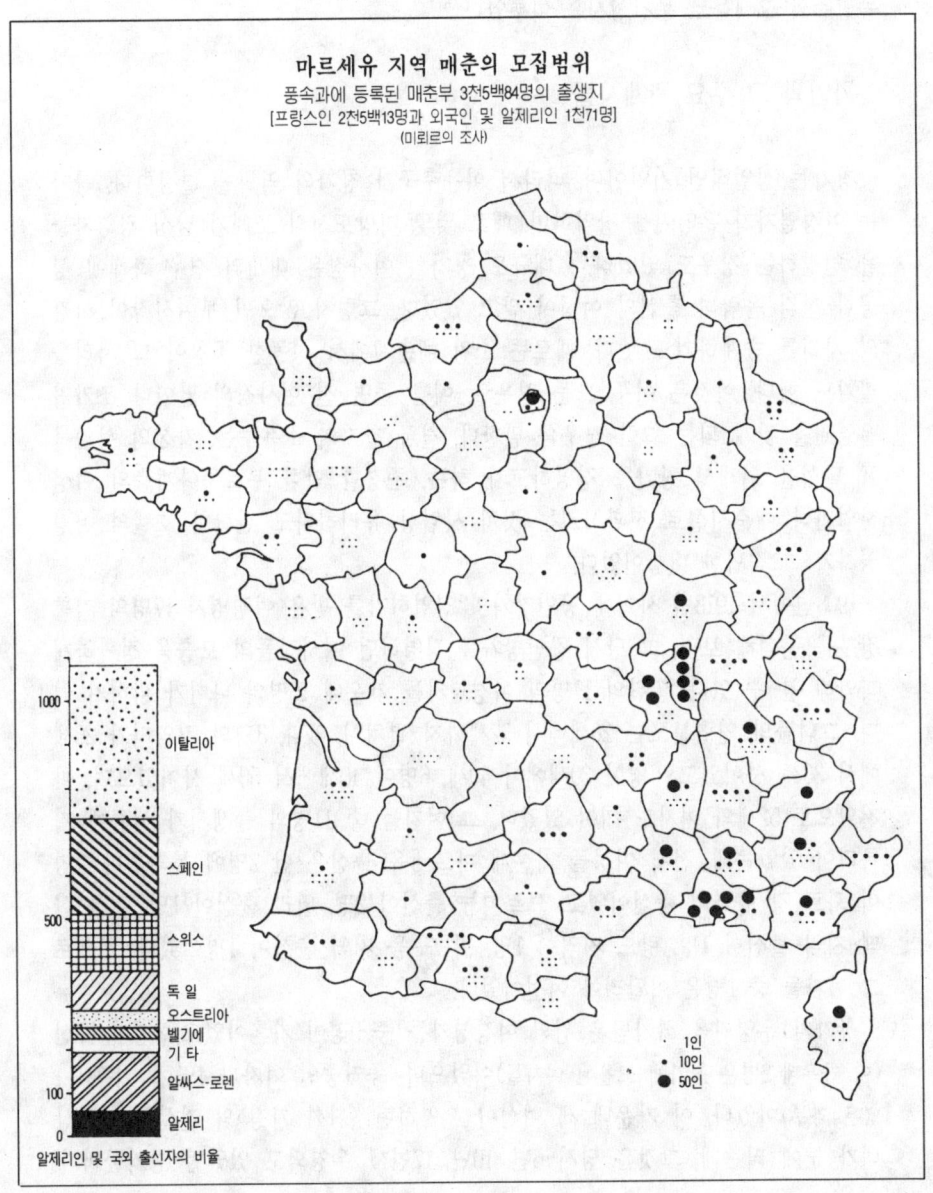

행〉을 조직하거나, 혹은 브장송과 디종·리용[133]에서 통칭되던 〈위안여행〉을 조직하던 시대도 있었다고 베르제레 박사는 쓰고 있다. 중간 규모의 도시들에서도 공인매춘시설은 똑같은 기능을 수행하고 있었으며, 시장이 서는 날이면 창가는 농민층의 고객들로 문전성시를 이루었다.[134]

기업과 그 주요 관계자들

창가는 상업적인 기업이며, 따라서 이윤추구가 창가의 역할을 결정한다. 창가는 여경영자가 운영권을 장악하며, 때로 몇몇 지방도시의 조례가 남성 경영자들을 인정하는 경우도 있었다.[135] 대규모 창가의 여사장은 대개의 경우 축재에 성공한 전직 윤락녀 출신의 여성이 맡고 있었다. 그렇지 않으면 부여사장이 사장의 자리를 승계하기도 했다. 때로는 소위 매춘계에서 성공한 공창이 그 자리를 맡기도 했다. 이것은 아주 드문 경우로, 예를 들면 전 여사장의 딸이나 조카가 운영권을 갖게 되는 그런 경우를 말한다. 결국 창가의 소유주는, 자신의 사업목표 달성을 위해서 창가를 경영하고자 하는, 존경할 만한 부르주아계층의 여성사업가나 매춘시설로 전환시키는 것이 사업상 유리하다고 판단한 호텔의 여경영자가 그 적합한 대상이었다.

1908년에서 1913년 사이에 공인창가의 영업허가를 받은 여경영자 17명의 기록장부를 분석해 보면, 그 당시 공인창가를 경영하던 여사장들의 모습을 정확하게 파악해 볼 수 있다.[136] 위의 17명의 여경영자들 가운데 16명의 나이가 밝혀져 있다. 그녀들의 연령분포는 26세에서 52세까지 펼쳐져 있다. 3명의 경영자가 26세에서 30세 사이였고, 6명이 30세에서 40세, 6명이 40세에서 50세 사이였으며, 마지막으로 52세의 여자도 끼여 있었다. 그 여자들 중 11명의 출생지가 서류에 기록되어 있었는데, 전체 여성들 가운데 마르세유 출신은 단 2명에 불과했다. 2명이 롸르 강 유역의 출신이었고, 브르따뉴 출신이 2명, 빠리 출신이 1명, 쥐라 산맥 지역 출신이 1명, 랑드 지역이 1명, 퓌-드-돔 지역 출신이 1명이었다. 끝으로 그 여자들 중 1명은 이탈리아 여성이었다.

창가의 운영권을 허가받은 위의 여경영자들 중 9명이 기혼이었고, 3명이 독신(이 가운데 2명은 창가에 고용된 여자들)이었으며, 동거중인 여자가 4명(그 가운데 1명은 과부)이었다. 이 가운데 세 여성이 운영하던 〈가짜 가정〉의 견실한 경영상태가 눈에 띄는데, 그것은 당시 6년, 10년, 17년째 운영되고 있었던 창가들이다.

여경영자들의 남편이나 동거인의 직업은 상당히 다양했다. 그들 중 몇 사람의 직업을 살펴보면 과일포장공이 1명, 노동재해 수당을 받는 전직 부두노동자가 1명, 수부가 1명, 수리공 1명, 보석행상인 1명, 가두 음식물행상인 1명, 전직 포도주상인 1명, 당구교사 1명 등 실로 다양한 직업이 혼재하고 있었다. 그들 중 한 사람은 자신이 레스토랑의 보이라고 주장했지만 사실은 창가의 물주였다. 여경영자들의 결혼이 배우자의 재산 때문에 이루어지는 것은 아니었을 터이다. 왜냐하면 배우자들은 여경영자들의 보호자 역할을 해주기 때문에 그 〈남비〉(남자를 먹여 살리는 매춘부를 비하시킨 호칭)는 늙어서도 안심하고 직업을 수행할 수 있었던 것이다.

마르세유에서 영업허가를 받은 경영자들 중 매춘업에 처음으로 종사하는 경우는 아주 드물었다. 이것은 그녀들의 연구에 있어서 상당히 중요한 특징을 형성한다. 그들 중 4명이 공창으로서 시에 등록된 바 있고, 2명은 등록이 말소된 여자들이었다. 그밖에도 지원자들 중 3명은 창가의 부사장직을 맡았던 전력이 있었다. 영업허가를 받은 여자들 가운데 8명이 이미 공인매춘시설을 운영한 경험이 있었고(5명은 마르세유에서, 2명은 뚤롱에서, 1명은 리옹에서), 6명이 셋집의 관리인 출신이었으며, 4명이 술집을 운영한 경험을 가지고 있었다. 그녀들에 대한 서류를 검토해 보면, 이들 중 7명이 비밀매춘시설의 운영을 통해서 매춘업에 뛰어들었다는 사실을 알 수 있다. 이 분야에 전혀 생소한 새로운 사람이 단 한 명 있었는데, 그녀는 한때 식료공장과 수예재료공장을 운영했었다고 한다. 그러나 이것은 아마도 매춘을 위해 가장된 공간들이었을지도 모른다.[137] 마지막으로 4명의 여경영자들이 절도와 상해, 그리고 미성년자에 대한 윤락교사죄의 전과기록을 가지고 있었지만 이것이 영업허가권의 취득에 방해가 되지는 않았다.

총괄하자면, 소외된 한 사람이 다수의 경범죄 피의자와 다수의 비밀매춘 경영자들을 품안으로 끌어들임으로써, 이들은 새로운 영업허가권을 획득하게 되는 것이다. 그런데 그 허가권은 한편으로는 경영자들의 사업상의 증진을 보장하기도 하지만, 또 다른 한편으로는 어떤 구속력을 행사하기도 한다. 왜냐하면 영업권을 허가받은 이후부터 경영자들은 제반규칙에 따라야 하며, 행정당국의 감시활동을 보조해야 할 의무를 지니기 때문이다.

이론상으로 경영자는 자본을 출자한 물주에게 종속되어서는 안 된다.『어떠한 경우에도 공인창가는 제3자의 이익을 위해 경영되어서는 안 된다.』[138]라고 르꾸르는 1874년에 주장했다. 상업재판소도, 등기소도, 심지어는 공증인까지도 실태를 제대로 파악할 수 없었기 때문에 이러한 매춘기업들에 대한 연구가 대단히 어려운 상황에 처해 있는 것이 사실이다. 그럼에도 불구하고 지방에서는 적어도[139] 한 경영자가 동시에 여러 개의 창가를 거느리고, 그 운영을 지배인에게 위임했다는 사실을 분명하게 찾아볼 수 있다. 까오르의 여경영자 쟌느 쌀라베르의 어머니도 까오르 시 이외에 꽁동에 또 다른 창가를 소유하고 있었다.[140] 그밖에도 융단업자와 실내장식업자, 게다가 특히 부자들이 이러한 종류의 사업에 자금을 투자했다. 그들은 창가가 들어선 건물을 매입하였으며, 때때로 여경영자들에게 토지와 가구를 살 수 있는 자본을 제공하기도 했다.[141] 까를리에는 1870년도 빠리 지역의 주요 창가에 대한 소유주들의 목록을 제공하고 있다.[142]

[표 8] 1870년도 빠리 공인창가들의 소유주

금리생활자	97
사법부에 관계된 직업(변호사, 대서인, 공증인, 행정관리)	6
주식중매인, 대리인	4
상 인	4
창가의 여경영자	22
수공업공장 주인과 가게 주인	6
기타(기업주, 운송업자, 製絲공장주, 하숙집 주인)	4
합 계	143

창가가 입주해 있는 건물의 주인이 경영자가 되는 경우는 드물었고, 대부분의 경우 금리생활자나 자유업과 상업에 종사하는 사람들이 경영을 맡고 있었다. 빠리에서 창가를 개업하기 위해서는 건물 소유주와 주요 임차인의 친필허가증이 반드시 필요했다. 이들은 창가의 여사장에게 막대한 뇌물을 요구하고 평균치를 훨씬 상회하는 임대료를 부과했다. 지나친 이들의 요구 때문에 때때로 여사장들은 어쩔 수 없이 자신이 고용한 매춘부들을 착취할 수밖에 없었다. 경찰청이 건물의 소유주에게 공인기록대장을 무상으로 증여함으로써 결국 건물 소유주는 이 매춘산업의 일차적인 수혜 대상자가 될 수 있었다. 시간이 경과하면서 그 기록대장은 창가의 여경영자가 아닌 건물에 부여되었다. 이렇게 해서 새로운 여사장은 경찰청으로부터 무상으로 창가를 인수하게 되었다. 그렇지만 이 새 여사장도 다시 가구를 매입해야 하고, 새로운 임대차계약을 이행하기 위해 특히 건물주의 요구사항을 충족시켜야 했다.

제3공화정 초기부터 몇몇 창가들은 엄청난 수치의 임대료를 지불하고 있었다. 이론상으로는[143] 설비구입—더 정확히 말하자면 〈건물에 부속된 설비〉들을 구입하는 문제—의 가격을 결정하는 것은 언제나 행정당국이었다. 일반적으로 판매자와 구입자 사이에 뇌물수수에 관한 합의가 종종 이루어지곤 했다. 까를리에에 의하면[144] 1860년과 1870년의 10년 사이에 빠리에서 창가의 평균양도가격은 1만 프랑이었다. 가장 비싸게 양도된 3개의 창가는 그 가격이 각각 15만 프랑, 26만 프랑, 그리고 30만 프랑에 이르렀다. 가장 싸게 팔린 창가의 경우 그 가격은 1천 5백 프랑이었다. 1901년 살렝 시의 시장 샹뽕은 지방 창가들의 평균가격은 2만 5천 프랑에서 3만 프랑 사이라고 감정했다.[145] 바로 1902년도 쎈느-에-와즈 지역의 경우가 이에 해당된다.[146] 그러나 같은 시기에 바르 지방에 위치한 〈보통창가〉의 가격은 겨우 6천 프랑에 불과했다.[147] 브레스트에서는 매춘시설물이 『일반적으로 거의 가격이 형성되지 못했으며, 가장 큰 창가가 불과 3만 프랑에 매매될 정도』[148]라고 그 지역의 부지사는 기록한다. 그러나 다시 한 번 〈건물에 부속된 설비〉가 창가의 매매과정에서 문제가 된다. 그밖에도 여경영자는 상당한 임대료를 지불해야 했다. 1902년 뚤롱에서는[149] 1등급에 속하는 창가가 연간 4천 프랑 정도의 선에서 임대되었으며, 〈보통창가〉는 연간 1천5백 프랑에서 2천 프랑 사이에 임대가 이루어졌다. 라 쎄인느에서는 집세가 연간 2천7백 프랑에 달했다. 브레스트[151]에서는 평균 2천5백 프랑 정도에서 임대되었다. 사문서 분야가 전문인 대서소와 변호사 사무소가 이러한 종류의 사업에 개입해서 막대한 이익을 챙기고 있었다는 것은 당연한 일이었다.[152]

최초에 투자한 자본금에 비해서 돌아오는 수익은 종종 막대한 규모에 달했다. 그 수익은 창가의 수준과 〈하룻밤의 정사〉(롱타임)나 짧은 정사(숏타임)의 화대에 의해 결정되었다. 몇몇 병영에서는 화대가 50쌍띰까지 떨어지기도 했지만 이것은 예외적인 경우였다. 하급창가에서의 화대는 2프랑에서 3프랑 정도였다.[153] 1등급과 2등급 창가에서는 매춘부의 〈수고비〉와 부사장에게 돌아가는 팁을 제외하고, 숏타임의 경우가 5프랑, 10프랑, 혹은 20프랑이었다. 그러나 이 모든 것을 계산에 넣는다면 실제로 화대가격은 두 배가 된다.[154] 브레스트 시의 시장에 따르면, 매춘부는 『창가에서 하루 평균 10프랑을 벌어들였다.』 그런데 『각 창가는 하루의 기본경비로, 즉 식비·유지비·임대료로 3프랑을 거두었다.』[155]

그밖에도 일반대중이 드나드는 창가의 수익은, 술과 음식이 함께 제공되는 작은 다실의 소비량과 객실에서 소비되는 음료수의 양에 좌우되었다.[156] 따라서 매춘부가 고객과 술을 마시지 않는다면 보통 그녀는 객실로 올라가는 것을 금지당한다. 매춘부는 일단 객실에 들어서면 음료수를 새로 주문한다. 그리고 자신의 파트너에게 술잔이 돌아간다. 어떤 여경영자들은 음료수를 가장 많이 소비시킨 매춘부에게 특별수당에 해당하는 코인을 지급한다. 이 코인은 창가 내에서 진짜 화폐로서 통용된다. 3백 프랑에 해당하는 코인을 모았던 매춘부는 마르세유와 리용·클레르몽-페랑에서 명주옷을 살 수 있었다.[157] 그래서 몇몇 창가의 단골고객들이 여경영자들에게 있어서 금광의 노다지와 같은 존재였다고 공창제폐지론자들은 약간 과장하기도 했지만, 이것은 틀림없는 사실이었다.[158] 살렝이라는 소도시의 창가에서 수 년 동안 자신의 재산 4만 프랑을 탕진했던 독신자가 그것을 증명한다. 여경영자가 때로 몇몇 고객들에게 선심을 베풀었다는 사례들도 나타나 있다. 『어느 집 아들이 현찰이 없을 경우, 치이즈 한 토막이나 브랜디 한 병을 몸값으로 받기도 했다.』[159]라고 시장은 밝히고 있다.

아래의 그래프에는 까를리에[160]와 피요 박사[161]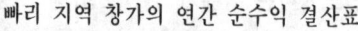가 1860-1870년, 1878-1888년의 10년 동안 빠리 지역의 주요 창가에 대한 조사를 통해서 만든 수익의 내역이 표시되어 있다. 첫번째 자료들이 단순한 수치만을 구성하고 있는 데 반해서, 두번째

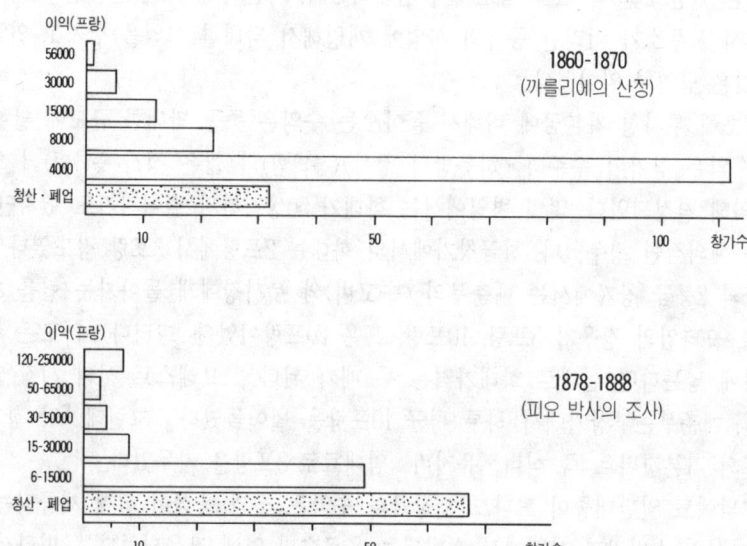

빠리 지역 창가의 연간 순수익 결산표

것은 더욱 엄밀한 계산에 의해서 산출된 것이다.

비판의 여지가 있든지없든지간에 위의 두 평가는 정확한 것이다. 그러나 비공식적인 보존자료가 결여되어 있기 때문에 이 평가들은 총체적인 자료만을 형성하고 있을 뿐이다. 그럼에도 두 평가의 결과분석을 통해서 당시의 동향을 분명하게 파악할 수 있다. 상당수의 소규모 창가들이 사라지고, 그 중 몇몇 창가는 약속의 창가나 비밀매춘시설로 전환되었고, 그 결과 대규모 창가들은 막대한 수익의 증가를 기록하고 있었다. 위의 조사가 행해졌던 두 기간 사이에 공인매춘의 양상은 계속 변화되어 갔으며, 19세기말에 이르러서 더욱 가속화되는 경향을 보였다.

그러나 규칙상의 절차로 되돌아가야 할 필요가 있다. 기혼여성이 남편의 동의를 얻어 수도에서 창가를 경영하고자 할 때는, 건물의 소유주와 모든 합의를 마친 이후에 경찰국장에게 필요한 서류를 신청한다. 이어서 제1국 제2과의 직원들이 지원자의 신원을 조사한다. 신원조회 결과 지원자의 전력에 문제가 없고, 특히 지원자 자신이 더 이상 매춘행위를 하지 않을 것이라는 사실이 증명될 경우에 한해서 공인기록대장이 발부된다. 그 기록대장에는 창가를 구성하고 있는 모든 매춘부들과 그들의 의료검진 결과가 기재된다. 행정당국은 언제든지 창가의 일시적 폐쇄나 기록대장의 압수, 그리고 동시에 영업중인 창가의 완전폐쇄를 명할 수 있는 권리를 확보하고 있었으며, 따라서 완전한 영향력을 행사하고 있었다. 그러나 이것은 정식으로 인가된 매춘시설과 관계되는 것이 아니라, 간접적으로 묵인된 매춘시설에 해당된다는 사실을 분명히 이해해야 한다.

여경영자가 절도나 사기를 당했을 경우, 경찰국장은 그녀가 도움을 청할 수 있는 유일한 사람이다. 실제로 법은 인육의 매매를 인정치 않는다. 창가에서 이루어지는 암거래는 사실상 불법행위의 한 구성요소이다. 민법 1133조는 『미풍양속에 반하는 사유에 대한 모든 책임은 무효이다』라고 선언하고 있다. 따라서 여사장은 자신의 돈을 훔친 매춘부나 야비한 고객을 법정에 고소할 수 없었다. 똑같은 이유로 정식으로 영업허가를 받지 않았고, 자신의 영업이 상업재판소에 등록되어 있지 않은 경우 그 여사장은 파산신고를 할 수 없으며, 파산수속의 개시를 청원할 수도, 심지어는 자신의 자본을 저당잡힐 수도 없게 된다. 이론상 그녀가 가지고 있는 것은 가구뿐이라는 사실을 잊지 말아야 한다. 그러나 이것이 논란의 여지가 있는 문제임에도 경찰은 경영자의 이익을 침해한 사람이 있을 경우, 누구든지간에 부당이득을 토해내도록 하는 역할을 수행한다. 규제주의제도라는 틀에서 볼 때, 경영자는 자신의 창가 내에서 행정당국의 입장을 대변하는 존재였다는 사실을 상기할 필요가 있다.

지방에서는 도시에 따라서 절차가 다르다. 일반적으로 행정당국은 빠리보다 덜 엄격해 보인다. 그럼에도 불구하고 시당국자는 창가의 개업과 영업에 관한 주도권을 장악하고, 동시에 폐쇄권을 확보하고 있었다. 1904년에 시행중이던 4백45개의 조례들[162] 중에서 창가문제를 다루고 있던 것은 2백94개의 조례에 불과했다. 2백90개의 조례가 우선허가권의 필요성을 언급했으며, 4개의 조례가 단순한 신고만을 요구했다. 2백49개의 조례가 여사장에 의한 기록대장의 관리를 요구했고, 2백 개의 조례는 여사장이 경찰에게 매춘부들의 궁극적인 출발시기를 통보해야 한다고 규정하고 있었다. 93개의 조례가 경영자들에게 외국 여성들의 창가 고용을 금하고 있었고, 미성년자들의 고용금지를 명시하고 있는 조례가 1백46개였다.

빠리의 조례들은 여경영자에게 창가 내에서 남편이나 정부와의 동거를 금지시키고 있다. 여기에는 여러 가지 사유가 있다. 그밖에도 경영자가 창가에 고용할 수 있는 남자는 사환에만 한정되었다. 그 이유는 매달 거실의 화장실을 새것으로 교체하는 대규모 창가에서는 매춘부보다 더 많이 입주해 있는 풍부한 여성 노동력—세탁하는 여자, 재봉질하는 여자, 방을 청소하는 여자, 음식 만드는 여자들로 구성된—을 이용할 수 있기 때문이었다.[163]

여경영자의 남편이 빈둥거리는 룸펜이 아니라면, 그는 창가 근처에서 때로 까페나 호텔을 경영하기도 한다. 이것은 그에게 비밀매춘업의 기회를 제공해 준다. 남편은 아내가 운영하는 창가를 위해서 스스로 매춘부를 모집, 조달하는 역할을 빈번히 수행한다. 그밖에도 다수의 여사장들이 동성연애자였기 때문에 창가 내부에서 격렬한 질투심이 일어날 수도 있다는 사실을 상기해야 한다.

1등급 창가의 여사장이 일상적인 운영을 부사장에게 맡겨 버리고 성업중인 온천장을 출입한다. 매춘기업이 거두는 수익은, 일단 은퇴를 하고 난 뒤에도 지방의 여경영자나 남성 경영자가 여생을 존경스럽게 살 수 있을 정도로 충분한 것이다. 예로서 1890년 7월 25일 믈룅의 경영자인 애메 프뤼보는 자신의 이름을 딴 양로원 설립을 위해 빠리 시에 1백만 프랑을 기증한 바 있다.[164]

이때부터 부사장이라는 존재의 중요성을 파악해야 한다. 나이가 서른이 넘은 전직 등록 매춘부나, 혹은 아주 드문 경우로서 여사장의 친척이 창가의 부사장이 된다. 그녀는 문구멍으로 확인한 다음 문을 열어 고객을 맞이하고, 매춘부들을 거실로 불러 모아서 고객에게 선택의 기회를 부여한다. 숏타임의 화대를 결정하는 사람이 바로 그 부사장이다. 일반적인 규칙으로는 부사장이 우선 고객들을 시험해 보고, 매춘부가 고객의 병적인 건강상태에 불안을 느끼게 될 경우 해당 매춘부를 호출하여 상담을 하는 등 중재 역할을 수행한다. 매춘부들은 여사장에게서와 마찬가지로 여부사장에게도 복종해야 한다. 대다수의 경우 여부사장의 월급은 보잘것 없는 것이었다. 피요 박사에 따르면[165] 중급창가의 경우 월급은 25프랑에서 40프랑 사이였으며, 릐쓰 박사[166]는 의식주의 비용이 20프랑에서 30프랑에 달한다고 보고했다. 그러나 대규모 창가에 있어서 이 월급의 총계는 2천4백 프랑에서 6천 프랑에 이르고 있었다. 고객에게 담배·사탕·비누, 혹은 콘돔 등 몇몇 개의 물건을 팔기도 했다. 이러한 판매행위는 여부사장에게 월급 이외에 약간의 소득을 가져다 주는 부수입원이었다. 그녀는 고객으로부터 팁을 받기도 하고, 고객에게 선택되고 싶어하는 매춘부들로부터 선물을 제공받기도 했다.

매춘기업의 업무

〈처녀의 매매〉[167]에 반대하는 감동적인 캠페인들에도 불구하고, 매춘을 갓 시작한 여자가 간혹 창가로 들어오는 경우가 있었다. 대다수의 경우 이미 비밀매춘부나 가창으로서의 견습기간을 거쳐서 들어오게 된다.[168] 이러한 현상은 노동력 확보의 문제를 쉽게 해결해 준다. 빠리에서 노동력의 문제도 이처럼 쉽게 해결되고 있었다.[169] 다시 말해 대부분의 여경영자들은 찾아오는 여자들을 고용하기만 하면 되는 것이었다. 그럼에도 불구하고 효과적으로 인원을 재배치하려는 욕구와 일단 채무가 변제되고 나면 가창으로 나서고자 하는 매춘부들의 극단적인 이동성, 그리고 매춘부들에게 자주 발생하는 병 등이 때로는 여경영자들에게 노동력의 문제를 야기하는 요인이 되고 있었다. 특히 지방에 있는 창가들의 경우에 그것은 더욱 심각했다. 여경영자가 고용되어 있는 여자들을 방치해 버리는 경우, 그 창가에서도 역시 동일한 문제가 발생한다. 그외에도 여성집단을 배치·구성하는 기술이 창가의 명성을 높여 준다. 능란한 여경영자는 우선 여자의 반수 이상을 차지하는 금발의 여자들을 먼저 고객에게 추천하고, 갈색 머리의 여자와 최소한 다갈색 머리의 여자를 다음으로 소개한다. 그녀는 『인류학적인 다양성을 염두에 두고서』[170] 기질과 성질의 다양성에 대해 고민한다. 그녀는 『유방이 큰 여자』와 『몹시 야윈 여자를 불량 중학생의 실루엣에 병치시켜 본다…… 포르투갈 출신의 유태인 여자 곁에 플랑드르 여자를 배치하고, 지중해 동부 출신이라고 자처하는 보르도 여자와 마르세유 여자 곁에 빠리 근교 출신의 불량한 아가씨를 앉혀 놓는다.』[171] 여기에는 유색인종도 포함된다. 인류학적 다양성은 정신적인 면에도 해당이 되는 듯하다.『이빨이 드러나도록 항상 높은 소리로 웃어대는 그 쾌활한 여자들은 조용하고 명상적인 여자들과 뒤섞여 있다. 잘난 체하는 여자와 건방진 여자는 추잡스럽고 야만적인 여자와 함께 생활하며, 이들은 여경영자의 기분을 전혀 거스르지 않는다.』[172] 요컨대 이러한 다양성을 능란하게 배치하는 기술은, 그 시대가 추구하던 환상을 더욱 명확하게 규정해 주는 체계적 분석의 가치를 지닐 만한 것이었다. 이 기술은 따라서 다채로운 여자들을 지속적으로 모집하기 위한 필수적 요건을 구성한다. 고객층이 안정되어 있을 때, 특히 지방도시에서 나타나는 현상은 고객의 싫증을 피하기 위해서 매춘부의 빈번한 교체가 필요했다는 사실이었다. 이것이 바로 매춘부의 모집을 위한 거대한 조직망의 존재를 가능케 해주었던 것이다.

여자들을 고용하여 은밀하게 매매하려는 여포주들이 직업소개소[173]와 병원·무료진료소를 빈번하게 출입하며, 감옥 입구에서 출소하는 매춘부를 기다리거나 역에서 상경하는 시골여자들을 기웃거리는 광경이 목격되었다. 창가의 여경영자는 여성들을 유혹하는 데 있어 거의 대부분 직접적인 방법을 구사했다. 그러나 때로는 독자적인 영업을 하는 중개업자들 중 하나와 교섭을 벌이기도 했다. 심지어 보르도에서는[174] 여사장이 매춘부의 공급을 위해 직접 무료진료소를 찾아다니기도 한다. 뚤루즈의 창가 경영자 쟌느 쌀라베르[175]는 직업소개소에서 여자들을 끌어모았다. 그녀의 몇몇 동료들은, 호텔이나 레스토랑·까페에 사람을 알선해 주는 클럽 지배인이나 마차꾼을 동원하기도 했다.[176] 베르사유의 창가들에 몰려들었던 매춘부들은 빠리 외곽지역의 대도로에 운집해 있는 포도주상인들에 의해 다른 곳으로 이송되었다.[177] 심지어 경찰이 직접 여자를 채용하는[178] 경우도 있었다. 1908년 행정당국은 드라기냥에 있는 창가들 중의 하나를 폐쇄키로 결정했다. 폐쇄 이후 그 창가의 여자들이 뿔뿔이 흩어져서 매춘에 종사하지 않을 것을 두려워한 경찰서장은 『그들을 앙띠브로 보낸다. 그 도시에서 공인창가를 운영하던 한 여경영자가 교통비를 부담하면서 그녀들을 인수하기로 경찰과 합의한다.』[179]

그러나 일반적으로 여자를 모집하는 역할을 수행하는 사람은 여사장의 남편이나 정부였다. 1902년에 뚤롱과 라 쎄인느에서도[180] 이러한 상황은 마찬가지였다. 여자를 모집할 목적으로 남편이나 정부는 나라 전체를 두루 돌아다닌다. 다른 창가를 직접 방문하고, 자신의 배우자가 운영하는 창가에서 일하도록 설득하기도 하며, 여경영자들에게 교묘한 교환을 제안하기도 한다. 때때로 그 모집인이 외판원으로 가장하는 경우도 있었다.[181] 여성들의 모집이 여의치 않을 경우, 여경영자는 판매원을 고용하고 대리점에 모집을 의뢰할 수도 있다. 그 대리점은 신문의 작은 광고를 통해 자신들의 상품을 제공한다. 상품의 품질이 광고 속에 상세하고 정확하게 묘사되는데, 광고를 통한 이러한 〈소하물〉의 판매는 부녀자 매매가 확대되기 훨씬 이전의 유일한 상거래 형태였다. 브레스트의 여경영자들은 〈여성 판매원들〉의 도움을 빌리게 된다. 여성 판매원에게는 모집된 여자가 그 지역에서 활동했느냐 아니냐에 따라서 5프랑 내지 6프랑의 수당이 지급되었다.[182] 마지막으로 중개인을 통해 여성들을 모집하고 싶지 않은 여경영자는 자신의 동료와 직접 거래를 하기도 한다. 이 경우에 소하물의 가격은 매매대상 매춘부가 걸머지고 있는 부채의 총액과 거의 일치한다. 따라서 그 매춘부는 과거에 그랬던 것처럼 이번에도 새로운 여경영자에게 종속된다.

이러한 상거래에는 많은 통신문이 뒤따르게 마련인데, 그 속에는 개인적인 소견·추천, 그리고 상품의 기술적 특성과 건강상태 등이 상세하게 기록되어 있으며, 공창제폐지론자들은[183] 이 통신문을 폭넓게 활용했다. 그리고 이러한 상거래에 완전히 해당되지는 않지만, 수요의 변동에 따라서 일시적으로 여자를 빌려오는 경우도 있었다. 예비병력이 모집될 때면 믈룅의 매춘부들이 퐁뗀블로의 창가로 몰려가기도 하고, 반대로 퐁뗀블로의 매춘부들이 믈룅의 창가로 몰려가는 현상이 일어났으며, 전직 예심판사였던 뒤마는 빠리 시위원회[184]의 임원들에게 이러한 사실을 보고했다.

매춘부의 보급경로나 교환경로는 지역에 따라 다르다. 빠리 지역의 창가들이 프랑스 국내 전체와 심지어는 외국에서까지 여자들을 모아오는 데 반해, 브레스트의 여경영자들[185]의 경우에는 예를 들면 낭뜨와 렌느·로리앙·껭뻬·모를레·루앙·르 아브르에서 여자들을 모집했고, 라 쎄인느의 여경영자[186]는 마르세유와 엑-쌍-프로방스·님므·몽뻴리에 지역에서 여자들을 모집했다. 리용에 있었던 3개 창가의 기록대장 속에 과거의 기록이 남아 있는데,[187] 이것을 분석해 보면 그 여자들의 동향을 정확하게 파악할 수 있다.[188] 그래서 빠리 지역의 매춘부 공급에 있어서 지방에서의 모집이 대단히 중요한 의미를 지니고 있다는 사실을 알 수 있다. 위에서 열거한 도시들 이외에 다른 도시들에서는 대다수의 여자들을 론 강의 중심지에서 약간 떨어진 중소도시들에서 충당하고 있었다. 내역을 살펴보면 다음과 같다. 제네바(46명), 쌩-떼띠엔느(41명), 그르노블(26명), 마꽁(19명), 빌르프랑슈(13명), 로안느, 비엔, 쌩-샤몽, 샹베리. 상대적으로 멀리 떨어진 곳에서 찾아오는 매춘부들은 드물었다. 마르세유 지역에서 15명의 매춘부가 도착하는데, 이 도시의 매춘의 규모를 감안해 보면 극히 미미한 수치이다. 리용의 세 창가는 론 강의 가지가 뻗어 있는 지역과 마씨프 쌍트랄에서 매춘부를 모집하고 있었다. 수도와는 별도로 롸르 강 북부지역에서는 소수의 인원만이 공급되고 있을 뿐이었다.[189] 위의 사실들은 우리가 마르세유의 창가들에 대해서 파악했던 것과는 다른 예를 형성한다. 왜냐하면 마르세유 지역의 여자 모집은 지역적이며, 동시에 항구와 항구를 연결하는 선상에서만 이루어졌기 때문이다.

창가에 입주하는 매춘부들의 전 출발지와 앞으로 가게 될 행선지를 비교한다는 것은 쉬운 일이 아니다. 매춘부들 중 상당수(61명)가 어디론가 사라져 버려 행방이 묘연했다.[190] 그럼에도 불구하고 지방과 빠리간의 교환매매가 부정적으로 간주되고 있었던 반면에 지방도시간의 교환은 바람직한 현상으로 볼 수 있다. 따라서 매춘부의 모집에 관한 하나의 여정표를 작성할 수 있는데, 그것은 당시 집단적인 이농현상에서 필연적으로 발생하던 이주의 여정표와 부분적으로 일치한다. 리용에 있던 창가들은 인근 도시에서 여자들을 끌어들였다. 대다수의 여자들이 언젠가 자신의 출신지로 돌아간다 하더라도 그녀들 중 상당수가 결국 비밀매춘 속으로 사라져 버리고, 또 일부는 빠리의 유혹을 받아들이게 된다. 바로 이것이 매춘세계의 이동성의 특징이다. 이러한 견지에서 볼 때 리용은 하나의 연결지점의 역할을 하고 있었다. 즉 지방의 대도시들은, 인근의 농촌지역 출신의 매춘부들이 빠리로 가는 여정의 중간지점을 형성하고 있었다는 것이다. 나머지 여자들의 경우, 정착지의 지리적 분포는 매춘부의 모집범위와 밀접하게 연관되어 있다.

매춘부들의 새로운 교체가 1년 내내 지속적으로 이루어졌는지, 혹은 계절에 따라 행해졌는지를[109쪽 그래프 참조] 알아보기 위해서는 매춘부들의 이동에 관한 월별분포를 분석하는 것이 필요하다. 그런데 이 분석의 대상에서, 당시 고전을 면치 못하고 있던 창가들은 제외되었다는 점을 우선 기억해야 한다. 이 도표들은 창가의 인원을 그대로 포함하고 있다. 매춘부의 이동이 봄의 말기와 초여름에 집중되었다는 사실을 제외하고는 전체적으로 연중 지속적으로 이동이 이루어졌다는 느낌을 받게 된다. 창가의 매춘부들은 좋은 계절에 창가를 떠나려는 모험을 감수하지 않으며, 고객은 초여름에 새로 교체된 여자를 선호할 것이다.

기후조건이 나쁜 계절이 매춘부들의 발목을 붙잡고 있다는 사실을 고려한다면, 겨울은 비교적 매춘부들의 이동이 안정된 계절이라고 볼 수 있다. 분명한 사실이 한 가지 있는데, 그것은 여자의 모집이 가장 저조하게 이루어지는 시기가 바로 2월이라는 점이다. 이것은 아마도 사순절의 영향과 관계된 것이라고 생각해 볼 수 있다.

같은 창가 내에서의 매춘부들의 체류기간은 경우에 따라서 상당히 다르게 나타난다. 그러나 전체적으로 볼 때 대다수 매춘부는 빈번한 이동성을 보여 준다. 이러한 이동성은 그래프를 보면 알 수 있다. 그래프 위에는 1902년 베르사유의 창가들에서 활동했던 매춘부들의 동일 창가에서의 평균체류기간과, 뚤롱의 창가에 취업중이던 매춘부들의 체류기간이 표시되어 있다.[191]

브레스트에서는 매춘부가 동일 창가에 체류했던 평균기간이 15개월이라고 시장은 밝히고 있다.[192]

기록이 보존된 리용의 세 창가에서 1885년에서 1914년 사이에 등록된 5백73명의 매춘부들 가운데[193] 4백71명, 즉 82.2퍼센트가 단 한번의 체류를 기록했고, 76명(13.2퍼센트)이 2회에 걸쳐 체류했으며, 11명(1.9퍼센트)이 3회에 걸쳐서, 6명(1.2퍼센트)이 4회, 5명(0.8퍼센트)이 5회, 그리고 4명(0.7퍼센트)이 5회 이상의 체류를 기록한 것으로 나타나 있다. 단 한번의 체류기간[110쪽 그래프 참조]과, 여러 번의 체류를 기록했던 여성 1백2명의 최초 체류기간을 검토해 보면[194] 세 가지 양상이 나타나고 있음을 알게 된다.

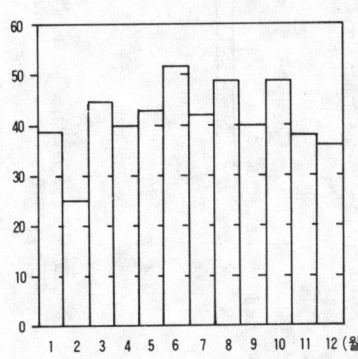

리용의 두 창가 기록대장에 나타난 등록수의 월별분포(1902-1914)

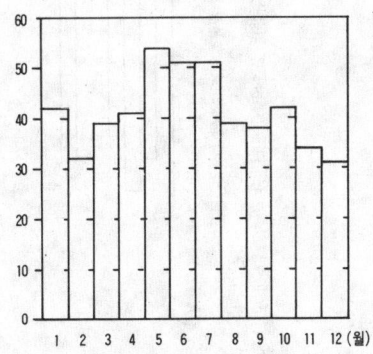

창가에서 떠난 수치의 월별분포

장기에 입주한 매춘부들의 체류기간

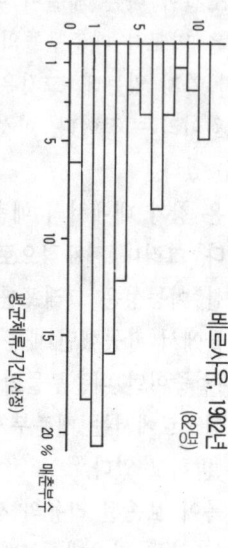

베르사유, 1902년 (80명)

툴롱, 1902년 (매춘부 2백36명의 장기 체류회수 5건)

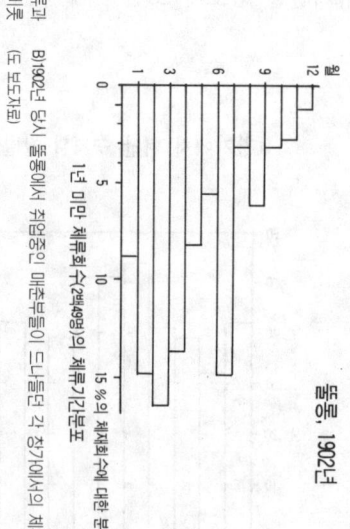

리용의 세 창가의 초초체류기간
1885-1914년 (초초의 체류수)

A)1902년 도시 베르사유에서 취업중인 매춘부들의 동일 장기의 평균체류기간
(1902년의 조사에서 나온 선정 두 보조자료)

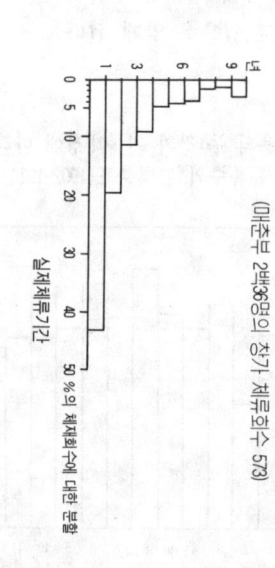

툴롱, 1902년
1년 미만 체류회수에 대한 분포

B)1902년 도시 툴롱에서 취업중인 매춘부들이 드나들던 각 창가에서의 체류기간

리용의 세 창가에 입주해 있던 매춘부들의 체류기간(1885-1914). 장기의 등록대장에 의거 매춘부가 여러 번의 체류와 체류의 간격을 감안할 경우 그 첫번째 체류만을 고려하였었다. A와 B, 이 사이의 차이점은 근본적으로 방법상의 차이에서 비롯된 것이다. 전자의 경우 활용한 기간이 한정되어 조사가 이루어졌지만, 후자의 경우는 초초의 장기 체류회수 전체를 계산하여 단기간의 체류만을 계산하기 있을 뿐 아니, 특정시기에 관한 조사를 가능하게 한다. 따라서 필자는 장기에 부는 수치를 알 수 없는 전자의 체류수치를 따르는 조정이라 부를 것이다. 이런문의 세 장기에 입주해 있던 매춘부들의 체류기간은 꽤 고착되어 있다. 이런 면에서도 장기에 입주하여 체류하던 매춘부들의 체류기간과 독립영업 의거 매춘부가 여러 번의 체류의 점과 관련된 선명하게 드러나는 체류기간의 차이는 유지되는 것 같다. 전자의 경우, 입주한 기간이 한정되어 조사되지만, 후자의 경우도 초초의 장기 체류회수 전체를 계산하여 단기간의 체류만을 계산하기 있을 뿐 아니, 특정시기에 관한 조사를 가능하게 한다. 따라서 필자는 장기에 부는 수치를 알 수 없는 전자의 체류수치를 따르는 조정이라 부를 것이다.

110 제 I 부 규제주의자들의 공창제 계획과 그의 격리된 세계

―56명의 매춘부(혹은 9.7퍼센트)가 1주일 이하의 체류를 기록하고 있다. 그 이유는 자신의 직업이나 창가의 관습에 제대로 적응하지 못했거나, 혹은 고객의 기호에 부응하지 못했거나, 아니면 단기간의 교체요원으로서 창가에 머물렀기 때문이다.

―1백69명의 매춘부(29.4퍼센트)가 단 1회의 체류를 기록하고 있는데, 체류기간은 7일에서 30일까지였다. 1백11명(19.7퍼센트)이 30일에서 60일 동안 체류했다. 따라서 전체인원의 절반이 이동조에 편성되어 있었으며, 이러한 새로운 이동이 고객들의 요구에 부응하는 것이었다. 1백90명의 매춘부(33.1퍼센트)가 안정된 정착률을 보여 주고 있는데, 그럼에도 불구하고 이들의 체류기간도 12개월을 초과하지는 않는다.

―반대로 각 창가는 소수의 장기체류 매춘부를 고용하고 있었는데, 이들의 역할은 아마도 창가의 독특한 양식을 영속시키고, 창가 식구들에게 자신의 창가가 오래 지속될 것이라는 안정감을 심어 주며, 나아가서 고참 매춘부들을 이용한 여사장의 이동조에 대한 지배를 용이하게 해주었다. 1900년에서 1914년 사이에 40명의 매춘부가 단 한번 체류했는데 그 기간이 1년에서 5년에 이르렀다. 5명의 매춘부가 5년 이상을 한 창가에서 체류했으며 이들 중 1명은 10년 이상의 장기 체류를 기록했다. 그밖에도 한 창가에 여러 번에 걸쳐서 체류했던 매춘부들 중 상당수는 그 창가의 기둥으로 간주될 수 있는 사람들이었다. 그녀들은 부정기적으로 받는 며칠간의 휴가에도 만족해한다. 고객들에게 거룩한 B… 에스테르라고 불린 매춘부가 셰빌라의 창가에 들어온 것은 1901년 5월 8일이었다. 그녀는 1919년 3월 5일에야 비로소 그 창가를 떠난다. 이 17년 10개월 사이에 그녀가 자리를 비웠던 것은 단 11번이었다. 그 중 6번은 아마 그녀의 고향으로 보이는 몽따르지를 찾아가 며칠을 보낸 것이었다. 그녀는 결국 1919년에 퇴직하고, 몽따르지에 정착한다. 그녀는 4번에 걸쳐 빠리에 올라갔으며 그 중 2번은 장기체류였다. 그 장기체류를 살펴보면, 그녀는 1911년 4월 25일 그 창가를 떠나 오를레앙으로 향했으며, 1912년 6월 25일이 되어서야 빠리에서 돌아왔다. 이어서 그녀는 1915년에도 몽따르지와 빠리에서 7개월을 보냈다. 마리…라 불리던 여자도 1909년 3월 25일 같은 창가에 입주하여 1920년 3월 8일 완전히 그 창가를 떠났는데, 그 동안에 그녀가 자리를 비웠던 회수는 13번이었다. 그밖에도 창가에 따라서 관습도 다르다는 사실에 주목해야 한다. 따라서 셰빌라 창가의 매춘부가 다른 두 창가의 매춘부보다 더 오랜 기간을 체류했다는 사실이 분명하게 나타나 있다.

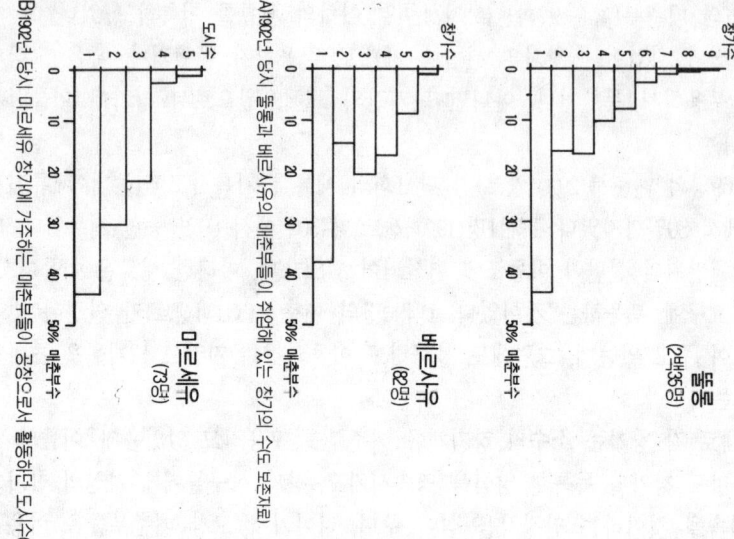

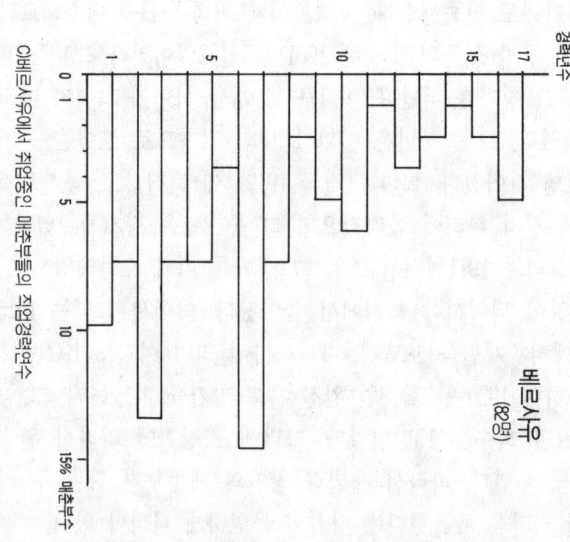

112 제 I 부 규제주의자들의 공창제 계획과 그의 격리된 세계

한 창가에서의 평균체류기간이 짧다는 것이 공창으로서의 직업적 경력이 짧다는 것을 의미하는 것은 아니다. 1902년 당시 베르사유 지역 매춘부들의 취업연수와, 동시기 마르세유와 뚤롱 매춘부들의 창가 수효가 기록된 도표가 이것을 확실하게 증명하고 있다.[195] 그리고 브레스트에 있던 창가의 매춘부들의 당시 입주기간이 평균 6년이었다는 사실을 첨가시켜 보자.[196] 뚤롱의 어느 창가의 매춘부였던 L…라는 여자는 1902년 당시 그 창가에 15년째 거주하고 있었다. 그녀는 자신에게 가짜서류를 위조해 주었던 중개인을 통해 14세 때 베르사유의 한 창가에 입주한 이래로 12곳의 창가를 전전하며 활동했다.

112쪽의 그래프 B는 공인창가 매춘부들의 이동에 관한 또 다른 양상을 측정케 해준다. 왜냐하면 이 그래프는 창가의 수효를 다룬 것이 아니라, 마르세유 출신의 매춘부들이 활동했던 도시들의 수효를 다루고 있기 때문이다. 때때로 창가에 입주해 살고 있던 매춘부들의 여정은 상호간에 멀리 떨어져 있는 지역들에서 이루어지고 있었다. 예로서 1902년 당시, 30세였던 매춘부 P…는 샤랑뜨-엥페리외르[197] 지역에서 출생했으며, 양장점의 여직공으로 종사하면서 20년 이상의 매춘부 경력을 지니고 있었다. 그녀는 6년 전에 뚤롱의 창가에 입주했는데, 그 이전에 이미 보르도·뽀·뚤롱·빠리·베르사유·르 아브르와 마르세유의 창가를 두루 섭력한 바 있다. 반대로 뚤롱의 어떤 매춘부들은 지중해 부근의 지역을 벗어나 보지 못했다. 당시 30세였던 라셸 M…이라는 매춘부는 까스트르에서 태어나 제품검사원으로 근무했으며, 바스띠아·아작씨오·몽뻴리에·님므·따라스꽁·마르세유·쎄뜨와 뚤롱 등지에서 10년간의 매춘생활을 했다. 마지막으로 자신의 창가생활에 항상 충실했던 매춘부들이 있다. 과부였으며 여성용 의상제조상인이었던 마리 B…는 1902년 당시 같은 창가에서 17년째 살고 있었다. 필 G…라는 매춘부는 그 창가에서 13년 전부터 살고 있었는데, 그 집이 그녀가 활동했던 유일한 창가였다.

창가에 입주하는 순간 매춘부는 자신의 이름을 상실한다.[198] 이후부터 그녀는 가명을 사용한다. 그 가명하에서 그녀의 모든 직업적 경력이 이루어지고, 심지어는 다른 창가로 가게 될 때에도 그 가명이 사용된다.[199] 이 분야에서의 인명에 대한 연구는 우리에게 풍부한 교훈을 가져다 준다. 리용의 세 창가를 구성하던 매춘부들의 원래 이름과 그녀들에게 부여된 가명을 비교해 보면,[200] 우선 〈세례이름〉이 가장 보편화되어 있음을 알 수 있다. 그런데 마리·쟌느·루이즈·조세핀·안나 등의 가명은 가명 리스트에는 실려 있지 않았다. 반대로 가장 흔히 사용되는 별명들(까르망·미뇽·쉬잔느·르네·앙드레·마르셀·시몬느·올가·비올레뜨·이베뜨·뽈레뜨)도 가명의 리스트에는 나타나 있지 않거나, 혹은 극소수가 실려 있을 뿐이었다. 베르뜨와 블랑슈라는 명칭을 제외하고는, 〈세례명〉과 애칭은 두 계열의 상이한 고유명사를 형성한다.

　20세기 초엽에 리용의 창가 매춘부들에게 부여된 가명의 종류는 그리 많지 않다. 가장 흔한 가명들이 각 창가에서 즐비하게 나타난다. 매춘부가 자신의 가명을 선택할 때는 문학과 음악의 영향을 받게 된다. 따라서 까르망과 미뇽이 음악의 영향을 받은 가장 보편화된 가명이라면, 마농과 까멜리아·팡띤느는 바로 문학에서 영향을 받은 가명이다. 그리고 〈에뜨〉로 축소된 귀여운 가명들도 수없이 많이 눈에 띈다.(비올레뜨·이베뜨·뽈레뜨·브뤼네뜨·블롱디네뜨·오데뜨·아를레뜨·조를레뜨·뤼세뜨·마리네뜨·니네뜨 등 이 가명들이 전체의 65퍼센트를 차지) 이 가명들은 아마도 매춘부가 젊다는 사실을 강조하기 위한 것이었을 터이다. 따라서 가명은 또한 20세기 초엽에 나타났던 어린 매춘부에 대한 선호의 경향을 반영하고 있다. 반대로 사포의 경우를 제외하고는,[201] 별명이란 어떠한 경우에도 완전히 에로틱한 속성을 나타내고 있지도 않으며 특이한 버릇이나 변태적 성질을 암시해 주지도 않는다. 이것은 공창들에게서 공통적으로 인지할 수 있는 정숙함의 표지를 생각해 본다면 납득이 갈 것이다. 그것은 마치 고객이 창가에서 성적 자극을 추구하면서도 동시에 그것을 숨기기 위해서 부르주아적인 본성으로 도치시키고 싶어하는 욕망과도 같은 것이다. 그런데도 이국적 향취가 배어 있거나(까르망의 경우는 예외), 혹은 성서의 에로티시즘에서 유래하는 가명들이 극히 적다는 사실에 우리는 놀라게 된다. 또 쉬잔느라는 존재가 노인의 성도착증이 새겨진 회화의 주제와 결부되어 있으며, 발가벗겨진 채 헌정된 순결을 묘사하는 에로틱한 회화의 존재와 결부되어 있다는 사실에 다시 한번 놀라게 될 것이다.

　창가 내에서 매춘부는 규제주의에 명시되어 있는 제 규칙에 복종한다. 각 창가는 나름대로의 독특한 규칙을 지니고 있는데, 이것으로써 여경영자는 매춘부들에 대한 지배권을 원활하게 행사한다. 새로 입주한 첫날부터 여경영자와 매춘부 사이에 복식부기가 작성된다. 이론상으로는 여경영자가 입주한 매춘부에게 의식주 비용과 난방비·조명비·세탁비 등을 부담해야 한다. 그 대신에 적어도 빠리에서는 여경영자가 숏타임과 롱타임의 가격을 결정, 징수하였다. 따라서 소위 〈사랑을 파는 여인〉은 고객이 남기고 간 선물, 즉 〈수고비〉를 받는 것으로 만족해야 했다. 그런데 매춘부가 단순히 〈기숙인〉으로서 거주하는 경우에 그녀는 숏타임의 요금을 반분한다. 그러나 그때에도 그녀는 창가에 따라서 매월 90프랑에서 2백 프랑에 이르는 숙박비를 여경영자에게 지불해야 한다.[202] 계산은 코인제도를 통해서 이루어진다. 이러한 코인에 의한 계산법으로 여경영자는 매춘부들이 〈쏘떼 라 빼쓰〉(우리말로 옮기자면 숏타임의 접대비를 떼어먹다라는 의미)라고 부르는 술수를 쓰면서 그녀들을 속이기도 한다. 지방에서는 일반적으로 매춘부이건 기숙인이건간에 고객이 지불한 액수를 반분한다. 1902년 당시 바르 지역[203]의 〈보통창가〉 매춘부들은 일반대중의 고객층에게 하루당 5프랑 내지 6프랑을 거두어들였으며, 〈고급창가〉의 매춘부들은 부르주아 고객들에게 하루 평균 15프랑의 수입을 올렸다.[204]

여경영자의 유능함은, 자신이 고용하고 있는 매춘부에게 얼마나 많은 채무를 지우느냐에 달려 있었다. 실제로 이 방법보다 더 쉬운 것은 없다. 모집인에게 지불된 수수료, 여비, 여행중 교환한 의상의 임대료, 그리고 실내복 임대료 등이 갚아야 할 채무로써 매춘부의 장부에 기입된다. 이어서 사환에게 줄 팁과 미장원의 정기 예약료, 티눈 치료와 화장의 정기 예약료, 의사의 검진료, 약값, 추가된 세탁물 요금, 고급창가에서 빌려온 보석류의 임대료, 여사장이 경영하는 가게에서의 각종 소비품의 구매 등이 부채를 가중시킨다. 매춘부에게는 외출허가가 흔치 않기 때문에 사실상 담배와 향수, 비누, 양초, 그리고 매혹적인 모든 유행 상품들을 여경영자의 가게에서 엄청난 가격으로 구입해야 한다. 거실에서와 마찬가지로 식탁에서 그녀가 특별히 주문하는 모든 것, 즉 샴페인이나 음료수 등도 매춘부가 부담해야 할 몫이다. 여경영자는 낭비벽이 없는 매춘부들이 있을 경우, 이를 비웃으면서 그녀들에게 교묘한 방법으로 소비를 조장한다. 바로 여기에서 우리는 매춘부들의 개인적인 기질과 특히 그들의 연대의식을 재검토해 볼 필요가 있다. 여성들로 이루어진 이 공동체사회는 지극히 분명한 사교성의 형태에 지배되고 있다. 각 매춘부는 자신이 마시는 부르고뉴 포도주나 샴페인의 자기 몫을 정확하게 지불한다. 게임에 진 매춘부는 자신의 동료에게 정확하게 계산해 주어야 한다. 자신의 생일을 자축하거나 동료들 중 한 사람과 관계를 맺고자 하는 기숙인의 경우에도 이러한 원칙은 지켜진다. 연중의 특정시기, 특히 여주인의 세례명 축일과 같은 날에는 자신의 여주인에게 선물을 바쳐야 한다. 마지막으로 규칙에 대한 모든 위반에는 벌금이 따라붙는다. 식탁에서 시간을 지체한다든지 여사장에게 무례하게 행동한다든지 하는 것 등이 이에 해당되며, 특히 고객에 대한 불친절이 가장 빈번하게 일어나는 경고사항이다.

만일 빚투성이의 매춘부가 탈출을 시도하는 경우, 경찰은 여경영자가 그녀의 빚을 회수했는지의 여부에 주목한다. 1907년 당시 바녜레스-드-비고르에서 창가를 경영하던 미망인 딸작은 자신에게 45프랑의 채무를 진 채 창가를 떠나려는 여자들 중 한 사람에게 신분증명서와 의복의 반환을 거부했다. 이에 대해서 법무장관은 여경영자의 정당한 권리를 인정해 주었다.[205] 그러나 이것이 매춘부를 창가에 붙잡아두는 힘이라고 생각해서는 안 될 것이다. 이 문제는 공창제폐지론자들이 의도한 멜로드라마에 맡겨두자. 내일을 걱정하지 않고 안락하게 살 수 있는 삶의 보장, 풍부한 식량과 음료수, 늦게까지 잠잘 수 있는 한가로운 삶, 오후의 기나긴 도박과 수다 등이 어떤 정교한 끈으로써 매춘부를 그 제도에 옭아맨다. 부채는 창가가 바뀌어진다 해도 필요하다면 이러한 종류의 삶을 지속할 수 있도록 보장해 준다.

여사장과의 외출은 지방의 몇몇 도시를 제외하고는 거의 보편화되지 않았다. 마르세유의 경우와 마찬가지로 빠리에서도 매춘부들은 유행을 앞지른다. 이후부터 대다수의 경우 보름에 한 번 정도로 외출 허락을 받아 본인이 좋아하는 도시로 나들이를 가게 된다. 그녀는 자신의 정부를 만나서 필요한 경우 자신이 모아 놓은 얼마 안 되는 돈을 건네기도 한다. 이런 나들이의 기회를 이용해서 엘리사라는 매춘부는 자신이 좋아했던 군인을 살해하기도 했다. 저녁에 매춘부는 여주인에게 줄 한 다발의 꽃이나 남주인을 위한 담배를 사들고서 귀가한다.

빠리의 경우에는 일반적으로 의료검진이 창가 내에서 실시되고 있었다.[206] 그러나 지방의 몇몇 도시에서는, 리용의 경우에서 보았듯이 매춘부들이 함께, 혹은 끼리끼리 작은 무리를 지어 풍속담당과의 무료진료소를 찾아간다. 렌느에서 어린시절을 보냈던 이브 귀요는, 매춘부들의 이런 대열을 목격하고서 갇혀 사는 매춘부들의 해방에 헌신하고자 결심하게 되었던 것이다.[207]

고객 모집과 매춘부의 노동

빠리의 대규모 창가는 연고관계를 통해서 고객을 모집하고 있었다. 담장의 덧문을 제외하고, 과거에 〈놀다가는 집〉으로 불리기도 했던 창가의 존재를 통행인에게 알려 주는 외관상의 표시는 거의 없다. 반면에 구역의 창가들이나 일반대중들이 드나드는 창가는 외관상 그 특징이 쉽게 눈에 띄었다. 지방처럼 빠리에서도 커다란 숫자가 새겨진 각등이—어떤 외곽지역에서는 그 높이가 60센티미터에 달하는 것도 있었다—매춘업의 특성을 분명하게 보여 준다. 1904년[208]에 22개의 시조례가 숫자가 새겨진 각등의 구비를 명문화하였고, 69개의 시조례가 창가의 입구와 계단은 해가 질 때부터 불이 켜져 있어야 한다고 명시했다.[209] 시 외곽지역에서는 그밖에도 창가의 벽이 현란한 색채로 칠해져 있기도 했다.

마르세유에서는 매춘부들이 창가의 입구나 복도에서 번갈아가며 자신의 몸을 내보이던 반면에 뚜쟁이는 문간에 자리잡는다. 1878년까지 빠리에서는 〈뚜쟁이〉가 된 전직 매춘부가 창가 앞에 상주하면서 쾌락을 구하러 오는 남성들을 창가 안으로 유인하는 역할을 담당한다. 뚜쟁이가 안내 역할을 맡던[210] 이러한 관습은 지고 조례에 의해서 폐지되었으나, 까메스까스 부지사의 묵인하에 다시 조금씩 되살아나고 있었던 듯하다.[211] 그리고 매춘부들이 창가 앞의 보도 위를 거닐면서 손님을 유인하기도 했지만, 결국 이런 양상은 제3공화정 초기에 사라져 가고 있었다.[212]

창가에 출입하는 고객은 원한다면 언제든지 창가의 주소록을 손에 넣을 수 있다. 그 주소록은 일종의 연보에 실려 있으며, 프랑스·알제리·튀니지·스위스·벨기에·네덜란드·이탈리아·스페인의 주요 도시들의 사교장(소위 창가)의 주소가 기재되어 있다. 창가의 주소와 여경영자의 이름 이외에도, 이 연보의 광고란에는 매춘업 관계자들과 이들의 다양한 거래에 관한 안내가 수북이 실려 있었다.

창가의 여주인은 거리에서, 호텔에서, 혹은 역에서 사랑의 신과 여자의 나체로 꾸며진 예쁜 명함을 돌렸다. 이 명함은 창가의 특성과 주소를 명기하고 있었다. 까페나 식당의 종업원, 호텔의 문지기, 마차꾼, 혹은 매춘을 위해 특별히 고용된 사람들은 기꺼이 고객에게 정보를 알려 주며 필요에 따라서는 고객을 직접 창가의 문 앞까지 안내해 주기도 한다. 심지어 〈약속의 창가〉[213]에 해당되는 사항이기는 하지만, 신문의 작은 광고를 통해 독자들은 가장 시설이 좋은 창가의 주소와 특성을 확실하게 파악할 수도 있었다.

창가에 살고 있는 매춘부들의 직업적 행위를 측정하기란 어려운 일이다. 그러나 창가 매춘부의 매춘환경, 다시 말해 공창의 매춘환경이 가창이나 혹은 사창의 그것보다 훨씬 더 가혹했으리라는 가정을 해볼 수도 있다. 수익만을 따지는 여사장은 매춘부들에게 모든 고객을 맞아들이고, 또 그들의 요구에 따를 것을 강요한다. 고객이 떠나기 전 그 고객에게 물어본 몇 가지 질문을 통해서 여사장은 해당 매춘부의 친절성을 점검한다. 심지어는 생리기간의 매춘행위도 흔히 있는 일이었다. 한편으로 고객이 상대 매춘부의 건강상태를 알아차리지 못할 정도로 여사장은 훌륭한 화장법을 구사하기도 한다. 고객이 많을 때에는 아픈 몸을 이끌고 성행위에 나서야 하는 경우도 있었다. 몇몇 부여사장은 특수화장을 전문으로 하고 있었다. 이 화장법은 채색된 소나 양의 장막 가죽을 상처 부분에 바르거나, 혹은 임질이나 매독에 걸린 매춘부들의 성기에 적색 염료를 발라서 숨기는 방법이었다.[214] 임신한 매춘부의 경우, 임신 때문에 일을 그만두는 일은 없었다. 심지어 임신한 매춘부만을 특별히 좋아하는 고객도 있었다.

빠리 시위원회의 회원이던 레벨 박사는 창가의 매춘부가 하루 평균 7회 내지 8회의 성교섭[215]을 갖고 있다고 단정했다. 1902년 당시 라 쎄인느의 공인창가에 입주해 있던 매춘부들은 하루 평균 5회의 성행위를 기록하고 있었다.[216] 그러나 사실 이러한 평균치는 별다른 의미가 없다. 대다수의 매춘부들이 평일에는 실업의 상태로 있지만 토요일과 월요일, 사육제, 장이 서는 날, 징병검사가 실시되는 날, 혹은 박람회기간 등에는 수많은 고객들을 상대해야 했다. 박람회의 기록을 참조하고 난 후 피요 박사는 대규모 창가에서 이 기간에 한 여자가 하룻밤에 40명 이하의 남자를 상대한 경우가 드물었다고 단언했다.[217] 거의 대부분의 경우에 공창은 하룻밤에 7명, 8명, 10명, 혹은 12명의 고객을 받아들여야 했다. 피요 박사는 롤랑드라는 공창의 예를 인용하고 있는데, 그녀는 하룻밤에 17명을 상대하였다[218]고 한다. 구역의 창가과 일반대중의 창녀촌에서는 고객들이 정기적으로 몰려들지 않기 때문에 평균치는 더 낮아진다고 볼 수 있다. 사무원과 노동자 들이 매월초, 특히 월급날이 낀 토요일과 월요일에 몰려들었다. 이브 귀요의 평가로는 숏타임의 숫자가 당시 하루에 15, 20, 혹은 25명선에 이르렀다.[219] 이와는 반대로 『매월 15일부터』는 『상당히 많은 밤이 0을 기록한다.』[220] 창가에서 벌어지는 매춘행위의 월별분포는 성범죄의 월별발생률과 일치하고 있다. 다시 말해서 매춘행위와 성범죄는 5월, 6월, 7월과 8월에 정점에 도달하며 2월의 사순절 기간은 침체기를 이루었다.

숏타임과 롱타임의 매춘행위는 사실상 공창들의 노동의 한 양상을 형성하고 있을 뿐이다. 사도매저키즘의 성행위, 여성간에 벌어지는 동성애의 광경, 활인화 등이 대규모 고급창가의 주된 활동내용을 이루고 있었다. 이것은 이미 20세기 초엽에 벌어지고 있던 현상이었다.[221]

공창의 일상생활

1904년 당시[222] 빠리와 지방의 1백24개 도시의 시조례는 여사장에게 매춘부끼리의 동침을 금지시켰으며, 침실의 깨끗한 정리정돈을 요구했다. 그러나 실제로 이러한 명령은 거의 준수되지 않았다. 이 사실에 대해 모든 목격자들의 증언은 일치하고 있으며, 가장 끔찍한 어조로 묘사하자면 1914년 당시 창가의 옥상 아래에 설치된 더러운 〈집〉·〈닭장〉 혹은 〈뚜껑이 불룩한 궤〉 속에서 매춘부들이 두 명씩 껴안은 채 잠을 자고 있었다.

대부분의 경우 빈대가 매트 위에 득실거리는 철제침대와 나무테이블, 지푸라기로 얽은 의자가 방에 비치되는 가구의 전부였으며, 매춘부가 이 〈집〉에서 거주하지 않는 경우 그 가구를 임의대로 처분할 수 있었다. 창가의 모든 유리창은 닫혀 있어야 했다. 1904년 당시 1백99개의 시조례가 격자 유리창의 설치를 명시하고 있었다.[223] 그밖에도 79개의 조례가 매춘부들에게 문가나 창 옆에서 자신의 모습을 내보이지 않도록 주의시켰다. 이 점에 있어서 고급창가의 매춘부들은 일반대중이 드나드는 창녀촌의 여자들보다도 훨씬 엄격한 규제를 받았다.[224]

창가의 매춘부들은 일반적으로 대단히 늦은 시간, 즉 아침 10시에서 11시 사이에 기상한다. 하루의 첫일과는 목욕과 용변·머리치장에 할당되었으며, 상당히 복잡한 머리치장은 창가에 전속된 미용사의 세심한 배려를 요구했다. 그 다음으로 화장의 순간이 돌아온다. 이 시간에는 자신의 얼굴에 흰색이나 장미빛 색을 과도하게 바르고, 피부의 투명함을 과장하기 위해서 정맥에 파란 색칠을 하기도 한다. 하급창가의 나이 든 매춘부들은 조잡한 머리손질을 마친 다음 얼굴의 주름살을 감추기 위해 어교를 주성분으로 한 분[225]을 발랐다.

아침식사가 끝나면 도박과 복권의 난장판 속에 기나긴 오후가 시작되고, 담배 연기 속에서 그칠 새 없는 수다판이 벌어진다. 이 시간에 음악을 좋아하는 매춘부는 피아노를 두드려대기도 하고, 어떤 매춘부는 소설을 읽기도 한다. 그녀들이 나누는 대화의 주제는 거의 다양하지 못하다.[226] 피요 박사의 말에 따르면, 매춘부들은 근본적으로 자신들의 직업적인 일에만 관심을 나타낸다고 한다. 지방의 창가에는 보통 정원이 설치되어 있는데,[227] 매춘부들은 그곳에서 약간의 산책을 즐길 수 있는 기회를 갖기도 한다.

식사의 회수도 많고 양도 풍부했다. 부르주아적인 근엄성이 배어 있는 분위기 속에서 매춘부들은 여주인과 함께 식사를 시작한다. 여주인이 들어올 때 매춘부들은 기립해야 하며, 보통 정숙을 유지해야 한다. 잘못된 언행과 존경심의 결여, 혹은 단순히 수다스럽고 시끄러운 대화 등은 부르주아적 분위기를 지닌 창가에서는 질책받을 만한 대상이 되었다. 식사시간은 사실상 일반 가정의 시간과는 거의 일치하지 않았다. 빠리의 부르주아 창가에서는[228] 하루에 네 끼니의 식사가 제공되었다. 첫식사는 오전 11시나 정오에 시작되는데, 세 가지 음식과 디저트, 그리고 반 병의 포도주로 식단이 짜여 있다. 두번째는 저녁식사로서 저녁 5시나 혹은 6시에 제공되며, 이때가 양이 가장 많다. 아침식사의 메뉴에 스프와 커피가 추가된다. 마쎄에 의하면 자정과 새벽 5시에, 그리고 뢰쓰 박사가 조사한 바에 따르면 단지 새벽 2시에 밤참이 제공되는데, 주로 식어빠진 고기와 포도주를 뿌려 놓은 샐러드가 메뉴를 이룬다.

저녁식사가 끝나면, 고객을 받기 전 매춘부들은 각자의 방으로 올라가서 저녁화장을 하고 매춘용 옷으로 갈아입는다. 『수가 놓여 있고 구멍이 뚫려 있는 붉은빛과 장미빛 혹은 검은빛을 띤 명주 스타킹, 아주 굽이 높은 화려한 구두, 그리고 가운과 검은색이나 흰색의 대단히 투명한 레이스나 사붙이가 달린 셔츠』등이 바로 매춘부의 의상을 이룬다.[229] 부르주아 전용창가의 매춘부들은 반지와 팔찌·목걸이를 착용함으로써 화장을 끝낸다. 대중적인 창녀촌의 경우, 식사와 설비품의 질이 고급창가와 다르다는 점 외에 일상시간표는 동일했다.

지방에서는 창가의 개점시간이 도시에 따라 달랐다.[230] 어떤 조례들, 예를 들면 아미엥의 조례는 창가의 폐점시간을 자정으로 규정하고 있었다. 또 다른 도시들(보르도, 브레스트, 몽뻴리에)은 폐점시간을 밤 11시로 한정하고 있었으며, 낭뜨와 같은 도시는 밤 10시로 영업시간을 명시하고 있었다. 반대로 빠리의 대규모 창가에서는 매춘활동이 밤 11시부터 새벽 2시 사이에 펼쳐졌다. 그 다음에는 거실에서, 또다시 고객을 기다려야 하는 지루한 시간이 계속된다. 〈멋쟁이〉, 다시 말해 고객이 도착하면 그를 창가의 큰 거실로 안내한다. 고객은 그곳에서 2열로 나란히 서 있는 매춘부들을 보게 된다. 그녀들 중 어느 누구도 말로써 자신을 선택해 달라고 간청하지는 않지만 눈웃음과 미소, 혀의 움직임, 그리고 자극적인 포즈로써 고객의 시선을 끌고자 애쓴다. 자신이 선택한 매춘부의 손을 잡고서 고객은 부사장과 함께 거실을 나온다. 이어서 고객은 매춘부와 함께 방으로 올라가고, 그곳에서 그녀가 목욕을 마칠 때까지 기다린다. 일반대중의 창녀촌에서는 술과 음식을 함께 파는 간이주점에서 여자의 선택이 이루어지고 있었다. 각 매춘부들은 번갈아가며 고객에게 간청한다. 고객이 응낙을 하면 매춘부는 그 고객과 함께 술을 마시고, 그에게 애무를 해주면서 창가의 어느 방에서 그와 관계를 맺는 것이다.

바로 이것이 단조롭게 펼쳐지던 매춘부의 삶의 모습이다. 매춘부들로서는 여

주인과의 외출이 실현되지 않는 한, 단조로운 일상생활에서 벗어날 수 있는 기회가 좀처럼 주어지지 않는다. 그녀들의 외출 기회란 기껏해야 매춘부의 〈결혼〉축일이나 여주인의 세례명 기념일에 한정되었거나, 또는 7월 14일 혁명기념일의 장식등을 보러 가는 것이 고작이었다.[231] 성체배령으로 인한 《멜리에 창가》의 휴업과 매춘부들의 몰래나들이는 분명히 문학적이며 현란한 상상력에서 기인한 것일 뿐이다.

그런데 매춘부들이 자신들의 감금상태를 타파하기 위해 다만 〈사라져 버리는〉 방법을 택함으로써[232] 매춘부들이 폭력을 좋아하지 않았다는 사실을 확인해 볼 수 있다. 구두로 항의할 수 있는 기회가 있기는 했다. 격렬한 반항을 보여 주는 유일한 예가 있다. 그것은 주지하다시피 1867년에 시작되었다. 이때 빠르뜨네 창가의 매춘부들은 자신들의 자유를 되찾기 위해 창가에 불을 질렀다.[233] 공창들의 반란의 무대는 우선 병원이었다.[234] 그리고 그 다음은 감옥이었는데,[235] 그곳은 매춘부들의 활동무대는 아니었다. 당시 매춘부들의 격렬한 항의를 야기시켰던 것은 사람들이 그녀들의 매춘행위를 방해했기 때문이었다.

여기서 명백하게 알 수 있는 것은 공창의 창가가 어떤 면에서는 〈反갈보집〉·〈反지저분한 집〉을 추구하고 있으며, 이것은 사창의 창가가 상징하고 있는 특성과 정반대의 성격이었다는 사실이다. 물론 공인창가는 G. 드 몰리나리가 인류의 생존에 있어 필수불가결한 것이라고 간주하던 성욕의 배출수단이면서,[236] 동시에 그룹섹스와 난잡한 성교의 금지를 억제시키는 역할을 하기도 했다. 공창의 창가는 조례에 따라서 한 쌍의 남녀에게 방 하나를 제공하는 등, 부르주아 가정의 분위기와 같은[237] 친밀한 분위기를 제공한다. 이 점에 있어서 지난 세기 전체를 통해 관찰자들과 행정관리들이 분노했던 대상은 잠깐 쉬어가는 숏타임의 방이 아니라, 고객과의 매춘행위 이외의 시간에 매춘부들이 서로 끌어안고 뒹굴던 〈뚜껑이 불룩한 궤〉, 바로 그것이었다. 거기에서 무질서한 육체들, 특히 동성의 무질서한 육체들의 혼란스런 상황이 창조된다.

2 감찰표를 지닌 매춘부―그의 과도적 지위

미뢰르 박사의 표현에 의하면[238] 감찰표를 지닌 매춘부, 즉 가창은 등록되어 공인받는 매춘부의 귀족계급을 형성한다. 행정당국은 사실상 이들의 존재를 정식으로 인정해 주면서 대중에 뿌리박은 비밀매춘을 더욱 엄격히 통제하고자 했다. 그럼에도 불구하고 몇몇 시조례가 처음에는 〈감찰표를 지닌 매춘부〉의 존재를 인정하지 않고 있었다는 사실에 유의할 필요가 있다. 예를 들면 1874년에 시작된 드라기냥의 조례는 매춘부들이 창가 이외의 다른 곳에서 거주하는 것을 금지했다.[239]

가창들은 강제로 임검을 받아야 했다.[240] 빠리에서는 그녀들에게 원칙상 셋방살이가 허용되지 않았다. 따라서 가창들은 방 한 칸이나 아파트 하나를 임대하려 애쓰게 되고, 건물 주인이나 실내장식가에게 굽신거려 가면서 가구를 설치해야 했다.[241] 임대료의 상승을 못 견디고 그녀들은 서서히 중심지를 뒤로 하고 도시의 외곽으로 진출했다. 그러나 주목해야 할 점은, 경찰청이 가창들을 숏타임의 매춘을 동시에 행하고 있는 공인창가의 매춘부로 인정해 준 경우가 있었다는 사실이다.[242] 1878년 당시 수도에 있던 1백27개의 창가 중에서 36개가 이러한 허가를 취득했다.

보르도의 규칙은 더욱 복잡했다. 행정당국은 2등급의 가창들에게 하급매춘이 이루어지는 구역 내의 셋방에서 거주하도록 강요했다. 따라서 가창들은 그 구역 내에서 대개 길가에 면해 있는 1층 방을 임대하였다. 문턱에 걸터앉아서 그녀들은 한나절 내내, 그리고 밤의 몇몇 시간에 고객을 유인했다. 보르도의 가창들 중 최고급은 암암리에 숏타임 매춘을 위한 공인창가를 출입하고, 심지어는 〈약속의 창가〉를 드나들기도 했다.[243]

마르세유의 가창은 이론적으로는 소위 전용구역에 거주하려고 애썼다. 그러나 실제로는 세월이 지남에 따라 이 울타리에서 벗어나는 경향을 보였다. 1872년에는 시장이,[244] 또 1876년에는 중앙경찰서장이[245] 제2의 전용구역—감찰표를 지닌 매춘부들의 활동무대가 되었던—이 자연발생적으로 형성되어 있다는 사실을 인정했지만, 이 전용구역은 결국 경찰의 인정을 받지 못했다.[246] 그런데 이 구역에 있던 60개의 창가는 분명히 숏타임 매춘을 위한 시설이었다. 그밖에도 55개의 셋방이 가창들의 거주에 사용되고 있었고, 종종 그곳에는 사창들이 섞여 있기도 했다. 1902년 당시[247] 이러한 경향이 증가추세를 보이고 있었다. 감찰표를 지닌 7백 명의 매춘부 중에서 4백48명이 1백70개의 셋방과 마르세유의 호텔, 혹은 친한 사람에게 임대한 방 등에서 〈은밀하게〉 살고 있었다.

시조례들은 가창의 행위를 엄격하게 통제했다. 빠리에서는 그녀들에게 호객행위를 금지시켰고, 심지어는 아침 7시 이전과 밤 10시나 11시 이후에는 길거리나 공공장소에 나타나지도 못하게 했다. 선정적인 거동과 화장도 금지되었으며, 〈모자를 쓰지 않고서〉 걸어다녀야 했다. 가창의 호객행위에 대한 규제주의자들의 끈질긴 불안감은, 매춘부들에게 지나가는 통행인과 어떠한 접촉도 하지 말고 외설스런 행위나 말로써 그들을 자극시키거나, 특히 창문에서 그들을 유혹하지 말라는 금지사항으로써 표현되었다. 에네껭은 1904년 당시 가창들을 억압하고 있던 모든 금기사항에 대해서 분석한 바 있는데, 그 분석결과는 그녀들에게 강요된 혹독한 삶의 양상을 강조하고 있었으며, 행정당국이 창가 이외에서의 매춘행위를 마지못해 용납해 주었다는 사실을 드러내 주고 있다.

이 시기에도 여전히 3백51개의 조례가 매춘부의 까페 출입을 금지하고 있었으며 3백29개의 조례가 대중이 모이는 공공장소, 특히 고등학교와 병영 부근에서의 배회를 금지했고, 2백47개의 조례가 창문에 모습을 내보이지 못하도록 했다. 51개의 조례는 주위에 들릴지도 모르는 외설스런 이야기를 금지시키고 있었고, 62개의 조례가 자신의 집에서 아이를 양육하지 못하도록 규정했으며, 3백34개의 시조례는 매춘부들의 순회시간을 명시하고 있었다. 17개의 조례가 뚜껑 달린 마차를 타고 외출하는 것을 금했으며, 남자를 대동하고 마차로 산책하는 것도 불허되었다. 한편 허가 없이 극장에 갈 수 없다는 조례도 13개나 있었다. 1886년 라 로셸의 조례는[248] 중앙경찰서장이 매춘부에게 지정해 준 살롱의 좌석에만 앉을 것을 강요하기도 했다. 1874년부터 시행중이던 낭시의 조례는 『가창들이 살고 있는 아파트의 창문에는 젖빛 유리가 끼워져 있어야 하고, 창문에 자물쇠가 달린 덧문이 설치되어 있지 않는 한 창문은 계속 닫혀 있어야 하며⋯⋯ 실내에서 모든 소음과 소란·말다툼, 그리고 보통 이웃과 통행인들의 주의를 끌 만한 모든 행위를 금지한다』고 명시하고 있었다.[249]

그러나 이론적인 금지사항이 잘 지켜지리라는 보장은 없었다. 이러한 금지사항에 의거하여 경찰은 규칙을 위반한 가창들을 체포했다. 때로는 경찰의 풍속담당과 직원들은 가창들의 태도에서 심각한 딜레마에 빠지는 경우가 있었다. 호객행위에 몰두하다가 체포된 가창은 〈정숙한 여성들〉과 어린 소녀들, 특히 어린아이들에게서 찾아볼 수 있는 대단히 내성적이고 부끄러운 태도를 취하기도 하고, 동시에 경찰에 대해 자신이 고객에게 봉사하던 행동을 취하려 들기도 했다.

사실 공인된 가창은 비밀매춘 분야에서 활동하는 거대한 여성집단에 기초를 두고 있으며, 가창의 행위는 수없이 언급한 사창들의 행위와 별로 다를 바가 없다. 가창은 말하자면 규제주의의 이상인 격리된 세계, 즉 공인창가와 대도시를 지배하는 광범위한 사창 사이의 과도기적 과정을 형성한다. 부분적인 자유를 회복하고자 결정한 공인창가의 전직 매춘부가 때로는 가창이 되는 경우도 있다.[250] 그밖에도 전직 사창이 공창이 되기도 하고, 대다수의 가창들이 〈사라져〉 버리고 나서 사창의 대열에 합류하기도 한다는 사실을 간과하지 말아야 한다. 결국 이 두 카테고리의 매춘부들은 서로가 끊임 없는 순환을 되풀이한다. 때로는 가창이 공인창가의 출입을 꺼리는 부르주아 고객을 유인하기 위해 사창의 역할을 하기도 한다. 대다수의 〈놀다가는 여자들〉의 경우가 바로 이것인데, 불로뉴 숲이나 샹-젤리제에서 호객하는 여자들을 지칭한다.

행정당국의 허가를 취득함으로써 가창들은 사창들보다 더욱 빈번히 그리고 쉽게, 소위 고객을 위한 합자회사라는 조직을 만들어낸다. 다시 말하자면 이 조직은 안면이 익은 신사그룹이 공동으로 매춘부의 봉사에 대한 돈을 지불하고, 그들 사이에 방문일을 나누어 배당하는 일종의 결사조직체였다. 정직한 사람들 사이에서 구성되는 이러한 류의 조직은 성병의 위험성을 현저하게 감소시켜 주는 이점을 지니고 있었다.[251]

질투는 가창과 사창 사이에 팽팽한 긴장감을 불러일으킨다. 사창은 종종 동료의 고발로 인한 희생자가 되기도 한다. 이것은 다음과 같은 것으로 서로 양해된다. 풍속담당 경찰의 감시가 불충분한 구역에서는 공창들이 자신들의 고객을 고객이 없는 사창에게 유인해 주는 경우가 있었다.

가창이 공식적으로 등록되어 있다는 사실로써, 행정당국의 지배에 완전히 복종하고 있다고 생각한다면 그것은 과장된 견해일 수도 있다. 사창들과 마찬가지로 가창들도 후원자에게 지배되어 있었고, 우리가 뒤에 가서 임시매춘에 관해 언급하게 될 내용도 상당수가 가창에 그대로 적용되고 있었다. 그러나 가창이 규제주의자들이 원했던 울타리 밖에서 직업활동을 했다 해도, 그녀는 경찰의 지속적인 감시에서도, 병원의 강제입원에서도, 그리고 투옥에 대한 공포감에서도 결코 벗어나지 못했다.

3 병 원

병원에 관한 규제주의 이론이 두 가지 측면에서 발전하고 있었다. 그 한 가지는 공창의 건강관리가 강화되어 칠월왕정기 이후부터 현저한 개선이 이루어졌다는 점이다. 일반병원에서의 매춘부 전용병동이 설치되었고, 매춘부 전용감옥에도 병실이 설치되었으며, 대도시에서 풍속담당 경찰과 의료기관의 긴밀한 협조 아래 더욱 통제적인 의료검진이 시행되고 있었다. 게다가 산부인과 진찰의 상황이 개선되었고, 특히 관계서류의 체계적인 분류법이 확립됨으로써 진찰기술의 진보와는 별도로 건강관리 체계가 확립되었다. 의료면에서 관리체제의 개선은, 동시에 매춘부의 단속을 목적으로 하는 행정당국에 그들에 대한 감독과 지배를 용이하게 해주었다. 요약하자면 규제주의의 계획이 더욱더 분명하게 실현되어 갔던 것이다.

반대로 우리는 성병환자의 치료에 있어서, 성병을 하나의 징벌로 간주하려는 과거의 의식이 사라져 가고 있다는 사실에 주목해야 한다. 〈가장 나쁜 병〉의 희

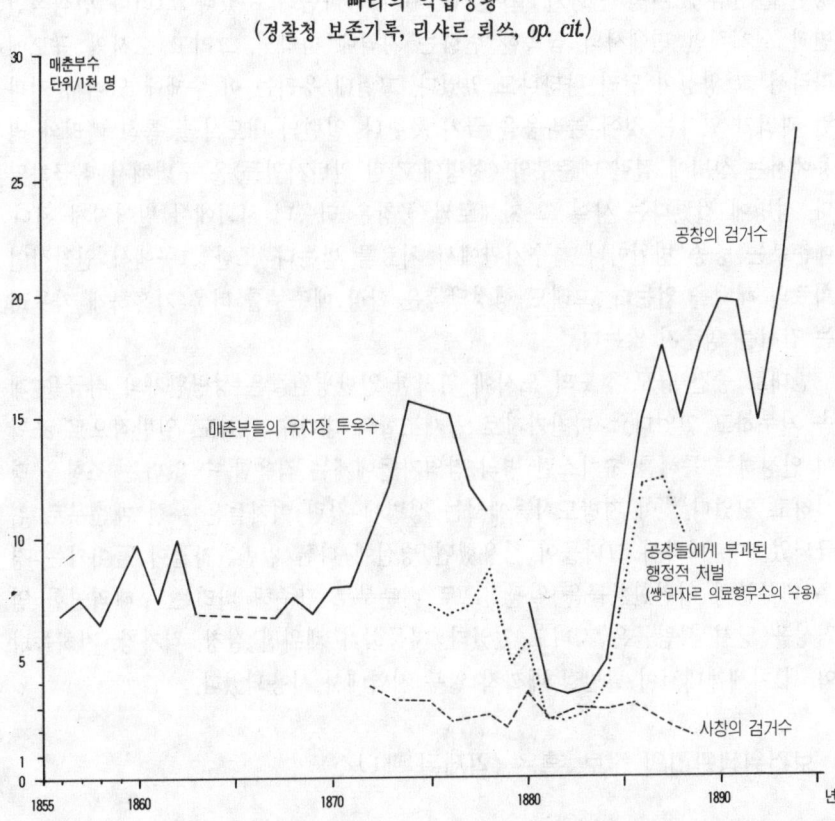

빠리의 억압상황
(경찰청 보존기록, 리샤르 뢰쓰, *op. cit.*)

생자들은 르네상스 이래로 폭력적 치료의 대상이 되었을 뿐이며, 심지어는 그들의 방정치 못한 행실과 육신의 쾌락에 대한 대가로써 대중과 차단되어야 했던 육체적 징벌의 대상이었음을 새삼 상기할 필요는 없을 것이다. 그런데 대도시에서는 이제 채찍질이 없어지고 독방형이 감소현상을 보였으며, 일정시간 동안의 급식금지나 최저한의 위락시설 사용불허와 같은 육체적 학대가 점진적으로 감소되어 감으로써 성병에 대한 인식이 바뀌어 가고 있음을 입증했다. 다시 말해 성병에 대한 사고방식과 징벌방법의 전체적인 변혁이 일어나고 있다는 사실을 반영했다.

이러한 이중의 발전, 즉 보건위생적 측면과 의식적 측면에 있어서의 발전은 행정당국자들이 도덕적 측면을 가장 중요한 것으로 생각하던 입장에서 보건위생을 중시하는 입장으로 서서히 변화되고 있었다는 사실을 증명하는 것이다. 이런 의식의 변화는 즉각 신규제주의의 출현을 초래하였고, 성병에 대한 남성의 강한 불안감에 어떤 변화가 일어나는 계기를 마련해 주었다. 그러나 인식적인 면과 실제적인 면에서의 급속한 변화는 지역에 따라서, 그리고 도시의 규모에 따라서 그 양상이 달리 나타나고 있었다. 그런데 우리는 이 주제에 있어서 커다란 괴리가 있다는 것에 놀라움을 금치 못한다. 일련의 대도시들, 특히 빠리와 리용에서는 성병에 걸린 매춘부와 〈성병에 걸린 일반시민들〉을 구별해서 취급하였다. 성병에 걸렸다는 사실 그 자체로써 공창은 더욱더 사회에서 멀어지게 된다. 매춘부는 종종 병원이나 특수기관에서 치료를 받는다. 또한 그곳에서 인간적인 치료의 혜택을 입는다. 그래도 행정당국은 항상 매춘부를 더욱 가혹하게 가두려는 감시를 멈추지 않는다.

반대로 중간 규모 정도의 도시에 위치한 일반병원들은 성병환자의 취급을 계속 거부하고 있었다.[252] 마찬가지로 공제조합의 대다수 규칙도, 일반적으로 조합이 인정하는 특혜를 수치스런 병의 감염자들에게는 적용할 수 없다는 조항을 명시하고 있었다.[253] 이 지방도시들에서는 성병에 걸린 여자들은 우선 매춘부로 취급되었으며, 따라서 그녀들이 사용했던 병실에 다른 일반환자들이 들어가는 경우 대부분의 입원환자들을 일괄적으로 매춘부로 간주해 버리는 구태의연한 엄격성을 당시 사람들은 지니고 있었다. 자물쇠가 채워진 살창, 격자창, 지하독방이 제1차세계대전이 발발할 때까지 일부 지역에서 사용되었다.

보건위생관리의 진보, 혹은 〈억제된 페니스〉[254]

보건위생관리는 공창의 전반적인 활동상황에 영향력을 미치는 전체적 관리의 한 요소였으며, 동시에 감시를 가능하게 하는 효과적인 수단이었다. 우리가 상기해 볼 것은 규제주의제도의 진정한 축, 혹은 뢰쓰 박사의 표현을 빌리자면 〈초석〉[255]은 의료형무소가 아니라 실제로는 무료진료소라는 사실이었다.

의료검진은 매춘부들의 최대 관심사였으며, 대화의 주된 주제를 형성했다.[256] 이 사실을 잘 이해하려면, 여성의 성기에 대한 진찰이 여성의 수치심을 건드리고, 게다가 그것이 분명한 강간행위에 해당된다고 생각하는 당시의 편견들을 고려해 볼 필요가 있다. 이러한 편견은 공창제폐지론자들의 저작들 속에 흔히 나타나고 있었다.[257] 검진에 관한 그들의 확고한 편견에 대해 규제주의자들은 상당히 거북스런 감정을 지니고 있었다. 검진의 필요성을 역설했던 미뢰르 박사조차도 검진을 〈낙인〉이나 〈비열한 행위〉, 그리고 〈인간의 존엄성에 대한 훼손〉[258]에 버금가는 행위로 간주했다. 1859년, 최고재판소의 검찰총장 뒤뺑은 매춘부들을 위해서는 투옥보다 검진이 더 중요하다고 강조한 바 있다.

지방에 따라서 실정이 다르게 나타나는 극단적 다양성을 고려한다 해도, 불행하게도 공창의 의료검진 양상을 종합적인 도표로 작성한다는 것은 어려운 일이다. 1880년대 말기에 빠리와 낭뜨에서는 가창들이 15일마다 한 번씩 의료검진을 받았다. 대다수의 대도시 조례들은 1주일당 1회의 검진을 명시하고 있었다. 이러한 실정은 마르세유와 보르도, 리용, 릴, 아미엥, 브장송, 렝스,[259] 브레스트, 렌느, 뚤루즈, 그리고 몽뻴리에에서도 마찬가지였다.[260] 디뻬와 디종, 앙굴렘므, 샬롱, 뎅게르끄와 라발의 가창들은 월 3회의 검진을 받았다. 1904년 당시 매춘부의 의료검진을 명시한 3백22개의 조례 가운데 2백8개가 주당 1회의 의료검진을 규정하고 있었으며, 55개의 조례가 월 3회의 검진을, 46개의 조례가 월 2회의 검진을 의무화했다.[261] 사실상 이 무렵에 이룩된 신규제주의의 발전은 벌써 보건위생관리를 강화시키는 계기가 되어 있었다.

빠리와 그 외곽지역에서는 공인창가에 입주한 매춘부들의 의료검진이 창가 내에서 실시되었다. 각 창가는 진찰용의 길다란 의자와 檢鏡(검경), 핀세트, 그리고 그밖의 다른 기구들을 비치해 놓고 있었다. 풍속과에 위촉된 15명의 의사 중 한 사람이 창가를 방문, 주간 의료검진을 실시했다. 검진결과는 여경영자의 장부에 기록된다. 병이 있다고 판별된 매춘부는 모두가 쎙-라자르 의료형무소로 이송된다. 차기 검진일 사이에 매춘부가 아플 경우, 여경영자는 그녀를 강제로 의료형무소로 데리고 가서 진찰을 받게 한다. 여경영자가 모집해서 새로 들어온 매춘부들의 경우도 마찬가지이다. 앞에서 언급했듯이 사실 여경영자들은 종종 병든 매춘부들 때문에 발생하는 손해를 막아보려고 애썼다. 여주인들은 그밖에 도 매춘부들이 병으로 너무나 오래 쉬는 것을 원치 않기 때문에 급할 경우 동네 의사를 찾아간다. 거동이 불가능한 가창의 경우에, 그들은 풍속담당과에 위촉된 의사들의 왕진을 통해 자신의 거처에서 치료를 받았다는 사실을 첨가시켜 보자. 마르세유[262]와 릴에서는 창가의 매춘부들도 창가 내에서 의사의 진료를 받고 있었다.

수도에서는 무료진료소의 검진이 일요일을 제외하고 매일 오전 11시부터 오후 5시까지 실시되었다. 가창들과 호객행위를 하다 현장에서 체포된 매춘부들이 검진을 받던 곳이 바로 이 무료진료소였다. 그밖에도 쌩-라자르 의료형무소에 입원해 있었거나, 혹은 무료진료소의 의사로부터 완치되었다고 인정된 매춘부들도 정기적인 검진과 관리를 받아야 했다.

빠리의 매춘부들에게 부과되는 검진세는 오래 전에 폐지되었다. 이러한 종류의 영업세는 보건위생업무에 소용되는 비용을 시에 제공하는 것이었기 때문에 반도덕적이라는 격렬한 비난을 초래했다. 그러나 제3공화정기와 심지어는 그 이후까지 수많은 도시들이 이러한 검진세의 관행을 유지하고 있었다. 1873년 당시 브레스트에서는 창가 매춘부들에 대한 보건업무를 통해 징수된 세액이『1만 4천 4백 프랑에 이르렀다.』[263] 따라서 이것이 여경영자들의 수많은 불만을 야기시켰다. 마르세유에서는『공인창가의 종류와 격식·등급』[264]에 따라서, 혹은『가창의 사치스런 차림새의 정도』[265]에 따라서 세금이 차등적으로 부과되었다. 이유서를 첨부해서 청원서를 제출하는 경우에 가창들은 세액의 〈등급〉을 변화시킬 수도 있었다. 검진세는 등급에 따라 1프랑, 2프랑, 혹은 3프랑 등 다양했다. 1904년 당시에도[266] 이 문제를 취급했던 1백68개의 시조례 중에서 86개의 조례가 세금의 징수를 명시하고 있었다. 반면에 전체 매춘부들에 대한 검진의 완전무료화 혹은 가난한 매춘부에 대한 무료화를 규정하고 있는 시조례도 82개나 되었다. 여기서 명기해야 될 점은, 국무위원회가 1879년에 이에 대한 위법성을 선언한 이래 세금 징수가 시 자체의 예산 속에 상정되지 않았다는 사실이다. 에네껭에 따르면, 보건위생관리는 대부분의 시에 있어서 흑자를 가져다 주는 재정적 재원이었다.

리용의 경우와 같이 보르도와 루앙에서도,[267] 제3공화정 초엽에 더욱 치밀한 어떤 제도를 통해 등록 매춘부들간의 등급분화가 초래되었다. 무료검진을 원하는 매춘부들에게 일정시간이 배당되면 다른 매춘부들이 세금을 부담해야 한다. 금전적으로 여유가 많은 매춘부들이 이 제도를 기꺼이 받아들이게 되었다. 그 이유는 혼잡한 시간을 피해서 검진을 받을 수 있었기 때문이다.

처음에 크롸-데-쁘띠-샹 가에 설치되었던 빠리의 무료진료소는 1843년 이후에는 오를로즈 강안의 경찰청 구내에 자리잡고 있었으며, 풍속담당 경찰의 유치장과 상설유치장, 행정당국의 사무실과 인접한 곳에 위치했다. 리용에서도 빠리의 무료진료소와 같이 동일한 형태의 시설이 존재했었다는 점을 지적할 수 있는데,[268] 이러한 시설의 집중이 규제주의자들이 절실히 원했던 형태와 일치하고 있었다는 사실을 이해할 수 있다. 마르세유 시에도 1821년부터 보건위생을 취급하는 무료진료소[269]가 존재하고 있었다. 이 진료소는 프리종 가에 있던 유치장과 동일한 건물 내에 자리잡고 있었다. 라발의 무료진료소도 역시 『감옥에 인접한 특정시설』[270]을 형성한다.

경찰청은 위생검진을 위해 규제주의론을 지지하던 빠리의 의사들을 임명하였으며, 이것은 1888년까지 시행되고 있었다. 여기서 의사들은 사창들의 관리와 검진을 전문으로 하는 대표의사의 지휘하에 놓이게 되었다. 이와 마찬가지로 마르세유의 경찰청장은 시장이 제출한 리스트에서 위생관리를 담당할 의사-검사관을 선발했다.

빠리 무료진료소의 기능은 즉각적으로 격렬한 공격대상이 되었다. 규제주의제도의 축은 바로 검진제도라고 할 수 있는데, 이것에 대해 사람들은 항상 격렬한 이의를 제기하곤 했다.[271] 상당히 많은 사례들이 비판의 대상이 되었다는 사실을 언급해야 한다. 한 예로서 의료검진이 극도로 빠른 속도로 시행되고 있었다는 사실을 들 수 있다. 24시간 동안 4백 명의 매춘부들이 한 의사에게 검진을 받은 경우도 있었다고 끌레르 박사[272]는 밝히고 있으며, 그 자신도 30초당 한 명을 검진할 수 있다고 자랑삼아 단언했다.[273] 까를리에[274]는 제2제정하에서 검진속도가 한 시간당 52명에 이르렀다는 사실을 이미 확인한 바 있다. 1887년까지 두 번에 한 번 정도로 〈약식검진〉이 시행되었다. 이것은 리용이나 마르세유의 경우와는 달리 검경이 없이 진료하는 것을 말한다. 따라서 가장 기본적인 위생관리가 준수되지도 않았고, 제대로 세척되지도 않은 검경의 기구들이 전염의 매체가 되고 있다고 사람들은 비난했다.[275] 신속한 검진을 수행하기 위해 특수기구들이 개발되어야 했다. 예로서 보르도의 무료진료소에 근무했던 쟈넬 박사는 길다란 특수 의자를 고안했는데 이 의자는 매춘부들이 옷을 벗지 않고서도, 특히 모자를 쓴 상태에서 신장의 길이를 조절할 필요도 없이 검진을 받을 수 있는 것이었다.[276] 그러나 빠리에서는 1876년에 발생한 경찰청의 화재사건 이후, 드니스가 개발한 길다란 침대의자의 사용이 금지되었고, 대신 검경용 테이블이 사용되었는데 후에 릴의 매춘부[277]들은 이 테이블을 〈계량기〉라고 명명했다. 이러한 기술적 혁신은 외설성을 바라보고 생각하는 의식의 변화를 증명하는 것이었다.

빠리와 마르세유에서는 의사가 자신에게 부여된 짧은 시간 동안 매춘부의 음문과 질·자궁경관, 그리고 입술과 입안을 검사했다. 병기가 있는 환자들이 검진을 받는 경우, 세척과 화장의 효과를 감소시키기 위해 매춘부들에게 검진 전에 의무적으로 장시간을 기다릴 것을 요구한다. 이러한 의사들의 신중한 자세에도 불구하고, 그리고 이 〈표백된 여인들〉에서 어렵사리 성병을 찾아내었음에도 불구하고, 의사의 성병 진단을 교묘하게 빠져 나갔던 환자도 수없이 많았다.

검진시에 수반되는 관계서류와 제반기록들의 작성이 차제에 조금씩 가다듬어져 갔다. 제3공화정 초엽에 작성된 기록류의 수효, 좀더 정확히 말해 8종의 기록 수치가 이러한 검진에만 의학적 관심이 국한되지는 않았다는 사실을 증명한다. 무료진료소에는 각 공창의 이름이 기입된 〈개인카드〉가 비치되어 있으며, 그 카드에는 공창들이 받았던 검진일자가 기재되어 있다. 바로 이것이 사라진 사람들이 있다는 사실을 알려 주는 표시가 된다. 이밖에도 대표의사의 사무실에는 〈통계표〉가 비치되어 있으며, 이 자료를 바탕으로 해서 대표의사는 매춘부의 건강 종합평가서를 주기적으로 작성한다.

병이 있다고 인정된 매춘부는, 자신의 침대에 부착될 어떤 카드를 지참하고서 쌩-라자르 의료형무소로 이송된다. 그 이후부터 무료진료소는 병의 경과가 기록되는 환자별 〈관찰카드〉를 보존한다. 이러한 기록에 의거해서 매독환자는 특별 감시의 대상이 된다. 가창이 공인창가에 입주하기를 희망할 때나, 혹은 창가의 매춘부가 다른 창가로 옮겨가고자 할 때에도 추가검진을 받아야 한다. 〈이동이나 혹은 건강상태에 관한 보고서〉 속에 추가검진의 결과가 기재되며, 무료진료소는 이 보고서를 행정당국에 전달한다. 그리고 여기에 〈불합격 특별명부〉가 추가되는데, 이 명부 속에는 성병의 의혹이 있어서 통과되지 못한 매춘부들의 이름이 기록된다.

그외에도 잊지 말아야 할 것이 있는데, 가창은 행정당국이나 경찰이 요구할 경우 반드시 제시해야 하는 어떤 카드를 지니고 있었다는 사실이다. 그 카드에는 자신이 지켜야 할 보건위생과 행정상의 의무사항이 적혀 있었다. 끝으로 창가 내에서 실시된 의료검진의 결과는 여경영자의 기록장부에만 실리는 것이 아니라 매춘부에 대한 공식보고서 속에도 기록되었다.
 리용의 보건위생조직은 상당히 다른 점을 보이고 있는데,[278] 최소한 1878년 이전에는 빠리의 경우와 마찬가지로 세밀하고도 복잡한 양상을 보이고 있었다. 검진시에 경찰이 입회하고 복잡한 기호(표, 글자)의 사용을 조정함으로써 의사는 자신이 진찰하는 각 매춘부의 정확한 상황과 건강상태를 파악할 수 있었다.
 요컨대 이 모든 것은 성병학에 관한 통계학적 노력의 증대를 보여 주고 있다. 그러나 규제주의 그 자체의 실패, 즉 공창과 사창 사이의 끊임 없는 순환현상 때문에 이 노력은 완전히 수포로 돌아가 버렸다.[279] 관계자들의 엄청난 노력에도 불구하고, 보건관리체계는 틈새가 너무 벌어진 엉성한 그물과도 같이 결함을 보이고 있었지만, 그래도 이 체제를 통해서 행정당국은 최소한 공창들이 사라질 때까지 그녀들의 행동을 감시할 수 있었다.
 그런데 공창과 현행범으로 체포된 사창의 발병률에 대한 통계학적 결과가 전적으로 관심을 끌지 못했던 것은 아니다. 그 결과는 질병의 계절적인 변화를 보여 주고 있으며, 매춘부가 매독에 걸렸을 때의 나이를 대략적으로 밝혀 주고 있다.[280] 그러나 보건위생기관의 의사나 쌩-라자르의 의사들이 실시했던 조사들은, 이 두 조사가 젊은이들의 발병률을 극단적으로 강조했음에도 불구하고 불행하게도 동일한 결과를 이끌어내지 못했다. 마르세유의 중앙경찰서장 E. 디츠[281]는 1875년에서 1876년 사이에 등록한 젊은 매춘부 2백14명 가운데 1백12명이 성병에 걸려 있었다고 주장했다. 그 중에는 나이가 15세 혹은 16세 정도 되는 몇몇 매춘부도 끼어 있었으며, 이들은 그 전에도 여러 번 치료를 받은 적이 있었다는 것이다. 매춘부 1백35명을 관찰하고서 메로 박사는 1884년 『매춘부는 활동을 처음으로 시작했던 그 이듬해에 모두 매독에 걸렸다』라는 결론에 도달했다.[282] 물론 그의 상세한 연구가 몇몇 예외를 남겨두고 있는 것도 사실이다. 이보다 좀더 늦은 시기에 실시된 쥘리앙 박사[283]의 조사는 더욱더 엄격한 것이었다. 그의 연구는 쌩-라자르 의료형무소에서 처음으로 자신의 치료를 받은 입원환자―1백77명의 공창과 8백23명의 사창―를 취급하고 있으며, 체포된 사창들은 완치된 후 거의 전원이 공창이 되어야 한다는 선고를 받았다.
 성병(여기에 관계되는 것은 임질환자 6백51명, 매독환자 4백21명과 연성하감환자 36명)은 특히 20세 미만의 매춘부들에게 강하게 침투해 있었음을 깨닫게 된다. 쥘리앙 박사가 도표에서 강조하고 있듯이 19세가* 치명적인 나이이며, 그 다음을

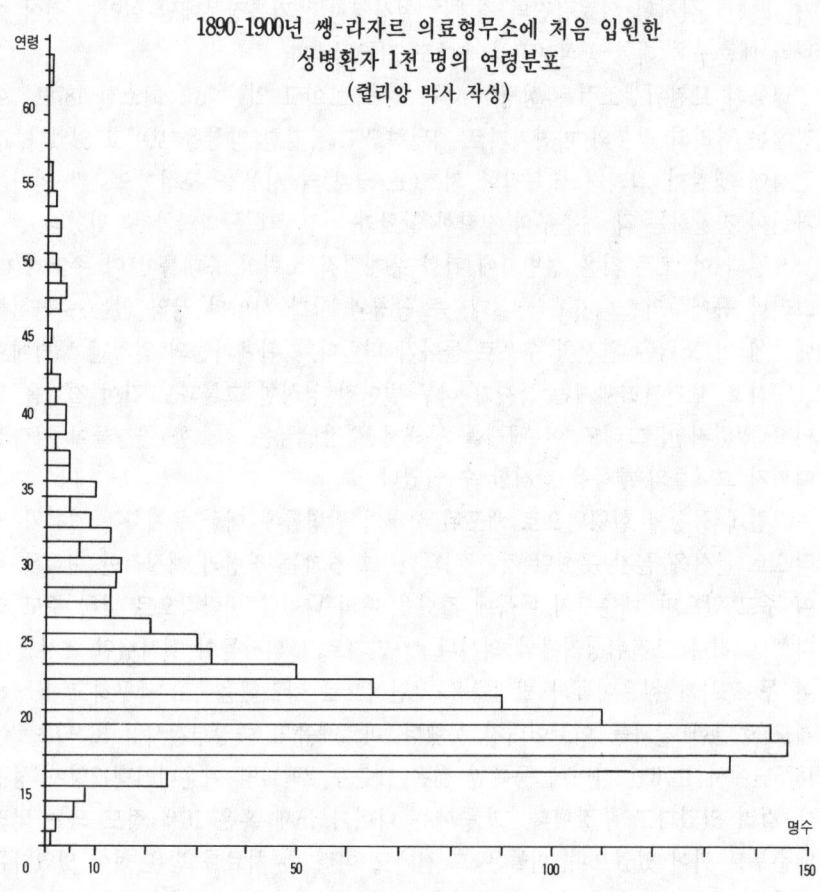

1890-1900년 쌩-라자르 의료형무소에 처음 입원한
성병환자 1천 명의 연령분포
(췰리앙 박사 작성)

18세와 20세가 뒤따른다.

* 저자나 그래프 작성자 쥘리앙 박사의 그래프가 잘못되었을 것이다. 그래프에 따르면 18세가 17세나 19세를 능가하고 있으며, 운명적인 연령으로 간주되었다.

이 조사결과는, 같은 시기에 바르뗄레미 교수가 얻어낸 결과와는 상당한 차이를 보이고 있다.[284] 사실 바르뗄레미 교수는 순전히 매독 자체에 자신의 연구를 국한시켰으며, 그의 조사방법은 덜 엄격한 것으로 보인다. 매춘부 1백53명에 대한 우발적인 연구결과 그는, 그들 중 28.7퍼센트가 매춘계에 입문했던 이듬해에 매독에 걸렸으며, 41.1퍼센트가 1년에서 3년 사이에, 20.2퍼센트가 3년에서 5년 사이에, 7.8퍼센트가 5년에서 10년 사이에 감염되었고, 10년 이후에 감염된 사람은 1.9퍼센트에 불과했다는 사실을 확인했다. 이 결과에 의거해서 바르멜레미 교수는 다음과 같은 매춘부의 초상을 완성했다. 16세 6개월에 순결을 상실하고, 19세 6개월에 매춘부의 길로 들어서며, 23세에 매독에 걸리게 된다. 그리고 그 매춘부는, 이 교수의 말에 의하자면 27세 혹은 28세 정도에서 병균을 끊임 없이 전염시킨다. 그러나 1909년 당시 르 뻴뢰르 박사[285]가 실시했던 관찰결과가 발표됨으로써 오히려 쥘리앙 박사의 조사결과가 더 타당성이 있다는 것이 확인되었다. 즉 르 뻴뢰르 박사는 쌩-라자르에서 자신이 치료했던 5천 명의 성병환자들 중 28.7 퍼센트가 18세 미만이었으며, 63퍼센트가 21세 미만이었다는 결론에 도달했다.

감옥의 치료법[286]

당시 성병에 걸린 매춘부들이 빠리에서 치료를 받던 病舍(병사)는 단순히 쌩-라자르 의료형무소의 한 부속시설에 불과했다. 그리고 병사가 주위의 어두운 환경에서 벗어나기에는 이 의료형무소는 어딘가 부자연스런 면이 있었다. 빠랑-뒤 샤뜰레가 원했던 감옥과 병원의 이러한 공생이 규제주의의 절정기였던 칠월왕정기 동안 실효를 거두었다. 1834년, 감옥 내에서의 병사의 건설을 위한 예산이 시의회에서 가결되어 1836년 2월에 건설이 시작되었다. 이에 대한 조례가 1843년 7월 11일에 발포되어 1888년에 개정될 때까지 실시되었다. 시설 전체에 관한 1875년 8월 29일자 조례는 그 전에 만들어진 조례의 계속적인 시행을 명시하고 있었다. 쌩-라자르 의료형무소는 쌩-드니 외곽에 위치한 옛 수도원 자리에 설치되어 있었으며, 매춘부만을 전용으로 치료하였다. 성병에 걸린 일반시민들 중 부녀자는 루르씬느 병원에서, 남자들은 미디 병원에서 치료를 받았다. 쌩-라자르 의료형무소와 그 병사에 대한 묘사는 제3공화정시대의 매춘문학 속에서 무궁무진한 테마를 형성하고 있었다. 이 시설의 설치로 인해 공창제폐지론자들과 심지어는 신규제주의자들이 전통적 규제주의자들과 대립되는 논쟁을 벌이고 있었다. 따라서 현실을 객관적으로 묘사하기에는 상당한 어려움이 따른다. 막씸 뒤 깡의 목가적인 묘사, 그리고 1877년에 병사를 시찰했던 이브 귀요[287]의 음울한 기술은 논쟁적인 작품을 형성하고 있을 뿐이다. 그럼에도 쌩-라자르 의료형무소는 치료 수준면에 있어서 수도의 기타 대병원들보다 열악했다는 사실을 부인하기는 어렵다.

환자들은 총 4백 개의 침대가 비치된 공동침실에 수용되었다. 이 공동침실은 마리아-요셉 수도회 수녀들이 효과적으로 감시를 수행하고, 표면상 야간의 문란행위를 방지할 수 있도록 구멍이 숭숭 뚫려 있는 여러 개의 벌집형태로 나뉘어져 있었다. 각 벌집은 20여 개의 침대를 수용했다. 공창이 2층에 수용되는 반면 사창은 3층과 4층에 수용되었고, 미성년 매춘부는 별도로 취급되었다. 환자들이 도착하게 되면 입원복으로 갈아입히고 환자를 쉽게 식별할 수 있도록 흰 모자를 지급했다. 여기에 입원한 환자들은 노동을 강요받지 않았다. 그러나 빈약한 음식이 엄청난 비난의 대상이 되었다. 사실상 음식의 질이 보통 병원에서 나오는 것보다 훨씬 열악한 것이었기 때문이다.[288] 식사시간표는 의료진료소의 시간표라기보다는 오히려 감옥의 시간표를 연상시키는 것이었다. 실제로 1875년 11월 29일부터 실시되고 있던 조례는 『제2부(매춘부가 수용된 부)의 아침식사는 오전 6시 반에, 점심은 오후 1시 15분에 배급되어야 하고, 오후 4시에는 스프가 추가로 지급되어야 한다』는 규정을 명시하고 있었다. 공창제폐지론자들의 비판을 야기했던 것이 바로 위의 조항이었다.

주지하다시피, 쎙-라자르 의료형무소에 입원한 매춘부들은 수인으로 취급되어 기타 수형자들과 똑같은 취급을 받았다. 그들은 소장의 완치허가를 받은 후에야 그곳에서 나갈 수 있었다. 게다가 무료진료소의 의사가 실시하는 재검진에서 완치를 다시 확인받아야 했다. 그외에도 환자들은 외부와 철저하게 차단되어 있었다. 면회는 〈창살로 가로막힌 면회실〉에서 화요일과 금요일 정오에서 오후 2시까지의 제한된 시간에 수녀의 감시 속에서 이루어졌다. 반면에 서신교환은 엄격하게 통제되었다. 이 규칙은 치료중인 매춘부와 그 정부의 지속적인 교유를 억제하고, 면회실에서의 포주에 의한 매춘부 모집을 저지시키는 역할을 했다. 의료형무소의 환자들에게는 낮 동안에 두 시간의 산책이 허용되었다. 각 계층간의 모든 접촉을 통제하기 위해서, 공창들의 산책(오전 10시에서 11시까지, 그리고 오후 4시에서 5시까지)은 사창들의 산책시간(오전 11시에서 정오까지, 그리고 오후 5시에서 6시까지)과 다른 시간대로 배정되어 있었다.

쎙-라자르 의료형무소는 매독환자들을 수은이나 옥화칼륨으로 치료했다.[289] 그러나 사실상 치료기간이 제한되어 있었으므로 이 약들의 치료효과는 의심스러울 수밖에 없었다. 의료형무소의 보건위생이 당시 형편 없이 열악한 상황에 놓여 있었으며, 이러한 상황은 1880년 부른느빌이 시의회에 제출한 보고서 속에서 지적되었다. 이때로부터 10여 년이 지난 1890년대에 이르러서야 세면대와 비데(국부세척기)가 설치되었다. 그동안 매춘부들은 은밀한 용무를 볼 수 없었다. 『욕조도 세면대도 없었다. 공동주사기가 병균의 매개물로써 환자들 사이에 급속히 퍼져 나갔다. 수건도, 손수건도 없었다」라고 이브 귀요는 검진 다음날 적고 있다.[290]

뢰쓰 박사에 의하면,[291] 평균치료기간은 공창의 경우 6주가 소요되었고 사창은 3개월이 걸렸다. 이브 귀요[292]와, 이어서 꼬를리외[293]는 경찰청의 보고를 신뢰하고 있었는데, 이 보고는 1879년 당시 매독환자의 입원에 관한 다음의 사항들을 제공하고 있다.

27명의 매춘부가 3개월 이상 입원했다.
88명의 매춘부가 2개월에서 3개월 동안 입원했다.
127명의 매춘부가 1개월에서 2개월 동안 입원했다.
77명의 매춘부가 20일에서 29일 동안 입원했다.
123명의 매춘부가 10일에서 18일 동안 입원했다.

평균치료기간은 따라서 루르씬느 병원[294] 이외에는 30일을 초과하지 않았으며, 시간이 지남에 따라 58일과 65일 사이로 그 기간이 연장되었다. 실제로 공창제 폐지론자들이 끊임 없이 반복하고 있듯이, 환자들이 병원에서 퇴원할 때쯤이면 단순히 〈하얗게 표백된〉 상태가 되어 있을 뿐이었다.

성병에 걸린 매춘부를 치료하기 위한 전문시설이 설치된 대도시에서도 상황은 마찬가지였다. 도조례가 1876년 당시 보건위생업무를 중지시키기 이전, 리용에서는 앙띠까이유 가의 특별지구에 1백 개의 병상을 마련하였으며,[295] 이 도시의 평균치료기간은 20일에서 22일 사이였다.[296] 마르세유의 쌩뜨-마들렌느 수도회가 봉사하던 꽁셉숑 병원에서는 성병에 걸린 매춘부들 전원이 회색의 투박한 모직옷을 착용해야 했고, 게다가 규칙에 복종하면서 노동을 강요당했기 때문에 마르세유의 제도는 극단적으로 가혹한 것으로 간주된다. 그러나 미뢰르 박사가 자신의 저서를 발표했던 1882년 당시에[297] 이 규칙은 더 이상 시행되지 않았다는 사실에 주목해야 한다. 매춘부를 치료하는 특별병동에는, 각각 29개의 침대를 구비하고 있는 다수의 병실 이외에도[298] 식당과 작은 마당이 있으며, 이것은 매춘부들을 다른 환자들과 완전히 격리시켜 주는 역할을 했다. 쌩-라자르의 경우와 마찬가지로 이곳에서도 서신이 검열되었고, 2시간의 산책이 허용되고 있었다. 질서를 어지럽힌 매춘부들에게는 일련의 징벌이 가해졌다. 즉 포도주를 마시지 못하게 했으며, 빵과 물만 주고서 독방에 감금시켰던 것이다. 항명을 하는 경우 행정당국은 경찰의 출동을 요청할 수 있었다. 1871년에서 1881년까지 성병환자의 연평균 체류기간은 23일(1881년의 경우)에서 35일(1878년의 경우) 사이였다.[299] 그런데 성병에 걸린 〈일반 부녀자들〉을 위한 시설을 갖춘 도시가 전무했다는 사실도 언급되어야 한다.

랑드 박사에 따르면,[300] 제3공화정 초기에 보르도에서는 심지어 성병이 아닌 단순한 〈성기와 자궁의 병〉에 걸린 매춘부들도 쌩뜨-앙드레 병원 내의 배수구나 화장실 부근으로 쫓겨오기도 했다. 1887년, 이 도시의 성병환자들을 위한 특수시설의 건립을 고려하게 되었을 당시에 시당국은 담당건축가에게 일련의 지하 독방의 설계를 요구한 바 있다.

대부분의 중간 규모 도시들에서 성병환자의 치료는 시대의 흐름을 거역하는 구태의연한 방법으로 이루어지고 있었다.[301] 이 도시들에서는 성병에 걸렸다는 이유로 매춘부들과 일반 부녀자들을 동일하게 취급함으로써 암암리에 징벌의 효과를 거두고 있었다. 이것에 관해서 낭시의 경우는 대단히 중요한 의미를 지니고 있다. 舊싸크레-꾀르 수도원 내의 이뽈리뜨-마렝제 병원으로 매춘부들이 이송되던 1914년 이전에는, 성병에 걸린 매춘부들이 구호원의 열악한 환경 속에서 치료를 받아야 했다.[302] 이 건물의 정면은 회색으로 되어 있고, 옆벽들에는 빛이 전혀 들어오지 않아 진짜 감옥처럼 길가에 음산하게 세워져 있었다. 감옥을 방불케 하는 이러한 인상은 건물의 출입을 금지하는 쇠창살을 통해 더욱 두드러졌다. 외벽에는 전혀 창이 설치되지 않아서 수도원 경내의 회랑에만 빛이 스며들 뿐이었다. 이 회랑 내에 있던 작은 정원은 여성들을 위해서 사용되는 공간이다. 회랑의 주위를 따라서 일련의 독방들이 늘어서 있으며, 각 독방은 강판이 둘러쳐진 문으로 굳게 잠겨 있다. 독방 내부에는 벽에 구멍을 뚫어 고정시킨 나무침대가 가구의 전부일 뿐이었다. 그리고 쇠창살이 박혀 있는 회전창을 통해 빛이 들어오고 있었다.

구호원 내에서 여성 환자들은 〈넓은 홀〉이나, 채광과 통풍이 잘 되지 않는 작업실에 모여 재봉일이나 자수일을 하도록 강요당했다. 소위 레크리에이션을 위한 운동장은 너무나 협소하고 음울해 보였으며, 사방이 높은 벽으로 가로막혀서 결코 태양을 바라볼 수 없었다. 예배당에서도 성병에 걸린 매춘부들은 특별석으로 격리되었다. 방 한 개당 60명씩 수용하기로 되어 있던 공동침실에서는 실제로는 1백 명, 심지어는 1백20명까지 여자들이 들어차 있었다.[303] 1880년에 의과대학이 피부와 매독전문의 진료과를 설치하게 되는데, 그 이전에는 치료시설이 전적으로 도지사의 권한에 속해 있었으며, 따라서 도지사가 대표의사의 임명권도 지니고 있었다. 그 이후로도 위생관리실태는 공창의 주일검진이 실시되던 치료실[304]

에 대한 묘사가 증명하고 있듯이, 평균 이하의 조잡한 수준에 머물러 있었다.

그때부터 매춘부들은 자신들을 구금하고 있는 〈벽돌담에〉—이 명칭은 구호원에 수용되어 있던 매춘부들이 붙인 것이다—항거하기 시작했다는 사실을 충분히 납득할 수 있을 것이다. 1904년 당시에도 매춘부들은 내부의 마당을 완전히 유린한 바 있었고, 이에 강제로 개입한 경찰은 다수의 환자들을 구속시키기에 이르렀다. 1914년 스뻴망 교수[305]는 최근 수 년간의 진료상황에 대한 보고서 속에서 다음과 같이 쓰고 있다. 『대단히 흥분하고 과격한 몇몇 매춘부들이 사방에서 작은 반란을 꾀하고 있었다. 그래서 행정당국은 풍속담당 경찰의 출동을 요청하게 되었고, 위반자들을 독방에 감금시키거나 징벌실에 이송시켰다.』[306] 1913년 징벌실에 감금된 두 매춘부가 『바닥의 타일을 깨부수고 침대 매트와 이불을 찢어 버렸으며, 포크자루를 사용해 벽의 석고를 뜯어내고 창문을 들어내는 등』 하룻밤 사이에 그 방을 엉망진창으로 만들어 버렸다. 이러한 상황에서 1914년 성병에 걸린 매춘부들을 새 병원으로 이송시키게 되었을 때, 큰 폭동이 일어날지도 모른다고 예상했던 것도 무리는 아니었다.

당시 낭시의 현실도 전혀 예외적이지 못했다. 낭시의 현실은 오히려 성병에 걸린 매춘부의 수용과 치료에 있어서 지방병원들의 치료상황을 대변하는 열악한 상황의 전형이었다. 1887년 당시 부른느빌 교수가 실시한 조사와, 그 조사가 프로그레 메디깔誌에서 불러일으킨 논쟁은 이런 치료상황의 잔인한 현실을 그대로 드러내 주는 것이었다.[307]

성병환자를 치료하던 쌩-떼띠엔느의 시립병원은 너무나 협소했다. 『최근에 도착한 환자들이 1층 홀의 짚 매트 위에서 잠을 자고 있는데, 바닥에 타일이 깔려 있는 홀은 눈에 덮인 형무소 안마당과 통해 있었다.』[308] 문짝이 달려 있지 않아서 내부는 오히려 밖보다 더 추웠다. 홀 안에서 테이블과 긴 의자들이 삐그덕거리고 있었다. 바로 그해에 분노한 성병환자들은 『문을 파괴하고, 화장실의 배수관을 뚫는 데 사용하는 철봉으로 유리창을 깨부수었다.』[309] 이어서 그들은 축대를 뛰어넘어 리브-드-지에까지 달아났다.

이런 종류의 탈주는 흔히 발생했는데, 특히 참회의 화요일(Mardi gras, 사육제의 마지막날)과 부활절 기간에 자주 발생했다. 같은 해에 리용에서도 앙띠까이유에 수용된 성병환자들이 반란을 일으켰다. 따라서 집단적으로 포도주가 지급되지 않았고, 식사가 부분적으로 제한되는 조치가 취해졌다.[310] 그러나 그들은 그곳에서 탈주하기보다는 실내에 바리케이트를 쳐놓고 농성을 벌이면서 4백 프랑에 해당하는 손해를 가져다 주었다.

이러한 폭동이 하나의 전통이 되어갔다. 1830년 당시에도 1848년[311]과 마찬가지로 쌩-라자르에 수용된 매춘부들이 민중의 지지를 얻어 반란을 기도했다는 사실을 대표적인 것으로 상기해 볼 수 있다. 이와 같이 허다했던 병원 내의 반항은 시당국의 가장 기본적인 인권수단이 강구되지도 않은 상태에서 제1차세계대전 직전까지 계속되었으며, 이것이 성에 대한 세론의 극단적 혐오감을 반영하고 있는 것이다.

1887년에 부른느빌 교수는 동부지역의 병원들에 관해 재조사를 실시했는데, 이 조사 속에 언급된 것을 다시 살펴보자. 샤또-띠에리에서는 성병에 걸린 매춘부들이 상당히 드물었으며, 그들은 〈치매의 증세가 있는 할머니들의 방〉에서 치료를 받고 있었다. 그래서 당국은 최초로 정신질환자들이 수용되어 있는 〈감금실〉(이것은 깊은 의미를 지닌다) 근처의 병실에 매춘부들을 수용하려고 했었다. 다른 환자들과는 멀리 격리되어 있던 이 병실을 수녀들은 〈시체해부실〉이라고 불렀다.[312] 에뻬르네의 시립병원에서도 성병에 걸린 매춘부들이 다른 환자들과 격리수용되어 있었다. 바르-르-딕의 병원에서는 매춘부들이 지붕 바로 아래에 위치한 다락방을 입원실로 쓰고 있었다. 그 방의 창문은 『틈이 촘촘한 격자 철제로 되어 있어』 내부는 어두웠고, 문에는 자물쇠가 채워져 있었다. 『그 옆에는 반드시 독방감옥이 있게 마련이었다.』[313] 쌩-디에의 민간인과 군인을 위한 병원에서도 매춘부들은 쇠창살과 자물쇠에 의해 따로 격리되었다. 에뻬날의 쌩-모리스 병원에서는 안마당 벽에 말뚝울타리가 설치되는 등 격리대책이 더욱 엄격했었다. 이 병원에서는 매춘부들의 침대가 구비되어 있지 않았으나, 대신 짚 매트가 지급되었다. 화장실에 인접한 독방감옥도 빈번하게 사용되었다. 벨포르의 민간인 병원에서는 12개의 침대가 성병환자들에게 분배되었다. 이 상황에 대해 부른느빌 교수는 다음과 같이 적고 있다. 『가구는 파손되었고, 세면대와 주사기구는 존재하지도 않았으며, 공기튜브는 불충분했고, 쇠창살과 격자창만이 눈에 띄었다.』[314] 그레에서는 성병에 걸린 매춘부들에게 할당된 병실이 청결하긴 했으나, 창문에 걸쇠가 잠겨 있기는 마찬가지였다. 이 지역의 다른 병원들도 이런 종류의 환자들에 대한 치료를 계속 거부하였다. 쇼몽의 성병환자들은 브장송으로 이송되었으며, 바르-쉬르-오브의 환자들은 트로와의 병원으로, 뤼네빌의 환자들은 낭시의 구호원으로 경찰에 의해 각각 이송되었다.

이런 상황이 동부지역에만 한정된 것은 아니었다. 브레스트에서도 성병에 걸린 매춘부들이 감금되어 외부와 연락을 취할 수 없었다.[315] 디낭에서는 성병에 걸린 매춘부들뿐만이 아니라 단순히 질염에 걸린 매춘부들도 환자로서가 아닌 범죄인으로서 취급되었다. 제2제정시대에 샤또-공띠에의 수녀들은 성병에 걸린 매춘부들의 인수를 거부했다. 따라서 이 지역 매춘부들은 라발 형무소의 구제원으로 이송되어 격리된 상태에서 치료를 받아야 했다.[316] 불로뉴의 실태는 명암이 엇갈리는 상황이었다. 즉 성병에 걸린 〈민간인〉과 사창들은 인간적인 대우를 받았지만, 반대로 공공기관이 인정하는 〈허가증을 지닌〉 공창들은 〈쇠창살이 쳐진〉[317] 밀폐된 병실에 감금되어 있었다.

오를레앙 병원의 인턴 출신이었던 한 의사는 성병환자들이 수용되어 있던 병실의 음울한 분위기를 자신의 관점에서 다음과 같이 기술하고 있다.[318] 『지붕 바로 아래 다락방에 꾸며졌던 그 병실에는 침대 몇 개와 벽을 따라서 놓여진 널빤지, 그리고 삐그덕거리는 몇 개의 의자가 가구의 전부였다. 굳게 잠겨진 문들은 정원에서의 한 시간 동안의 산책을 위해서 하루에 단 한번 열릴 뿐이었다.』 독방감옥의 체제도 그대로 유지되고 있었다. 이보다 몇 년 전에도 성병에 걸린 여자들은 식사시에 포도주가 지급되지 않았다. 오를레앙의 이 병원은 연간 1백여 명의 성병환자들을 받아들이고 있었지만, 그것이 성병에 걸린 매춘부들만을 위한 것은 아니었다. 릴에 있는 쌩-소뵈르 병원에서는 1886년부터 〈매독에 걸린 매춘부를 위한 시사업〉이 계획되어 그 일환으로 전용병동이 확보되었다. 1902년 당시 빠뾰르 박사의 기록에 따르면 이 전용병동은 『감옥과 흡사했으며, 혹은 오히려 의료형무소에 더 가까운 것이었다.』[319] 매춘부들은 완치되기 이전에는 나올 수 없었으며, 그 안에서 규칙에 복종하고 극도로 엄격한 감시를 받아야 했다.[320] 1882년 당시 몽뻴리에에서도 성병에 걸린 매춘부들에게 포도주를 지급하지 않았다.[321] 렝스에서는 1902년까지, 다시 말해서 대표의사 랑글레 박사가 신규제주의적 개량주의로부터 영향을 받기 전에, 공창들은 특별히 배당된 엘베띠위스 병실에서 치료를 받고 있었다. 동시기에 이곳에서는 아직도 『쇠창살로 된 창문과 견고한 이중의 문』이 사용되고 있었다. 『면회도, 노동도, 책도 없었지만』[322] 그러나 독방감옥은 여전히 존재하고 있다고 랑글레 박사는 병원의 행정책임자였던 뷔에 박사에게 공개적으로 보내는 편지 속에서 쓰고 있다. 당시 뷔에 박사는 랑글레 박사에게 성병에 걸린 매춘부들을 일반진료실에서 취급한다고 비난한 바 있었다. 1887년 당시 클레르몽-페랑에서는 성병에 걸린 매춘부들의 진료가 『엄정한 검시관의』 감시하에 이루어지고 있었다. 『그곳에는 안마당도, 회랑도, 산책로도 없었다…… 나폴리 고약으로 더럽혀진 시트 등……이 겨우 한 달에 한 번씩 교체될 뿐이었다…… 이 병실과 인접해서 교정실이 있었다.」[323] 1904년 당시 까스뗄노다리·쎙-깡뗑·랑제르에서 시행중이던 시조례에는, 성병에 걸린 매춘부는 감옥의 유치장에서 치료를 받아야 한다고 명시되어 있었다.[324]

이상과 같은 수많은 예들을 계속 열거할 필요는 없을 것이다. 공창제폐지론자들의 캠페인이 시작된 직후에, 그리고 신규제주의자들이 인간적인 치료를 요구한 이후에, 행정당국이 명한 성병환자의 치료는 다수의 의견과 일부 의사들의 암묵적인 지지를 바탕으로 병에 걸린 사람들을 격리시켜 벌을 가하자는 의도를 계속 전개시키고 있었다. 성병의 위험성에 관한 논의가 증대됨으로써 어떤 면에서는 이러한 태도가 강화되는 결과를 가져왔다.

그러나 공창에 대한 위생관리의 향상과, 반면에 도처에서 성병환자에 대해 보여 주고 있는 전근대적인 자세 사이에 어떤 불균형이 존재하고 있었다. 이런 불균형은 1880년대의 대다수 의사들에게서 분명히 나타나고 있던 현상이었다. 결국 이러한 인식의 개선이 이루어지고, 이어서 신규제주의가 승리를 거두게 된다. 이 신규제주의는 인간적인 치료를 바탕으로 성병에 걸린 매춘부의 위생관리와 동시에 격리의 필요성을 여론에 강하게 인식시키고 있었다.

소도시에서 성병환자를 여전히 전근대적 방법으로 다루고 있었음에도 불구하고, 빠리와 주요 도시들에서는 당시 시도되고 있었던 규제주의제도의 일관성이 그 방향을 잃어버렸던 것 같지는 않다. 빠랑-뒤샤뜰레가 자신의 저서를 집필한 시기 이래로 풍속담당 경찰과 위생업무는 도처에서 밀접하게 연관되어 있었고, 병원과 전용시설이 증가됨으로써 감옥제도가 전면적으로 다양성을 띠게 되었다. 이 격리시설 내부에는 칠월왕정기의 규제주의자가 주창했던 간막이가 설치되었는데, 이 간막이는 때때로 쎙-라자르 의료형무소의 경우처럼 엄중한 격리를 목표로 하는 것이었다. 이 제도를 옹호했던 의사들—무료진료소에 종사했던 의사들(쟈넬, 오모, 가랭, 마르띠노, 꼬망쥬)과 성병환자의 치료를 담당했던 의사들(쥘리앙, 바르뗄레미, 뷔뜨, 르 뻴뢰르, 꼬를리외)—의 저작을 읽어보면, 그들이 관심을 쏟았던 감옥요법의 중요성을 충분히 인지할 수 있을 것이다. 그런데 이러한 임상의들의 역할은 실제로는 매독학 발달에 있어 아무것도 기여한 것이 없다. 그 이유는 사실상 매독학의 진보가 근본적으로 〈민간인〉 성병환자들을 병원에서 치료했던 의사들(리꼬르, 모리악, 푸르니에)의 업적에서 기인하는 것이기 때문이다.

〈강제수용병원〉에서의 치료의 열악성은 병원의 창설을 가져왔던 그 제도의 잘못된 운용에서 비롯된 것이다. 풍속담당 경찰과 위생관리기관이 밀착됨으로써 도지사는 유능한 의사를 선발하는 대신, 성병환자를 죄인시하는 경향을 지닌 의사들을 임명하였다. 항상 통용되고 있던 격리와 가혹한 규칙은 치료의 질을 저하시키고 완치를 방해하였다. 그밖에도 의학이 발달함에 따라 매독에 걸린 매춘부는 〈감옥요법〉으로는 완전치유가 불가능하다는 것이 분명하게 입증되었다. 여기에 덧붙여야 할 점은, 치료의 엄격성 때문에 성병에 걸린 매춘부들이 일종의 구금상태를 피하기 위해서 그들 스스로 자신의 증세를 은폐시키고 있었다는 사실이다. 공창제폐지론자들에게 가장 최상의 논거를 제공한 것이 바로 이 위생관리의 실패였던 것이다.

4 감 옥

이론의 정당화

부랑이나 걸식과 달리 매춘은 범죄를 구성하지 않는다. 형법 제334조는 이 점에 있어서 명예훼손죄와 풍속범죄만을 다루고 있을 뿐이다. 매춘부는 따라서 즉결재판소의 관할에도, 일심법원의 관할에도 속하지 않았다.[325] 그러나 매춘부가 시조례나 빠리와 리용의 경찰청이 발포한 제 규칙을 위반할 경우 행정당국은 그녀에게 벌금형이나 일정기간의 구류를 부과했다. 이와 같은 조치의 위법성이 자주 포착되었다.[326] 공창제폐지론자들은 이 위법성을 토대로 자신들이 전개하는 주장의 논거를 만들어냈으며, 신규제주의자들도 자신들의 비판이 정당하다는 사실을 깨닫게 되었다. 이 양자의 사람들은 매춘부를 보통법의 관할로 귀속시키기 위해서 사법권의 개입에 이의를 제기했다. 그러나 규제주의자들은 이들의 공격을 교묘하게 피해 나갔으며, 특히 1872-1882년의 10년 동안 경찰청에 대한 공격을 강화하면서 일련의 법적 논거로 자신들의 적에 대항하고 있었다. 필자는 이 점을 간략하게나마 훑어볼 필요가 있을 것이라고 생각한다.

도덕질서시대에 경찰청 제1국을 지휘했으며, 맹렬한 비판자들과 맞서 싸웠던 르꾸르는 규제주의 최고의 논리를 입법의 침묵으로부터 이끌어내었다. 실제로 앙샹-레짐(프랑스 혁명 전의 구정체) 이후 입법권력은 매춘을 거리낌 없이 인정하려는 의사표시를 유보하고 있었다. 공화력 제4년 雪月 17일(1796년 1월 7일), 총재정부는 매춘에 관한 입법화를 요구하는 레벨의 교서를 5백인회의에 제출하였다. 이 교서는 매춘을 범죄와 동일시해야 하고, 매춘부들에 대한 특별소송의 절차를 제정해야 하며, 아울러 그들을 경범죄로 다스려야 한다고 강력하게 요청하는 내용이었다. 이것을 위해서 5백인회의는 뒤보와-크랑쎄와 뚜르니에가 포함된 위원회를 구성하였지만, 이 위원회는 공창의 정의를 명확하게 규정하지 못했으며, 법률에 어긋나는 절차를 고안해내려고 하지도 않았다. 혁명력 제5년 芽月 7일(1797년 3월 27일), 방깔은 5백인회의에 창가와 오락장, 그리고 극장에 관한 새로운 위원회 구성을 요구했다. 이 제안은 의사당 내에서 수많은 비난을 야기시켰고, 뒤몰라르 의원과 같은 사람은 이와 같은 주제를 의회가 취급하고 있다는 사실 자체에 대해 분개한다고 선언했다. 그는 매춘문제를 해결할 수 있는 경찰의 제 규칙들이 이미 존재하고 있다고 역설하면서 이 문제를 의제의 하나로서 심의해 줄 것을 요청했고, 결국 그의 요청은 절대다수의 지지를 얻어 채택되기에 이르렀다.[327] 그 이후에도 의회는 계속해서 이 주제에 관한 법률의 제정을 실현하지 않았다.[328] 1877년 5월 8일, 원로원은 의사일정에 있어서 〈그 건에 관한 법률〉로써 잘못 인지하고 있는 부분을 대단히 신중하게 다루어야 한다고 다시 확인했다.

그런데 형법 제484조는, 법전에 규정되지 않은 모든 사항에 관해서 상급법원과 하급법원은 각각 특별규범을 꾸준히 준수해야 한다고 명시하고 있었다. 이 조항으로부터 규제주의자들이 내렸던 해석이, 그들의 표현에 의하면 매춘문제에 관한 행정당국의 규칙제정권의 토대를 이루었다.[329] 빠리에서는 앙샹-레짐 이후의 각 법령과 특히 1778년 당시 빠리 경찰대리관이던 르노와르의 법령, 그리고 1780년 11월 8일의 법령에 의거해서 규제주의자들은 당시 시행중이던 소송의 제 절차를 정당화시켰다. 18세기 동안 줄곧 중앙권력은 이 문제에 관한 입법화를 시장들에게 위임했었다.[330] 그리고 1884년의 시령이 형법 제471조의 비준을 거쳐 공고한 위치를 차지한다.

규제주의의 옹호자들에 따르면, 매춘은 길이나 공공장소의 품위와 질서유지에 결부된 도로행정의 문제이다. 따라서 행정당국은 매춘부에 대한 지속적 감시임무를 행할 수밖에 없는 것이다. 그래서 규제주의자들은 통상적인 사법절차의 적용을 공상에 불과한 것으로 간주한다.[331] 당시 하급법원들은 매춘관계의 소송사건들로 북새통을 이루고 있었다. 판결은 지연되기 일쑤였고, 그 때문에 특히 보건위생업무가 차질을 빚고 있었다. 따라서 사법관이 행정당국으로 대체되었으며,

이는 매춘부에 대한 판결이나 형량의 언도를 위한 것이 아니라 단순히 벌을 부과하자는 취지였던 것이다.

지난 세기 동안 일단의 법률가들이 또 다른 방법으로 행정의 개입을 정당화하고자 시도했었다. 파기원(프랑스 최고재판소)의 검찰총장 뒤뺑[332]은 1859년 당시 다음과 같이 쓰고 있다.『매춘이란 인간들이 행하는 직업 중의 하나이며, 이 직업은 법으로써 위임된 경찰의 자유재량권에 종속된다.』[333] 매춘부에 대한 규칙의 적용은 따라서 군인에게 징벌을 과하거나, 혹은 국경의 여행자를 검사하는 것 이상으로 개인의 자유를 침해하는 것은 아니다.『이러한 조치들은 바로 현실로부터 강요된 어쩔 수 없는 결과이기 때문에 합법적인 것이다.』[334] 그것들은『경찰이 취할 수 있는 수단이 될 뿐이며』,『행정당국에 양도된 자유재량권, 즉 헌법의 보장하에 경찰이 자유롭게 행사하는 권력으로부터 합법적으로 생겨나는 것이다.』[335]

매춘부의 등록이 징벌의 합법성을 인정하는 매춘부와 행정당국 사이의 참된 계약이라는 이론도 제시되었다.[336] 그러나 민법은 행위가 미풍양속에 반하는 계약을 인정치 않고 있었다는 사실을 언급해야 한다.

더 솔직히 말하자면, 이런 종류의 논법이 신규제주의의 진보와 더불어 확산되었고, 동시에 행정당국의 권력행사를 지지하는 사람들이 매춘의 위생관리에 대한 필요성을 주장하고 있었다. 그들은 항구에 도착한 여행자들의 검역에 의거해서 성병에 걸린 매춘부를 수용하고, 정기검진을 소홀히 한 매춘부를 징계해야 한다는 논리를 동시에 정당화시켰다. 그들은 돈으로 매매되는 연애는 하나의 비위생적인 산업에 불과할 뿐이며, 따라서 위생관리의 제 규칙을 받아들이는 것이 당연하다고 생각한다. 대단히 논리적인 이 이론은 또한 성병에 걸린 남자들의 검진과 격리를 주장하고 있었다. 사실 몇몇 규제주의자들이 이러한 문제를 고려하리라고 생각했던 사람은 아무도 없었다.

규제주의제도를 정당화하기 위해 행정당국을 지지했던 사람들은 또 파기원에서 나온 판례에 의거해 자신들의 논거를 세웠다. 그러나 그 판례에 대한 문서들의 검토는 본 연구의 목적이 아니므로 여기서는 취급할 필요가 없을 것이다.[337] 사실상 근본적인 문제는 입법부의 침묵이었으며, 그 침묵은 세론의 수많은 캠페인에도 불구하고 20세기까지 지속된다. 그것은 바로 입법자들 스스로가 어떤 딜레마에 빠져 버린 결과에서 기인하는 것이었다. 즉 현실적인 측면에서 법으로 매춘부와 매춘의 존재를 인정함으로써 매춘부들을 통제한다는 것, 그리고 현실과 정반대의 입장에서 성적인 구조가 매춘의 존재를 필요로 하고 있음에도 매춘을 비합법적인 것으로 규정해야 한다는 것이 바로 그들의 딜레마였던 것이다. 이러한 입법부의 침묵은 행정당국에 자유로운 입지를 가져다 주었다. 이것이 규제주의자들의 법적 논거를 약화시키는 요인이 되었던 아니던간에 행정적인 수용의 토대를 마련해 주었던 것이 사실이다.

매춘부에 대한 추격과 탄압상황

되풀이하자면 빠리에서 당시 풍속을 담당하던 부서는 경찰청 제1국 제2과였다. 1881년까지 이런 종류의 문제를 전담했던 65명의 경찰관들이 풍속경찰관이라는 명칭하에 전문풍속반을 구성하게 된다. 1881년 당시 경찰청에 대한 연이은 비판운동의 결과로서[338] 경찰청장 앙드리외는 이 풍속반을 폐지하고,[339] 요원들을 공안부서로 배속시켰다. 이러한 개혁은 공창제폐지론자들이 지적한 대로 광범위한 개혁이 되지 못했다. 그 개혁은 목표와는 반대로 이후부터 공안담당 경찰관들과 사복형사들이 풍속문제에 대해 간섭하게 됨으로써 결국 감시의 강화라는 결과를 초래했던 것이다.

수도의 경찰관들은 1843년 11월 16일자 조례와 이어서 1878년 10월 15일자 조례를 준수하면서 직무를 수행했는데, 후자의 조례는 전자의 조례에 비해 근본적인 변화를 가져오지 못했다.[340] 그들의 임무는 창가에 대한 일상의 감시를 수행함으로써 창가 내의 질서가 유지되고 있는지, 여주인들이 고등학생이나 18세 미만의 미성년자 혹은 제복을 착용한 군인들을 거부하고 있는지, 그리고 매춘부가 외출할 경우 부과된 시간표를 잘 준수하고 있는지의 여부 등을 확인하는 것이었다. 의료검진이 행해질 때에도 그들은 검진의사와 동행하였다. 공창제폐지론자들은 당연히 사복형사와 경찰 들의 행동을 비난하게 되었다. 즉 공창제폐지론자들에 따르면 위의 경찰들은 일등급 창가 내에서 제 규칙을 준수하지도 않았고, 또 자신들에 대해 순종적인 여주인이나 상냥한 매춘부들의 창가에서 발생하는 무질서에 대해서는 방관적인 자세를 취하고 있었다는 것이다.

실제로 경찰들은 1842년 9월 1일자 조례에 의거해서 특히 감찰표를 지닌 매춘부들, 즉 가창들의 활동을 감시했다. 가창들이 검진의 의무를 효과적으로 이행하고 있는지, 〈모자를 착용〉하지 않은 채 배회하고 있지는 않는지, 공공도로상에서 도발적인 어떤 행위를 하지는 않는지, 집단으로 고객을 유인하고 있지는 않는지,

술에 취해 있지는 않는지, 매춘부에게 부과된 시간과 장소에 따른 금지사항을 준수하고 있는지, 혹은 자신의 보호자와 동행하고 있지는 않는지 등의 여부를 경찰들은 확인했다. 그밖에도 매춘부들이 기거하는 방을 검사할 때는 한 방에 여러 명의 매춘부들이 동거하고 있는지의 여부를 확인했다. 매춘부들은 자신의 주위를 순회하거나, 혹은 자신들을 체포하려는 경찰에게 어떠한 반항을 해서도 아니 되었다.

가창에게 부과되는 금지사항은 너무나도 많았다. 단독적이고 합법적인 호객행위와 공공도로상에서의 도발적 행위는 거의 구별이 되지 않을 정도로 비슷한 것임에도, 가창들의 출입금지구역은 너무나 광범위해서 불행하게도 그녀들은 경관의 자유재량에 복종해야만 하는 상태에 놓이게 되었다. 매춘부들에 대한 수많은 검거수치가 이것을 증명하고 있으며, 경찰의 이러한 일방적 권력의 행사로 인해서 가창들이 〈사라져 버리는〉 결과를 초래했다.

사라져 버린 가창들과 사창들의 체포를 위해 풍속반의 사복형사들은 그 이후로 공안부서의 경찰로 배속되었으며, 특히 대도로(쌩-드니, 뽀와쏘니에르)와 외곽도로,[341] 그리고 매춘부들이 자주 출입하는 댄스홀의 입구 등을 대상으로 소탕작전을 수행했다. 심지어 빠리의 경찰은 호텔이나 셋방 등지에서 소탕작전을 벌이기도 했다. 《나나》의 작가는, 매춘부들을 전율시키고 당시 세론에 충격을 안겨 주었던 이런 식의 올가미작전에 대해 혼란스런 몇몇 페이지를 할당하기도 했다. 까메스까쏘의 표현을 빌자면, 경찰청이 완곡하게 부인하던 이러한 〈정화작업〉이 심지어는 대낮에도 실시되어 공창제폐지론자들의 분노를 초래하는 등 심각한 오류를 야기시켰다.[342] 그럼에도 불구하고 그 정화작업은 주민들과 특히 해당구역 상인들의 요구에 의해 빈번하게 수행되었다는 사실을 언급해야 한다.

경찰의 가혹한 태도가 지역에 따라 차이가 있기는 했지만 매춘부에 대한 경찰의 통제는 지방에서도 같은 상황이었다. 리용과 근교 지역의 풍속담당부서는,[343] 빠리의 경우와 마찬가지로 일시적으로 폐지되었던 시장직이 1878년에 부활된 이후에도 경찰청 사무총장의 지휘계통하에 놓여 있었다. 그밖의 다른 대도시들의 경우에는 이와는 반대로 중앙경찰서장이 그 부서를 지휘했다. 따라서 브레스트[344] 와 보르도, 그리고 마르세유에서 풍속담당 경찰은 시경찰의 한 전문부서로 자리잡고 있었다.[345] 경찰들의 업무는 모든 경우에 있어서 대동소이했다. 경찰은 무엇보다도 의료검진의 감시를 주업무로 하고 있었다.

빠리에서 각 공창은 보통 1년에 수 차례 체포, 투옥의 경험을 지니고 있었다.

매춘부들이 〈별장〉³⁴⁶⁾이라고 명명하던 쌩-라자르의 유치장과 감옥은 등록된 매춘부들이 빈번하게 드나드는 일상적인 세계의 일부분이었다. 1880년 당시 매춘부의 연평균 체포회수는 2번이었다고 귀요³⁴⁷⁾는 측정한다. 그런데 현실적으로 행정당국의 비호를 받고 있음으로써 이러한 체포를 두려워하지 않은 일단의 매춘부들이 있었다. 이와는 반대로 끊임 없이 쫓겨다니면서 체포에 대한 강박관념에서 벗어나려는 매춘부들도 있었다. 따라서 가창들이 창가에 소속된 공창들보다 빈도수에 있어서 훨씬 더 많은 징벌의 희생자가 되었다는 사실은 당연한 것이다.

125쪽의 그래프를 보게 되면, 탄압상황이 정치적 상황과 밀접하게 연관되어 있음을 분명하게 알 수 있다. 1856년부터 1871년까지, 즉 제정시대와 국방정부시대에 검거된 총수치는 비교적 안정되어 연간 6천 명에서 7천 명 정도의 수준에 이르렀다. 1872년부터 1877년까지 탄압은 더욱 강화되었다. 르꾸르의 지휘아래 경찰청 제1국은, 띠에르와 그 추종자들이 노동자운동³⁴⁸⁾과 모든 형태의 비행에 대항해서 펼치고 있던 정책과 보조를 맞추면서 귀찮은 감시를 수행하고 있었다. 탄압의 강도는 꼬뮨이 붕괴한 직후의 수 주간에 걸쳐 분명하게 드러났다. 1871년 6월 3일부터 1872년 1월 1일까지 경찰은 6천7명의 매춘부(공창이 3천72명이었고, 사창은 2천9백35명)를 검거했는데, 다시 말해서 이 수치는 1860-1870년대의 평균수치를 2배 이상 상회하는 것이었다. 이러한 탄압의 강도와 함께 한편으로 창가에 대한 상당한 유화정책이 동시에 행해지기도 했다. 사실 이러한 유화정책으로 인해 수 년 동안 수도에서 창가들이 일시적으로 줄어들지 않았던 것도 사실이다.³⁴⁹⁾

공화정의 승리, 공창제폐지론의 대두, 개인의 자유에 대한 확실한 자각, 경찰청의 움직임에 대항한 캠페인, 르꾸르와 그뒤를 이은 지고의 사임, 그리고 내무부장관인 마르쎄르의 사임, 마지막으로 앙드리외의 임명 등이 원인이 되어 매춘문제에 있어서 검거와 투옥의 수치가 분명한 감소현상을 보였다.³⁵⁰⁾ 비교적 완화된 이러한 경향이 1881년에서 1884년까지 지속되었다. 1885년부터는 반대로 까메스까쓰의 지휘 아래, 그리고 이어서 그라농의 지휘 아래 탄압이 재개되기 시작하였으며, 마쎄가 지적했듯이³⁵¹⁾ 특히 변두리지역의 가난한 매춘부들에 대한 탄압이 강화되었다. 이러한 현상으로 말미암아 공창제폐지론의 캠페인이 후퇴하고 신규제주의가 부상했으며, 성병의 위험에 관련된 불안감이 확산되었다. 사실상 이러한 탄압의 강도는 전반적인 법적 탄압의 강도와 평행선을 이루고 있었다. 이것은 상궤를 벗어난 모든 형태의 통제로써 매춘부들을 점점 더 옥죄어 가고 있었으며, 매춘부들이 이러한 통제의 희생자였다는 사실을 보여 주고 있다.

지방도시라고 해서 탄압이 덜 가혹했던 것은 아니다. 예를 들면 렝스에서는 1881년 1월 1일부터 8월 1일 사이에 7백53개의 경찰보고서가 작성되었는데 보고서의 내용은 검진에 응하지 않았거나, 밤 10시 이후에 외출을 했거나, 금지된 길과 장소에 출입했거나, 혹은 자신의 후원자를 동반하여 산책했다는 등의 이유로 공창들을 고발한 것이었다.[352] 1883년 11월 1일부터 1884년 11월 1일까지 릴에서는 풍속담당 경찰이 기소한 사건들 중에서 2천7백44건에 대해 즉결재판소는 매춘부들에게 유죄를 선고했다. 매춘부들에 대한 이러한 선고형의 총계를 살펴보면 최소한 1만 3천 프랑의 벌금과 4천8백30일의 감옥형, 그리고 3천 일의 신병제약이 포함되어 있다.[353] 매춘의 탄압에 관계된 이론이 근본적으로 변화되기 직전인 1920년 당시 실시된 요약적인 조사는 놀라운 수치를 보여 주고 있었다. 마르세유 시에서는 1876년 이후부터 1백43건에 대해 공창들에게 유죄를 선고했는데, 내용을 살펴보면 그 중에서 1백 건이 『등받이가 있는 긴 의자에서의 절도』로, 30건이 경찰에 대한 모욕죄로, 그리고 나머지 13건이 소매치기로 유죄판결을 받았다. 특히 2만 2천2백56건의 경범죄에 대한 구두기소가 매춘부들을 상대로 제기되었다. 그 내역은 1만 9천5백41건(88퍼센트)이 검진의 불응이었고, 1천7백14건(7퍼센트)이 공공장소에서의 파렴치 행위와 호객행위에 관계된 것이었으며, 4백94건(2.2퍼센트)이 까페에 출입한 매춘부들에 해당되는 것이었다. 문 앞이나 창문에서의 호객행위에 해당되는 것이 4백20건(1.8퍼센트)에 달했으며, 66건(0.3퍼센트)이 공공장소에서 매춘행위를 벌인 매춘부에 해당되었고, 21건(0.1퍼센트)이 창가 내의 규칙을 어겼던 매춘부들에게 적용된 것이었다.[354] 위와 같은 내역이 즉결재판소의 기소이유를 대별해 주고 있으며, 형량은 1프랑에서 5프랑 사이의 벌금형에 처해지거나 재범일 경우에는 하루의 구류를 부과했다. 잘 알다시피 그 이전의 행정적인 구류상태를 감안하지 않는다 해도 형량은 48시간에서 72시간에 이르게 된다. 따라서 조사가 실시되었던 5년 동안에 2만 1천9백43명의 매춘부가 시의 유치장에 구금되어 있었다.[355]

마찬가지로 뚤롱에서도 가혹한 통제가 시행되고 있었다. 1897년과 1901년 사이에 1만 4천3백22건의 구두기소가 공창들에 대해 제기되었는데 8백20건이 공인창가의 매춘부들에 관계된 것이었으며, 1만 3천5백2건이 사창에 해당되는 것이었다. 이러한 기소들로부터 5천2백66건에 대한 감옥형이 선고되었다. 여기에 1백63건이 또 추가되는데, 절도·상해·반풍속·경찰 모욕·위조증명서 사용·만취와 담장 파괴 등이 그 내역을 이루었다. 동시기에 5백56건이 여경영자들을 상대로 제기된 것이라는 사실에 주목할 필요가 있다. 이들 중에서 2백41건에 대해 감옥형이 선고되었고, 최종적으로 51명의 여주인이 기소되기에 이르렀다.[356]

지방에서의 탄압상황이 앞에서 이미 살펴본 수도에서의 탄압상황을 반영하고 있는지 그 여부를 판단하기는 어렵다.[357] 그러나 꼬뮨의 몰락 직후에 시행되던 탄압의 강화가 어떤 지역들에서 분명하게 나타나고 있었다. 1872년에 시작된 수많은 시조례들이 바로 그것이다.[358] 이해에 마르세유의 시장 기노가 그 대책을 강화시켰다. 그는 창가의 사양화를 막기 위해 많은 사람들이 포기했던 창가로 매춘부들을 끌어들이고자 노력했으며, 창가의 수효를 증가시키고자 했었다. 그밖에도 그는 『매춘부 전용의 다기능적인—감옥과 작업장, 그리고 병원의—특수전용시설』[359]이 마르세유에 설립되어야 한다고 요구하기도 했다. 이 계획은 1875년에 당시 중앙경찰서장이던 디츠에 의해 다시 제기되어 진전을 보게 되었다. 디츠는 실제로 공창들을 위한 〈도덕적인 징벌방법〉의 확립을 제안하였다.[360] 이러한 일련의 모든 노력은 대단히 일시적이긴 하지만 상당한 성공을 거두었던 것으로 생각된다.[361]

형무소에 넘치는 매춘부들

호객행위를 하다가 현장에서 붙잡힌 사창들의 경우와 마찬가지로, 저녁에 체포된 공창들도 해당구역의 유치장에서 밤을 보내고 그 다음날 경찰청의 유치장으로 이송되었다. 만약에 매춘부가 낮에 체포되었다면, 그녀는 직접 쎈느 강 하안의 경찰청으로 연행된다.[362] 그곳의 유치장에서 풍속과 부과장의 심문을 기다리면서 매춘부들은 4일 이하의 구류에 처해진 또 다른 매춘부들과 함께 뒤섞인다. 독방에 감금되는 사창들과는 반대로 등록된 공창들의 경우에는 하루 평균 1백50명에서 2백 명 정도가 수녀의 감시 아래 커다란 공동실에 밀집되어 기거한다.[363] 그들은 화장실에도 갈 수 없지만, 때로는 자신들이 입고 있던 옷을 구기지 않으려고[364] 심부름꾼을 통해서 그 옷을 집으로 보내기도 하고, 속옷과 짧은 웃옷 그리고 밤에 입는 치마 등을 가져오도록 허가받기도 한다. 저녁에 매춘부들에게 담요가 지급되면『구석에 몰려 잠을 잔다.』[365]

마르세유의 유치장은 50평방미터에 이르는 축축한 홀이었으며, 쇠봉이 둘러쳐진 문으로 막혀 있고, 창문의 쇠창살을 통해서 빛이 들어오고 있었다. 1876년에 설치되었던 이러한 통풍장치는 당시로서는 아주 최신의 것이라고 할 수 있었다.[366] 홀의 모퉁이에는 화장실이 설치되어 있고, 정면에는 세면대가 놓여 있어서 매춘부들은 그곳에서 몸을 씻고 의료검진을 받았다. 그 근처에는 연장걸이가 설치되어 있어서 매춘부들이 거기에다 옷을 걸어 놓기도 했다. 때때로 매춘부들은 먹을 것이라곤 빵과 물만을 들고서 15명 내지 20명 정도씩 한구석에 몰려 있을 때도 있었다. 그러나 그곳에서도 역시 심부름꾼을 통해서 옷과 이불·식량 등을 집에서 가져올 수 있었다.

빠리의 유치장과 마찬가지로 마르세유의 유치장에서도 매춘부들은 어떠한 규제도 받지 않으면서 살아갔다. 그들은 실컷 떠들어대고 웃어가면서 카드놀이를 즐기기도 하고,[367] 먹을 것을 나누어 먹기도 하며 벽에다 음란한 낙서를 하거나, 혹은 동성애에 몰두하기도 했다.[368] 감옥에 대한 이론과 실제의 진보에 거의 적용되지 않는 이러한 무질서와 혼잡한 상태에 대해 미뢰르 박사는 물론이고 오쏭빌 백작도 충격을 받았다. 철저한 규제주의자인 미뢰르 박사는 행정적 구류의 포기를 요구한 것이 아니라 노동과 정숙의 강제적인 의무를 요구했다. 요컨대 그것은 오번제도 * 의 뒤늦은 적용을 의미하는 것이었다.

* Auburn system, 수감자는 낮에 일하고 밤에는 독방에 수감되며, 하루 종일 침묵해야 했다. 이 침묵제도는 1820년대 미국에서 점차 교체되고 있던 펜실베이니아의 독방감금제도를 다소 수정하여 그 대안으로서 뉴욕 주 오번 교도소에서는 일렬행진, 죄수복, 감방 사이의 60센티미터 두께의 벽, 식사용 특수좌석장치 등의 새로운 방법이 개발되었는데, 이들은 모두 엄격한 침묵을 강제하기 위해 고안되었다. 침묵제도와 독방감금제도는 모두 하나의 확신, 즉 〈범죄성향은 다른 범죄자들로부터 학습·강화된다〉에 기초하고 있다.

1902년경까지 뚤롱의 유치장은 방금 전에 언급했던 마르세유의 유치장과 대단히 흡사했었다. 그러나 이곳의 구류자들은 외부와 철저히 차단되어 있었다. 마르세유의 경우와 달리 이곳에서는 『정오에 스프가 배급되었고, 저녁에는 약간량의 야채가 지급되었으며, 빵과 물은 마음껏 먹을 수 있었다.』[369] 실내는 24시간마다 환기가 되어 있었다. 그러나 그 이외의 시간에는 술과 담배와 음료수는 금지되었다.

마르세유의 경우와 마찬가지로 빠리에서도 1878년까지 경찰서장이 규칙을 위반한 공창을 심문하고, 그에 대한 징벌을 결정하였다.[370] 이어서 규칙을 위반한 공창이 자신에게 내려진 결정에 불복하는 경우, 지고 조례에 의거하여 이 건에 관계된 위원회—등록에 관한 그 위원회의 역할을 이미 살펴보았던—를 상대로 이의를 제기할 수 있었다. 항상 모든 처벌은 최종적으로 제1국 국장의 심사와 경찰서장의 신청서를 토대로 하여 경찰청장이 부과했다. 그러나 사실상 이의제기의 절차는 이론적인 것에 불과했다. 매춘부들은 경찰서장이 맨 처음에 요청한 형량을 위원회가 단순히 추인하거나, 혹은 형량을 더 늘리는 역할을 수행할 뿐이라는 사실을 경험을 통해 즉각 깨닫게 된다. 따라서 1880년에서 1886년까지 위원회가 단행한 1백24건의 처벌 중에서 4건이 중형으로 늘어났고, 형이 경감된 것은 48건에 불과했다.[371] 1903년 당시 제2과 과장으로 재직했던 그레꾸르는 이것에 대해 다음과 같이 피력하고 있다. 『매춘부들은 자신들에 대한 형벌이 정당할 뿐만 아니라, 자신들이 매번 처벌을 받지는 않는다는 사실을 알고 있기 때문에 결코 이의를 제기하지 않았다.』[372]

이론상 수도의 매춘부들에게 부과되는 형량은 15일을 초과하지 않는다. 가장 빈번한 처벌은 6일에서 8일간 지속될 뿐이다. 그러나 체포될 때 반항하거나 경찰을 모욕한 공창의 경우에는 1개월에서 3개월까지 구금기간이 연장될 수도 있다. 이 점에 대해서 더 정확히 기억해 두어야 할 것은, 구금중인 매춘부가 병에 걸렸을 경우 의료형무소에서 보낸 치료기간도 형기에 포함된다는 사실이다.

지방에서는 일반적으로 시장이 중앙경찰서장의 제안에 의거하여 행정적인 구류처분을 부과했다. 그러나 1902년 당시 릴과 마르세유의 경우에서 보았듯이, 모든 합법성이 무시된 채 체포된 매춘부들이 즉결재판소로 연행되어 사법권의 결정에 따라 처벌을 받는 경우도 있었다.

빠리에서는 4일 이상의 구류기간을 부과받은 매춘부의 경우 쌩-라자르 의료형무소의 제2섹션, 즉 공창 전용의 섹션으로 이송되었다. 이곳에 이송된 매춘부들은 보통법의 경범죄를 저지른 여자들과 마찬가지로 의무사항에 복종해야 했다. 그러나 미성년자들을 수용하여 특별한 규칙의 혜택을 부여받고 있는 제3섹션이 더욱 멀리 격리되어 있듯이, 매춘부들도 경범죄의 처벌을 받은 일반 여자들보다 더욱 엄중하게 격리되었다. 수인이 된 매춘부들은 전혀 난방이라곤 되어 있지 않는 공동침실에서 잠을 잔다.[373] 하루에 두 번, 아침 8시 45분과 오후 3시에 지급되는 음식은 매일 배급되는 7백 그램의 흑빵이 주를 이루었고, 이외에도 1주일에 한 번씩 우유가 곁들인 야채절임과 쇠고기 한 조각이 배당되었다.[374] 물이나 혹은 감옥 내에서 제조된 코코아가 그들의 유일한 음료수였다.[375] 일반 죄수들과는 달리 매춘부들에게는 자비로 이용할 수 있는 독방의 사용이 금지되었다.

행정적 구류상태에 놓여 있던 공창들은 까만 모자를 쓸 수 있었다. 그러나 형기가 1개월을 초과하지 않는 매춘부들에게는 까만줄과 파란줄이 쳐진 죄수복의 착용을 강요하지 않았다. 억류된 매춘부들에게는 1주일에 단 한번만 속옷이 차입될 뿐이었으며, 심지어는 생리기간에도 이 원칙은 지켜졌다. 매춘부들은 축축한 작업장에서 하루 11시간의 노동과 침묵을 강요받았다. 그곳에서 한 수녀가 그녀들에게 도덕적인 작품들과 소설을 읽어 주고, 그 수녀의 감시 아래 그녀들은 손으로 두터운 천가방을 꿰맨다. 병에 걸린 매춘부들의 경우에도 서신이 검열되고, 쇠창살이 쳐진 면회실에서만 면회가 이루어지곤 했다.
 마리아-요셉 수도회 수녀들은 일반 여죄수들보다 매춘부들에 대해 더욱 엄격한 태도를 취했다.[376] 매춘부들에게는 특별면회실을 출입할 권리도 없었다.[377] 그들은 오로지 외부로부터 의복과 식량만을 지급받을 수 있을 뿐이었다. 여경영자들이 내의류와 식량바구니를 보냈던 옛관습은 1875년의 조례가 적용되면서 사라져 버렸다.[378] 휴식시간중에 자신을 위해서 일하는 것도 금지되었다. 수녀들에 대해 반항하고 무례한 언동을 하거나, 혹 노동을 거부하는 경우에는 식사와 면회가 취소되었으며,『죄수복을 착용하고 독방에서 딱딱한 빵을 씹으면서 지내야 했다.』[379] 이런 상황 속에서 도둑들과 함께 수용되기 위해서 음식물을 일부러 훔쳤다고 자기 자신을 고발하는 매춘부들이 있었다는 사실도 무리는 아니다.[380]
 1874년 조세핀 뷔틀레와 1878년 쎈느의 도의회의원들이 쌩-라자르 의료형무소를 방문한 이후, 그 형무소의 환경이 논쟁의 초점으로 떠올랐다. 공창제폐지론자들이 그 시설에 반대하는 강력한 운동을 전개했으며, 마리아-요셉 수도회 수녀들이 세론을 향해 그것을 규탄하기에 이르렀다. 이러한 현상이 바로 1887년과 1890년 사이에 최종적으로 시도된 미약한 개혁을 설명해 주고 있으며,[381] 1887년 당시 형무소와 내무부의 밀접한 관계를 보여 주고 있는 것이다.
 앞서 살펴보았듯이 지방에서도 행정적 구류가 통용되고 있었다. 1887년 당시 루앙에 감금된 매춘부들의 수효는 감옥이 부족할 정도로 넘쳐 있었다. 1884년에서 1866년의 3년 동안 당시 그 도시에는 1백85명에서 2백90명에 이르는 공창이 있었는데, 형무소 행정당국은 4천37명의 매춘부가 본느-누벨 형무소에 입소했다고 기록하고 있다. 그 매춘부들의 총구류기간은, 재판비용이나 벌금을 납부하지 않음으로써 처벌받은 신병구속일수 8천5백72일을 계산에 넣지 않더라도, 3만 6천8백53일에 달하고 있었다. 이와 같은 기간에 루앙의 공창들은 총 7만 3천7백75프랑의 벌금형에 처해 있었는데, 실제로 그들이 납부한 금액은 8백19프랑에 불과했으며, 이것은 부채를 지느니 차라리 구속되는 편이 낫다는 그들의 생각을 반영하는 것이었다.[382]
 리용에서는 3일에서 21일까지의 구류벌칙이 쌩-뿔 교정원에서 시행되고 있었다.[383] 마르세유에서는 1878년의 조례에 의거하여 매춘부들이 유치장이나, 혹은 프레장띤느 형무소에서 복역했다. 1904년 당시,[384] 다시 말해서 신규제주의가 광범위하게 확산된 이후에 96개의 시조례가 의료검진에 응하지 않은 매춘부들의 억류를 여전히 명시하고 있었으며, 27개의 조례가 구류기간에 제한을 두지 않았다. 43개 시가 경찰서 내의 유치장에서, 8개 시가 감옥에서, 11개 시가 경찰의 보호실에서, 그리고 7개 시가 구치소에서 각각 형이 집행되도록 조례를 명시하고 있었다. 그 결과 69개의 지역에서는 행정적인 구류와 형사피고인이나 피의자에게 부과된 구류 사이에 어떤 혼동이 발생하게 되었다. 15개의 시만이 형을 부과받은 매춘부들을 구제원과 병원, 무료진료소, 사설진료소, 혹은 여자감화원으로 이송시킴으로써 구류의 징벌적인 성격을 없애 버렸다.

* *

규제주의는, 사회로부터 일탈한 모든 사람들을 배제·소외, 그리고 격리시킴으로써 확산되었던 불법행위를 억제하는 총체적인 계획의 일환일 뿐이었다. 공창이 걸인이나 부랑자와 다르게 취급되는 것은, 바로 매춘에 대한 사회적 역할이 묵인된 제도를 강요하고 있었기 때문이다. 이 제도는 생명과 도덕에 악영향을 끼치는 노동자계급의 위협에 대해 불안을 느끼던 지배계급의 불안감에서 분명히 발생한 것이었다. 제 규칙들에 대한 이론적인 보편성에도 불구하고 대중적인 매춘만이 엄중하게 통제되었다.

규제주의의 범위는 즉각 세계적으로 확대되었다. 19세기 전반에 빠리에서 가다듬어진 이 제도는 외국에서 〈프랑스방식〉이라는 이름을 얻게 되었고, 수많은 곳에서 이것을 모방하기에 이르렀다. 1876년 당시 공창제폐지론자들의 운동이 일어났을 때에도 이 제도는 심각한 재검토의 위협을 받지 않고 있었다. 그러나 꼬뮨의 몰락 이후 빠리와 마르세유에서 이 제도는 이미 약화되어 가고 있었다. 이 제도의 옹호자들 속에는 군인과 경찰들, 그리고 다수의 의사들이 포함되어 있었다. 교회는 막달라 마리아의 숭배가 확산되어 가던 시점에서 그 제도를 호의적으로 묵인해 주었다. 통령정부시대 이후부터 입법권력이 침묵으로 일관함으로써 결과적으로 그 제도의 입지가 보장되었다.

그러나 규제주의가 실패했다는 것은 오래 전부터 명백한 사실로 인정되고 있었다. 제2제정기 동안 까를리에가 모아 놓은 문서들이 그 사실을 충분히 강조하고 있다. 그리고 1870-1880년의 10여 년간에 걸친 풍부한 문학이 어떤 불안감으로 가득 차 있는데, 그 불안감이란 비밀매춘행위가 사회 전반에 걸쳐 확산되는 양상을 목격하는 바로 그 강한 불안감이었다. 그래서 규제주의적 계획이 한층 진전되어 가던 반면에, 한편으로는 매독에 관한 풍부한 문헌들을 통해서 규제주의를 한층 강화시켜야 한다는 논거를 인정하던 지지자들조차도 이 제도의 실패를 분명한 사실로서 받아들이지 않으면 안 되었다. 이러한 새로운 논거의 태동은 당시의 탄압을 정당화하기 위한 최고의 시도로써 평가받고 있던 신규제주의의 성공을 암시해 주는 것이었다.

　이상과 같이 우리는 이 제도의 논리적인 일관성을 강조하면서, 규제주의가 매춘부들을 감금시키려 했던 격리된 세계 속에서의 공창들의 움직임을 추적해 보았다. 다음장에서 우리는 이 제도의 실패원인을 추적해 보고 비판할 점을 찾아 볼 것이다.

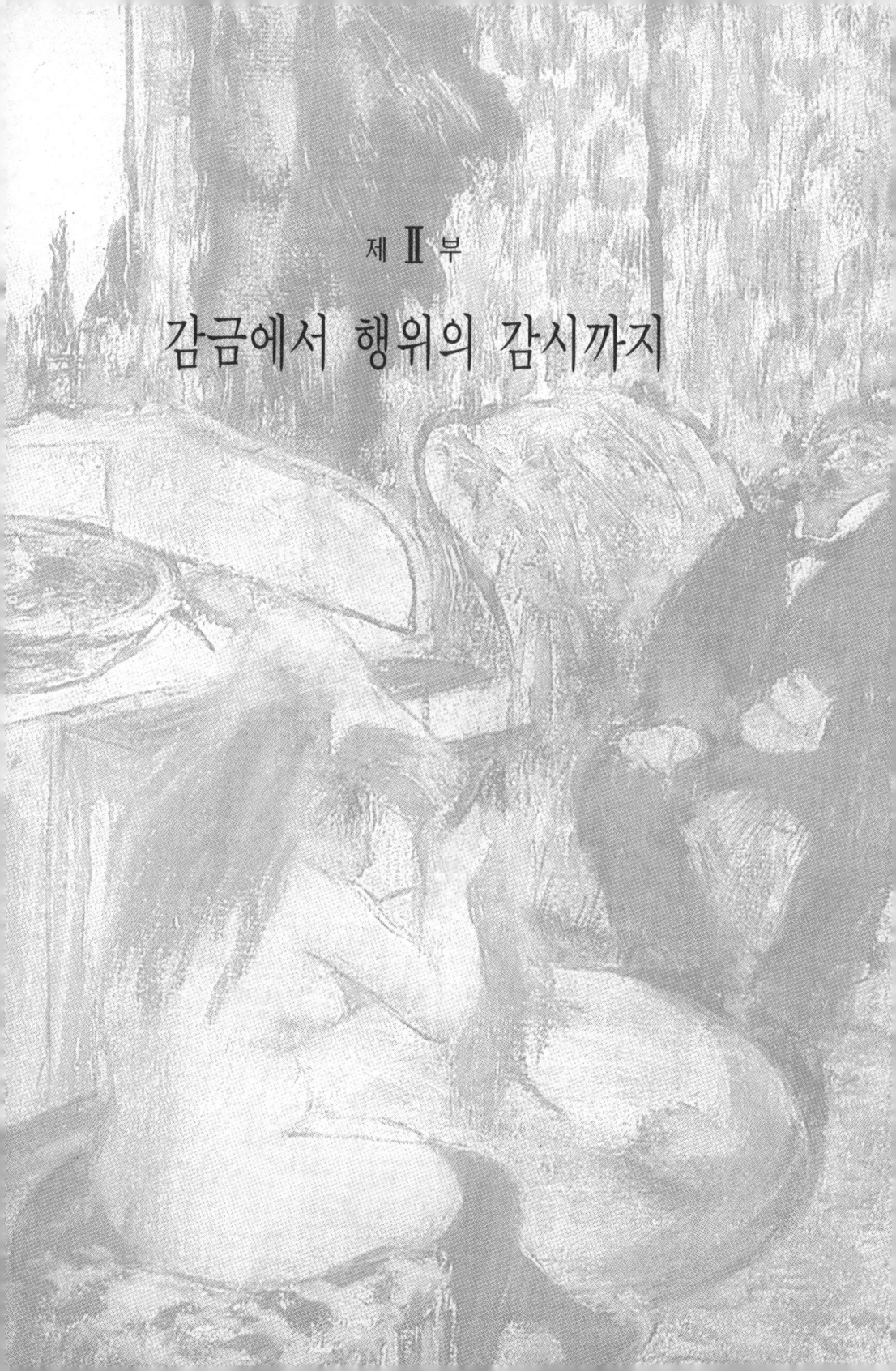

제 II 부
감금에서 행위의 감시까지

모빠상 作《뗄리에 창가》 초판본(1981)의 표지 그림.

제3장 규제주의 계획의 실패, 혹은 유혹에 대한 환상

1 공인창가 매춘의 사양화

창가 수효의 감소

수도에서 공인창가의 수효가 최고조에 달했던 것은 칠월왕정(1830-1848)의 초기였다. 그 이후로 창가는 계속 감소추세를 보였다. 1856년부터는 매춘부의 수효도 이 영향을 받아 감소하기 시작했다. 대단히 분명하게 나타나던 이러한 감소현상이 제2제정의 60년대에 잠시 주춤했다가 1881년 이후부터 다시 가속화되었다. 이러한 움직임은 당시 쎈느 도 이외에 여러 도시들의 창가에 대폭적인 영향을 미치고 있었다. 대부분의 도시들에서 창가의 감소현상은 1856년부터 나타나기 시작하여 1877-1878년 사이에, 그리고 1885년에 급경사를 이루게 되었다. 창가 수효의 감소는 마르세유와 리용·보르도, 그리고 낭뜨에서도 분명한 현상으로 자리잡아 가고 있었다.[158쪽 그래프 참조][1] 1876년에 23개의 공인창가가 있었던 릴에서는 1888년 당시 남아 있는 창가라고는 6개에 불과했다.[2]

르 아브르에서도 1870년 당시 34개의 창가가 있었으나, 1890년에는 불과 12개의 창가만이 존속하고 있을 뿐이었다. 1874년부터 브레스트의 부시장은 자신의 보고서 속에서 공인매춘의 사양화를 강조하기 시작했다.[3] 그런데 동시기에 모든 도시들의 인구가 증가하는 경향을 보이고 있었다. 대도시에서 대단히 분명하게, 그리고 때이르게 나타났던 공인창가의 위기가 유럽적인 규모의 현상이었으며, 심지어는 전세계적인 현상이었다는 사실에 주목해야 한다.[4]

그러나 9개 주요 도시와 관련된 결과들을 배제한다면[5] 공인창가와 매춘부들의 감소 추세는 일반적이고 전체적인 현상은 아니었으며, 중간 규모의 도시들에서

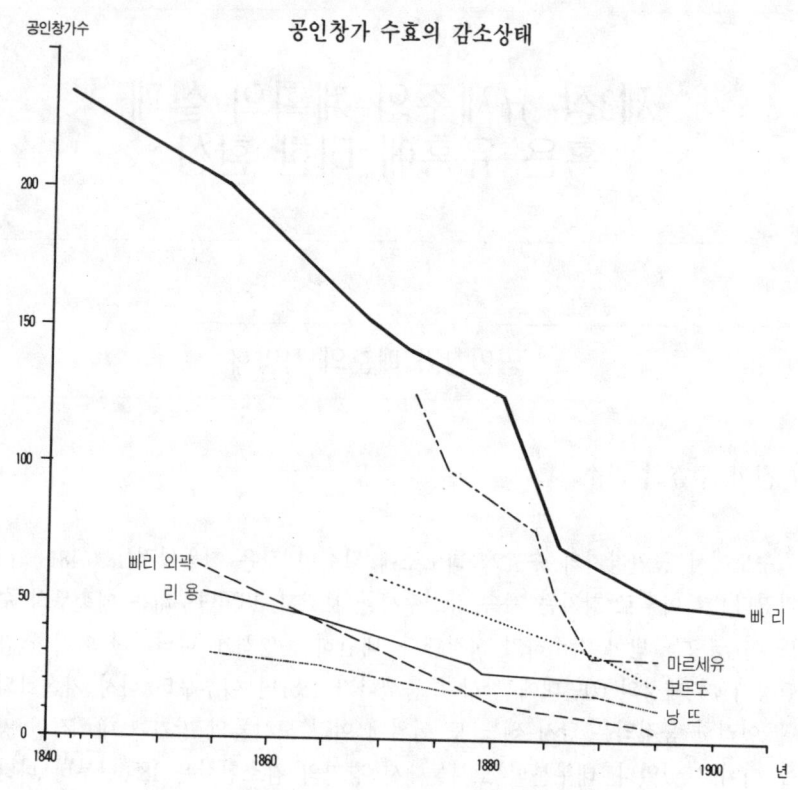

풍속담당 원외위원회의 미공개기록, 피요 박사가 자신의 저서에 전재
(La police des mœurs, 1권, p.335)

는 이러한 현상이 비교적 늦게 일어났다는 사실을 확인할 수 있다. 이런 중간 도시들에서는 1876년에서 1886년 사이에 감소현상이 거의 두드러지지 않았다. 왜냐하면 이 두 시기 사이에 창가의 수효가 7백31개에서 7백17개로 줄어들었을 뿐이며, 1886년에서 1901년 사이에도 감소현상은 상당히 점진적인 것이었기 때문이다. 그리고 20세기 초엽에는 6백32개의 공인창가가 기능을 발휘하고 있었다. 5개 도의 창가 수효의 변화가 기록된 표 9는 전체적인 감소 추세와 다양한 지역적 상황을 동시에 확인해 주고 있다.

제2제정 이후부터,[6] 전문가들은 본질을 명확하게 파악하지도 못한 채 이러한 감소의 원인을 규명하려고 했다. 쎈느 지역의 도지사가 시행한 도시개조의 결과

[표 9] 5개 도 공인창가 수효의 변화[7]

	1856	1866	1876	1886	1896	1901
피니스떼르	14	17	15	20	21	12
쎈느-에-와즈	18	21	21	19	17	13
샤랑뜨-엥페리외르	12	15	17	18	20	19
에 로	27	33	39	43	20	9
뫼르뜨-에-모젤	18	14	16	18	20	19
	89	100	108	118	98	72

대도시의 〈뜨거운〉 구역에 자리잡은 상당수의 낡은 창가가 파괴되어 버렸다. 마찬가지로 씨떼 섬과 루브르 지역 부근의 폐쇄된 창녀촌도 결국에는 복구되지 못했다. 도시의 급속한 팽창의 결과 창가의 전통적인 설치가 시외곽 지역에 산재된 고객층의 주거지역과 더 이상 일치하지 않게 되었다. 도심지에서 변두리지역으로 옮겨진 창가의 이러한 분산은 매춘전용구역에 대한 무관심을 불러일으켰다. 매춘시설이 설립되어 새로운 지리적 분포에 적응하는 데 있어서 대부분의 경우 싸구려 호텔이나 비밀창가가 걸림돌이 되었다.

경제적인 측면에서의 몇몇 가지 요소들이 창가를 거부하는 요인이 되기도 했다. 제2제정시대에 이미 창가 운영경비의 과다한 인상과 건물주들의 거듭되는 요구사항으로 인해 경영주들은 영업자금의 조달에 막대한 어려움을 겪고 있었다. 따라서 이 시기부터 중소규모 창가들의 폐쇄가 증가하기 시작했다. 비밀창가로 전환시킨다거나, 혹은 공인창가를 싸구려 호텔로 전환시키는 것이 위험부담을 줄일 수 있을 뿐만 아니라 과중한 자본의 투자를 요구하지도 않았기 때문이다. 이외에도 가창들에게 개방되는 싸구려 호텔은 공인창가의 운영시 필요한 복잡한 회계관리를 요구하지 않았기 때문이라는 사실도 추가시켜야 한다.

특히 숏타임의 매춘을 위한 창가와 약속의 창가 혹은 어두운 별실이 비치된 캬바레 등이 확산되었으며, 이렇듯 다양한 종류의 창가는 매춘부를 모집하는 데 있어서 별 어려움을 겪지 않았다.[8] 그러나 1880년 이후부터 공인창가의 여경영자들은 사실상 매춘부를 구하는 문제에 있어서 상당한 어려움을 겪고 있었다. 여경영자들은 어쩔 수 없이 중개인에게 모집을 의뢰해야 했으며, 이것이 〈소하물〉의 가격을 상승시키는 요인이 되었다. 거기에다 여경영자들이 새롭게 직면한 난제들을 어느 정도 반영하는 현상이 있었는데, 그것은 부녀자 매매문제에 대해 갑자기 대두된 세론의 관심이었다. 이런 상황으로 인해서 포주들은 매춘부들의 증대된 요구사항을 들어 주어야 했으며, 옛날과 같은 절대적인 영향력을 매춘부들에게 행사하기가 어려웠다.

규제주의제도가 시작된 이래로 공인창가는 행정당국의 보호를 누리고 있었으며, 빠리 지역에서는 경찰청의 세심한 배려를 받고 있었다. 1876년부터 빠리 시의회의 급진파 의원들은 경찰청에 대해 격렬한 비난을 퍼붓기 시작한다. 그래서 경찰은 이전에 공인창가에 베풀었던 보호의 혜택을 드러내 놓고 행하기가 어려워졌다. 여론을 들끓게 했던 언론의 캠페인과 스캔들을 두려워한 나머지 경찰은 더 이상 창가의 개설허가권을 쉽게 허가해 주지 않았다. 지방의 소수 시들조차도 당시 창가의 신규개설허가를 탐탁치 않게 여기고 있었다. 살렝과 뽕따를리에·꾸르베봐·아미엥에서도 시당국이 자치행정구역 내에서 공인창가를 전면적으로, 혹은 잠정적으로 금지시킬 때까지 동일한 상황이 지속되었다. 요컨대 수도에서의 경찰의 자유재량권에 대한 항의와 인권에 대해 극도로 민감한 반응을 보이던 여론, 그리고 시 자체의 체면이 손상되고 있다는 인식이 확산됨으로써 반맬더스적인 사고의 발전을 고려한다 해도, 위의 현상들이 공인창가에 불리한 영향력을 끼치고 있었다.

사실상 이러한 요인들은 공인창가의 쇠퇴를 가져오는 직접적인 동기, 즉 성적인 욕구의 변화를 간접적으로 표출하고 있을 뿐이었다.[9] 창가는 대부분의 고객을 상실했기 때문에 사양길로 접어들고 있었다. 대도시들에서, 특히 빠리에서는 이주자들 집단이 수없이 증가하여 부분적으로 도시생활에 통합되고 있었다. 그들 사이에 小부르주아적 가치관과 행동양식이 확산됨으로써 대중적인 생활양식에 변화가 왔다. 남자들은 이전에 〈정액의 배수구〉인 창가로 생리적인 욕구를 해소하러 드나들었지만, 이제는 거의 그들의 관심을 끌지 못하는 존재가 되었다. 그와는 반대로 유혹에 대한 욕구가 눈에 띄게 확산되어 小부르주아계층에게 있어서와 마찬가지로 대중계급의 사회에서도 비밀매춘에 대한 관심이 증대되었다. 그 반면에 창녀촌의 나체 여인들과 선정적인 옷 등이 그 이후부터 남성들의 역겨움을 자아내었다. 공창들과 사창들간의 경쟁, 그리고 고객의 요구에 부응하는 새로운 성행위의 보급으로 인해서[10] 몇몇 종류의 창가들은 치명적인 타격을 입고 있었다. 심지어는 지방에서도 『공인창가가 자연소멸되고 있었다. 창가의 최후 고객층이었던 여행자도 방향을 바꾸어 버린다. 여행자는 술집의 여종업원이나 하녀 혹은 식모와 성관계를 가진다』라고 이리야르 데슈빠르[11]는 의회의 원외위원회에서 조금의 과장도 없이 선언한 바 있다.

　울타리와 공창의 격리에 대한 세론은 점점 더 어려움을 겪게 되었다. 물론 페미니즘의 확산이 이러한 변화에 일조를 했다는 것도 전혀 낯선 사실이 아니다. 노동의 의미가 강조되는 사회에서[12] 매춘업은 갈수록 설 자리를 잃어가고 있었다. 이 점에 대해서 풍속담당과에 접수된 수많은 불평들을 살펴보면 이러한 실정을 쉽사리 이해할 수 있을 것이다.[13] 부동산 가격의 하락에 관계된 탄원서들의 증가가 대표적인 예이다. 까를리에는 제정말기에 수집한 자신의 노트 속에서 창가는 외톨이가 되어가고 있었지만, 반면 왕정복고시대에는 수많은 소상인들이 창가를 부의 가치로서 평가하고 있었다는 사실을 강조했다.[14] 구역주민들과 소매상인들이 공인창가에 보여 준 자세의 변화는 이런 형태의 매춘에 대한 여론의 조심스런 관심을 반영하고 있을 뿐이다.

　그런데 주류소매영업의 자유허가권을 입법화시킨 법안이 1880년 7월 17일에 통과됨으로써 세간의 관심은 공창제도에서 새로운 형태의 매춘으로 급속하게 이행되어 갔다. 주류소매영업의 자유로운 허가는 캬바레 매춘업의 즉각적인 성장을 불러일으켰다. 수많은 포도주상인들이[15] 자신들의 가게 뒤에다 어두운 방을 설치했으며, 그곳에서 여종업원들이 비밀스런 매춘을 하도록 조장했던 것이다. 때때로 매춘부들은 독자적으로 혹은 공동으로 자본을 출자해서 자신들의 고객을 상대로 술집을 개업하기도 했다.

　19세기말에 이르러 빠리에서는 일반대중이나 小부르주아층을 상대로 한 공인창가가 더 이상 설 자리가 없었다. 폐업상태를 면하기 위해서 창가는 다른 창가들보다 더 특수한 점을 내세우거나, 혹은 건물의 외관을 변화시킴으로써 고객을 끌어들여야 했다. 라 샤뻴 가 106번지에 있던 창가의 경영주 레옹-죠셉 말브라끄가 1893년 당시 경찰서장에게 보냈던 진정서는, 시 외곽에 설치된 창가들의 어려운 경영난을 그대로 반영하고 있는 것이었다. 『나는 사방에서 비밀매춘의 침입을 받고 있다. 나 이외에 모두가 비밀매춘을 행하고 있다고 해도 과언이 아닐 것이다. 거리의 여인들은 전혀 거리낌 없이 아침부터 저녁까지 바로 내 집 앞에서 호객행위를 하고 있다…… 지방과 외국 출신의 모든 사창들은 남자들에게서 괴롭힘을 당하거나 도망치는 등의 수없는 수난을 겪은 연후에나 창가로 입주할 뿐이다. 사창은 고객들에게, 공인창가는 가격이 너무 비싸고 잘못되면 절도를 당하거나 얻어맞을지도 모르기 때문에 그곳에는 가지 말라고 얘기한다』라고 그 경영주는 적고 있다.[16] 그의 말에 따르면, 104번지에 자리잡고 있는 호텔은—

포도주상인의 가게 뒷방이 1층에 설치되어 있으며, 그곳에서 기둥서방들이 모이기도 한다―정식으로 일하는 여종업원들의 수치를 제외하고도 15명에서 20명에 이르는 비밀매춘부를 고용하고 있었다. 114번지에서 116번지에 위치한 호텔들도 비밀매춘을 위한 창가였다. 요컨대 『포도주상인이 과일장수 앞에서 사시사철 진을 치고 있는 셈』이었다.[17] 마지막 방법으로 경영주는 자신의 조합이 안고 있는 어려움을 호소하기 위해 도지사와의 면담을 청구한다. 이 면담에 대해서 그는 또 다음과 같이 쓰고 있다. 『경영주는 규제주의의 의도를 되풀이하면서 아주 순진한 어조로 면담에 임한다. 정직한 상인이자 가정의 선량한 부모로서, 그리고 진지한 출자자로서 공인창가의 경영자들은 설령 세금을 많이 부담하지 않는다 해도 경찰과 세간의 도덕, 그리고 미풍양속에 실질적인 기여를 하고 있다. 벌써 10여 년 전부터 용기 있게, 그리고 헌신적으로 운영해 왔던 이 사업에서 약간의 저축을 한다는 것도 나에게는 벅찬 일이었다. 나는 현실적인 도덕에 관해서 생각을 해보았는데, 상세한 제 규칙들을 변경하고자 할 때에는 담당부서의 책임자들이, 정직하게 일하는 수많은 내 동업자들을 소집해서 먼저 의견을 청취하는 것이 필요하다고 생각한다.』[18]

이러한 불평들이 전혀 현실과 유리된 것은 아니었다. 1876년 4월 26일에 마르세유의 여경영자들은 공중도덕의 이름으로 가창들과 비밀매춘부들의 호객행위에 항의하는 탄원서에 서명했다.[19] 1903년 당시 쌩-니꼴라-뒤-뽀르에 있던 창녀촌 경영자의 상황은 특히나 심각했다. 그의 창가는 위기에 처해 있었다. 그런데 그에게는 그것을 다른 용도로 전환하는 것도 불가능했다. 행정당국의 요구에 의해서 특수하게 지어진 그 창가는 『고객들의 요구에 부응하는 전용매춘시설로 지어져 있었기 때문이다.』[20] 다시 말해 그는 공공도로에 면해서 창가의 어떠한 문도 설치할 수 없었으며, 건물의 내부배치를 창가의 전용시설에 어울리게 꾸며야 했던 것이다. 그밖에도 창가를 개업했던 1881년 당시 그는 연간 2백 프랑을 극빈자구호사무소에 납부해야 하는 등 자신에게 부과된 의무를 정기적으로 이행해야 했다. 여기에다가 그는 영업세의 납부의무가 가중됨으로써[21] 〈자신의 생계비〉[22]에도 못 미치는 수입을 올리고 있다고 신고하는 것은 당연한 일인지도 모른다. 그는 또 매춘부들이 자신의 창가를 버리고 스스로 까페의 종업원이나 비밀매춘부가 된다고 탄식했다. 그는 경찰의 〈진지한〉 탄압을 요구하고 나섰으며, 창가를 떠나고자 하는 매춘부들은 시에서 추방되어야 한다고 주장했다. 동시에 경영자들은 매춘부에 대한 가혹한 의료검진을 비난했다. 낭시의 경영자들은 자

신들을 파산시킨 혐의로 비뉴롱 박사를 비난하는 탄원서를 도지사에게 보내기도 했다.[23]

이러한 창가 경영의 위기에도 불구하고 새로운 형태의 창가들이 특히 남프랑스 지방에서 형성되었다. 이 창가들의 대부분은 근근히 명맥을 유지하고 있었으며, 이것은 당시의 경제적인 위기감을 확인해 주는 것이었다. 새로 개업한 창가들 중에서 가장 성공적인 예는 1901년에 라 쎄인느에서 개업중이던 공인창가의 경우일 것이다. 시 외곽의 〈인구가 조밀하지 않은 구역〉[24]에 설치되었던 그 창가는 가장 현대적인 위생학의 규칙이 적용되도록 특수하게 만들어졌으며, 교육을 받은 여성들로만 구성되어 있었다. 창가 내부의 규칙은 매춘부들의 〈복지〉[25]에 주안점을 두었다. 의료검진에서는 어떠한 병도 검출되지 않았다. 이러한 모든 장점에도 불구하고 매춘산업은 근근히 명맥을 유지하고 있을 뿐이었다. 그러나 위와 같은 예는 이상적인 창가를 건설해 보려는 유토피아적인 계획의 항구성을 증명하고 있다.[26]

폐쇄적인 공인창가에서 출입이 자유로운 창가로

공인창가 경영자의 상당수는 자신의 창가를 부분적으로 개조해서 숏타임 매춘을 위한 시설이나 약속의 창가로 변형시켰다. 거의 전체에 달하는 증인들이 정식으로 공인된 창가에서의 이러한 영업개시를 주목했다. 이러한 상황은 규제주의 계획의 완전한 실패를 의미하는 것이다. 상대 매춘부에 대한 고객의 선물 제공이 일반화되는 경향을 보였다.[27] 상당수의 창가에서는 그 이후부터 매춘부들이 여경영자에 대해 재정적인 독립의 지위를 누리기도 했다. 그들에게는 창가로의 출입이 점점 더 자유로워지고 있었다. 적어도 수도에서는 십자형의 유리창을 자물쇠로 채워야 하는 의무사항도 조금씩 그 효력을 상실해 가고 있었다.

小부르주아층을 대상으로 창가를 경영하던 여경영자들은 〈기숙인〉들, 즉 출입이 자유로운 매춘부들을 더욱 폭넓게 받아들이고 있었다. 이 매춘부들은 고객으로부터 직접 돈을 받고 여경영자에게 하숙비를 지불함으로써, 이 창가는 공인창가보다는 숏타임의 매춘을 위한 창가로 변하게 되었던 것이다. 등을 돌린 고객층을 다시 끌어들이기 위해서 빠리의 몇몇 공인창가 여경영자들은, 심지어 매춘부들을 밖으로 내보내어[28] 길거리나 술집 앞에서 호객행위를 시키기도 했다. 또 창가 밖에서 벌어지는 일부 매춘행위를 위해 창가의 매춘부를 빌려 주는 관습도 성행했다. 살렝에서는 여경영자가 〈자연주의자들의 무도회〉[29]를 개최하는 소부르주아계층에 매춘부들을 제공했으며, 심지어 때로는 즐거운 오후를 보내고 싶어하는 중학교 학생들에게도 매춘부들을 제공하기도 했다. 자신의 영업을 지속시키기 위해서 쌩-니꼴라-뒤-뽀르의 공인창가 경영자는 매춘부들을 시내로 내보내 고객과 〈동침하도록〉 지시를 내리기도 했었다.[30]

고객층의 새로운 욕구를 잘 파악하고 있는 여경영자는 때로 고객을 끌어들이기 위해 교묘한 술책을 쓰기도 했다. 따라서 공식적으로 인가된 상당수의 창가들은 비밀창가의 요금과 어느 정도 보조를 맞추면서 때때로 여분의 요금을 고객에게 요구했다.[31] 피요 박사는 심지어 여성의상실로 위장한 공인창가들의 실체를 언급하기도 했는데, 그곳에서는 견습중인 미성년자라고 자칭하는 여자들이 고객들에게 소개되었다. 그런데 실상 알고 보면 그 여자들도 이미 경찰청의 등록부에 기록된 직업적인 매춘부들이었다.

공인창가는 또 공인된 약속의 창가와 같은 형태로 서서히 탈바꿈하기 시작한다. 이러한 약속의 창가에서 여주인들은 전통적인 영업활동 이외에도 고객들과 구역의 노동자들의 모임을 주선하기도 한다. 그밖에 부르주아층의 간통의 증가도 창가의 재원에 기여한다. 실제로 정숙치 못한 상당수의 여자들이, 중이층의 독신용 아파트나 큰 호텔의 방보다 이러한 공인창가가 간통에 더욱더 안전한 장소였다는 사실을 인정하고 있다. 이러한 이유 때문에 몇몇 여경영자들은 자신들의 창가를 부분적으로 다시 복구시키게 되었다. 소위 〈쫓기는 사랑〉[32]의 진정한 도피처로서 부근의 아파트에서 남녀 커플을 맞이하는 여경영자들도 상당수에 달했다.

마르세유의 전용구역 내에 설치되어 있었던 창가들의 변모는 이러한 영업형태를 분명하게 보여 주고 있으며, 그 변화의 과정이 불가항력적인 것이었다는 사실을 잘 입증해 주고 있다. 그러나 여기서 우리는 변화의 움직임을 음식점이나 캬바레에서 일하는 여성들과의 경쟁 양상에 할당할 수는 없다. 그 전용구역에는 위의 여성들이 존재치 않았기 때문이다. 기본적으로 선원들로 구성된 고객층은 공인창가와 그 매춘부들에게 충실했으며, 사창들과 같은 다른 형태의 매춘에는 별 관심을 보이지 않았다. 전용구역 내에서 비밀매춘, 즉 사창들과의 경쟁은 거의 일어나지 않았다. 마르세유 행정당국은 공인창가에 대해 호의적인 자세를 계속 유지했으며, 경찰의 지위가 강화되었다. 경찰의 권위는 언론의 캠페인에도 불구하고 전혀 손상되지 않았다. 요컨대 이곳에서는 모든 전통이 공인창가를 위해 움직이고 있었던 것이다. 그런데 심지어 이 전용구역 내의 공인창가에서도 여경영자들과 매춘부, 그리고 고객 사이에 어떤 공동합의가 이루어지면서 깊은 변화가 일어나게 되었다. 통학생이 서서히 기숙생의 자리를 점유하듯이 공인창가는 숏타임 매춘을 위한 창가로 변모되어 갔다.

르뇨 박사의 연구에 의거해서 창가의 변모과정을 상세하게 추적해 볼 수 있다. 1873년 당시 1백25개에 달했던 순수한 공인창가가 1889년에 가서는 31개에 불과했고, 1897년에는 12개만이 존속하고 있었다. 따라서 대다수의 여경영자들은 〈개방된 창가〉나 〈자유로운 창가〉—일종의 부속실로서 전용구역 내에 설치됨으로써 공식적으로 인정되는—로의 전환을 요구하기에 이르렀다. 매춘부들은 그곳에서 자신의 몫을 갖게 된다. 그녀들은 자신이 원할 때면 언제든지 그곳을 떠날 수 있으며, 여경영자에게 방값을 지불하는 것으로 충분했다. 1890년 당시 방값은 하루당 2.5프랑에서 5프랑 수준이었다. 숏타임 매춘의 총액은 고객이 매춘부에게 직접 지불한다. 르뇨 박사의 말에 의하면, 매춘부들은 따라서 하루 평균 15프랑에서 25프랑까지 저축할 수 있었으며, 일요일에는 30프랑에서 35프랑 정도를 저축할 수 있었다.[33] 물론 매춘부는 자신의 의복비와 의료진료비를 부담해야 했고, 방세를 지불하지 않을 경우 여경영자에게 내쫓기는 위험을 감수해야 했다는 것도 사실이다.

〈개방된 창가〉의 여경영자는 매춘부들을 모집하거나, 혹은 중개인들에게 돈을 주고 사오는 번거로움에서 벗어나게 되었다. 여경영자는 또 의상이나 의료검진에 대해서도 더 이상 걱정할 필요가 없었다. 그녀의 회계관리는 대단히 단순화되었고, 큰 자본을 들이지 않고도 자신의 창가를 세울 수 있었다. 탈의실과 거실도 필요치 않았다. 그런데도 그녀가 벌어들인 이득은 이전보다 훨씬 증가했다. 〈개방된 창가〉에서는 매춘부들이 호객의 책임을 졌다. 매춘부들은 부속실의 문이나 계단에 서 호객행위를 했다. 마르세유와 같은 지역에서는 매춘부가 창가 앞에서의 호객행위를 묵인하고 있었기 때문에 별도로 뚜쟁이가 필요 없었고, 이에 따라 여주인은 뚜쟁이의 몫을 절약할 수도 있었다.[34] 고객은 창가의 내부에 들어가지 않고서도 여자를 고를 수 있다는 사실을 흡족하게 받아들였다.

베지에 지역에서 일어난 성적 구조의 때이른 변화는 공인창가의 개방화를 더 잘 보여 주고 있다. 그러나 시 중심부에서 매춘이 예외적인 증가추세를 보이고 있었기 때문에 베지에의 상황이 대단히 독특한 경우에 해당된다는 사실을 먼저 인정하지 않을 수 없다. 20세기가 시작되고 있을 즈음, 이 지역에서는 이미 오래 전에 공인창가들이 사라져 버렸고, 그것들을 지배했던 1861년의 조례도 그 효력을 상실해 버렸다. 베지에에는 행정당국이 『비밀스럽지 않은 방탕의 창가』[35]로 간주하던, 가구가 설비된 창가들이 존재하고 있었다. 그러나 이 창가들은 『규칙에 묶여 있지 않았으며』『매춘부들은 그곳에 거주하면서 정해진 액수에 따라 하숙비를 지불하였다. 그들은 원할 때면 언제나 자유롭게 외출할 수 있었고, 자신의 마음에 드는 사람을 마음대로 골라서 받아들일 수도 있었다.』[36] 따라서 이러한 형태의 창가는 공인창가와도, 순수한 숏타임 매춘의 창가와도 전혀 관계가 없다. 『임대인이나 여경영자는 다만 영업세와 간접세를 징수하려는 명목으로 등록될 뿐이다. 어떠한 시조례도 이와 유사한 창가의 폐쇄를 명기하고 있지 않다.』[37]

공인창가에서 방탕의 창가로

과거의 폐쇄적인 공인창가들은 도시의 중심부에 존속해 있었다. 그런데 실제로 창가의 일반적 위기는 대규모의 공인창가와는 무관한 것이었다. 따라서 공창제도는 계속 살아남을 수 있었지만, 그것은 규제주의 계획이 본래 의도했던 공창제—격렬한 성적 충동의 경향이 있는 연령층이 쉽게 생리적 욕구를 충족시킬 수 있는, 비싸지 않은 창가의 정비—와 더 이상 일치하지 않았다. 세기말에 공인창가는 진정한 방탕의 창가, 심지어는 성도착의 전당으로 존속하고 있었다. 이런 류의 창가는 다수의 외국인을 포함한 귀족과 부르주아 고객의 성적 욕구과 호색적 취미를 충족시켜 주는 것을 그 업무로 했다.

요컨대 호텔이나 부속실의 싸구려 창가와는 비교가 되지 않는 호화스런 창가들만이 살아남아서 발전하고 있었다. 왜냐하면 위의 고급스런 창가들의 경영을 위해서는 상당한 자본의 투자와 특수장비를 조작할 수 있는 종업원이 필요했기 때문이었다. 1903년 당시 빠리에 존속하고 있던 47개의 창가 중에서 18개가 22만 프랑에서 30만 프랑을 호가하는 1등급 창가였다.[38]

이 고급창가의 호화로운 장식과 풍부한 장비를 이용함으로써 고객은 더 많은 요금을 부담해야 했다. 세기말의 대규모 창가의 장식은 사람의 눈을 어지럽힐 정도로 요란한 것이었다. 대다수 경영자들은 1878년과 1889년, 그리고 특히 1900년에 개최된 만국박람회에 즈음하여 자신의 창가를 개조하고자 노력했다. 다시 말해, 이 호화스런 창가들에 대한 생생한 묘사가 우리의 연구목표가 아니라 하더라도, 그 양상에 대한 몇몇 개의 묘사를 뫼니에의 보고서 속에서 차용해 볼 것이다.『멋진 동굴과 시골풍의 계단이 있는 스위스풍의 바위산, 그것이 샤바네가에 위치한 창가의 신비스런 매력들 중 하나를 이룬다. 정면의 대계단은 기념비적인 것이며 모든 벽과 천정에는 거울이 설치되어 있다. 모든 방에는 두텁고 푹신한 양탄자가 깔려 있다. 사방에 벽지가 발라져 있고 조명은 도처에서 눈부시다. 사랑의 이 사원에서는 사방에서 향기가 피어오르고 그 사원의 여승려는 발가벗고 있다.』[39] M… 가에 위치한 창가의 1층에는『대단히 풍요로운 그리스풍의 사원이 자리잡고 있었다.』[40] 오페라 무대의 장식과 동방낙원의 정경, 루이 15세풍의 살롱과 깔립소의 동굴 모습이 사방에서 눈에 띈다. 사방이『전등으로 장식된 도원경』을 이루어 고객들에게 새로운 느낌을 안겨 준다. 피요 박사는 이것을 〈성적인 최면술〉과 〈정신을 마비시키는 것〉[41]이라고 비난한다.

당시 성도착으로 규정되던 행위를 만족시키기 위한 장비들에 있어서도 똑같은 양상이 일어나고 있었다. 물론 성도착적인 행위가 오래 전부터 창녀촌에서 통용되고 있었지만, 산업화와 부르주아계급 사이에 확산된 귀족의 에로티시즘이 또한 원인이 되어 새로운 장비가 개발되었다. 따라서 이때 남몰래 엿보는 장치가 완성되었던 것이다. 간막이에 송곳으로 단순히 구멍을 뚫거나 가구에 비스듬히 구멍을 뚫어서 만든 이 엿보는 장치가 40여 년 전부터 개발되고 있었다고 피요 박사는 1892년에 언급한 바 있다.『오늘날…… 헐렁헐렁한 휘장이 문과 어두운 벽지 위에 교묘하게 드리워져 있으며, 그 위에 판화와 작은 그림이 조잡하게 붙어 있다. 간막이를 관통하는 튜브를 통해서 확대망원경이나, 혹은 귀나팔을 사용해서 관객은 작은 방에서 벌어지는 광경을 보고들을 수 있다. 적당한 감시용 좌석에 앉는 것이 편안하게 감상하는 지름길이다.』[42] 여기에서『관객은 오케스트라의 일등 관람석을 차지하는 것처럼 자리값을 지불해야 한다.』[43]

따라서 살아 있는 그림들을 보기 위해 관객들이 일등급의 창가로 몰려들게 되었다. 살아 있는 그림이란 전라의 매춘부들이 커다란 빌로드 양탄자 위에서나 혹은 하얀 피부색을 강조하기 위해 검은빛의 부드러운 천이 드리워진 방안에서 동성애 행위를 실연하는 것을 의미한다. 어떤 때는 전동장치에 의해서 작동하는 회전테이블 위에서 매춘부들이 선정적인 포즈를 취하기도 한다.[44] 때때로 해괴망측한 성행위들, 즉 양성동체의 성기를 지닌 사람과의 성행위나 혹은 수간행위가 그 안에서 벌어졌다. 피요 박사의 의견에 따르면,[45] 상당수의 창가들이 당시 세간에 널리 퍼져 있던 덴마크산의 커다란 개들이나 혹은 변두리에 즐비했던 뉴펀들랜드산의 잡종개와 함께 어우러져 벌이는 수간행위를 전문으로 하고 있었다.[46]

대규모 창가의 여경영자들은 〈성적 고문기구의 일습〉[47]을 구비하고 있었는데, 특히 채찍질용 회초리와 같은[48] 일련의 기구들이 눈에 띄었다. 이 기구들은 오늘날 섹스숍에서 흔히 볼 수 있는 것이지만, 당시에는 상당히 보기 힘든 발명물이었다. 이 분야에서의 진보는 괄목할 만한 것이었다. 『향기나는 가죽용 회초리, 붕대용의 비단줄, 작은 쐐기풀다발 등』은 이미 낡은 기구에 속했다.[49] 이후부터 벨기에산이나 독일산의 새로운 섹스기구들이 경영자들에게 공급되었다. 몽다 박사가 개발한 공기펌프[50]와 국소전동장치, 그리고 여러 종류의 콘돔 등이 새로운 기구에 속한다. 영국제 인조 남근[51]도 빠뜨릴 수 없는 기구 중의 하나였으며, 〈파렴치한 남색가〉[52]나 사교계 여성들의 동성애에 대한 취미를 만족시키기 위해 마구가 달린 인공 음경이 매춘부들에게 지급되었다. 여경영자는 고객들에게 소위 최음제로서 인이나 칸다리스 색소와 같은 일련의 마약류 약품을 공급하고자 애썼다.

약품명이 들어 있는 외설스런 앨범목록이 최고급 창가의 고객에게 소개되고 있었으며, 그 가운데 상당수의 약품류가 일본에서 들어온 것이었다. 도색사진 분야에서도 변화가 일어났다. 혼자 벌거벗고 있는 나체사진이 점차로 그룹섹스의 사진이나 그림 들로 대체되고 있었으며, 가장 흔한 유형은 수도사나 수녀들로 변장한 커플들의 위락행위를 보여 주는 것이었다.

물론 이 모든 시설의 원활한 활용을 위해 상당히 경험 있는 종업원을 필요로 한다는 것은 자명한 사실이었다. 피요 박사가 지적하고 있듯이 창가의 매춘부들은, 예를 들면 자신의 동료들을 앞서기 위해 고객에게 〈가느다란 손톱〉으로 약간의 상처를 내어, 그 피를 보여 주는 방법을 사용한다든지 하는 일종의 직업적인 의무감을 지니고 있었다.[53] 오랄섹스는 당시 도덕주의자들로부터 남색과 함께 가장 비천한 것으로 간주되고 있었으며, 리꼬르 박사는 이전에 이미 그것을 〈음순신경이상증세〉[54]로 치부하고 있었다. 그런데 이 행위는 당시 1등급의 고급창가에서는 보편화된 것이었다. 레오 딱씰과 고객의 증언에 따르면, 상당수의 여경영자들이 매춘부들의 기술교육을 담당하는 〈여조교〉들을 두고 있었다.[55] 대규모 창가의 매춘부들은 또 항문의 애무와 교접을 받아들여야 했으며, 동시에 동성애를 추구하는 고객층의 욕구를 만족시켜야 했다. 이 점에 관계된 모든 증언들이 제3공화정 초기의 수십 년 동안 동성애를 즐기는 여성들이 증가했다는 사실을 명백하게 보여 준다. 1881년 뽈 뒤보와 박사는, 샤바네 창가가 여성동성애를 전문으로 하고 있었다고 발표했다.[56] 몇몇 대규모 창가의 여경영자들은 매춘부를 고용할 때 『여성들을 위해서도 성행위를 할 수 있는지』의 여부를 매춘부에게 묻고 계약을 맺기도 했다.

물론 그룹섹스에 있어서도 야식 파티와, 특히 〈커플의 교환 파티〉 등이 당시에 보편적으로 실행되고 있었다는 것도 분명한 사실이다. 두 개의 침대와 두 개의 긴의자, 두 개의 화장실이 설치되어 있는 방에는 또한 널따란 거울이 장식됨으로써 그룹섹스를 위한 특수시설의 구실을 하고 있었다. 매춘부들은 또 모든 변장법을 사용함으로써 고객의 요구에 부응해야 했다. 즉 짝사랑하던 여인으로부터 항상 거부를 당한 고객은, 그 여인의 대용품으로써 매춘부를 변장시켜 자신의 욕구를 충족시키려 했기 때문이다. 변장법이 체계적으로 행해지던 창가들도 상당수 있었다.[57] 매춘부들은 일반 기혼녀의 옷이나 수녀복 혹은 통령정부시대의 〈멋쟁이 여성들〉의 옷을 입고서 남성들이 추구하는 환상을 충족시켜 주었으며, 종종 그 의상은 실내장식과 조화를 이루었다.

여러 규칙의 금지에도 불구하고 몇몇 호화스런 창가들은 남성 동성연애자들을 받아들이고 있었다. 이 남자들은 함께 동행한 매춘부들을 돌려보낸 다음 〈커플의 교환〉을 위해 준비된 방에서 자유로이 쾌락에 빠져든다. 어느 고객이 남성 파트너를 원할 때, 여경영자는 고객과 동성연애에 응할 수 있는 젊은 남성을 자신이 아는 범위 내에서 찾게 된다.

본 연구는, 고객층이 매춘부들에게 강요하는 모든 요구사항에 관해 상세한 언급을 피할 것이다. 그것은 본 연구의 대상이 아니기 때문이다.[58] 본 연구는 다만 매춘을 행하는 매춘부들의 행위를 상기하고자 할 뿐이다. 그런데 19세기 최후의 10년간 정교하게 가다듬어졌던 매춘의 형태가 실행되고 있었다는 사실 또한 명백한 것이었다. 물론 성과학자들이 사디즘과 매저키즘·수간 등을 연구대상으로 삼기 훨씬 이전부터 이런 류의 섹스형태는 이미 창녀촌에서 보편화되어 있었다.[59] 마찬가지로 1970년대에 이르러서도 사진과 디스크·책, 그리고 섹스기구들이 개발되고 전사회적으로 확산되었다는 사실도 부인할 수는 없을 것이다. 그리고 20세기 말엽인 요즈음에도, 수많은 도덕단체의 주도로 이루어진 사법적인 노력에도 불구하고, 적어도 中小부르주아층 사이에서 옛귀족의 에로티시즘을 모방한 환상과 기교에 대한 취향이 급속도로 번져 나가고 있다.

또 분명한 것은 이러한 변화가 당시의 에로티시즘을 화제거리로 만들어 놓았던 미술 및 문학운동에 연관되어 있다는 사실이다. 즉 매춘행위의 여러 양태들이 소설과 미술 속에서 근본적인 주제들 중의 하나를 형성하고 있었던 것이다.[60] 상징주의와 퇴폐주의의 문학과 미술이, 여성의 위대한 성적 매력과 반대로 여성의 성적 매력에 대한 병적인 공포감을 동시에 표현하고 있으며, 이것이 바로 여성의 매력에 대한 집단적인 신경증을 반영하고 있다는 증거가 된다. 그래서 이후부터 성도착증이라 불리는 행위들을 분류하기 위한 노력이 행해지게 되었다. 이 도착적인 행위들에 대해 사셰르-마조크는 진부한 느낌을 주는 명칭을 부여했으며,[61] 반면에 크라프트-에벵은 성행위의 종류를 총망라한 도표를 제작하기도 했다.[62] 전유럽에서 동성애가 커다란 재판의 원인을 야기하고 있었다. 리꼬르·샤르꼬·마냥·발, 혹은 웨스트팔은 자신들이 병리학적인 현상이라고 간주하고 있었던 문제에 관심을 기울이기 시작했다. 히스테리에 대한 제 연구도 커다란 발전을 보였다. 요컨대 〈성과학〉이 서구에서 형성되기 시작했던 것이다.[63] 그런데 부르주아층의 남성들이 자신의 부인에게 요구할 수도 없고, 아마 요구하고 싶지도 않은 기묘한 섹스형태가 어떤 산업이나 상업의 대상이 될 때, 그리고 위기를 겪고 있던 대다수의 소규모 창가들과는 반대로 이런 류의 산업이나 상업이 번창하고 있다는 사실을 알게 될 때, 그 놀라움은 얼마나 클 것인가?

이러한 생각은 중소도시에 존속하는 창가들의 안정적인 수효를 동시에 설명해 주는 것이다. 중소도시에서도 섹스의 형태는 변화되었다. 제3공화정 초엽에 오모 박사는 샤또-공띠에의 늙은 매춘부들이 이미 느끼고 있었던, 고객층의 변화된 성행위를 강조한 바 있다. 즉 그 이전에는 매춘부들에게 오랄섹스는 존재치 않았다. 오랄섹스를 한 매춘부가 있었다면 아마도 그녀는 『다른 테이블에 앉아서 혼자 식사를』[64] 했어야 했을 것이다. 그래서 창가를 출입하던 젊은이들은 이후부터 더 이상 『자연에 반하는 수단을 통해서가 아닌 가장 일반적인 방법으로』[65] 쾌락을 추구하고자 하였으며, 특히 여성 동성연애의 행위를 보는 데 몰두하려고 했다. 그밖에도 종종 독특한 형태의 창가들이 19세기말의 수십 년 동안 시내에 확산되고 있었는데, 모빠쌍은 그 창가의 역할을 자신의 작품《뗄리에 창가》속에서 회상한 바 있다. 이 창가에서는 빠리의 유행과 에로티시즘을 가르치고 있었다. 막 나온 축음기로 유행중인 여가수의 노래를 듣고, 수도의 모델들을 본따서 실내복을 입은 여자들 가운데 고객이 앉는다. 그리고 황홀한 전기조명 아래에서 음란잡지나 사진을 들추어 보게 된다. 이 창가는 성적으로 엄격한 부부생활을 영위하는 남자에게 삶으로부터의 도피처를 제공해 주며, 단조로운 생활을 변화시켜 주는 위안의 장소가 되어 준다. 새로운 사교형태를 지닌 이 창가가 지방의 소부르주아층과 여성사회 속에 확산됨으로써 그들의 성적인 감각과 감수성은 더욱더 세련되어 갔다.

그러나 방금 기술했던 매춘풍속의 변화는 실제와 모순되는 결과를 가져오고 있었다. 2등급 창가의 매춘부들이 자신들의 상황이 개선되어 가고 있었다고 생각한 반면, 대규모 창가에 속한 매춘부들의 생활환경은 악화되어 가고 있었다. 『공인창가의 수준이 높으면 높을수록, 그와 반비례해서 매춘부의 상황은 악화되어 가고 있다』라고 뛰로는 1904년에 쓰고 있다.[66] 환락에 싫증난 고객을 끌어들이려는 대규모 창가의 개업을 위해서는 자본의 확대가 필요했으며, 따라서 여경영자는 매춘부에게 전보다 더 많은 매춘행위를 강요하지 않을 수 없었다. 바로 빠리 시의회[67]와 원외위원회, 그리고 피요 박사가 실시한 조사들의 결과에서 이런 사실이 드러났다.

1904년 당시, 빠리에 있던 대규모 창가에서 매춘부들은 정오부터 새벽 3시까지 작업준비를 하면서 호출 즉시 거실에 내려갈 수 있는 대기상태에 있어야 했다. 분명한 것은 매춘부 한 사람이 매일 받아야 하는 고객의 수효가 증가했다는 사실이다. 〈바위〉(bahuts, 침실의 속어)의 상태도 과거보다 더욱 불결했다. 그런데도 1904년 당시 47개의 창가 중 45개의 창가에서 매춘부들에게 창가에 의무적으로 거주할 것을 명했다.

따라서 우리는 19세기 중반에 시작된 공인창가의 쇠퇴에 관해 분명한 해명을 해야 한다. 그러나 매춘풍속의 변화는 어쨌든 규제주의의 매춘대책이 실패로 돌아갔음을 증명하는 것이다. 원래 이 제도는 혼외정사 행위를 일정 장소에 격리시키고 행정당국의 엄밀한 감시하에 과도한 사치가 번져 나가지 않도록 반자연적이거나, 혹은 불법적인 성행위가 확산되지 않도록 하는 것이 근본목적이었다. 이러한 격리제도의 실패는 대규모 창가의 경우에 더욱 두드러진 것이었다. 싸구려 호텔들과 경쟁을 해야 했고, 게다가 성에 대한 감수성이 더욱 세련되어짐으로써 공인창가들은 살아남기 위해, 혹은 시설을 부분적으로 재복구시키기 위해 점차적으로 문을 개방하지 않으면 안 되었다. 따라서 가장 경영이 어려운 창가들은 숏타임 매춘을 위한 창가로 개조되었고, 어떤 창가는 약속의 창가로 변모되기에 이르렀다.

감시의 실패도 상당히 명백한 것이었으며, 19세기 말엽은 대규모 창가가 번영을 구가하던 절정기를 이루었다. 규모가 크고 부유한 창가들만이 계속 번영을 구가했다는 사실은, 이것이 창가의 집중화 현상이라는 단순한 과정에 의한 것이라기보다는 오히려 기묘한 에로티시즘을 추구하려는 욕구의 증대에 기인한 결과라고 할 수 있다. 빠랑-뒤샤뜰레와 규제주의자들이 예견했던 정액의 배출구로서의 역할과는 달리 창가는 성에 대한 새로운 요구사항이 연마되는 실험실이 되어갔다. 이러한 사실을 잘 인식하고 있던 에쌩뜨(위스망의 작품 《반대 방향으로》의 주인공)는 어느 젊은 노동자를 호화스런 창가로 공짜로 데려가 호색적 취미를 불어넣고자 생각한다. 이후로 그 젊은이는 죽을 때까지 정상적인 성행위에 만족하지 못하는 인간이 되어 버리고 만다.[68]

이상과 같이 살펴보았던 이중의 변화, 즉 창가가 어려운 상황의 타개를 위해 폐쇄성을 버리고 자유로운 창가로 변화되었으며, 성욕의 배설장이 아닌 호색취미의 장소로 변해 버렸다는 이중의 변화는 성에 대한 수요의 이중적 변화와도 일치한다. 즉 사회 전체의 구성원들에게서 유혹에 대한 새로운 욕구가 일어났고, 귀족과 같은 소수 특권층이 추구하던 성행위에 대한 욕구가 증대되었다는 것이 바로 그것이다. 그런데 공인창가들의 쇠퇴가 대폭적으로 이루어졌던 시기인 1870-1880년대가 지나서야 공창제에 반대하는 공창제폐지론자들이 태동하여 활발한 캠페인을 전개하게 되었다. 창가에 반대하는 그들의 논조는 어떤 행위에 대한 뒤늦은 표현을 반영하고 있는 것인지도 모른다. 인간의 성적인 감수성의 변화와 매춘에 대한 수요의 변화를 그들의 논조는 상당히 왜곡해서 표현하고 있을 따름이었다. 그러나 당시의 사회에 변화를 가져온 주요한 요인들 중의 하나로서 우리는 이러한 현상을 오랫동안 재검토해야 하겠지만, 그것을 언급하기 이전에 규제주의 계획의 실패에 대한 제 양상들을 분석해 보아야 한다.

2 비밀매춘의 전통적 형태의 발전과 변화

규제주의가 창시된 이래로 행정당국은 공인매춘과 비밀매춘을 구분하고 있었다. 행정당국은 비밀매춘이 완전히 사라질 때까지 끊임 없는 감시를 펼칠 것이라고 호언장담했었다. 실제로 〈비밀스러운〉이라는 형용사는 제2제정기 이래 그 의미를 완전히 상실해 버렸다.[69] 지방 대도시들과 마찬가지로 빠리에서도 비밀매춘부들은 드러내 놓고 호객행위에 몰두하거나, 싸구려 호텔이나 술집 등에서 공공연히 자신을 광고하고 있었다. 따라서 이후부터 매춘부에 대해 언급하게 될 때 공창이냐 사창이냐를 구분해서 다루는 것이 더욱 합당할 것이다. 그럼에도 사창은 체포되는 즉시 공인매춘의 장부에 등록되어 공창으로 변화되는 운명체

임을 기억해야 한다.

그런데 비밀매춘과, 그것의 기초가 되고 있는 포주업이 지향하는 제 형태의 일람표를 작성한다는 것이 좀처럼 쉬운 일은 아니다. 우선 당시 세간에서 매춘이라고 인정하는 것에 대한 명확한 규정이 필요하다. 그러나 이 문제에 관심을 기울였던 사람들의 매춘에 대한 견해가 제각기 달랐기 때문에 명확한 규정도 상당히 어려운 것이 사실이다. 리트레 사전은 음란행위에 가담하는 모든 여자를 매춘부로 간주하였으며, 실제적 의미에서 그것은 〈악한 품성을 지닌 모든 여자〉를 지칭하는 것이었다. 수많은 작가들이 여성에게 있어서의 성적인 자유와 방탕, 그리고 매춘의 차이를 명확하게 구분하지 못하고 있었지만 빠랑-뒤샤뜰레는 이 세 가지 요소를 여성이 타락해 가는 단계적 과정으로 파악했다. 1888년에 뢰쓰 박사는 방탕을 여전히 매춘과 동일시하고 있었고, 대중세계의 방탕을 매춘과 결부시켜 파악하고 있을 뿐이었다.[70] 이런 관점에서 〈드미-몽드〉(demi-mond, 사교계에 기생하는 여성 및 이들과 교제하는 남성들의 세계)와 〈드미-몽댄느〉(demi-mondaine, 화류계의 여자, 고급매춘부)라는 애매모호한 표현과 어의적인 변화는 상당히 중요한 의미를 지니고 있다. 이 용어들은 원래[71] 자유롭게 된 여인들(과부와 이혼녀, 그리고 외국 여성들), 즉 결혼생활에서 자유로워진 세간의 기혼여인들을 지칭하는 말이었지 사회 주변을 맴도는 소외된 여성들을 의미하는 것은 아니었다. 요컨대 대중의 지탄을 받아 일반사회와 정숙한 여인들로부터 고립되는, 경찰의 감시하에 고급창녀들과도 격리되는 하나의 사회가 구성되었으며, 그곳에서 상류층의 여자들은 자신이 좋아하는 남자들과의 관계에 몰두하지만 스스로 자신의 몸을 팔지는 않았다.[72] 즉각적으로, 다시 말해서 제2제정의 붕괴 이래로[73] 아마도 그 이전에 존재했을지도 모르는[74] 〈드미-몽드〉가 초창기 약속의 창가에 고객을 공급하던 〈다양한 매춘부의 사회〉가 되었다. 그 이후부터 〈드미-몽댄느〉라는 수식어는 고급매춘부를 지칭하게 된다.

간혹 어떤 사람들은 금전매수를 매춘의 지표로 삼는다. 따라서 이들은 첩을 매춘부의 범주 속에 위치시킨다. 동시에 사람들은 특별히 자신을 아껴 주는 정부와 헌신적인 관계를 맺거나, 혹은 남편의 승진을 위해서 상사와 성적인 관계를 맺는 여자들을 전부 매춘부로 취급하는 경향이 있었다.

그러나 대다수 전문가들은 매춘부의 정의를 위한 네 가지 지표를 제시하고 있다.

1)상습적으로 매춘을 하고 있다고 세간에서 인정되는 여자들을 매춘부로 파악하고,[75]

제 3 장 규제주의 계획의 실패, 혹은 유혹에 대한 환상 173

2)금전을 매개로 유지되는 성관계에 헌신해서, 즉 매춘이라는 직업을 통해서 기본적으로 삶을 영위하는 여자들을 지칭하고,

3)선택의 여지가 없이 자신을 원하는 사람이면 누구든지 몸을 내맡겨 버리는 여자들과

4)고객의 증가로 인한 잦은 성교섭의 결과, 쾌감과 모든 성적 만족감을 느끼지 못하는 여자들이 매춘부에 해당된다는 것이다.

대표적인 예로서, 빠리 시의회가 구성한 위원회의 발표자 E. 리샤르[76]와 무료진료소 의사 뷔뜨 박사[77]가 1890년 당시 위 원칙에 입각해서 규정했던 정의를 통해서 고급매춘부와 첩, 그리고 월급 인상을 위해 일요일에 간헐적인 매춘활동을 벌이는 여공들, 혹은 거래상인의 지불독촉을 무마하기 위해 자신의 몸을 내놓는 소부르주아층의 부녀자들은 매춘부그룹에서 제외되었다.[78]

자유주의자들과 신규제주의자들도 바로 위에서 언급한 매춘부의 정의에 대해 의견을 같이한다. 신규제주의자들은 사실상 현실적인 전염의 위험성을 내포하고 있는 여자들, 즉 선택의 여지도 없이 수많은 고객들과 성관계를 갖는 여자들만을 매춘부로서 간주한다. 매춘부에 대한 이러한 정의는 많은 조사에서 공통적으로 파악되는 정의이다. 게다가 부르주아층의 매춘을 배제시키고, 일반대중의 매춘에 대한 중요성을 상대적으로 과대평가하려는 경향을 지니고 있으므로 이 점을 충분히 고려해야만 한다.

공창이란, 그 개념이 행정당국에 등록된 매춘부에 적용되는 것이기 때문에 전혀 논란의 대상이 되지 않지만, 반면에 〈사창〉이나 〈비밀매춘부〉의 개념은 사람들이 이 어휘들에 부여하는 의미에 따라서 대단히 다를 수밖에 없다. 심지어 비밀매춘부들은 감시라는 매춘의 규제방식에서 벗어나게 될 때에도, 사회적 의미에 있어서 완전하게 소외되지 않는 여성들의 한 범주를 형성한다. 따라서 사창의 이미지는 너무나도 모호한 것이다. 사창의 초상화를 그려내는 데 있어서 그 아류인 비밀매춘부에 적용하는 분명한 틀을 사창에게 적용시킬 수는 없다. 비밀매춘부는 〈정숙한 부인〉들의 공동체 사회 속에 용해되어 이따금 간헐적으로 출현할 뿐이다. 게다가 비밀매춘부는 모집범위와 활동범위에 있어서 공창보다 훨씬 다양한 양상을 보이고 있다. 이런 이유로 비밀매춘부를 사회의 계급질서 속에 위치시킨다는 것은 대단히 어려운 일이다. 매춘세계의 여러 카테고리 사이에서 사창들의 끊임 없는 유동이 증가하면 할수록 사창에 대한 분석은 어려워지고, 동시에 그의 분류작업을 위한 모든 노력도 무위로 돌아갈 수밖에 없을 것이

다. 제2제정 말기에 이미 까를리에가 주시한 바 있고, 그 이후로도 계속 강조되어 온 사창의 유동성은 도시화 현상의 영향을 반영하고 있을 뿐이다. 《나나》를 쓴 작가의 가장 분명한 의도는, 매춘의 세계에 들어온 매춘부가 아래에서 위로, 혹은 위에서 아래로 이동하는—매춘부는 이러한 사이클에 복종한다—영원한 유동성을 독자에게 알려 주기 위한 것이 아니었을까? 요컨대 비밀매춘부에 대해 전문연구가들이 공포를 느끼게 되는 것은 모든 장소에서 성관계를 벌이는 사람이 바로 평범한 가정부인과 아가씨라는 사실에 근거를 둔 것이며, 따라서 도덕적·위생적인 면에서의 전염이 증대될 것이라는 우려 때문이었다.[79] 이 모든 것은, 비밀매춘의 연구를 위해서 빠랑-뒤샤뜰레의 방법론을 차용했던 일단의 의사들—마르띠노와 꼬망쥬—이 행했던 여러 시도들의 상대적인 실패를 설명해 주고 있다.

우리는 또한 비밀매춘에 종사하는 매춘부들의 수효를 측정하려고 시도했던 저자들에게서 그들이 제시했던 수치의 불확실성을 발견한다. 제시된 수치들은 이따금 그 수치를 제시한 사람들의 환상이나 거의 신경질적인 불안감을 단순히 표현하고 있을 뿐이다. 불확실한 수치보다는 오히려 다음의 사실로써 판단해 보자. 까를리에[80]가 수도에 존재하는 사창들의 수효를 1만 4천 명에서 1만 7천 명 사이로 계산한 반면, 막씸 뒤 깡[81]은 꼬뮨 직후에 12만 명이라는 수치를 망설임 없이 제시했다. 막씸 뒤 깡 이후에는 르꾸르[82]가 3만 명이라는 총계를 도출했는데, 이것이 1870-1880년의 10년 사이에 얻어진 가장 보편적인 수치였으며, 경쟁자이던 귀요와 그뒤를 잇는 피요 박사[83]가 이에 반대하는 나름대로의 수치를 제시했다. 1881년 당시 제2국장 꾸에가 수도에 있는 사창의 수효가 4만 명[84]에 달한다고 시위원회에 보고했던 반면, 데스프레스 박사는 알다시피 내무부 관계 기관의 협조를 얻어 2만 3천 명이라는 결과를 제시했다.[85] 몇 년 후 경찰의 공안담당부서는 5만 명이라는 총계를 발표했으나,[86] 라싸르는 1892년 당시 빠리 지역 매춘부의 수효를 10만 명으로 추정했다.[87]

리샤르는 자신의 보고서 속에서 위와 상반되는 결론을 도출했다. 그는 일반부인들과 첩들을 계산에서 제외시켰다. 마찬가지로, 내의류를 제조하는 젊은 여직공들이나 부르주아층의 정부로부터 수당을 받는 양장점 여직공들의 상당한 수치도 계산에서 제외시켰으며, 그는 1만 명에서 1만 1천 명 정도의 사창들만이 진정한 매춘업에 종사하고 있다고 평가했다.[88]

그 이후에 나온 문헌들을 읽어보면 1890년에서 1900년 사이에 사창들이 증가하고 있음을 명백하게 파악할 수 있다. 빠리 경찰청장 레삔느는 20세기 초엽 수년간의 사창들의 총수효를 6만 명에서 8만여 명으로 계산하고 있었다.[89] 가장 무리 없는 수치가 뛰로에 의해 제시되었는데, 그는 시의회에 보내는 보고서에서 수도에는 2만 명의 사창들이 존재한다고 확신했다. 사실 사창이라는 용어를 어떻게 정의하느냐에 따라 결과도 다르게 나올 수밖에 없는 것이었다. 1905년 당시 위생·도덕예방협회의 질문에 대해 레삔느는, 빠리의 전체 사창들 중 불과 6,7천여 명이 길거리에 나와 있을 뿐이며, 그들의 행동거지가 공창들과 흡사하다고 답변했다. 그 나머지 사창들은 〈간헐적인 매춘에 종사하는 여자들〉(침체기의 양장점 여공들, 거처 없는 하녀들, 실직중인 여성 노동자들)이거나 약속의 창가에 빈번하게 출입하는 기혼여성들, 혹은 자신의 정부를 기만하는 첩들로 구성되어 있었다.[90] 마찬가지로 르 삘뢰르도 1908년 당시 빠리에는 불과 1만 2천 명에서 1만 5천 명에 이르는 사창들만이 존재한다고 평가했지만 사실 그 수효에는 첩들이 빠져 있었다.[91]

우리는 빠리 지역에서 활동하다 풍속담당 경찰에 붙잡힌 사창들의 체포에 관한 연감을 지니고 있다.[125쪽 그래프 참조] 그러나 그 그래프에서 한편으로 변화의 파동폭이 상당히 미미한 것은 사창들의 증가에 앞서 억압의 강도가 훨씬 강했다는 사실을 의미하는 것이다.

어쨌든 우리가 가장 무리 없는 계산들을 취할 수밖에 없다 해도, 분명한 사실은 빠리 지역에서 사창의 수효가 공창의 수효를 압도하고 있었다는 것이다. 사라져 버리는 사창들의 수효가 증가했다는 사실[92]을 생각해 본다면, 이것은 충분히 가능한 얘기가 된다. 이것이 바로 규제주의제도가 실패했다는 것을 더욱 분명하게 드러내 주는 것이 아닐까?

빠리 이외의 다른 지역에서 실시된 조사결과도 불확실한 수치를 제공하고 있을 뿐이다. 데스프레스[93]는 빠리를 제외한 전지역 사창들의 총계를 1만 8천61명으로 추론했다. 그는 첩들을 매춘부로서 전혀 고려하지 않았기 때문에 자신의 계산에 첩들을 포함시키지 않았던 것이다. 행정당국의 조작에 의해 비율이 산정됨으로써 각 도시들의 사창 수치는 다음과 같이 어림잡아 파악될 뿐이다. 내역을 살펴보면 시단위의 합계가 1만 2천5백85명(그 가운데 리용에 5천 명, 보르도에 2천 명, 마르세유에 4백20명)이었고, 군단위의 합계가 3천96명, 읍단위에서는 1천6백97명, 그리고 기타 면단위가 5백85명 등이다.

조사에 응했던 행정당국자들이 유감스럽게도 동일한 기준을 제시하지 않았다는 것도 분명한 사실이다. 그렇지 않다면 다음과 같이 제시된 수치들을 신뢰할 수 있는 방법이 없게 된다. 1백5명의 사창이 포와에 존재하고 있으며, 트로와에 4백 명, 부르주와 뻬르삐냥·오를레앙에 1백50명, 님므에 4백85명, 엘뵈프에 2백 명, 꼬드벡에 90명, 그리고 릴에는 불과 1백 명(반면에 오몽에는 40명이 있었다)이 있었고, 렌느에 50명, 아미엥에 25명, 베르사유에 10명, 껭뻬에 6명, 특히 마르세유에 4백20명이 존재했다고 주장하는 당국과 달리, 미뢰르 박사는 당시 총수효를 4천에서 5천 명으로 추정하고 있는데, 이것이 과연 타당성이 있는 것일까?[94]

사실상 조사대상을 다루는 데 있어서 대단히 이질적인 각 지역의 관습들과 기질들을 염두에 두어야 한다. 따라서 조사에 대한 응답들은 공업도시들(리용, 리모즈, 트로와, 노르망디 지역의 직물생산 도시들)과 남프랑스의 주요 도시들(님므, 몽뻴리에, 베지에, 뻬르삐냥), 그리고 빠리와 보르도 지역에서 펼쳐진 비밀매춘의 중요성을 강조하고 있다. 반면에 공창들이 절대다수를 점유하는 항구도시(브레스트, 마르세유, 뚤롱)에서 이러한 현상은 그다지 심각하지 않은 양상을 보여 주고 있다. 공창과 사창에 관해서 데스프레스가 제시한 수치를 추가시켜 보면 대도시들과 남프랑스의 아끼뗀느 지역, 프로방스 지역, 특히 랑그독 지역의 주요 도시들에서 전개된 매춘의 전반적인 중요성을 새삼 인식하게 된다.

그러나 이 모든 조사결과들은 이용이 가능한 방식으로 고려되어야 한다. 왜냐하면 그것을 통해 현실적으로 파악이 불가능한 어떤 사회적 현상의 증가를 총체적으로 평가할 수 있으며, 동시에 그 현상이 극도로 만연된 장소를 찾아낼 수 있기 때문이다.

제2제정 초기와 19세기말 사이에 일어난 지방에서의 비밀매춘의 번성에 대해 모든 증인들은 다 같은 우려를 표명했다. 1879년에 얻어진 결과들과 표본으로서 간주하는 1902년의 조사결과를 비교해 보면 그것을 깨달을 수 있다. 타당한 수치자료의 결핍에도 불구하고, 빠리와 지방에서 폐쇄적인 공인창가의 감소와 새로운 매춘의 출현과 때를 같이하여 일어난 실제적인 사창의 증가를 부인한다는 것은 거의 논리적이지 못하다. 본 연구는 뒤에 가서 이 새로운 매춘의 행태를 묘사하기 위해 전력을 다할 것이다. 그럼에도 매춘에 대해서 세론의 이목을 집중시킨 격렬한 캠페인들이, 당시까지 매춘에 무관심하던 방관자들에게 매춘현상에 대한 의식을 불러일으켜 주었으며, 결과적으로 매춘의 증가를 실제 이상으로 평가토록 해주었다는 것도 가능한 사실이다.[95]

양적인 수치의 부정확성에도 불구하고, 은밀하게 돈으로 거래되는 사랑의 제

구조를 반드시 기술해야 할 필요성이 남아 있다. 『정식으로 제정된 규칙도 없는 비밀매춘은 어떠한 기존의 질서에도 복종하지 않는 하나의 제도이다』[96]라고 마르띠노 박사는 쓰고 있다. 마르띠노 박사의 말을 규정하고 있는 것은 바로 매춘의 이러한 질서와 형태이다. 본 연구는 각각의 사회계층을 통해서, 그리고 대단히 다양한 매춘행위를 통해서 그 질서와 형태를 밝혀내 보고자 한다.

화류계의 여자들, 고급매춘부들, 무대와 야간식당의 여인들

본 연구는 제국의 축제에 전통적으로 삽입되던 고급매춘을 빠르게 언급해 보고자 한다. 고급매춘에 할당된 매춘세계를 생생하게 전달해 주는 문헌은 수없이 많다. 음란스런 내용을 갈구하는 독자에게 그 문헌들의 참조를 권유할 수 있으며,[97] 그것들은 단순히 매춘행위를 사회적인 범주 속에 포함시켜 매춘부들의 생태를 제한적으로 취급하는 문헌들을 의미한다. 본 연구는 먼저 매춘부들이 공통적으로 지니고 있는 특성들을 밝혀볼 것이다.

앞서 살펴보았듯이, 매춘부로서 화려한 경력을 성공적으로 쌓아 나간 몇몇 공창들의 경우보다 사창들은 거의가 더욱 풍부한 성공을 거두고 있었다.[98] 상류사회의 매춘부는 그 출신이나 과거가 어떤 것이든 경찰에게 위협을 당하는 경우가 드물었다. 그 고급매춘부는 자신이 이용할 수 있는 남성들로부터 보호를 받음으로써 여러 가지 불안에서 즉시 탈피할 수 있는 존재였다.

고급매춘부들은 대개가 아파트를 임대하였으며 가장 부유한 매춘부들은 특수 호텔에 거처를 마련했는데, 모두가 자신에게 적합한 시간을 선택, 개별적으로 자신의 거주지에서 활동할 수 있었다.

그녀들의 고객층은 순전히 재력가들,[99] 즉 외국의 귀족들, 금융계나 산업계의 大부르주아들, 빠리의 〈중산층 부르주아들〉[100] 혹은 지방의 상당한 재력가들, 그리고 한때 명성을 떨친 매춘부들만을 선호하는 고객들로만 이루어져 있었다. 화류계 여자의 신분으로서 고급매춘부들은 고객을 선택할 수 있었고, 따라서 자발적으로 자신의 몸을 내맡기는 환상에 쫓을 수 있었다. 이따금 이러한 관습이 점차 감소됨으로써 그녀들은 특정의 정부 한 사람에게만 봉사하게 되었다. 가장 빈번한 예로서, 고급매춘부들은 몇몇 가창들의 경우와 같이 여러 명의 정부들로 구성된 회원조직을 공유함으로써, 낮이건 밤이건간에 시간을 할당하여 자신의 정부에 대한 봉사를 용이하게 수행했다. 고급매춘부는 절대로 노상에서의 호객이나, 혹은 〈일반적 호객행위〉―당시 세간에 널리 퍼진 용어를 차용하자면―를 하지 않았다. 그녀는 상류사회의 부인으로 변장하고 자신의 마음에 드는 남자에게 몸을 맡겼다. 혹은 까페나 야간식당의 여종업원들, 심지어 불로뉴 숲의 〈호사스런 매춘부〉들이 사용하는 방법을 그대로 본따 〈고객의 유인〉[101]을 시도하기도 했다.

알다시피 이 고급매춘부들은 대도시, 다시 말해 빠리와 리용[102] 그리고 몇몇 온천장과 해수욕장 근처에서만 그 모습을 드러내고 있었다. 그들은 수도의 근사한 구역들만을 출입하며, 그곳에서 때때로 정부의 돈을 써가면서 자신의 품위 유지에 필요한 사치를 만끽한다.

일류매춘부는 대다수의 경우 〈자발적으로 뛰어든〉 존재들이었다. 그 매춘부는 대규모 창가의 여경영자나 때로 매춘부의 어머니 역할을 하는 〈여포주〉가 만들어낸 피조물이다. 매춘업의 이러한 형태에 대한 제 구조들은, 《고급매춘부들의 영광과 비참》이라는 작품의 작중인물 아지의 행위와 졸라의 트리꽁의 행위가 구체적으로 보여 주고 있듯이, 19세기 동안에 변화를 거듭하고 있었다. 원래 일류매춘부의 이러한 〈자발적인 등장〉은 여성 화장품 상인들과 심지어는 동네의 세탁소 여주인들로부터 근본적으로 조장되고 있었다. 세탁소 여주인들은 길거리에서 만난 미모나 처세술이 뛰어나다고 생각되는 매춘부들이나, 혹은 자신들이 꼬여낸 매춘부들에게 이따금 손님들이 맡긴 화려한 화장품들을 빌려 준다. 그녀들은 그 대가로써 매춘부들에게 막대한 사용료를 요구한다. 그외에도 여성 화장품 상인들은 스스로 매춘에 뛰어들고자 하는 여자들에게 있어서 전당포업자와 고리대금업자, 그리고 브로커 역할을 담당하고 있었다.

완전히 사라지기는커녕 오히려 반대로 증가하고 있었던 이 여자 상인들은 19세기의 90년대에 접어들면서 자신들의 영향력을 상실해 가고 있었다. 그 이유는 한 고급매춘부가 정착하거나 활동을 시작할 때 요구되는 막대한 자금을 여자 상인들은 이후부터 제공할 능력이 없었기 때문이다. 이와는 반대로 같은 시기에 남자 소매상인들, 특히 실내장식업자들이 대폭적인 신장세를 보였다. 이 실내장식업자들은 자신들이 소유하고 있거나 임차한 아파트를 호사스럽게 장식하고 가구를 비치한 다음, 자신이 선택한 매춘부를 그곳에 입주시킨다. 이들은 매춘부들에게 과다한 임대료 이외에도 가구와 설비품의 할부구매를 요구한다. 지불능력이 없는 매춘부가 채무를 이행하기 전에 야음을 틈타 도망가는 경우도 가끔 있었다. 이렇게 되면 실내장식업자는 다시 새로운 매춘부를 이미 부분적으로 할부판매한 가구가 비치된 방으로 입주시킨다. 상당수의 소매상인들도 매춘부들을 같은 방법으로 다루게 되는데, 부채에 허덕이는 상황에 이르면 매춘부들은 결국 이들에게 철저하게 종속되어 버린다.

여포주들의 활동범위가 상당히 확대되는 양상을 보였다. 롱샹의 우아한 여인들을 거느리던 트리꽁의 모습을 통해서, 그 중의 몇몇 매춘부들이 고객의 모집망을 거느리고 있었으며, 중개인의 도움으로 고객을 모집한 다음 매춘행위를 하게 되는 것을 알 수 있다. 여자 중개인의 역할은 때로 여성 화장품 상인들이 담당하며, 이들은 한두 명의 매춘부를 상대하는 것이 아니라 직업적인 고급매춘부 그룹 전체를 상대로 영업을 하고 있었다. 여성 화장품 상인들은 매춘부들에게 막대한 자금을 투자함으로써 거대한 이윤을 뽑아냈다. 19세기 말엽에 이르러 이런 유형의 여포주는 약속의 창가의 여주인들과 동일시되었다.[103] 간단히 말해, 부르주아 내에서 이런 류의 매춘형태가 확산되고 폐쇄적인 공인창가가 감소함으로써 고급매춘부는 막대한 수입을 올리고 있었으며, 이와 병행해서 고급매춘업은 진정한 상업적 기업으로서 지난 세기 동안 집중적으로 구조화되어 갔다.

이런 과정을 통해 고급매춘부는 〈실업가들〉[104]이나 상인들에게 일시적으로 부나 파산을 안겨다 주는 단순한 상업적 수단의 존재가 되었다. 공인창가의 건물주와 마찬가지로 위의 실업가들과 상인들도 끊임 없이 변화하는 매춘세계로부터 막대한 이윤을 거두어들이는 수익자들이었다. 화류계의 이 여성들은 진정한 〈식충이〉가 되었다기보다는, 자신들에게 기생하는 정부나 동성애 상대자뿐만 아니라 포주들이나 실내장식업자들을 먹여 살리는 존재였다. 고급매춘부의 비참한 최후는 비단 문학적인 주제만을 형성하지는 않았다. 알렉시스가 상기한 뤼씨 뻴르그렝의 최후[105]는 이 범주에 속한 대다수 매춘부들의 운명과 일치한다. 매춘부에 관한 연구의 양적인 결핍에도 불구하고 이 주제에 대해 조심스럽게 접근하는 것이 필요하다.

고급매춘부의 세계는 실상 전술한 사항들이 아무런 암시를 할 수 없을 정도로 다양한 양상을 보여 주고 있다. 이 세계는 진정한 융합처이며, 그 내부로 귀족 출신의 여자들과 몰락한 부르주아계층의 여자들, 그리고 일반대중 출신의 여자들이 몰려든다. 삐에르 드 라노는 이렇게 현기증이 날 정도로 여러 계층의 여자들이 복잡하게 모집되는 매춘부 세계의 매력을 강조했는데, 이러한 사회적 파격성이 부르주아계층에 영향을 미치게 되었다. 『권태에 지친 대저택의 여주인, 남편을 이해하지 못하는 부르주아층의 부인, 경멸당한 떠돌이 여배우, 영악해진 농부 아낙네, 이 여자들 모두가…… 남자의 호기심을 끌고 또 위협하는, 영원히 이해할 수 없는 수수께끼의 존재가 된다.」[106]

용어의 새로운 의미를 적용해 볼 때 매춘세계의 정상부에는 몰락한 여자들과 단순하게 분류할 수 없는 대상의 여자들, 즉 스캔들에 희생된 여자들, 이혼녀들,[107] 남편이나 정부로부터 버림받거나 별거중인 여자들, 성격이 활달한 과부들, 그리고 언젠가 경찰에게 국경 밖으로 쫓겨 나갈 부유한 외국 여성들이 몰려 있었다.[108] 또한 이 매춘세계는 의상이나 장신구 등의 구매를 위해 화류계에 투신하고자 하는 여자들을 끌어들이고 있었다. 에밀 오지에는 이 여자들을 〈불쌍한 암사자〉로 자신의 작품 속에서 상기한 바 있다. 마지막으로 이 세계는 자발적으로 들어오는 여자들과 세상을 등진 여자들을 포함한다. 이 여자들의 대다수는 일반민중 출신이 아니라[109]—바로 여기에 졸라의 잘못이 있는데—〈서민적 부르주아층〉[110] 출신으로 여겨진다. 이들은 어느 정도의 교육 수준에 도달했지만 그렇다고 해서 존경스런 직업을 택할 수도 없는 여자들이다. 이 화류계에는 종종 실패한 여성예술가들이 최소한의 기본적인 삶을 위해 스스로 들어오기도 한다.

이 고급매춘부들은 제2제정하에서 로레뜨(매춘부의 고어)[111]와 리욘느(암사자)·꼬꼬뜨(암탉)로 호칭되었으며, 그 이후에는 벨르 쁘띠뜨(의붓손녀), 그리고 마침내 제3공화정시대에는 호화스런 매춘부로 불리게 되었다. 이 각각의 호칭들은 라 빠이바와 블랑슈 당띠니, 혹은 안나 데슬리용의 방탕과 운명을 간직하고 있다.[112] 졸라가 부분적인 그림으로 나타내고자 했던 《나나》를 집필하기 이전에 조사를 벌였던 곳이 바로 이 고급매춘의 세계였다. 또한 플로베르도 이 세계를 잘 알고 있었기 때문에 그것을 자신의 서간 속에서 길다랗게 회상할 수 있었으며, 수많은 예술가들도 그것을 그려내는 데 몰두했다.[113]

고급매춘부는 빌리에 가나 에또왈 가, 혹은 트로까데로 가에 있는 특수호텔이나, 또는 마들렌느나 쌩-조르쥬 광장의 아파트에 거처를 정한다. 직계선배들이 종종 지휘하는 하인들에 둘러싸여서 고급매춘부는 보란 듯이 사치를 즐기면서 대부분의 시간을 화장에 보내는 등 한가로운 생활을 영위한다. 그녀는 오후 4시가 되어서야 외출을 하는데 눈부신 차림으로 불로뉴 숲에서 자신의 모습을 과시하고, 경마를 구경하거나 전람회의 개막식에 참여함으로써 자신의 대화 수준을 풍성하게 만든다. 연극이 개최되는 저녁, 특히 초연의 연극이 상연되는 저녁이면 식당이나 그녀의 여자 친구들 집에서 바로 기본적인 활동이 시작된다. 고급매춘부는 정기적으로 자신의 거처에 대단히 다양한 부류의 지인들을 한꺼번에 초대한다.[114] 고급매춘부의 이 초상화는, 제2제정기의 꼬꼬뜨(암탉)나 제3공화정 초기

제 3 장 규제주의 계획의 실패, 혹은 유혹에 대한 환상 181

의 10년간 불리어진 호화스런 매춘부와 근본적으로 일치한다. 이어서 고급매춘부의 이러한 양상들이 비교적 서민적인 경향으로 이전되어 가고 있음을 확인할 수 있다.

새로운 매춘을 대표하고 다수의 자리를 점유한 매춘부들은 이론의 여지 없이 야간식당이나 까페의 여종업원들이었다. 이들은 거의 대부분 가게점원 출신이거나 〈위장점포〉에서 매춘행위를 하던 매춘부 출신들이었다. 호화스런 매춘부들과의 구별을 위해서 〈무릎을 꿇은 매춘부들〉로 호칭되는 이 매춘부들은, 실내장식업자들의 중개를 통해 안락한 아파트에 거처를 정한다. 이들은 저녁에만 외출할 뿐이다. 자신의 거처로 〈옛날 남자 친구〉들을 초대해서 함께 식사를 마치고 난 후, 요란스런 몸치장을 하고 잡다한 프로를 상연하는 극장으로 향한다. 그 다음에는 호텔 지배인과 종업원 혹은 호텔 주인[115]과의 공모하에 특별실에서 돈 많은 외국인이나 〈쾌락에 빠진〉[116] 젊은이와 더불어 저녁을 보내는 것이다.

졸라가 사뗑에 대해 남겨 놓은 첫묘사를 연상시키는 까페의 여인은, 고급매춘의 최하층을 형성하며 저속한 비밀매춘부와 분명하게 구별된다. 거리의 매춘부와는 달리 까페의 여인은 기본적으로 까페 종업원의 도움을 빌어 〈롱타임의 정사〉, 즉 『자신과 함께 한밤을 보낼 수 있는 고객』[117]을 물색한다. 그녀는 로슈슈아르 가, 샤또덩 가, 블랑슈 가, 그리고 외곽의 대로에 에워싸인 구역의 임대집에서 롱타임의 매춘을 행한다. 이 사변형의 구역에는, 아파트와 심지어 건물 전체에 가구가 비치된 수많은 방들로 나뉘어져 있는 창가들이 있었다. 그 방들은 일차 임대인으로부터 다시 까페의 여인들에게 재임대된다. 일차 임대인은 조우한 커플들에게 밤새 먹고 싶은 음료수나 간식을 제공한다. 새벽이 되면 까페의 여인은 자신의 기둥서방을 찾아나서고, 그 다음날 압쌩뜨 술을 마시는 시간까지 그녀는 그곳에서 내려오지 않는다.

자신의 필요품 조달을 위해 정부를 두고 싶은 매춘부들 사이에서 신분을 숨기고 활동하는 모든 화류계의 여자들을 끌어낼 필요가 있다.[118] 이 여자들은 스스로가 수부나 야영중인 군인, 순회중인 외판원의 아내라고 주장하거나, 늘 무덤을 찾아가는 슬픔에 찬 과부라고 주장한다. 이런 부류의 과부들을 모빠쌍은 《무덤의 여인들》로 묘사했으며,[119] 마쎄는 〈死神의 하급매춘부〉로 파악했다. 이 여자들은 순수한 문학적 상상력의 산물이 아닌 실재로 존재했던 개체들이었다.

혼전의 임시처와 첩

이 여자들은 돈으로 매매되는 사랑과 근본적으로 구별되는 존재들이다. 왜냐하면 이들이 자신의 정부와 관계를 맺고 있는 형태가 부르주아적인 결혼생활 양식과 흡사하기 때문이다. 이 〈가짜 처들〉은 대부분의 경우 부르주아층의 젊은이들이나 예술가들, 학생들, 혹은 사무원들에게 혼전의 성생활을 허용해 주고, 별다른 재력이 없어서 가정을 이룰 수 없는 小부르주아 출신의 독신남성들에게 〈부부생활〉에 대한 환상을 심어 주는 역할을 담당한다.

〈혼전의 임시처〉들은 대부분 위스망의 작품 《마르뜨》에서와 같이 초로의 남성들을 위한 정부가 된다. 당시 초로의 남성들은 성격이 깐깐하고 불감증적이며 대단히 무미건조한 아내의 빛바랜 매력에 염증을 느낀 나머지, 대부분 하녀와의 성적인 관계를 통해서 자신들의 욕구를 만족시키고 있었다. 마찬가지로 아끼뗀느의 동서부 지역에 거주하던 부르주아 출신의 독신학생들도 혼기가 늦어짐으로써 자신들의 성적 욕구를 하녀를 통해 충족시키고 있었다.[120]

빠리에서 첩들은[121] 일반적으로 내의류제조 여직공, 양장점 여직공, 세탁소 종업원, 여성용의상 제조공들이나 혹은 시내 중심부의 공장에서 일하는 몇몇 조화 제조인 등이 주류를 이루고 있었다. 열악한 임금의 희생자인[122] 이 여자들에게는 자신의 아름다움을 가꾸기 위한 일종의 보조수입이 필요했다. 직장에서의 대화[123] 도중에 선배의 실례를 듣고 경쟁심과 질투심에 찬 어린 견습생들은 즉시 부르주아층의 정부를 찾아나서게 된다. 그리고 자신의 정부와 관계를 맺으면서 내심 그와의 정식결혼을 꿈꾸기도 한다.

첩은 대개 방 한 칸이나 혹은 보잘것 없는 아파트에 거주하였으며,[124] 그렇지 않은 경우 정부는 자신의 첩에게 화장품류를 사주고 외출과 오락에 드는 비용을 대주는 것으로 만족했다. 때때로 그 부르주아 정부는 자신이 관계를 맺고 있는 기혼여성의 남편과 알고 지내는 경우도 있었다. 『빠리에서는 나이 든 수많은 독신남성들이 정숙한 가정생활을 영위하면서 이 세 사람의 가계 유지에 일조하고 있었다.』[125]라고 전직 빠리 경찰청의 총수 루이 퓌바로는 기록하고 있다.

중요한 산업지역의 도시들에서는 지방 부르주아 남성들의 정부로서 가내공장의 여직공들이 모집되고 있었다. 왕정복고 이후부터는 정부가 뤼글르의 핀 제조공들 중에서 모집되었고,[126] 마찬가지로 리용의 비단공장[127]과 릴의 직물공장[128] 혹은 발랑씨엔느의 공장지역[129]에서도 모집되었다. 때로는 공장주가, 그리고 직공장과 하급관리자들이 더욱 빈번하게 일을 미끼로 예쁜 여공들에게 협박을 가했다.

노동자회의나 노동조합은 이 〈초야권〉의 폐지를 끈질기게 요구했다.[130] 그러나 이러한 관행은 집에서 천조각의 흠집을 수리하는 루베의 재봉사 아가씨들[131]이나, 자기를 만들어내는 리모즈의 가내공장 아가씨들[132]에게는 흔히 일어나는 일상적인 것이었다. 이 아가씨들은 자신들의 잘못으로 제품을 훼손시키게 될 때 어쩔 수 없이 공장주의 요구에 굴복하거나, 자신이 스스로 원해서 직공장에게 몸을 맡기기도 한다. 이러한 행태를 일삼는 두 부류의 직공장들에 대한 여공들의 적대감이 1905년의 혁명적인 시도의 도화선이 되었으며, 이것은 당시 도자기 제조의 중심도시의 거리에서 펼쳐지던 〈색마 추방〉 운동의 동기가 된다.[133]

거의 부부관계와 같은 형태를 띤 남녀의 이러한 결합에 대해, 그것이 지니고 있는 중요성은 아무리 강조해도 지나치지 않을 것이다. 계급이 다른 사람들 사이에서 이루어지는 이 성적 관계는 모리스 바레의 표현을 빌리면, 사실상 이중의 욕구불만과 『치유할 수 없는 오해』[134]를 야기시킨다. 즉 부르주아의 젊은이는 프롤레타리아계급의 남자와 깊이 사귀게 되지만, 그것은 단지 그의 딸이나 부인의 매개를 통해서만 이루어지는 사귐에 불과한 것이다. 부르주아의 젊은이는, 어리고 예쁘긴 하지만 교양이 없는 여공에게서 성적 의미에서의 첫 경험을 갖게 되지만 이내 그녀로부터 권태를 느낀다.[135] 돈을 매개로 한 남녀가 성적 만족을 충분히 느낀다는 것은 분명 무리일 것이다. 매춘의 이러한 성격 때문에 그 부르주아 젊은이는 불쌍한 여자를 쾌락의 도구로만 바라보는 태도를 더욱 강하게 견지하게 된다. 성관계의 그릇된 이미지는 이어서 구속적인 요소를 보여 준다. 이것은 정상적인 결합을 이룬 남녀의 부부생활에 있어서 성적 쾌감의 획득을 방해하고, 새로운 관능적 행위의 모델을 제공함으로써 정상적인 부부생활에 대한 환멸을 가져온다. 바로 이러한 생각에 입각하여 부르주아층 부모들의 부당한 적대감—아들의 젊은 정부에 대한 적대감—이 나타나는데, 예를 들자면 알퐁스 도데도 자신의 아들에게 헌정한 작품 《사포》 속에서 이것을 그려냄으로써 젊은이들에게 어떤 교훈을 보내고 있다.

첩들에게 있어서, 사회적 계급의 장벽을 뛰어넘는 이러한 남녀관계는 정서적인 면에서 대단히 혼란스런 감정을 초래할 뿐이었다. 물론 젊은 정부는 자신이 태어나 성장한 환경 속에서 만났던 연인과 지속적인 관계를 유지한다. 때로 그 연인은 자신의 처녀성을 약탈했던 남자가 될 때도 있다. 그럼에도 불구하고 그녀의 성은 두 개의 상이한 환경의 남자들—부르주아층의 연인과 노동자층의 연인—사이에서 상처를 입을 위험성이 있다.[136] 즉 자신의 정부에 대한 부르주아의 냉랭한 태도와 무례한 언동이 부르주아층 남성에 대한 적개심으로 확대된다. 그녀에게 남아 있는 이 적개심은, 때로는 궁극적으로 젊은 노동자와 관계를 맺고 부부관계를 이루고자 할 때 남녀 화합의 희열에 해를 끼치는 요소로 작용하기도 한다.

뒤에 가서 언급하겠지만, 몇몇 카테고리의 독신자들이 수적으로 증가하고 있었으며, 이것이 매춘의 수요 증가와 결부됨으로써 금전에 의한 성행위의 증대를 설명해 주고 있다. 제2제정 말기부터 샤또-공띠에의 젊은이들은 첩들과의 관계를 습관적으로 유지하고 있었고,[137] 루베와 뚜르꼬엥의 젊은이들은 릴에 자신들의 정부를 두고 있었다.[138] 이 두 지역의 지주층 자녀들은 베지에에서 정부를 고르고 있었다. 빠리에서의 수요는 너무나 엄청나서[139] 고급매춘부들처럼 첩들은 수많은 고객들 중 아무하고나 관계를 맺었다. 마르세유에서도 첩들의 상당수가 신사들의 성적 교유를 위한 모임을 조직하기도 했다.[140]

매춘방식이 새로운 환경 속에 확산·약화되어 가는 경향을 보이고 있었으며, 동시에 매춘부상에 대한 특징이 혼란스러워짐으로써 돈으로 거래되는 다양한 부류의 여자들을 구별해 주는 간막이가 붕괴되어 버렸다. 『바람기 있는 젊은 여공은 사라져 버렸다. 그녀는 사창으로 용해되었다』라고 까를리에는 탄식한다.[141] 또한 과거에 이렇게 인식되고 있었던 첩이라는 존재도 이제는 사라져 가고 있었다, 라고 까를리에는 덧붙였다. 성적인 쾌락을 추구하는 남성들의 증가와 금전에 의한 성행위의 불명확한 한계, 그리고 첩들에 의해 나타난 새로운 습관들이 이후부터 젊은 아가씨를 보다 용이하게 본격적인 매춘의 세계로 흡인하는 조건을 형성했다. 결국 일련의 교묘한 망이 확장됨으로써 여성들의 이러한 변화를 저지시키기에 이르렀다. 따라서 순수한 비밀매춘의 연구를 위해서, 본 연구서가 앞서 밝혔던 19세기 성풍속의 기본적 행태를 염두에 두지 않는다면 그것은 논리적인 연구가 되지 못할 것이다. 특별히 성풍속에 토대를 둔 연구만이 당시의 매춘문제를 보다 명확하게 파헤칠 수 있는 방법이 될 것이다.

비밀매춘부들

이제 본 연구는 비밀매춘의 가장 전통적이며 보편적인 형태의 기술에 접근해 가고 있다. 이것은 가구가 딸린 셋방에 기거하는 여자들이 길거리에서 호객행위를 하여 성행위를 갖거나, 위장점포와 작은 까페를 늘상 출입하면서 성관계를 일삼는 여자들의 매춘형태를 의미한다. 바로 이러한 부류의 여자들 속에서 공창이 직접 모집되고, 동시에 대다수가 다시 그 속으로 사라져 버리기도 한다. 지속적으로 이루어지는 이러한 상호침투 현상은 비밀매춘부들과 등록된 공창들 사이에 존재하는 사회적 유사성을 증명하고 있다. 그러나 각자가 지니는 매춘업의 제 구조는 다른 양상을 보이고 있으며, 바로 그것이 본 연구가 밝혀내야 할 가장 중요한 점이다.

거리와 싸구려 호텔의 매춘부들, 혹은 가장 저속한 매춘

가창의 본령은 기본적으로 고객을 모집하거나 〈유인하는〉 것이었다. 금세기 초와 마찬가지로 제3공화정하에서도 〈도로〉[142]에서의 배회는 관례화되지 않았다. 그러나 이제 가창은 옛날에 비해서 〈더욱 이동적인〉[143] 존재가 되었다. 확대된 도시권 내로 공인창가가 분산됨으로써 거리의 여인들의 활동범위도 확대되었다. 처음에 도시의 그늘진 구역에서 출발하여 다음에는 도시의 외곽도로를 점유하고, 마침내 이 매춘부들은 서서히 도시 전체를 집어삼키게 되었다. 이들 세력의 끝없는 확장은 적어도 빠리에서는 대단히 복잡한 과정을 통해서 이루어졌다. 자신들이 거주하는 외곽에서 내려온 매춘부들은 중심부로 진출해서 고객을 낚아채는 등 그 세력을 확장했다. 그리고 이러한 움직임은 진정한 매춘의 흐름을 결정하는 것이었다. 이 현상에 대해서, 브레다 구역에서 오뻬라 구역으로의 소란스런 이동이 졸라의 작품 속에서 재추적되었다는 사실을 찾아볼 수 있으며,[144] 혹은 샤를르-루이 필립의 작품 《몽빠르나스의 뷔뷔》에 등장하는 블랑슈의 여정에 대한 상세한 묘사를 상기해 볼 수 있다.[145] 사람들은 겨울 밤에 외곽도로의 가로등 아래에서 보초를 서듯이 긴 열을 지어 고객을 기다리는 매춘부들의 모습에서 어떤 불안감을 느끼고 있었다. 제르배즈는 빠리를 가상의 적으로 생각하는 그들의 원망서린 눈초리를 깨닫는다.[146]

수도의 유해한 장소와 〈남자를 낚는 가창들〉의 행위에 관해서는 장소와 시간의 관련성을 통해 정확하고 바람직한 모든 정보를 얻을 수 있다. 매춘의 지도는 유동적이었다. 그 지도는 낮과 밤의 시간에 따라 변화되기 때문에 정확하게 기술해낼 수는 없다. 바로 중앙시장[147]과 브니스 가에서 새벽 2시경에 매춘행위가 시작된다. 이 구역은 당시 빠리 지역의 최하층 매춘부들이 활동하던 무대였다. 이 매춘부들은 야채를 판매하는 수레 주위를 배회하면서 단돈 0.5프랑이나 1프랑에 몸을 팔고,[148] 『심지어는 현물, 즉 배추와 당근·야채를 화대로 받아서 인근의 음식점 주인들에게 되팔기도 한다.』[149] 아침시간에서 정오 사이에 〈거리의 여인들〉은 거의 활동하지 않는다. 그렇지 않은 경우에 다시 중앙시장의 구역으로 가서 식당 주인이나 출납계의 직원, 혹은 식료품을 사러 온 하인들과 접촉하는 경우도 있었다.

『빠리에서는 오후 1시가 지나서야 여자를 취급하는 시장이 형성되었다.』[150] 그리고 해가 질 때까지 매춘부들은 라 빌레뜨와 메닐몽땅·벨르빌·쌩-뚜앙·클리쉬 방향에서, 그리고 동부의 변두리지역에서 중심지로 몰려든다. 대부분의 경우 오후에 나타나는 매춘부는 가정이 있는 여자들이다. 이것은 그 매춘부가 자신이 살고 있는 구역에서는 절대로 매춘행위를 벌이지 않는다는 사실을 의미한다. 낮에만 활동이 이루어지는 매춘구역은 밤에 이루어지는 매춘과 달리 정확하게 그 흔적을 추적해 볼 수 있다. 문제의 주요 지역은 다음과 같다.

1) 비비엔느 가와 리슐리외 가를 통해서 부르스 가와 빨레-롸이얄 궁을 잇는 거리들.

2) 세바스토뽈 대로와 그곳에서부터 루브르와 빨레-롸이얄 궁에 이르는 여러 거리들, 특히 지방 사람들[151]과 외국인들, 그리고 부인을 동반하고 백화점에 오는 빠리의 남성들을 상대로 호객이 이루어지는 리볼리 가의 아케이드 구역.

3) 바스띠유 구역과 그곳에서 레쀠블리끄 광장에 이르는 대로들.(볼떼르 로, 리샤르-르노와르 로)

4) 물론 여기에다 샤또-도에서 마들렌느에 이르는 여러 대로들을 추가시켜야 한다. 이 대로들은 앞서 전술한 세 개의 시장(동부와 북부역, 쌩-라자르 역의 시장통)과 스케이트장, 동산 경매장, 그리고 경마장을 잇는 도로들이었다.[152]

저녁이 되면 도처에 매춘부들이 깔려 있다. 보도 위를 끊임 없이 배회하는 수천 명의 매춘부들은 매춘이 이루어지는 정확한 위치의 파악을 어렵게 한다. 그럼에도 불구하고 특정시간과 특정장소에서 매춘행위가 집중적으로 발생하고 있음을 알 수 있다. 본 연구는 외곽의 도로를 시작으로 순차적으로 그것을 열거해 볼 것이다.

1) 인구밀집지역의 외곽과 성벽의 내측지대. 이곳에서 〈남자를 낚는 가창들〉과 〈병사를 상대하는 매춘부들〉이 적어도 기후가 좋은 계절에는 20수우와 반 병의 포도주를 받고 야외에서 고객을 상대했다.[153] 마찬가지로 불로뉴 숲과 벵쎈느 숲, 특히 쌩-모르의 야영지 근처도 매춘이 행해지던 지역이다.

2) 샹-젤리제 거리도 제2제정 이래로 밤에 빈번한 호객행위가 이루어지는 특

수한 장소였다.

3) 뽀와쏘니에르 가에서 마들렌느 가에 이르는 내측도로의 선.

4) 오빼라 부근에 위치한 대로들. 이 대로들은 특히 날씨가 추울 때 최고급 매춘부들이 등장하는 특수구역이었다. 빠노라마 거리도 특수한 고급매춘지역으로 간주된다. 따라서 졸라가 자신의 작품 《나나》 속에서 그곳을 여주인공들의 매춘활동의 중심무대로 설정하고 있었던 것도 전혀 무리가 아니었다. 에방 부인의 부당한 체포가 원인이 되어 빠리 경찰청에 대해 제기된 항의 캠페인 중 가장 격렬한 캠페인도 바로 그곳에서 시작되었다. 그러나 여기에다 주프롸와 베르도·오뻬라의 통행로 등도 추가시켜야 한다.

5) 외국인의 이목을 끄는 빨레-롸이얄 궁과 같이 전통적으로 야간매춘에 이용되는 구역들, 샤뜰레 광장 부근(레이니 가와 껭깡뽀와 가), 쌩-드니와 쌩-마르뗑 성문에 인접한 본느-누벨 구역, 보스주 광장, 바스띠유 광장과 그 인근지역, 쎈느강 부근의 라뼁 구역과 북쪽으로 경계를 이루고 있는 가장 값싼 야간 매춘지역의 거리들.(아르뻬 가, 쌩-자끄 가, 쌩-세브렝 가, 갈랑드 가)

6) 마지막으로 대공원들, 즉 뤽쌍부르 공원과 식물원, 그리고 1871년 이후의 뛸르리 공원. 경찰에 체포된 사창들의 지역별 분포를 살펴보면[154] 이상과 같은 매춘지역이 정확하다는 사실을 확인할 수 있다.

매춘지역의 범위 내부에도 어떤 지표점이 존재한다. 기차역들과 합승마차 대합실, 그리고 다양한 프로그램을 상연하는 몇몇 극장들이 바로 그것이다. 이 극장들의 면모를 살펴보면 물랭 드 라 갈레뜨·까지노 드 빠리·자르뎅 드 빠리·빌리에와 특히 폴리-베르제르 극장이 여기에 속하는데, 이 극장의 『아래층 입석은 소위 송아지 시장으로서 매춘부들의 상설시장이 되었다.』[155] 여기에 댄스홀 특히 성문 근처의 댄스홀을 추가시켜야 한다. 댄스홀로 몰려든 도심부의 젊은이들은 그곳에서 타락의 과정을 밟게 되고, 따라서 성실한 사람들의 빈축을 사는 등[156] 이 댄스홀은 소녀 매춘의 진정한 온상지가 되었다.

빠리의 상황[157]을 살펴보면, 매춘이 행해지는 지역과 일반민중의 생활공간이 더 이상 일치하지 않으며, 바로 그 사실에 입각해서 루이스 슈발리에가 범죄다발지역과 〈민중의 거주공간〉이 일치하지 않는다고 과장했다는 사실을 확인할 수 있다.[158] 매춘의 경우와 마찬가지로 범죄에 있어서도 19세기가 경과하는 동안 일반의 예상과는 달리 그 상황이 더욱 악화되어 가는 경향을 보이고 있었다. 그리고 일반민중의 생활공간 속에 잔존해 있던 매춘의 핵심적 요소들이 마찬가지로 부르주아층의 생활공간 속에도 존재하고 있었다.
 매춘의 공간과 환락의 공간은 대단히 밀착되어 있지 않으면서도 그것들 사이에는 더욱 분명한 어떤 연결성이 존재한다. 마찬가지로 중심부의 부르주아 지역들(뛸르리에서 샹 드 마스에 이르는)을 향한 환락적 공간의 이동이 동일지역을 점유하고 있는 매춘부들의 활동공간과 일치를 보이고 있었다는 것도 사실이다.
 빠리의 도심부를 향해서 시 외곽의 언덕에서 매춘부들이 내려오는 광경을 보고 있노라면, 그것은 1871년 당시 혁명의 형태로 분출되었던 민중의 분노를 방불케 하는 일종의 위기감을 형성한다. 베르사유에서의 저항이 증명하고 있듯이, 『전혀 의심할 여지가 없이 혁명의 무대가 되었던…… 초점』인 바스띠유[159]는 또한 돈으로 매매되는 사랑의 고상한 장소가 되기도 했다. 매춘의 공간이 혁명의 공간과 중첩되고 있는 한 성급한 결론의 도출을 피해야 한다. 시 중심부를 향한 매춘부들의 집중현상은, 프롤레타리아의 예속상태를 표현해 주는 것이지 질서파괴의 기도를 뜻하지는 않는다. 그것은 다만 노동자의 움직임을 모방할 뿐이다.[160]
 요컨대 J.-P. 아롱이 〈식량의 공간〉이라고 규정했던 빠리 지역의 〈매춘의 공간〉은 독창적인 것이었다.[161] 이 매춘의 공간은 J. 가이야르[162]와 J. 루즈리가 도시화에 반대했던 〈민중의 공간〉 이상으로 엄밀한 특색을 지니고 있었다.[163] 뿐만 아니라 도시가 확산되고, 매춘부들의 이동을 통한 자유로운 활동이 증가되면서 매춘의 공간이 사회 전체로 확대되는 경향을 보였다.
 사창들은 대도시에서와 마찬가지로 지방에서도 분명히 덜 분산되는 양상을 보이고 있었다. 리용에서는 사창들이 떼뜨 도르 공원과 그 인근의 거리들로 모여들었다. 마르세유에서는 매춘전용지구를 벗어나서 벨쉥스의 시장통이나 멜랑의 오솔길로 운집했다. 불렝그렝과 꼬쇼와 산책로는 루앙 출신 매춘부들이 활동하는 고급매춘지구를 형성하고 있었다.[164] 1902년 당시 루베와 뚜르꼬엥에서 매춘은 규제되지 않고 있었기 때문에 매춘부들은 그곳에 거주하면서 매춘행위는 릴에서 하고 싶어하는 경향을 보였다. 릴에서의 매춘은 에따끄 가 주변의 쌩-소뵈르 구역에서 이루어지고 있었다. 『그 매춘부들은 저녁 무렵 한 열차로 출발해서 또 다른 열차를 타고 아침이 되어서야 돌아온다.』[165]
 호객의 기술은 매춘부의 등급과 고객의 외모에 따라 그 양상을 달리한다. 『당신, 날 부자로 만들어 줄래요?』라는 표현은 〈돈 잘 쓰는 사나이〉에게 접근하는 상투적인 표현이다. 어떤 매춘부들은 신사의 팔목을 끌어당기거나 그에게 찰싹 달라붙고, 심지어 거절을 당할 경우 심한 욕설을 퍼붓는 것도 서슴지 않는다. 레옹 블로와에 의하면, 바로 거리의 매춘부들은 이런 소란을 통해서 빠리의 포위 기간에 바르베 도르빌리에게 집단적으로 돌멩이 세례를 퍼부어 죽음 일보 직전에 몰아넣었듯이, 거침 없이 행동하는 여자들이었다.[166] 매춘업을 전문으로 하는 마차꾼들과의 공모를 통해 삯마차나 자동차, 그리고 합승마차를 이용한 호객행위도 증가하였다.[167] 이와는 반대로 창문에서의 호객행위는 이전보다 덜 행해졌는데,[168] 이것은 자유롭게 활동하는 매춘부들이 증가했다는 사실을 설명해 주는 것이다. 그러나 특별히 좋은 장소에 위치한 어떤 창들은 항상 진정한 상업자본의 효과를 거두는 역할을 하고 있었다. 마쎄에 의하면, 프로방스나 쇼쎄 당땡 지방의 거리에 면한 상당수 아파트들은 길거리에 창이 나 있는 입지적인 위치 때문에 한 달에 1천 프랑까지의 임대료를 받아내었다. 이 구역에서는 『창이 아무리 작다 해도 하루 평균 30프랑에서 1백 프랑에 이르는 수입을 가져왔다.』[169] 창에 장식된 표시들, 즉 리번과 꽃·새장이나 램프 등은 밤이 되면 고객에게 『매춘부와 잠시 즐기는 장소』를 암시해 주었다.[170]

되풀이하자면, 가창들이 드나들던 싸구려 호텔에 마찬가지로 거리의 사창들도 출입하였다. 꼬망쥬의 평가에 따르면, 1896년 당시[171] 1만여 개의 호텔이나 수도의 식당에서 바로 이러한 양상이 벌어졌다. 이것은 주로 도시 중심부의 구역들이나, 반대로 완전히 변두리 동네에 위치한 호텔이나 식당에 두루 해당되는 현상이었다.[172] 그런데 호텔의 부속실에 거주하면서 그곳으로 손님을 유인하는 매춘부는 드물었다. 일반적으로 매춘부는 자신의 매춘활동을 위해서만 호텔의 부속실을 이용할 뿐이며, 새벽에 일이 끝나면 자신이 거주하는 변두리의 호텔로 돌아오는 것이다. 사실 몇몇 매춘부들은 호텔의 사장이나 상주하는 임대인들을 대상으로 고객을 만들어내기도 했다. 이런 류의 호텔에서 객실의 사용료는 대개 2프랑 내지 3프랑이었다. 그러나 고객의 행동양태에 따라 이 요금은 25쌍띰에서 25프랑에 이르기까지 다양하게 변화될 수 있는 임의적인 것이었다.[173] 매춘부들과 건물주 사이에 어떤 공모관계가 성립된다. 건물주는 매춘부들에게 경찰의 침입을 미리 알려 준다.[174] 여기에서 정교한 성애의 테크닉은 찾아볼 수 없다.[175] 즉 여기에서 고려되어야 할 것은 다만 실행된 숏타임 매춘의 회수인 것이다.

이런 형태의 매춘은 지방에서 대단히 광범위하게 퍼져 있었다. 그러나 지방도시들 중 리용에서는 이런 경향이 별로 보이지 않았다.[176] 이 도시에서 매춘은 상대적으로 선택된 남성 고객층을 위한 것이었다. 1876년 당시 마르세유의 중앙경찰서장의 보고에 의하면,[177] 이 도시에서는 여자 중개인들이 한 그룹당 4명에서 9명에 이르는 사창들을 부속실에 거주시키고 있었다. 이 비밀매춘부들 각자는 자신의 방 사용료로 적어도 하루에 3프랑을 지불했다. 그외에도 매춘부는 자신의 화장과 식비로 하루당 10프랑 이상을 소비했으며, 기둥서방에게도 약 10프랑을 바쳐야 했다. 결국 그녀는 자신의 생계를 위해서 저녁 동안 평균 23프랑 이상을 벌어들여야 한다는 계산이 나온다.

위장가게의 증가

19세기 초엽에 이미 빨레-롸이얄 궁 부근의 양장점과 내의류 가게들은 매춘부들의 온상지로 변모되었다. 이러한 관행은 계속해서 폭넓게 확산되어 갔다. 장갑가게들, 칼라와 넥타이 가게들, 그리고 주로 담배가게[178]들이 1870년과 1880년 사이에 이러한 행위를 전문으로 하고 있었다. 19세기 말엽에 이르러 이런 가게들만이 존속했던 것은 아니다. 이 문제를 인지하고 있던 비르매트르는 경찰의 특별감시를 받고 있던 장갑가게가 이미 〈시대에 뒤떨어진 유희〉의 장소가 되었다고 쓴 바 있다.[179] 그리고 수도의 중심부에는 판화와 사진가게, 포도주와 샴페인 가게,[180] 서점, 향수가게, 특히 선물가게―젊은층을 상대로 한―등이 즐비하게 늘어서 있었다. 이 선물가게들은 가게의 뒷부분과 중이층이나 지하에 방을 갖추어 놓고 있었으며, 바로 그곳에서 여점원들이 매춘행위를 벌였던 것이다. 시 원외위원회의 보고자인 비르매트르에 의하면, 이 가게들은 수도에 3백 개 이상이 밀집되어 있었기 때문에 1904년 당시 이런 형태의 매춘업 증가현상을 심각하게 강조하지 않을 수 없었다. 이 시기에는 〈위생 마사지〉와 목욕요법에 관한 수많은 명목상의 학원[181]들도 매춘의 공간으로 전환되었으며, 그들 중 일부는 진정한 약속의 창가 기능을 하고 있었다.[182] 매춘시설로 전환될 수 있으리라고는 상상할 수도 없었던 대리점에 이르기까지 이런 현상은 예외가 아니었다. 지방에서도 이런 현상이 나타나고 있었지만 도시에 따라서 그 증가양상은 상당히 다양했다. 리용에서 이런 현상이 드물었던 반면에 보르도에서는 이 위장가게들이 대단히 맹위를 떨치고 있었다.[183]

본 연구는 소매상과 매춘 사이의 연결관계를 다루고 있기 때문에, 19세기 말엽의 멜로드라마적인 문학과 후기낭만주의 문학이 선호했던 주제를 언급할 필요가 있다. 이들 문학은 빠리 도심의 거리들과 샹-젤리제 구역을 맴도는 여자 떠돌이 행상들과, 특히 무수한 꽃팔이 여자들(종종 동성연애자들인)[184]을 집중적으로 다루고 있기 때문이다. 특히 가련한 걸인들의 옹호에 앞장섰던 조르쥬 베리는, 1892년 국회의원들 앞에서 그 문제를 정식으로 제기했다. 같은 해 뚤루즈[185]에서 행정당국은 라 파예뜨 가에 있던 8개의 꽃가게 가운데 4개를 폐쇄시켜 버렸다. 공창들의 진정한 보급소 역할을 하고 있던 이 꽃가게들은 포주들에 의해 운영되고 있었다. 포주들은 12세에서 13세에 이르는, 명목상 〈꽃을 배달하는〉 소녀들을 고객의 집으로 보내 매춘을 시켰던 것이다.

다시 위장가게를 살펴보자. 위에서 방금 언급했던 각각의 가게에서 여주인은 침식을 제공하는 두세 명의 여자들을 상주시키며, 그들은 전혀 월급을 받지 않는다. 그 대신 고객들이 지불하는 총액을 여주인과 반분한다. 마르띠노에 따르면,[186] 2등급의 위장가게들은 통상 두 명의 여자들로 유지되고 있었으며, 공동의 이익금을 서로 반분하고 있었다. 내의류가게나 여성용 의상판매가게의 고객층은 처음에는 부유한 노신사들로 이루어져 있었다. 이들은 가게 뒤 작업장에서 일하던 젊은 여공들에게 즐겨 환대를 받는 부류들로서, 몇몇 여자들은 이들이 선물을 제공하는 정도에 따라 은밀한 행위를 허락하고 있었다. 그때부터 고객층은, 대규모 까페나 야간식당에서 활동하는 호객꾼들―여기에는 호텔의 보이나 급사, 심지어는 외국인 고객의 통역사들까지 포함된다―에게서 미리 사정을 숙지한 〈점잖은〉 신사들로 구성되어 있었다.[187]

고객이 물건값을 지불하고자 창구로 오게 되면 추가로 그에게 상품이 부여될 수도 있다는 사실을 분명하게 알려 준다. 각각의 가게에는 소수의 여자들이 상주하고 있기 때문에 여자들을 다른 곳에서 물색하여 〈보충〉하는 일도 빈번하였다. 여공의 이러한 순환은 전문 뚜쟁이 여자들의 중개를 통해 이루어졌다. 동시에 이 뚜쟁이 여자들은 종종 거주지에서의 매춘을 알선하는 역할을 하기도 했다. 음료수나 미술재료를 판다고 자칭하면서 외판원으로 가장하거나,[188] 심지어는 자선사업을 하는 귀부인 행세를 하면서[189] 이 뚜쟁이 여인들은 아파트로 스며들어 쉽게 방탕에 빠질 수 있는 여자들을 물색하거나, 혹은 공장에서 퇴근하는 여공들을 기다린다. 바로 이 가게의 아가씨들 사회에서 야간식당이나 까페의 여종원이 모집되고 있다는 사실을 알 수 있다.

여기서 앞서 살펴본 품위 없는 매춘을 언급할 필요가 있다. 그 매춘이란 다름 아닌 마르세유의 수많은 화장실에서 행해지던 매춘을 말한다. 이 각각의 화장실은 한 명의 여관리인에 의해 운영되고 있었다. 여관리인은 화장실의 청소를 위한 여자들 이외에 한두 명의 여자를 더 고용하고 있었으며, 바로 이 여자들이 고객들의 성적 충족을 위해 고용된 여자들이었다. 1911년 4월 3일, 경찰은 깨 뒤포르에 자리잡고 있었던 화장실들 중 하나를 감시하기에 이르렀다. 그 화장실은 꼬르스 출신의 66세 과부에 의해 운영되고 있었다. 경찰이 확인한 바에 따르면 2명의 여종업원이 남자들과 화장실에 들어가서 10분 내지 15분 후에 나온다는 것이었다. 이 여성들 중 한 명은 41세의 기혼자로서 오드 출신의 전직 양장점 여직공이었다. 그녀는 당시 10년 전부터 여경영자를 위해 일하고 있었다. 또 다른 여성은 46세의 과부로서 리옹 출신이었다. 이 여성은 부근의 부속실을 세내어 거주하고 있었다. 『10년 전부터 나는 화장실의 무보수 종업원으로 고용되어 있다. 나는 남자들과 기꺼이 관계를 맺고 그들의 모든 요구에 응한다. 나는 숏타임 매춘으로 1프랑을 고객에게 받으며, 여경영자와 이익의 몫을 나눈다』라고 그녀는 고백했다.[190]

40세 미만 여성들의 고용[191]을 여관리인들에게 금지시켰던 시장은 이 화장실들 중 상당수를 폐쇄키로 결정했다. 그러나 최고재판소가 시의 조례를 비합법적인 것으로 간주함으로써 이러한 공세는 실패로 돌아갔다.[192] 1911년 마르세유에서 비밀매춘에 대항하는 투쟁의 일환으로, 상당수 화장실이 〈방탕의 장소〉로 세간에 공표된 이후 일시적으로 폐쇄되었다.

캬바레 매춘업의 급격한 발전

1880년 7월 17일자 법률은 1851년 12월 29일에 제정된 법령을 무효화시키고 있었다. 그리고 1882년 당시에는 1852년에 채택된 여러 법적 조치들이 폐지되기에 이르렀다. 앞에서 확인한 바 있듯이, 이것은 주류소매업의 자유화와 주류소매업자들의 놀라운 증가를 가져왔으며, 동시에 이 세계에서의 치열한 경쟁을 유발시켰다. 당시 수많은 소매상인들은 손쉽게 물건을 팔기 위해 고객들을 끌어모으고, 비밀매춘부의 고용에 열을 올리고 있었다. 따라서 주류소매상이 수도의 여러 구역들, 특히 알르 가[193]에서 집중적으로 증가하는 현상을 보이고 있었다. 이 가게들은 더 이상 단순한 화장실이 아닌[194] 숏타임 매춘 공간을 가게 부근에 구비하고 있었으며, 그 공간은 1층이나 싸구려 호텔 부근에 자리잡지 않는 것이 관례였다. 그러나 여기서 강조해야 할 것은, 비밀매춘부가 드나드는 주류가게와 일반대중 구역에 위치한 공인창가의 작은 까페를 조금이라도 혼동해서는 안 된다는 사실이다.

각 주류가게에는 대개 아주 젊은 2명의 여자가 활동한다.[195] 그 여자들도 대부분 사장의 일을 돕는다. 고객들에게 전혀 싫증을 주지 않기 위해 그 여자들은 한 가게에 평균 3개월 정도만 머무를 뿐이다. 그리고 포도주상인의 후원을 받으며 살아가지만 어떤한 월급도 수령치 않으며, 하루당 3프랑에서 5프랑에 이르는 하숙비를 지불한다. 뚤롱에서 삼엄한 감시가 행해지기 시작하던 1902년 당시까지 각 가게에 상주하던 〈매춘부-종업원〉의 수효는 10명이었다. 이들은 무료로 숙식을 제공받고 하숙비로 1프랑을 지불했을 뿐이다.[196] 마리 R…이라는 뽀이약의 까페 종업원은, 1901년 당시 자신이 고객과 방으로 올라갈 때마다 사장에게 1프랑 내지 2프랑을 지불했다고 밝힌 바 있다. 그녀는 이 돈을 제외하고도 8일 동안에 60프랑에 달하는 총액을 벌어들일 수 있었다.[197]

빠리에서 매춘부의 기둥서방은 그 소매가게를 자신의 거주 근거지로 삼는다. 그는 그곳에 하숙비를 지불하고, 또 그곳에서 카드판을 벌이기도 한다. 따라서 그는 가게주인의 가장 친한 고객들 중 한 사람이 된다. 밤이 되어 마지막 고객을 배웅한 매춘부를 자신의 방에서 만나게 되는 경우, 그는 가게 주인에게 〈야간 보증금〉을 지불한다. 포도주상인의 가게에 거주하지 않으면서 활동하는 사창들도 있었다. 이들은 사장의 허락하에 기둥서방들로부터 고객을 공급받고, 그 고객들을 가게로 끌어들여 매춘행위를 하던 여자들이었다.

이 소매가게의 고객층은 근본적으로 서민대중들이었다. 고객층은 가게의 종업원으로 생각되는 여자들과 성관계를 맺으려는 노동자와 군인 들로 구성되어 있었다. 이 가게의 여자들로부터 이들은 창녀촌의 매춘부들이 가지고 있던 어떤 성적 매력을 느끼고 있었기 때문이다. 게다가 이곳에서는 여자들의 요구사항이 까다롭지 않았으며, 대개 1프랑 내지 2프랑이면 여자와 관계를 가질 수 있었던 것이다.

이러한 매춘형태는 수도에서보다 몇몇 지방에서 더욱 분명하게 확산되고 있던 현상이었다. 더 쉽게 깨달을 수 있는 것은, 이런 류의 매춘이 일반대중을 겨냥하고 있었기 때문에 한가로운 때가 되면 여가를 즐기고자, 심지어는 가게 한 가운데로 버젓이 출입하는 일반고객들이 많았다는 사실이다. 이 점에 있어서는 북프랑스의 경우가 더욱 분명한 예를 보여 준다. 북프랑스 지역 사람들의 사교에 있어서 대중적인 캬바레가 중요한 역할을 하고 있었다는 것은 주지의 사실이다.[198] 이 지역에서는 1880년부터 맥주를 파는 소매주류점이 증가하기 시작했다. 그곳에서도 사장들은 경쟁력을 유지하기 위해 종종 인근 시골 출신 여자들의 도움을 받고 있었다.[199] 주요 맥주제조업자들, 즉 주류판매망의 실질적 소유자들은 즉각적으로 이 제도의 장점을 깨닫고, 비밀매춘의 확산을 체계적으로 조장함으로써 매춘의 실질적인 대수익자가 될 수 있었다.

릴에서 몇몇 공창들은 자신들의 등록말소를 위해 몇몇 주인들의 주점 소유권을 양도받았으며, 등록이 말소된 이후에도 그들과 공모하여 이전의 매춘행위를 계속하고 있었다.[200] 루베의 경찰은 이미 1881년 당시, 그 시에 있던 74개의 캬바레가 『버젓이 숏타임 매춘을 위한 공간』으로 사용되고 있었다고 발표했다.[201] 그 밖에도 루베에서 3킬로미터 떨어진 몽-아-뢰라는 작은 벨기에 마을에는 『2명, 3명, 혹은 4명이 상주하면서 공공연히 매춘행위를 벌이는 캬바레가 40여 개나 있다』고 경찰은 부언했다.[202] 이 지역 중앙경찰서장은 주류가게 주인들의 여종업원 고용금지를 명시한 조례에 서명하라고 시장에게 요구하기도 했다. 1886년에 르 마뗑紙는 이런 류의 매춘이 발랑씨엔느 지역에서 증가하는 것에 반대하는 캠페인을 시작했다.[203]

1904년 전국감옥협회의 후원하에 앙리 아이양이 실시했던 조사결과를 통해 이런 현상의 증가를 파악해 볼 수 있다. 그르노블에서는 5,60여 개의 수상쩍은 까페가 1백50명에서 2백여 명에 이르는 비밀매춘부를 고용하고 있었다. 이런 까페는 쉘부르나 마르세유 같은 항구지역에서도 수없이 눈에 띄었다. 문제의 심각성을 인식한 쉘부르의 시당국은 술과 매춘의 관계를 규제하지 않을 수 없었다.[204] 시당국은 각 가게 주인에게 한 명의 공창을 고용할 수 있는 권한을 부여했다. 공창은 주인에게 4프랑에서 12프랑에 이르는 다양한 일일 사용료―대부분 8프랑에서 10프랑 정도―를 지불해야 했다. 브레스트에서는 미심쩍은 까페들이 50여 개에 달했으며, 리용에서는 까페가 수효를 헤아릴 수 없을 정도로 널리 퍼져 있었다.[205] 에띠엔느 박사의 말에 따르면, 낭시에서는 1백여 명의 캬바레 여인들이 매춘행위를 하고 있었다.[206] 쎙-말로에서는 1912년에 16명의 가게 주인들이 미성년자들을 고용해서 매춘행위를 교사했다는 명목으로 유죄판결을 받았다.[207] 소도시 지역에서도 같은 현상을 목격할 수 있으며, 베르제레는 아르보와라는 소도시에서 행해지던 보건위생관리의 비참한 상황을 지적한 바 있다.[208]

그럼에도 불구하고 베지에에서는 주점과 매춘 사이의 연관성이 가장 명백하게 나타나는, 정말로 이해하기 어려운 매춘의 형태가 다시 출현하고 있었다. 베지에의 경찰서장은 새로운 매춘구조에 관해 1900년 7월 2일자 도지사에게 보내는 보고서 속에서 그 구조의 복잡성을 지적한 바 있다. 게다가 이 시기에 시내에는 방탕의 장소로서 인식되던[209] 『25개의 까페가 존재하고 있었는데, 각 까페는 3명의 여자 즉 여사장 한 명과 두 명의 여관리인에 의해 운영되고 있었다.

까페의 여관리인들은 매춘활동에 종사하면서 정기적인 의료검진을 받았다. 한편 한 명의 여사장과 한 명의 공동관리인에 의해 운영되던 까페도 30개에 달했는데, 이곳에서도 여관리인은 정기적인 의료검진을 받아야 했다. 이밖에도 20개의 까페가 한두 명의 여자들에 의해 유지되고 있었으며, 이곳의 여자들은 정기검진을 거부했다. 이에 대해 행정당국은 그 여자들에 대한 검진의 강제적 부과를 이행하지 않았다.」[210]

1880년 이후, 풍속담당 경찰의 규제행위가 점점 더 어려움에 부딪혀 가고 있던 반면 캬바레 경영자들은 법적인 비호를 받고 있었으며, 나아가 여러 선거들의 제1운동원 역할을 담당하였다. 급속한 신장세를 보이고 있던 캬바레 매춘은 이론의 여지 없이 일반대중의 새로운 감각과 일치하는 최고의 비밀매춘으로 자리잡았다. 서민층은 당시 습관적으로 매춘부들을 찾아다니고 있었다. 그러나 비난의 소리들이 증대하자[211] 르 아브르의 시장을 비롯한 수많은 시장들이 까페 경영자들에게 객실 내에서의 여종업원의 고용금지―가족들의 경우는 예외로 하고―를 명했다. 이러한 규정은 아마도 다양한 양상으로 도시마다 다르게 적용되었던 듯하다. 예를 들면 라 로셸에서는[212] 몇몇 가게 주인들이 그들의 여종업원들과 형식상의 동업경영을 내세움으로써 어려움을 타개했다. 다른 소매상 주인들도 이 여종업원들을 거실 뒤의 별실에 입주시키고 영업을 해나갔다. 이러한 양상에도 불구하고 전체 도시들을 연구해 보면 당시의 매춘양상, 즉 주류점에서의 매춘행위에 대한 당국의 긴급대응책은 금세기 초엽에 마련된 것이라고 추정할 수 있다.

농촌지역에서의 매춘

전통적인 비밀매춘의 여러 형태들에 관한 교본을 완성하기 위해서는 유동적인 매춘, 즉 최하층 매춘과 관계되는 견본도를 제작해야 한다. 이 최하층 매춘은, 19세기 후반에 비약적 발전을 거듭하고 있던 다른 매춘형태들과는 상이한 양상을 보이고 있었던 것 같다. 그럼에도 불구하고 최하층 매춘도 상당한 변화를 겪고 있었으며, 그 변화란 매춘의 수요에 있어서 질에 대한 변화를 의미했다.

〈병사의 매춘부〉, 신화와 그 실체: 〈하급매춘부〉나 〈병사의 매춘부〉에 대한 정형화된 틀은 사람들의 기억 속에 아직도 확실하게 남아 있다.[213] 몹시 마르고 추하고『더러우며, 남루한 차림새에 잘 손질되지 않은 머리』이것이 바로 그 매춘부의 모습이며, 일반적으로 35세나 40세의 연령을 초과한다. 연대의 이동에 뒤이어 도착하는 매춘부는, 자신의 정부로부터 버림을 받으면 어쩔 수 없이 지저분한 집이나 때로는 오두막에 기거할 수밖에 없었다. 매춘부가 고객과 매춘행위를 벌이게 될 때 받는 것은 고작 2수우, 4수우, 혹은 6수우 등의 터무니 없는 가격이었으며[214] 심지어는 커다란 군용빵을 그 대가로 받는 경우도 있었다. 공터나 숲 속, 혹은 공사장의 창고나 폐허가 된 성벽에서도 동일한 상황이 벌어지고 있었다. 대다수의 〈하급매춘부〉는 사실 고객들에게 『매스터베이션을 해주는 여자들』의 역할을 담당하는 것으로 충분했지만, 그것은 너무나 역겨운 것으로 세간에 인정되어 정상적인 결혼생활에 합류할 수는 없었다.

여기서 레옹 블로와의 작품 《진흙》에 등장하는 〈하급매춘부〉를 생각해 보지 않을 수 없는데, 그 가엾은 매춘부는 결핵으로 죽어가고 있었다. 꽁리 주둔지의 병사들은 그녀를 〈묘석의 여자〉로 호칭하고 있었으며, 그녀는 죽기 전까지 『단돈 50쌍띰으로 비탄에 잠긴 12명의 남자들』[215]을 위로해 주었다. 결국 그녀는 지나치게 격렬한 행위를 벌였던 『뽕-라베나 꽁까르노의 어떤 사내에게 질식당하여 사망하고 말았다.』[216]

그런데 분명한 사실은, 그림처럼 생생한 문학 속에 묘사되었던 이 매춘부의 초상이 사실은 대개가 문학적인 상상력의 산물이라는 것이다. 사실에 입각한 당대의 사회학자들에게 있어서, 당국의 시야에서 벗어나는 이런 매춘행위의 실태를 파악한다는 것은 불가능한 일이었지만, 역사가에게 있어서 이러한 입장은 다행스럽게도 완전히 예외적인 것이었다. 1896년부터 행정당국은 뚤과 인접한 농촌지역에서 경찰의 감시활동을 결정했다.[217] 제반 서류들을 좀더 체계적으로 검토해 보면 〈병사의 매춘부〉에 대한 실상을 더 잘 파악할 수 있을 것이다.[218] 후술하겠지만 병사의 매춘부는, 결국 그 당시 사람들이 생각하고 있던 초상화와 상당히 일치하지 않는 행동양태를 지니고 있었다.

따라서 1896년 당시 군과 도 행정당국은 뚤의 주둔지 내부에서 확산되어 가고 있던 불건전한 매춘에 두려움을 느낀 나머지, 우선 군부대가 주둔하고 있던 농촌지역에의 매춘실태를 조사하기로 결정했으며, 그 대상지역은 다음과 같았다. 돔마르펭-레-뚤, 봐-르-꽁뜨(동제르맹 면), 쥐스띠스, 마들렌느 그리고 레 바라끄 망(에크루브 면). 조사결과, 뚤 지역에 있던 80명의 공창들 말고도 12명의 〈여종업원-매춘부〉들과 양친의 허락을 얻어 집에 기거하면서 매춘행위를 하던 8명의 매춘부들이 병영지의 수많은 병사들과 성관계를 맺고 있다는 사실이 밝혀졌다. 도지사의 압력에 굴복한 시장과 면장 들은 뚤 지역 경찰의 협조와 국방부의 보조금 지원을 토대로 매춘의 규제체제를 확립하였다. 이때부터 주류점 여종업원들의 매춘행위는 중단되었다. 그 이유는 민간인이건 군인이건간에 고객과 춤을 추거나, 혹은 고객의 무릎 위에 앉아 있다가 현장에서 체포되는 경우 예외 없이 공창으로서 등록을 해야 한다는 법적 조치가 마련되었기 때문이다. 따라서 새로 들어온 여종업원에게는 〈품행〉 증명서가 요구되었다. 가게 주인이 이러한 조치에 완강히 반항하는 경우, 그 가게는 영업금지의 처분을 감수해야 했다.[219] 그때부터 의료검진을 받지 않을 수 없었던 유명 매춘부들은 농촌부락들을 선뜻 떠나는 경향을 보였다. 『가족처럼 친근하게 생활하던 8명의 매춘부들』 가운데 2명이 낭시로 돌아갔고, 6명은 설득작업 끝에 다시 주저앉았다고 주장했다. 그 이후부터 문자 그대로 〈병사의 매춘부들〉에게 있어서 활동공간은 자유롭게 널려 있었다.

1903년의 이사분기와 1909년 6월 30일 사이에 3개 면에서 한 차례 혹은 여러 차례에 걸쳐 체포된 매춘부 1백53명의 관계서류를 참조해 보면,[220] 〈병사의 매춘부〉는 나이가 상당히 젊고 인근의 농촌지역 출신들이었다는 사실을 알 수 있다.

체포된 여자들 중 절반이 21세 미만이었으며, 4분의 3(77퍼센트)이 체포 당시 25세 미만이었다. 위의 총계에서 기혼녀는 12명(7.8퍼센트)에 불과했으며, 1명이 과부, 2명이 이혼녀였다. 체포된 이후에도 매춘행위를 계속할 의도가 있는 매춘부는 공창으로 등록되었으며, 이것은 이들의 비밀매춘 행위의 포기를 의미하는 것이었다. 또 이것은 체포된 매춘부 1백53명 가운데에서 11명(7.2퍼센트)만이 군부대의 주둔지 부근에서 다시 매춘행위를 하고 있었다는 사실을 설명한다. 따라서 군 주둔지에서 활동하는 〈병사의 매춘부〉는 매춘활동에 갓 뛰어든 초보자라는 것을 알 수 있다. 그런데 면지역들 부근에서 벌어지는 비밀매춘은 일시적인 것이어서 결국 정상적인 삶으로 돌아가거나, 혹은 공식적인 공창이 되어 도시로 생활 근거지를 옮기게 된다.

체포된 대다수 매춘부들은, 종종 원거리에서 모여드는 공인창가의 매춘부들과 달리 면지역 출신의 농촌 여성들이었다. 이 매춘부들 중 절대다수가 뫼르뜨-에-모젤 지역이나 그 인근지역 출신들이었다. 군부대의 주둔지 부근에서 성행하는 매춘이 인근지역 청소년들에게 유해한 도덕적 영향을 끼치는 요인이 되고 있다는 증언자들의 말은 분명한 사실이다. 1900년 당시 돔마르뗑에서 하나의 스캔들이 터졌다. 이 면에 살고 있던 상당수 여자들이 은밀한 관계를 유지하고 있었는데, 부모들은 딸들의 부도덕한 행위를 전혀 눈치채지 못하고 있었다. 그 지역 경찰서장의 견해에 따르면, 『그 작은 마을의 진정한 불행』[221]은 바로 거기에 있었다.

트로와와 낭시·빠리, 그리고 멀리 떨어진 원거리지역 출신들의 매춘부들도 몇몇 있었다. 대다수의 경우, 징병 모집을 통해 주둔부대에 입대한 연인들을 만나기 위해 뚤 지역으로 오게 되었던 여자들이었다. 그리고 그곳에서 생계를 위해 다른 병사들과 매춘관계를 갖게 되었던 것이다. 심지어 철도 공사장이나 성채 공사장의 노동자들과 동거하는 여자들도 있었다.
　대도시의 비밀매춘부들과 달리, 농촌지역에 있던 〈병사의 매춘부들〉은 매춘행위에 빠지기 전 다른 직업을 가지고 있었다고 드물게 고백했다. 주점에서 일했던 8명의 전직 종업원들, 한 명의 하녀, 그리고 한 명의 전직 일일고용원에 대한 기록을 보면 알 수 있듯이, 뚤 지역에서 활동하던 몇몇 공창들의 경우를 제외하고 사실상 그녀들은 늦봄에서 초여름에 이르는 날씨가 좋은 계절에 주둔군 부대의 병사들과 매춘행위를 벌이고 있었다. 까페에서 활동하던 4명의 여가수가 일정기간 동안 장교들과 동거하는 경우도 있었다.
　뚤 지역에서 활동하던 〈병사의 매춘부들〉은 때로 인근의 농부에게서 임대한 작은 방에서 기거하였으며, 또 포도밭 한가운데 세워진 오두막이나 널빤지로 만든 가건물, 심지어는 마구간이나 허름한 오막살이에 거처를 마련하기도 했다.[222] 어떤 매춘부는 간이식당이나 목장용 짐마차 속에서 노동자와 동거하기도 했다. 마을의 주요 숙소를 잘 알고 있던 두 명의 매춘부가 인근의 병사들이나 젊은이들과 그곳에서 동거를 하기도 했다. 반대로 1896년 이후에는 주점들이 너무나 엄격한 감시를 받고 있었기 때문에 더 이상 매춘부들을 고용할 수 없었다.
　매춘부들의 호객행위는 병영의 입구에서만 드물게 행해질 뿐이었다. 일부 매춘부들은 외따로 떨어진 전초기지의 보초들을 유인하는 데 열심이었다. 그 내역을 살펴보면 사격대(4명), 말 사육장(2명), 화약고(3명), 기구장(3명), 공병학교(1명), 공동세척장(4명), 도살장(2명), 혹은 군대 목욕탕(1명) 등지에서 호객행위가 이루어지고 있었다. 또 일부 매춘부들은 저녁이면 마른느 강과 라인 강을 잇는 운하 둑(8명)이나 바린느 언덕(1명)에서 귀가하는 병사들을 기다리는 등 매춘부들마다 나름대로의 호객습관을 가지고 있었다.
　규제가 행해지기 이전에 번성했던 주점에서의 비밀매춘 행위는 따라서 1896년의 규제가 시작되면서 더욱 다양한 장소로 은밀히 확산되어 가고 있었다. 매춘부들은 야외에서, 즉 목장이나 운하의 둑에서,[223] 그리고 오두막에서 매춘행위를 일삼았으며 어떤 여자들은 자신의 집에서 매춘을 벌이기도 했다.
　군부대가 주둔해 있던 면지역들에서 체포된 비밀매춘부들의 발병률은 끔찍스러운 것이었다. 3개월마다 행정당국의 지시에 따라 의료검진을 받고 있었던 매춘부들 중 절반, 혹은 3분의 1이 성병 증세를 나타내고 있었기 때문이다. 아울러 매춘행위의 빈도는 연중을 통해서 다르게 나타난다는 사실을 마지막으로 지적해야 한다. 일기가 좋은 계절에 군대의 예비병력이 도착하게 되면 인근지역에서 공창들이 그곳으로 몰려든다. 이에 따라 경찰의 감시활동도 증가되지만, 관할 구역의 병사가 매춘부를 자신의 진짜 배우자라고 주장하게 되는 경우 그 감시활동은 십분 효력을 발생하지 못하게 된다.

시골의 〈바람둥이 여자들〉: 시골지역에서는 『비상설시장이나 상설시장을 배회하는 여자들』이 비밀매춘을 담당하는데, 다시 말해서 어릿광대와 같은 여자들이 목장이나 숲 한구석에서 농부에게 몸을 파는 것이다. 1903년 당시, 짐마차에서 기거하고 있던 한 극단의 여배우 일당이 샤랑뜨-엥페리외르 지역에서 매춘활동을 벌이고 있었다. 『그 여자들이 숏타임 매춘의 고객을 받아들여 영업을 벌이는 동안』 진짜 기둥서방격인 극단의 운영자들은 『자신들의 이동마차를 덮개로 가리웠다.』[224] 비뷰롱 박사의 말에 따르면 이런 형태의 매춘은 동부 지역에서도 이루어지고 있었으며, 특히 상인들의 장터 오락장에서 성행하였다. 사격장과 마술기구의 판매대에는 『일반적으로 여자 한 명이 고용되어 있었는데, 그녀는 다소 은밀한 방법으로 고객을 유인해서 저녁에 만날 약속을 한다.』[225]

1900년 에로 지역의 위생심의위원회 멤버들은, 도시지역에서와 마찬가지로 시골의 촌락에서도 매춘행위가 침식해 들어오고 있다는 사실에 분개했다. 동시에 그들은 수호성인의 축제일에 여자들에게 매춘행위를 시키는 소매상인들을 비난했다.[226] 1903년 까스띠용-쉬르-도르도뉴에서 3개의 식당과 1개의 까페가 매춘시설로 전환되었다. 그리고 다음에 서게 될 비상설시장에 대비해서 『기둥서방들은 매춘부들을 보충하려고 여행을 떠났다.』[227]

피니스떼르에 거주하는 수부들의 부인들은 남편이 집을 비우는 동안 벌초기간이나 수확기에 인근의 시골을 찾아 매춘활동을 벌였다.[228] 『아르보와에서 독자적으로, 그리고 완전히 자유스럽게 매춘에 종사하는 부인네들을 보지 못했던 때는 없었다.』고 베르제레 박사는 쓰고 있다.[229] 이 지역 부지사의 말에 의하면, 마렌느 지역의 여자 굴장수들은 자신들의 불충분한 급료를 매춘으로 보충하고 있었다.[230] 외따로 떨어져 있지만 교차로에 위치해 있던 여인숙들은 운송업자와 짐수레꾼, 특히 운하나 철도건설에 고용된 노동자들을 유인했다. 그래서 이 여인숙들도 종종 비밀매춘의 소굴이 되었다. 프롱띠냥 지역의 라 뻬라드라는 부락의 운하 둑 부근에 위치한 한 주점도 인근 매춘부들의 약속장소였다.[231] 마찬가지로 1903년 당시 이탈리아 노동자들이 즐겨 찾던, 매춘에 연관된 여인숙도 보르므에서 5 내지 6킬로미터 떨어진 곳에 자리잡고 있었다.[232]

심지어 어떤 지역들은 강도 높은 매춘의 무대가 되기도 했다. 바르 지방의 시골지역들이 그 대상인데, 그곳에서 도 차원의 상세한 조사가 실시된 바 있다. 그 지역에는 당시 55개의 까페가 존속하고 있었으며, 그 까페들은『주민의 수가 5천 명이 안 되는 28개 면에서 공인창가로 파악될 수 있는』역할을 담당했다.[233] 그 중 26개의 까페에서 사장들은 종업원에게 매춘행위를 종용했으며, 매춘행위는 주로 공동거실에 딸린 부속실에서 이루어졌다. 22개의 까페는 산전수전 다 겪은 여자들에 의해 운영되고 있었으며, 그 여자들은 매춘을 위해 자신의 하녀들이나 인근의 여자들을 이용했다. 하녀나 인근지역의 여자들은, 수 일 내지 수 시간 동안 잠정적으로 여사장이 그들에게 제공하는 고객들의 뜻에 응하게 된다. 이 까페들 중 8개가 매춘부들의 동업형태로 경영되고 있었다. 이러한 매춘부의 존재에 두려움을 느끼고 있던 도지사도 다음과 같이 지적하고 있다.『매춘부는 떠돌아다니는 무리와 같이 이동적인 경향을 지니고 있다.』[234] 매춘부는『축제가 벌어지거나 시장이 서거나, 혹은 노동자들의 월급날 이 마을에서 저 마을로 떠돌며 고객의 욕구에 응한다.』[235] 규제주의자들이 원래 매춘부들을 폐쇄적인 공인창가에 정착시키고자 했던 의도가 실패로 돌아감으로써 옛날에 행해지던 형태의 매춘이 결국 다시 되살아난다.

그럼에도 불구하고 금전으로 매매되는 사랑이, 지중해에 면한 남프랑스 지역이나 아끼뗀느 지역, 그리고 그 부근의 병영지역과 광산지역을 제외하고, 시골지역에서는 일반적으로 널리 확산되지 않았다는 사실을 인정해야 한다. 따라서 전술했던 여러 예들이 국가 전체의 매춘현상을 대변하는 것이 아니라는 사실을 알게 된다. 요컨대 소농촌이나 소부락에서 매춘의 핵이 자연발생적으로 확산된 경우는 예외적인 것이었다[236]는 바를 알아야 한다. 농촌지역의 매춘실태에 관하여 특별한 관심을 기울인 라르디에 박사는, 시골지역에서 매춘이 미미한 확산을 보이고 있는 이유를 규명하고자 하였다. 농부는 돈을 주고 여자를 사지 않는다고 이 박사는 쓰고 있다.[237] 이런 환경에서 하녀들은 자신의 몸을 팔 기회가 거의 없다. 매춘을 벌이고자 하는 여자는 따라서 도시로 이주할 수밖에 없는 것이다. 농부는 축제일이나 결혼식의 축하연이 끝났을 때를 제외하고는 거의 매춘부를 찾아가지 않는다. 그렇지 않으면 농부란 익명성으로 쾌락을 즐길 줄 모르는 존재인지도 모른다. 이어서 라르디에 박사는 다음과 같이 덧붙인다.『성교에 대한 욕구가 시골사람들에게는 거의 확산되지 못했다는 사실을 나는 강조하지 않을 수 없다.』[238] 그의 견해에 의하면,『고된 노동에 익숙한 들판의 여인은 거의 육체적인 욕구를 지니고 있지 못하다.』[239] 이러한 견해는 농민층에 대한 부르주아적 시각에서 기인한 것이며, 농촌인구의 도덕성을 고양시키려는 의도에서 이루어진 것이다. 따라서 이 견해는 사실상 거의 과학적인 가치가 없는 것이며, 결국 도시의 매춘부들을 이용한 농촌지역의 매춘실태를 수치로 측정하는 것은 불가능하다는 사실을 분명히 깨달을 수 있다.[240]

광산지대에서의 매춘의 확산과 억압—브리에의 실례: 노동 생산성을 높이기 위해 노동자를 선별하거나 현장교육을 실시하고 사택을 부여하며, 작업시간뿐만 아니라 휴식시간에도 감독을 하는 광산경영자의 기업전략이 이 지역에 관한 연구서 속에 훌륭하게 묘사되어 있다.[241] 그러나 이러한 전략은 노동자를 끊임 없이 보충, 모집하고 억압하려는 욕구와 충돌을 일으켜 기업주의 의도를 거스르는 문제를 발생시켰다. 이 문제점을 조속히 해결하는 것이 기업주의 과제였다. 따라서 광산회사들이 일종의 대조적인 방법을 통하여 전원도시를 건설하게 되는데, 이와 병행하여 도덕적인 퇴폐현상과 발병률의 상승, 그리고 폭력의 증가가 인구밀집지역에서 눈에 띄게 나타났다. 기업주의 계획이 원래 위생적이고 도덕적인 도시화를 이룩하는 것이었음에 반해서, 실제로는 뜨내기 주민들의 혼잡함과 알콜중독이나 매춘 소굴들의 무질서가 횡행했던 것이다. 그런데 이러한 상황에 대한 묘사는 역으로 광산회사의 전략을 정당화시켜 주는 것이기도·했다.

브리에 광산은 기업주의 입장에서 볼 때, 질서정연한 전원도시와 퇴폐스런 밀집지역이 병존함으로써 이원성을 지니고 있는 극단적인 예를 보여 주었다. 무질서상태는 독일이나 룩셈부르크와의 인접지역에서 증가일로에 놓여 있었다. 결국 국경지대에서 매춘이 증가되고 있음을 감지할 수 있으며, 따라서 그곳은 일종의 무법지대가 됨으로써 행정당국의 관심을 끌게 되었다.

1908년 당시[242] 비밀매춘이 세 가지 형태로 그 지역에 출현했다. 까페와 간이식당에서 일하던 3백25명의 여자들, 그리고 매춘업 경영자들과 동거중인 여자 2백명(4백 명 중)이 사실상 비밀매춘의 근간을 이루고 있었다. 거기에 룩셈부르크와 벨기에·독일·이탈리아 출신의 여자들이 있었는데, 이들은 외국인을 위한 직업소개소를 통해서 국내로 들어왔다. 낭시 지역에서 온 여자들은 드물었다. 두번째 부류로서 노동자들에게 방을 세놓은 8백 명의 기혼여성들 가운데 상당수가 그

노동자들에게 몸을 팔고 있었다. 마지막으로 부모의 명령에 의해 몸을 파는 여자들도 상당수에 달했다.

이 가운데 몇몇 여자들은 광산에 일하러 온 이탈리아인 독신남성을 상대로 매춘활동을 벌였다. 1911년 당시 그 광산에는 1만 8백81명이 있었는데, 그들 중 3천5백 명만이 그 지방의 전원도시에 가족들과 함께 살고 있었다. 그리고 약 4천 명 가량의 남성들이 여성 노동자들의 집에 기숙하고 있었다. 광산회사들이 건축한 독신자 호텔에 입주를 거부하는 노동자들도 있었는데, 이들은 당시 전체 광산에 산재해 있던 2백20여 개의 사설 간이식당에 모여 살았다. 이 간이식당은 『낡은 판자조각으로 세워지고 그 위에 타르가 입혀진 두터운 종이조각으로 덮여 있으며, 정어리 상자의 밑받침대로 마감이 된』대단히 조잡한 식당이었다.[243] 대부분의 경우 이 간이식당의 경영주는 이탈리아인이었다.

심지어는 국경에 인접한 지역 즉 죄프와 오메꾸르 지역, 그리고 몽또와 언덕을 따라서 40여 개에 이르는 창녀집이 들어섰다. 경찰의 말에 따르면, 토요일 저녁이면 극도로 방탕스런 광경들이 공개적으로 펼쳐지곤 했다는 것이다. 노동자 사택지역에서의 절도 있는 생활태도와는 대조적으로 여기서는 수많은 무도회[244]가 열리곤 했다. 직업적인 〈여성 댄서들〉이 몰려들어 이 모임들에 활기를 불어넣었고, 그 지역의 매춘부 수효를 증가시키는 역할을 했다.

이탈리아인 독신남성들은 대부분의 경우 공동출자를 함으로써 초라한 집 한 칸을 빌리고 그곳에서 공동으로 식사를 하는데, 그들의 식사는 『일반적으로 요리사나 가정부의 역할을 하는 여자들이 준비한다.』[245] 이런 상황을 상세히 언급했던 광산의 한 기사는 다음과 같이 강조한다. 모든 예상과 달리『이 특수한 공동체 사회는 상대적으로 안정되어 있으며, 여자를 자유롭게 교환한다는 점 말고는 더 이상 다른 분쟁을 불러일으키지 않는다…… 공동출자한 이 독신남성들은 어느 한 개인의 특수한 기호가 공동의 기호와 상치되는 경우, 그를 자신들의 멤버에서 제외시키는 것을 원칙으로 했다. 따라서 일요일이면 서로 무리를 지어 산보하는 광경을 드물지 않게 볼 수 있었다. 그들 중 한 동료가 선두에서 아코디언을 연주하는 가운데, 그들은 하녀 겸 정부의 역할을 하는 여자를 가운데에 두고 서로 팔짱을 끼어 무리를 이루면서 산보를 하는 것이다.』[246]

경찰과 기사 들의 말에 따르면, 광산지역에서의 성병 발병률은 끔찍스런 것이었다. 중앙경찰서장의 판단에 의하자면, 독신노동자 중 38퍼센트가 임질이나 매독의 증후를 띠고 있었다. 그리고 전가족이 성병에 감염되었어도 정작 환자는 자신의 치료를 소홀히 하고 있었다. 스뻴망 교수는 초조를 경험하지 않은 어린 나이에 매춘활동을 벌였던 한 소녀의 경우를 예로 들었다. 그 소녀는 자신의 주인으로부터 매춘을 강요받고 5,6주 사이에 『50명 이상의 남자들』[247]을 상대했으며, 따라서 성병진료소에 검진을 받으러 출두했을 때 그녀는 음문 부분에 역겨운 상처자국을 지니고 있었다.

행정당국과 마찬가지로 그 지역의 여론이나 기업주들도 방탕과 알콜·폭력의 양상을 보이던 광산지역의 혼란현상에 더 이상 무관심할 수는 없었다. 왜냐하면 그곳에서 벌어지는 삶의 양상은 으레 감시에서 벗어나는 것이었기 때문이다. 따라서 우선 과도하고 통제가 불가능한 이러한 매춘을 감시가 가능한 폐쇄적인 공인창가로 대체하려는 시도가 행해진다. 1908년 이래로 스뻴망 교수는 광산지역 내에서 한두 개의 공인창가를 개설해 줄 것을 요구했다.[248] 그러나 이것은 실패로 돌아갔다. 오메꾸르에 개설된 공인창가가 고객들을 끌어들이는 데 별 재미를 보지 못했던 것이다. 그 이유는 『성격이 정열적이고 약간은 순박하기까지 한 이 탈리아인 노동자들이, 창가에서 쉽게 구할 수 있는 매춘부들과의 정사보다는 유혹이나 모험이 동반된 여성들과의 정사를 더욱 선호했기 때문이다』라고 광산의 기사는 쓰고 있다.[249]

같은 해에 레스트 레쀠블리깽紙는 〈방탕과 피, 알콜에 대하여〉라는 제목의 기사 속에서 하나의 여론운동을 전개하기 시작했다. 이 운동은 외국인에 대한 혐오증을 노출시키고 있었으며, 동시에 파렴치한 행위들을 폭로했다. 부녀자 매매를 억압하기 위해 구성된 위원회는, 그 조직의 회장 라불레이예의 목소리를 통하여 정부에 부녀자 매매의 심각성을 경고한 바 있다. 1910년 정부는 〈광산지역의 위생상태에 관한 실태조사〉를 명했다. 1912년 8월에는 도지사가 내무부장관의 요청을 받고 〈브리에 광산지역에 살고 있는 주민들의 위생상태〉를 연구하기 위한 위원회를 결성했다.

그래서 철강업위원회의 지원을 토대로 그 지역 전체를 망라하는 보건진료기관의 창립이 결정되었다. 그리고 행정당국은 이 결정을 서둘러 시행했다. 『3개월 동안 광산지역의 매춘부들에 대해 가장 효과적인 감시를 행할 수 있었다』라고 브리에의 부시장은 1913년 당시 이같이 쓰고 있다.[250] 4개 면의 경우를 제외하고, 행정당국의 풍속담당 업무가 정상적으로 기능을 발휘하고 있었다. 그 이외에도 경찰의 삼엄한 감시가 무도장에도 펼쳐져 이후부터는 댄서들도 그곳에서 추방되었다.

브리에 지역에서 수행된 정책은, 제1차세계대전 직전까지 위생관리라는 이름으로 시행되고 있었던 매춘세계에 대한 억압의 강화를 잘 보여 주고 있다.[251]

기둥서방의 다양한 얼굴들

기둥서방들에 관한 세간의 통속적 판화는 이들의 생태를 지나치게 과장하거나, 심지어는 매춘의 유일한 수익자로 묘사하는 경향이 있었다. 그런데 앞에서 깨달았던 것은, 매춘이 단지 프롤레타리아계급 내에서만 이루어졌다기보다는 오히려 상당히 광범위한 범위의 계층에서 다양한 형태로 이루어지고 있었다는 사실이다. 물론 정부로부터 기본적인 수익을 우려내던 알퐁스와 같은 존재가, 단지 멜로드라마의 주인공에 불과했던 것이 아니라 엄연한 현실로 나타나고 있었다. 그의 주변에서 일어났던 소동이, 매춘의 실질적 수익자가 그 내부에 존재하고 있다는 사실을 의식하지 못하도록 하면서, 부르주아층의 여론을 현혹시켰던 것이 아니었을까 하는 자문을 해볼 여지가 있다. 이 경우, 기둥서방이 속죄양의 역할을 용이하게 수행할수록 매춘과 범죄 사이의 연결성이 더욱 구체적으로 드러난다. 기둥서방은 지난 세기말 노동자계급이 부르주아층에게 가하던 육체적인 위협의 화신이며, 아파치의 부족과 같은 최후의 인간상일지도 모른다. 이 당시는 프롤레타리아계급의 폭력적 행동이 완화되는 시기로 자리잡아 가고 있었다. 〈프롤레타리아층의 룸펜〉에 대한 마르크시스트들의 적대감과 무위도식이나 부도덕에 대한 사회주의자들의 증오심을 통해서 아마도 기둥서방의 실태가 그 이상으로 세간에 인식되고 있었거나, 혹은 적어도 기둥서방의 모습을 과장함으로써 진정한 매춘업의 실체를 왜곡시켰는지도 모른다. 이 점에 있어 분명하게 확인할 수 있는 것은 매춘에 관한 입법화가 기둥서방들에게 적용되지 않았다는 사실이다. 기둥서방들은 싸구려 호텔의 경영자들과 함께 법률의 유일한 처벌대상들이었음에도 실상 법률은 매춘에 관련된 이들의 행위를 너그럽게 봐주고 있었다. 따라서 1904년에서 1906년까지의 기간 동안, 즉 1885년 5월 27일자 법령을 강화시키기 위해 실시된 1903년 4월 3일 선거의 다음날, 쎈느 도 한 곳에서만 1천1백54명의 기둥서방들이 검찰에 기소되는 사건이 일어났다. 그들 중 5백73명이 유죄판결을 받았다.[252]

기둥서방에 대한 간략한 초상화를 만들어내기 전에 〈정부〉와, 진짜 기둥서방으로서 〈후원자〉로 간주될 수 있는 사람을 구별할 필요가 있다. 정부들은 상대

여성에게 위안을 가져다 주고, 단순히 사랑의 욕구를 충족시켜 주는 존재일 뿐이다. 물론 매춘부는 선물로써 그들의 욕망을 충족시켜 주지만, 그렇다고 해서 이것이 기둥서방에 대한 매춘부의 완전종속을 의미하지는 않으며, 실제로 매춘부들은 그들에게서 어떠한 보호도 기대하지 않는다. 지난 세기의 전반기 동안, 공인창가의 매춘부들은 다른 무엇보다도 바로 이 〈정부〉를 자신들의 곁에 두고 있었다. 그런데 확실한 것은 바로 이런 관행이 점진적으로 사라져 가고 있었다는 사실이다.[253] 맥주홀에 있던 여자들의 〈정부〉들은 상당수가 학생이거나 예술가, 혹은 부르주아층의 젊은이였다. 순수한 의미에서 기둥서방이라고 말할 수는 없겠지만, 첩의 경우도 종종 자신이 애정을 품고 있는 젊은이를 주위에 두고 있었던 것이 사실이다.[254]

진짜 기둥서방에 가까운 사람은 모든 기능을 갖추고 있지는 않지만, 뢰쓰 박사가 〈후원자〉[255]로 간주하던 남자(혹은 여자)[256]였다. 다시 말해 매춘부나 야간식당의 여종업원, 까페 여종업원의 돈으로 살아가는 사람을 칭한다. 그런데 후자의 여성 후원자는 고객에 대한 진정한 서비스의 욕구를 지니지도 않았고, 그렇다고 해서 매춘부들에게 지나친 폭언이나 만행을 일삼지도 않았다. 다시 뢰쓰 박사의 말에 따르면,[257] 상당수의 기자들과 변호사·의사, 혹은 작가들이 한 달에 6백 프랑에서 8백 프랑에 이르는 돈을 지불하면서 자신의 정부들과 관계를 유지하고 있었다.

기둥서방은 항상 자신의 감시대상인 매춘부나 매춘부들에 얹혀 생활하며, 고객의 가혹한 행위에 대처하는 개체이다. 자신의 〈여성 기식자〉에게 풍속경찰의 단속이 있을 경우 이를 미리 알려 주는 사람도 바로 이 기둥서방이었다. 경찰의 일제소탕이 벌어지면 기둥서방은 매춘부를 자신의 품안에서 보호하거나[258] 경찰 요원에게 시간을 끌면서 그녀가 쉽게 피신할 수 있도록 수단을 강구한다. 기둥서방은 매춘부가 찾아가야 할 호텔이나 술집을 알려 주기도 하며, 필요하다면 매춘부가 고객의 돈을 우려내거나 공갈협박을 할 때 한몫 거들기도 한다.

요약하자면, 기둥서방은 매춘부의 길잡이 역할을 하는 것이다. 그럼으로써 매춘부는 자신을 키워냈고, 또 자신의 처녀성을 강탈했던 기둥서방에게 그만큼 더 잘 복종하게 되는 것이다. 결국 기둥서방은 매춘부와 동거관계를 이룸으로써 그녀의 진정한 애인이 된다. 고객과의 성행위에서 쾌감을 느끼지 못하는 매춘부는 자신의 애인과 함께 하는 성행위에서 쾌감을 느끼고 보상을 받는다.[259] 기둥서방이 매춘부로부터 자신의 기본적인 수입을 우려내는 것이 사실이든 아니든간에 그는 통상적으로 그녀에게 자신의 일상적 〈급료〉를 요구하며, 반항하거나 혹은 단순히 형편 없이 수입이 적을 경우 그녀를 사정 없이 때림으로써 자신의 곁을 떠나가지 못하도록 한다. 이것은 분명한 사실이다. 국회의원 뽈 뫼니에가 원외위원회에 제출한 보고서는 이 점에 관한 생생한 자료를 포함하고 있다. 보고서 속에는 자칭 거리의 조합원이라는 사람의 이름으로 매춘부들이 자신들의 〈생선〉(기둥서방에 대한 별칭)[260]에 대해 지켜야 할 의무사항들이 열거되어 있었다. 매춘부와 그 기둥서방의 관계에서 벌어지는 사도매저키즘의 성격은 너무나도 잘 알려진 것이기 때문에 그것을 다시 주장할 필요는 없다. 다만 그것이 과장되어 있다는 점을 고려해야 할 것이다. 그리고 부르주아층과는 다른 방법으로 감정표현이 이루어지는 매춘사회에서의 부부관계, 즉 매춘부와 기둥서방의 관계에 대한 성격을 참작해야 한다.

본 연구를 위해 구비하고 있는 유일한 증거들, 즉 가제뜨 데 트리뷔노紙에 게재된 매춘부들의 고백과, 수감되었거나 단순히 의료원이나 병원에 수용된 매춘부들의 몇몇 서신들,[261] 그리고 그 매춘부들과 관계를 맺고 있던 남자들의 서신들은 기둥서방들의 상대 매춘부들에 대한 깊은 애정을 드러내 주고 있다. 매춘부가 감옥에 수감되었을 때 그녀에게 보내는 기둥서방의 걱정과 관심은 석방 후에 다시 그녀를 이용하려는 욕구 때문만은 아니다. 샤를르-루이 필립은, 기둥서방인 몽빠르나스의 뷔뷔가 자신의 정부 베르뜨에게 보여 준 이중적이고도 거친 사랑을 강렬하게 표현해낸 바 있다. 그런데 이는 다만 문학작품에만 한정된 것이었다.

움직일 수 없는 증거인 몸의 문신을 통해서 매춘부의 기둥서방에 대한 긴밀한 감정의 강도를 측정해 볼 수 있다. 물론 이러한 문신작업의 상당수는 전문적인 작품 수준을 능가했다. 문신의 형태가 리스트에서 선택되고 나면, 다른 여자와의 경쟁에서 이기고 싶은 욕구에 몸을 맡겨 버린다. 다른 한편으로 매춘부에게 있어서 대다수의 문신은 정부에 의해 서투른 솜씨로 이루어지는 투박한 작품이 되고 만다. 매춘부들은 이러한 심볼에 대단히 집착하는 경향을 보이고 있으며, 정부와의 파국 이후에도 〈문신 자국을 삭제〉하고자 하는 생각을 갖고 있던 매춘부들은 드물었던 듯싶다.

매춘부에게 있어서 아마추어적인 문신의 기호는 단순한 형태가 대부분이었다. 얼굴에 나타나 있는 살갗의 가짜 점은 대개 아주 심한 문신자국이 있음을 드러내 준다는 사실을 알아야 한다. 팔뚝이나 팔에 정부의 이름이나 이니셜이 새겨진 문신에는 〈삶을 위하여〉라는 구절이나 P. L. V, 그리고 종종 〈나는 …를 사랑해〉라는 구절이 뒤따르게 되는데, 이것이 가장 흔한 형태의 문신이었다. 사랑을 표현하는 이 자국은 종종 어떤 생각이나 마음, 혹은 대단히 드문 경우로서 선택된 남자의 초상화를 동반하기도 한다. 단검 위에 교차된 두 개의 손은 죽는 날까지 한 남자에게 성실하겠다는 의지를 보여 주는 문신이었다. 더욱더 전문적인 직업인에 의해 만들어지는 문신들에는 더욱 온건한 색조, 즉 날개가 달린 사랑의 마크나 혹은 한 화분의 꽃들이 그려져 있다. 어떤 심벌은 이따금 정부의 직업이나 그의 소속부대의 장소를 의미하기도 한다. 대표적인 예를 살펴보면 별은 옛날의 식민지군 소속의 병사를 지칭했다. 때로는 문신이 멀리 떨어진 곳에서 군복무를 하는 정부에 대한 충실성을 보이려는 욕구를 표현하는 경우도 있었다. 홀로 있는 새 한 마리는 사랑하는 연인이 오랫동안 부재하고 있음을 알려 주는 문신이었다.

정부와 파경에 이르게 되면, 하트형 마크에 화살이 박혀 깨어진 모양이 매춘부의 몸 위에 그려진다. 매춘부에게 새로운 정부가 생기게 되면, 전 정부와의 파국을 의미하는 화살 표시 이외에 첫번째 문신자국 밑이나 혹은 다른 팔에 두번째 문신을 새겨넣으며, 이것은 새로운 정부가 생겼다는 사실을 의미한다. 정부와의 파국으로 매춘부가 비탄에 잠기게 되는 경우, 화살이 박혀 깨어진 하트형 마크에는 여러 가지 모양의 심벌이 추가되며, 그 심벌들은 복수를 하려거나 혹은 술과 함께 슬픔에 빠지고자 하는 의도를 나타내 주는 것이었다. 따라서 버림받은 매춘부가 스스로 무덤이나 포도주병을 문신으로 나타내는 일도 있었다. 정부가 죽어서 그를 잊을 수가 없으면 문신에 십자가를 포개어 놓거나, 더욱 단순한 방법으로 하트형 마크 위에 꽃잎이 펼쳐지는 형태를 새겨넣었다.

쌩-라자르 지역의 매춘부들에 관해서 르블롱 박사와 뤼까스 박사[262]가 복사한 문신들은 가장 분명히 찾아볼 수 있는 감동적인 문서들을 형성하고 있다. 그 문신들은 기둥서방이나 정부를 향한 매춘부들의 심오한 사랑의 감정과 그 감당할 수 없는 빛을 투영하고 있다. 이러한 수많은 실태들이 그들의 사도매저키스트적인 관계가 거의 중요치 않다는 사실을 보여 주는 예들이다. 문신에 음란한 표현은 드물었다. 남자에게 얽매어 있는 매춘부들에게 있어서 사랑의 단순하고 강도 높은 감정이 소박하고도 유치한 심벌로 표현되고 있었지만, 그 〈푸른 꽃〉은 결코 지워질 수 없이 각인된 감정의 심벌이었던 것이다. 타인에게 매매되는 육신에 대해 속죄를 생각하고 자신의 천품과 정숙성을 반영하는 문신은, 지난 세기

말에 있어서 그 어느것보다 매춘부들의 상황을 잘 설명해 주는 것이다.

기둥서방은 다양한 얼굴을 가진 개체이다. 거의 절대다수의 증언들이 이 초상화의 변화를 충실하게 반영하고 있다. 세월이 흘러감에 따라서 기둥서방은 울타리의 헤라클레스로서 묘사되기보다는,[263] 반대로 점점 더 보잘것 없는 건달이나 조숙하고 교활하며 닳고닳은[264] 〈블라우스를 걸친 멋쟁이〉[265]로 그려지고 있었다. 기둥서방이 삶을 의지하고 있는 비밀매춘부의 경우처럼, 지난 세기말 빠리의 기둥서방은 특이한 몸치장을 거부했다. 그는 야한 화장도 하지 않았고, 검은 명주 모자를 쓰지도 않았으며, 바둑판 무늬나 코끼리 발 무늬가 들어 있는 밝은색 계통의 바지를 입지도 않았다. 시 중심부의 까페에 드나들던 기둥서방은 기껏해야 밝은색 넥타이를 매고 자신의 정부로부터 받은 반지를 손에 끼고, 그 위에 노란 장갑을 끼는 정도였다.[266] 반대로 별명을 붙이는 관습이 유지되었는데, 흔히 통용되던 별명은 다음과 같은 것들이다. 〈색마〉, 〈황소〉, 〈몽루즈의 고문관〉, 그리고 〈그르넬의 불량배.〉

당시의 사회학자들은 진정한 곤충학의 단계에 입각해서 이들을 연구하고, 그 실태를 분류하려는 경향이 있었다. 그들이 분류한 것은 다음과 같이 나타나고 있다.

● 폐쇄적인 공인창가의 기둥서방은 매춘부의 정부가 되었으며, 자취를 감추어 가고 있던 존재들이었다. 그러나 1902년 당시까지 이들이 베르사유 지역에서 존속하고 있다는 사실을 기억해 두자. 그 당시에도 여전히 남자들이 자신의 정부들을 시내의 창가로 내보내고 있었다.[267]

● 때로는 근면한 공장노동자가 수치심을 느껴가면서 기둥서방이 되기도 하는데, 그는 자신의 남는 시간을 할애해서 정부를 도와 준다. 그리고 그녀가 나이가 들면 결혼에 이르게 되는 경우도 상당수 있었다.

● 정식으로 결혼한 기둥서방들. 1852년 7월 9일자 법령이 가결된 이래, 자신의 정부와 결혼함으로써 유배의 위협에서 벗어나려 했던 기둥서방이 이에 해당되고, 아내의 행실에 관대한 남편이 기둥서방이 되기도 한다.[268]

● 자신의 정부를 감시하는 것 외에 울타리 주위를 배회하면서 서슴 없이 고객을 약탈하는 기둥서방들이 있었다. 이런 유형의 기둥서방은 그르넬 가과 빌레뜨 가, 벨르빌 가, 메닐몽땅 가뿐만 아니라 시 중심지와 중앙시장 부근, 모베르 광장에 널리 퍼져 있었다. 마르세유 경찰이 추산한 바에 따르면, 이러한 유형의 불한당들이 1875년 당시 그 도시에서 1천 명 이상이 존재했었다.[269] 또 릴의 중앙경

찰서장은, 사람들이 에따끄 가에서 불한당들에게 금품을 털리지 않은 밤이 없었다고 1903년에 도지사에게 보고하기도 했다. 자신의 명예가 손상될지도 모른다는 두려움에 희생자들은 일반적으로 고발을 하지 않았다. 결국 경찰은『구타를 당하고 길에서 나뒹구는 사람들이 자신의 실수라고 스스로를 변명하기 때문에』[270] 사건의 전모를 제대로 판단할 수 없게 된다.

● 수도 중심부에 있는 까페의 기둥서방과 화류계의 〈랑쇠르〉. 전자는 부인용 미용사, 숲 속의 투기사,[271] 까페-공연장의 가수[272] 혹은 문인으로 자처한다. 자신의 정부를 살해했던 프라도와 프랑지니[273] 같은 부류인 랑쇠르는 얼굴을 붉게 치장하고, 머리에 기름을 바르고 눈부신 반지를 낀 사기꾼의 모습으로 꼬망쥬 박사[274]에 의해 묘사되었다.

● 동성애에 빠진 젊은이들의 기둥서방도 빠뜨릴 수 없는데 이 부류는 전혀 본 연구의 대상이 아니다.

세간에서 기둥서방들의 동업조합에 대한 말들이 오갔지만[275] 제1차세계대전 이전에 이들의 동업조합설의 흔적은 어느곳에서도 찾을 수 없다.[276] 고작해야 오랜 가족과 같은 친근함에 토대들 둔 이들의 커다란 연대감만을 확인할 수 있을 뿐이다. 기둥서방들은 한가로운 오후 시간에 주로 당구를 치거나 카트놀이를 하면서, 혹은 길에서 산보를 하면서 상호간의 친밀성을 다져 나갔다.[277] 선배들이 젊은 후배들을 교육시키는데, 그들은 15세 때부터 〈경고자〉[278]의 역할을 담당하면서 현장실습을 수행한다. 그러나 마르세유에서는 여러 명의 매춘부가 함께 같은 도로 위에서 고객을 유인하는 광경이 눈에 띄었으며, 마찬가지로 기둥서방들도 공동으로 행동하다가『매춘구역의 끝지점으로 분산하곤 했으며, 이것이 세인들의 눈길을 끌었다.』[279] 경찰이 한 매춘부를 체포하려 할 경우, 그들이 다시 몰려들어서 그녀의 탈출을 용이하게 도와 주었다. 그리고 이 도시에서는 때로 두 기둥서방이 의기투합하여 한 매춘부를 동시에 소유하면서 영업을 하는 일도 있었다.[280]

1889년에 쎈느-엥페리외르 지역에서 실시된 조사 외에, 기둥서방 전체의 성격을 대변할 수 있는 분석자료들이 양적으로 풍부하지 못한 것이 사실이다. 제2제정 말기에 까끌리에[281]는 포주업으로 피소된 개인들에 대해 체계적인 연구를 시도했다. 6년 동안 수도에서 체포된 적이 있다고 주장하던 6백95명의 기둥서방 중에서 3백71명(53퍼센트)이 빠리 출신이었으며, 3백24명(47퍼센트)이 지방이나 외국 출신이었다. 따라서 빠리에서 태어난 기둥서방 비율이 당시에 공창이나 사창들의 경우보다 훨씬 높았다는 사실을 알 수 있다. 이 당시 기둥서방들은 대부분

전과자들이었다. 실제로 그들 중 47.4퍼센트에 이르는 3백30명이 이미 도합 5백 75번의 유죄판결을 받은 바 있고, 이 유죄판결 중에서 2백75건(95명의 기둥서방 유죄건수)이 상해나 경찰에 대한 공무집행방해와 관계된 것이었으며, 2백62건(91 명에 해당)이 단순절도나 배임죄, 38건(31명)이 무기휴대나 야간주거침입 혹은 강도죄였다. 빠리 출신의 기둥서방들이 이 당시 커다란 범죄집단에 속해 있는 경우도 있었다. 그래서 당시에 그들을 집단촌에 억류시키고자 하는 수많은 제안들이 출현하게 되었다. 1896년 당시 꼬망쥬[282]는 1백 명도 더 되는 기둥서방들이 최근 20여 년 동안 사형이나 종신노동형을 선고받았다는 사실을 강조했다.

루앙에서는 1889년 47명의 남성이 자신의 처나 정부의 『매춘영업으로만 생계를 꾸려가고 있었다.』[283] 그러나 이 남성들 모두가 자신의 직업을 가지고 있다고 주장했다. 이들 중 17명이 수공업 경영자나 수공업에 종사하는 직공이라고 자칭했으며, 8명이 일용노동자로, 7명이 외판원이나 행상인으로, 6명이 가수나 샹송의 작곡가 혹은 떠돌이 악사로, 2명이 상인으로, 2명이 까페 종업원으로 행세했고, 2명이 상점의 종업원으로, 그리고 2명이 수부라고 주장했다. 이 기둥서방들 중 9명은 이미 절도와 상해죄로 18건의 유죄판결을 기록한 바 있었다.

일반적으로 진짜 기둥서방은 나이가 젊은 것이 특징이었다. 대개 18세 정도이며, 50여 세를 넘긴 사람은 단 한 사람도 없었다고 까끌리에는 결론을 내린다. 루앙 지역 기둥서방들의 연령별 분포를 보면 그의 증언이 확실하다는 것을 알 수 있다.[216쪽 참조] 경찰청의 보존기록들은 기둥서방이라고 간주할 수 있는 무리들의 행태에 관한 여러 일화들을 포함하고 있다. 불행하게도 언론이나 여론과 마찬가지로 치안경찰은 상당수의 젊은이들로 구성된 위법적 집단을 기둥서방들의 행위와 혼동하고 있었다. 그 결과 1902년 당시 경찰은 무도회가 끝나는 매주 월요일 저녁에 모여들어 무리를 이루는 50여 명의 소년소녀들을 유해한 집단으로 간주했다. 이유는 이들이 뗠르리 공원에서 쉬레느까지 운행하는 유람선 위에서 항상 폭력적이고 음란한 장면을 연출하고 있었기 때문이다. 실제로 이들은 매주 5시경에 퓌또에서 배를 타곤 했으며, 보고서에 의하면 『그 배들은 거의 그들이 독차지하였다. 이들은 부녀자들과 아이들을 좌석에서 내쫓고 물건을 부수고 음탕한 노래를 부르거나 이에 항의하는 사람들을 위협했다. 그들은 전기램프를 깨부순 다음 음탕한 장면을 벌이기 시작했다.』[284] 경찰의 매복과 일제소탕작전의 결과 『약 35명에 달하는 기둥서방』을 체포했으며, 『그들 중 대다수가 15세에서 19세에 이르는 앳된 젊은이들이었다.』[285] 사실상 소외된 젊은이들이 담당하던 기둥서방에 대항해 언론[286]은 경찰의 개입을 요구했다.

더욱 분명한 사건이 1902년 10월 28일에 발생했다.[287] 그날 밤 9시 반경 이미 경찰의 집중적인 시선을 받고 있던 20여 명의 기둥서방들이, 봐이에르 가와 비다쏘아 가 사이의 모퉁이에서 권총과 칼로 그들 사이의 분쟁을 해결했다. 이 싸움의 와중에서 2명의 부상자가 발생했다. 한 사람은 19세의 기와공이었고, 또 다른 한 사람은 23세의 세탁소 종업원이었다. 경찰은 현장에서 21세의 〈세공직공〉과 18세의 일용노동자를 체포했다. 새벽 1시 반에 펼쳐진 일망타진의 결과 경찰은 메닐몽땅 가 4번지에 자리잡고 있던 일당의 멤버들을 파악, 전날 밤 싸움을 벌였던 사람들 중 6명을 체포했다. 6명 중에서 1명은 18세의 기와공이었고, 19세의 일용노동자가 1명, 17세의 얼음절삭공이 1명이었다. 그리고 20세의 세공직공 1명과 17세의 목수 1명, 24세의 모형제작자 1명도 함께 체포되었다. 이 모형제작자 1명을 제외한 나머지 사람들은 대단히 앳된 젊은이들이었으며, 자신의 직업을 떳떳하게 밝히고 있었다. 기둥서방의 세계에서는, 누범자들에 대해 법률이 적용되기 시작된 이래로 그럴 듯한 직업을 내세우는 것이 관례화되어 있었다.

근본적인 문제가 남아 있는데, 그것은 바로 기둥서방들의 등급에 관한 수치적인 문제를 말한다. 이 분야에서의 문제해명을 위한 연구는 대단히 불확실하다. 본 연구는 빠리에 관한 두 개의 극단적 산정수치를 제시하는 것으로 만족해야만 할 것이다. 1891년 르 땅紙는 기둥서방들에 할당된 조사에서 기둥서방들의 수효를 5만 명으로 산정했다. 이와는 반대로 경찰청의 전문가들[288]은 그 수효가 1천 명을 상회하지 않는다고 생각했다. 경찰청 전문가들의 계산이 아마도 더욱더 현실에 접근한 것일 터이다. 기둥서방들의 수치적 변화에 대한 연구를 개괄적으로 언급한다는 것은 지금으로서는 전혀 현실성이 없는 시도가 될 것이 분명하다.

사창에 관한 인류학적 연구의 어려움

양적으로 풍부한 자료들을 참고로 사창의 초상화를 그려낸다는 것은, 공창의 초상화를 그려낸다는 것보다 훨씬 거북스러울 것이다. 비밀매춘부는 경찰에 있어서와 마찬가지로 사회학의 연구범위에서도 대부분이 벗어나 버리기 십상인 존재였다. 더 정확히 말하자면, 사창을 구별할 수 있는 뚜렷한 특징들이 거의 없기 때문이다. 사창의 연구를 위한 풍속담당 경찰의 기록이나 여경영자들의 기록장부, 또는 형무소의 구류기간에 대한 기록 등이 전혀 남아 있지 않은 실정이다.

유일하게 남아 있는 자료들이란 바로 성병환자들에게 자유로이 개방된 병원에서 실시된 관찰서류나, 사창들의 체포와 조사에 관계된 기록서류들이다. 이 서류들조차도 체포나 구금 이후의 사창들의 상황을 기록하고 있는 것이 아니라, 사창들 대부분을 등록된 공창의 무리로 파악하여 그 수치를 증대시키고 있을 뿐이다. 그리고 사창들에 대한 기록자료들이 화류계의 여자들에 대한 기록 수준에 미치지 못하고 있으며, 양적으로 풍부하게 실시된 조사도 가창의 경우를 제외하고 사창과는 거의 관련성이 없다는 사실을 추가해야 한다.

사창들이 언젠가는 공창으로 등록해야 할 운명에 놓여 있다거나, 혹은 사라져 버리기 이전에 이미 등록이 되었다는 사실을 감안한다면, 이런 조사들의 결과를 참작한다는 것은 불필요한 일이 될지도 모른다. 실제로 알 수 있는 것은 비밀매춘이 공식적인 매춘의 견습이나 〈강요된 서곡〉[289]에 불과하다는 사실이다. 공인 창가로 처음부터 직접 들어왔던 매춘부 엘리사는 예외적인 경우였다. 위스망의 작품에 등장하는 마르뜨의 파란만장한 운명은 현실과 더욱더 일치하는 것이었다. 그러나 이 두 개체 사이의 유사성을 확인해야 하며, 그렇지 않은 경우 사창을 공창과 구별해 주는 특징들을 찾아내는 것이 필요하다.

이 문제를 취급하고 있는 중요한 의학적 문헌들[290]을 보면, 사창 출신 가정이 공창 출신 가정과 마찬가지로 지극히 정상적이었다는 사실을 단번에 파악할 수 있다. 1872년에서 1882년 사이에[291] 마르세유 경찰이 방면한 1천 명의 사창들 가운데 1백12명만이 내연의 관계에서 출생한 여자들이었다. 꼬망쥬 박사[292]는 자신이 출신 가정을 조사한 2천3백68명의 사창들 가운데 1백84명의 사창들만이 사생아였다는 사실을 밝혀냈다. 그러나 여자 고아들과 부모 중 한 사람을 여읜 소녀들의 수치는 평균치를 상회하는 것으로 드러났다. 체포된 후 방면된 마르세유 지역의 사창들 중 27.1퍼센트가 부모가 없는 고아들이었다. 그밖에 16.6퍼센트가 아버지가 없었고, 15.3퍼센트는 어머니를 여의었으며, 7.3퍼센트가 부모가 누구인지도 모르는 여자들이었다.[293] 꼬망쥬가 연구대상으로 삼았던 빠리 지역 사창들 중 6백92명(29퍼센트)이 고아였으며, 8백11명(34퍼센트)이 아버지가 없었고, 4백56명(19퍼센트)은 어머니가 없었다.

사창들의 출신지를 살펴보면, 공창들의 경우보다 근거리에서 활동했다는 사실을 알 수 있다. 꼬망쥬의 연구에 의하면, 빠리의 사창들 중 34퍼센트가 쎈느 지역 출신이었으며, 6퍼센트가 쎈느-에-마른느나 쎈느-에-와즈 지역 출신이었다. 그 나머지의 경우, 사창의 지리적 모집범위는 빠리와 동일했다. 다시 말해, 남프랑스 지방에서의 모집이 미미했던데 반해 브르따뉴의 서부지역과 북부지역은 사창의 공급에 상당히 중요한 역할을 했다.

가장 많은 매춘부를 공급하고 있던 곳은 수도의 외곽구역들과 동부구역들이었다. 이 구역들을 순서대로 살펴보면 다음과 같다. 11구(볼떼르 가와 리샤르-르노와르 가), 18구(몽마르트르·클리냥꾸르·라 구뜨 도르), 20구(벨르빌, 메닐몽땅, 샤론느), 19구(라 빌레뜨)와 10구(땅쁠의 변두리지역, 쌩-드니스와 쌩-마르땡 성문의 지역들).

브레스트에 있던 대부분의 사창들은 그 도시 출신들이었다. 마르세유 지역은 비율면에서 볼 때 공창보다 사창을 더 많이(26.2퍼센트) 공급하고 있었다. 그러나 이 도시의 절대다수 사창들은 부슈-뒤-론의 여러 지역이나 인근 도에서 온 여자들이었다. 그밖에도 외국 여성(22퍼센트)이 상당수 있었다. 1875년 한 해 동안 르 아브르 경찰은 1백3명의 사창을 체포했는데 그들 중 22명이 그 시에서 태어났고,

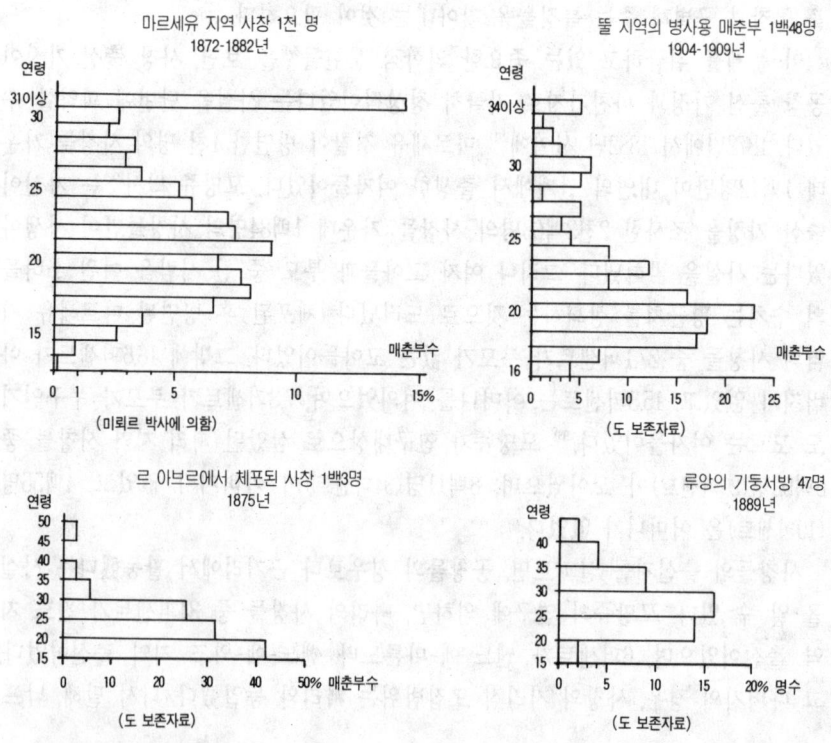

젊은 비밀매춘부들과 기둥서방들—그들의 연령분포

26명이 쎈느-엥페리외르와 같은 지역들 출신이었다. 16명이 인근 도지역인 깔바도스 태생이었다.[294]

마르세유 경찰에 체포된 후 방면된 사창들의 연령별 분포를 등록된 공창의 경우와 비교해 보면, 아주 앳된 여자들과 상당히 나이 든 여자들이 대단히 고르게 분포되어 있다는 것을 쉽게 알 수 있다. 또 주목해야 할 것은 60세를 넘기고서도 여전히 활동하던 매춘부가 있었다는 사실이다. 1875년 당시 르 아브르 지역에서 체포된 사창들 1백3명의 연령별 분포를 분석해 보면 동일한 결론에 도달한다.[214쪽 그래프 참조]

마르세유 지역에서 신고된 사창들의 여러 직업[216쪽 그래프 참조]은 공창들이 등록시에 주장했던 직업들과 크게 다르지 않다. 그들 중 절대다수는 공장의 여직공이나 하녀, 요리사, 셋방청소부, 가게의 점원, 주점의 종업원이었다는 사실을 알 수 있다. 또 미뢰르 박사가 작성한 사창 1천 명의 리스트에는 56명의 오페라가수나 드라마가수들, 언어나 피아노를 가르치는 12명의 교사, 그리고 5명의 여교사가 포함되어 있었다. 낭시의 구제원[295]에 입원한 2백25명의 성병환자가 페브리에 교수의 진료를 받았으며, 4백3명이 1895년과 1900년 사이에 같은 기관에서 치료를 받은 바 있는데,[296] 이들 모두가 마르세유 지역의 사창들과 같은 카테고리에 속한다. 이 지역의 산업화에도 불구하고 사창으로 공급되는 여직공들의 수치는 상당히 미미했다. 반대로 낭시에서는 광범위하게 확산된 까페의 여종업원들이 19세기 말엽에 이르러 전체 사창 수치의 거의 절반에 육박했다. 1878년과 1887년 사이에 수도에서 체포된 성병에 걸린 사창 6천3백42명의 직업별 분포를 살펴보면 양장점의 직공들과 내의류공장의 직공들, 세탁소 직공들과 특히 가정에서 일하는 하녀들이 압도적인 자리를 차지하고 있다는 사실을 확인할 수 있다.[297]

루르쎈느에서 치료받은 성병환자들에 관해 마르띠노 박사가 실시한 제 연구들은, 장차 사창이 될 여자들의 처녀성 상실에 관한 정확한 정보를 가져다 주었다.[217쪽 그래프와 220쪽 표 참조] 이 임상의가 제공한 정보들은 본 연구대상의 범위를 벗어나는 것이므로 여기서 그것을 상세히 다룰 필요는 없을 것이다. 다만 이 정보들은 서민대중 사회에서 행해지던 성인들의 성행태에 관해 번뜩이는 재기를 지니고 있으며, 그것들에 입각해서 유혹의 망에 대한 개략적인 사회학 연구가 가능할 것이다. 바로 이러한 연구가 결혼이나 사생아의 출생에 관한 인구학자들의 학술적 연구를 보충해 준다. 물론 마르띠노 박사의 연구가 덜 엄격한 방법으로 적용된 것이며, 채택된 표본이 여성 수치의 전체를 대변하지는 않는다

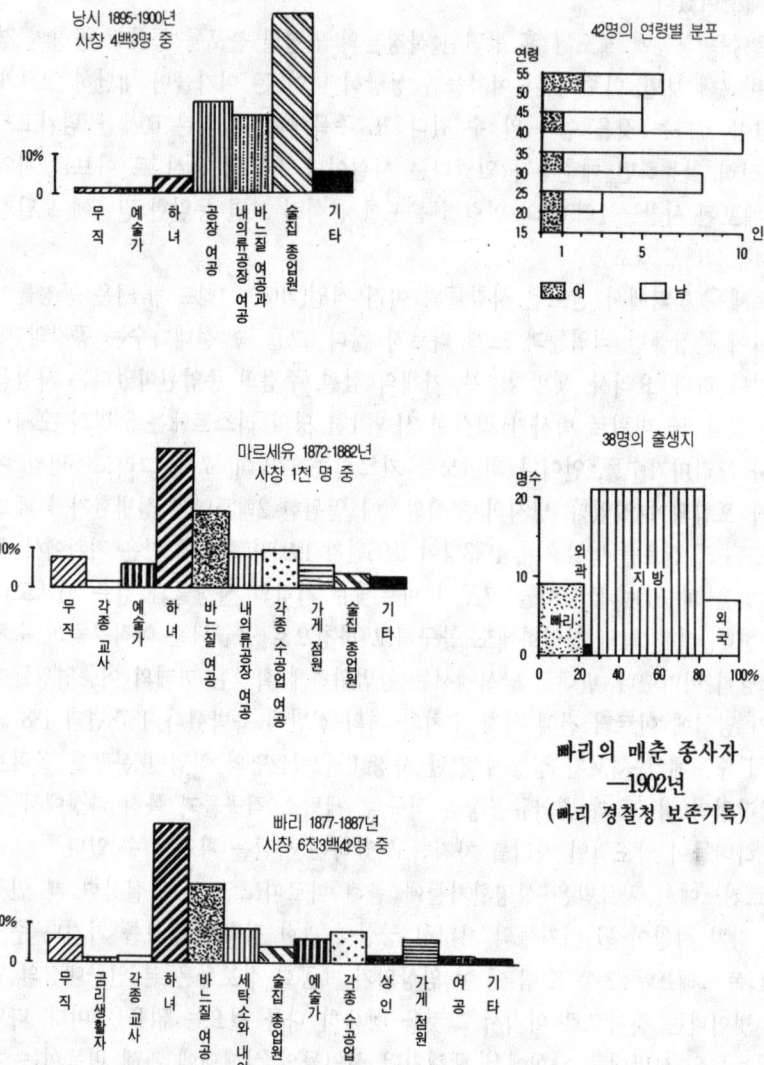

사창들이 스스로 신고했던 자신의 직업
(비뉴롱 박사와 미뢰르 박사·꼬망쥬 박사의 연구에 의거)

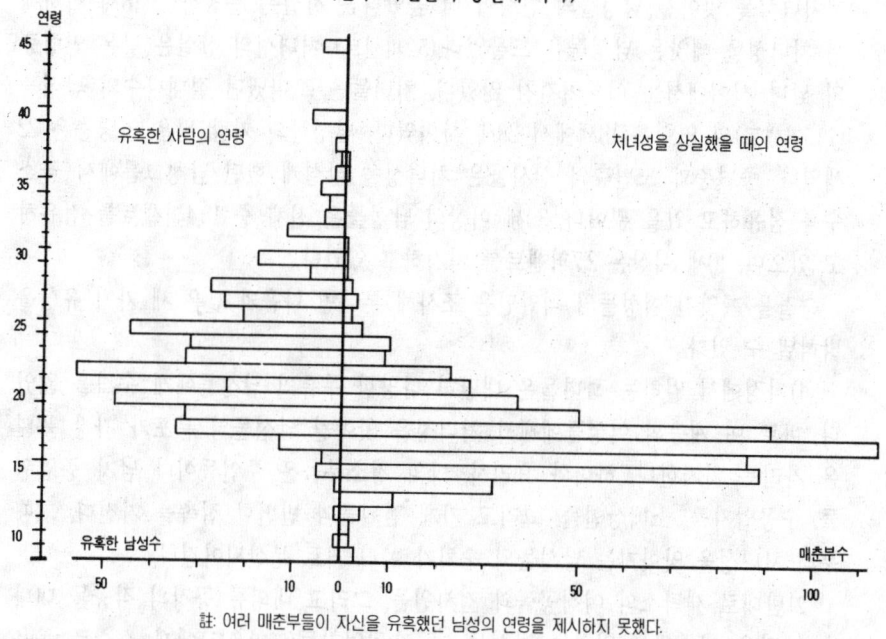

마르떠노 박사가 루르씬느에서 치료한 비밀매춘부들의 처녀성 상실상황
(매춘부 자신들의 증언에 의거)

註: 여러 매춘부들이 자신을 유혹했던 남성의 연령을 제시하지 못했다.

고 반박할 수도 있다. 또 한편으로 조사에 응한 성병환자가 처녀성을 상실했을 때의 나이를 잊어버렸을 가능성도 있다는 사실 또한 명백하다. 왜냐하면 솔직히 말해서 자신의 직업이나 처녀성을 상실했을 때의 나이를 알지 못하거나 횡설수설하는 환자들도 있었기 때문이다. 또 다른 환자들은 자신의 행위를 정당화하거나, 혹은 과거를 미화하고 불결한 모험을 은폐하려고 고의로 거짓말을 했을 가능성도 있다. 완전히 막연한 어떤 현상을 수량화하려는 연구의 시도는 그것에 대한 커다란 관심을 상당히 반향하고 있는 것이다.

우리가 확인할 수 있는 것은 루르씬느에서 치료받은 매춘부들의 처녀성 상실의 시기는 상당히 조숙한 것이었다는 사실이며, 쎙-라자르 의료형무소에서 실시된 연구결과가 그것을 확인해 주고 있다. 여성환자들의 절대다수(78퍼센트)가 15세에서 21세 사이에 자신의 순결을 잃었다. 16세 이전(21퍼센트)에 순결을 잃었던 경우도 상당히 높은 비율을 차지하고 있다. 17세에서 18세 사이에 처녀성을 상실했던 사람이 가장 많았으며, 21세 이후에 처녀성을 잃었던 여자도 있었는데

제 3 장 규제주의 계획의 실패, 혹은 유혹에 대한 환상 217

이것은 예외적인 경우였다.
 처녀성을 앗아간 남성들의 연령이 더 높았다는 사실은 분명하다. 18세 이하에서 처녀성을 빼앗은 남성들은 드물었다.(5.2퍼센트) 처녀성의 상실은 같은 연령층의 남녀 사이에서는 이루어지지 않았다. 처녀들을 꼬여냈던 절대다수의 남성들(73.5퍼센트)의 연령은 18세에서 28세 사이였다. 남성들의 가장 많은 연령층은 22세였다. 중년층과 노년층의 신사들은 처녀성을 상실케 했던 남성그룹에서 극소수를 점유하고 있을 뿐이다. 30세 이상의 남성들은 전체 중 10.4퍼센트를 점유하고 있으며, 40세 이상은 2.7퍼센트를 차지하고 있었다.
 순결을 빼앗긴 여성들의 직업만을 조사해 본다면 다음과 같은 세 가지 유형을 밝혀낼 수 있다.
 1)가정에서 일하는 하녀들은 대단히 다양한 부류의 남성들에게 순결을 잃었다. 바로 이 계층의 여성들에게서 처녀성을 앗아간 남성들의 분포가 가장 폭넓은 자리를 차지한다. 하녀와 요리사, 방의 청소부들은 주인들이나 남자 종업원들, 수공업자들, 소매상인들, 그리고 가게 점원들과 빈번한 접촉을 가진다. 그때부터 처녀성을 앗아가는 남성들의 수치가 여러 개로 분산되어진다.
 2)반대로 세탁소의 여직공들과 검사원들, 그리고 내의류 공장의 직공들 대다수가 같은 계통에서 일하는 남성들, 즉 수공업자들(66퍼센트)에게 스스로 몸을 맡긴다. 약간 덜 분명한 예로서 바느질업에 종사하는 여자들을 제외하고, 공장과 수공업 작업장에서 일하는 여자들도 이 부류에 포함된다.
 3)바느질업에 종사하는 여자들에 대한 조사결과, 특히 양장점 여직공들이 특이한 행동양태를 보여 주고 있었다. 이 여자들 중 남자 하인에게 스스로 몸을 내맡긴 이는 단 한 명도 없었다. 이들은 하인을 제외하고, 반대로 다른 모든 부류의 남자들에게 처녀성을 상실했다. 그리고 자유업에 종사하는 남성들과 학생들(17퍼센트)이 수치상 상당히 높은 비율을 보여 주고 있다.
 순결을 차지한 남성들에 관계된 조사결과를 분석해 보면, 다양한 세계의 남성들이 정상적인 부부관계를 벗어나 자신들의 성욕을 다른 곳에서 만족시키는 방법을 파악해 볼 수 있다. 처음부터 병사들은 아예 리스트에도 올라 있지 않다는 사실을 주목해야 한다. 빠리에서 순결을 잃은 여성들에 관한 조사가 실시되었지만, 이것이 병사들의 부재를 충분히 설명해 주지는 못한다. 수공업 분야에 종사하던 직인들과 공장노동자들이 루르씬느 지역의 성병환자들을 유혹했던 대표적인 사람들로 여겨진다. 이들은 모든 직업에 종사하는 여성들을 정복, 섭렵해 버렸다. 이들은 자신들의 직업과 같은 계통에 종사하는 여자들을 좁은 범위에서 유혹했던 것과는 대조적으로, 모든 방향에서 유혹을 행사하면서 다른 직종의 여성들을 꼬여냈다.

남성과 여성 사이에 일어나는 일종의 행동의 불균형이 고용인들 사이에서는 더욱 명확하게 드러나고 있었다. 그런데 여기서 상황은 반전된다. 남자 하인들이 여성들에 대해 벌이는 유혹행위는 그 사회 내에서 동년배의 여자들로 좁게 제한된다. 그들이 처녀성을 앗았던 21명의 여자 가운데 17명이 그들과 같은 직종에 종사하던 여자들이었다. 자유업에 종사하는 멤버들과 사회적 의미에서 일시적인 무소속감을 느끼는 학생들 대다수가 바느질에 종사하는 여성들과 하녀들을 대상으로 선택한다. 이들은 수공업 작업장이나 공장에서 일하는 여성들의 처녀성에 거의 매료되지 않았다. 가게의 점원들과 외판원들도 동일한 행동을 보여 주었다. 행위의 이러한 유사성은 모방의 욕구를 나타내 주며, 그 자체가 사회적 야심을 드러내 주는 것이었다. 상업과 산업에 종사하는 사장들은 동일한 두 부류의 여성들에게 자신의 유혹행위를 행사한다. 그러나 이들의 경우에도 하녀를 유혹하여 처녀성을 빼앗은 경우가 압도적인 수치를 기록한다.

이러한 대략적 고찰만으로도 혼전이나 혼외정사의 다양한 망을 충분히 드러낼 수 있다. 항상 신체적으로 가까이 접촉하고 있다는 사실이 종종 유혹의 결정적 요인이 된다. 육체적으로 가까이 있다는 사실 때문에 사무실이나 작업장, 혹은 부르주아층의 내실에서 남녀가 벌이는 성관계는 납득할 수 있는 성격을 지닌다. 그러나 이러한 육체적 가까움으로 인해 욕망과 유혹이라는 복잡한 절차가 완전하게 설명되어지는 것은 아니다.[298]

꼬망쥬는 『오늘날 학교에서 도덕교육을 지나치게 과장하고 있다』는 사실을 인정할 수밖에 없었다. 그가 1878년에서 1887년 사이에 소환한 1만 명의 사창 환자들 가운데 단지 16퍼센트만이 문맹자였으며, 이것은 평균치에 상당히 일치하는 것이었다. 실제로 마르세유에서는 1882년 당시 체포된 경력이 있는 매춘부들의 경우 문자해독률이 42.3퍼센트였으며, 이 비율은 지방의 평균치를 상회하는 것이었다.

결국 풍속담당 경찰에 체포된 사창들이나 성병전문의 병원에서 치료를 받은 매춘부들은, 그들의 다양한 모습에도 불구하고 등록시에 공창들과 많은 유사점을 지니고 있었으며, 이것은 그다지 놀랄 만한 사실이 아니었다. 이 사창들은 매춘활동을 벌이는 도시환경 속에 공창들보다 좀더 잘 동화된 것처럼 보인다. 사창들은 대개 공창들에 비해 도시지역 출신들이 더 많았다. 이들은 자신의 원래

빠리 비밀매춘부들의 유혹된 과정
(마르띠노 박사의 저서에 의거)

· 1명

유혹대상 여성 \ 유혹자	하인	일용잡부	농부	수공업공장 경영주와 노동자	병사	산업노동자	웨이터	가게점원과 외판원	예술가와 설계사	상업 및 공업기업주	자유업과 학생	지주·금리생활자	산업관리직 및 행정관리	사무원
하 녀	:::	·		:::	··	:::	:::	:::	:::	:::	·			:::
일용잡부	·	··		:::										
농 부														
내의류공장과 세탁소 여공	··			:::						:::	:::	·	·	:::
바느질 여공				:::	::	:::	:::	:::	:::	:::	:::	:::	·	:::
기타 수공업 노동자	·			::::		:::	:::	:::						·
대형공장 여공				::::	···	:::								··
술집 여종업원	·													
가게 여점원														
행상인				::										
예술인, 모델				·							·			
각종 교사											·			

직업을 당당하게 내세운다. 이들의 지적교육 수준은 다른 부류의 매춘부들보다 약간 높은 것이 사실이다.

3 새로운 매춘의 형태들

본 연구는 이제 19세기 최후의 30년간 프랑스에서 펼쳐진 매춘사 속에서 가장 중요한 현상에 접근해 갈 것이다. 즉 고급창부가 아니면서도 규제주의제도에서 전면적으로 벗어나는 부녀자들이 있으며, 더 이상 사창으로 규정할 수 없는 이 여성들의 매춘행위의 확산을 살펴보고자 한다. 이 여성들은 경찰의 추격을 받지도 않았다.[299] 성병에 걸리게 되면 사창들은 공창으로서 인정받지 못하며, 의사로부터 고발을 당하기도 했다. 공창들은 앞서 살펴본 바와 같이, 사창들과는 달리 경찰의 습격에 대한 불안감 때문에 제대로 활동을 하지 못했다. 이들 중에는 상당히 드문 수효가 기둥서방에 의지해서 살아가거나, 자신이 마음을 준 정부와 가끔 관계를 지속하는 매춘부들이 있었다. 그런데 반대로 이들은 새로운 매춘기업의 희생자가 되었다. 이 매춘기업은 진정한 상업적 기업의 형태를 갖추고서 여러 부류의 여성들에게 영향력을 행사했으며, 매춘의 조직망을 확대시켰다. 이 조직망의 확대는 20세기 초엽에 부녀자들의 인신매매에 관한 문제를 야기시켰다. 요컨대 이 새로운 모든 매춘방법은 여성 스스로가 매혹당한다는 느낌을 고객에게 주고 있으며, 고객을 거부할 자유가 없는 일개의 동물적 존재가 더 이상 아니라는 사실을 암암리에 내포하고 있다.

맥주홀의 여자들

1876년 이래, 즉 매춘문제가 본격적으로 화제에 오르게 된 이래 여종업원들의 높은 성병률에 의거한 여론의 캠페인이, 〈여자를 고용하고 있는 맥주홀들〉의 폐쇄를 거의 매번에 걸쳐 요구하곤 했다.[300] 이 맥주홀들은 1867년의 만국박람회에 즈음하여 제2제정하에서 출현하였다. 그때 여종업원들이 맥주홀의 남종업원들로

[표 10] 수도지역에서 〈여자를 고용하고 있는 맥주홀들〉의 수적 증가[301]

	맥주홀수	여종업원수
1872	40	125
1879	130	582
1882	181	881
1888	203	1100
1893	202	1170

대체되기 시작했다.[302] 그런데 1880년 7월 17일의 법령을 계기로 이 맥주홀들과 그곳에서 일하는 여종업원들이 수적으로 분명히 증가하는 현상을 보였다. 이러한 현상은 빠리의 경찰청장이던 레옹 부르조와가 1888년 2월 24일부터 시행된 조례로써 그것을 억제하기 이전까지 계속되었다.

〈여자를 고용하고 있는 맥주홀들〉은 수도의 중심구역들에 자리잡고 있었다. 여자가 가장 많고, 또 가장 고객이 많은 맥주홀들은 강안의 좌측에 있는 라땡 구역에 들어섰다. 이 맥주홀은 일반적으로 돈 많은 익명 주주들에 의해 운영되고 있었다. 공인창가와는 달리 〈여자를 고용하고 있는 맥주홀들〉은 근본적으로 남성에 의해 유지되는 매춘업의 성격을 그대로 드러내고 있다.

그 맥주홀들의 간판은 그림같이 생생하게, 혹은 선정적으로 만들어져 있었다. 가장 유명한 간판들로는 〈까이드〉(두목), 〈누누〉(유모들), 〈데르니에르 까르뚜슈〉(최후의 탄약통), 〈뀌뻬동〉(연애의 신 큐피드), 〈오달리스끄〉(여자 노예), 〈앙페르〉(지옥)라는 명칭 등이 사용되었다.[303] 사육제가 열릴 때면 맥주홀 주인들은 기마 행렬을 벌이면서 가게의 특성을 구경꾼들에게 알리곤 했다.

〈여급〉이라 불리는 상냥하고 예쁜 아가씨들이 짧은 치마를 입고서 고객에 대한 서비스를 담당하는데, 이것은 종종 극장에서 행해지는 변장의 행위를 연출한다. 따라서 그 여종업원들은 여자 농군이 되기도 하고, 안달루시아 여인네의 모습이나 이탈리아 여인네들 혹은 스코틀랜드 여인들의 모습으로 홀을 거닌다.[304] 그 〈여급〉은 시중을 드는 고객의 테이블에 앉아서 더 많은 술을 고객이 소비하도록 부추기면서 그와 함께 술을 마셔댄다. 고객이 원한다면, 그녀는 인근에 있는 숏타임 매춘을 위한 호텔로 고객을 데려간다. 그 호텔의 경영자는 대개 맥주홀 관리인들과 은밀하게 연결되어 있었다. 이런 관행이 확산되고 있었음에도 불구하고 아주 드문 경우로서 여급은 맥주홀의 방이나, 혹은 뒷방에서 고객과 매춘행위를 벌이는 경우도 있었고 때때로 화려하게 장식된 방들이 비너스의 동굴로 개조되기도 했다.[305]

맥주홀의 여자들은 강안 우측의 몇몇 맥주홀의 경우를 제외하고는 주인으로부터 침식을 제공받았다. 그 대신에 여자들은 〈봉사할 권리〉에 대해 상당히 약소한 금액을 지불했다. 그 약소한 금액이란 강안 좌측에 있던 맥주홀들의 경우, 하루당 50쌍띰에서 1프랑 정도였다. 마찬가지로 그 여자들은 자신들에게 할당된 테이블의 위치에 따라 일종의 사용료를 지불해야 했다. 그밖에도 맥주홀의 경영자는 여종업원의 질과 드나드는 고객의 수효에 의거해 여자들에게 세금을 징수했다. 또한 경영자는 특히 기물파괴와 같은 경우에 대해서는 다양한 벌금을 부과하기도 했다. 그 〈여급〉은 마지막으로 자신의 의상비와 손님에게 제공되는 성냥값을 주인에게 지불해야 했다.[306] 마르띠노 박사의 말에 의하면, 심지어 어떤 맥주홀에서는 여급이 남종업원에게 팁을 주어야 되는 경우도 있었다고 한다.[307] 이런 실정에도 불구하고 마쎄의 평가에 따르면, 맥주홀 여자의 1일 수입은 5프랑에서 20프랑 정도였다.[308]

의상과 장식에 정기적인 변화를 주는 것은 여자들의 빈번한 보충이나 교체를 피하는 방법이었다.[309] 다른 카테고리의 매춘부들과는 달리 이 〈맥주홀의 여자들〉이 다른 곳으로 이동하는 일은 상당히 드물었다. 그래서 그 여자들은 자신에게 충실한 고객층을 확보하는 데 성공한다. 일류 〈여급〉들은 경영자를 통해서 인근의 아파트에 입주해 산다. 이렇게 함으로써 그녀는 자신의 활동을 더욱 원활하게 수행한다. 이 매춘부들의 시간표는 공인창가의 매춘부들보다는 덜 엄격한 것이었다. 〈여급〉은 오후 3시에서 자정까지 활동을 벌인다. 그 나머지 시간 동안 맥주홀은 아침 손님을 위해서 특별히 고용된 몇몇 여자들만이 지키고 있을 뿐이다.

〈여자를 고용하고 있는 맥주홀들〉의 주요 고객층을 형성하는 부류는 바로 젊은이들이다. 고등학생들, 대학생들, 예술가들, 젊은 사무원들, 혹은 양품점 점원들이 뜨거운 욕구에 의해 그곳으로 모여든다. 라뗑 구역의 맥주홀들에는 지성을 갖춘 젊은이들이 들끓는다. 제한선거왕정시대에 극장으로 몰려들었던 젊은이들이 이제는 이러한 맥주홀에서 자신들의 응집력을 보여 준다. 이 〈여자를 고용하고 있는 맥주홀〉은 젊은이그룹의 동일성을 확인시켜 주었을 뿐만 아니라, 지방 출신 젊은이들의 빠리 사회로의 통합을 촉진시켰다. 〈여급〉에 대한 젊은이들의 집착은 그들 자신이 보여 주는 짓궂은 장난 속에서까지 표현되어 있다. 그 증거로서 맥주홀의 폐쇄를 위해 1883년 4월에 도덕추진협회가 개최했던 모임에서 그곳에 나왔던 5백여 명의 참가자들은 맥주홀의 공적인 유용성에 대한 선언을 소리 높여 제안했다.[310] 자신들의 아름다움과 젊음뿐만 아니라, 동일 주점에의 확실한 정착에 의해서 이 여자들은 고객과 감정이 배제되지 않은 긴밀한 관계를 유지하고 있었다는 사실을 언급해야 한다. 젊은이들 각자는 그 여자의 기둥서방과의 경쟁을 두려워하지 않으면서 그 여자의 〈정부〉가 될 수도 있다는 희망을 품게 되었다.

위스망은 이 역겨운 매춘과 그 매춘에 탐닉하는 젊은이들의 순진성에 조소를 보낸다.[311] 이와는 반대로 바레스는 노년에 접어들어 〈프롤레타리아의 기사 후보자〉³¹²⁾로서 젊은 시절에 성적인 관계를 맺었던 〈여자들을 고용한 맥주홀〉들을 향수에 젖어 회상했는데, 바람기 많은 젊은 여공들이 드물어진 이후로 이런 관계는 더욱 힘든 것이 되어 버렸다. 라까도가 자신의 정부 레옹띤느의 〈유용한 동정심〉을 얻기 위해 그녀를 데리고 갔던 곳이 바로 이런 맥주홀들 중 한 곳이었다.³¹³⁾ 진지한 뢰메르스빠셰조차도 수도에서 이 여자들 중 한 여성과 첫밤을 보낸 적이 있었으며, 스뛰렐에게 이 주점들에의 출입을 권고하기도 했다.³¹⁴⁾ 『이 시기에 그 구역에서 벌어지던 삶에 중요한 두 가지 양상이 있었는데 하나는 경마였고, 또 다른 하나는 여자들이 나오는 맥주홀들이었다』³¹⁵⁾고 《고향을 떠난 사람들》의 작가는 쓰고 있다. 동시에 이 작가는 다음과 같이 회상한다. 『이 흡연실로 홀의 여자들과 수많은 학생들 무리가 몰려들었다…… 이렇게 뒤죽박죽 섞인 젊은이들 사이로 가스와 담배연기, 취기, 그리고 모든 욕망들이 붉고 검은색으로 번갈아가면서 퍼져 나가고 있었다. 소리치고 몸을 흔들어대는 수없이 다양한 젊은이들을 보면 그들은 여럿이 아닌 하나의 몸체라는 생각을 갖게 된다. 그들은 온 손을 펼쳐들고 입을 완전히 벌린 채 술과 매춘을 향해 나아가는, 연방체적인 하나의 동물군을 형성하고 있었다……³¹⁶⁾ 이 자유스런 사랑의 모든 색조는 1883년 당시 에꼴르 가와 무슈-르-프렝스 가, 그리고 로데옹 근처에 있는 보지라르 가를 메우고 있었던 수많은 맥주홀들 속으로 녹아 들어가고 있었다.』³¹⁷⁾

〈여자를 고용하고 있는 맥주홀〉의 형태는 까페-공연장의 형태와 같은 것으로서 지방 대도시에도 널리 퍼져 있었다. 1882년부터 리용·마르세유와 뚤루즈에 이런 맥주홀이 존재하고 있었다. 앙리 아이양이 실시했던 조사결과는 까앙과 디종, 그르노블, 릴, 그리고 오를레앙과 루베-뚜르꼬엥 지역에서 맥주홀이 번성하고 있다는 사실을 강조하고 있다.³¹⁸⁾ 이와는 반대로 여론의 적대감을 민감하게 의식했던 앙띠브의 시장은 이 맥주홀을 폐쇄시켜 버렸다.³¹⁹⁾ 이러한 맥주홀의 증가는 잘 알다시피 청량음료업자들과 남종업원들의 적개심을 사게 되었다. 뚤루즈 시의 바이야르 가에 있던 업자들은 1885년, 시청에 맥주홀에 대항하는 청원서를 내기도 했다.³²⁰⁾ 그 전해에 이미 마르세유의 청량음료가게의 종업원들도 맥주홀의 여종업원들을 비난한 바 있었다.³²¹⁾

항구도시들, 더 정확히 말하자면 브레스트와 뚤롱·마르세유 지역에서는 몇몇 맥주홀 여자들이 자신들의 아파트에 아편굴을 차려 놓았다.³²²⁾ 이에 불안을 느낀 國璽尙書(국새상서)는 1913년 당시 매춘과 마약 사이의 관련성에 관한 조사를 실시키로 결정했다. 브레스트와 로리앙·렌느의 아편굴은 해군장교나 식민지 주둔부대의 장교들, 혹은 몇몇 젊은이들, 맥주홀의 고객들만이 빈번하게 출입하던 곳이었다.[323] 마르세유에서는 이 맥주홀에 딸린 방에서 아편을 흡용하기도 했다. 아편류의 상용이 가장 보편화되어 있던 뚤롱에서는 『완벽하고도 심지어는 호사스런 시설을 갖춘』 아편굴이 설치되었다.[324]

〈저속한 까페〉의 여자들과 〈여가수들의 매매〉

이제 본 연구는 지방에서만 나타나던 더욱 특수한 어느 현상을 다루고자 한다. 까페-공연장이라는 매춘형태는 1870년에서 1880년 사이에 지방에서 폭넓게 확산되어 있었다. 아무리 규모가 작은 도시라 해도 〈저속한 까페〉[325]는 한두 개 이상씩 존재하기 마련이었다. 뻬리귀외에는 저속한 까페가 8개, 와요낙스에 7개, 드라기냥과 에브뢰에 각각 6개, 망드에 5개가 존재하고 있었으며, 전국을 통틀어 이 저속한 까페는 3백88개에 달했다. 〈싸구려 술집들〉을 제외하고 이 저속한 까페와 성격이 같은, 2등급에 속하는 또 다른 매춘시설로는 1895년 당시 롱지와 구렝꾸르에서 영업중이던 6개의 까페-공연장이 있었다.[326] 여름 동안 랑그독이나 프로방스의 몇몇 마을에서 벌어지는 수호성인 축제일이나 황소경주에는 칠현금 연주가 곁들여지곤 했다. 전체적으로 볼 때 〈저속한 까페들〉과 〈싸구려 술집들〉은 수천 명의 여자들을 고용하고 있었다. 이 까페나 공연장은 그 역할의 중요성 때문에 실제로 5명에서 20명 정도의 여가수들을 모집했다. 프랑스에서 당시 유행된 까페-공연장의 형태는 외국으로 확산되었고, 특히 네덜란드와 러시아제국에 널리 퍼져 나갔다.

오페라의 색채를 띠면서 〈저속한 까페들〉은 매춘기업으로 성장했다. 1906년 앙드레 이벨은 〈여가수들의 매매〉에 대항하여 르 마뗑紙 속에서 소란스런 캠페인을 벌이면서 이러한 사실을 강하게 지적했다. 사실 매춘을 원하는 고객은 극이 상연되는 동안 여가수들 중의 한 사람과 술을 마시고, 극이 끝나고 나면 그녀와 함께 늘 출입하는 살롱이나 특수한 방에서 『밤참을 먹었다』(숏타임 매춘의 은어) 이런 형태의 매춘은 부르주아계층의 남자들에게서 상당한 성공을 거두었을 뿐만 아니라, 심지어는 지방도시들의 가게 근처에서도 호황을 이루었다. 그밖에도 수많은 〈싸구려 술집들〉은 서민대중들 사회에서 고객을 끌어모으고 있었다.[327] 〈저속한 까페〉들을 지배하던 명랑한 분위기와 함께 음악적인 활기가 눈길을 끌었다는 점도 언급해야 할 것이다. 그밖에도 고객은 남성적인 허영심으로 인해, 다른 단골고객으로부터 〈여성 예술가들〉을 꼬여냈다고 때로 자랑을 늘어 놓으면서 그 여성들과 맺은 관계를 자랑삼아 떠벌리는 경우도 있었다.

맥주홀의 경영자와는 달리 까페-공연장의 주인은 자신이 고용하는 여종업원들의 매춘을 통해서 직접적인 소득을 올리지는 않았다.[328] 그에게 있어서 수입의 증대는 근본적으로 가게에서 소비되는 주류의 양을 확대시키면서 고객들에게 도박을 조장하는 것에 달려 있었다. 이를 위해 주인은 자신의 까페에 귀엽고 친절한 아가씨들을 끌어들이는 일이 필요했다. 여기서 다시 한 번 주목해야 할 것은 〈저속한 까페들〉의 주인은 사실상 관리인에 불과했고, 소유권은 상당수가 부유한 출자자들이 가지고 있었다는 사실이다. 이벨은 북프랑스 지역에서 이런 류의 까페를 30개 이상 소유하고 있었던 어느 대주류업자의 경우를 인용한 바 있다.[329]

여자들의 모집망은 다른 매춘형태보다 상대적으로 단순했다. 즉 주인은 세바스토뽈 가나 혹은 쌩-드니스 성문 지역과 쌩-마르뗑 성문 지역에 인접한 레뛰블리끄 구역에 자리잡고 있던 〈가수의 대리인〉에게 여자들의 모집을 의뢰한다. 이 대리인은 직업소개소를 지배하는 제반 규칙들을 준수하지 않는다. 그로서는 그럴 듯한 매력적인 광고를 통해 가수가 되기를 원하는 여자들을 꾀어내어 가짜 오디션을 거친 다음 교통량이 많은 지역, 예를 들면 아비뇽이나 뚤루즈 지역 등지로 보내기만 하면 되는 것이다. 그런데 수많은 가수 대리인들은 실상 진짜 여가수들보다 〈야간식당의 여종업원들〉 모집에 더욱 열을 올리고 있었다.

일단 목적지에 도착하면, 그 여자는 우선 계약서에 서명을 해야 한다. 그 계약서의 내용은 상당히 구체적인 조항들로 이루어져 있다. 계약서에 의거해 주인은 자신이 고용한 여자에게 강력한 압력을 행사한다. 일반적으로 여가수에게 부과되는 의무조항이란 노래를 해야 하고, 그곳에 거주해야 하며, 특히 고객이 원할 경우 새벽 2시나 심지어는 5시에도 그와 〈밤참을 먹어야 한다〉는 것으로 되어 있었다. 계약서에 봉급에 관한 지불규정이 명시되는 경우는 아주 드물었다. 일반적으로 그 여자들은 복권에서 나오는 수입이나 객실에서 받는 팁 정도로 만족해야 한다는 규정이 명시되었다.[330] 게다가 대다수 계약에서는 하숙비뿐만 아니라 의상비와 악보 사용을 위한 서가의 출입권에 대한 비용을 부담해야 한다고 적혀 있었다. 계약조항들 중 하나를 위반할 경우, 그녀들이 희생을 치르게 될 벌금도 계약서의 내용에 추가되어 있었다. 이따금 그녀들은 고객들과 무리를 지어 연주할 때도 있었다. 통상적으로 경영자는 자신이 고용한 여자가 사창들의 대열에 합류할 수 있다고 판단되는 경우, 자신의 기분에 따라 그녀를 정기적으로 해고

할 수 있는 권리를 지니고 있었다.

이미 1890년과 1893년 사이에 일시적으로 존재했던 가요가수노동조합은 〈여가수들의 인신매매〉에 대항해 분연히 일어섰다. 1903년에 다시 재구성된 이 조합은 당시 2천 명 이상의 회원을 보유하고 있었고, C.G.T.(프랑스 전국노동조합의 약칭)에도 가입되어 있었던 바 노동조합사무소의 지원에 힘입어 다시 인신매매에 대한 투쟁을 전개했다. 1905년, 그해 말에 파렴치한 인신매매를 고발하기 위해 조합은 5천 명 이상의 서명을 받았다.[331] 그리고 여러 번에 걸쳐 조합은 공개서한을 시장들에게 발송했다. 특히 1906년에 앙드레 이벨은 자신이 수행한 조사결과를 당시 내무차관이던 클레망소와 알베르 사로에게 넘겨 주었다. 조합은 그밖에도 당시 매춘업에 대한 맹렬한 재판자이던 상원의원 베랑제의 지원을 받고 있었다. 1906년 12월 6일자 장관의 발송문에는 공연중의 모금이나 『무대 위에서의 여가수의 선정적 태도』 혹은 『공연중 여가수와 고객들 사이의 대화』를 금지하는 규정이 명시되어 있었다.[332] 또 이 발송문은 까페-공연장의 경영인이 까페 내에서 여가수들에게 침식을 제공하거나, 그 시설 내에서의 밤참(숏타임 매춘)행위를 금지하고 있었다. 그 사이 1백50명의 시장들이 악습 일소를 위한 제 조항들에 서명했다.

그러나 사실 이러한 움직임의 결과는 상당히 실망스런 것이었다. 장관의 발송문과 병행하여 여러 시청에서 채택된 수단들이 잘못 적용되고 있었고, 대다수는 결국 몇 달도 안 되어 효력을 상실하고 말았다. 음악작사작곡출판자협회는 오랫동안 이 문제에 대한 참여를 거부했었다. 까페-공연장의 경영자들은 제1급의 선거운동원 역할을 수행하고 있었기 때문에, 이 매춘시설들에 은밀한 보조금을 지급하고 있던 여러 시청들은 그들에 대한 탄압을 쉽사리 행할 수 없었으며, 그 매춘기업을 공식적으로 인정하지 않을 수 없었다. 특히 고객들의 수요가 너무나 많아서 그 수요를 충족시키려는 〈저속한 까페들〉의 행위를 저지시킬 수가 없었다.

약속의 창가들

알다시피, 약속의 창가를 공인창가나 숏타임 매춘을 위한 호텔과 혼동해서는 안 된다. 관습적인 제도로 확인된 약속의 창가는 발전, 개선되어 1900년과 1910년 사이에 공식적으로 인정되었다. 이 창가는 더욱 일반적인 방법으로, 매춘행태의 변화와 부르주아층의 성행동을 가장 극명하게 드러내 주는 제 요소들을 형성하고 있었다.

물론 순수하게 말하자면, 약속의 창가는 완전히 새로운 형태의 매춘시설은 아니었다. 너무나 내성적이어서 자신이 원하는 여자들을 유혹할 수 없는 신사들과 함께 〈가엾은 암사자들〉[333]도, 만남의 기회를 주선하고 있었던 포주들의 도움을 빌려야 했다. 약속의 창가는 진정한 〈숏타임 매춘의 창가〉로서 원래 19세기 전반기에 존재했던 〈대기창가〉를 답습한 것이며, 빠리에 있던 주요한 이 매춘시설은 1885년경에 뒤포 가와 라뽜지에 가, 그리고 샤또-도 가에 재집결하고 있었다.[334] 이 시기와 19세기말 사이에 수많은 공인창가가 쇠퇴하고, 더불어 순수한 약속의 창가가 급속한 증가 추세를 보이고 있음을 목격할 수 있다. 본 연구는 수도의 경찰청이 약속의 창가들에 대한 특수한 규제를 결정하기 이전에 그곳에 존재하고 있었던 창가들을 있는 그대로 묘사하고자 노력할 것이다. 이어서 마르세유의 예를 비롯해서 20세기의 첫 10여 년간 그 창가들이 지방 대도시들에서 수행했던 역할방법을 분석해 볼 것이다.[335]

빠리의 약속의 창가들은 원칙적으로 기숙인들을 데리고 있지 않았다. 약속의 창가는 그 이름이 명확하게 보여 주고 있듯이, 부유한 부르주아층 남성들과 몸을 팔고자 하면서도 스스로 고상한 부르주아층의 여자라고 주장하는 여성들과의 만남을 주선했다. 이 여성들은 주로 여배우들과 기혼여성들, 과부나 이혼녀들이었다. 요컨대 경찰청 요원들의 말을 믿는다면, 약속의 창가에 드나드는 여자들은 진짜 공창이면서도 정숙한 부르주아 여성 행세를 하거나, 심지어는 외국의 공주로 행세하는 경우도 있었다고 한다. 2등급에 속하는 약속의 창가에서는 여경영자들이 여자 단골고객들을 끌어들이고, 그 단골들에게 점심식사와 심지어는 저녁식사까지 강요하면서 상당히 엄격한 시간을 적용하고 있었다.[336] 그러나 약속의 창가에 있는 여자는 항상 자신의 마음에 들지 않는 고객을 거부할 권리를 지녔다.

파트너끼리의 만남에는 돈에 대한 노골적인 문제가 언급되지 않는 듯 거짓 유혹이 동반될 뿐이다. 고객에게 할당되었거나, 혹은 고객이 사진앨범에서 선택한 여자의 환심을 사기 위해 고객은 적합한 요금을 직접 여경영자에게 지불한다. 대규모적인 약속의 창가는 전혀 호색적 취미의 성전이 아니었다. 그곳에서 찾고자 하는 것은 바로 다른 남자의 부인인 것이다. 한 마디로 말하자면, 돈으로 매매되는 간통의 고급장소였다. 성적인 욕망의 측면에서 갑작스런 변화가 일어나고 있었는데, 그것은 도시에 거주하는 대부분의 부르주아층 여성들의 성적 풍속에 결정적인 변화가 왔다는 것을 의미한다. 간통의 관습이 대단히 확산되지 않았더라면[337] 약속의 창가라는 이 제도가 그렇게 폭넓게, 그리고 급속도로 확산되지는 못했을 것이다. 남성의 성충동에 관해 말하자면, 금전으로 매매되는 간통에 대해 증대된 매력은 남성들의 처녀성 추구의 행태와 결부되어 있다. 이러한 처녀성의 추구는, 또 그 당시의 성풍속의 특징을 규정하고 있는 것처럼 보인다.[338] 전자의 경우나 후자의 경우에 있어서 성적인 욕망은 금기사항을 위반하는 것으로부터 더욱 자극을 받게 되었다.

공인창가와 달리 약속의 창가는 대개 한 건물의 아파트 한두 채 정도를 차지하고 있었을 뿐이며, 통행인이나 방문자의 호기심을 끌 만한 별다른 표시도 없었다. 아파트들은 시내 중심부에 있는 부유한 구역들이나 때로는 백화점 근처에 자리잡고 있었다. 이 백화점을 통해서 여자들은 오후에 별다른 이목을 끌지 않고서 그곳을 출입할 수 있었다.

1888년 당시에도 상당히 적은 수효의 약속의 창가가 있었는데, 아마 15개 정도에 달했던 이 약속의 창가들은 20세기 초엽에 이르러 2백여 개에 달했던 듯하다.[339] 경찰의 공식집계로는 1904년 당시 1백14개였다고 한다. 그것들 중에서 83개가 2등급에 속하는 약속의 창가였고, 나머지 31개가 1등급 창가였다.[340] 같은 시기에 뛰로는 76개의 창가가 있었다고 나름대로 산정했다.[341] 그의 말에 따르면, 이 약속의 창가들에는 3백13명의 〈기숙인〉이 출입하고 있었다. 그러나 그는 분명 2등급에 속하는 약속의 창가들, 다시 말해 싸구려 호텔의 매춘시설로 간주되어 경찰의 감시를 받은 약속의 창가들만을 계산에 넣었을 뿐이다.[342]

아파트의 장식과 가구는 물론 호사스러운 것이었지만 번쩍거리지는 않았다. 거기에 있는 모든 것은 위생과 부르주아적인 안락함을 연상시키기에 충분한 것이었다. 즉 그곳에서는 일반가정의 부부관계와 같은 친밀함을 만들어내는 것이 중요했다. 대개 거실과 옆방들에는 비싼 가구들이 비치되어 있었다. 벽이나 벽난로 위에는 몇몇 예술품들이 놓여 있었고, 이것들이 공인창가의 떠들썩한 화려함에 무감각해 있거나 불쾌감을 느끼던 신사들을 만족시키기 위해 실내를 더욱 환상적인 분위기로 만들었다. 알다시피, 만남이 이루어지는 작은 바나 거실이 일류급의 공인창가와 비슷하지 않다는 것은 전혀 문제가 되지 않는다. 약속의 창가에 있는 여자들은 대개 오후 시간이 되면 수수하고 단정한 화장을 한다. 그 분위기는 바로 고급매춘부가 『상스럽지 않게 최고의 분위기를 연출해내는』[343] 오후 5시의 분위기 바로 그것이다. 때때로 한 여자가 피아노를 치기 시작하면 이어서 그녀의 친구가 노래를 부른다. 여성들의 나체 실연을 전문으로 하는 약속의 창가들이 있었던 반면,[344] 또 어떤 창가들은 채찍질과 같은 변태행위를 전문적으로 실행하기도 했다.[345] 그러나 이런 경우는 드물었고, 또 약속의 창가를 대표하는 성격을 지니지도 않았다. 명확히 깨달을 수 있는 것은, 바로 이러한 악습을 통해서 약속의 창가는 1등급 공인창가에 귀속되어 있던 역할을 앗아갔다는 사실이다.

약속의 창가는 오후에 행동을 개시한다. 그리고 대개 저녁 7시에 활동을 멈추게 되지만[346] 어떤 곳들은 실제로는 더 늦은 시간, 즉 밤 11시나 자정에 문을 닫기도 한다. 그러나 『허가를 받은 여자들도 결코 그곳에서 밤을 지샐 수는 없다.』[347]

약속의 창가에서의 요금이 공인창가들보다 훨씬 높았다는 것은 사실이다. 그러나 그 요금도 창가의 등급에 따라서 다양했다. 1900년, 경찰청장 레쁜느가 빠리 지역에 있던 약속의 창가들에 대한 규제조치를 가다듬고 있을 당시, 이 창가들은 두 개의 등급, 즉 40프랑 미만의 창가와 기타로 분류되고 있었다. 1903년 당시 아르쎈느 우쎄이의 옛 거주지역과 같이[348] 예를 들면 에또왈 구역에 있던 창가들, 그리고 수많은 증권업자들이 출입하던 프로방스 가나 부드로 가의 창가들이 당시 가장 멋진 약속의 창가들이었다. 이 최고급 약속의 창가들이 올리는 수입의 총액은 천문학적인 수치에 달했다. 대규모적인 창가들의 경우, 교제를 위한 최소한의 경비는 1903년 당시 60프랑에서 1백 프랑 사이였다.[349] 가장 보편적인 요금은 5백 프랑이었으며, 그 중 2백50프랑은 지배인의 몫이었다. 피요 박사의 견해에 의하면 『그러나 그 세계의 여자들은 수천 프랑이 아니면 요구에 응하지 않았다.』[350] 이와는 반대로 1900년 이후에 〈등록창가〉[351]로 변화된 2등급에 속하는 창가들의 경우, 여자들은 때때로 단돈 5프랑에 몸을 팔기도 했다. 그 여자들은 길다란 의자에 누워서 〈르나끄〉를 연주하거나 신문소설을 읽으면서 고객을 기다렸다. 여기에서 분위기는 일반 구역에 자리잡은 공인창가와 흡사했지만 저속하다는 느낌은 들지 않았다.

남은 문제는 이 제도가 어떠한 기능을 발휘했으며, 그것을 위해 무엇을 이용했는가를 이해하는 것이다. 약속의 창가에 있어서 맨 윗자리는 과거에 대포주의 자리를 이어받은 여사장이 차지한다. 그 여사장은 일반적으로 외관상 고상한 여인의 품위를 지니고 있으며, 짙은 화장을 한 상태에서 고객을 맞이한다. 그녀에게는 여자를 모집할 수 있는 모집인과 중개인의 조직망이 갖추어져 있어 언제든지 만남을 주선할 수 있다. 그녀가 자신의 집으로 끌어들이는 여자들은 종종 공창들인 경우가 많았다. 그 집은 까클리에가 정부나 남편에 의해 『풍족치 못하게 살아가는 여인들』³⁵²⁾로 규정한 다수의 여자들로 구성된다. 여러 증거들에 의하면, 그 여자들은 대개 사무원이나 소매상인들의 아내였다는 생각을 하게 된다.³⁵³⁾ 때로는 부부가 공모하여 매춘활동을 하는 경우도 있었는데, 이 경우 남편은 아내의 활동 사실을 인정하고 동의하는 형태였다. 졸라는 이런 부류의 커플을 《나나》 속에서 이미 회상한 바 있다. 죽기 직전에 플로베르가 당시 부르주아사회에서 번성하고 있던 부부합작매춘에 여러 편의 소설을 할애했다는 사실도 알려져 있다.³⁵⁴⁾ 아마도 19세기 말엽에 이르러 이런 관행이 小부르주아계층에까지 확산되었던 듯하다.

약속의 창가는 또한 궁핍한 과부들이나 결혼지참금이 없는 아가씨들이 결혼에 필요한 자금을 벌 수 있는 의지처가 되기도 했다. 그 아가씨들은 그곳에서 돈을 벌어 자신들이 속해 있는 사회에 합당한 결혼에 응하는 것이다. 이 여자들에게 여경영자는 1개월이나 혹은 1년을 단위로 진지한 정부들을 붙여 주었다.³⁵⁵⁾ 마지막으로, 다시 기술하겠지만 약속의 창가에서 전문적으로 행해지던 가짜 처녀성의 매매를 잊지 말아야 한다. 요컨대 잡다한 종업원의 개체들은 대단히 다양한 여자들로 구성되어 있어서 비르매트르³⁵⁶⁾에 의하자면, 일하는 태도에 따라 그것을 두 개의 카테고리로 나누어 볼 수 있을 것이다. 그것은 바로 『매일매일 출근하는 여자』와 『이따금 불규칙적으로 나오는 여자』의 두 부류이다.

상당수 정숙한 여인네들이 약속의 창가라는 시스템 속으로 유인되는 과정은 대단히 교묘한 것이었다. 주로 모집은 알고 있는 사람들을 통해서 이루어졌다. 그 방법들을 살펴보면, 우선 아이들을 데리고 공원을 산보하다가 만난 여자나 친구들로부터 은밀한 얘기를 듣거나, 채무의 지불을 재촉하는 소매상인들의 무례한 언사를 통해서 모집이 이루어진다. 혹은 가게에서 우연히 듣게 된 얘기들과 미용실이나 청소원들로부터 무심코 흘러나온 정보들, 그리고 낙태용 가루약을 파는 약초판매상³⁵⁷⁾의 얘기 등이 유혹의 수단이 되기도 하며, 배달을 시킨다는 구실로 여경영자가 대상 여성에게 여자 중개인을 보내고, 그 여성에게 선금을 주고 환심을 사는 등 수많은 유혹의 수단이 사용되었다. 더욱 일반적인 방법으로는, 매춘행위의 광경이나 어떤 지역에 매춘이 존재하고 있다는 사실을 알려주는 것만으로도 여자들의 타락을 부추기는 데 충분했다. 따라서 이렇게 계속적으로 벌어지는 유혹을 증언하는 문학작품이 출현하게 된다. 한 매춘부와 저녁을 보내고 나오면서 르네 사까르는 그 여자에게서 일종의 현기증을 느끼게 된다. 야간식당의 별실에서 일하고 있던 그 여자가 가창으로서 창문을 통해 고객을 낚는 모습을 르네 사까르는 목격한다. 그리고 그곳에서 그녀는 처음으로 근친상간의 행위를 벌이게 된다. 그 이후, 마찬가지 방법으로 그녀는 어느 젊은 사무원에게 몸을 맡기며, 독특한 사회적 탈주를 경험케 했던 시도니 루공의 약속의 창가에도 모습을 드러낸다. 이러한 행태들은 부르주아 여성에 대해 전형적인 매춘이 유혹하고 있던 여러 장소들의 중요성을 분명하게 보여 주는 것이다.[358] 그랑즈리 남작부인도 이와 유사한 형태의 현기증에 자신의 몸을 맡겨 버린 여자이다. 즉 창가에서 호객하는 한 여자를 면전에서 오랫동안 관찰하고 숏타임 매춘의 시간이 12분에서 20여 분에 이른다는 사실을 파악한 그녀는, 그 매춘부와 경쟁하고자 하는 억제할 수 없는 욕망에 사로잡혀 버린다. 결국 이런 장난으로 인해 그녀는 자신이 초대한 젊은 미남자와 함께 방에 올라가 2루이(루이 13세 때의 금화, 1928년까지 통용됨)에 몸을 팔았고, 이후부터 그녀는 난동을 부리지 않고서는 그 젊은이를 거절하지 못하게 되었다.

1등급에 속하는 약속의 창가에서는 여자 자신이 고객의 요금을 결정한다. 요금이 지나치게 높을 경우 자신을 찾는 고객이 없게 되고, 따라서 어쩔 수 없이 요금을 내려야 한다. 주지하다시피 문학과 당시의 보고서들은 해괴한 일화들[359]과 예기치 않은 만남들, 그리고 터무니 없는 모험담으로 가득 차 있으며, 약속의 창가가 바로 이러한 이야기들의 주무대가 되었다. 아마 상당히 과장되어 있을지도 모르지만, 당시의 문학이나 보고서들은 특히 부르주아 가정을 조롱하려는 의지를 분명히 보여 주고 있다. 당시의 연극도 이러한 경향을 입증하고 있었다.[360]

신사들은 바로 연고관계를 통해서 약속의 창가에 출입하였다. 가끔 초대장을 받아가는 경우도 있었다. 돈 많은 남자들이나 여자들이 애인으로 삼고 싶은 대상들에게 사교살롱과 그림과 보석감상회, 외국어 회화강습회 혹은 마담 X의 저택을 한 번 방문해 달라는 초대장을 그들의 집으로 우송했었다.[361] 이것들 외에도 신문에 작은 형태로 게재되는 광고들이 있는데, 광고의 문안들은 공인창가나 각종 회사의 광고들보다 덜 명료하나 그것들 못지 않은 현란함을 지니고 있었다.

따라서 전직 치안경찰 책임자 고롱이 쓴 바에 따르면, 고객들 중 상당수가 창녀촌의 출입을 원치 않으면서『정사에 많은 시간을 빼앗기지 않고서 관계를 가지려는 기혼남성들이었다. 이들은 월단위로, 격주단위로, 주단위로, 혹은 시간단위로, 마치 뛰어가면서 정사를 나눈다는 표현이 적합할 정도로 짧은 시간에 상대 여성과 성관계를 가지는 습관을 지녔다.』[362] 때로 한 시간에 걸쳐 이루어지는 이러한 만남이 연장되는 경우도 있었다. 이 경우는 바로 진정한 〈내연의 관계〉

일 때이다. 이런 관계를 이루는 몇몇 커플들은, 심지어 정식결혼을 한 것으로 인정되어 이후부터 금전매매의 성관계에서 합법적인 성관계로 전환됨으로써 성행동 양태에 분명한 변화가 오게 된다. 이러한 고객층에, 빠리에 잠시 들른 부유한 외국인들이 추가된다. 몇몇 약속의 창가들은 외국인들을 전문으로 상대하고 있었으며, 그들의 사교계에의 입문을 환영하는 특별기획을 연출하기까지 했다.

이 몇몇 약속의 창가들을 생생하게 회상해 보는 것이 본 연구의 목표는 아니다. 다만 필자는 빠리 지역에 있던 약속의 창가에 관한 풍부한 자료들을 읽어보도록 충고할 뿐이다. 그리고 단지 1888년에 시작된, 상당히 이른 시기에 영업을 하였던 한 창가를 예로 드는 것으로 만족할 것이다. 그 창가는 바로 과부 프레띠유가 경영하던 약속의 창가의 움직임에 관계된 것으로서, 당시 경찰청 제1국 국장이었던 마쎄³⁶³⁾도 그곳을 묘사한 바 있다. 다행스럽게도 이 여인은 자신의 활동에 관한 모든 기록을 지니고 있었으며, 경찰이 그녀의 집에 들이닥쳤을 때에도 수많은 자료들이 남아 있었다. 그 자료들을 참조할 수 있었던 마쎄는 그것들로부터 간결하지만 극도로 정확한 보고서를 만들어내었다.

사회학자로서의 깊은 지식이 없었음에도 불구하고 과부 프레띠유는 자신의 고객들을 그들의 사회적 위치에 따라서, 그리고 그들에게 부과하는 가격에 따라서 분류하고 있었다. 뿐만 아니라 그녀는 그 고객들과 자신의 집에서 상대했던 파트너의 이름까지 기록장부에 기입하곤 했다. 그녀의 남성고객은 다음과 같은 사람들로 구성, 기록되어 있었다. 『경마클럽, 육군, 해군, 사법관, 재계인, 대기업가』

그 창가의 번성에 기여했던 포주들의 직업별 리스트는 대단히 다양하고 상세하게 기술되어 있었다.³⁶⁴⁾ 그러나 그들의 풍부한 연락망과 수많은 하부조직을 드러내기 위해서는 거의 완전한 방법으로 그 리스트를 재현해내는 것이 필요하다. 양장점의 남녀 주인들, 여성용 의상제조인, 내의류공장의 여직공, 세탁소의 여직공, 화장품 판매상인, 음악과 가무 교습강사, 피아노 조율사, 직업소개소와 결혼상담소의 소장, 드라마 작가나 상인, 사진사, 카드 도박장의 여자 딜러, 치과의사, 미용사, 발 치료를 전문으로 하는 의사, 매니큐어 미용사, 탈모사, 산파, 서커스단의 마부, 까페와 식당 그리고 호텔의 남자 종업원…… 요약하자면, 수도의 중심부에 살고 있는 부르주아층 부인들은 위에서 열거한 중개업자들이란 족속들에게 사방에서 포위되어 유혹에 노출되어 있었다. 중개업자들은 매춘에 의한 소득 위에다 직업적인 소개료를 증가시키려고 혈안이 되어 있던 부류들이었다. 과부 프레띠유의 편지를 읽어보면, 그밖에도 여자들의 모집은 『온천지대나 해수욕장,

그리고 보히미아 숲』 등 도처에서 이루어졌다.[365] 매춘의 수익은 잘못 알려져 있는데 사실은 그것보다 훨씬 엄청난 것이었다. 뫼니에는 요금이 10프랑 미만인 어느 2등급 창가의 경우를 예로 들었는데, 그 창가의 여경영자는 연간 7만 프랑에 이르는 수익을 올렸다.[366]

그러나 위에 묘사된 것에서 분명하게 깨달을 수 있는 사실은, 얼핏 보면 약속의 창가가 근본적으로 빠리적인 현상으로만 보인다는 것이다. 인구가 밀집되고 자본이 집중된 빠리와 같은 대도시에서 이 창가의 번성과 확장은 사실상 개인적 행동의 익명성을 내포하고 있는 것이다. 그외에 어떤 통계적인 수치에도 불구하고 본 연구가 사용한 문서의 성격이 전혀 문제가 없는 것은 아니다. 동시대인들―경찰이나 행정당국자들, 의사들, 혹은 단순한 제보자 등―이 약속의 창가의 비약적 발전에 대해 증언한 바에 따르면, 이들의 자료도 당시 소설가나 드라마 작가들이 즐겨 사용했던 테마들처럼 다소 과장된 것이었을 터이다. 어느 정도의 범위 내에서, 그리고 어떤 형태의 과정을 거쳐 이 약속의 창가가 지방 대도시들에서 번성할 수 있었을까? 약속의 창가를 출입하고 있었던 여성층은 대다수가 공창들로 이루어졌던가? 아니면 정반대로 부도덕한 행실을 일삼는 기혼여성들로 이루어졌던가? 바로 이런 문제들을 가장 중요한 문서들에 의거해 밝혀볼 필요가 있을 것이다.

다행스럽게도 부슈-뒤-론의 보존기록문서들이 마르세유 지역의 아파트와 건물들에 대한 일련의 상세한 정보를 지니고 있다. 이 건축물들은 1909년과 1913년 사이에 행정당국에 의해 〈방탕의 장소〉로 공포된 바 있었다.[367] 이 문서의 총람은 극도로 풍부한 내용을 담고 있는 48개의 서류를 포함하고 있다. 경찰은 대상 건축물이 창가라는 증거를 포착하기 위해서 그곳을 급습했는데, 그 습격이 있기 전 처음 몇 주 동안 경찰은 그 집들의 동태를 면밀히 감찰·감시했다. 이때의 상황에 대한 다양한 보고서가 그 48개의 서류 속에 들어 있다. 이 서류들을 상세히 분석해 보면, 서류들 중 36개가 필자가 전술했던 바로 그 약속의 창가들을 다루고 있다는 사실을 확인할 수 있다.[368] 물론 그 서류들에 의거해 추적해 볼 수 있는 그림이 이 창가의 총체적인 묘사에 이를 수는 없을 것이다. 그외에도 마르세유 지역의 현실이 프랑스 전체를 대변한다는 어떠한 증거도 없다. 왜냐하면 이 지역의 매춘형태가 얼마나 독창적인가 하는 점은 이미 주지의 사실이 되어 있었기 때문이다. 그러나 이 서류들에 의거하면, 처음에 생각했던 것과는 달리 20세기 초엽의 약속의 창가라는 형태가 비단 빠리에만 국한된 현상이 아니었다는 사실이 드러난다. 또 그것들에 의거해서 지방 대도시들에서 약속의 창가가 벌이고 있던 매춘형태를 정확하게 분석할 수도 있을 것이다.

32명의 부인들이 경영하고 있던 36개의 약속의 창가[369]는 도시 전체에 분산되어 있었다. 그 창가들은 서로 다른 25개의 가로를 따라 설치되어 있었다.[370] 따라서 이 창가들의 구역은 두 개의 매춘전용구역에 설치되어 있던 공인창가와는 완전히 다른 위치에 있었다. 항상 건물의 임대인이 여경영자의 역할을 담당했다.[371] 경찰이 명기한 바에 의하면, 그 여경영자들 중 17명의 경우가 이에 해당되었으며, 다른 여경영자들의 경우에도 도당국의 결정이 집주인에게 정식으로 통보되었기 때문에 그것을 쉽게 확인해 볼 수 있다.

원래 약속의 창가는 한 건물 전체를 임대하지는 않으며, 다만 그 건물 내에 한 아파트를 임대할 뿐이다. 그러나 여러 층에 걸쳐 분산된 여러 개의 방들이 약속의 창가를 구성하는 경우도 있었다. 36개의 창가 가운데 11개가 바로 이러한 구조로 되어 있었다. 대다수 경우, 건물은 상당한 규모에 달했다. 따라서 마르셀 V…라는 부인이 설치한 약속의 창가, 즉 아르브르 가 9번지 건물에 살고 있던 임대인들은 모두가 신문사의 사주나 여성 금리생활자, 무용교사, 혹은 여성 재단사 등이었다. 이외에 특기할 사항은, 이 창가에 대한 조사가 일반적으로 같은 건물에 살고 있는 이들 임대인들의 고발장에 의해서 시작된다는 것이다. 이러한 고발장들 중 몇몇은 놀랄 만큼 정확하게 기술되어 있어서, 당시 세간에 광범위하게 확산된 불안감보다도 성적인 방종과 그 소문들에 의해 발생하는 가정불화의 양상을 더 잘 반영하고 있었다. 28세의 어느 칼제조인의 경우, 그는 S…라는 부인을 밀고했는데 사실인즉 그는 자신의 집 위에서 〈침대가 움직이는〉 시끄러운 소리를 자주 들었기 때문이다. 그 증인은 다음과 같이 덧붙였다. 『고객이 많을 때면 이 침대가 움직이고, 또 움직이는 소리에 의해서 나는 숏타임 매춘의 회수를 헤아려 보곤 했다.』

마르세유 지역에 있던 약속의 창가는 1층이나 중2층에는 절대로 자리잡지 않았다. 대부분의 경우 창가는 3층에 자리잡았고, 상당수는 2층에 자리잡기도 했다. 개중에는 4층에 설치되는 창가도 있었고, 드문 경우이지만 5층에 자리잡는 경우도 있었다. 관리인이나 하녀 들이 살고 있는 거주공간과는 멀리 떨어진, 그 건물의 가장 고상하고 가장 화려한 층에 설치되는 것이 보통이었다. 창가는 일반적으로 3개 이상 6개 미만의 공간으로 구성되었다.[372] 거의 절반에 이르는 경우가 〈5개의 공간〉을 비치하고 있었다. 즉 3개의 방과 1개의 거실, 그리고 1개의 현관이나 혹은 부엌으로 구성되어 있었다. 공간의 위치와 크기·구성·배열, 이 모든 것이 中부르주아층 가정의 내부와 유사하며 공인창가와는 다른 구조를 지닌다.

결혼 경력이 있다고 여겨지는 23명의 여경영자들 중 6명만이 독신으로 살고 있었다. 그 여자들 중 2명은 정부와 결혼생활을 하고 있었으며, 다른 4명은 최근에 등록이 말소된 전직 공창 출신들이었다. 대다수의 경우 약속의 창가를 경영하는 여자는 과부(23명 중 적어도 6명)이거나 남편과 이혼해서 혼자 살고 있는 기혼여성이었다. 드문 경우이지만 조사과정에서 남편의 존재가 문제되는 경우도 있었다. 거의 한 예외를 제외하고는 부인이 아파트의 임대인으로 되어 있었다. 경찰의 추적을 더욱 용이하게 피하기 위해서 32명의 여경영자들 중 13명이 가명을 사용했다. 8명은 공창들이 사용하는 이름들의 목록에서 자신의 이름을 선택했으며, 5명은 가짜 성을 사용했다.

약속의 창가를 경영하는 여자들은 평균적으로 보아 공인창가의 여경영자들보다 더 나이가 많았다.[373] 출생년도가 확인된 22명의 여경영자들 가운데 7명만이 35세 미만이었으며, 11명이 40세 이상이었다. 가장 연장자는 당시 71세였다. 반대로 출생지는 대단히 다양한 분포를 보이고 있다. 출생지가 확인된 17명의 여자들 중에서 3명만이 마르세유 출신이었으며, 2명이 빠리, 2명이 외국 출신(스페인과 이탈리아)이었고, 알제리 태생의 여자도 하나 있었다. 그밖의 여자들은 여러 도의 출신들이었다.[374]

거의 두 개의 경우를 제외하고 약속의 창가는 단 한 명의 여자에 의해서 운영되었다. 그 두 개의 예외를 살펴보면 한 여자가 자신의 어머니의 도움을 받아 운영하고 있었고, 또 한 여자는 자신의 시누이와 약속의 창가를 경영했다. 32명의 여사장들 가운데 10명이 일종의 사회적 대의명분으로 사용되는 직업을 내세웠다. 이 여자들 중 4명은 마사지 시설을 운영한다고 주장했고, 2명은 여성용 미용실을 경영한다고 주장했다. 또 다른 한 여자는 여성용 의상제조인이라고 자칭하고 있었고, 양장점의 여주인과 화장품 상인이라고 주장하는 여자가 각각 한 명씩 있었다. 마지막 여자는 자신의 창가에 레이스제조 여공들과 담배제조 여공들을 끌어들였다. 따라서 20세기 초엽에 마르세유 지역에 있던 약속의 창가는 전통적인 위장점포의 형태 속에 삽입될 수 있다. 이러한 점을 제외하고는, 창가들을 습격했을 때 경찰은 매춘행위를 증명할 만한 어떠한 증거도 발견해내지 못했다.[375]

이제 근본적으로 해결해야 할 문제는 바로 이 창가를 떠받치는 개인들의 구성요소를 파악하는 길이다. 경찰이 몰두했던 상세한 기술은 그것이 대단히 복잡하게 이루어졌다는 것을 강조하고 있다. 경찰의 분석을 아주 체계적으로 분석해 보면 다음의 네 가지 유형으로 나누어 볼 수 있다.

● 첫번째로 미성년 여성들이 해당된다. 이 매춘시설의 상당수가 어린 소녀들을 전문으로 고용하고 있었다. 엘비르라는 별칭을 가진 마리 B…라는 부인은, 친구의 꼬임에 빠져 들어온 뿔린느 T…라는 11세 소녀에게 매춘행위를 시켰다. 당시 그 소녀는 쎙-루이 가에서 르 라디깔誌를 판매하고 있었다.『그날부터 나는 매일 오전 11시에서 12시 반까지, 그리고 오후 5시에서 7시까지 그 부인의 집을 찾아가곤 했으며, 그 부인은 나에게 2프랑 50쌍띰에서 5프랑에 이르는 돈을 주었다』라고 이 어린 소녀는 고백했다. 이 소녀는 매스터베이션이나 오랄섹스만을 담당했었다. 그리고 다음과 같이 덧붙였다.『단 한번 완전하게 성교섭을 한 적이 있는데, 이때 나는 상당한 고통을 느꼈다.』띠띤느 라빠슈라는 별칭이 붙은 마띨드 S…부인은 14세에서 15세에 이르는 어린 소녀들에게 매춘행위를 시켰다. 이 소녀들 중 한 명은 3개월 이전부터 여경영자의 집을 매일같이 출입하면서 10프랑, 20프랑, 혹은 30프랑에 달했던 숏타임 매춘가격의 절반을 수입으로 수령했다. 그런데 실제로는 그 소녀에게 집을 가르쳐 준 루이제뜨라는 친구가 그 수입의 절반을 자신의 몫으로 요구했다. 루이제뜨는 당시 15세에 불과했지만, 사실상 띠띤느가 운영하는 창가의 경영자였던 것이다. 그녀는 그밖에도 루이즈 B…라는 부인을 위해서 소녀들을 끌어들이고 있었다. 이 부인도 자신의 고객들에게 나이 어린 소녀들을 공급해 주던 경영자였다. 소녀들 중에는 심지어 어머니의 강요에 의해 그 집을 출입하는 경우도 있었다. 즉 13세의 딸을 정기적으로 그 창가에 출입시켰던 35세의 어느 여인의 경우가 바로 그것이다. 그러나 대다수는 가게의 여종업원들이었다.

● 대다수의 경우에 확인될 수 있는 것으로서 약속의 창가를 출입하는 여자들은 부분적으로, 혹은 전체가 공창들이나 명백한 사창들─한편으로는 대중적인 매춘으로, 또 한편으로는 상류층의 고급매춘으로 경찰에게 악명이 높았던─로 구성되는 경우가 허다했다. 약속의 창가에서 활동하면서 자칭 기혼녀라고 주장했던 여자들을 경찰은 고객의 새로운 기호에 부응할 줄 아는 공창들로 간주했다. 안나 O…의 창가와 안나 N…, C…라는 부부의 창가, I…라는 부인과 로즈 G…의 창가도 공창이나 사창을 고용하고 있던 경우였으며, 로즈 G…는 프리바(1896-1901)와 아작씨오(1907-1909)·마르세유(1909-1912)에서 이미 공인창가를 운

영한 경험이 있던 여자였다.
　●어떤 여경영자[376]들은 실직중에 있는 여자들과 일용노동자, 혹은 거의 매춘의 문턱에 도달한 여공들을 매춘부로 이용했다. 이들은 포주와 접촉하지 않고서도 스스로 창가로 들어오거나, 혹은 길거리에서의 호객을 스스로 포기한 여자들이었다.
　●그러나 결혼이라는 타이틀로 무장했던 모든 기혼여성들이 합법적으로 결혼했다고 주장한다 해도, 그들의 매춘이 더 이상 신화와 같은 성격을 지닐 수 없었다는 사실은 확실한 것 같다. 1등급에 속하는 약속의 창가를 운영하던 몇몇 여경영자들은 中小부르주아층 부인들과, 점포 종업원의 부인들에게 만남의 시간을 관리해 주고 있었다. 이밖에도 이와 같은 몇몇 매춘시설에서는 가게의 〈여점원들〉, 그리고 오페라가수나 극단의 멤버라고 주장하는 아가씨들을 볼 수 있었다.[377]
　마르세유에서 약속의 창가를 경영하던 여자들은 또 그 집들 밖에서 비정기적으로 형성되던 커플들에게 은밀한 데이트 시간을 관리해 주고 있었다. 이런 류의 활동에만 전념하던 여경영자들도 몇몇 있었다. 불행하게도 그 나머지 여경영자들의 경우는 너무나 활동이 장황하고 복잡한 것이어서 경찰은 대단히 신중한 태도를 취할 수밖에 없었다.
　상당수의 경우 본 연구의 논술을 까다롭게 만드는 것이 있는데, 그것은 여경영자가 앞서 약간 인위적으로 분류했던 다양한 부류의 여성들을 동거시키고, 동시에 그들에게 영향력을 행사했다는 사실이다. 사실이건 왜곡되었던간에, 공창들과 〈기혼녀들〉이 이따금 커플들을 받아들이는 약속의 창가에 어우러져 있었다. 알리마 B…라는 여자의 창가에서는 아침 시간에 미성년 소녀들이 활동했고, 성년을 넘긴 아가씨들은 오후에 활동을 벌였다. C…라는 부인의 창가에서는 〈기혼녀들〉이 거실에서 고객을 맞아들이고 있었고, 또 부엌에서 고객을 받기도 했다. 그러나 약속의 창가를 구성하는 이 모든 여자들이 도시의 더러운 치부를 형성하고 있었던 것이 사실이었다. 이 여자들은 건물의 내부로 들어오거나, 혹은 나갈 때 반드시 모자를 착용했다. 거실이나 부엌에 고객이 나타나면 뒤이어 고객과 매춘부 사이에 음료수나 샴페인이 오가면서 서로간에 대화가 이루어진다. 이런 약속의 창가는 알 수 없는 흐릿한 침묵이나 대규모 공인창가가 지니는 야수성을 지니고 있지는 않았다. 그 창가의 내부에서 가운을 걸친 아가씨들을 볼 수 있는 경우도 있었지만, 그것은 상당히 드문 예일 뿐이다.[378] 공인창가에서 만들어지는 유행의 세력은 엄청난 것이어서 모든 여경영자들도 그 유행에서 벗어날 수는 없었다.

거의 2개의 경우를 제외하고, 36개의 약속의 창가들은 낮에만 활동했다. 이 창가들 중에서 한 곳만이 저녁에도 문을 열어 놓고 있었고, 한 곳은 밤낮으로 고객을 맞이하고 있었다. 단 두 곳만이 아침에 영업을 시작했다. 경찰의 끊임 없는 감시[379]를 통해서 우리는 12개 창가의 영업시간을 확인해 볼 수 있다. 마르세유에 존재했던 약속의 창가들을 살펴보면, 전체적으로 영업시간은 일반대중들이 생각하듯이 『오후 5시에서 7시까지가 아닌』 오후 4시에서 6시까지 가장 활발하게 펼쳐지고 있었다. 오후 3시에서 4시, 그리고 오후 6시에서 7시까지의 영업활동도 상당히 활발한 편이었다. 이와는 반대로 오후 3시 이전에 문을 열어서 오후 7시 이후까지 고객을 받는 업소도 있었는데, 이것은 예외적인 것이었다.

항상 그렇듯이 고객은 경찰의 서류기록 속에서 거의 전면에 드러나지 않는다. 그러나 약속의 창가의 경우 고객에 대한 자료가 완전히 결핍되어 있지는 않다. 경찰은 고객을 어떤 〈신사〉로서 묘사하고 있지만, 그 신사는 다양한 사회계층에 속할 수 있는 신분을 의미한다. 다시 말하자면, 상류층과 중간층의 부르주아 멤버들과 심지어는 마르세유에 잠시 들렀다 가는 몇몇 귀족들[380]이 약속의 창가를 출입했고, 나아가서 小부르주아계층의 사람들과 수공업자들, 그리고 가게 경영자들도 이곳을 출입하는 고객층을 형성했다. 그러나 극히 드문 경우를 제외하고 공장노동자나 수부들·군인들은 이곳을 출입하지 않았다. 상당수에 달하는 약속의 창가는 특정계층의 고객만을 전문으로 상대하고 있었다. 반면 다양한 계층 사람들의 성교섭을 위한 약속의 창가도 있었다. B…라는 부인과 조세핀 L…, 마그리뜨 G…라는 여인은 마르세유 지역의 〈상류사회〉 남성들을 고객으로 맞아들였다. 그 결과 3명의 도의회의원들과 1명의 구의회의원, 3명의 시장, 1명의 시 제1고문 등이 앙리에뜨 D…라는 여자를 위해 행정당국의 업무에 개입했으며, 어떤 상원의원은 엘리즈 C…라는 여인의 편의를 봐 주기도 했다. 쟌느 G…라는 여인의 아파트가 들어서 있는 건물 앞에서 오후 내내 잠복하고 있던 경찰은 7명의 〈신사들〉이 그 건물로 들어가는 것을 목격했다. 그 신사들 중 한 명은 〈훈장을 단 신사〉였고, 한 명의 해군장교도 포함되어 있었다. 쎌린느 G…라는 여인의 집에는 〈고급 무역업자들〉이 드나들었다.

약속의 창가에서의 고객 체류시간은 숏타임 매춘의 창가보다 길었다. 체류시간의 일부분이 서로의 소개와 대화, 혹은 음료의 소비에 할당됨으로써 이것은 당연한 것이었다. 체류시간에 관해 정확한 정보가 없었던 경찰은 36개 시설 가운데에서 9개의 창가에 대한 고객들의 평균체류시간을 측정하는 데 골몰했다.

고객들의 체류시간은 경우에 따라서 25분과 1시간 30분 사이에 폭넓게 펼쳐져 있었다.[381] 한낮이면 이 창가들 중 한 곳으로 단골들이 〈그날의 유한부인들〉과 함께 찾아들곤 했다. 열 곳의 약속의 창가들에 대한 요금을 분석해 보면 두 종류의 약속의 창가를 구분해낼 수 있다. 6개 약속의 창가에서 요금은 3프랑에서 5프랑까지 다양했다. 다른 네 곳의 경우에 요금은 고객과 경영자인 부인의 품위에 따라 10프랑에서 30프랑까지 유동성을 지니고 있었다. 그러나 어떤 경우에도 경영권을 지닌 부인이 총액의 반을 수령하였다. 본 연구를 위해 제공된 몇몇 지표를 보게 되면, 여자들이 매춘에 종사했던 회수의 수치가 공인창가의 경우보다 낮았다는 것을 알게 된다. 성교섭의 회수는 하루당 평균 2회 내지 4회 사이에 위치하고 있었다. 따라서 이러한 약속의 창가들이 오후에 받아들일 수 있는 고객의 수는 한정되어 있었다. 경찰의 추계에 의하면 하루 평균 4명에서 20명까지 다양하게 나타나고 있다.[382]

알리마 B…라는 여자의 여성용 미용실은 방뛰르 가에 위치해 있었는데, 이 미용실이 마르세유에 있던 1등급 약속의 창가의 전형적인 특성을 지니고 있었다. 이 창가는 5개의 공간으로 이루어져 있었으며, 방들은 호사스런 가구로 꾸며져 있었다. 여경영자는 『아침에 미성년 소녀에게 매춘을 강요했다.』 1913년의 어느 날 오후에 경찰이 한 창가를 습격했을 때, 거실은 젊은 여자들로 가득 차 있었고, 한 여자가 피아노를 치고 있었다. 그 여자들 가운데 한 여자는 17세의 나이에 기혼녀였으며, 고객으로부터 9프랑에서 15프랑에 이르는 돈을 받고 있었다. 각기 25세와 28세인 두 명의 여자는 오페라가수였는데 고객에게서 10프랑을 받고 있었다. 31세의 네번째 여자는 6개월 전부터 주일당 4회씩 약속의 창가를 드나들었다. 그밖에도 경찰은 그곳에서 33세의 한 여자와, 머리손질을 하러 잘못 집을 찾아왔다고 주장하던 24세의 어떤 부인, 그리고 여점원 자리를 구하러 왔다는 22세의 한 기혼녀를 발견했다. 두 명의 고객이 거실에 있었는데 한 명은 53세의 보험업자였고, 또 다른 한 명은 여경영자가 요금으로 40프랑을 부과했던 51세의 의사였다.

따라서 경찰의 보존기록문서에서 나타난 마르세유의 현실에 토대를 두고서 분석해 본다면, 약속의 창가에서 행해지던 매춘이 20세기 초엽의 매춘의 보편적인 형태라는 사실이 분명해진다. 결국 이런 창가의 증가를 인식하고, 동시에 불안감을 가졌던 도지사는 그것들의 확산을 막으려고 결정하게 된다. 이 약속의 창가들은 때때로 공창들과 사창들, 그리고 간통을 범하던 커플들을 동시에 은폐시킴으로써 당시의 미풍양속 보존에 있어 더욱더 위험스런 존재가 되어 있었다. 고용된 여성들의 구성요소들을 개별적으로 취급하려는 여경영자들의 노력은 성행위에 대한 전염의 위험성을 완전하게 차단시킬 수는 없었다. 그러나 빠리와 마르세유를 비교해 보면, 진정한 공창의 비율이 지방의 창가들에서 더욱 높았고, 기혼여성의 비율은 수도의 매춘시설에서 더욱 높은 수치를 보이고 있었다는 사실을 깨달을 수 있다. 빠리인들이 향유할 수 있었던 익명성에 의해 이러한 사실이 설명된다.

* *

일반대중계층의 세계만을 참작했음에도 불구하고, 19세기 초엽에 가다듬어진 규제주의 계획이 제3공화정 초기의 수십 년 이후부터 실패로 돌아가고 있었다는 사실은 분명하다. 규제주의의 복고적 성향은 너무나 분명한 것이어서 1880년 이후부터는 그 지지자들을 찾아보기가 힘들었다. 그런데 규제주의의 실패는 단지 전통적인 비밀매춘의 확산에서 기인하는 것만은 아니었다. 설령 그 사실이 분명하다 해도, 돈으로 매매되는 성관계가 모든 면에서 유혹행위에 파고드는 요소가 되었기 때문이다.

그러나 이제 서술적인 전개를 중단하자. 대략적이긴 하지만 성행위에 관한 태도들을 밝혀내기 위해서, 역사가들이 당시의 경제적·사회적·정신적 변화로부터 우리에게 가르쳐 주고 있던 교훈을 깨닫고, 성행위에서 일어난 태도의 변화를 규명해야 될 시간이다. 그리고 이어서 매춘의 언설에 관한 연구를 통해 그 언설이 어떻게 성행동의 변화를 반영하고 있으며, 동시에 행동의 변화를 어떤 방향으로 굴절시켰는지, 그리고 그 변화를 어떻게 저지했는지를 파악해야 할 것이다.

제4장 성적인 굶주림과 매춘의 공급

매춘부를 일정 장소에 격리시키려는 시도의 실패, 파도처럼 물밀듯이 거리에 퍼져 있는 매춘부들의 실존, 싸구려 주점이나 호사스런 가게들—만들어지자마자 번영을 구가한〈여종업원을 고용한 맥주홀〉이나 까페-공연장, 그리고 약속의 창가와 같은—에서의 비밀매춘 확산 등이 매춘분야에서 변화가 일어나고 있다는 사실을 명백히 보여 주고 있는 것들이다. 제한선거왕정기에 농촌인구가 전통적인 도시 주변으로 몰려들고 있었는데, 사실상 도시들은 농촌의 이주자들을 받아들일 태세가 거의 되어 있지 않은 상태였다. 따라서 매춘의 요구는 무엇보다도 도시사회에 잘못 통합되어 어쩔 수 없이 가장 싼 가격에, 가장 기본적인 성적 욕구를 충족시킬 수밖에 없는 개체들로부터 비롯된 것이었다. 매춘은 당시 사양화의 길을 걷고 있었으나, 도시의 급격한 변화로 인해 과거의 매춘형태가 부르주아층 사이에서 요구되던 새로운 형태의 매춘으로 대체되고 있었다. 새로운 매춘의 요구는 사실상 귀족계급이 지니고 있던 사교성의 형태를 차용함으로써 부르주아계층 내에서 더욱 효력을 증대시키고 있었다. 부르주아계층은 종래까지 퍼져 있던 성적인 모델의 구속성을 받아들이지 않았다. 이런 경향은 새로운 잠자리에 대한 고급화와 노동자계급의 정신적 통합과 병행하여 거의 일반화되어 가던 현상이었다. 따라서 에로티시즘과 은밀한 성관계를 더욱 갈망하는 새로운 고객층이 확산되기에 이른다. 실상 이들의 욕구불만은 단순히 성적인 이야기들로만 해소할 수는 없는 것이었다.

1 최초의 규제주의 모델의 완만한 붕괴

방황하는 성

다시 한번 말하지만, 19세기 전반에 요구되었던 매춘형태를 언급하는 것이 본 연구의 목표는 아니다. 그러나 당시 사양화되어 가던 매춘형태를 더 잘 파악하기 위해서는 그 형태가 어떤 것이었는가를 우선 그려보는 것이 필요하다. 본 연구는 따라서 빠리의 예를 인용하면서 매춘형태를 충분히 밝혀보고자 한다. 루이 슈발리에는, 도시로 파도처럼 밀어닥친 이주민들이 도시사회에 단순히 추가되는 대상으로서가 아닌 완전히 통합되는 대상으로서, 그 사회에 완전하게 통합되기가 얼마나 어려운 것이었는가를 이미 보여 준 바 있다.[1] 1860년경까지 이 서부로의 이주는 남녀간 성비율에 있어서 엄청난 불균형을 초래하고 있었다. 부녀자들 특히 젊은 여자들의 부족은 심각한 상태에 이르렀다.[2] 노동자와의 동거형태 증가,[3] 도시 여성을 동시에 일시적으로 공유하는 엄청난 수효의 남성들, 사생아들, 정부로부터 버림받은 〈미혼모들〉 등의 현상은 전통적인 농촌가정이 세습받은 유산이 없는 상태에서 도시의 정상적인 가정에 수용되는 것이 얼마나 어려운 것인가를 단적으로 증명하는 예들이다.[4]

성적인 굶주림 상태에 놓여 있는 수많은 프롤레타리아 남성들의 상황은, 농촌에서 일시적으로 밀려든 이주자들의 대량유입으로 더욱 악화되어 가고 있었다. 필자가 이전에 성적인 욕구불만을 지적한 바 있던 크뢰즈의 벽돌공들처럼, 농촌에서 밀려든 이 임시 이주자들[5]은 강안 좌측의 싸구려 호텔에 밀집되어 있었거나, 빠리와 리용·쎙-떼띠엔느의 중심부에서 가장 비참한 구역에 모여 살았다. 이들은 무리를 지어 생활하면서 저축을 하고, 경우에 따라서는 겨울이나 온화한 계절에는 고향에 돌아가고픈 생각에 잠겨 있었다. 이들은 대도시에 정착한 직장인들과 지속적인 교유를 가질 수 없는 사람들이었기에 도시인들로부터 멸시를 받곤 했다. 20세기의 이주노동자들의 사회소외화 현상을 보여 주는 이러한 사회적 소외화로 인해 이주농민들은 여성들을 유혹할 수 있는 기회를 상대적으로 박탈당한 셈이 되었다.

이 모든 요소들이 서민대중의 매춘을 확산시키는 자극제 역할을 하였다. 어떤 지역들에서는 성행위와 매춘의 요구가 혼동되는 경향을 보이고 있을 정도였으며, 마찬가지로 커플의 성교와 그룹섹스가 혼동되는 경향을 보이기도 했다. 1847년 당시 빠리의 싸구려 호텔들에 관해 상공회의소가 조사한 명세서를 살펴보면 이 점에 관한 의미심장한 결론을 내릴 수 있을 것이다.

그러나 부르주아계층은 당시 도시 전체를 완전히 손아귀에 넣지 못했다. 이 계층은 노동자계급을 두려워했다. 부르주아계층은 당시 범죄와 매춘―공통적인 사회소외화 현상에 입각한―사이에 존재하던, 다소 과장된 어떤 관련성을 느끼고 있었다. 〈내향적인〉[6] 도시의 한복판에서 도시민들은 완전히 막힌 공간이나 반쯤 막힌 공간(광장과 통행로, 나무가 심어진 산책로 등)을 증가시키면서 길거리를 떠도는 부류들과의 융합을 꺼려 했다. 그들과의 접촉에 대한 두려움 때문에 극장의 객실에서는 공간의 분할이 이루어지기도 했고, 살롱에서도 미세한 계급분화가 나타났다.

부르주아 남성에게 있어서 매춘부는 근본적으로 빠리의 대중창가에 갇혀 살거나, 혹은 열악한 구역의 음산한 골목길에 숨어 사는 어둠의 존재로 인식되었다. 부르주아 남성에게 있어서 매춘부는 일반서민과 마찬가지로 한 줄기 불빛에 의해 갑작스럽게 정체가 밝혀지는 가면과 같은 존재였다.[7] 1830년 당시 경찰청장 망젱은 수도의 모든 매춘부들에게 가두에서의 배회를 금지시킨 바 있었다. 이와 함께 규제주의운동이 절정에 달했는데, 당시 규제주의의 의도는 도시의 혼란스런 양상들과 그 도시에 결부되어 있는 사회적 관계들의 여러 성격을 그대로 반영하는 것이었다.

소비자로서보다 투자가로서 부르주아층의 매춘 욕구는 당시로서는 공공연하게 그것이 펼쳐질 정도로 보편화된 것이었다. 그밖에도 부르주아 남성은 빠랑-뒤샤뜰레가 매춘을 오물처리 하수구로 비유한 바와 같이, 매춘을 근본적으로 서민층의 현상이며 동시에 정액의 배수구 역할을 하는 불결한 현상으로 파악했다.

가족의 통합과 가정의 친밀성

서민대중의 하층매춘을 야기시켰던 사회적 제 구조들이 서서히 해체되어 갔다. 이 점에 대한 결정적 시기는 두말할 나위도 없이 제2제정기의 2번째 10년간의 기간이었다.[8] 바로 이 시기에 농촌에서 도시로 이주한 프롤레타리아의 사회적 통합이 진전을 보고 있었다. 이러한 이주민의 도시정착현상은 다양한 형태로 나타났다. 이것은 우선 인구동태의 〈정상화〉로의 복귀로 나타났다. 1860년 이후에 이주자들의 도시집중현상은 상대적으로 약화되어 가고 있었다. 남녀 비율의 균형은 점진적으로 정상을 되찾아가고 있었지만, 젊은 여자들의 부족현상은 여전히 계속되었다. 그리고 상세히 살펴보면, 남녀 성분포의 불균형은 특정구역들이나 특정거리들에서 상당히 중요한 결과를 초래하고 있었다. 즉 통행로와 막다른 골목과 끝이 막힌 길거리들, 그리고 싸구려 숙소 등은 오랫동안 남성들만의 전유물이 되어 있었다.[9] 이런 변화가 다소 과장된 것이라 해도 임시 이주자들의 행동에도 분명한 변화가 일어나고 있었던 것이 사실이다. 즉 이들은 자신들의 귀향의지를 포기했다. 가장 잘 정착한 이주민들만이 자신의 아내를 데리러 고향에 갔을 뿐이며, 따라서 일시적 이주는 이제 서서히 항구적이며 심지어는 완전한 정착으로 변화되어 가고 있었다.[10]

특히 정상적 부부생활을 영위하는 이주민층의 가족 모델과 부르주아층 가족 모델이 점진적으로 서로 동화되어 갔다. 농촌가정의 포기에 연결된 혼란과 성적인 불평 등이 나타났던 시기에 이어, 이주민들의 정착과정의 시기가 나타나고 있었던 것이다. J. 가이야르가 썼던 바와 같이 도시에서의 정착은 우선 가족의 정착을 의미한다. 『노동자들은 가정을, 결혼생활을, 그리고 정돈된 삶을 갈망한다.』[11] 1860년대에 빠리에서 급속히 나타나고 있던 이 정착과정은 실증주의의 영감을 받은 민중문학 속에서도 반영, 강조되었다. 쥘르 시몽의 《여성 노동자》라는 작품이 바로 가장 대표적인 예이다. 삐에르 삐에라르 역시 릴에서의 노동자들의 정착과정과, 쌩-프랑소와-레지라는 단체가 전개한 활동의 성과를 확인한 바 있는데, 당시 이 단체의 멤버들은 이주민 정착의 정상화에 박차를 가하고 있었다.[12] 19세기 말엽의 노동자 언설은 이러한 가족화를 확인하고 과장하기까지 했다. 그 내용을 분석한 바 있던 미셸 뻬로는, 옛 프랑스의 농부 가정과 아이를 중심으로 구성된 부르주아층의 결혼생활을 동시에 결합한 독특한 노동자 가정의 형성을 제시했다. 그때부터 『노동자는 우선 아내와 자식들을 거느린 한 가정의 아버지가 되었다. 그리고 봉급이나 혹은 그밖의 다른 것에 관한 그의 요구사항, 교육과 노동, 실습, 그리고 안전에 관한 그의 사상 등이 이런 현실에 지속적으로 토대를 두고 있었다.』[13]

이주민들의 도시정착은 굶주림이 감소되고, 특히 〈만성적 빈곤〉이 감소됨으로써 더욱 원활해지는 현상을 보였다. J. 가이야르는 도시화의 발전에 따른 빈곤의 감소를 지적한 바 있다.[14] A. 도마르[15]와 P. 레옹[16]이 진행하고 있던 정확하고 설득력 있는 여러 연구들과 이브 르껭[17]의 최근 논문, 그리고 더욱 인상 깊은 F. 꼬다씨오니의 연구업적들은 주요 도시들(빠리·리용·뚤루즈, 그리고 약간 작은 도시인 릴과 보르도)[18]의 노동자들이 19세기 후반기에 도시의 전체적인 부의 축적에 기여했다는 사실을 입증하고 있다. 그밖에도 이런 상황 속에서 대도시의 중심부에 갇혀 살아가던 사회적 소외계층의 사람들과 요주의 인물들이 사라져 가고 있었다. 따라서 그 이후부터 폐품수집업자[19]나 물품운송업자들을 도시에서 찾아보기가 힘들었다.

교육의 발전도 이주민들의 정착을 용이하게 만든 요소였다. 교육이 시행된 결과 심지어는 가장 낙후된 도시에서도 제2제정 이래로 문자해독률이 엄청난 신장세를 보일 만큼 호전되고 있었다.[20]

도시에 거주하는 프롤레타리아층의 폭력과 불평등이 완화되어 가면서 범죄와 매춘 사이의 연결고리가 끊어졌다. 이 현상은 지방 출신 노동자의 부부관계가 호전되고 가정의 안정이 이루어지는 과정에서 발생했다. 반복하자면 샤를르와 루이즈·리샤르 띨리도 19세기 후반기 프롤레타리아층의 폭력에 대한 전반적인 감소를 역설한 바 있으며,[21] 미셸 뻬로는 쾌락을 비롯한 모든 본능을 충분히 만족시킬 수 있는 산업문명이 도시의 폭력사건 감소에 어떤 영향을 미쳤는가, 그리고 그것이 어떤 지역으로 확산되었으며, 어떤 독창적 양상[22]을 띠고 있는가를 측정했다.[23] 범죄의 내용도 변화되어 지능범죄가 폭력사건을 앞질렀고, 사기범죄가 식량절도수를 상회하는 경향을 보였다.[24] 이와 같이 새로운 상황의 변화로 공창이나 사창과 같은 매춘부들의 존재에 대해 부르주아계층은 더 이상 불안감을 갖지 않았다.

일반민중의 도덕성이 향상되었고, 또 성적인 면에서 확산되던 불평등의 문제가 감소되고 있었다는 사실은 본 연구에 있어서 정말로 중요한 사안이 될 것이다. 부르주아의 입장에서 볼 때 노동자계급은 요주의 계급과의 융합에서 점점 더 멀어져 가고 있었다. 그때부터 형사사건과 경범죄는, 미셸 푸꼬가 소외된 사람들이라고 학자답게 판단했던 최하층 프롤레타리아의 전유물로써 간주되고 있었다.[25] 노동자가 도시에서 가정생활을 영위하기 시작하면서 생겨난 이러한 도덕적 진보는 뻬로의 노동자론에 분명하게 지적되어 있다.[26] 그의 논문에서 악에 대한 전통적 시각은 반전되었다. 즉 악덕은 그때부터 프롤레타리아계층이 아닌 부르주아계층의 남성에 의해 자행되었다. 사람들이 여기서 부르주아층의 고용주를 비난하는 것은, 그가 먹고 마시고 자고 호사스런 생활을 즐기고자 하는 것에만 마음을 두고 있었기 때문이다. 그래서 그 고용주는 대주연에 빠진 대표적인 쾌락의 추구자로서 비난의 대상이 되었다.[27] 그러나 산업문명의 토대를 이루고 있던 가치관을 제시하는 노동자론을 통해 노동과 쾌락은 이제는 이율배반적인 것으로 새롭게 인지되기 시작했다. 동시에 공장이나 광산의 노동자는 대량생산의

요구에 조금씩 복종해 가는 추세에 있었다.[28]

미셸 뻬로의 연구성과가 알려진 이후, 리용 뮈라르와 빠트릭 질베르망은 광산 노동자 거주지역에서의 노동자 도덕성 고양과정과 노동자를 고무시키려는 회사들의 전략에 관해 더욱더 체계적인 연구결과를 발표했다. 그 결과『1860-1880년경에 광부의 거주지와 작업장, 그리고 생활습관에서 동시에 광범위한 대변화가 일어나고 있었다』[29]는 사실을 위의 두 연구가는 밝혀냈으며, 그들이 의도했던 주목표는 참된 노동자 가정의 형성에 있었다. 그러나 이런 현상은 노동자의『육체적인 면에서의 고양훈련』을 위한 새로운 과정 중의 하나에 불과한 것이었다. 실제로 19세기 전반기 동안에 가장 역점을 두었던 과제는 제품을 생산할 수 있는 사람을 작업장에 고용하는 문제였으며, 따라서 이것은 부르주아층의 노동력을 대신하여 이주민들이 다수의 최하층민과 뒤섞여 일해야 한다는 전제조건을 내포하고 있었다. 반대로 1860-1880년경에는 다양한 계층들을 분류화시키고『혼란 상태를 해소하려는』광범위한 시도가 펼쳐지고 있었다. 이러한 시도로부터 창가가 배제된, 저소득계층을 위한 공동주택이 격증하게 됨으로써 노동자의 풍속을 바로잡고자 하는 체계적인 노력이 경주되었다.

육체적이거나 정신적인 단련은 분리될 수 없는 두 개의 양상을 서로 내포하고 있다. 즉 물질의 생산은 그것을 만들어내는 인간의 정신적 자질을 필요로 하며, 동시에 노동자계급의 사생활 발전과 결부되어 있기 때문이다. 이런 의식을 바탕으로『각 가정에서 가족구성원 각자에게 방을 부여하고 분리시킴으로써 그 구성원들간에 서로 부딪히는 일이 없도록 환경을 조성하는』[30] 노력이 생겨났다. 이렇게 됨으로써『성적으로 조용한』[31] 공간이 만들어졌고, 이에 따라『성적으로 건전한 부부생활』[32]이 이루어져 가족간의 친밀한 애정의 농도가 더욱 진하게 되었다.『사랑의 행위에 적합한, 필수적으로 막혀 있는 밀실을 마련한다는 것』[33]『음란한 행위를 억제한다는 것』[34]『가정의 침실이 사랑의 행위에 전적으로 사용되도록 만들어져야 한다는 것』『이것이 바로 캬바레와 싸구려 선술집 혹은 기타 방탕의 장소들을 이겨내는 방법이었다.』[35] 가족의 구성원 각자가 자기 방과 침대를 가져야 한다는 원칙이 프롤레타리아 가정에서 시행됨으로써, 프롤레타리아계층에 대한 부르주아계층의 고정관념—지저분한 집과 침대를 공동으로 사용함으로써 프롤레타리아계층은 무질서 속에서 생활한다는—이 사라졌다.

이상과 같이 부부 중심으로 이루어지는 가정 내의 친화력은 독신이나 내연의 관계에 대한 배제를 전제로 한다. 따라서 조직적인 〈독신배척〉[36] 운동이 광산회사들(과 모든 회사들)³⁷⁾에서 전개되었으며, 이것은 노동자 가정에 하숙하고 있던 사람들을 비난하는 문서와 같은 성격을 지니고 있었다. 본 논술의 기본적 성격은 극히 중요한 의미를 지니고 있다. 독신자들에 대한 이런 성적 규제 때문에 그들은 매춘부에게 성적 욕구를 풀 수밖에 없는 상황이었다. 게다가 광산도시의 조례는 내연의 관계를 금하고 있었으며, 교회의 사제단은 그것을 추방해 버렸다.

이와 병행해서 집단건물 내에서도 한 가족을 다른 가족과 분리해내려는 움직임이 일어났으며, 그 목적은 서로간에 우연히 만나는 기회를 최소화시키고『복도나 계단에서의 성행위』³⁸⁾를 금지시키려는 것이었다. 이런 시도의 총체적 목표는 과거의 횡적인 인간관계를 붕괴시키고 예를 들면 대중매춘을 조장하는 남성사회를 파괴시키려는 데 있었다. 그러나 기업주측에서도 노동자에 대해 작업시간과 휴식시간 이외에도 노동외시간을 작업에 할당하고자 했다. 그래서 노동자는 자신의 휴식시간에도 사장의 정원을 가꾸어야 하는 지경에 이르렀다. 따라서 술집과 창가의 남자 무용수와 단골손님들을 정원사로 변모시키는 것이 필요했다.³⁹⁾ 그리고 정신면에서의 고양과 함께 공장의 생산활동을 위해 단련된 새로운 노동자 가정의 전형이 탄생했다.

관련법규나 중요현상에 관한 관련성의 검토, 그리고 도시의 환경과 노동자 주택의 구조를 분석해 보고자 하는 계획은 때로는 상당히 매력적이고 설득력 있는 주제가 될 수 있다. 그리고 부분적으로 한정되어 있지만, 정확한 예로부터 매춘행동에 대한 연구가 전체적인 상황을 예견할 수 있다는 것을 재인식할 수 있다. 그러나 이러한 가정들이 가정으로써 끝나는 것이 아니라 실제로 일어날 수 있는 것이고, 거기에서 결과를 얻을 수 있다는 생각을 가져야 한다. 불행하게도 연대순에 의한 통계적 연구는 그 양이 드물기 때문에 그것들에 의해서 이러한 가정을 부인하거나 확인해 보기는 어려운 실정이다. 그리고 19세기 후반기는 불균등한 인구의 이동상태가 서서히 시작되고 있던 시기였다.⁴⁰⁾ 그렇지만 지금부터라도 그것들에 뉘앙스를 부여해야 할 필요가 있을 것이다. 그리고 기업주의 전략과 행위의 현실성에 대한 혼동을 삼가야 한다. M. 질레와 그의 추종자들은 노르 도에서의 동거감소현상을 확인했지만, 그것은 단지 19세기 최후의 몇 년간에 국한된 현상일 뿐이었다. 원래 이 지역은 1850-1890년 동안에 동거의 관습과 이에 따른 사생아들의 증가로 특성화되던 곳이었다. 벨르빌의 인구에 관해 G. 자끄메가 내렸던 확실한 결론은 보다 더 신중한 자세를 요구한다. 실제로 이 연구자는 1860년에서 1910년 사이에 일어난 노동자 동거현상의 확연한 감소를 밝혀내지는 못했다. 말하자면 동거양태에 대한 형태학에 토대를 둔 예리한 분석만이 이 미묘한 문제를 밝혀낼 수 있을 것이다. 특히 특정상대와의 잦은 접촉(약혼기간이 이에 해당)에서 생겨나는 일시적인 동거형태와, 영속적이며 완전한 동거형태를 구별해내는 것이 필요하다. 이 영속적인 동거형태는 노르 도에서 나타났던 대로 무질서하다는 점—불완전하고 일시적이며 매춘과 밀접하게 연결된 동거에서 볼 수 있는—을 제외하고는, 결혼생활과 거의 다를 바가 없었다. 따라서 이것은 〈성도덕〉의 유일한 척도가 되는 동거형태였다.

어쨌든 현재까지의 연구결과를 전체적으로 살펴보면, 노동자계급의 〈가정화〉와 도덕성 고양이 19세기 후반에 시작되었다는 것을 알 수 있다.[41] 아마도 이런 움직임은 미셸 뻬로가 교묘하게 〈노동자의 시대〉라고 불렀던 기간 동안(1880-1936)[42]에 가속화되었던 것 같다. 이 시대의 특징은 노동자들이 자신들만의 은어를 사용하고 특수한 사교형태를 유지하였으며, 시스템 D라는 기술 습득을 통해서 기존의 제 권력에 대항하는 적극적이고 자유스런 감정을 표출함으로써 자아의식을 고양시키던 시대였다. 이런 자의식의 형성 그 자체가 기업주의 전략에 의해 시작되었다 해도 결국에는 노동자 자신의 정신을 향상시키는 결과를 가져왔다.

전술한 모든 것은 과거의 매춘구조가 분해되기 시작했다는 사실을 설명한다. 아주 간략하게 반복하자면 매춘은 성적인 욕망해소의 기회를 갑작스럽게 박탈당했던 프롤레타리아 남성에게 있어서 더 이상 성적인 배출구가 되지 못한다는 사실이다. 이때부터 매춘부들은 자발적으로 소외된 하나의 그룹을 서서히 결성하기 시작했으며, 수적으로 증대된 매춘부들은 왜곡된 성에 굶주린 부르주아층을 상대하는 집단으로 이행되어 갔다. 따라서 매춘의 역할이 변화되어 갔으며, 결국 매춘부의 모습도 변화를 보이고 있었다. 그것은 도시사회에서 이루어지던 자본주의 구조의 발달에 있어서 새로운 단계를 반영하는 변화였다.

이런 과정이 극히 느리게 진행되어 갔다는 사실도 분명하다. 그 이유는 대도시에는 성적 굶주림 상태에 놓여 있는 프롤레타리아층의 독신남성들이 그 당시까지도 잔존해 있었기 때문이다. 그리고 때로는 도시계획으로 정비된 빠리 심장부의 경우와 마찬가지로 타도시들에서도 이 프롤레타리아 독신들이 창가로 출입하는 것을 목격할 수 있었다.[43] 이어서 새로운 타입의 최하층민이 형성되었다. 대다수가 외국인 노동자들로 구성된 이 계층은, 언어의 장벽 때문에 프랑스 사회에서 고립되어 감으로써 그 사회에 동화되기가 어려운 존재들이었다. 이탈리아와 벨기에 출신의 노동자들, 중앙유럽 지역 출신의 유태인 노동자들과 프랑스

식민지 지역 노동자들의 쇄도현상은, 우리가 브리에 지역에 관해서 살펴보았듯이, 하급매춘—대다수의 경우 비밀매춘—의 비약적 발전을 초래하였다. 그래서 중요한 대중매춘이 다시 생겨났지만, 그 매춘형태는 1860년 이후에는 다음과 같은 양상을 보이고 있었다.

—그 대중매춘은 더 이상 확산되지 않았으며, 증대된 수요를 더 이상 충족시키지 못했다. 그리고 부르주아층에서 그 매춘의 존재를 인지하고 두려워하지 않았기 때문에 세인들의 입에도 더 이상 오르내리지 않았다.

—그밖에도 추가되어야 할 사항은 노동자계급의 매춘에 대한 기호와 욕구를 강조해야 한다는 것이다. 프롤레타리아계층의 성행동 자체가 변화되면서 폭력적 경향이 완화되었고, 앞서 언급했던 부르주아층 가정생활의 모델과 가치체계가 노동자들의 가치관과 혼합되는 현상이 일어났다. 小부르주아층 남성을 모방하면서 프롤레타리아계급의 남성은, 부르주아층의 욕구불만과 환상심리를 부분적으로 수용함으로써 그때부터 노동자들도 매춘부에 대해 유혹의 환상적 분위기를 요구하게 되었다.

2 매춘의 새로운 수요

〈신사의 지출〉

매춘에 대한 새로운 수요는 우선 수치적인 증가와 함께, 특히 부르주아층에 속하는 사회계층들의 경제적인 윤택함에서 비롯되었다. A. 도마르[44]가 확인한 바에 의하면, 19세기 후반기에 실업에 종사하던 부르주아계층의 멤버들(중개업자, 상공업자, 은행가)은 제한선거왕정기에 도시사회를 지배하던 지주와 관리 등의 부르주아계층보다 더욱 분명한 고도의 경제성장을 이룩했다. 지배계층 내에서의 이러한 위치전도는 본 연구에 근본적인 자료를 제공하고 있다. 이 문제에 관심을 기울인 연구자들 전체는, 소위 〈도시의 중간계급들〉[45]에 의해 형성된 중간층의 쿠션이 얼마나 과장되어 있던가를 밝혀내었다. 이 중간계급들은 윤택한 부의 형성에 참여했던 상당히 불규칙한 부류들이었다.[46] A. 도마르는 빠리에 관해서, 가장 많은 부의 축적을 이루었던 계층은 부르주아계층의 중상류층이었다고 기술했으며,[47] 이 중간계층의 신분상승현상[48]을 주목했다. 소규모 기업과 가게, 그리고 수공업공장의 경제적 번성은 사실상 속도가 약간 떨어졌으며, 사무원들과 말단공무원들의 부는 평균치를 훨씬 밑도는 것이었다. 그러나 이 계층의 사람들은 사회의 변화를 받아들여 한편으로 생활의 향상을 꾀했다. 19세기 말엽에 진보적 직업에 종사하던 사람들과 중간관리직 사람들의 경우에도 상황은 마찬가지였다. 최근에는 모리스 레비-르봐이에가 제1차세계대전 이전 수십 년간 급격한 증가를 보여 온 기술자들의 수효를 밝혀내기도 했다.[49] 이들의 세계에서 소비습관도 변화를 보였다. 그래서 매춘을 또 다른 형태의 소비로 파악하게 되었다. A. 도마르와 P. 레옹은 경제적 번성에 따른 부의 내용이 어떤 형태로 변화되었는가를 잘 조사했다. 특히 부동산을 제외한 금전이나 물품과 같이 쉽게 이동될 수 있는 동산이 증대되었으며, 이밖에도 축적된 부 가운데 개인소득이 서서히 더 많은 자리를 잠식해 가고 있다는 조사결과가 이들에 의해 밝혀지기도 했다.

부를 향유한 부르주아층 남성들의 활동력이 증대되고, 급격한 변화가 발생하는 좌절과 기대의 시대에 모험을 조장하는 분위기가 조성되고 있었다. 즉 해외관광의 발달[50]과 함께 빠리와 온천도시들로 수많은 외국인들이 몰려들었고, 기차여행이 보급됨으로써[51] 대륙횡단과 해변에서의 체류[52]가 증가현상을 보였으며, 또한 성지순례에 대한 새로운 욕구가 끓어올랐다. 만국박람회에 즈음하여 지방사람들이 대거 상경했고, 극단들의 지방순회[53]가 이루어졌으며, 상업판매망이 확장됨으로써 부르주아층의 매춘수요를 증가시키는 제 요인이 되었다.

당시 가계부의 분석에 몰두했던 마르그리뜨 뻬로[54]는 붉은 글씨로 쓰여진 다음 항목들의 중요성을 보여 주었다. 〈신사의 지출〉, 〈적선〉, 〈여행〉. 물론 남편의 방탕스런 지출을 기록한 부인의 기록장부는 여기서 전혀 논의의 대상이 되지 못한다. 그럼에도 불구하고 이런 지출항목의 증대는 소비행동이 급격히 증가했다는 사실을 반영한다. 다시 말해 지방의 부르주아계층에 있어서, 적어도 국채 배당의 일부분을 오락에 탕진하는 것이 어떤 전통이 아니었을까? 그래서 빅또르 위고도 자신의 작은 노트 속에서 자선이라는 항목에 매춘부들에게 지출한 돈의 액수를 기입하지 않았을까?

강렬한 욕구불만

수적으로 증가되고 경제적 번영을 구가중이던 부르주아 세계 내에서 남성들의 성적 발산은 알 수 없는 수많은 요인들에 의해 장애를 받고 있었다. 오히려 성적인 발산과는 반대로 결혼 상대를 결정하는 조건이 단순히 재산의 정도에 따라 달려 있었다.[55] 떼오도르 젤뎅이 부르주아 부부의 감정적 측면을 연구·조사한 결과, 여성측의 낭만적인 이상화가 매춘을 아직도 더 필요한 것으로 조장했다는 사실을 지적했다. 이 계층의 여성들에 대해 순결을 강조하던 남성들은 그 여성들에게 접근할 수가 없었다고 그는 부언한다.[56] 상당히 오래 전에 프로이트는 빅토리아시대의 남성에게 존재했던 대립되는 두 가지 연애관을 보충, 해명한 바 있었다. 이 두 가지 연애관이란, 한 남성이 여성을 이상화시켜 동경의 대상으로 만드는 것이 그 하나이며, 또 다른 하나는 육체적인 타락을 의미하는 연애관이다.[57] 쟝 보리가 묘사했던 것도 〈창가에서의 쾌락 폭발〉과 〈순수하고 열정적인 구애〉가 상호 반복되는 당시 남성의 성행동에 대한 〈심장의 고동 소리〉와 같은 것이었다. 이러한 이중의 좌절을 경험하고 난 이후, 두 극단적인 경향은 결국 대다수 남성들이 평범한 결혼생활을 받아들임으로써 자연스럽게 해결된다.

미슐레 이후 위고나 《빠스깔 박사》의 졸라와 같은 진보주의적 작가들의 예언에 따라서, 그리고 의학적인 논거의 지지[58]를 받아 어머니의 역할을 존중하는 풍조가 대두됨으로써 상대적으로 부부간의 성적인 쾌락의 추구가 방해를 받게 되었다. 떼오도르 젤뎅[59]이 쓴 것을 다시 인용해 보자. 『그 이후부터 어머니가 되려는 여자들은 더 이상 성적인 쾌락을 추구하지 않게 되었다.』 엘렌느 그랑장이라는 여자와 딸의 생활을 통해서 노아미 쇼르는, 어머니의 쾌락에 대한 생각은 도저히 생각할 수 없는 가장 수치스런 것이라는 결론을 내렸다.[60] 싸르트르와 푸꼬의 견해에 동조하는 쟝 보리도 18세기 이래로 이 점에 관해 사람들의 의식이 변화되고 있었다는 사실을 지적했다. 생식과 결부시켜 생각하지 않았던 욕망과 쾌락이 이제는 단순히 종족보존을 위한 본능의 차원으로 인지되었다.[61] 그 시점부터 부부의 성적인 교섭은 의무적인 개념에 더욱 가까워지게 된다. 실증주의의 영향이 확산되고 유물론과 자유사상이 폭넓게 자리잡게 됨으로써 부부형태에 대한 근본적인 문제는 제기되지 않았다.[62] 이 점에 관한 쥘르 시몽의 저작은 극도로 시사해 주는 바가 크다. 급진적인 사람들과 마찬가지로 진보적 경향의 사람들도, 쾌락의 관념보다 의무의 관념을 확산시킨 사람들이 가톨릭 신자들이 아니었다는 사실에 두려움을 표명했다.

더 일반적인 방법으로 말하자면, 부르주아층의 부부관계와 가정의 특징을 형성하는 강한 가족애와 평온한 성적 질서가 사회 전체에 확산되면서 일상적인 에로티시즘으로부터 탈피하여 어떤 특색을 만들어낸다. 로자네뜨의 성공을 가져왔던 것은 아르누 부인이 지니고 있던 미모와 그녀가 가정 내에서 보여 준 따뜻한 성격 때문이었다. 프레데릭 모로와 달리 그 젊은이가 복고적인 귀족풍 에로티시즘의 유혹을 거절한다 해도, 이러한 양면성을 이해하지 못하는 그에게 감정교육을 고려한다는 것은 불가능한 일일 것이다.

생리학자들[63]은 19세기 전체를 통해 아내이자 어머니로서의 여성의 개념을 과학적으로 체계화시키고자 줄기찬 노력을 경주했다. 남성들의 기호와 욕망의 형태가 변화됨으로써 전반적으로 깊은 변화가 생겨났다는 견해에도 불구하고, 여성에 대한 위의 이중적 개념은 1900년경까지 주류를 형성하고 있었다. 저 유명한 의사 가르니에 이후에 동시대·동사회에서의 여성들의 성행동을 상기하면서, 루이 피요 박사는 다음의 제안들을 〈실증사회학의 명제〉로서 발표하였다. 『발정기(혹은 성교에 대한 욕구)는 대부분의 여성에게 있어서 20일 내지 25일을 주기로 일어난다. 정상적인 성인 남성들의 경우 발정의 주기는 여성보다 훨씬 더 단축되는 양상을 보인다. 발정의 주기는 아마도 체력과 습관에 따라 달라지겠지만 알레와 트루쏘, 그리고 대다수 생리학자들의 견해에 따르면 우리는 성주기가 3일 혹은 늦어도 4일 만에 다시 나타난다는 사실을 알게 된다.』 피요 박사는 계속 쓰고 있다. 『생식에 있어서 여성의 역할은 수동적이며, 여성의 성충동이 일어나는 기간에 한해서 남성은 여성의 지배에서 벗어날 수 있다.』 그는 또 다음과 같이 덧붙인다. 『나는 심지어 여성들이 방탕스러움보다는 애교로서, 쾌락보다는 이해타산에 의해서 까다롭게 행동한다고 생각한다. 이런 남성들의 욕구를 알고 있는 여성들은 남성들을 자신들에게 예속시키려고 더 많은 요구를 함으로써 남성들의 성적 부도덕성을 방지하려고 한다.』[64]

이런 논리의 전개는 여성의 성행동에 관해 당시 세간에서 가장 널리 인정받고 있었던 보편적 여론을 요약하고 있다. 산부인과학의 문헌을 읽어보면,[65] 특히 불임치료의 사례들을 보게 되면 당시의 성행위가 대단히 단조롭고 게다가 대단히 짧은 시간 안에 끝나고 있다는 느낌을 강하게 받는다.[66] 이것은 네쎄르의 발견이 확산되기 이전에 임질과 요도의 원인이 〈지나치게 격렬한〉[67] 성교섭에 있다고 생각할수록 더욱 이해가 잘 될 것이다. 알프렛 푸르니에 교수와 같은 최고의 학자들은 〈이상한 성적 흥분제〉를 과다하게 사용하면 중대한 결과를 초래하게 될 것이라고 생각했다. 이런 사실들을 잘 알고 있으면서 성에 대해 신중한 태도를 보이는 여성은, 때로 공격적인 방법으로 남성에 대해 격렬한 거절의사를 표시하기도 한다. 다시 말해서 피요 박사는 오랄섹스를 거부하기 위해 남편들을 물어뜯는 수많은 부인들이 있었다는 사실에 주목했다.[68]

여성의 이러한 태도로 인해서 남편들이 하녀나 매춘부와의 혼외정사를 통해 자신의 욕구를 충족했다는 상상은 곤란한 것이다. 남녀간의 성적 욕망에 있어서 주기의 차이는 과학적인 사실로 간주되어 매춘의 존재를 정당화시키고, 동시에 남성의 부정을 일종의 〈안전판〉[69]으로 치부해 버리는 경향이 있었다. 그러나 그밖에도 유의해야 할 사항이 더 있다. 떼오도르 젤뎅[70]이 지적했던 것처럼, 일부일처의 결혼제도하에서 남편이 자신의 아내와 정기적인 성교섭을 가진다는 것은 극히 어려운 일이었다. 왜냐하면 주지하다시피 아내측에서 부부관계의 이행을 종종 거부하기 때문이었다. 그밖에도 월경이라든가 임신·수유기간중에는 절제된 섹스조차 힘든 것이었으며(전혀 기회가 없었을지도 모른다), 특히 여성의 생식기에 이상이 생겼을 때 부부관계를 가진다는 것은 더욱 어려운 일이었다.[71] 이 모든 요인이 중첩되어 성적 욕망의 리듬을 깨뜨려 버리고 남편의 욕구불만을 초래하는 결과를 가져왔다. 결국 아내와의 성교섭을 원하는 모든 남성들은 자신의 아내에게 불필요한 임신을 원하지 않게 되었고, 매춘부는 아내와의 성교섭이 중단되었을 때 찾게 되는 일종의 섹스 파트너의 존재가 되었다.

아내들의 이런 태도에 관한 사제들의 영향력이 미슐레 이후에는 자주 비난의 대상이 되었다. 고해신부는 양심을 올바른 방향으로 교정해 주는 정도에 따라서, 여성이 남편과의 성행위에 관한 은밀한 이야기를 할 수 있는 유일한 인간이었다. 관능적 자극에 대한 위반사항이라면 무엇이든 고해신부는 금지사항을 증가시키면서 부부 사이의 성적 쾌락의 극치감을 거부했다. 주지하다시피 실제로 수많은 고해신부들이 여성들에게 성행위 도중에 남편에게 신체의 특정부위를 허락치 말라고 부추기기도 했다. 몇몇 신부들은 출산 후 부부의 합의에 의한 금욕생활을 격찬했으며, 남편의 성적 욕망을 불러일으킬 수 있는 모든 행동을 피하라고 권유했다. 그리고 그들은 성모 마리아와 요셉이 이룩했던 순수한 커플을 부부의 전형으로서 제시했다. 사제는 남편들의 정욕에 관해서만 얘기하였을 뿐 부부간의 쾌락에 대해서는 전면적으로 부정하는 경향을 보였다. 사제는 성관계를 남성에 대한 여성의 예속적 행동으로 보았던 것이다.[72] 매춘에 있어서 이러한 개념은 아우구스티누스적인 사상과 논리상 완전한 일치를 보이고 있다. 덧붙여야 할 것은, 고해신부의 충고에 따라서 여성들이 신앙심 없는 남편들을 종교에 복귀시키려는 의무사항을 빈번히 이행했다는 사실이다. 이것은 부부 사이의 원만한 화합을 방해하는 요소가 되었다. 반대로 매춘의 도움을 빌어서 남편들은 매춘부들에게서 〈남성들간의 우정〉을 느낄 수 있는 기회를 누리기도 했으며, 이것은 이미 졸라[73]에 의해 상기된 바 있다. 매춘부와의 잦은 접촉과 거기에서 생겨나는 성적 유희는, 이런 견지에서 부르주아층 남성들의 입장에서 보면 그들이 속해 있던 계층의 육체적 문화에 대한 하나의 항의였던 것이다.[74]

특수 매춘집단의 격증

小부르주아층 독신남성들의 수적인 증가는 매춘구조에 변화를 가져다 준 주요현상들 중 하나를 형성한다. 별로 가진 재산은 없지만 교양의 정도나 취미, 그리고 지니고 있는 야심으로 보아 中小부르주아계층에 속하는 여러 부류의 사람들이, 19세기 초엽에 프롤레타리아층 독신남성들의 자리를 점유함으로써 매춘수요에 있어서 중요한 역할을 담당하고 있었다. 표면적으로 도시사회에 잘 적응한 이들 독신남성들은 주로 성적인 영역에서 소외된 입장에 놓여 있었다.

―공무원과 민간기업의 사무원 혹은 종업원들로 총칭되는 사람들이 이 부류들의 첫번째 부류를 형성하고 있었으며, 중소가게와 백화점의 종업원들이 포함되어 있었다. 그들의 수치적 증가는 급속도로 빠른 것이었다. 따라서 그들은 수도의 중심부에 있던 기성복점과 철물점, 그리고 쌍띠에 가에 있던 대형상점들의 종업원집단을 형성하고 있었다. 마찬가지로 백화점들에서는 이들 종업원들이 최신유행상품의 매장을 담당하는 기업의 중심자리를 차지했다. 이밖에 적어도 1880년경까지 일어났던 상업구조의 격변이 소매상의 세분화를 강력하게 추진했기 때문에 소매상의 점원들도 비약적인 증가 추세를 보였다는 사실을 명기해야 한다.[75]

P. 레옹이 리용 지역의 현황에 관해 밝혔던 것처럼 A. 도마르도 이 계층의 부의 소유현황을 조사했으며, 그 결과 꼭대기가 뾰족한 팽이를 엎어 놓은 듯한 모양의 도표를 일목요연하게 제시했다. 부라는 면에서 볼 때, 이 종업원집단은 서민계층 속에 완전히 자리잡고 있었다. 이들 중 소수의 선택된 자들만이 그 계층에서 벗어나 중간 정도의 부르주아층에 성공적으로 편입했다. 그밖에도 이 종업원들이 19세기의 후반기 사회에서 일반적인 부의 축적에 참여한 것이 사실이었음에도 불구하고, 그들이 차지하는 비율은 전체적으로 볼 때 평균치를 훨씬 밑도는 것이었다.[76]

회사에서 일하는 종업원들의 지출내역은 비참한 것이었다. 그들이 회사에 들어오는 것은 전적으로 그곳에서 벌어들인 수입에 자신의 생활을 의지해야 했기 때문이다.[77] 모빠쌍이나 꾸르뗄린느의 작품을 언급치 않더라도 《저당잡힌 죽음》에 등장하는 페르디낭의 아버지의 비참한 운명을 사람들은 기억하고 있다. 종업원들은 성적인 문제에 있어서 비극적인 상황에 직면해 있었다. 이들 중 많은 사람들이 젊은 시절 결혼을 하거나 동거를 할 수 있을 정도의 충분한 재산을 지니고 있지 못했다. 아무리 노력해도 그들은 자신의 가족을 부르주아층의 사람들처럼 여유 있게 부양할 충분한 수입을 올리지 못했다. 만혼과 독신생활만이 대다수 종업원들에게 있어서 유일한 탈출수단이 되었다. 제2제정시대 이래로 빠리에서는 독신들과 만혼의 사례가 기록적인 수치를 기록했으며,[78] 수도에서와 마찬가지로 보르도[79]에서도 위의 두 현상이 나타남으로써 당시의 전반적인 현상을 알려 주는 지표가 되고 있었다.

이들 종업원들의 성적인 굶주림과 그 해결방법은 19세기 후반기 문학이 줄기차게 다루어 온 주제이기도 했다. 결혼을 하거나 동거를 하기에는 너무나도 빈궁했던 젊은 종업원들이었지만, 그러나 여자를 살 만한 수입은 충분히 있었다. 플로베르에서 모빠쌍, 혹은 샤를르-루이 필립에 이르기까지 소설가들은, 회사의 사무원과 가게점원 혹은 예술가 등 독신들이 벌였던 매춘행위의 모든 과정을 묘사하는 데 열중했다. 이들은 독신으로서 결혼생활에 대한 갈망에서 벗어나고 싶을 때면 언제나 매춘의 도움을 빌었던 것이다. 그러나 쟝 보리는 1850년부터 떠오르기 시작한 〈독신자 문학〉에 대해 역설했는데, 이 문학의 가장 대표적인 작가는 위스망이었다. 그는 일련의 저작들에서 小부르주아층의 성적 욕구불만과 그들이 사용했던 해소방법에 대한 완벽한 목록을 제시했다. 그의 작품의 중심 주제는 〈남녀의 세대〉에 관한 문제였다. 그 문제는 성병의 위험성과 더불어 그의 작품에 등장하는 인물들의 강박관념을 다루는 것이었다. 작품 《결혼생활》에서 앙드레는 여러 가지 형태의 매춘에 진력이 난 나머지, 부도덕하고 불감증이 있는 자신의 아내와 재결합하게 되고(《바따르 자매》·《결혼생활》속에서), 씨프리엥은 젊은 여공과 관계를 유지하는 데 재산을 탕진하고서 결국 늙은 가창과 살아갈 수밖에 없었다. 매춘으로 이루어진 관계 속에서 마르뜨와 동거를 시도했던 레옹의 의도는 실패로 돌아갔고, 혹은 성관계를 거부한 바 있던 《흘러가는 대로》의 겉늙은 종업원 폴랑뗑도 빛바랜 어느 사창과 최후의 불행한 관계에 빠져들고 말았다. 결혼 그 자체는 《정박중》속에서 명백하게 나타나 있듯이, 안락함과 性을 보장해 주는 수단이자 해결책의 개념으로서 위스망에 의해 근본적으로 정립되었다. 대단히 회의적이던 그의 시각은 당시 도시사회의 수많은 부류들이 겪고 있던 끔찍한 성적 굶주림을 반영하는 것이었다. 그밖에도 공창을 찾아가서 성적 욕망을 발산하고, 그렇게 함으로써 정욕에서 벗어나려는 독신들에게 있어 『권태로움과 그 후유증들』[80]이 얼마나 무서운 것인가를 보여 주는 문학작품들도 있었다.

―이 점에 있어서 성적인 무산계급과 흡사해 보이는 집단이 있었다. 그것은 빠리에 거주하던 지방 출신 대학생들과 빠리 특수대학들의 학생들이 형성하던 집단이었다. 다시 말해서 〈자신의 고향〉을 완전히 등진 이 학생들은 대학입학자격고시에 합격한 프롤레타리아층을 부분적으로 포함하고 있었으며, 쥘르 발레의 작품에는 그들의 비참한 생활고가 묘사되어 있다. 그리고 결국 그들이 바라던 중학교 교사직에 대한 비참한 상황도 뿔 제르보[81]에 의해 묘사된 바 있다. 이 부류의 수적 증가는 분명한 것이었다. 그런데 이 젊은이들에게는 자신들의 기호와 교양에 걸맞는 고등교육을 받은 여성 파트너들의 존재가 결핍되어 있었다. 오늘날 상대할 여학생그룹이 없는 남학생그룹의 성생활이 어떠했을까를 상상하기란 쉽지 않다.

이상과 같은 상황 속에서 남학생들이 매춘에 의존하였다는 것은 물론 전통적인 현상이었다. 1799년 당시 앙리 베일이라는 학생의 친구들이 있었는데, 이들은 그르노블 출신들로서 빠리의 하급매춘을 통해 성적 욕망을 발산하고 있었다.[82] 알퐁스 도데의 작품에 등장하는 주인공 쟝은 결국 사포와 동거를 시작함으로써 성적인 문제를 해결한다. 문학작품들은 학업중에 매춘부와 관계를 맺고 있거나, 혹은 매춘부의 부양으로 살아가는 젊은이 무리들[83]을 등장시키곤 했다. 학생들의 성과 매춘은 당시 대단히 복잡하게 얽혀 있었기 때문에 이들 사회에서 성적인 불평등은 당연한 것이었다. 그러나 이 문학적인 관심들은 경제적 궁핍과 심지어는 성적인 굶주림을 얼마나 은폐시키고 있었던가! 이 점에 있어서 뽈 알렉시스의 작품 《르페브르 영감의 여자들》만큼 이런 현상을 잘 반영한 작품은 없을 것이다. 왜냐하면 한 지방대학 학생들(엑-쌍-프로방스)의 욕구불만이 이 소설 속에서 극단적으로 묘사되어 있기 때문이다. 소설 속에서 이 학생들은 〈하급매춘부들〉을 실은 열차가 도착하자마자 무리를 이루어 모여들게 되는데, 이 매춘부들은 전직 군인 출신이자 젊은이들의 술친구였던 르페보르 영감이 마르세유 항구에서 모집해 왔던 바로 그 여자들이었다.

─더욱 일반적으로 말하자면, 부르주아층 청소년들을 한가운데에 가두고 있었던 〈성적인 특수집단〉[84]은 大中小부르주아층의 수적인 증가와 더불어 확산되는 경향을 보였다. 사실상 서민계층의 젊은이는 같은 계층의 아가씨와 청소년기 때부터 성적인 관계를 맺기가 용이했다. 반면에 부르주아층 젊은이의 경우 성행위의 시작은 거의 매춘부를 통해야만 하는 입장이었으며, 그후부터 매춘이나 혹은 하녀와의 성관계를 습관적으로 벌일 수밖에 없었다.[85] 위의 두 계층에서 중요하게 생각했던 것은, 지참금을 가지고 결혼하려는 아가씨는 결혼 당일까지 순결을 간직해야 한다는 사실이었으며, 실제로 이러한 풍습이 19세기의 마지막 시점까지[86] 유지되고 있었다. 과거 농촌에서는 약혼녀가 약혼기간에 성교섭을 거부하는 관습이 있었는데 이로 인해 남성들은 공창을 찾게 되었고, 풍속담당 경찰의 단속에도 불구하고 공창들은 고등학생층을 고객으로 맞아들이는 등 폭넓은 활동을 벌이고 있었다.

1872년 7월 27일에 실시된 징병검사는 매춘에 관한 복합적인 양상을 나타냈다.[87] 병사의 주둔지나 군항의 도시들에서 매춘에 대한 수요가 대량으로 증가하였다. 군입대 이후 가정의 억압에서 벗어난, 그리고 거의 매춘의 기회를 갖지 못한 이 시골 청년들은 대도시에서 익명성을 통해 마음껏 해방감을 만끽했다. 따라서 이들이 선배병사들이나 심지어는 상관들로부터 자유시간에 성에 대한 쾌락의 유혹을 받았던 것은 어쩌면 당연한 것이었는지도 모른다. 비뷰롱 박사[88]는 신병들이 그들의 상사들에게 의무적으로 제공했던 〈순회하는 매춘부들〉의 역할을 강조했다. 그밖에도 13일에서 28일에 이르는 훈련기간을 이용하여 혼외정사를 즐기는 사람들도 부지기수였다.[89]

마지막으로 위에서 전술한 상황을 살펴볼 때, 진행중이던 도덕향상운동 과정에 제동이 걸린 어떤 새로운 사회현상이 1880년경부터 노동자들의 좁은 사회에 한정하여 발생하고 있었다는 사실을 상상해 볼 수 있다. 주지하다시피 기술의 혁신과 경영형태의 변화로 인해 대부분의 노동자들은 당시 자신들이 지니고 있던 기술의 위력을 빼앗겨 버렸다.[90] 이런 상대적 박탈감으로 인해 노동자들은 쾌락에 대한 증대된 욕구를 지니게 된 것 같다. 생산자가 불만을 나타내게 되면 그 불만이 소비로 향하는 것이 정상이다. 이 정신적 변화과정은 근본적으로 기술이 최대의 가치라는 관념을 지닌 계층들과 관계되어 있다. 이러한 가정이 정확한 것이라면 노동자계급의 내부에 확산된 새로운 성행동의 변화도 충분히 이해될 수 있을 것이다.

수적인 증가 추세를 보이면서 경제적 번영을 누렸지만 부르주아계급의 욕구 불만은 상당히 심각한 것이었다. 게다가 증가된 젊은이집단을 포함하는 성적인 특수집단들이 상당히 늘어나고 있었고, 도시 독신남성들의 수치도 불어났다. 따라서 매춘에 대한 새로운 수요가 창조됨으로써 이것은 도시 외곽에 거주하던 프롤레타리아 노동자층의 매춘을 대체하고 있었다. 그리고 이 새로운 수요가 이전의 수요형태보다 그 성격에 있어서 분명히 다른 양상을 보이고 있었다. 매춘의 새로운 수요란 단순히 인구동태의 변칙적 상태에서 기인하는 것이 아니었으며, 또한 싸구려 호텔에서 고객을 맞는 종래의 매춘과 관계되는 것은 더더욱 아니었다. 그리고 고객층의 이동에 따라 매춘에 대한 감수성과 행동에도 변화가 일어나고 있었다.

정욕의 여러 형태변화

물론 정욕의 형태들에 대한 변화는 사회계층에 따라 그 양상이 다르게 나타났다. 그러나 그 변화는 각 계층이 보여 주고 있는 대표적인 현상들을 반영하고 있으므로 제일 먼저 정욕의 형태에서 일어난 변화를 언급해야 할 것이다. 정욕의 형태에 대한 현상들을 잘 파악하기 위해서는, 그 현상들이 사회적인 피라미드 구조 전체 내에서 확산되는 정도에 따라 부르주아층의 가족관계와 성행동의 성격을 참작해야 할 것이다.

이때부터 고객들은 용모가 빼어나고 그윽한 분위기에 게다가 애정이 깃든 매춘부를 선호하고 있었다. 이런 조건을 전제로 고객과 매춘부간에 상당기간 관계가 지속되고 있었다. 그러나 대중적 창가에서 벌어지는 고객들의 대량소비는, 그 소비형태를 부추기는 어떤 특별한 기술이 동반되지 않는 한 고객들로부터 환영을 받지 못한다. 다시 말해 매춘행위가 완전히 에로틱한 분위기에서 이루어지지 않는다면,[91] 고객은 욕구불만을 일으키는 어떤 거북스런 감정과 모욕감을 느끼고, 실망에 찬 나머지 한시라도 빨리 그곳에서 벗어나고픈 생각에만 전념한다.[92]

고객들의 이런 감정은 지나친 직업의식을 드러내는 모든 것에 대한 고객들의 혐오감을 설명해 주는 것이며, 또 비밀매춘행위를 하고 있다고 주장하는 매춘부들에 대한 남성들의 선호사상을 반영하고 있는 것이다. 따라서 감찰표를 지닌 매춘부, 즉 가창조차도 사창들의 태도를 모방하거나 혹은 사창들처럼 행세하려고 애쓰게 되었다. 그러나 알다시피 공인창가가 사그라들었고 반면에 사창들이 증가했으며, 가짜 미성년 여성들이 유행처럼 증가 추세를 보이기 이전까지 가짜 약속의 창가들이 생겨나고 있었다. 부르주아적인 관찰자의 시각에서 볼 때, 이런 관행들은 비밀매춘이 급속한 증가를 보이고 있다는 느낌을 강하게 부여하는 것이었다.

 특히 안락함을 원하는 부르주아층 고객은, 자신과 매춘부의 관계가 심지어는 성적인 관계까지도 부부관계를 닮아야 한다고 생각한다. 그 고객이 기혼자일 경우 그는 매춘부와의 관계가 결혼과 똑같은 결합의 토대가 되기를 바라고, 미혼자일 경우에는 그 결혼생활을 대체할 수 있는 관계가 되기를 바라는 것이다. 이것은 첩들의 증가와 적어도 세기말의 약속의 창가에서 볼 수 있었던, 세련된 미모를 겸비한 매춘부들의 증가를 초래하는 요인이 되었다. 이런 매춘시설 속에서 남성은 금전에 의한 간통행위를 경험할 수 있으리라 믿게 되고, 게다가 자신이 오르고자 열망했으나 오르지 못한, 자신보다 우월한 사회적 지위에 있는 여성을 소유한다는 상상에 빠질 수도 있었다.[93] 그것은 더 이상 갑작스럽게 생겨난 충동이나 감정의 배출구가 아니었다. 남성이 다른 사회적 위치에 있으므로 해서 유혹하기가 불가능한 아가씨나 부인을 돈으로 사서 자신의 욕망을 충족시키는 것은, 바로 그의 환상에 대한 기호 때문이었다.

 大부르주아층과 중간계급의 부르주아, 그리고 小부르주아층의 몇몇 부류들 내부에서 귀족적 취미에 대한 경향이 발생하기 시작했으며, 이런 경향을 보여 주는 수많은 양상들이 나타나고 있었다. J.-P. 아롱이 부르주아층에 조금씩 파고들었던 미각에 대한 취미를 분석하였으며,[94] J. 가이야르는 백화점들이 당시까지 상류층의 전유물이었던 고급의류품을 어떻게 부르주아층에 보급시켰는지를 밝혀냈다.[95] 미각분야보다 약간 늦게 일어나긴 했지만 섹스면에 있어서도 귀족풍의 취미가 나타나기 시작했다. 다시 말해 입을 것과 먹을 것, 그리고 성, 이 세 가지 분야가 동일한 변화 경향을 나타내고 있었다는 것은 분명하다. 앞에서 살펴본 바와 같이 대규모 까페와 야간식당, 그리고 고급의류 백화점에서 매춘이 확산되어 가고 있음을 알 수 있었다. 성과 쾌락의 문제에 있어서 나타나는 새로운 행동양식은 사회 전체가 요구하는 새로운 욕구의 한 요소일 뿐이었다.

 그런데 이 새로운 욕구와, 그 욕구에 근거한 행동양식들이 계급을 초월하여 사회의 밑바닥까지 침투하였다. 가게의 점원들이 음식점 아가씨들에게 호감을 품고, 노동자가 저급창가의 매춘부들을 저버리고 술집 아가씨와 관계를 맺는 행위 등이 바로 그 증거였다.

군인의 경우 그 사정은 더욱 복잡해서 아예 상세한 설명을 하지 않는 것이 나을지도 모른다. 병사는 군에 입대해서 7년간의 철저한 의무복무를 이행하는 과정에서 부대를 따라 수시로 임지를 옮겨다녀야 하는 독신성이 강한 부류들이기에, 필연적으로 병영의 부근에는 그 부속시설로서 창가가 나타나기 마련이었다. 심지어는 장교들 대다수도 일반병사들과 마찬가지로 小부르주아 출신들로서[96] 창가를 즐겨 이용했다.[97] 군대사회의 구성원들이 일반사회로 복귀한다는 것은 상당히 힘겨운 것이었기 때문에 군대에서 차지하는 매춘의 중요성이 정당화되고 있었다. 그밖에도 19세기를 통틀어 군대는 창가를 통해서 병사의 건강상태를 유지하고, 동시에 병사와 장교의 열정을 한 방향으로 집중시킴으로써 군대라는 힘의 존재가 도시 내부에서 필연적으로 유발할 수밖에 없는 성적 긴장을 해소시키려 하고 있었다는 사실을 알아야 한다.

상호간에 성적인 불안감을 지니고 있는 민간인 사회와 군대사회 사이의 관계는, 퇴폐화될 수 있는 여러 문제들을 피하기 위해 공인창가를 거의 필수불가결한 요소로 간주하고 있었다. 간단히 말해 군대의 창가, 혹은 군인들이 즐겨 찾는 창가는 규제주의 계획이 원래 의도했던 역할에 가장 잘 부합하는 것이었다. 왜냐하면 이 군대사회는 성적인 불만이 가장 강하게 노출되는 환경에 놓여 있었기 때문이다. 그때부터 군대의 계급분화는 규제주의를 가장 충실하게 반영하고, 또 그 제도의 최후 지지자였다는 사실은 조금도 놀랄 만한 일이 아니다.

창가가 군대사회와 일반사회 사이를 연결하는 접촉점들 중 하나였던 아니던,[98] 그 창가는 병사들 사이에서 일반사회에 대한 매력과 동시에 반감을 불러일으키는 대상이 되었다. 이 양면성이 레옹 에니끄의 소설 《라페르 뒤 그랑 쎄뜨》에서 교묘하게 묘사된 바 있다. 저자는 그 속에서, 광분한 주둔지 병사들이 벌였던 어느 창가의 습격과 매춘부들의 학살, 그리고 창가의 주인에 의한 한 매춘부의 살해 등을 묘사했다. 그는 그 부대를 통솔하던 장교의 입을 통해 다음과 같은 결론에 도달했다. 『아이들보다 더 유치한 이 모든 낙오병들! ······그들은 자신들의 장난감을 깨부수어 버렸다.』 보불전쟁에 있어서도 군대사회에서 창가가 차지했던 중요성은 의심할 여지가 없었다. 그 당시 군대 내에서의 창가에 대한 역할은 자연주의 문학의 주요 테마를 형성하고 있었다.

국민징병제도와 1905년까지 실시된 군복무 기간의 점진적인 단축, 그리고 민간병의 재모집은 군대의 행동형태를 서서히 변화시키는 요인이 되었다. 물론 반복하자면 병사의 대량징집은 군대의 증가에 따른 매춘의 전체적 수치를 증가시킨 것이 사실이지만, 군대도 일반사회의 매춘형태를 원하게 됨으로써 감수성의 변화가 일어나고 있었다. 군복무 기간의 점진적인 단축은 병사의 일반사회로의 복귀를 원활하게 해주었을 뿐만 아니라, 적어도 부분적으로는 일반사회와 군사회 사이에 가로놓여 있던 공백을 충분히 메워 주는 것이었다. 따라서 병사들의 성적인 소외화 현상은 완화되었다. 병사는 그때부터 『과거 시민생활에 대한 향수』[99]를 간직하고서 자신의 가족이나, 혹은 고향의 아가씨들에 대한 생각을 떠올리는 것이다. 병사가 자신의 출생지에 근접한 부대로 편입되는 방법을 채택함으로써 휴가의 기회가 증가된 그 병사는 사회복귀를 그만큼 원활하게 할 수 있는 것이다. 제2제정하의 군인들보다 이 시민병사는 진정한 의미에서 성관계의 기회를 더 가질 수 있었다. 시민병사는 단순히 생리적인 욕구의 완화를 넘어서는 풍부한 성관계를 종종 경험하게 된다. 따라서 창가의 필요성은 적어지고 매춘에 의한 경험은 실망스런 것이 될 뿐이다. 매춘부를 찾는 회수가 줄어들면서 획일적인 생활논리를 거부한다. 최하층 창가와 중간층 창가에 찾아온 위기가 바로 여기에 연유한다는 사실을 깨달아야 한다.

그밖에도 특히 20세기 초창기에는 병영생활이 변화됨으로써 병사들과 매춘부들 사이의 격리현상이 심화되어 갔다. 그리고 군대에서의 강화된 교육과 함께 특히 성적 욕망을 억제할 수 있는 지식이 보급됨으로써[100] 병영의 내부는 부드러운 분위기가 감돌았고, 가정이나 도서관처럼 아늑한 공간이 증대되었으며, 또 다른 요인들이 성적 욕망에 대한 절제현상을 용이하게 해주었다. 다시 말해서 수많은 군사학교 출신들이자 상당수가 귀족 출신이었던 군장교들은 그때부터 휘하의 병사들을 창가에 데리고 가는 행위를 거부했다. 심지어는 창가의 여주인이 그들에게 가장 고급스런 방과 사치스런 거실을 할당해 준다 해도 그들은 그곳의 출입을 삼가게 되었다. 한 마디로 말해서 군대사회는 조금씩 변화되어 가고 있었던 것이다. 전통과 관습이 제1차세계대전 직전까지 변화되어 감으로써 성적인 면에서 펼쳐지고 있던 도덕향상의 움직임이 전계층에 걸쳐 더욱 강화되었다.

따라서 1860년에서 1914년 사이의 기간에, 매춘의 새로운 수요가 확산되고 있었음을 알 수 있다. 이것은 양적인 변화라기보다는 질적인 변화를 의미하는 것이었다. 사회적·정신적으로 성격이 다른 매춘수요가 부르주아층의 시각에서 감지할 수 있는 여러 가지 소비행태를 자극했다. 부르주아적인 결혼형태의 유지와 보급의 필요성에서 성의 억압이 발생하고 있었으며, 본질적으로 그 성의 억압에서 기인하는 욕구불만 때문에 새로운 매춘수요가 생겨나고 있었다. 이렇듯 새로운 수요형태를 자극하는 사회적·경제적 제 구조의 변화는 아주 자연스럽게 그 수요에 상응하는 공급의 발전에 의해 결정되었다. 이러한 변화에 상응하는 새로운 욕구가 증대될수록 매춘에 따르는 요금은 비싸질 수밖에 없었고, 다만 그 변화를 이용하려는 계층들만이 상당한 분량의 증가된 소득을 올리는 결과를 초래했다. 그러나 그렇다고 해서 여러 증언자료들이 밝히고 있듯이 매춘행위가 사회 전체로 확산되고 있었다고 말할 수 있을까? 비밀매춘의 명백한 발전과 공창의 쇠퇴를 감안한다 하더라도 이런 가정은 상당히 위험스런 것이다. 왜냐하면 성적인 면에서 일어난 제 현상들에 대한 측정은 현실적인 사건들보다도 경험자들의 지각과 환상의 정도에 더욱 의존하는 것이기 때문이다.

3 수요와 공급의 일치

고객에 대한 매춘부의 접대방법에 변화가 왔고, 동시에 고객의 새로운 호기심에 부응하는 매춘부들의 모집이 이루어졌다는 사실을 앞에서 확인한 바 있다. 이런 현상은 도시의 대변혁이 일어나지 않았다면 가능하지 않았을 것이라는 가정을 인정해 두자. 도시가 대변혁을 겪게 됨으로써 부르주아 남성과 매춘부는 도시의 주역으로 떠오르고 있었다. 다시 말해, 새로운 도시화는 규제주의의 공창제 계획을 실패로 만든 요인이 되고 있었다.

〈외향성의 도시〉[101]와 이목을 끄는 여인들

위의 용어는 약간 부적절하기는 하지만 가장 분명한, 소위 도시계획의 성과들 중 하나일 것이다. 빠리(C. M. 레오나르, J. 가이야르)와 릴(P. 뻬에라르)·리용,[102] 그리고 보르도(P. 기욤)와 마르세유·뚤루즈 지역을 대상으로 한 일련의 연구들은 증가 추세를 보이고 있던 부르주아층이 도시중심 세력으로 이행되어 가는 전개과정을 거의 공통적으로[103] 보여 주고 있다. 왕정복고시대의 도시계획에 수반된 폐쇄적인 공간들에 대로들과 포장된 간선도로가 뚫렸다. 대도시의 중심지역에는 상업구역이 만들어져 은행들과 기업체의 본사들이 들어섰다. 백화점들은 당시 유행중에 있던 까페와 식당의 증가를 가져왔다. 역의 건설과 같은 대합실의 공간이 증가되어 도시의 외관과 시민들의 행동을 변화시키는 데 일조를 담당했다. 보도 위에 있던 장애물들을 철거하고 〈도덕적으로 정화〉[104]함으로써 길거리의 분위기도 변화되었다. 야간의 가스조명등과 적어도 수도에 존재했던 풍속경찰 조직은 그 도시의 치안상태를 강화시키는 역할을 수행했다. 졸라는 자신의 소설 『백화점에서』 속에서 도시주민들과 특히 부르주아층 시민들이 도시 중심부를 장악해 가는 과정을 긴박감 넘치는 필체로 훌륭히 표현했다. 교묘한 대위법을 사용하면서 졸라는 도로공사의 진전상황과 상업구조의 변화, 그리고 군중의 쇄도현상을 동시에 묘사했다. 그런데 이러한 도시계획의 움직임이 도시로의 인간들의 집중을 유발했는지, 혹은 그것이 억제할 수 없는 어떤 우발적인 흐름 때문이었는지에 대해서는 더 이상 판단할 길이 없다.

이런 시대의 조류를 타고 매춘부는 어둠 속에서 빠져 나오게 된다. 그때부터 매춘부는 두드러진 화장을 하면서 밝은 대낮에도 고객을 찾아나선다. 그녀는 스스로 자신을 드러내고 당당히 그리고 끊임 없이 거리를 선회한다. 부르주아층을 부추기던 똑같은 변화에 자극받은 수많은 매춘부들이 고상한 이웃으로서 떼를 지어 거리로 모여들었다. 릴에서는[105] 도시화된 중심지로 매춘부들이 재집결하여 보다 높은 요금으로 부르주아층 고객들을 유혹했다. 도시 중심부를 향한 매춘부들의 이런 이동양상은 대도시 지역에서는 일반화된 현상이었다.

19세기 후반기의 도시에서 일어난 이런 변화는 전대미문의 대변화라고 할 수 있었다. 고객의 눈을 끄는 상품의 전시·진열이 증가함으로써 매춘의 기회를 제공하는 매춘부의 토대가 되고 있었고, 백화점의 진열장이 바로 그런 전시회의 대표적인 예였다. 이제 빠리는 『먹을거리가 풍부한 도시』[106]가 되었다. 매춘부는 당당히 자신의 존재를 드러내면서 자신을 팔기에 이르렀다. 이 양상들을 보면 빠리 전시내에 매춘이 확산되었다는 느낌이 드는데, 그러나 실제로 이러한 느낌이 매춘부들의 수적 증가나 이동성, 혹은 그들의 과시행동에서 비롯되는 것인지 아닌지를 명확하게 판단할 수는 없다. 또 한편으로 매춘부들의 변화는 각 사회계층 사이에 잡음과 혼란을 유발함으로써, 계층간의 적절한 안배를 목표로 했던 이전의 노력을 무위로 만들어 버리는 결과를 초래했다. 따라서 풍속담당 경찰의 역할과는 별도로 새로운 전략의 개선이 필요하다는 인식이 일어났다.

군중들이 중심지로 밀려들어 사치가 조장될수록 도덕주의자들이 느끼는 위기감도 더욱 커져 갔다. 부르주아들을 상대하는 매춘부 역시 요염한 자세로 거리에 늘어서서 사람들의 이목을 끌어당기고 있었다. 매춘부는 커다란 까페의 테라스와 식당에서, 그리고 까페-공연장에서 보란 듯이 으스대거나 자신을 과시하곤 했다. 부르주아층이 출입하던 공인창가의 살롱을 묘사했던 뚤루즈-로트렉은 밝은 장소에 나타난 매춘부들을 그려내기도 했다. 매춘부들의 과시행위는 그때부터 부르주아층 남성들의 모든 욕구불만에서 비롯되는 환상에 활기를 불어넣었다. 그래서 이런 방법을 통해 시각적으로 가장 효과적인 성적 유혹이 시작되었다.[107] 매춘부의 자기과시현상은 무엇보다도 규제주의의 실패를 단적으로 반증하는 것이며, 동시에 우리가 우려했던 더욱 엄격한 규제주의의 탄생을 초래했다. 호객형태의 변화가 황실 축제와 같은 사치스런 축제의 배경이 됨으로써 제2제정이 몰락한 직후까지 비난의 대상이 되었으며, 그 변화가 여론의 흐름에 제동을 걸지는 못했다.

그때부터 풍속담당 경찰은 거리의 감시에 초점을 맞추기 시작했다. 순회하면서 통행인의 안전을 보장하고, 교통을 방해하는 장애물 철거가 경찰의 주된 임무였다. 경찰은 거리에서 호객행위를 하는 매춘부에 대해 강한 강박관념에 시달렸다. 거리의 여인들이라는 귀찮은 존재 때문에 가족들간의 나들이는 애당초 불가능한 것이 되어 버렸다. 매춘부들에 대한 절대다수의 비난은 자녀들과 함께 가족끼리의 오붓한 산보를 할 수가 없다고 항의하는 점잖은 신사들에 의해 제기된 것이었다. 당시의 문학은 매춘부에 대한 진정한 혐오감과 동시에 매춘부와 접촉하고픈 은밀한 욕망을 함께 보여 주고 있다.[108] 제1차세계대전이 일어날 때까지 거리풍속의 정화는, 프롤레타리아계층의 폭력과 범죄에 대한 문제와 마찬가지로 부르주아층이 해결해야 할 최대의 안건이었다. 따라서 도덕성을 주창하는 여러 단체들이 속속 결성되어 거리의 풍속오염을 방지할 목적으로 행동을 개시했다. 그리고 전통적 윤리관에 입각한 〈도덕주의자들〉은 특히 점점 더 매춘에 빠져 들어가는 부르주아층에 대한 심각한 문제를 인식하게 되었다.

매춘행위에 대한 유혹

그러나 매춘의 공급면에서 일어난 변화를 다시 살펴보자. 물론 전문적인 직업의 일람표에만 만족한다면[109] 매춘이라는 직업의 카테고리는 빠랑-뒤샤뜰레가 분석했던 카테고리들이나, 리샤르 꼽이 아주 최근에 혁명기에 관해 분석했던 카테고리들,[110] 심지어는 레스띠프 드 라 브르똔느[111]나 메르씨에[112]가 자신의 작품 속에서 묘사했던 카테고리들과 거의 비슷한 양상을 보이고 있다. 그러나 매춘이라는 직업의 이러한 불변적 성격을 남용해서는 안 될 것이다. 부르주아층이나 저속한 인간들의 매춘수요가 격증함으로써, 이에 부응하는 매춘의 새로운 공급형태가 생활조건의 변화를 깨달은 부류들로부터 생겨났다.

— 하인집단이 항상 매춘의 양성소 역할을 담당했다. 따라서 도시지역에서 이 집단의 수치적 증가는 대단히 중요한 의미를 지니고 있다. 대도시에서 여자 하인은 가사일을 제외하고는 가정의 일원이 되지 못했다. 여자 하인이 부르주아 가정의 어느 사람과 친하게 되는 상황이 발생하는 경우, 그녀는 주인 일가와 분리되어 같은 건물의 7층으로 쫓겨가는 신세가 되었다. 주인의 따뜻한 보살핌으로 그녀가 그런 상황에서 벗어날 수 있다 해도 알다시피 그것으로 인해 커다란 불안감이 조성된다. 《살림》에 등장하는 계단 관리인에 대한 묘사나 〈아델르의 더러운 계집〉에 대한 초상화가 그것을 증명해 주는 예가 될 것이다. 쥘르 시몽의 《여성 노동자》[113]가 발표된 이래, 7층으로의 추방*과 하녀들의 침실에 대한 비난이 일게 되었으며, 이러한 비난은 부르주아계급의 강한 불안감을 여실히 증명하는 것이었다. 하녀들의 방에서는 살인과 음란한 색욕이 어우러지고 있었을 뿐만 아니라, 절도와 색욕이 어우러짐으로써 부르주아층의 원망의 대상이 되었다. 1896년 당시 꼬망쥬 박사는 하녀들의 침실에 관해 학문적으로 뛰어난 연구서를 발표했다.[114] 아브릴 드 쌩뜨-크로와 부인은 특별히 이 문제를 다루면서 사비오즈라는 필명으로 자신의 연구를 발표했다.[115] 1912년 당시까지도 모렝 박사는 『7층의 하녀가 가지고 있는 음란스런 책자들이나 성병균의 확산방지를 위한』 예방책에 대해 자신의 충고를 아끼지 않았다.[116]

* 당시 부르주아가 거주하는 아파트의 최상층(7층)에는 지저분한 하녀의 방이 있었다.

그밖에도 하녀집단이 대단히 뚜렷한 계급사회를 이루고 있었다는 사실에 주목해야 한다. 종종 미모 때문에 선택된[117] 일단의 부인들과 하녀들은 여주인과 지속적인 접촉을 유지한다. 이들은 여주인의 남편으로부터 속내이야기를 들어서 여주인의 은밀한 삶의 내용을 속속들이 알고 있으며, 따라서 그녀의 행동을 본뜨려고 노력한다. 그리고 그들은 새로운 욕망에 들떠서 야심을 키워 나간다. 이런 과정 속에서 하나의 부류가 형성되며, 부르주아층과 항상 접촉하는 과정을 통해[118] 자신의 계층에서 벗어나고자 하는 강한 열망을 표출하게 된다. 따라서 남자 하인과 결혼하게 되는 것은 하녀들 사이에서는 하나의 형벌로 간주되어졌다. 7층으로 추방된 하녀는 상대적 고립상태에 놓이지만 그로 인해서 하녀는 결국 여주인의 감시에서 벗어날 수 있으며, 남자 주인과의 궁극적인 관계를 더욱

쉽게 가질 수 있는 것이다.[119]

주지하다시피 하녀가 지니는 매력은 당시 부르주아층의 성행동을 살펴볼 수 있는 요소들 중의 하나이며, 낭만주의 문학에서도 즐겨 상기되던 것이다. 머리에 떠오르는 것으로 《제르미니 라세르뙤》[120]의 거칠고도 신비스런 매력과 《살림》에 등장하는 트뤼블로라는 인물, 그리고 옥따브 미르보의 작품 《어느 하녀의 일기》에 나오는 인물 랑레르 선생을 생각해 볼 수 있을 것이다. 한편 모빠쌍은 하녀들의 유혹을 자신의 소설 《구원받은 여자》의 주제로 삼기도 했다. 외국에서는 드 리케르[121]가 하녀들의 실상을 상세하게 파헤쳤으며, 입센[유령들]과 톨스토이[부활]는 주인에 대한 하녀의 유혹을 작품 속에 반영시켰다. 동시대의 성과학자들과 특히 크라프트-에빙[122]은 이에 대한 상세한 설명을 덧붙이기도 했다. 즉 의복이 남녀간의 차이를 구별하는 시대에 있어서 하녀의 앞치마는 여성의 속옷을 연상시켰을 것이며, 그 앞치마를 보면서 남성은 여성과의 은밀한 접촉을 더 쉽게 상상할 수 있었을 것이라는 설명이 가능하다. 따라서 하녀들의 앞치마가 불러일으키는 이런 음란성을 이용해서 호객행위를 하고자 하는 매춘부들은 귀여운 하녀로 변장을 하고 길거리에 나타나는 것이다.

주인의 애무와 달콤한 말에 도취한 하녀는 자유스런 성행위에 익숙해진 나머지, 해고되면 주인의 친구들의 권유에 따라 선금을 받고서 쉽사리 매춘의 유혹에 빠져든다는 것을 알 수 있다.

─양품점과 상점의 여판매원들, 맥주홀의 여종업원들의 수치도 엄청난 증가를 보였으며 동시에 가게에 상주하는 기숙생들의 수치도 배가되었다.[123] 그들 사이에는 엄격한 규칙이 정해져 있었지만, 실제로 그 규칙은 상당히 자유스런 방법으로 적용되고 있었다. 그러나 상점의 여판매원도 남판매원의 경우처럼 주인이나 사장의 도덕적 후원을 더 이상 받지 못했다. 대기업의 간부사원들은 이제, 공장의 직공장들이 과거에 전통적으로 행했던 공갈협박을 사용하여 여종업원들을 위협하는 수단으로 삼고 있었다. 알다시피 이런 관행은 《백화점에서》의 주제가 되었다. 『오늘날 노동자계급에 속해 있는 여판매원들은, 사회적 출신뿐만 아니라 자신의 급여가 가져온 안락한 생활환경을 통해서 자신의 세계를 넘어서는 다른 세계의 사람들, 즉 모든 특권을 향유한 부유층 남성들과 일상적으로 접촉하는 집단을 형성한다.』[124] 이에 비해 하녀집단은 자신의 직업에 대한 불확실성 때문에 불안감을 느끼게 됨으로써 〈탈출의 상황〉[125] 속에 놓이게 된다.

상점을 찾는 여자 고객들처럼 아름다워지고자 스스로 노력하는 많은 여판매원들에게 있어서 결혼이란 드라마와 같은 것인지도 모른다. 그들에게 있어서 같은 계층간의 결혼이란 자신들의 원래 출신계층으로의 진정한 복귀를 의미한 것이기 때문에, 양가의 귀부인이 되고자 하는 희망을 영원히 포기하는 것과 다름없었다. 이런 인식이 생겨난 후부터 어두운 그림자가 드리워진 그런 결혼을 하는 사람은 거의 없었다. 게다가 상점 주인의 의중도 그러한 결합에 호의적이지 못했다. 1900년경이 되어서야[126] 백화점들은 종업원들간의 결혼을 장려하기 시작했다.[127] 결혼과는 달리 첩의 신분을 거친 다음 매춘부의 신분이 된다는 사실이 자신의 야심을 충족시킬 수 있는 수단처럼 보인다. 이러한 유혹이 너무나 강한 것이었기 때문에 주위에 있는 대부분의 여자 동료들은 저마다 한 명의 정부를 두고 있었다. 이런 방법이 아니면 고상하게 옷을 입고 맵시 있게 신발을 신는 등, 간단히 말해 우아하게 행동하는 『거의 귀부인에 가까운 신분』[128]의 행세를 할 수가 없었던 것이다.[129] 상점에서 일하는 몇몇 아가씨들까지도 부르주아층 남성들의 교섭대상이 되었다. 여성용 의상가게도 첩들에 의한 매춘업의 〈사업간판용〉으로 사용되고 있었다. 결국 돈에 의한 사랑의 형태가 파고듦으로써 성적인 유혹현상이 증가하고 있었던 것이다.

—그 이후부터 빠리에서 일어난 예를 보면 〈바느질 여공들〉과 〈방에서 일하는 양장점의 여공들〉, 그리고 고급기성복을 만드는 여공들의 수효가 도시의 중심부에서 증가하고 있었다는 것을 확인할 수 있다. 불충분한 정보의 분석과는 반대로 도시계획은 상업구역에서 멀리 떨어진 곳으로 하층민들을 분산시키지는 못했다. 우리가 언급하는 카테고리에 있어서도 도시계획과 정반대되는 현상이 일어났다. 양장점 여직공들의 활동은 백화점의 번성에 고무되어 있었다. 그러나 잊지 말아야 할 것은, 이 백화점들이 여성 고객들의 사치성향에 의존하고 있었음에도 불구하고 동시에 검약정신을 불어넣어 주었다는 사실이다. 졸라는 무분별한 구매행위를 통해 자신의 남편을 파산시킨 마르띠 부인(과 그녀의 딸)을 안정된 사업 성공에 자족할 줄 아는 부르들레 부인과 대비시키면서 백화점의 이러한 양면성을 훌륭하게 표현했다. 처음에 백화점의 성공을 가져왔던 신제품 매장은 생필품을 위한 매장에 불과했었다. 고객은 그 매장에서 직물을 산 다음 그것을 양장점으로 가지고 갔다. 마찬가지로 융단 매장은 부르주아 매춘에 있어서 중요한 역할을 담당했던 융단제조인들의 활동을 촉진시켰다.

그밖에도 소규모의 수공업공장은 사라지기는커녕 오히려 번영을 구가하고 있었다. 수공업공장의 사장은 무엇보다도 자신에게 재료를 공급해 주는 업자들과 고객들로부터 멀어지는 것을 원치 않았기 때문에 수도의 중심부에서 세력을 확장해 가고 있었다. 수공업공장의 비약적 발전은 당시까지 활동하던 『전통산업에 대한 대단히 유연한 변화』에 토대를 둔 것이었다.[130] 쟌느 가이야르가 잘 지적했듯이, 이러한 부차적 현상은 근본적으로 『산업화에 대한 불안감』을 야기시켰다.[131]

과거의 빠리에서 볼 수 있었던 이런 도심의 집중화 경향은 『도시의 분산화 정책에 따른 주민들의 반대』[132]를 증명하고 있다. 이런 반대의 움직임은 양장점 여직공들과 가내공장의 모든 여공들, 그리고 노동자들의 일부와 소외된 하층민들이 시 외곽으로 내쫓김에 따라 도심지가 황폐화되는 결과로 나타났고, 도심지의 건물들에 가게 여점원들이 몰려드는 극단적 집중현상을 보이고 있었다. 한편으로 대도시 중심지역에는 대학생들과 가게의 남판매원들, 그리고 회사의 종업원들이 공존하고 있었다. 또 다른 한편으로는 가게의 여판매원들과 바느질 여공들이 함께 어우러져 살고 있었으며, 강도 높고 활기찬 상업활동이 일어남으로써 도심지는 부르주아층 남성들의 눈길을 끌게 되었다. 따라서 도심지에 연결된 매춘구조가 행정당국이 설정한 매춘제도를 벗어나 확산되는 양상을 보였다.

남성으로부터 충분한 추가수입을 올리지 못하는 여공이나 가게의 여종업원들은 사실상 직업상의 월급만을 가지고 살아가기에는 역부족인 상황이었다. 이것은 제한선거왕정기 이후에 행해진 사회조사의 결과들, 즉 쥘르 시몽[133]과 브뢔[134]·본느베이[135]의 조사결과에서 강조된 바 있듯이 세간에 이미 널리 알려진 사실이었다. 그리고 이 문제는 로마네스크한 매춘문학 작품 속에서와 마찬가지로 노동자의회가 열렸을 때도 끊임 없이 제기되었던 문제였다. 더욱 포괄적인 방법으로 얘기하자면 남성이라는 존재 없이 여성이 독자적으로 당시의 도시사회에 편입된다는 것은 불가능했다.[136] 우선 자신의 거주지를 마련한다는 것이 여성으로서는 거의 불가능한 일이었다. 라 레포르므 소씨알紙에 기고한 삐꼬의 글을 살펴보자. 『잘 정돈된 싸구려 호텔의 문들이 여성들 앞에 굳게 잠겨 있다. 가구가 비치되어 있지도 않고, 외따로 떨어진 방들조차도 여성들에게는 비싼 것이었다. 자신의 일거리를 벗어나서 정숙한 여자가 즐길 만한 오락거리는 흔치 않았다. 따라서 독신여공들은 남자들처럼 혼자서 캬바레를 드나들게 되었다. 길거리조차도 그녀들에게는 위험스런 곳이었다.』[137] 그외에도 공장들에서의 심각한 문제는 계절의 불황에 따른 임시휴직기간이 길다는 점이었다. 그 기간은 4개월까지, 심지어는 6개월이나 1년까지 연장되는 경우도 있었다. 결국 이런 공장에서의 직업활동은 경기의 동향에 극도로 민감할 수밖에 없는 것이었다. 생산의 증가분을 수출해야 하는 산업부문에 있어서 이러한 경영기반의 취약성은 경기의 호·불황과 매춘량의 변동 사이에 존재하는 밀접한 관련성을 설명해 주고 있다. 상점의 영업활동도 경기의 흐름을 민감하게 반영했다. 따라서 쟝 야우앙이 제시한 바에 의하면, 1870년에서 1880년 사이에 호경기를 누렸던 빠리 제4구의 소매업 활동은 그후에 찾아온 10년간의 경제위기에 심각한 영향을 받고 있었다.

그밖에도 대도시의 견습공들이 놓여 있는 특수상황들은 젊은 여성들의 매춘을 부추기는 요소가 되었다. 대도시에서 여자 견습공은 가족과 떨어져 혼자 생활했다. 물품을 배달하기 위해서는 이 여자 견습공을 보내는 것이 관례였는데, 먼 길을 가는 도중에[138] 그녀는 남성의 유혹에 무방비적인 상태로 노출되어 있게 마련이었다.

바느질일을 하는 여공의 경우를 살펴보면, 자신의 집에서 부유층의 고객들과 맺게 되는 상업적 관계를 통해서 야심에 부푼 여공[139]도 결혼을 자신의 미래에 대한 장애물로 여기고 있었다. 가게의 남점원이나 사무원이 결혼을 하고자 할 경우 가능하다면 『자신이 일하는 가게의 여자 동료들』[140] 중에서 약혼자를 고르거나, 혹은 사장의 딸과 결혼하기를 희망한다. 이런 상황을 설명해 주는 대표적인 예가 바로 옛날 엘뵈프 공장의 경우였는데, 전직 사장들의 사위들이었던 남성들이 그 공장에 줄을 이어 몰려들었다. 엘뵈프 공장의 여공들은 결혼을 안중에 두지도 않았기 때문에 자신을 부양해 주거나, 혹은 지속적이건 임시적이건간에 금전관계를 통해서 성적 관계를 맺을 수 있는 정부가 필요했었다. 이 당시부터 대다수 매춘부들이 대규모의 근대적 공장지역에서보다 가내공업지역에서 모집되고 있었다는 사실은 충분한 타당성을 지니고 있는 것이다. 마르뜨가 견습을 받고 있었던 가내공장[141]이나 바따르 자매가 일하던 수공업공장에서 이들의 주된 얘기와 자랑거리의 대상은 바로 정부들이었다. 본느베이는 리용의 노동자에 관해 다음과 같이 피력했다. 『몇몇 공장들에서는 20세가 지난 여공에게도 정부라는 타이틀을 지닌 남자가 공식적으로 존재하지 않았으며, 이러한 사실은 이상스럽게도 우리를 놀라게 한다.』[142] 또한 『자신의 딸들에게 정부를 구해 보라고 권유하는 어머니들도 있었다』라는 사실을 쥘르 시몽은 지적했다.[143] 따라서 새로운 매춘형태를 요구하는 수요에 부응해 금전에 의한 성적 관계가 확산되고 있었다.

―그러나 새로운 매춘형태가 이러한 수요의 증대에 의해서만 생겨난 것은 아니었다. 즉 새로운 매춘형태란, 사치스런 소비에 빠져든 여성들이 창조한 또 다른 성격의 매춘형태를 의미한다. 사실상 새로운 상업구조는 여성들의 구매의욕

을 자극시키고, 욕망의 개발을 주목표로 하는 것이었다. 옥따브 무레는 나나와는 상당히 대조적으로 이러한 〈상점 겸 공인창가〉를 경영하면서 이런 욕망의 개발에 주력하였다.[144] 이 점에 있어서 속옷류 매장에 관해 졸라가, 남성에 대한 욕망에 들떠서 자신의 속옷을 내팽개쳐 버릴 것 같은 수많은 여성들의 거대한 화장실로 표현했다는 사실은 상당히 의미심장한 것이다.[145] 그 이후부터 개방적인 도시에서는 매춘부가 대낮에 중심지역의 거리를 활보할 수 있었고, 부르주아층 부인들은 과거보다 더 쉽게 간통에 빠져들 소지가 있었다. 상점을 출입하는 여성들에게는 확실한 알리바이를 제공함으로써 거의 위험 부담을 안지 않고서 다른 남성을 만날 수 있었다. 여기저기로 옮겨다니던 장소들이 이제는 이름이 알려지지 않은 만남의 장소로 변모되어 있었다. 앞에서 살펴보았듯이, 유혹이 클수록 이런 유형의 여성들에게 있어서 매춘에 대한 욕구도 강하게 일어났다. 수많은 남성들은 존경할 만한 파트너들의 사치성향을 충족시켜 줄 준비를 갖추고 있었다. 백화점의 비약적 발전은 사교계의 절도벽을 유발하고 그것을 확산시켰으며,[146] 동시에 특히 小부르주아층 여성들에 의한 부르주아 매춘의 확산을 용이하게 했다. 부르주아계급의 변두리에 항상 존재하던 小부르주아층 여성들은 항상 자신의 신분계급에서의 탈락이라는 위협에 처해 있었기 때문에, 자신의 현지위를 유지하기 위해 스스로 몸을 팔고자 하는 유혹에 사로잡혀 있었다.

여성교육의 발전과 이에 뒤이어 젊은 여성들을 위한 교육기관이 창설됨으로써, 오쏭빌이 〈분류할 수 없는〉 것으로 간주했던 사람들의 수효를 증대시키는 효과를 가져왔다. 다시 말해서 이 사람들은 『여성들, 특히 서민계층 출신의 젊은 아가씨들을 의미한다. 이들은 자신의 출신환경과, 아직까지 도달하지 못했던 환경 사이에서 어떤 쪽을 선택해야 자신의 불확실한 미래로부터 벗어날 수 있을 것인지를 파악하지도 못하면서, 좀더 높은 계층에 편입되려고 애쓰던 부류였다.』[147] 이 계층에 속해 있는 다수의 가정교사들과 피아노 교사, 그리고 국민학교 교사들은 고독과 정신적 번민으로 강하게 짓눌려 있었다. 젊은 여성들을 위한 새로운 고등교육제도로 말미암아 19세기말부터 남성 프롤레타리아층의 대학입학자격자에 해당하는 여성교육집단이 형성되고 있었다. 그러나 이 여성들에 대한 생활상황은 열악한 상태에 놓여 있었다. 여공과 마찬가지로 이 집단의 여성은 부르주아의 삶을 갈망하나 부르주아 가정에 전혀 통합되지 못함으로써 한 남성의 힘에 의존할 수밖에 없는 상황이었다. 그런데 이 〈분류되지 않는 여성들〉에게는 자신의 포부에 걸맞는 배우자를 구한다는 것이 쉬운 일이 아니었다. 따라서 이 아가씨들도 약속의 창가를 출입하게 되었는데, 1등급 창가의 범주에 포함되지도 않는 이 여성들을 약속의 창가에서 만날 수 있다면 그것은 얼마나 놀라운 일이겠는가?

새로운 매춘형태의 수요과 공급 증가를 단순한 사회현상으로만 파악할 수는 없을 것이다. 왜냐하면 매춘의 수요와 공급에서 일어난 변화는 도시사회의 제구조에서 일어난 변화를 의미하기 때문이다.[148] 방금 기술했던 변화과정들이 제2제정시대 동안 눈에 띄게 나타나고 있었으며, 이에 대한 인식도 폭넓게 확산되었다. 알다시피 이 시기는 시민계급의 경제적 번영과 도시의 변화, 그리고 국제화의 색채로 대별되는 시대였다. 제3공화정(1871-1914)이 들어섰던 초창기 10년 동안 매춘에 대한 비관론과 반성론의 사상이 대두되었지만, 사람들의 예상과는 반대로[149] 그 공화정은 새로운 매춘활동을 감소시키지 못했다. 매춘의 공급과 수요를 자극했던[150] 1880년대의 경제적 위기 이상으로, 1896년에서 1913년 사이에 도시지역에서 소비가 늘어남으로써 매춘활동이 다시 증가 추세를 보이기 시작했다. 주지하다시피[151] 이 시대는 도시 전체의 수요증대에 기초를 둔 급속한 경제성장의 시대였으며, 부의 증가가 가속화된 시대로 표현된다.[152] 따라서 부르주아의 매춘이 황금기를 맞게 되었다는 사실을 쉽게 이해할 수 있을 것이다.

콜셋의 포기

그러나 새로운 매춘형태의 증가가 명확한 현상으로 인식되지 않고 있었기 때문에, 사회·경제적 변화에 따른 매춘의 허용범위가 그만큼 더 넓어졌는지는 알 수 없다. 성적인 욕구불만이 더욱 악화됨으로써 부르주아층의 결혼생활에 커다란 금이 가는 결과를 초래했다. 19세기가 끝나가는 마지막 몇 년간, 여자를 낚으려는 남성들의 행동은 더욱더 공공연해지고 있었다. 폭넓게 증가된 프롤레타리아계층은 부르주아층의 권위를 뒷받침하는 제 가치관들을 수용하고 있었으며, 바로 이 시기에 여성들의 성행동이 비교적 자유스러워졌다는 사실을 확인할 수 있다. 이러한 양상은 전체 현상들의 측정을 대단히 어렵게 만드는 모순된 변화이기도 하다.

이런 균열의 원인들이 명확하게 밝혀져 있다. 中小부르주아계층의 수치적인 증가현상은 부르주아의 기본적이고 전형적인 유형을 깨뜨려 버렸다. 그리고 성적인 억압의 제 요인들이 그 영향력을 상실해 가고 있었다. 1870년대에 일어난 가톨릭교회의 반격이 실패로 끝난 이후 부르주아층에서는 종교적 관습이 분명히 쇠퇴하고 있었으며, 뒤빵루 신부가 이끌던 사제단회의는 슬픔 속에 종말을 고하고 말았다.[153] 게다가 1848년 당시의 사회적 불안으로 야기되었던 현상이 사회의 현실과는 정반대로 전개됨으로써 부르주아층 내에서 신앙에 대한 회의적 태도가 서서히 되살아나고 있었다. 그리고 자유사상이 보급되고 세속적인 이상을 추구하는 경향이 확산되었으며, 성직자와 정치적 보수주의가 지나치게 밀착됨으로써 사회에 대한 교회의 영향력이 감소되는 결과를 초래했다. 성적 억압에 있어서 트리엔트공의회* 이래 교회가 담당했던 역할은 이미 잘 알려져 있다.[154] 종교적 색채가 배제된 여성 고등교육이 확립되었고, 한편으로는 이에 대항하는 교계의 고등학교가 창설됨으로써 여성들의 심성에 급속한 변화를 가져왔다.

* 로마 가톨릭 교회의 제19차 에큐메니컬 공의회(1545-1563). 철저한 자기 개혁을 선언하고, 프로테스탄트 교도들이 공격한 교리들을 하나하나 분명하게 규명한 중요한 공의회이다. 트리엔트(이탈리아 북부)에서 공의회를 소집하여, 1545년 12월 13일에 회의가 시작되었다.

 사회적인 면에서 볼 때, 정치적 보수주의 세력의 후퇴와 함께 도덕질서를 표방했던 내각이 무너진 이후 권위주의의 원칙이 쇠퇴하였다. 한편으로 1789년 혁명정부의 기본방침에서 비롯된 자유사상의 발전과 이에 병행하여 개인의 자유에 관한 새로운 의식이 생겨남으로써 풍속의 변화에 부합하는 긍정적 기운이 싹텄다. 그리고 여권주의에 급진주의의 영향력이 파급되어 공화파가 승리를 거둔 직후 이혼의 공식적인 허가가 확립되었는데, 이것은 정치적·사회적 흐름이 인간의 생활과 밀접한 관계를 이루고 있었다는 사실을 표출하고 있다. 그 단적인 예로서, 검열제도의 폐지와 그에 뒤이은 1881년의 출판·보도의 자유화가 보장됨으로써 〈성의 과학〉에 대한 연구성과가 성의 해방에 관한 정보를 세간에 확산시키기에 이르렀다.

 한편으로 이 점에 관해 당시의 상황을 설명해 주는 두드러진 현상이 일어났다. 그것은 1876년에서 1879년 사이, 다시 말해서 공화파의 승리를 결정적으로 가져온 왕당파와 공화파간의 논쟁이 전개되던 시기에, 문학과 미술이 매춘문제를 취급하는 데 있어서 적나라한 성의 실상을 표출하기 시작했다는 바로 그 현상을 말한다. 그래서 실제로 그 당시에 성의 문제를 취급했던 작품들, 즉 《마르뜨》와 《매춘부 엘리사》·《나나》·《뤼씨 뻴르그렝의 최후》·《비곗덩어리》 등의 작품과, 오쏭빌 백작이 방탕과 악덕에 관해 르뷔 데 두-몽드紙에 발표한 일련의 논문들이 거의 동시에 쏟아져 나왔다는 사실에 주목할 필요가 있다. 공인창가나 숏타임 매춘을 위한 창가의 실상을 대중들에게 묘사해 줌으로써 위스망과 에드몽 드 공꾸르·졸라·모빠쌍은, 그들이 의식했던 아니던간에 정치적인 승리를 거두게 되었다. 플로베르나 바르베 도르빌리에 가해졌던 언론검열의 과정만을 고려해 본다면 이러한 사실을 쉽게 납득할 수 있을 것이다.

매춘을 언급하는 데 있어서 완곡한 표현을 사용하지 않은 작품들은, 도덕질서라는 장벽에 가로막혀[155] 여기서 도저히 다룰 수 없는 또 다른 틈을 만들어내었다. 필자는 그것을 나름대로의 방식으로 설명해 볼 것이다. 그것은 바로 여권주의의 발전에 따라 간통이 확산되었고, 이혼이 제도적으로 인정되어 증가하고 있었으며, 남녀의 자유스런 결합에 대한 법적 권리의 요구가 증대되었다는 사실이다. 또 필자가 고려해 볼 수 있는 사실로는 신맬더스주의에 기초한 산아제한의 캠페인,[156] 여성의 성해방을 위해 전개된 홍보활동,[157] 그리고 성인을 위한 성정보의 보급[158] 등이 동일한 과정의 현상들을 만들어냈다는 것이다. 그런데 주목해야 할 사실은 남녀 양성에 관한 의학적 언설은 여성의 특수성에 기초한 언설이며, 인구감소를 위한 언설의 경향에 지나지 않는다는 것이다. 모성애는 더 이상 여성의 의무를 위한 숙명이 아니었다.[159]『남성의 성적 호기심에 변화가 일어나서 풍만하고 둥글며 정적인 성숙미를 지닌 여성들을 외면하는 대신, 마르고 더욱 쾌활하며 그럴 듯한 여성들을 선호하게 되었으며,』[160] 따라서 여성의 몸 자체도 그 형태나 의미에 있어서 변화되어 갔다. 이런 현상에 의해 1906년 당시 뽀와레는 여성들이 종래에 착용하던 콜셋을 착용하지 않도록 했다.

성과학에 대한 역사적 연구의 발전을 기대하면서, 도시사회에서 일어난 주민들의 정신적 변화와 주요 양상들을 밝혀보아야 한다. 이 양상들은 매춘의 사회적 구조 속에서 단순한 증언들에 의해 드러난 제 변화들을 활성화시키고 있거나, 아니면 그것들을 설명해 주고 있기 때문이다. 규제주의제도의 실패와 그 정신에 입각한 제도들의 몰락으로 표현되는 사회구조와 인간의 변화가 새로운 매춘론을 야기시켰다는 것은 명백한 사실이며, 이제는 그것을 분석해 볼 필요가 있다.

제5장 규제주의제도의 비판

1 공창제폐지론의 고조와 그 다양성(1876-1884)

매춘에 대한 논쟁이 이 시기만큼 격렬했던 적은 일찍이 없었다. 20세기 초엽에 이룩된 국제적인 조사와 방대한 연구가 실제로는 대단히 평온한 분위기 속에서 펼쳐지고 있었다. 공식적인 매춘의 실체가 1876년에서 1884년 사이에 격렬한 논의의 대상이 되었던 이유는, 그 문제가 당시의 정치적·사회적 논쟁에 연루되어 있었기 때문이다. 그래서 진정한 사회운동의 기치 아래 맹렬한 캠페인이 펼쳐지면서 다수의 공창제폐지론이 고개를 들기 시작했다. 거기에서 실타래처럼 얽혀 버린 그 시대의 양상이 정리될 수 없을 정도로 복잡하고 혼란한 상태로 나타난다. 여기에 대한 반대운동이 동시에 일어남으로써 역사가들은 상당히 복잡한 상황 속에서 자신들의 임무를 수행해야 했다. 즉 역사가들의 임무란 공창제폐지 운동의 역사와 투쟁과정을 묘사하고, 매춘규제에 반대하는 제 이론들의 출현과 동시에 논리정연한 공창제폐지론의 점진적 구조화를 상술해야 하는 것이었다.

사실상 중요한 것은 공창제폐지 캠페인의 제 양상들을 장기간에 걸친 매춘의 논쟁 속에 어떻게 통합시킬 것인가, 그리고 확연히 실패로 끝나 버린 규제주의제도를 어떤 범위 속에서 어떤 논거에 의해, 그리고 어떤 방법으로 밝혀낼 것인가에 있기 때문에 이해를 돕기 위해 단순한 연대기적인 고찰은 삼가야 할 것이다.

조세핀 뷔틀레의 십자군과 매춘폐지연맹의 시작

소위 〈프랑스식〉의 공창제와 매춘에 반대하는 움직임이 영국과 스위스의 신교도들 사이에서 일어났다. 실제로 1866년과 1876년 사이에 망슈 지역을 넘어서서 제네바와 뇌샤뗄 두 지역에서 과격한 여권주의에 물든 복음주의의 물결이, 공창제에 대한 근본적인 금지와 폐지를 주장하면서 확산되었다.

  1866년과 1867년, 그리고 1869년의 전염병예방조례에 의해 영국의 몇몇 도시들에서는 공창제적인 매춘관리방식의 일부가 채택됨으로써 매춘의 규제가 시작되었다. 1869년부터 이 움직임은 노팅검에 있던 의사들에 대한 항의를 야기시켰다. 특히 1870년 1월 1일, 리버풀 중학교 교장의 부인이었던 조세핀 뷔틀레가 데일리 뉴스紙에 게재했던 글이 대표적인 예였다. 그녀는 이 신문 속에서 새로운 매춘 규제 제도를 격렬하게 비난하는 전국부인연합회 명의의 성명을 발표하였던 것이다. 《레 미제라블》속에서 이 캠페인의 주요 주제를 이미 대중화시킨 바 있던 빅또르 위고[1]도 공식적으로 이런 항의운동에 가담하고 있었다. 그때부터 퀘이커 교도들은 전영국에서[2] 법령폐지를 위한 투쟁을 전개하기 시작했으며, 이어 3백여 개 이상의 반대조직이 결성되었다. 1869년 3월에는 이 움직임을 지지하는 신문 쉴드紙가 창간되어 공창제폐지를 위해 결성된 전영국연합과 공조체제를 유지하고 있었다.

  영국 부인들의 4년여에 걸친 캠페인은 국내에만 한정된 움직임이었기 때문에 시종일관 전염병 조례의 비판을 받을 수밖에 없었다. 그러나 요크에서 개최된 회의기간중에, 즉 1874년 8월 25일에 조세핀 뷔틀레는 자신의 친구들과 함께 뇌샤뗄의 앰메 엥베르와 연대하여 국제적 차원의 공창제폐지를 위한 십자군운동을 제안했다. 같은 해 12월, 새로운 여성 십자군이 영불해협을 건너왔다. 그녀는 우선 빠리에 도착해서 자신에게 환대를 베풀었던 르꾸르 박사와의 회담을 요청했다. 이어서 쌩-라자르 의료형무소를 방문했지만, 그곳의 상황에 대단히 실망한 그녀는 그 당시 자신에게 지원을 약속했던 몇몇 신교도들과 접촉을 가졌다. 그녀는 그 접촉에서 수많은 자신의 지지자들, 즉 경제학자 프레데릭 빠씨와 떼오도르 모노, 그리고 그의 숙부이자 현직의사인 귀스따브 모노를 만나게 되었다. 그밖에도 이 운동에 호의를 보였던 정치가 빅또르 숄세르와 쥘르 시몽·루이 블랑이 그녀에게 격려의 편지를 보내왔다. 회합에서 그녀의 의견에 크게 공감한 쥘르 파브르는 공창제 반대의 태도[3]를 즉석에서 밝혔으며, 몇몇 교계 인사들에 대한 소개장을 그녀에게 써 주었다. 마지막으로 쥘르 시몽 부인은 르모니에 부인이 이끌던 여권주의자 집회에 그녀를 초대했다.

  조세핀 뷔틀레는 이어서 리용과 마르세유를 방문하여 그곳에서 몇몇 회원들을 확보했으며, 그 다음으로는 이탈리아의 제노바를 찾아가서 마찌니의 제자들과 조우했다. 거기에서 그녀의 십자군 행군은 다시 스위스로 옮겨져, 엥베르 부부와 제네바의 공창제폐지론자들과의 접촉이 이루어졌다. 이 제네바인들은 사실상 그 이전에 가스빠렝 백작부인의 저작 《사회의 나병》에 의거한 그들 나름대로의 캠페인을 벌인 바 있었다. 다시 빠리로 돌아온 조세핀 뷔틀레는 에밀리 드 모르지에라는 여성 운동가를 사귀게 된다. 이 여성 운동가는 자신의 남편과 함께 공창제폐지를 위한 투쟁심에 불타오르던 열렬한 투사였다. 매춘문제의 전문가였던 아르망 데스프레스 박사는 영국에서 온 이 여권주의자에게 대단한 호감을 품고 있었다. 조세핀 뷔틀레 부인의 이런 초창기 움직임은 엄밀한 의미에서 볼 때 사적인 차원의 접촉에 불과했다. 그녀의 접촉은 일부의 신교도들, 그리고 자신과 이해를 같이하는 일부 인사들 사이에서만 제한적으로 이루어진 것이기 때문에 광범위한 대중적 운동으로 확산되지는 못했다. 결국 이브 귀요가 경찰에 대해 맹공을 퍼부은 후 2년이 지나서야 그녀의 활동은 개인적인 차원을 넘어섰다.

1877년 초, 조세핀 뷔틀레는 공창제폐지운동의 조직대표들을 대동하고 영불해협을 다시 건너와 대중적인 캠페인을 벌이기 시작했다.[4] 풍속담당 경찰에 대항하는 빠리의 극좌파 시민들을 지지하러 온 그녀는 부르주아층을 대상으로 하는 3개의 집회를 연속적으로 개최했다. 이밖에도 그녀는 이브 귀요와 동료들이 아라스 가에서 개최한 회의에도 참석했는데, 그 회의에는 2천 명 이상이 몰려들었다. 끝으로 노동자회의 부인위원회의 조직으로부터 초대받은 조세핀 뷔틀레 부인은 그 구역에 있던 양장점 여공들 앞에서 강연을 했다. 아라스 가의 집회에 참여한 사람들 대다수는 시의회의 극좌파가 동원한 급진파 사람들이었으며, 따라서 일반 순수참여자는 드문 실정이었다. 이것은 결국 매춘에 관한 십자군운동이 아직도 미미한 수준에 머물러 있었다는 사실을 반증하는 것이다. 그 운동의 분위기와 그녀의 과격한 발언은 빠리 시민계급의 혐오감을 일으키는 원인이 되었다는 사실도 언급해야 한다. 그외에도 경찰의 적대감을 불러일으킴으로써 회의장은 강제철거되었고, 1868년의 법률에 위반되는 대통령의 비난발언으로 인해 의식 있는 사람들의 움직임을 제지하는 결과를 가져왔다. 그러나 이렇듯 소란스런 현상으로 인해 다양한 부류의 참여자들이 늘어났다는 것도 사실이다. 다시 말해 시의회나 국회의 급진개혁파가 이 운동에 적극적으로 가담했다. 여권주의의 리더들과 노동운동의 투사들, 목사들과 부르주아층의 사람들, 심지어는 신교를 믿는 대은행가들까지 이에 가담하여 조세핀 뷔틀레와 그녀의 전영국공창제폐지연합을 지지함으로써, 이 단체는 무시할 수 없는 압력단체를 형성했다. 또한 이 단체는 전영국연합 빠리지부의 모태가 되었다. 덧붙여야 할 것은 빠리에서 실현된 여러 회의가 제네바의회와 국제적 협력을 위한 기틀을 다져 놓았다는 사실이다.

이 시기에 이 연합의 지도자들은 연합에 종교적인 색채를 가미하려고 했다. 조세핀 뷔틀레의 시각에서 볼 때 프랑스식의 매춘관리는, 그것에 기초한 전염병 예방조례와 함께 바람직하지 않은 이중적 의미를 지니고 있었다. 프랑스식 매춘관리는 여성의 남성에 대한 예속화를 전제로 하며, 남성의 방탕한 생활을 조장하고, 자유와 도덕의 악영향을 동시에 형성한다는 것이었다. 그녀에게 있어서 중요한 문제는 성서나 정치적 성전[5]의 이름으로, 다시 말해 과거의 대헌장과 권리청원, 그리고 권리장전 속에 포함되었던 입헌적인 대원칙[6]을 근거로 이런 악법에 맞서 싸우는 것이었다. 그러나 이러한 투쟁이 민주주의와 근대사회주의의 경향에 반대하는 방향으로 전개됨으로써 국가에 대한 맹신[7]과 법의학의 지배[8]를 가져오게 되었다.

조세핀 뷔틀레는 한편으로 공민으로서의 자유,[9] 특히 여성들의 자유를 부르짖었으며, 또 다른 한편으로 도덕과 가정의 보호를 호소하였다. 십자군운동의 두번째 목표는 합법화된 매춘뿐만 아니라 일반적인 방탕행위, 즉 모든 혼외정사를 겨냥한 것이었다.『우리는 그 악덕을 뿌리까지 추적해야 한다. 우리는 모든 형태로 숨어 있는 악을 추적해서 그 본거지를 찾아내야 한다. 우리는 부도덕성과 밀접하게 관련된 수치스런 내용을 포함한 문학작품과 선정적인 회화들, 저급한 희곡들을 공격대상으로 삼아야 한다. 그리고 이 모든 것을 뛰어넘어 우리의 임무는 악덕을 불가피한 운명으로 받아들이는 수많은 사람들의 끔찍한 환상을 깨부수는 데 있다』[10]라고 E. 드 프레쌍세는 1876년에 쓰고 있다. 사회의 도덕성 고양을 진정한 의미의 위생관념이라고 생각하는 조세핀 뷔틀레는, 도덕성이 지배하는 사회의 형성을 위해 강제적인 법의 집행도 두려워하지 않았다. 특히 1882년 당시 그녀는 다음과 같이 피력한 바 있다.『법률의 규제들 중에서 가장 최선의 규제책은 남녀 양성의 시민에게 자존심을 형성시켜 주고, 필요하다면 그것을 강제로 주입하는 것이다.』[11]

반복하자면 조세핀 뷔틀레는 노예제폐지운동—당시 사회에 널리 확산되어 있었던 흑인들의 매매와 노예화를 금지시키고 있는—의 일환으로 이 투쟁의 성격을 구상했다. 진정한 현대의 데보라[12]로서, 주로 그녀는 소위 대도시 바빌론[13]이라는 빠리에 공격을 가했다.

투쟁에 공동보조를 취했던 목사들과 그녀의 친구들도 악덕과의 전쟁을 선언했다. 이들 모두는 젊은 남성들이나 원기왕성한 독신남성들이 여성들과 갖는 성적 관계나, 심지어는 혼외정사의 필요성까지를 정상적인 것으로 인정하는 규제주의의 기본적 전제조건을 거부한다.[14] 이들은 이구동성으로 금욕을 예찬하고, 그 이점을 홍보함으로써 당시 수많은 의사들의 지지를 받고 있었다.[15] 그러나 전 영국공창제폐지연합의 지도자들은 독신의 위험성과 그 폐해를 강조하는 것으로 만족해했으며, 루이 소트르는『독신이란 운명적으로 사람을 타락으로 이끌어 가는』[16] 경향이 있기 때문에 세상에서『가장 수치스런 것』이라고 청년회에서 단언한 바 있다. 그외에도 남성의 독신과 그로 인한 문란한 생활은 출생률의 감소와 사생아의 증가를 초래한다. 공창제폐지론은 여기에서 가톨릭계가 주도하던 인구증가 촉진파의 불안과 맞부딪친다.

이브 귀요의 캠페인이 시작되기 6개월 전, 즉 1876년 5월에 개최된 런던회의에서 에두아르 드 프레쌍세는 공창제폐지에 관한 발언을 했는데, 이 발언 속에 위의 주장들이 모두 포함되어 있었다. 공창제도를 추진하는 각료들을 비난하면서 그는 다음과 같이 외쳐댔다.『쉽게 빠져들 수 있는 방탕한 생활이 젊은 세대를 타락시키고, 젊은이는 그로 인해 메마르고 부패한 심성을 지닌 채 조숙한 늙은이가 되어 가정으로 돌아와서 항상 집에서도 방탕스런 생활을 즐긴다. 따라서 멸망해 가던 로마제국의 경우와 마찬가지로 오늘날 몇몇 나라들에서는 결혼이 감소하는 경향을 보이고 있다. 결국 결혼을 해서 아이를 갖고자 하는 사람들에게는 어떤 보상을 해주어야 한다.[17] 여러분들은 이 사실을 잊고 있다.』제2제정시대가 젊은이들의 타락을 제도적으로 부추긴 것이 사실이지만 이제는 방탕스런 생활을 용인해 주는 관습을 폐지해야 한다.[18]

공창의 노예상태와 혼외정사의 용인에 반대하는 공창제폐지운동은 1877년 9월 17일에서 22일까지 제네바에서 개최된 회의에 커다란 영향을 끼쳤다. 6천 명에서 7천 명 가량이 참여했고, 국회의원 루이 꼬데[19]를 필두로 프랑스 극좌파가 가담했던 이 회의를 계기로 매춘폐지를 위한 영국·대륙연합이 결성되었다. 매춘의 전면금지를 표방하는 공창제폐지론자들의 2중 주장은 이 연합의 기본목표와 기본원칙을 포함한 최종 선언문 속에 명백하게 나타나고 있으며, 그것으로부터 그 연합의 설립목표에 대한 깊은 동기를 찾아볼 수 있다. 필자는 그 선언문에서 연합의 이념을 가장 잘 드러내고 있는 조항들을 추출해낼 것이다.[20]『성관계에 있어서 자기 자신에 대한 억제는 개인과 국민 전체의 건강에 필수적 요건이다……」(위생부의 결의안 I—아르망 데스프레스와 귀스따브 모노 박사는 이 위생부에 의학적 측면에서 보증을 섰다.)『방탕이 인간에게 필요한 것이다, 라는 비도덕적인 편견을 국가가 인정하고 있다.』(E. 드 프레쌍세가 소속된 도덕부의 결의안 Ⅷ)『불결한 행위는 여성에게 있어서와 마찬가지로 남성에게 있어서도 비난받을 만한 것이다.』(도덕부의 결의안 I)『공중위생의 진정한 역할은 건강을 위한 모든 호조건들을 향상시키는 것이며, 따라서 이 조건들은 공중도덕을 최고의 수준으로 높여 줄 수 있다.』(위생부의 결의안 Ⅱ)『강제적 등록은 공공의 자유와 권리를 침해하는 것이다.』(도덕부의 결의안 V)『따라서 경찰은 가두에서 품위를 손상시키는 짓을 해서는 안 된다.』(위생부의 결의안 Ⅵ)

위생부의 토론이 진행되는 동안 Ph. 드 라 아르쁘 박사는, 뇌망 박사의 저서《건강에 필요한 절제론》을 인용하면서『금욕은 미덕일 뿐만 아니라 정신에 버금가는 건강과 육체적 힘의 원천』이라는 사실을 연합측이 세간에 주지시켜야 한다고 주장했다. 그는 또 다음의 말로써 자신의 주장을 끝맺는다.『공인창가의 폐쇄가 이루어지든 아니든간에 풍속담당 경찰은 끝까지 매춘과 싸워야 합니다. 달렌다 카르타고!(카르타고를 쳐부수어야 한다)*—발언을 마칩니다.』[21]

* 고대 로마의 정치가이자 웅변가인 大카토(중요한 의미를 지닌 최초 라틴어 산문작가였다)가 연설의 마지막에 끊임 없이 경고한 결정적인 문구. 그가 카르타고에 사절로 파견되었을 때 로마의 숙적이 다시 번영을 구가함으로써 로마의 새로운 위협이 되리라고 확신하였다. 염두에 두어야 할 과제·목표를 상징한다.

원래의 공창제폐지론은 그 이후부터 다소 복잡한 양상을 띠게 되었다. 보통법의 적용과 개인의 자유에 대한 옹호는 그 목표가 프랑스 극좌파의 이상과 정확하게 일치하였다. 반면에 새로운 연합의 일부 세력이라고 자처하는 자들의 매춘금지론과 가두에서의 품위와 조혼을 목표로 하는 투쟁—후일 도덕보급단체의 이념이 되었던—특히 성적인 억압과 모든 혼외정사를 금지시키려는 의도 등이 자유로운 사상의 소유자들에게 당혹스런 감정을 가져다 주었다.

1880년 9월 27일부터 10월 4일에 걸쳐 이탈리아 제노바에서 열린 이 연합의 제2차회의에는 이브 귀요와 에밀리 드 모르지에·오귀스뜨 드 모르지에 부부가 참석했는데, 이 회의에서 결의된 사항들은 제1차회의 때보다 더 자유스럽고 급진적인 색채를 보여 주고 있다. 결의안들의 보다 근본적인 사항은 국가의 역할을 제한하고 인간의 제 권리를 완전하게 보장하는 데 있었다. 즉 개인의 자유를 보장하고 보통법을 적용하며, 매춘부의 등록의무와 행정적인 구금제도를 폐지하라고 요구했던 것이다. 그리고 혼외정사에 대한 억압은 그들의 목표에서 공식적으로 삭제되어 버렸다.

이 시기에 그 연합은 프랑스에서 더욱 견고한 뿌리를 내리고 있었다.[22] 제네바의 제1차회의가 열리고 있던 1877년 9월, 유대교의 교회장 자독 칸은 그 회의에 참가신청서를 제출했다. 뒤빵루 대주교가 에밀리 드 모르지에[23]에게 했던 구두약속에도 불구하고 가톨릭 상층부는 그 회의의 참여를 망설였으며, 야쌩뜨 신부[24]만이 그 회의에 전적으로 찬성했다. 그 연합의 제1차 연차총회는 1878년 9월 24일과 25일에 빠리에서 개최되었다.[25] 그리고 사무국장 제임스 스탠스펠드는 내무부장관 드 마르쎄르와의 회견을 성공리에 마침으로써, 이 무렵 그 단체회원들은 한껏 희망에 부풀어 있었다.

빠리의 경찰청장 지고는 1878년 11월부터 존속했던 연합의 준비위원회 승인을 거부한 바 있었으나,[26] 후임자인 앙드리외 청장은 1879년 6월 16일의 조례에 의거하여 매춘폐지운동협회라는 이름으로 〈영국・대륙연합〉의 프랑스지부 창설을 공식적으로 인정했다. 빅또르 숄셰르를 회장으로 영입한 신조직은 급진주의자들과 여권운동의 리더들, 그리고 신교파의 매춘폐지론자들을 조직의 구성원으로 받아들였다. 이브 귀요와 H. 샤프망 부인이 책임자로 있었던 집행부에는 특히 마리아 데레스메스[27]와 에밀리 드 모르지에가 끼어 있었다. 같은 해에[28] 마리아 데레스메스가 주관하던 여성환경개선협회의 도덕부는 미성년 여성의 등록제 폐지를 요구하는 청원서를 작성했으며, 이것은 이제르의 국회의원이자 그 연합의 멤버였던 꾸뛰리에에 의해 의회에 정식으로 제출되기에 이르렀다.

1880년 4월 빠리에 다시 체류하게 된 조세핀 뷔틀레는, 그 연합의 활동이 프랑스 여론의 지원 아래 최정점에 달했다는 사실을 확인했다. 같은 달 10일에는 레비스 가에서 한 집회가 열렸는데 약 2천 명이 몰려들었으며, 그 속에는 상당수의 여성들이 포함되어 있었다.[29] 한 경찰책임자의 보고에 따르면『小부르주아와 노동자계급이 그 집회를 주도하고 있었다.』[30] 여기서 언급해야 될 것은 당시의 세론이 이브 귀요가 라 랑떼른느[31]誌* 속에서 전개한 캠페인에 더욱 고무되어 있었다는 사실이다. 그리고 빠리 극좌파의 중심인물들이 그 연합의 간부로 등용되었으며, 특히 그들 주장의 내용을 살펴보면 여권운동이 극좌파에 대해 상당한 영향력을 행사했다는 사실을 기억해야 한다.

* 나폴레옹 3세의 정부에 반대할 목적으로 샬나리스트에서 정치가 앙리 로슈포르(프랑스 제2왕정과 제3공화정 때의 언론인)에 의하여 발행된 정치주간지(1868-69). 1877년부터 일간, 급진사회주의・반교권 입장에서 1928년까지 계속되었다.

이어서 프랑스연합 결성을 주도했던 복음교회파의 공창제폐지활동은 후에 가서 도덕단체들의 활동에 서서히 융합되어 가는 양상을 보이게 되었다. 조세핀 뷔틀레가 빠리에 일시적으로 체류했던 1875년에 본 연합의 지부 형태로 공중도덕향상빠리위원회가 창설되었으며, 여기에는 E. 드 프레쌍세와 귀스따브 모노, 그리고 웨슬리 교회파의 목사들이 멤버로 참여했다. 이 위원회는 그때부터 활동 범위를 넓혀가기 시작했다. 그리고 1883년 5월에는 공중도덕향상프랑스동맹으로 변모되었다.[32] 이 새로운 동맹은 프랑스에서 조세핀 뷔틀레의 연합보다 더 폭넓은 기반을 확보하면서 뿌리를 내렸다. 1883년말에 이르러 그 동맹은 벌써 지방에 8개의 지부를 두고 있었다. 그리고 특히 신교도들이 밀집된 지역에서 수많은 집회를 개최하였다. 그러나 이 조직은 공창제폐지의 움직임을 전개했다기보다는 시민의 품행을 바르게 하는 것에 역점을 두었다. 이런 경향은 E. 드 프레쌍세가 사망했던 1891년 이후에 더욱 두드러졌다. 반면에 공창제폐지협회는 제1회 총회를 정점으로 해서 매춘문제가 다시 세인의 관심사로 떠오르게 된 1898년까지 서서히 내리막길[33]을 걷고 있었으며, 국제공창제폐지위원회 프랑스지부[34]가 강력한 단체로 성장한 공중도덕향상프랑스동맹으로 부속되기에 이르렀다. 이런 현상을 놓고 볼 때, 1876년에서 1883년에 이르기까지 이 협회가 순조롭게 발전할 수 있었던 것은 급진적인 공창제폐지론의 강력한 후원을 받았기 때문에 가능했다는 사실을 생각해 볼 수 있다.

풍속담당 경찰에 대항하는 빠리 극좌파의 캠페인

빠리의 급진주의자들이 경찰청에 대항하여 일으킨 저항운동은, 개인의 자유와 인간의 기본적 제 권리들을 수호하기 위한 전국적 투쟁의 일환으로 시작되었다. 개인의 자유와 권리는 당시 보수적인 공화주의자들과 기회주의자들의 정책으로 위협을 받고 있었다. 자유스럽기는 하지만 극단에 치우치지 않은 급진파의 공창제폐지론은 조세핀 뷔틀레의 운동과는 분명하고도 상당히 다른 양상을 보였다. 게다가 그 캠페인은 베르사유 정부에 대한 빠리 시민의 깊은 원성에 뿌리박고 있었으며, 수도시민의 자치에 대한 열망을 반영하는 것이었다. 그 운동이 경찰청에 대항해 전개한 투쟁에 있어서 빠리의 극좌파는 먼저 풍속담당 경찰을 비난하였다. 그 이유는 그 기관이 당시에 가장 집중적으로 비난을 받던 대상이었기 때문에 그 운동의 최대 공격목표가 되었던 것이다.

19세기 전반기 경찰이 감옥에 대해 마련했던 모든 조치들이 비판을 받고 있었던 것과 마찬가지로, 풍속담당 경찰도 처음부터 격렬한 비난의 대상이 되었다.

그러나 제3공화정의 초엽에 이르러서야 극좌세력들은 공공기관에 의한 경찰의 정책을 비판하게 된다.[35] 1872년, 후에 유명한 보고서로 평가받게 될 어느 보고서[36] 속에서, 랑은 경찰청의 정책을 연구하기 위해 시의회 내부에 결성된 위원회의 이름으로 풍속담당 경찰을 비판했다. 수도의 길거리에서 풍속경찰들이 벌인 추잡스런 〈검거〉행위에 대해 당시 경찰청장이던 레옹 르노에게 책임을 추궁하고, 경찰의 부당한 권력행사를 고발한 다음, 그 시위원은 개인의 자유보장과 쌩-라자르 의료형무소의 개선, 매춘부들에게 보통법을 적용할 수 있는 법안의 통과를 요구했다. 요컨대 랑의 보고서는, 극좌파가 경찰청에 대항해서 캠페인을 벌이던 당시 세간에 확산되어 가고 있던 주요 현안들을 모두 포괄하고 있었다. 그러나 온건파가 다수를 점유하고 있던 시의회에서 랑의 비판은 전혀 실효를 거두지 못했다.

계엄령이 해제된 지 반 년 후인 1876년 11월, 이브 귀요는 경찰청의 제1부 국장 르꾸르에 대한 비난을 선두로 경찰청장 봐젱, 그리고 그들의 상관인 내무장관 뒤포르와 마크-마옹 원수[37]에 대한 규탄의 서막을 올렸다. 그의 말에 따르면, 자신이 펜을 잡고자 결심하게 된 것은 리용에서 발간되는 두 신문(르 프로그레紙와 르 쁘띠 리요네紙)을 통해서 두 공창의 드라마 같은 체포기사와 자살기사를 읽은 것이 그 동기였다고 한다. 멜라니 M…이라는 첫번째 매춘부는 당시 경찰에 대항하면서 그들의 승합마차에 치어 다리가 으스러졌으며, 결국 유치소로 향하던 중 마차에서 뛰어내려 론 강에 투신하고 말았다. 마리 D…라는 두번째 매춘부는 자신의 싸구려 호텔을 급습한 경찰을 피하려고 3층의 창문에서 뛰어내렸다. 그 충격으로 심한 부상을 입은 몇 시간 후 결국 병원에서 사망하고 말았다. 그로부터 얼마 지나지 않아 루쎄이라는 여자 희극배우가 길거리를 산책하다가 풍속경찰의 갑작스런 습격을 받은 사건이 발생했다.

11월 2일자 드롸 드 롬므誌의 기사 속에서 이브 귀요는 풍속담당 경찰을 격한 어조로 비난했다. 이 기사는 수많은 반향을 불러일으킨 연속적인 캠페인의 첫번째 에피소드를 형성하는 것이었다. 영국 공창제폐지론자들의 지지를 받은 이 신문은 두 달에 걸쳐 경찰을 쉬지 않고 몰아붙였으며, 조세핀 뷔틀레에게 지면을 할애했다. 같은 시기에 좌파와 극좌파의 언론이 맹렬한 비난에 가세함으로써 경찰청에 대항하는 대대적인 운동이 확산되어 갔다.[38]

또 이브 귀요는 즉각적으로 빠리 시의회에 대한 투쟁에 돌입했다. 11월 4일 그는, 경찰의 예산심의에서 풍속담당 경찰의 항목이 제외되거나 유보되어야 한다고 주장했다. 같은 달 30일에는 회의에 참석하러 온 봐젱과 르꾸르의 면전에서 강한 어조로 풍속경찰을 비난했다. 12월 2일에 시의회는 경찰청의 기능을 연구하기 위한 위원회의 설치를 결정한다. 하지만 마크-마옹은 정부의 요청을 받아들여 12월 6일자 정부훈령에 의거해서 시의회의 결정을 취소한다. 그러나 한 걸음 더 나아가 시의회는 이것을 무시하고 위원의 선정을 강행한다. 따라서 정부와 빠리 시의회간에 전쟁이 선포된다.

그러나 12월 7일, 이브 귀요는 경범재판소 제11법정으로부터 벌금과 6개월의 감옥형을 언도받았다. 재판이 진행되는 동안 경찰모욕에 관한 기소부문에 대해 반론을 제기하는 것으로만 만족해야 했던 그로서는, 풍속담당 경찰의 행위가 정당한 것이었는가 하는 문제를 제기할 기회조차 없었다. 그 이듬해 1월과 2월에 급진파들이 조세핀 뷔틀레와 그녀의 동료들이 빠리에서 벌이던 캠페인을 지지하고 나섰다. 1877년 4월에 이브 귀요의 형이 확정되었다. 영국연합의 재정적인 후원에도 불구하고 그에 대한 유죄판결은 드롸 드 롬므誌의 폐간[39]을 가져왔고, 캠페인의 제1막은 그 막을 내리게 된다.

5월 16일 사건*으로 계속된 억압의 분위기 속에서 풍속담당 경찰이 관심의 대상으로 삼았던 문제가 일시적으로 자취를 감추었다. 반면에 공화파가 선거에서 승리를 거둔 다음, 즉 11월부터 르 라디깔誌를 뒤이은 라 랑떼른느紙가 새로운 논쟁에 참여하였다. 이 논쟁은 경찰청장 펠릭스 봐젱이 자리에서 물러나고 알베르 지고가 경찰청장에 임명됨으로써 일단락되었다. 그리고 그 이전의 캠페인보다 훨씬 더 격렬한 캠페인이 1878년부터 1879년 7월까지 경찰에 대한 반대여론을 환기시키고 있었으며,[40] 이때부터 공화정의 노선이 우위를 차지하기 시작했다. 의회의 극좌파는 왕당파 숙청의 일환으로 경찰의 제 권리를 무효화시키고, 경찰을 시의회의 관할하에 두고자 시도했다. 그러나 결국 극좌파는, 워딩턴의 기회주의적 정부로부터 지지를 받지 못한 내무부장관 드 마르쎄르와 경찰청장 지고의 사임을 실현시켰을 뿐이다.

* 1877년 5월 16일(5월 쿠데타) 대통령 마크-마옹은 쥘르 시몽 내각에 파면장이나 다름없는 서한을 발송하고, 왕당파의 거두인 알베르 드 브로이 공에게 조각을 위촉하여 상원이 대통령의 하원 해산요구를 가결케 하였다. 이것은 마크-마옹을 중심으로 한 왕당파의 세력만회책이었다.

형기를 마친 이브 귀요는 마침내 1878년 10월 10일부터 라 랑떼른느紙[41]의 기사 속에서 풍속담당 경찰을 공격하는 필치를 다시 휘두른다. 실상 2년 전부터 그는 경찰 내부에 수많은 정보망을 두고 있었기 때문에 경찰에 대한 조사자료를 작성하고 있었다. 익명으로 된 일련의 문장들, 〈전직 풍속경찰의 고백〉, 〈어느 의사의 편지들〉, 특히 〈노직원의 편지들〉을 통해서 그는 상세한 예를 열거하면서 경찰관계자의 부정행위를 지적했다. 그의 최초 공격이 시작된 직후에 르꾸르는 자리에서 물러났다. 르꾸르는 그후에 명저를 집필함으로써 실추된 자신의 명예를 회복하고자 노력한다.[42] 그러나 신문들은 경찰에 대한 비판을 다시 가하면서 이브 귀요를 지지하고 나섰다. 작업을 끝낸 다음 풍속경찰에 체포된 오귀스띤느 B…라는 여공의 사건이 거의 모든 빠리 신문들과 잡지들의 거센 항의를 유발시켰다.[43]

세론의 거친 공세에 격분한 경찰청장 지고는 라 랑떼른느紙를 고소하고, 그 발행책임자에게 3개월의 감옥형과 1천 프랑의 벌금을 부과해 버렸다. 한편 드 마르쎄르는 구체적이고 정확한 비판사례에 놀란 나머지 1879년 1월에 경찰의 현상파악을 위한 위원회 설치를 결정했다. 이 위원회는 특히 상원의원인 숄셰르와 똘렝, 하원의원인 띠라르와 브리쏭, 경찰청장 지고, 그리고 뚤리에 박사로 구성되었다. 1879년 2월 16일, 풍속담당 경찰에 거의 호의적이지 못했던 이 위원회는, 현상태에서의 임무수행이 불가능하다는 이유를 내세워 해산을 결정해 버렸다. 그때부터 하원에서 그 문제가 다시 제기됨으로써 시의회의 극좌파 의원들은, 공창제폐지보다 왕당파의 숙청에 더 두려움을 느끼고 있던 급진파 리더들의 지지를 얻게 되었다. 따라서 급진세력의 핵심인물인 클레망소는 드 마르쎄르에 대해 경찰관계자의 부적합한 자질을 문제삼았으며, 조사위원회의 은밀한 행위를 비난했다. 그의 요구에 의하면 경찰의 체제는 공화파 정부의 입장에서 재구성되어야 한다는 것이었다. 이와는 반대로 그 전열에 동참했던 일부세력, 즉 강베따와 그의 동료들은 얼마 전부터 그들의 투쟁에서 이탈하고 있었다. 1879년 4월 14일, 랑은 라 레퓌블리끄 프랑세즈紙 속에서 풍속경찰에 반대하는 라 랑떼른느紙의 캠페인을 준엄하게 비판하고 나섰다. 게다가 금융계와의 지나친 유착관계로 발생한 장관의 불신임안이 하원에서 부결된 이후 결국은 드 마르쎄르가 사임했고, 뒤이어 지고 청장이 자리에서 물러나게 되었다. 시의회 의장 워딩턴과 신임 내무부장관 르뻬르는 경찰청장에 앙드리외를 임명했다. 이 캠페인의 제2단계는 따라서 라 랑떼른느紙의 패배와 두 경찰청장의 사임으로 끝이 났다.

1879년 6월부터 1881년 봄에 걸쳐 투쟁이 되풀이되었지만, 이번에는 그 투쟁의 대상이 경찰청장 앙드리외로 바뀌었다. 여러 논쟁들이 다시 시의회에서 제기되기 시작했으며, 그로 인해 하원 내부에서도 의견이 분열되기 시작했다. 1879년 6월 22일에 M. 본느푸라는 남자와 그의 여조카가 연이어 체포되는 사건이 발생했고, 같은 달 24일에는 떼아트르-프랑쌔에 기숙하고 있던 18세의 아가씨 베르나쥬가 체포되는 사건이 일어남으로써, 이 사건들은 이브 귀요가 라 랑떼른느紙의 기사 속에서 새로운 이의를 제기하는 계기가 되었다. 경찰청장 앙드리외는 그것이 언론의 공갈협박에 불과하다는 자신의 판단을 철회하지 않았으며, 훗날 자신의 회고담 속에서 이 일련의 사건들을 상세하고 유쾌하게 술회했다. 6월 28일 그는 라 랑떼른느紙의 발매금지를 통고한다. 이 조치는 강베따의 협력에 힘입어 1879년 7월 1일 하원에서 승인을 받는다. 이것은 권력이 공창제도를 도로관리 정도의 문제 수준으로밖에는 파악하지 못하고 있다는 사실을 단적으로 보여주는 실례이다. 같은 해 8월에는 同紙의 발행 책임자가 다시 유죄판결을 받는다.

그러나 1879년에 있었던 보궐선거에 뒤이어 이브 귀요가 다시 결성한 시의회와 경찰청장 앙드리외간에 팽팽한 긴장감이 고조되어 있었다. 전임자와는 달리 앙드리외는 시의회가 구성한 조사위원회의 출두요구를 거절했다. 새로 구성된 그 위원회는 마침내 1879년 1월 27일에 업무를 시작했다.[44] 그밖에도 시의회는 1880년 12월 28일에 경찰풍속반의 폐지를 겨냥한 이브 귀요와 라느쌍의 제안을 채택했다. 1881년 3월 29일, 자신의 아이들을 기다리면서 빠노라마 가에 서 있던 에벵 부인이라는 여인이 경찰의 심문을 받고 체포되는 사건이 발생했는데, 이 사건으로 인해 경찰에 대한 비판이 재현되기 시작했다. 4월 10일에 빠스깔 뒤프라는 정부에 대해 이 사건의 해명을 요구했다. 앙드리외는 자신의 판단에 따라서, 그리고 강베따의 격려와 기회주의자들의 협력에 힘입어 그 사건에 대한 교묘한 우회적 답변에 성공함으로써 국회의원들의 호감을 샀다. 7월 18일에는 특별위원회의 권고에도 불구하고, 하원은 에벵 부인의 경찰의 부당행위에 대한 책임소재를 밝혀 달라는 요구서를 찬성 91표, 반대 3백24표로 부결시켜 버렸다. 공창제폐지를 주장하는 계열의 언론에 의하면, 앙드리외가 승리를 거둘 수 있었던 것은 그가 의원 대다수의 중앙집중적인 성향에 잘 대처할 수 있었기 때문이었다.[45] 사실 공창제폐지론자들에 대한 의회의 반발은 당시 지방선출 의원들이 수도에 대해 품고 있던 반발심에서 비롯되었던 것이다.

그러나 이 사건 이래로 정부는 앙드리외를 거북스런 존재로 판단해 버린다. 다시 말해서 그는 시의회와 계속 긴장관계를 유지하고 있었고, 좌파적인 언론기관에 의해 그가 풍속적인 스캔들에 연루되어 있다는 소문이 나돌았던 것이다.[46] 이로 인해 쥘르 페리와 내무부장관 꽁스땅은 즉각적으로 앙드리외의 사표를 수리했다. 앙드리외는 경찰청의 일부를 내무부 관할로 부속시키고자 하는 정부의 계획이 온당치 못한 것이라고 판단함으로써 사표를 냈던 것이다. 이브 귀요의 캠페인은 다시 한번 실패로 돌아갔지만 경찰의 기능은 결과적으로 축소되었다.
　투쟁의 최종국면은 시의회의 극좌파와 앙드리외의 추종자들이라는 이 양파 간의 그칠 새 없는 게릴라전으로 전개되었다. 1884년의 선거에서 급진파가 승리를 거둠으로써 세력이 신장된 시의회는 경찰청의 예산심의를 거부하였다. 반면에 그 이전인 1882년 12월 26일에 쎈느 도의회는 공창제폐지론에 유리한 므쥐뢰르의 의안을 통과시킨 바 있었다.⁴⁷⁾ 1883년 10월 시의회 의장 발덱-루쏘가 경찰청의 내무부 귀속안을 다시 제출했는데, 이번에도 역시 반대세력의 맹렬한 반대에 부딪혀 실패로 돌아가고 말았다.⁴⁸⁾ 그런데 주목해야 할 사실은 공창제폐지 캠페인이 그때부터 풍속경찰의 활동을 거의 방해하지 않았다는 것이다. 그 결과 매춘부에 대한 체포도 과거와 같은 최고수치를 기록하지 않았다. 당시까지 공창제폐지문제에 관해 유보적인 입장에 있던 몇몇 언론기관들의 불분명한 태도에도 불구하고,⁴⁹⁾ 여론은 이제 너무나도 오랫동안 되풀이된 주제에 식상해 있었다.
　그런데 이 시기에 공창제폐지운동사에 한 획을 긋는 중요한 두 사건이 터졌다. 한 사건은 이브 귀요가 자신의 저서 《매춘》을 1882년에 출간한 것이고, 또 다른 하나는 1883년 3월 29일과 4월 16일에 루이 피요 박사가 작성한 보고서를 시의회가 채택한 사건을 말한다. 이 박사는 결론적으로 보고서 속에서 풍속경찰제도의 폐지를 요구했던 사람이다. 이 보고서 속에는 빠리의 위생문제를 더욱 포괄적으로 다룰 목적으로 시의회가 새로 설치했던 소위 보건위생위원회의 관계보고서류가 첨부되어 있었다. 이 새 위원회는 그로부터 7년 후, 보고위원 가운데 한 사람인 E. 리샤르의 저서⁵⁰⁾—완전히 신규제주의의 색채가 농후한—가 보여주듯이 약간 다른 결론을 도출하기에 이른다.
　전영국·대륙매춘폐지연합의 멤버들이 벌였던 노력들과는 대조적으로 일련의 사태들에 대한 전개 양상을 살펴보면, 공창제폐지론이 이제는 더욱 세련되고 더욱 정확하게 가다듬어져서 매춘전면금지론자들의 운동이론과는 상당히 다른 이론으로 확고한 자리를 점유했다.
　공창제와 달리 자유주의적인 공창제폐지론은 경험적 사회학의 방법에 의거한 이론으로서, 공적 위생기관에 소속된 의사들의 조사결과를 토대로 한 것이 아니었다. 이 공창제폐지론은 경찰간부들의 경험에도 전혀 의존하지 않았다. 이런 사실을 가장 극명하게 드러내 주는 것으로서 빠랑-뒤샤뜰레의 저작과 좋은 대조를 이루는 이브 귀요의 작품 《매춘》이 있다. 그런데 그가 제시하는 통계자료의 수치에도 불구하고, 개인 대 개인의 조사를 행하지 않음으로써 저자가 매춘실정을 제대로 파악하지 못했다는 느낌이 든다. 그는 매춘부의 전형적인 틀을 개선시키지는 못했다. 정치에 다소간 관련이 있는 신문기자들과 때때로 유명한 법조인들·철학가들·도덕주의자들, 바로 이런 부류의 사람들이 자유주의적인 공창제폐지론을 지지하는 논객들이었다. 이들은 자신들의 눈에 보수적인 요소에 불과할 뿐인 공창제의 매춘관리방식에 대항했다. 이것은 정치와 도덕의 이상화라는 이름으로 행해진 투쟁이었으며, 그 공격범위는 공창제도를 훨씬 뛰어넘는 것이었다.[51]

그들이 전개한 투쟁의 기본적인 목표는 매춘의 금지가 아니라 매춘부의 격리상태의 해제와, 보통법이 적용되지 않는 소외계층의 생성원인을 파괴하자는 것이었다. 따라서 이들의 논거는 공창제, 특히 그것을 상징하고 있는 공인창가제도의 비판적 분석을 지향하는 것이었다.

이러한 목표를 정당화시키기 위해 채택된 이념은 명쾌하게 설명된다. 개인의 자유와 법의 평등·보통법이라는 이 세 가지 요소를 존중한다는 명분으로, 공창제폐지론자들은 1789년 대혁명의 기본원칙과 인권선언에 의거하여 풍속담당경찰제의 철폐를 요구했다. 가장 먼저 이브 귀요는 놀라울이 만큼 현대적 감각이 배어 있는 언어를 통해서 사회가 매춘계에 가했던 배척과 소외의 과정뿐만 아니라 매춘부들과 결부된 경찰들이나 여경영자들, 그리고 공창들의 실태를 잘 분석 제시한 바 있다.

그러나 그것은 그의 몇몇 경쟁자들이 주장하는 것처럼 절대적 자유주의에 입각한 매춘규제폐지론과는 전혀 상관이 없는 것이었다. 그의 지지자 중 어느 누구도 혼외정사 관계를 옹호하지 않았으며, 쾌락을 예찬하지도 않았다는 것이 바로 그 증거이다. 성적인 욕망이 적어도 사춘기 시절에 일어나게 된다는 사실을 지적한 이브 귀요[52]는, 그러나 청소년의 쾌락추구의 권리를 부정했다. 그 이유는 아주 간단했다. 피요 박사와 마찬가지로 그에게 있어서도 혼인관계 이외의 성적 관계가 유죄라는 관념은 반박할 수 없는 전제조건이었기 때문이다.[53] 동성애와 성도착은 자유주의적 공창제폐지론자의 입장에서 볼 때 맹렬한 비난의 대상이 될 만한 것이었고, 그 비난의 신랄함은 가장 열렬한 매춘규제론자들이 그것들에 가했던 비난의 강도를 훨씬 앞지르는 것이었다. 이브 귀요의 투쟁은 성의 질서를 실현시켜 결혼과 가정을 보호하자는 노력의 일환이었다. 여성을 해방시킬 필요가 있다면 그 여성은 아내의 자리에 있을 수 있어야 하고, 그렇게 함으로써 정숙한 여성으로 거듭날 수 있는 것이다. 피요 박사의 경우, 창가가 비난의 대상이 되었던 것은 특히 노동자가 그것으로 인해 결혼에 등을 돌리는 경향을 보였기 때문이다.[54] 신맬더스주의자에 대한 자유주의적 공창제폐지론자들의 적대감은, 국가인구의 증가를 호소하는 매춘 신규제주의자들의 반감만큼이나 분명한 것이었다. 이 양자의 입장 차이는 시각의 차이에서 오는 방법론의 선택에 있었다. 자유주의적 공창제폐지론자들은 성적인 무질서, 즉 방탕을 제한하기 위해서 성의 규제관리라는 방법을 취하지 않았다.

이들은 개인의 성관계에 대한 국가의 간섭을 거부했으며,[55] 따라서 매춘전면금지론자들과는 반대로 사적인 매춘행위가 공중의 눈에 띄지 않는 한 그것을 인정해야 한다고 요구했다. 한편으로 금욕주의적인 입장에서 방탕스런 생활을 전면적으로 부인하면서, 이브 귀요는 남성들이 자유롭게 자신의 두뇌와 신체를 사용하듯이, 여성들도 자신의 육체와 미를 자유롭게 활용할 수 있는 권리를 지녀야 한다고 생각했다.[56] 이것은 바로 각 개인의 책임감과 자기억제[57] 즉 셀프 컨트롤의 발달을 의미하며, 교육의 진보를 통해서 성적 질서가 확립된다고 그는 보았던 것이다. 즉 자유주의를 채택하고 개인의 도덕을 향상시킴으로써 사회 전체의 도덕을 보장할 수 있다는 것이다. 따라서 무엇보다도 법과 도덕을 혼동해서는 안 된다. 왜냐하면 법의 역할이란 인간을 전혀 교화시켜 주지 못하기 때문이다.

여기서 자유주의적 공창제폐지운동은, 성의 억압을 목적으로 하는 실증주의적 색채가 농후한 낙관론을 표현하고 있다. 매춘규제론자들의 입장에서 볼 때 공창제도가 매춘의 필수불가결한 수단으로 인지되고 있기 때문에 피요 박사처럼 이브 귀요도 문명의 진보나 문화 수준과 위생의 향상, 그리고 간단히 말해서 역사의식의 확립 등이 성관계에 있어서 더욱 신중한 자세를 가져온다[58]는 사실을 깊이 확신하게 되었다고 술회한다. 매춘부에게 보통법을 적용해야 한다는 이런 도덕적 사고는, 르누비에와 그의 제자 F. 삐용이 이룩한 연구업적 속에 그 이론적 형태의 뿌리를 두고 있다. 이들은 자연에 기초한 도덕을 표방하면서 〈철학·정치·과학·문학비평〉誌[59] 속에서 공창제폐지론자들의 주장을 정당화시키는 데 주력했다.

공창제폐지론에 대한 논의가 상당히 진행된 이후에 그 이론은 부수적인 문제를 야기시킨다. 다시 말해서 남녀간의 책임에 관한 동등성을 중시하는 피요 박사는 부자관계를 법률면에서 검토할 것을 제안했으며,[60] 이어서 양성간의 혼란스런 성행위를 죄악으로 인정해야 한다고 주장했다. 한편으로 범죄인류학이 매춘에 대한 선천적인 소질을 가정한다고 해도, 매춘이라는 현상이 사회적 원인에서 아주 동떨어진 것이라고 분석하지 않는 한, 자유주의적 공창제폐지론자들은 매춘부들의 교정의 가능성을 소리 높여 외치게 될 것이다.

　개인의 자유를 지키려는 욕망에서 공창제폐지론자들은 또 다른 새로운 위협이 존재하고 있다는 사실을 강조한다. 바로 이런 사실 때문에 이들의 이론은 더욱 현대적인 이론에 가깝다. 이들은 영국의 매춘전면금지운동가들과 마찬가지로 경찰이나 혹은 더 나아가서 의사들의 『종교재판과 같은 형식의 조사』[61]로부터 개인을 보호하고자 했으며, 특히 이런 형태의 취조에 깊이 관여하고 있는 의사들의 권력남용을 프랑스 국민들에게 폭로했다. 그들이 〈의학적 강간〉[62]으로 간주하는 여성들의 강제의료검진에 대한 상세한 실태보고서들에 의하면, 수치심을 유발한다는 명목하에 이루어진 금기사항들과 성적 타부를 타파하기 위해 의학은 반드시 침묵적인 태도를 버려야 한다. 1882년부터 이브 귀요는 경찰들과 의사들이 그들의 조사방식을 위해 내세웠던 구실들(종교와 도덕의 존중, 공공의 질서유지, 그리고 무엇보다도 그뒤를 잇는 보건행정적 조치 등)의 실체를 낱낱이 파헤쳤다. 실상 이들 조사방식의 주목적은 자유로이 권력을 행사할 수 있는 경찰의 이점을 이용해서 정보를 수집하고, 여자를 감시하면서 느낄 수 있는 쾌감을 얻는 데 있었다.[63] 이브 귀요의 상세한 보고는 규제·관리라는 의학적인 측면에서 그들이 내세웠던 전제사항과 비과학적인 성격을 폭로하였으며, 이러한 명석함이 바로 그가 지니고 있는 중요한 자질들 중의 일단을 형성하고 있는 것이다.

　반복하자면, 풍속담당 경찰이 빠리에서 실시했던 조사방식에 대한 비판적 분석은 공창제폐지론의 가장 기본적인 활동이었다. 이제 그 비판이 정리되는 과정을 연구할 필요가 있다. 그 제도에서 비롯되는 기본적인 비판이란 개인에게 가해지는 구체적 위협을 제시하는 데 있다. 극소수의 등록말소자들을 제외하고, 풍속담당 경찰은 일시적인 매춘에 종사하는 여자들을 종신 매춘부들로 전환시키는 공장의 역할을 수행했다. 이 제도는 한 여자가 매춘과정에서 변화되어 가는 여정표를 작성해 준다. 즉 첩이 감찰표를 지닌 매춘부가 되고, 이어서 창가에 정착하고, 마침내는 사회에서 완전히 격리되는 과정을 그 제도는 유발시킨다. 이런 소외화 현상으로 인해 스스로 소외된 하나의 집단이, 그 이전에 소외된 또 다른 집단에게 거역할 수 없는 압력을 제멋대로 행사하게 되고, 그런 압력을 통해 그들 두 집단은 영원히 연결되어 있다. 바로 경찰이 매춘부집단에게 행사하는 압력과 그에 의한 소외화 현상이 그것이다.[64] 경찰들도 매춘부들이 몸을 팔면서 느끼는 수치심을 경험한다. 매춘부들을 마음대로 다룰 수 있다고 생각하는 대부분의 고객들은, 그 행동이 거칠고 종종 술에 만취한 상태에서 매춘부들을 난폭하게 다룬다. 그리고 여경영자들과의 합의하에 그들은 교묘하게 매춘부들을 협박한다. 더욱 나쁜 것은 그들이 공창제의 부산물인 기둥서방의 존재를 의미한다는 사실이다. 이브 귀요는 이 기둥서방을 경찰들과 매춘부 사이를 연결해 주는 필수불가결한 중개자로 폭로한 바 있다.

일단 등록이 된 매춘부는 경찰의 항구적인 감시하에 놓이게 되었다. 빠리의 인구밀집지역에서 일상적으로 벌어지는 경찰의 〈매춘부 수렵〉[65]이나 싸구려 호텔의 수색과 검거 등이 공창제폐지를 지지하는 언론지의 중심기사를 형성했다. 따라서 공창제폐지운동의 가속화는 바로 이런 경찰의 수치스런 활동에서 비롯되었다는 사실을 깨달을 수 있다. 공창제 유지를 위한 기본적 인물로 드러나는 여경영자 역시 경찰의 매춘부 격리에 없어서는 안 될 존재라는 비난을 공창제폐지론자들로부터 집중적으로 받았다. 왜냐하면 규칙을 실제로 적용하는 책임을 맡은 사람이 창가의 여사장이었기 때문이다. 그리고 그녀는 자신의 집에 기숙하는 매춘부들의 빚을 조장하면서 그 빚을 빌미로 매춘부들의 자유를 인정치 않았다.

개인적인 자유의 억압을 가져왔던 이 공창제는 사실상 불법적인 것이다. 〈행정적인 구류〉는 매춘부들에게 보통법의 적용을 허용치 않는다. 공창제폐지론자들은 규제주의자들의 저항을 받아들이면서 그들 사이의 논쟁을 서둘러 법률의 장으로 끌고 갔다. 그 결과 논쟁은 이제 법정을 무대로 전개되기 시작한다. 공창제폐지론자들의 이론이 저명한 법률가들에 의해 보강되고,[66] 대법원의 수많은 판례들을 통해 그 힘을 얻고 있었다. 이 판례들은 체벌로써 체포의 비합법성을 강조하고, 행정의 사법권 침해를 부당한 것으로 지적했다. 실제로 형법을 참조해 보면 매춘은 위법성의 요건을 갖추고 있지 않으며, 설령 위법적인 것이라 해도 그것은 남녀 쌍방간의 문제로 간주될 수밖에 없다는 것이다. 그밖에도 빠리와 같은 대도시들에서 일상적으로 벌어지고 있던 미성년 매춘부들의 등록[67]은 아동보호에 관한 형법규정을 심각하게 위배하는 것이었다. 마찬가지로 수많은 여경영자들이 경찰의 암묵적 동의하에 그들의 창가로 젊은이들을 끌어들였다.

경찰의 〈소유물〉로 전락된 매춘부들의 임의적이고 불법적인 감금은, 그외에도 비도덕적이며 전혀 효과가 없는 수단이었다. 이것은 공창제를 지지하는 매춘규제관리론자들의 비난을 야기시키는 요인이 되었을 것이다. 왜냐하면 그 제도의 실패를 명확히 보여 주는 것이 바로 경찰의 불법적 감금이기 때문이다. 경찰의 감금이 불법적인 이유는 창가가 불만족스런 성을 충족시킬 수 있는 규제된 배출구의 범위를 이탈해서 『극도의 성병을 밖으로 발산시키는 모든 악의 구심점』[68]

이 되어 버렸기 때문이다. 창가에 기숙하는 매춘부들은 그때부터 양가집의 부인에게는 요구할 수 없는 쾌락의 충족 대상이 되었다.⁶⁹⁾ 경찰의 감금제도가 비도덕적인 이유는 감금이 매춘부의 갱생에 있어서 극복할 수 없는 장애를 만들어내기 때문이다. 매춘부들이 창가에서 자신들이 처한 상황에 대해 자각하는 날,『그녀들은 자신들을 내리누르는 사회 전체의 중압감을 느낀다. 즉 채무이행을 요구하는 창가의 여경영자와 모든 사회적 물리력을 행사하는 경찰, 그리고 고문과 감시의 존재로 비치는 의사들로부터 매춘부들은 자신들을 향한 강한 압력을 감지하게 되는 것이다.』⁷⁰⁾ 미뢰르 박사 자신의 말에 따르면, 매춘부란『스스로 자신의 인격체를 희생하는』⁷¹⁾ 노예이다. 귀요는 규제주의자들에게 있어서 매춘·병원·죽음의 도래, 그리고 지옥, 다시 말해서 죄와 벌이라는 인과관계를 대중의 머릿속에 주입시키는 것이 얼마나 중요한 것인가, 그리고 매춘부가 쉽게 돈을 벌어서 존경할 만한 상류부인이 된다는 사실을 규제주의자들이 얼마나 파렴치한 것으로 생각하고 있는가를 잘 보여 주고 있다. 따라서 애초에 타락한 여성들의 갱생을 선언했던 것과는 달리 규제주의자들은 그 성격상 이들의 교정에 부정적인 제도를 지지하게 되었다.⁷²⁾

이런 고찰은 특히 루이 피요와 같은 몇몇 자유주의적 공창제폐지론자들의 활동을 상기시켜 주고 있다. 이들은 그 당시까지 거의 변하지 않고 있던 매춘부상에 대한 고정적 관념에 약간의 수정을 가했고, 그 결과 매춘부의 수치심과 신앙심, 그리고 모성애에 대한 어떤 전형을 부인했다. 반면에 이들은 매춘부들의『치유할 수 없는 절망감』⁷³⁾과 무력감, 정신적인 쇠약증세, 그리고 마지막으로 복종정신과 심지어는 직업적 의무감을 강조했다.

공창제지지자들 사이에서 논의되고 있던 위생문제를 간과한 공창제폐지론자들은, 위생문제에 있어서 매춘규제관리방식의 실패를 집요하게 주장하기 시작했다. 즉 환자에 대한 검진시간이 너무나 짧아서⁷⁴⁾ 임질인지 매독인지를 단번에 확실하게 알 수가 없었다. 게다가 무료진료소는 그 자체가 감염의 장소였다. 결국 짧은 치료기간으로는 완치가 불가능한 것이었다. 진료소-감옥이라는 단일 시스템은 사실상 규제주의의 악의 집합체였다. 왜냐하면 이 시스템은 격리와 절도, 그리고 비효율성이 함께 어우러져 있던 집합체였기 때문이다. 경찰청장이 임명한 의사진은 경력이 일천한 개업의들로 구성되어 있었기에 진료법도 보잘것이 없었다. 환자들을 〈우리의 계집들〉로 부르던 간호수녀들의 냉랭한 태도는, 이미 널리 알려진 대로 경찰들의 태도와 다를 것이 없었다. 이 간호수녀들은 성병환자의 치료가 육신의 쾌락에 대한 속죄가 되어야 한다는 생각을 떨쳐 버릴 수가 없었다. 동시에 이브 귀요는 위생적인 면에 있어서 공창제의 실패를 입증하기 위해 전염병 조례의 효력과, 사창과 공창의 발병률의 비교에 관한 논쟁을 시작했다.[75] 물론 엄밀한 과학적 방법을 적용치 않았다 해도 단언할 수 있는 것은, 그가 규제주의측 의사들이 제출한 통계결과를 정확하게 비판했다는 사실이다.

매춘규제관리방식에 대한 비판·검토의 결과 이의 개혁안이 제출되었다. 이 개혁안은 1883년 시의회의 위원회가 채택한 보고서 속에 포함되어 있었다. 이 위원회는 공창제폐지론자들이 제기했던 여러 이유를 인정하고서 풍속담당 경찰의 철폐와 공창제도의 폐지를 결의하였다. 동시에 위원회는 매춘부의 감금행위 해제를 강력히 요구하였다. 『이제 매춘부는 자유롭게 처신한다.』 매춘부들은 따라서 보통법을 적용받고 경찰조례 등의 위반사항이 있을 경우 일반법정에서 재판을 받을 수 있게 되었다.

그 위원회의 의견에 따라서 〈사회적 품위 존중〉의 확립을 위한 매춘의 법률제정이 필요했다. 그런데 이번에는 성의 억압에 법적인 근거를 부여할 수 있는가가 문제시되었다. 새로 만들어진 법률은 아이들의 호객행위에 대한 벌칙을 강화하고, 보호대상으로 삼아야 할 미성년자의 연령을 18세까지 확대했다. 또한 범죄에 가까운 죄악 즉 동성애와 〈성도착증〉을 일소하고,[76] 특히 공공도로에 끈질기게 터를 잡고 소란스럽게 호객행위를 하거나 강제로 붙잡는 행위 등을 위법적인 것으로 적용했다. 따라서 경찰은 집단으로 무리를 지어 있는 공창들을 분산시키고자 애썼다.

위생사항에 관해서도 그 위원회는 여성 성병환자들의 전용시설을 대표하는 의료형무소의 폐지를 제안했다. 즉 성병에 걸린 여성들이 원할 경우 일반병원에서 치료를 받을 수 있도록 하자는 것이었다. 그때부터 성병은 『타인의 병과는 분리해서 연구하고, 격리해서 치료해야 하며, 마침내는 별도의 언어로 규정해야 하는 낯선 공포의 병』[77]으로 더 이상 인식되지 않았다. 특히 매독은 일반 병과 다름없이 간주되었으며, 심지어는 다른 병들보다 심각하지 않다는 견해도 나오게 되었다. 이런 상황변화에 대응하여 행정당국은 의사의 출장진찰을 배가시켰고, 치료를 희망하는 환자들에게 무료진료의 시혜를 베풀었다. 마침내 위원회의 대다수 위원들은 다음과 같은 결론에 의견의 일치를 보였다. 즉 여성교육의 진보와 함께 여성의 노동에 관계된 몇몇 평가기준을 채택함으로써 매춘을 감소시키고, 나아가서 매춘을 소멸시킬 수 있다는 결론이 바로 그것이다.

공창제폐지론자의 분석은 공창제도의 전제사항과 제정동기를 대단히 명확하게 밝혀 놓았다. 즉 미흡하긴 하지만 공창제도의 불법성과 무효성을 증명했던 것이다. 요컨대 이것은 매춘의 확산을 막을 수 있다고 생각한 공창제폐지론자들의 낙관론을 반영하는 것이다. 공업문명의 사회적·성적 구조분석에 입각한 공창제지지자들의 정교한 비판에도 불구하고, 대다수 여론들은 전술한 바와 같이 적어도 제1차세계대전까지 공창제폐지론의 입장에 있었다. 당시의 여론은 프랑스 대혁명의 위대한 제 원칙들을 채택함으로써 그때까지 혁명의 혜택을 입지 못하고 있던 최후의 대중집단에게 그 원칙들을 적용하자는 것이었다.

여권주의와 재연되는 노동운동 사이에서의 공창제폐지론

여권주의 지도자들과 노동운동의 투사들이 전개한 공창제폐지 캠페인에 관한 문헌들은, 상당히 혼란스런 양상으로 기록되어 있었기 때문에 독자들의 혼란을 초래했다. 사실 이들은 그 당시 전혀 독자적인 위치를 확보하지 못한 상태에 있었다. 공창제폐지연합의 영향력하에서 보조금을 지원받으면서 여권주의와 노동운동 단체들은 극좌파의 주장을 차용하여 경찰과 투쟁하면서도 그 캠페인을 우롱하기까지 했다. 그리고 일반적으로 알려진 사실로서 이 단체들은 결성 당시에 극좌파의 세력범위 안에 위치해 있었다. 그러나 그 단체들의 투사들은 자신들의 근본적인 걱정거리 때문에 사회현상의 중요성을 강조했고, 이런 의미에서 공창제폐지론자들의 사상을 다른 방향으로 굴절시키려 했었다.

프랑스 공창제도폐지협회의 핵심에는 여권운동을 이끌어 나가는 많은 지도자들이 있었다. 마리아 데레스메스·에밀리 드 모르지에·까롤린 드 바로가 그곳에서 가장 활발한 활동을 벌이던 사람들이었다. 주르날 데 팜므誌의 창립자 중 한 명이었던 알베르 께즈는 공창제폐지 캠페인의 초기, 즉 1876년 11월 15일에 이미 공인창가에 반대하는 두 개의 청원서 중 하나를 제출한 바 있다. 그의 청원서는 창가의 폐쇄와 풍속담당경찰제의 폐지와 공공도로에서의 도발적인 호객행위에 관한 금지법안의 투표를 요구하였다. 그리고 무료진료소의 증대와 매춘부들에 대한 일반법 적용을 호소하였으며, 동시에 종교적인 무상 의무교육과 여성의 노동에 관한 새로운 법률제정을 요구했다. 그러나 이 청원서는 그 문제에 개입한 상원의원들의 반대에 부딪히고 말았다.[78]

여성환경개선민주동맹이 1876년 노동자의회가 열린 직후 조세핀 뷔틀레의 지원을 등에 업고 결성되었다. 얼마 후 마리아 데레스메스의 휘하에 들어간 이 조직은, 그 움직임에 있어서 분명히 매춘폐지연합의 지향 방향에 거의 근접해 있었다. 1878년 9월 빠리에서는 국제매춘폐지연합의 제1차회의가 열렸다. 이때 회의에 참석했던 드롸 데 팜므誌의 편집장 레옹 리셰르는, 자신의 발언을 통해 급진주의적 색채가 농후한 여권론을 전개했다. 1882년에 빅또르 위고의 후원을 업고 여성의 권리를 위한 프랑스동맹을 창설했던 그는, 이 회의의 활동계획에 공창제도의 폐지안을 삽입시켰다.

공창제폐지에 대한 요구는 그 이후부터 진정으로 새로운 논쟁방식으로, 그것의 성격을 밝혀보지도 않은 상태에서 여권주의의 새로운 중심사상으로 떠올랐다.[79] 주목해야 할 점은 1898년에서 1901년 사이에 프랑스에서 공창제폐지운동이 재연되었을 때, 그가 모든 여성단체들의 즉각적인 후원을 집중적으로 받았다는 사실이다.[80] 1900년 빠리에서 개최된 두 개의 국제여권주의회의는 풍속에 관한 모든 특별조치의 철폐요구를 만장일치로 가결했다. 1901년에는 쥘르 지그프라이드 부인을 제외하고, 프랑스여성국민회의의 전회원들이 매춘폐지연합의 회원이 되었다. 이 국민회의라는 단체는 공창제도의 폐지와 남녀 양성의 단일도덕을 그 본령으로 하는 단체였다.[81] 여권주의 계열의 잡지와 신문 들은 한결같이 풍속경찰에 반대한다는 입장을 표명했으며, 라 프롱드誌와 르 페미니즘誌, 그리고 주르날 데 팜므誌가 그 대표적인 경우였다.『여권주의의 한 극단에서 다른 극단에 이르기까지 여론은 모두가 동일한 것이다.』[82]

공창제폐지운동 초기의 홍보활동은 노동운동을 이끌어가는 대표자들의 적극적인 활동에도 힘입은 바 크다. 1877년초에 라우 양은 〈빠리회의〉[83]의 부르주아 청중들 앞에서 빠리 여공의 비참한 생활상을 설명했으며, 그후 신연합이 결성되었을 당시에 제네바회의의 주제를 다시 다루었다. 최초의 노동자회의에서도 공창제도의 폐지론이 폭넓게 다루어졌다. 노동자들이 이 문제에 가장 큰 관심을 보였던 것은 노동운동이 처음으로 실증주의적이며 급진적인 영향을 받았기 때문이다.[84] 공창제폐지운동이 시작되기도 전인 1876년의 빠리회의에서 이미 비난받은 바 있던 매춘이, 리용의 노동자회의(1878년 1월 18일부터 동년 2월 8일까지)에서 오랫동안 논란거리로 다시 등장했다. 이것은 노동자의 생활에 관한 종합적 고찰의 일환으로 시도된 것이었다. 그 논쟁들을 통해서 사람들은 당시 노동운동의 성격을 특징짓는 성에 대한 불안감을 재인식하게 되었다. 즉 현장감독이나 사무직원, 혹은 직공장의 행위가 노동자 가족의 명예에 위협을 가하고 있다는 사실이 밝혀졌다. 살로몽이라는 남성은 공중도덕의 이름으로 직업소개소를 폐지하고, 이를 대신할 수 있는 고용조합의 설치를 주장했다. 그리고 리용의 여성대표 까라즈 부인은 산업중심지역에 살고 있는 여공들의 부도덕한 행위를 세밀히 분석했다. 그녀는 불행을 초래하는 무지와 빈곤을 비난했으며, 동시에 공창제를 엄밀히 규탄했다. 그리고 다음과 같은 선언을 통해서 결론을 내렸다.『공인창가의 폐지와 모든 종류의 특허매춘의 폐지를 통해서 도시를 청소하는 것, 바로 이 목적에 우리는 전력투구해야 할 것이다.』[85] 한편 렝스의 한 대표는 작업장에서의 잡거상태와 무질서가 일으키는 혼란스런 양상을 비난했다. 결국 그 회의는, 공업지역에서의 풍속과 부랑자의 실태에 관해 조사를 벌였던 위원회의 보고자 말렝보의 결론을 결의안으로 채택하였다. 이 결의서의 내용을 보면, 풍속담당 경찰은 비도덕적이며 무익무용의 존재이기 때문에 그의 폐지를 요구해야 한다는 것이었다. 그 유명한 리용의 〈불멸의 회의〉(1879)에서 루이즈 따르디프는 여성을 매춘의 길로 이끌어가는 수많은 편견들과 남성들의 행동을 비난했다.[86] 1년 후, 풍속경찰에 관한 문제가 르 아브르회의에서 다시 재연되었다. 공창제폐지연합의 회원이던 오귀스뜨 데스물렝이 회의에 참가하여 자신의 의견을 개진했다. 결국 여성문제를 취급하는 위원회의 제안에 따라 공창제는 다시 유죄판결을 받고 냉엄한 비난의 대상이 되었다. 사실상 공창제에 대한 반대론은 1879년 이후부터는 사회주의적인 공창제폐지론에 국한되는 것이지, 우리가 지금 언급하고 있는 공창제폐지론과는 더 이상 관련성이 없는 것이다.

    이렇듯 격렬하고 다양한 형태의 공창제폐지 캠페인이 펼쳐지는 동안에 이룩된 성과는 대단히 중요한 의미를 지니고 있다. 의심할 나위 없이 이 캠페인은 세론을 민감하게 반영하고 있는 것이었다. 반복하자면 1876년에서 1884년 사이에 언론과 문학, 그리고 조형예술분야는 매춘을 중요한 주제로 다루고 있었다. 그때부터 공창제폐지론은 그 구조가 확고하게 정비되었고, 법률·위생·도덕에 관한 이론적 무장이 완비되었다. 그래서 이브 귀요의 저서는 빠랑-뒤샤뜰레의 아류들을 반박할 수 있는 참고작품을 형성한다.
    상당수의 공적 기관이 결국 논쟁에 참가했으며, 중요 정치가들도 어쩔 수 없이 공창제에 대한 자신의 찬반 입장을 표명해야 했다. 게다가 시의회의 위원회가 피요 박사의 보고서를 인정하고, 풍속경찰의 예산안 심의를 부결시킴으로써 1883년과 1884년의 2년 동안 공창제폐지론자들의 활동은 문자 그대로 대성공을 거두었다. 그런데 이와는 반대로 그 이전인 1878년과 1881년에, 하원의 다수를 점유하던 기회주의자들은 빠리에서 극좌파가 벌인 캠페인을 비난한 바 있었다. 급진파들의 경우에 있어서도 사정은 마찬가지여서 클레망소와 같은 사람들도 이 문제에 관한 지나친 개입을 거부했다.

그러나 이 운동에 대한 총체적 평가는 미흡한 것이었다. 피요 박사가 20년이 지난 시점에서 인정하게 되듯이, 이런 논쟁이 지방의회의 관심을 거의 끌지 못했다는 것이 사실이다. 경찰청장 지고가 1878년 당시 캠페인에 압력을 받고 수도지역에서의 매춘규제를 완화시켰으며, 후임자 앙드리외가 경찰의 풍속담당반을 해체시켰는데, 그렇다고 해서 행정당국의 정책이 공창제폐지론자들의 의견에 좌우되는 경우는 거의 없었다. 이런 의미에서 앞서 나갔던 사람들의 리스트를 즉시 열거해 보자. 1878년 당시 부르주의 시장은 공인창가에서 여자들을 감금하는 행위를 금지시켰고, 모든 창가에 표시판을 부착하도록 요구했다. 같은 해에 공창제폐지론자들은 벨라이에서 한 창가의 개업을 저지하는 데 성공했다. 1880년 7월 15일에는 창가의 개점을 요구하는 매춘부들의 시위가 샹베리에서 펼쳐짐으로써 공창제폐지론자들은 자신들의 캠페인을 위한 명분을 얻게 되었다. 그러나 공인된 매춘을 감히 금지시키려고 시도했던 시는 단 한 군데도 없었다. 1884년부터 1900년까지 이것에 대한 예는 단 4건에 불과하다는 것을 알 수 있다. 1891년에 아미엥의 시장이자 상원의원이던 프레데릭 쁘띠는 창가의 폐쇄를 명했다. 그러나 폐쇄된 창가들은 새 시장이 선출된 다음날, 즉 1895년에 다시 문을 열었다.[87] 1893년 꾸르베봐 시는 공창제 매춘을 완전히 폐지해 버린 최초의 도시가 되었다. 1897년 4월 28일, 살렝의 시장 샹뽕은 36년 전부터 지속되어 온 수치스런 사건들에 관한 집필을 완료한 직후, 1861년에 개점한 창가를 조례에 의거해 폐쇄시켜 버렸다. 이후 그 조례는 공창제폐지론자들의 모범이 되었다. 끝으로 1900년 6월에 뽕따믈리에 시는 행정구역 내에서 창가의 개업을 불허했다. 공창제폐지 캠페인은 이상과 같이 그 수지계산에 있어서 빈약한 결과를 보여 주고 있다. 매춘문제에 관해 여론이 들끓었다 해도 그 여론은 별 설득력을 지니지 못했다. 이런 관점에서 사실상 청원운동은 상대적인 실패로 끝나고 말았다.[88] 그럼에도 불구하고 공창제폐지에 관한 여러 캠페인은 정부 요인들을 자극시킬 만큼 상당히 격렬한 것이었으며, 상당히 논리정연하고 설득력 있는 신규제주의의 이론을 촉발시키는 요인이 되었다.

분명한 것은 공창제폐지운동의 중심에, 성적인 억압에만 집착하는 복음주의적이며 도덕적인 금욕주의자들과 무신론적 자유주의자들이 공존함으로써 이 운동의 세력이 약화되는 결과를 초래했다는 사실이다. 그러나 우리가 금방 생각할 수 있는 두 개의 주요 흐름이 있다. 그것은 바로 조세핀 뷔틀레와 이브 귀요라는 흐름일 것이다. 이브 귀요가 자신의 책을 헌정했던 사람은 바로 조세핀 뷔틀레가 그 대상이 아니었을까? 여성의 예속상태를 비판하고 개인의 자유보호와 공창의 매춘제도 폐지에 의견을 같이한 이 두 사람은 개인에게 있어서 도덕적인 향상과 악덕의 소멸에도 기대를 공유했다. 이들은 공창제지지자들처럼 빈곤과 불충분한 임금, 즉 사회적인 악의 요소들이 매춘의 성립과정에 어느 정도 영향을 미치고 있다는 사실에 의견을 같이하고 있었는데, 그렇다고 해도 그들의 분석이 거의 이런 방향으로만 흐르지는 않았다는 것도 사실이다. 그리고 그들의 언설은 여기서 갑자기 종료된다. 매춘의 기능에 관한 그들의 고찰도 마찬가지로 여기서 끝을 맺고 만다.

그밖에도 성관계에 있어서 개인의 자유를 깊이 고려하던 자유주의적 공창제폐지론자들은 한편으로 성적인 충동의 절도와 절제, 그리고 성적인 억압의 내면화를 갈망했다. 그런데 공창제폐지론자들의 이러한 사상들은 상당히 모호한 성격을 지니고 있다. 즉 그들의 사상은 예속화된 여성의 상태를 해방시키기 위한 메시지를 전달해 주는 동시에 성적 질서의 복종을 위해 자기비판을 통한 성의 억압을 주창하는 등, 복음주의와 실증주의 그리고 칸트의 윤리학이 교묘하게 배합된 복잡한 성격을 드러내 주고 있었던 것이다. 이것은 당시의 시대적 성격을 극명하게 표현해 주는 것으로써, 부르주아층 젊은이들의 도덕적 향상에 공헌을 한 것도 사실이다. 그 성과가 바로 제1차세계대전 직전에 젊은이들 사이에 대두된 민족주의 사상이었다.[89]

2 〈자본가의 규방〉[90]과 〈빈곤한 남성들의 배수구〉[91]

매춘에 관한 사회주의자의 언설

가족관계나 성에 관한 사회주의자들의 사상사에 관해서 여기서 간략하게나마 그 족적을 추적할 수 있을지는 의문이다. 왜냐하면 이런 제안은 바로 방대한 저서들을 토대로 한 연구를 전제로 하는 것이기 때문이다. 그런데 필자는 제3공화정하에서 사회주의자들이 매춘문제에 직면해 보였던 태도를 연구하고, 매춘규제론자들과 공창제폐지론자들 사이의 대립적인 논쟁에서 사회주의자들이 차지하고 있던 위치를 단순히 분석하는 것으로 만족하고자 한다. 다시 지적되어야 할 사항은, 다양한 경향으로 사분오열되어 있던 사회주의자들이 매춘현상에 대해 가했던 비판·분석은 결과적으로는 동일한 것이었으며, 캠페인이 진행되는 동안 지도적 위치에 있던 사회주의자들이 매춘에 관해 유보적인 태도를 보였다는 사실이다.

공상적 경향을 띠었던 사회주의 선구자들의 성문제에 관한 이설들에도 불구하고, 그리고 이 문제에 관한 마르크시스트들의 불분명한 태도에도 불구하고,[92] 제3공화정하의 프랑스 사회주의자들이 끊임 없이 분석하고자 애썼던 매춘의 동기와 결과는 대단히 단순명쾌한 것이었다. 이 점에 있어서 가장 분명한 예를 보여주는 것은 베벨이 1891년에 《과거, 현재, 그리고 미래에서의 여성들》이라는 제목으로 출간한 저작이다. 프랑스에서도 사회주의 투쟁에 다소간 직접적으로 관여했던 여러 명의 이론가들이 이 문제에 관심을 기울였다. 이들 중 몇몇은 그 문제에 관한 전문가를 자처하기도 했다. 바로 브노와 말롱,[93] 샤를르 보니에,[94] 샤를르 앙들레,[95] 특히 에두아르 돌레앙[96]이 그들이다. 또 다른 면에 있어서 여러 회의에서 활동했던 활동가들의 논조를 분석해 보면, 그 내용이 더욱 단순한 것임을 알 수 있다. 그들은 자신들의 논조 속에서 여공의 도덕성에 가해지는 모든 위협을 끊임 없이 드러내고 있었다.

사회주의자들은 매춘을 확산중에 있는 재앙으로 간주했다. 이러한 견해 속에서 그들의 매춘에 대한 분석은 공창제강화추진파의 강박관념과 조우한다. 즉 악덕과 마찬가지로 그릇된 방향으로 매춘이 증가하는 이유는, 그것이 자본주의구조의 발달과 병행해서 진행되기 때문이라는 것이다.『사회적인 계급들의 조직화로 인해서 매춘으로부터 부의 생산과 분배라는 기본적인 시스템이 만들어진다』라고 돌레앙[97]은 쓰고 있으며, 그보다 앞서서 베벨은 다음과 같은 사항을 지적한 바 있다.『경찰이나 예비군·교회, 그리고 자본가들이 사회에 필요한 존재이듯이 매춘도 필요한 사회적 제도 중 하나이다.』[98] 왜냐하면 자본주의체제는『자연적이고 성적인 면에서 고려되는 인간 존재와 사회적 존재로 고려되는 인간 존재 사이의 모순을 만들어내기 때문이다.』[99]

『부르주아적인 가족이 존재치 않는다면 매춘도 없을 것이다.』[100] 사실상 부르주아층 내에서는 『금전거래에 의한 상업적 결혼』[101]의 관습이 행해지고 있었다. 그런 결혼이 궁극적으로 지향하는 바와 그 양식과 구조에 따른 부르주아층의 결혼은 지참금과 공유재산, 그리고 유산상속 등과 같이 비공식적이지만 물질화된 매춘의 변형적 형태를 지니고 있었다. 부르주아적인 가치판단에 따라서 자신의 딸을 결혼시키려는 어머니는 중매인[102]에 불과할 따름이며, 〈결혼의 의무〉라는 개념조차도 베벨의 시각에서 보면『매춘보다 더욱 나쁜 것』[103]이었다.

그런데 자본주의의 경제구조에서 파생된 부르주아층의 가족구조 그 자체는 프롤레타리아층 가족의 파괴를 전제로 한다.[104] 사실상 부르주아층 남성들에 만연된 만혼의 경향과 그 만혼으로 야기되는 방탕스런 습관들, 그리고 부녀자들의 순결이나 정절을 중시하는 〈계급적 덕성〉들로 인해, 이 계층의 여성들을 상대로 육체적 욕구를 해결할 수 없는 남성들의 비정상적인 성적 욕구가 부르주아층 내에서 일어나게 되는 것이다. 그밖에도 상업적인 결혼이나 부르주아적 특성을 지니는 결혼은 부부간의 결혼생활에 있어서 성적인 불만족을 초래하고, 매춘부에게 그 성적 불만족을 충족시키는 등 간통행위와 자연에 반하는 악의 증가를 야기시켰다.[105] 그리고『자신의 재산을 조금도 손상시키지 않고서 성적 욕구를 충족시키려는 유복한 계층의 바람은 상당수의 프롤레타리아층 아가씨들의 공급을 필요로 했다.』[106] 근대의 진정한 반인반수로 간주되는 부르주아층은, 공장과 가내수공업장·상점 등지에서 이런 수요에 필요한 몫의 아가씨들을 요구하게 되었다. 공장은 그러므로 〈자본가의 규방〉으로 변모되었고, 공장주는 프롤레타리아층의 덕성을 위협하는 악의 상징으로 떠올랐다.

부르주아층은 삼중의 과정을 통해 필요한 매춘공급을 야기시켰다.

1) 프루동과 뻬뀌외·엥겔스가 지적한 바 있듯이,[107] 수공업 가내공장은 그것이 지니고 있는 분위기를 통해서 도덕성을 타락시키는 장소가 되었다. 바로 그것이 20세기 문학의 끊임 없는 주제를 형성하는 것이다.[108] 과다한 노동시간과 야간노동, 근로자의 근로환경과 조건(작업장의 온도나 근로자에 대한 무리한 요구 등)이 젊은 부녀자들의 타락을 부채질했다는 생각은, 여성 노동력과의 경쟁에 두려움을 느끼던 남성 노동운동가들의 머릿속에서 비롯된 것이다. 여러 노동조합회의에서 표출된 수많은 불평들이 그것을 명백하게 증명한다.[109] 공장주들과 심지어는 공장감독들이 자행한 초야권은 사회주의적 시각에서 볼 때 공장과 수공업 가내공장, 그리고 상점의 풍기문란에 다름아닌 것이었다.

2) 여성들의 저임금도 매춘을 체계적으로 부채질하는 요인이 되었다. 이러한

저임금은 생산단가를 낮추면서 이윤을 증대시킬 수 있을 뿐만 아니라, 수많은 여공들에게 매춘을 부추길 수 있는 요건이 되었다. 이것을 이용하여『자본은 매춘을 조절하는 수단을 발견했다.』[110] 임금과 고용의 수치를 조절하면서 자본은 부르주아층의 가정과 부녀자들의 보호를 위해 필요한 매춘부들의 공급기능을 담당했다. 산업자본주의는 창가의 여성 공급을 위해서 프롤레타리아층의 딸들을 필요로 했으며, 마찬가지로 이 계층의 아들들을 공장의 인간탄환으로 전환시키고자 했다. 이밖에도 고용의 수치가 상업적 번영과 상충되는 경제의 순리성을 통해서 부르주아층은, 자신의 이익이 감소될 때에도 가장 싼 가격으로 프롤레타리아층 여성들과 성적 쾌락을 나눌 수 있었다. 칼 마르크스는 면사업의 위기와 영국의 젊은 매춘부들의 증가현상을 결부시킨 바 있었다.

3) 자본주의체제는 또한 노동자계급의 결혼생활에 있어서 완벽한 부부화합을 불가능하게 하면서, 프롤레타리아적인 매춘을 불러일으켰다. 다시 말해서, 노동자계층 부부의 성적인 화합을 저해함으로써 이들의 방탕스런 경향을 조장했던 것이다. 장시간의 노동, 집과 직장 사이의 먼 거리, 협소한 주택에 살 수밖에 없는 비싼 임대료, 주벽, 그리고 주벽에 의한 부부간의 폭력행위 등이 노동자계층 부부의 화합을 깨뜨리는 주요 요인이었다.『영예로운 직장일을 무사히 끝낸 저녁시간 이후에 프롤레타리아층 남성에게는 도대체 즐길 만한 오락거리가 없었다. 가족간의 공동식사 시간도 없었을 뿐만 아니라 자녀들에게 보통교육—자녀와 일체가 되어 따뜻한 분위기를 느낄 수 있는—을 시킬 만한 여력도, 정상적인 가정을 형성시켜 줄 만한 어떠한 여건도 구비되지 않았다.』[111] 여기에다 만혼으로 인한 피임행위[112]와 배란기의 성적 절제, 〈자연에 반하는 행위들〉이 추가됨으로써 이것이 매춘의 전단계 형태로 이어지는 계기가 되었다. 그밖에도 빈곤으로 인해 프롤레타리아 여성의 생리기능이 저하되었다. 생식기관의 질병과 생리불순은 여성 노동자들이 공동으로 안고 있는 문제였다. 이것은 〈반자연스런〉 관습과 〈인위적인 쾌락〉[113]의 확산을 불러일으켰다. 그리고 종일토록 앉아서 행하는 작업들을 상기해야 한다. 특히 재봉틀을 사용하는 노동은 베벨에 따르면『하복부에 피를 쏠리게 하고, 의자에 앉아 있는 신체 부분에 압박을 가함으로써 성적인 홍분을 유발시키며』[114] 이것이 반복되면 쉽게 방탕에 빠지게 된다는 것이다.

자본주의구조로 비롯되어 부르주아층에 의해 체계적으로 조절되는 이런 매춘의 확산을 저지하기 위해서 즉각적인 해결책이 필요했다. 가장 먼저 여성 노동력의 감소가『노동조합운동 초기의 연합대회에서 제기된 가장 심각한 문제들 중의 하나로 간주되었다.』[115] 다른 한편으로 야간작업과 남녀의 혼재, 고용주나 직장감독의 부당한 유혹을 타파하기 위해 여성의 임금인상과 작업장의 도덕성 향상이 요구되었다. 이 문제에 관해 사회주의적인 언론들이 캠페인을 벌였다는 것도 분명한 사실이다.(이 언론들은 1905년에 리모즈에서 촉발된 혁명적인 파업 직후, 하원에서 행한 극좌파 연사들의 연설내용을 게재했다.) 반복하자면 이러한 캠페인은 직장감독들의 부당한 행위가 사그라들고 있지 않다는 사실에 자극을 받아 일어난 것이었다. 투쟁적인 활동가의 연설내용을 살펴보면 매춘 반대투쟁이 노동자 가족의 도덕성을 지키려는 방식으로 전환되었다는 것을 알 수 있고, 노동자 가족의 가치관이 많은 점에서 부르주아 가정의 가치관과 유사하다는 사실을 찾아볼 수 있다. 그 가치관이란 혼전의 순결과 정절·모성애에 대한 찬양심이었다. 이렇게 되면, 이제는 부르주아적인 혼인양식의 개선이나 자본주의체제에 필요한 성적 본능을 억압하려는 치료의 필요성을 암시할 필요가 없게 되는 것이다.

당시의 매춘부들에 관해, 사회주의 이론가들은 이구동성으로 풍속담당경찰제의 폐지를 요구하고 나섰다. 풍속경찰이 프롤레타리아층의 여성만을 감시의 대상으로 삼고 있었기 때문이었다. 따라서『경찰의 규제가 계급의 차별적 대우』[116]라는 원칙으로 시행되고 있었던 것이다. 사회주의파 의원 앙리 뛰로는 매춘문제를 언급했던 자신의 저작에 《프롤레타리아의 사랑》이라는 제목을 붙이면서 바로 경찰의 이러한 차별화정책을 강조하고 싶어했다. 프랑스 사회주의자들의 이론은 얼핏 보면 논리정연하고 확고부동한 논리를 갖추고 있음에도 불구하고, 이들이 공창제 매춘에 대항하는 반대투쟁에 관해 유보적 태도를 보였다는 사실은 상당히 흥미롭다. 그리고 20세기 초엽에 세론이 비등해져 이 문제에 관한 대논쟁이 재개되었을 당시에도 그들은 여전히 소극적이며 유보적인 입장을 견지하고 있었다. 사회주의자들은 풍속경찰의 폐지를 위한 투쟁에 있어서도 주도적인 발언을 행사하지 않았으며, 매춘에 관한 입법문제의 침묵을 유도했던 것도 사실상 사회당원그룹이었을 것이라는 느낌이 든다. 그래서 본 연구의 근본적인 취지는 이런 태도의 이유를 밝혀보는 것이 될 터이다.[117]

이들의 유보적 태도에는 이데올로기적인 면에서 비롯된 명백한 이유들이 있다. 이 면에 있어서 사회주의자들은 보통법과 개인의 자유 존중이라는 원리를 적용함으로써 매춘문제에 혁명적 변화를 기대하지 않았으며, 남성의 성문제에 대해서 개인의 도덕적인 자각을 보급하는 것만이 해결책이라고 생각했다. 따라서 이들은 공창제의 폐지나 풍속경찰의 억압만이 그 문제를 결정적으로 해결할 수 있을 것이라는 시각을 갖고 있지 않았다. 진정한 해결책은 자본주의구조의 파괴에 있으며, 궁극적으로는 부르주아 가정과 그 가정이 지니고 있는 모순점의 파괴에 그 해결책이 있다고 생각했던 것이다. 그리고 부르주아 가정을 전복시키는 길만이 프롤레타리아층의 진정한 성의 만개를 가져온다는 것이다. 요컨대 이것은 참된 프롤레타리아 가정의 창조와 발전을 의미하는 것이다. 근본적으로 사회적인 변혁을 유일한, 그리고 필수불가결한 해결책으로 간주하는 사회주의자들의 사상은 결과적으로 매춘을 부차적인 문제로 만들어 버렸다. 따라서 사회주의자들은 자유주의적 공창제폐지운동에 참여해야 한다는 자극을 거의 느끼지 않았다.[118]

그밖에도 마르크스와 엥겔스를 위시한 사회주의 이론가들은 사회주의 시각에서 성문제를 다룰 경우, 사회주의는 매춘을 소멸시킬 수 있는 유일한 방법이 될 것이라는 불분명하고도 막연한 견해를 피력하고 있었다. 그리고 이러한 막연한 견해가 매춘문제의 개입에 관한 사회주의자들의 분명한 입장표명을 방해하는 요인이 되었다.[119] 사회주의자들은 독신남성의 증가에 따른 매춘부의 수효 증가를 불만족스런 성적 욕구의 증대와 결부시키고 있으면서도, 사회주의 사회에서 매춘부의 수효가 실제적으로 어떻게 감소되는가 하는 점을 명확하게 설명해 주지 않았다. 매춘에 관한 그들의 언설은 이제 하나의 이상론으로 변모되어 갔으며, 이러한 낙관적 시각으로 인해 매춘부의 운명을 즉각적으로 개선시키려 했던 사람들의 투쟁은 점점 더 세인들의 관심권에서 멀어져 갔다.

몇몇 정치적 기회주의자들도 사회주의자들과 같은 유보적 입장을 견지했다. 1876년부터 투쟁의 장은 공창제폐지운동의 독무대가 되었다. 이 운동의 내부에는 거의가 귀족이나 부르주아 출신의 엄격한 신교도들과 진보주의자들, 그리고 급진주의자들이 포진해 있었다. 전영국·대륙매춘폐지연합과 그뒤를 잇는 여러 도덕단체들이 철학적 입장을 배제하면서 모든 정치적 입장에 있는 멤버들의 규합을 주장했다. 사회주의자들의 유보적 입장을 야기시켰던 이런 방침은 공창제폐지운동의 내부에서 오랫동안 그들에 대한 의혹을 불러일으켰다. 공창제폐지운동의 지도자들은 매춘이 사회에 끼치는 도덕적 문제를 최우선 과제로 삼았으며, 공장주의 행위와 매춘부의 갱생에 그들의 관심을 집중시켰다. 그 연합에 소속된 자선가들의 부인들이 만든 대책들을 살펴보면, 그것들이 시종일관 온정적인 보호주의에 입각해 이루어져 있다는 느낌을 강하게 받는다. 그 부인들에 있어서 매춘부의 갱생이란 매춘부 대신에 하녀를 부르주아층의 요구에 응하도록 유도하는 정도의 것이 아니었을까? 그리고 이 부인들의 세계에서는 적어도 이론적인 면에서 사회주의자들과 마찬가지로 부르주아층 가정에 대한 비난이 전적으로 도외시되었다.

공창제도의 폐지는 당시 급진적 이론에 물들어 있던 여권운동의 표적이 되었다. 이 문제에 가장 적극적인 태도를 보인 잡지는 라 프롱드誌였다. 주지하다시피[120] 이 잡지를 통해 사회주의운동에 있어서 여권주의의 발전이 얼마나 어려운 것이었던가, 그리고 제1차세계대전이 발발할 때까지 사회주의운동에 얼마나 영향력을 미쳤던가를 깨달을 수 있다. 20세기 초엽 부녀자들의 인신매매에 대항하는 투쟁이 전개될 당시, 그 투쟁은 귀족층과 大부르주아층의 후원을 받은 동맹의 결성을 통해 이루어지고 있었다. 요컨대 공창제폐지운동은 원래 여성의 불법매매에 반대하는 투쟁의 형태를 띠었지만, 후에 가서 도덕성 향상을 위한 부르주아 단체들의 성향을 지나치게 보임으로써 사회주의자들까지도 그곳에 대량으로 가입하려는 시도를 벌이기도 했다.

거의 모두가 小부르주아 출신인 사회주의 지도자들은 자신이 속한 계급의 관습에 더욱 깊이 물들어 있었다. 따라서 이들은 당시 모든 국회의원들처럼 性과 매춘의 취급에 대한 극단적인 혐오감을 분명히 드러내고 있었다. 그 이유는 이들이 그 문제가 선거공약의 소재로서는 부적당하다는 느낌을 공유하고 있었으며, 매춘부를 옹호하고 그녀의 자유를 요구하는 행위가 오히려 여론의 폭넓은 지지를 상실할 수도 있다는 위험성을 파악했기 때문이다. 이런 관점에서 볼 때, 빠리 15구의 국회의원이었던 마르셀 까솅이 보여 준 태도는 더욱 노골적인 것이었다.[121] 문제의 모호성 때문에 사회주의자들은 한편으로 심각한 딜레마에 빠져 있었다. 즉 현상유지의 입장을 유지하는 것은 풍속경찰의 임의재량권을 인정하는 결과를 초래하고, 매춘관계의 법률제정을 요구하는 것은 신규제주의자들의 보건위생적 견지에 동조하는 것이 되어, 결국에는 법에 의한 프롤레타리아 출신 여성들의 억압이 정당화되는 결과가 나타날 수도 있다. 사회주의자들은 바로 이 점을 꺼렸던 것이다. 그렇다 하더라도 매춘의 완전한 자유화를 지지하는 것도, 매춘을 자본주의의 암적 요소로 생각하며 공중위생의 확산을 바라는 사회주의 대표자들의 신념과도 일치하지 않는 것이었다. 그럼에도 불구하고, 몇몇 사회주의의 유력인사들이 매춘문제를 은밀한 방법으로 다루면서 매춘을 옹호했던 것도 사실이다. 그들 중 어느 누구도 매춘문제를 상원의원과 하원의원들의 논의대상으로 상정하지 않았던 것이 그 이유이다.

그러나 이들의 유보적 태도가 그 문제에 대한 완전한 포기를 의미하는 것은 아니다. 사회주의자들로 구성된 여러 단체와 정당 들의 각종 회합이 진행되는 동안, 노동자의 매춘이 자본주의제도에 해악을 가져왔으며, 변태적인 풍기문란으로 인한 음탕스럽고 도덕성이 결여된 고용주들의 성적 불만이 야기되었다는 솔직하면서도 격렬한 비난이 일기도 했다. 1898년 이후에, 그리고 전영국·대륙매춘폐지연합의 한 지부가 프랑스에 다시 창립된 이래로 사회주의측에 동조하는 증언들과 가입자들이 급증했다. 그리고 바로 오귀스뜨 드 모르지에의 영향하에 그 이후부터 공창제폐지론자들은 그들의 운동을 도덕이나, 부르주아적인 결혼의 옹호와 더 이상 결부시키지 않았다.[122] 1902년에 정식으로 가입요청을 받은 바 있던 조레스는, 마침내 자신이 공창제폐지론의 지지자라는 사실을 공표하기에 이르렀다. 시의회에서 사회주의자 뛰로는 풍속경찰에 대한 투쟁을 이끌어 나갔으며, 특히 론 지역의 사회파 의원인 F. 드 프레쌍세는 그 연합회의 선두에 서서, 그리고 자신이 주재하던 인권동맹 안에서 매춘규제에 반대하는 투쟁을 전개했다. 물론 그의 경우에는 종교적 신념과 전통적인 가족관이 정치적인 입장보다 더욱 중요한 동기로 작용했을 것이라는 생각을 해볼 수도 있다. 적어도 그가 자신의 동료들에게 가했던 온건한 비난들이 매춘문제를 사회당의 논의대상 속에 상정시키는 데 기여했던 것이 사실이다. 당시 무정부주의-조합주의의 영향에 물들어 있던 민중대학들과 노동소개소들은 그 이후부터 연합의 연사들을 환영하는 태도를 보였다.[123] 그리고 뽈 뫼니에가 의회로부터 매춘에 관한 법률을 제정하고자 기도했을 때, 극좌파의 지지를 받고 있었다.[124]

그래도 이 모든 노력이 별 성과를 가져오지 못했다는 것도 사실이다. 이후부터 마르크스주의 사상을 끌어들인 사회주의적 분석이 성문제에 커다란 중요성을 부여하지 않았다. 사람들은 자본주의적 착취의 소멸을 통해, 그리고 일반적인 결혼연령의 저하를 통해 매춘이 사라질 수 있다고 확신하고 있었다.[125] 그러나 일부일처제나 혼전의 성교섭을 매춘의 원인으로 파악하지는 않았다. 또한 외모가 추하다거나 내성적인 성격이라거나, 혹은 신체장애나 노령이 원인이 됨으로써 매춘의 수요가 일어난다는 견해도 전혀 의미가 없는 것이었다. 그러나 이렇듯 매춘에 관한 강한 관심은 사회주의자그룹 내부에서 일어난 것이 아니라 사회에서 소외된 몇몇 사람들, 즉 절대적 자유주의 사상이나 신맬더스주의에 연관된 사람들의 머릿속에서 고조되었던 것이다.

〈자본주의체제의 적응을 위한 유력한 보조수단〉[126]

무정부주의의 언론과 문서 들은 사회주의적 성향의 언론보다 성적인 도덕에 더욱 큰 중요성을 부여했다. 이들은 사회주의자들이 보였던 유보적인 태도를 분명히 취하지 않았다. 그런데 불행하게도 그토록 수많은 개인적 고찰이나 견해들을 앞에 두고서도 절대적 자유주의자들의 계획을 그려낸다는 것은 불가능하다. 그래서 필자는 수많은 여론조사들[127]의 결과를 단순히 제시하고자 할 뿐이다. 왜냐하면 그 조사결과들이 매춘문제에 관한 무정부주의자들의 지배적인 사상을 드러내고 있다고 판단했기 때문이다.

<자본주의체제하의 전형적 연인상>[128]

사회주의자들과 마찬가지로 무정부주의자들은, 자본주의사회가 매춘의 원흉이라는 인식을 하고 있으면서도 동시에 매춘이 자본주의체제하에서 생겨나는 적응수단이라는 사실을 애써 밝히려 했다. 그 사실을 증명하기 위해, 사회주의자의 언설과 사뭇 다른 절대적 자유주의자의 언설이 〈산업적인 도형장〉의 폐해를 폭로하는 데 주안점을 두고 있었다. 특히 프롤레타리아계급 내부에서 자본주의가 야기하는 특수한 혼외정사의 확산수단을 강조하려 애썼다. 이 혼외정사는 부르주아적 매춘수요에 부응하는 것이었으며, 동시에 노동자에게 노동의욕을 북돋우어 주는 필수적인 성의 수단이었다. 매춘문제를 다루면서 무정부주의자들이 끊임없이 되풀이하던 세 가지 테마가 있다.

1)고용주의 〈초야권〉에 대한 고발이 주요 주제를 형성한다.[129] 필자는 앞서 수차례에 걸쳐 언급한, 일상적으로 흔히 일어나고 있던 이 현상을 다시 언급하지는 않을 것이다. 무정부주의 신문은 이 재앙을 〈도형장〉에서 흔히 일어나는 하나의 속성으로서, 그리고 여성 임금노동자의 생존과 불가분의 관계로서 파악했다. 심지어 때로는 하녀들도 초야권을 요구받았으며, 고용주의 성적 호감도가 계약사항에 암묵적으로 포함됨으로써 여공이나 여점원이 고용주와 성적 관계를 유지했던 것이다.[130]

2)여공의 도덕성을 엄중히 비난하던 사회주의자들과는 달리, 무정부주의자들은 순수한 프루동적 전통에 입각해서 여성의 임금과 매춘 사이에 존재하는 희미한 경계선을 보여 주는 것으로 만족해했다. 부르주아층이 매춘상태를 노동상태의 이율배반으로 제시하고 있는데 반해, 무정부주의자들은 이들의 언설과 정반대의 논법을 통해서 매춘 그 자체가 노동이라는 사실을 보여 주었다. 즉 공창은

여공들과 마찬가지로 피곤에 찌들고 쇠약해 간다. 매춘부들도 자기들끼리 〈자신들의 노동〉에 대해서 대화를 나눈다. 마찬가지로 여공들도 어쩔 수 없이 매춘부와 같은 현실에 놓여 있다. 저녁이면 고객에게 자신의 몸을 팔아 부족한 급료를 보충하는 양장점의 여공은, 일을 끝낸 후 집에 돌아와서 자신의 가계부에 수입상태를 기재하는 사무원과 다를 바가 없는 것이다. 〈노동의 육체, 쾌락의 육체〉[131]는 자본주의체제하에서 필요한 여성의 예속상태를 반영하는 이중적 양상일 뿐이다. 프루동이 지적한 바 있듯이, 공장과 창가는 서로가 밀접하게 얽혀 있는 이중의 장소이다. 임금노동은 매춘에 대립될 수 없다. 그 이유는 두 현상이 완전히 동일한 것이기 때문이다.『임금을 받는 노동은 무엇이든지 매춘과 같은 성격을 지닌다. 왜냐하면 자신의 노동력을 제공하면서 빌려 주는 것은 근육이든 혹은 두뇌든 항상 육체와 관계되는 것이기 때문이다.』[132] 1906년 10월 25일, 공창제폐지론자들의 지부협회가 개최한 집회에서 리베르따가 연설을 했는데, 이것이 세간에 커다란 스캔들을 불러일으켰다. 그때 그는 집회에서 축출되기 이전에 다음과 같이 선언했다.『현사회에는 남녀의 매춘문제만이 존재한다. 즉 손과 육체와 뇌의 매춘이 바로 그것이다…… 고용주를 위해 일하는 여공은 자신의 육체를 파는 매춘부와 다름없는 존재이다. 일반적으로 통용되고 있는 이런 형태의 매춘을 나는 유감스럽게 생각한다. 그리고 이런 매춘은 우리가 감내하고 있는 이 썩은 사회가 붕괴될 때에야 사라지게 될 것이다.』[133]

3) 자본주의사회 내에서 매춘은 삼중의 기능을 수행한다.

㉮ 매춘은 부르주아 가족의 구조를 통해, 그리고 부르주아층의 도덕향상을 위해 필요한 존재로 인식된다. 여기서 무정부주의자의 이론은 사회주의자의 이론과 단절되며, 이 차이점을 거듭 주장할 필요는 전혀 없다. 매춘부가 필요한 이유는 부르주아층의 부녀자들이 젊은 남성들의 성적 욕구의 대상이 되어서는 아니되기 때문이며,『부르주아층 부녀자들이 젊은 남성들의 성적 욕구에 자유로이 부응할 수 없기 때문이다.』[134] 거기에 근본적인 문제가 있는 것이 아니다.

㉯ 규제된 매춘은 자본주의사회의 인습적 제도이며, 그 사회에 대해 실업상태에 있는 불안정한 무리들로부터 그 제도의 감시하에 놓여질 부녀자들의 일정 몫을 분리해내는 이점을 제시한다.[135]

㉰ 특히 자본주의체제는 공리주의적인 매춘, 즉 〈빈약한 남성들의 배수구〉라는 매춘의 확산을 촉진시켰다. 사회주의자들은 무엇보다도 부르주아층의 매춘수요를 강조했으며, 이 수요는 어느 정도 수준에서 자동적으로 프롤레타리아층의

공급을 결정했다. 반면에 무정부주의자들은 공창제 매춘이 자본주의체제의 필연적 속성이라는 입장을 분명히 했다. 그리고 노동자에게 작업의욕을 약화시키지 않는 범위 내에서 성행동을 유발시키면서 성행동에 합당한, 다시 말해 생산양식에 합당한 매춘의 발전을 꾀하는 것이 문제였다.[136]

자본주의는 노동자에게 단순한 육체적 만족을 초월하는 애정의 세계가 있다는 사실을 잘못 알리거나 왜곡시켰다. 바로 거기에서 노동자들의 자본주의에 대한 소외감의 일면이 드러난다. 실제로 자본주의체제에서는 근면한 노동자집단이 사랑에 빠져들 수 있는 모든 요소를 감시하고, 그것에서 노동자집단을 빼내올 수 있는 모든 수단을 강구하는 것이 중요하다.[137] 이 사회에서 참된 사랑은 노동과 모순을 이루고, 그렇게 됨으로써 자본주의적 설계도는 다음과 같이 완성된다. 『기계와 자본의 노예들에 있어서…… 사랑이란…… 그것은 신체기관의 흥분이며, 그 흥분된 기관을 충족시키는 것이다.』[138]

이런 시각에서 임금노동자의 생활에 결부된 공리주의적 매춘 발전은 『자본주의체제의 적응을 위한 유력한 보조수단』이 된다. 그래서 매춘은 기대되는 바의 역할에 부응하기 위해 조심스럽게 조직되어지며, 바로 이것이 공창제 매춘의 발단이 된다. 따라서 이렇게 조직된 매춘은 남성들로부터 부르주아층 가정을 보호하고, 동시에 노동자가 진실한 사랑을 함으로써 노동의욕의 상실을 방지할 수 있는 수단이 되는 것이다. 매춘의 규모가 산업사회의 발달과 함께 확대된다는 사실은 얼마나 놀라운 일인가? 〈사랑의 여점원〉은 더 이상 밀폐된 곳에 갇혀서 자신의 역할을 수행하지 않게 되었다. 매춘부들은 경찰의 묵인하에 보도를 뒤덮고 있었다. 『매춘부들은 도처에 깔려 있었다.』 여기에서 절대적 자유주의자의 언설은 신규제주의자들의 강박관념과 조우하게 되었다. 『지치고 빈약하며 삶의 절망에 빠진 남성들의 욕구는 언제 어디서든지 약간의 돈으로 완화될 수 있어야 한다.』[139]

싸구려 사랑을 팔면서 흔적을 남기지 않는 『매춘부들은 자본주의체제의 전형적 연인상이었다.』[140] 따라서 매춘부들은 또 부패된 세계의 상징이자 『사회의 고름이 녹아 흐르는 환부』[141]였다. 이런 현실 속에서 풍속담당 경찰의 폐지를 위한 투쟁은 너무나도 당연한 것이었다.[142]

매춘부에 대한 또 다른 시각

사회주의자들은 매춘부가 사회조직의 희생물이라는 점에서 그들의 타락을 이해하는 태도를 보이면서도, 매춘부의 성적 매매행위에 대해서는 전혀 동정의 여지를 보이지 않았다. 반면 무정부주의자들은 매춘행위를 하나의 직업으로 간주하고 있었기 때문에 거리의 여자들에게 온화한 시선을 보내고 있었다. 아주 논리적으로 말하면, 그들에게 있어서 매춘부는 여공과 마찬가지로 경멸할 수 없는 대상이었다. 사회의 성적 굶주림과 매춘기능을 더욱 정확히 분석해 보면, 공창들도 정상적인 의식을 지니고 있었다는 사실을 알게 된다. 매춘부는 선천적으로 타고난다는 이론이 제기되기도 했는데, 이것은 공창들을 사회로부터 완전히 격리시키려는 시도의 일환이었다. 이런 이론에 대항해서 자유주의적 언론이 궐기했다는 사실을 새삼 언급할 필요가 있을까? 무정부주의자들은 매춘의 기능을 인정하면서 매춘부를 사회에 재통합시키기 위해 참된 노력을 경주했던 유일한 사람들이었다.

바로 거기에서 매춘부들에 대해 그들이 지니고 있는 아주 독창적인 시각이 나온다. 그런데 필자의 연구의도는 그것에 대한 실례들을 수없이 늘어놓거나, 자유주의 언론이나 반체제적인 주장들 속에 나타난 매춘부상의 실체를 분석하려는 것이 아니다.[143] 타락의 절정에 빠진 매춘부들의 모습은 그러나 동정의 여지를 불러일으킨다. 술에 찌들고 결핵에 걸려 깊은 고독 속에 외로이 살아가야 했던 마르고[144]의 모습이 바로 그것이다. 그녀의 비참한 생존은 당시 라뗑 가에 살고 있었던 매춘부들의 생활상을 상징하는 것이었다. 무정부주의 신문 속에서 종종 매춘부는 더욱 참된 사랑을 할 수 있는 존재로 묘사되어지고 있었다. 무정부주의자의 이런 감정은 낭만주의를 계승한 것이었으며, 동시에 도스또예프스키[145]와 톨스토이[146]의 영향을 받은 까뛸르 망데스[147]와 특히 레옹 블로와[148]의 작품으로 고취된 속죄주의의 결과였다.

    그리고 매춘부의 가엾은 눈동자는
    가려진 속눈썹 사이로 남자의 마음을 호리는 전문가……
    그리고 매춘부의 가엾은 눈동자는
    성인들의 눈길보다 우리를 더욱 위로해 주는구나.

이 시구는 아뽈리네르가 《매춘부의 눈에 어린 회한》[149]을 노래하기 전인 1900년에 자끄 다무르가 르 리베르떼르紙에 발표한 글이다.[150]

쾌락의 권리와 매춘의 소멸

매춘의 해악을 치유하기 위해 무정부주의자들이 마련한 해결책은 사회주의자들의 해결책과는 대단히 상이한 것이었다. 무정부주의자들은 여공의 예를 들어 매춘부들에게 노동조합의 가입을 제안했다. 1899년 11월 12일, 알라는 르 리베르떼르紙에서, 출세한 매춘부나 상류사회로 진출한 매춘부, 혹은 『끔찍한 기둥서방으로부터 위협받고 착취당하면서 신음하는』 매춘부, 그리고 『법에 의해 짐승처럼 쫓겨다니고 마침내는 우리에 갇히고 마는』 매춘부들 모두가 『공식적으로 인정된 진정한 직업집단』을 형성하고 있다는 사실을 주지시켰다.[151] 그는 이 신문 지상에서 매춘부의 노동조합 결성을 권고했으며, 수많은 공창들이 거기에 가입한다면 그것은 분명 노동조합 중에서 최대의 영향력을 행사하는 세력이 될 수 있다는 견해를 피력했다.『공창들의 조합은 또한 가입자 각자의 행위를 통해 사회의 모든 계급에 가장 강력한 영향력을 발휘할 수 있는 조직이 될 것이다.』 그렇게 되면 『그 조합은 사랑의 직업을 자랑스럽게 내걸 수도 있을 것이며, 자신들의 직업을 존중해 달라고 요구할 수도 있을 것이고,』[152] 동시에 공중위생면의 효과도 기대해 볼 수 있을 것이었다. 그런데 여기서 언급해야 할 것은, 이미 오래 전부터 매춘부들의 노동조합을 결성하자는 움직임이 있었지만 이것이 풍자적인 일부 신문들의 빈정거림을 샀다는 사실이다. 그 예로서 르 그를로紙는 공창들의 집단적 파업 가능성을 격렬한 어조로 상기시킨 바 있었다.

사회주의자들과 마찬가지로 무정부주의자들이 확인한 바는 사회 전체의 변혁만이 매춘을 소멸시킬 수 있다는 것이었다. 이들은 성문제에 관한 일체의 권위가 배제되어야만 성문제가 해결될 수 있다는 시각을 견지하고 있었다. 즉 부르주아층의 기존의 성도덕을 전복시키는 것이 필수적인 전제조건이었다. 이 점에 관해서 일부일처제의 가족형태가 비판의 대상이 되었으며, 이에 대한 논쟁이 증가하기 시작했다. 자유결혼의 제창자이던 레오뽈드 라꾸르는 부인이나 매춘부와 똑같은 존재로서 주부라는 존재가 자본주의사회의 산물이라고 격한 비난을 퍼부었는데, 그 이유는 이들이 여성의 예속화를 상징하는 세 가지 부류들을 형성하고 있기 때문이었다.[153] 육체적 쾌락에 대한 권리도 그 이유로서 제기되었다. 이 경우, 자유주의적 공창제폐지론자들이나 여권주의자들이 했던 대로 젊은 남성들의 타락을 비난한다는 것은 있을 수 없는 일이다. 젊은이들이 현실사회에서 보이는 행동은 사회의 성적 구조에 의해서 일어난 것이며, 따라서 젊은이들의 진정한 타락은 금욕적 생활의 습관화에 기인한다. 『정숙한 사람은 대개 내성적이며, 자위행위라는 악과 결부된 그의 상상력은 병적인 모방에만 희열을 느낀다』라고 앙리 뒤슈망[154]은 쓰고 있다. 바로 거기에서 남녀간의 성적 만족감을 억제하는 어려움 때문에 자위행위라는 끔찍한 타락이 생겨나는 것이다. 무정부주의의 신문은 독신자의 성관계의 권리를 요구했으며, 그 이상으로 〈처녀의 쾌락에 대한 권리〉를 주장했지만, 이런 목소리는 완전히 고립무원의 상태에서 종료되고 말았다. 1904년 당시[155] 앙리 뒤슈망은 독신여성들에게 성적인 체험을 권고한 바 있었는데, 그 이유는 『처녀성이란 자신에 대한 단념이자 포기이며 죽음이기 때문이다.』

미래사회에서 여성 스스로가 자신을 구속하고 있던 도덕에서 벗어날 수 있을 때,[156] 그리고 성의 자유를 십분 향유할 수 있을 때 매춘은 그 존재 근거를 상실할 수밖에 없을 것이며, 따라서 모든 형태의 매춘이 사라지게 될 것이다. 이렇게 됨으로써 여공과 같이 당시 자본주의적 권력이 필요로 하던 여성들이 매춘부가 되는 일은 더 이상 없게 될 것이며,[157] 따라서 진실한 사랑이 승리를 거둘 수 있을 것이다.

이제 매춘의 개념은 더욱 근본적인 형태로 나타난다. 알다시피 그 개념은 본 연구의 범위를 훨씬 벗어나는 차원의 문제를 포함하고 있다. 흔히 공통적으로 인지하고 있는 매춘은 거의 전체 여성들에 해당되는 여러 현상들 중 하나일 뿐이다. 또한 경제적·사회적, 그리고 특히 도덕적 구조의 급격한 변혁이 수행되지 않은 상태에서 매춘 그 자체가 소멸되기를 바란다는 것은 헛된 일이다. 『남성들이 소유권의 법칙에 지배되는 한, 장소의 영향력에 복종하며 경제적·도덕적 자유를 스스로 획득하지 못하는 한, 그들은 대부분이 성적인 본능보다 고귀한 사랑에 도달할 수도, 그것을 원할 수도 없게 될 것이다. 그 경우에 진정한 사랑을 대신해서 그들은 여성에게 몸을 파는 습관을 조장하게 되는 것이다.』[158]

개인적 견해를 분류할 수는 없지만, 대단한 정열가 뽈 로뱅은 수많은 직업들 가운데 매춘부의 운명에 관한 연구에 엄청난 정성을 쏟았다.[159] 동시대 사람들 중 어느 누구도 뽈 로뱅처럼 자유스런 사상으로 그 문제를 다루지 못했다. 첫번째로, 이 시기에 가다듬어졌던 공창들의 노동조합 결성계획이 최초로 구체화된 것이 바로 그의 공이었다. 그가 제안했던 것은 가브리엘르 쁘띠가 운영하던 〈해방된 여성〉 사무국이 그 조직의 본부로 사용되어야 한다는 것이었는데, 필자는 그 조직의 실제적 기능이 얼마나 효과가 있었는지를 알 수 없었다. 그 자신이 시도했던 신맬더스주의 캠페인의 취지 속에서, 그는 매춘부들에 대한 충분한 성

지식의 보급을 요구했다. 이것은 매춘부에게 〈두 가지 위험성〉을 덜어 주기 위한 것이었다.[160] 하나는 성병의 위험이었고, 또 다른 하나는 임신에 관한 위험이었다. 그는 공창들 사이에서 콘돔의 사용[161]이 일반화되어야 하며, 그들의 직업수행에 필요한 물질적 환경이 성에 관한 위생법의 규칙에 적용될 수 있도록 개선되어야 한다고 주장했다.

그러나 그는 필자가 인용했던 무정부주의자들의 주장, 즉 『순수하고 간단명료한 자유』[162] 속에서보다 각자의 육체적 쾌락의 권리와 만인의 성적 희열을 존중하는 자세 속에서 더욱 명료한 장래의 해결책을 보았다. 『인류의 성의 애환이 담긴 역사』를 추적하면서, 그리고 『결혼과 이혼이 이 뒤틀린 세상의 가증스런 잔재』라고 평가하면서,[163] 그는 『모든 사람들이 부족하지도 않고 넘치지도 않게 성적인 만족감을 얻을 수 있다는 낙관적 견해』를 가졌다.[164] 그가 제창했던 사회에는 더 이상 매춘부가 존재하지 않을 것이며, 사랑은 『하나의 즐거움이 될 것이다······ 그 사랑은 정말로 항상 자유롭고 자연발생적이며, 결코 강요당하거나 예속되지 않으며, 결코 돈에 팔리지 않는 그런 사랑이 될 것이다.』[165]

코페르니쿠스적인 진정한 혁명을 실시하면서도 그는 독신여성들의 쾌락권을 요구하는 것으로 그치지 않고, 나아가서 매춘부들보다 젊은 여성들을 더욱더 비난했다. 왜냐하면 그는 젊은 독신여성들을 사회의 성적 질서의 주요 희생물로 생각했기 때문이다. 자신의 저작 《어느 매춘부의 이야기》 속에서 그는 매춘부의 입을 빌어 다음과 같이 권고한다. 『아마도 세상에서 가장 불행한 당신들, 버림받아 늙어가고, 헛되이도 약간의 육체적 쾌락을 바라지만 그대들의 쾌락은 우리를 짓누르고, 그 쾌락을 함께 하는 것이 그대들과 우리들의 행복이 아니겠는가! 우리가 원할 때 그 투쟁을 위해 우리는 결합할 수 있을 것인가?』[166] 무엇보다 성적인 굶주림과 개체들의 불평등한 예속을 강조하면서 이 교육론가[167]는 빌헬름 라이히에 앞서 정확한 용어로서 이 문제를 제기했다.

3 투명성에 대한 새로운 계략

성병학적인 언설의 확산

매춘에 관한 신규제주의적 제도가 고안됨으로써 자유주의적 공창제폐지론의 캠페인을 벌이던 의사들의 반격을 불러일으켰다. 또한 신규제주의의 출현은 제2제정 말기 이래로 성병의 위험에 관한 문제를 확산시키는 계기가 되었다. 특히 의사들의 반격은 위생적 측면과 사회적 방역조치에 관한 자신들의 세력범위와 권위를 확대하고자 하는 의지를 표현한 것이었다.[168]

이미 살펴보았듯이, 성병의 위험성에 관한 고발로 인해 국제회의에 참석한 의사들은 처음에는 더욱더 철저한 공창제도를 염두에 두고 있었다. 공창제폐지론자들의 격렬한 캠페인 결과, 의사들은 〈복고적인 방식〉에 대한 자각과 〈프랑스식 제도〉의 결점들을 의식하였고, 따라서 전자의 제도를 살려내기 위한 개혁을 시도하게 되었다.

의학적 문헌들에 나타난 성병문제의 제기는 가장 먼저 당시에 이룩된 과학적 진보에 의해 설명되고 있다. 임상적 연구를 통해서 매독의 만연현상을 확인해 볼 수 있었고, 매독의 3단계 증상을 규명할 수 있게 되었다. 제3기의 진행상황과 그 증상의 심각성, 그리고 모든 전염성에 대한 인식이 種의 퇴화에 대한 강박관념을 불러일으킴에 따라 이런 불안감이 1870년에서 1880년의 10년 동안 광범위하게 확산되었다. 유럽에서 이 시기는 바로 다윈의 영향이 극도에 달해 있던 시기였다. 당시까지 확산되고 있던 생물학적인 불안감은 인류에게 재앙을 가져다 주는 원흉으로써 성병에 집중되는 경향을 보였다. 그런데 의학적 진보를 가져온 임상의들 가운데에는 네쎄르와 빠리학파, 그리고 리용학파와 리꼬르와 그의 제자들이나 혹은 그의 아류들 즉 뚜쌩 바르뗄레미와 랑쎄로·모리악, 특히 알프렛 푸르니에가 포함되어 있었다. 매독학이 지니는 새로운 전문적 권위의 등장은 신규제주의의 출현에 부응하는 것이었으며, 신규제주의의 창시자들은 당연히 매독학 분야의 가장 적극적인 지지자들이 되었다.

신규제주의의 출현을 결정적으로 야기시킨 성병의 심각한 국면[169]에 관해서는 당시 그 심각성을 고발했던 과정을 구체적으로 설명할 필요가 있다. 필자의 생각으로는, 1875년부터 1881년까지 매독학의 강의를 통해 당시에 퍼져가고 있던 성병의 진행상황을 가장 열심히 역설한 사람은 모리악 박사였다. 그는 남프랑스 지방의 병원에서 성병환자의 진료에 입회한 다수 의사들의 의견을 참조했다. 그러나 이것이 엄밀한 의미에서 학술적인 표본을 형성한다고 보기는 어려웠다. 아무튼 그는 발병률에 관한 사회적 제조건들을 확립시켰고, 〈성적 향락의 변동상황〉 다시 말해 매춘행위의 변동상황을 측정함으로써 매춘영업의 상황이 사회의 경제적 경기변동에 좌우된다는 사실을 입증하기에 이르렀다. 그의 견해에 따르면 〈향락산업〉은 실제로 다른 상업의 발전과 병행해서 발전한다는 것이다.[170] 성적 쾌락·불륜·부, 이들 요소는 성병론 속에서 건강과 모순되는 요소로 설명된다.

마지막 과정으로서, 모리악 박사의 견해로는 사회의 경제적 번영에 영향을 미치는 제 요인들이 매춘영업을 좌우하고, 이것이 성병의 발병률을 좌우하는 결정적 요소가 된다는 것이다. 경제적 침체는 매춘의 수요를 저하시키면서 성병의 유행을 억제한다는 것이다.[171] 이런 사실을 확인한 그는 경제적 불황이 성병을 억제한다는 결론을 아주 자연스럽게 강조했다. 성병의 만연으로 인해 사람들 사이에서는 황제의 축제일 다음날 회개하고 사순절에 절제나 단식을 행하는 관습이 있었는데, 이것은 당시 보수주의자들의 성병에 대한 의식을 반영하고 있는 것이었다. 매춘활동을 좌우하는 또 다른 요인들은 독신층의 증가와 이에 따른 혼인율의 저하문제(그때 이래로 결혼은 성병에 대항할 수 있는 가장 효과적인 치료제로 권고되었다), 특히 공창제도에 적용되는 방법의 문제였다. 모리악의 말에 따르면, 발병률은 매춘부의 체포수치나 등록자수치와 반비례한 반면에 행방불명자의 수치와 비례했다는 것이다.

이 세 가지 요인의 작용은 1870년에서 1871년까지의 전쟁과 포위공격기간, 그리고 1873년에서 1876년 사이에 풍속경찰이 전개한 대규모 작전을 통해 성병의 발병률이 저하되었다는 사실로 설명되어진다. 이 두 시기 사이에, 이전의 절제된 생활에 대한 보상으로서 육체적 쾌락에 대한 욕구와 〈관능적 쾌락의 흥취〉[172]에 빠져드는 성행위가 약간 재유행되기도 했다. 그러나 1876년 이래로 모리악 교수는 리용에 있던 자신의 동료 오랑 박사와 함께 이러한 성병의 기운이 도처에 깔려 있다는 사실을 강조했다. 성병의 확산은 1878년 당시 만국박람회의 개최에 즈음하여 빠리에 몰려든 수많은 외국인들과 지방사람들에 의해 가속화되었다. 1879년과 1880년에, 다시 말해 공창제폐지 캠페인이 최고조에 달해 있던 시기에, 성병은 〈전대미문의 수치〉[173]에 도달했다. 모리악은 이런 성병의 재유행을 여러 요인들 가운데 경찰의 완화된 행동을 하나의 요인으로 꼽았다. 그 이유는 경찰이 계속해서 공창제폐지론자들의 집요하고도 격렬한 공격의 대상이 되었던 때문이다. 그의 견해에 의하자면 빠리에서는 매년 5천 명이 매독에 감염되었고, 그보다 10년 후에 리샤르는 수도의 성병환자수를 8만 5천 명으로 추정했다.[174]

그래서 이러한 재앙은 소리가 들리지도 않는 사회의 깊은 곳에까지 침투·확산되어 갔다. 매춘부처럼 성병도 금전매매를 통해 다양한 계급간의 접촉이 유지될 때 사회 전체를 순회한다. 하층계급의 매독감염률이 상류계급의 매독감염률을 앞지른다고 푸르니에 교수는 선언한 바 있다. 바르뗄레미 교수는 『사회에서 유행하는 매독은 모두가 길거리에서 비롯된다는 사실을 경험을 통해 알고 있다고 쓰면서 〈사회의 저변〉(길거리, 보도, 선술집, 댄스홀, 맥주홀 등)을 정화하면 나머지 모든 것도 정화되고, 대도시를 정화하면 나라 전체가 정화된다…… 모든 나라의 수도를 정화하면 그것은 세계 전체가 정화되는 것을 의미한다』[175]고 덧붙인다. 생물학적인 위협은 다시 한번 사회적인 위협과 결부되어 동일화된다. 그러나 1859년 이래로 자취를 감춘 콜레라와는 달리, 매독의 경우는 불가항력적인 과정을 통해 증대된 악의 풍토병적인 요소로써 감염의 위협을 지속적으로 야기시켰고, 이것은 경제적 번영과 관능의 쾌락에 대한 유혹이 증대되고 있다는 사실을 반영하고 있을 뿐이다.

모리악 교수의 저작들[176]은 성병의 지리적 분포가 사회적 분포를 반영하며, 나아가서 정치적 소요의 지역적 분포로 나타난다는 것을 보여 주었다. 따라서 수도의 중심부와 함께 북쪽과 동쪽, 그리고 남쪽의 외곽지대는 매독에 감염되어 있었으나 인구밀집지역인 서부 외곽지대는 비교적 건강한 상태를 유지하고 있었다. 남프랑스 지방의 병원 의사들에게서 진료를 받은 5천8명의 여성들은 물론 등록된 매춘부들(35퍼센트)이었으나, 그 중에는 더 많은 사창들(40퍼센트)과 〈잡다한 직업의 매춘부〉가 포함되어 있었다. 즉 하녀와 여공과 맥주홀의 여종업원, 그리고 싸구려 예술가 등이 바로 이 잡다한 직업의 매춘부를 구성했다. 반대로 수당을 받지 못하는 정부들은 거의 감염의 위험이 없는(6퍼센트) 여성들이었다. 모리악의 시각에서 보면, 이런 결과는 사창들을 가차 없이 축출하고 혼외정사를 제한할 필요성이 있다는 것을 강조하는 것이었다. 성병에 감염된 여공들(16퍼센트)의 직업별 분포를 구체적으로 밝혀본다면 이것은 그만큼 쉽게 이해될 것이다. 그들의 직업을 살펴보면 거의가 세탁소나 양장점의 종업원들이나 여성용 의상제조 여공들, 꽃가게 여점원들, 금속연마 여공들, 그리고 깃털세공의 여공들이었다. 그래서 바로 이런 직업에 종사하는 아가씨들이 항상 문제였다.[177]

모리악 교수의 병원 고객층을 형성하던, 성병에 희생된 전체 남성에 관해 말하자면(최소한 진료소에서 의사에게 진료를 받는 부르주아층 남성들을 제외하고), 남성의 성병은 매춘부를 상대하던 서민층 고객의 양상을 대변하고 있다. 제한선거 왕정기에 주요 고객층을 형성했던 프롤레타리아층의 독신남성들(건설노무자, 토공, 일일고용 노동자, 하인)이 성병의 희생자들 속에 포함되어 있었으며, 수많은 사무원들이나 가게의 점원들도 그 속에 끼어 있었다.
　사회의 하층부에서 출발한 성병이 당시 빈축을 사고 있던 부르주아층뿐만 아니라, 순진한 사람들에게까지 확산됨으로써 성병이 지니는 위험성이 그만큼 더 증대된다는 사실을 전문가들은 지적했다. 오래 전부터 인식되어 왔지만,[178] 새로이 푸르니에에 의해 지적된 〈순진무구한 사람들의 매독〉은 그 병의 해악에 대한 공포감을 증폭시켰다. 선천성매독에 걸린 신생아들, 그 신생아들을 받아낸 산파들, 아기에게 모유를 주다가 감염된 유모들, 작업중에 감염된 유리세공인들, 잘못 세척된 의료기구를 통해 감염된 환자들,[179] 혹은 문신을 그려넣다가 감염된 사람들[180]이 매독환자들 중 5퍼센트를 차지한다는 A. 푸르니에의 보고가 있었다. 그런데 이런 수치에서 〈정숙한 여성들〉, 즉 결혼약속하에 성교섭을 하다가 희생자가 된 약혼여성들과 남편에 의해 감염된 젊은 부인들, 혹은 남편의 부도덕한 행실의 대가로 감염된 여성들의 매독[181] 수치가 제외되었다는 사실을 감안한다면 매독의 위험을 더 이상 강조할 필요가 없을 것이다. 부르주아층 가운데 자신의 고객층을 상대로 얻어낸 8백42개의 병례에 의거해서 푸르니에가 추출해낸 결론에 의하면, 정숙한 부인들이 전체 매독환자들 중 20퍼센트를 차지했다. 이러한 〈파급적 감염〉[182] 현상으로 인해서 신규제주의자들은 성병환자들의 인간적 처우를 요구하게 되었다.
　성병의 위협이라는 심각성에 심리적·사회적 관련성이 추가되어진다. 환자의 심리상태나 그의 생활환경에 병세가 미치는 영향은 특히 끔찍한 것이었다. 이 문제에 관한 알프렛 푸르니에의 글들은 정말 읽기에도 끔찍한 일화들로 가득 차 있었다. 수치심 때문에 조기치료의 기회를 놓친 처녀들이, 상처로 완전히 뒤덮인 채 고통으로 신음하다 죽어가는 모습이 한 일화를 통해 나타난다. 그리고 사랑하는 여인으로부터 감염될 위험성 때문에 결혼을 하기보다는 차라리 자살을 택하겠다고 생각하는 남성 약혼자들의 일화와 사랑하는 딸에게 매독을 옮겼다는 이유로 자신의 사위들을 살해한 사람들의 일화도 들어 있다. 그리고 1884년 이후부터 남편의 성병에 반발해서 이혼을 청구하는 얘기도 엿보인다. 작가들은 그 다음 수십 년간 이런 비극적 일화집에서 창작의 영감을 얻고 있었다.
　디데이 교수는 당시 성병환자의 심리상태와 가정 내에서의 환자의 행동양태에 관해 수많은 저작을 집필했다. 그는 성병에 걸린 사람의 배우자에게 그 병의 심각성을 방치시키는 모든 술책들과 이에 대해 지켜야 할 사항들을 지적했다. 이 임상의는 전염의 위험성이 없는 상태에서 성병환자가 의복을 벗고 침대에서

쓸데없는 소리를 지껄이는 수법까지 상세하게 열거했다.[183] 그러나 그는 더 어려운 문제에 부딪혔다. 즉 그것은 성교의 거부를 어떻게 정당화할 것인가 하는 문제였다. 라르디에 박사[184]는 성병에 걸린 농부의 고통을 묘사한 바 있다. 그 농부는 감히 마을의 돌팔이의사에게 치료를 받을 생각도 하지 못했고, 자신의 병에 대한 입방아 때문에 그 병에 걸렸다는 사실을 주변에 알리지도 못했으며, 어쩔 수 없이 도시로 조용히 기어 들어와 의사의 진찰을 받아야 했다.

병의 오랜 발병기간에 수치심과 절망에 빠진 성병환자는 때로는 자살을 결행하게 되고, 의도적으로 매춘부에게 매독균을 퍼뜨리며, 심지어는 젊은 여성의 처녀성을 앗아가기도 한다. 그 이유는 민간신앙에 따르면, 악의 요소를 착한 사람에게 전파시키면[185] 병이 완치될 수 있다는 믿음 때문이었다. 이와 함께 혹은 단순히 자신의 병을 가정의에게 감히 말할 엄두도 내지 못하고, 공중변소의 광고포스터를 보고 구입한 의약품을 남용하는 등 젊은 남성층은 정신적 혼란양상을 보였다.[186] 이런 상황은 바로 당시 세간에 확산된 성병환자에 대한 편견을 없애버리려는 심리학자들의 다양한 태도를 반영하는 것이었다. 여기서 주의해야 할 것은 의료상의 비밀을 지키기에 급급했던 19세기의 의사들이 성의 문제를 치료하는 과정에 관해서는 거의 신중한 자세를 보이지 않았다는 사실이다.[187]

요컨대 그 문제에 관한 의학상의 문헌들은 성병이 결혼을 감소시키고, 가정불화를 초래하며, 이혼을 증가시킴으로써 결국 인구감소를 유발할 위험성을 지니고 있다는 사실을 강조했다. 인류의 퇴화에 대한 개념이 드물게 상기되고 있었는데,[188] 1885년 당시 A. 푸르니에 교수는 의학협회의 동료들 앞에서 성병에 의한 인구감소의 위험성을 심각한 용어로 고발했다. 학회에 발표된 이 보고서는 필연적인 심리학적 충격을 야기함으로써 궁극적으로 신규제주의의 성공을 가져왔다. 성병에 대한 위협이 세론에서 체계적인 전파의 대상이 되지 않고 있었다 해도 사람들의 뇌리에서 성병은 매춘과 결부되기 마련이었고, 건강과 성·인구문제 그리고 프롤레타리아층의 위협에 대한 당시 사회의 불안요소들이 세론의 이슈를 형성하고 있었다. 이런 시류의 융합을 통해서 진정한 위생십자군[189]의 도움을 요청한 전문가들의 자화자찬이 설명된다. 끔찍한 용어를 통한 성병의 고발은 물론 그것 자체가 정숙한 행동을 요구하는 것이며, 동시에 혼외정사의 확산방지를 의미하는 것이다.[190] 20세기 초엽에 대캠페인이 펼쳐졌을 때 이런 우려가 분명히 나타나고 있었다.

성병의 공포에 대한 불안감의 증대는, 당시 사회의 기초가 되고 있던 위생분야에 있어서 가장 중요한 공포요인들 중의 하나로 떠올랐다. 성병에 대한 불안감은 이미 문학 속에서 분명하게 감지되고 있었다. 위스망의 작품은 그 불안감을 융합한 대표적 작품이었다. 이 점에 관해서 플로베르[191]가 보여 준 무례한 태도와 대조를 이루는 위스망의 불안감은, 그의 심리적인 비관주의에 대부분 그 토대를 두고 있다. 그가 개종하기 전에 쓴 거의 전체에 이르는 소설들 속에는, 그 불안감이 매춘이 일으키는 것과 같은 불안감으로 나타난다. 성병에 대한 불안감은 불결한 자습감독 생활을 하면서 『매독의 망상에 사로잡힌 초췌한 남성들의 사진』[192]을 본 이후, 거리의 매춘부에게 동정을 잃고 두려움에 떠는 18세의 나이 어린 고등학생의 모습과, 공중변소에 붙여진 선전문구를 뒤쫓는 독신 감염자들의 고통을 통해 극명하게 묘사되었다.[193] 씨프리엥이 출세나 사랑을 단념한 이후에 마지막으로 자신의 예술적 재능을 한 앨범의 제작에 쏟아부었는데, 이 앨범은 쌩-루이 병원의 매독환자들이 지니고 있던 바로 그 공포감을 보여 주는 것이었다.[194]

성병에 대한 공포는 그의 소설들에 박자를 붙여 주는 수많은 악몽과 환상의 이야기 속에서 공개적으로 언급되었다. 〈끔찍한 매독〉이 엄습하는 꿈으로 두려움에 떨고 있거나, 혹은 환각에 의해 식물들이 매독에 걸렸다고 생각하는 등의 행위를 보이는 에쎙뜨 가의 작중인물이 바로 여기에서 떠올릴 수 있는 사람이다.[195] 이 공포감은 설령 그것이 명백하게 표현되어 있지 않아도 분명하게 감지될 수 있는 것이다. 이러한 감정은, 그 작가가 성에 대해 지니고 있는 관념을 지배한다. 성기를 벌리고 있는 여성의 자태는 종종 죽음을 운반해 주는 매독과 동일시된다. 미모가 퇴색하고, 눈이 튀어나온 여체[196]는 공포감을 불러일으키는 상징이다. 펠리씨엥 롭스[197]의 그림에 나타난 여체의 모습이 바로 그것이며, 따라서 그것은 인간의 정신을 지배하는 성병의 위험성을 반영하고 있다.

위스망에게 있어서 성병에 대한 강박관념은 단편의 구조 속에서까지 표현되고 있다. 사랑의 감정이나 혹은 여자를 품고 싶다는 욕정의 고조현상은, 그의 소설 《결혼생활》 속에서 3단계의 양상을 띠면서 심각한 위험성을 내포하는 매독의 증상을 토대로 묘사되었다.[198] 그의 작품 속에는 이미 신경증세와 매독의 제3기 증세 사이의 모호성이 드러나고 있는데, 이것은 특히 입센의 작품 《유령들》과 같이 스칸디나비아적인 작품들의 성격을 지니고 있다.

이와는 반대로, 주목해야 할 것은 위스망이 마르뜨라는 여성의 성병으로 인한 죽음을 간단하게 마무리하지 않았다는 사실이다. 그 점에 있어서 그의 수법은 졸라를 모방한 것이었다. 즉 알콜중독자인 기둥서방의 시체를 해부하는 장면을 묘사함으로써 그 작품은 종료된다. 사실상 매춘과 알콜의 연관성을 강조하면서 작가는 의학적 문헌을 자신의 작품 속에서 재현했던 것이다.

성병에 대한 위협이 위스망 초기 작품들의 중심 테마를 구성하고 있다면, 거기에서 파생된 성병에 대한 또 다른 목소리들이 당시의 여러 작가들에게서 발견된다. 그 작가들에게 있어서 성병의 위협은 단순히 남성 성기에 의한 감염의 걱정과 여성의 불임에 대한 공포를 반영하는 것이었다. 성병에 대한 불안감은 매춘부의 직업적 상황은 물론이고 가장 치욕적인 죽음의 문제를 드러낸다. 이런 부패와 병균을 통해 육체는 살아 있으되 용해되어 가고, 바르베 도르빌리에게 있어서 이것은 시에라 레온느라는 공작부인의 복수를 의미한다.[199] 매춘과, 성병을 상징하는 매독으로부터 성행위에 의한 자기파괴의 수단을 만들어내면서 저자는, 1872년 당시 성병에 관한 무궁무진한 테마를 전개시키기 시작했다. 그 재앙에 비극적으로 연루된 모빠쌍도 악의 묘사에 몰두했는데, 악에 대한 그의 은밀하고도 예리한 회상을 다시 언급할 필요는 없을 것이다. 지나칠 정도의 그의 여성혐오증은, 그러나 위스망의 여성혐오증보다 덜 심각한 것이다. 작가가 매춘부들에게서 느끼는 따스한 감정을 사람들은 여자 성병환자들에게서도 느끼게 된다. 그는 남성들의 비열함과 당시 성병환자들을 취급하는 파렴치한 방법들을 주저 없이 폭로했다.[200]

그러나 심지어 성병에 대한 위협이 문학작품의 주요 테마들 중 하나를 형성하는 경우에도, 그리고 그것이 작가의 언설을 구조화시키는 심각한 불안감의 발생원이 되는 경우에도, 성병의 위험성이 작품의 주제 그 자체를 형성하지는 않는다. 이때로부터 15년이 지나서야 소설가들과 극작가들이, 자신들의 작품을 통해서 사회적 방역의 의도로써 성병과 그것으로 인한 고통과 피해를 체계적으로 묘사하기 시작했던 것이다.[201]

과학적 성병 예방과 보건위생 경찰

신규제주의 이론의 정제와 주요 문제들의 확산은, 반복하자면 근본적으로 한 사람의 업적으로 귀결된다. 그 사람은 바로 알프렛 푸르니에 교수였다. 프랑스 매독학의 새로운 지도자로서 그는 이중의 임무를 부여받은 사람으로 자칭했다. 즉 성병의 해악을 고발하고, 그 병의 소멸을 위한 적절한 개혁안을 제안하는 것이 이중의 임무였던 것이다. 그는 최근에 이룩된 의학적 성과들의 보급을 통해서 공창제폐지론자들의 몇몇 목표를 지지하고 있었지만, 자신의 임무를 위해서 그들의 캠페인을 억제시킬 필요가 있었다.

빠리 시의회가 구성한 위원회에 그가 개혁안을 처음으로 제출한 때가 1880년이었다.[202] 되풀이하자면 1885년 당시 푸르니에는 성병환자들이 대중 속에 번져가는 위험성을 의학협회에서 경고했다. 빠리 시경찰청장은 그의 보고를 대단히 심각하게 받아들였다고 언명한 바 있으며, 또 경찰의 권위강화에 유리한 대책을 수립할 수 있다는 이점을 고려하면서 개혁안의 입안을 위해 학자들과 행정관리들[203]로 구성되는 위원회의 조직을 결의했다. 이 개혁안은 무료진료소의 의사인 르 뻴뢰르[204]에 의해 1887년에 제출된다. 이 의사는 알프렛 푸르니에의 사상에서 많은 영감을 얻었다.

같은 해에 알프렛 푸르니에는 의학협회에서 〈순진무구한 사람들의 매독〉이 증가하고 있다는 실례를 제시했으며, 성병환자들의 인간적 처우에 필요한 동지애적인 정신을 요구했다. 마침내 1888년, 벨기에의 의학협회가 입장을 정리한 몇 달 후에 푸르니에는 협회에 적절한 제안을 내놓았다. 그 이후부터 이 제안은 신규제주의자들의 참고문헌이 되었다.[205] 그러나 주목해야 할 것은, 그 계획이 경찰청의 특권을 유지한다는 명분으로 전통적인 규제주의를 옹호했던 브루아르델의 독자적인 반대에 부딪혀 원래의 형태대로 채택되지 못했다는 사실이다.

르 뻴뢰르 박사와 푸르니에 박사, 그리고 레옹 르 포르 교수가 협회의 대다수 동료들의 공감을 얻어서 그 계획의 틀을 정식으로 갖춘 것은 1887년과 1888년이었다. 그런데 우선 그 계획안이 각자의 구미에 맞게 어떻게 변화되었는가를 살펴보기 이전에 그 변화과정을 분석해 보는 것이 적절할 것이다.

이 새로운 언설은 단순하지만 대단히 확신에 차 있는 제 원칙들에 토대를 두고 있다. 의학의 진보와, 특히 매독학의 발달은 의사에게 새로운 임무를 부여했다. 그 임무란 보건위생면에 있어서, 그리고 사회적 견지에서 필요한 성병 예방의 조직화에 있었다.『위생경찰에게 영향을 미치고, 그 경찰을 인도하고 불을 밝혀 주는 의학과 위생학의 존재가 위생경찰의 머리 위를 떠돈다』라고 모리악 교수는 쓰고 있었다.[206]『우리는 규제주의의 입장을 지지하고 그것에 대해 확신하고 있지만 그것은 어디까지나 행정당국의 사고에 입각한 것이 아니라, 특별위원회에 참여한 무료진료소의 의사들과 몇몇 매독학자들의 제안에 따른 규제주의를 의미하며, 그들의 제안이 보건종합관리국의 창설로 이어지기를 기대하면서 쎈느 보건·위생회의의 제안에 따르는 것이다』라고 꼬를리외 박사[207]는 1887년에 피력한 바 있다.
　이러한 새로운 사명감은 20세기 초엽의 규제주의자들이 생각했던 것처럼 종교적·도덕적 견지에 토대를 둔 입장을 답습한 것이 아니다. 도덕적이고 정치적인 관심사들은 공식적으로 부차적인 문제로 떠올랐다. 꼬망쥬 박사는 따라서 다음과 같이 묻는다.[208]『방역분야에서만 야기되는 제 수단들에 대해 무엇 때문에 정치와 종교가 간섭하는가?』학회에서의 토론이 진행되는 동안에 이런 사상들은 거의 암시의 대상이 되지 않았다.[209] 이보다 10년 전에 모리악 교수는 청중 앞에서 자신은 이미 성병에 관한 여러 가지 상황분석에 있어서 일체의 도덕적 배려를 고려치 않았다고 피력한 바 있었다.[210]
　이와는 반대로 성병의 해악에 관한 극도의 심각성이 사회적 방역수단의 강구를 요청했다. 이것은 더 이상 매춘의 억압을 정당화하고, 또 그 억압을 강제하는 매춘행위에 대한 도전이 아니라 매독의 전염에 대한 도전이었다.[211]
　이런 제 원리로부터 현행제도, 즉 공창제도의 비판적 검토가 행해지기 시작했다. 사실 신규제주의자들의 입장에서 볼 때 당시 통용되고 있던 공창제도는 이미 낡고 참을 수 없는, 그리고 전혀 효용성이 없는 제도였다. 전통적 규제주의자들의 입장과 매춘폐지연합의 매춘전면폐지론자들 중 일부의 입장―성병은 신의 징벌이며, 성병환자는 체벌과 동시에 치료해야 한다는―은 새로운 과학적 정신에 전혀 맞지 않는 것이었다. 알프렛 푸르니에는 쌩-라자르 의료형무소의 기능을 호되게 비판했다. 성병환자에 대한 열악한 치료환경과 불충분한 환자용 침대,[212] 성병환자를 적용대상에서 제외한 각종 공제조합의 원칙, 성병환자의 치료를 거부하는 일부 수녀들의 태도 등을 그는 차례로 고발했다.
　그밖에도 그 제도는 참을 수 없는 어떤 문제점을 가진 제도였다. 그래서 신규제주의자들은 공창제폐지론자들의 주장을 다시 반복하면서, 빠리 경찰청에서 행사하던 치외법권적인 권한과 그것으로 인한 스캔들을 강력히 비난했다. 미성년 여성들의 매춘부 등록은 부성애적인 권위를 내세우던 보호당국자의 배려와는 모순되는 것으로 폭로되었다.
　끝으로 전통적인 규제주의의 입장은 효과가 없는 것으로 증명되었다. 빠리 경찰청은 경쟁자들의 캠페인에 대해 무방비상태에 놓여 있었다. 르 포르와 대화를 나누었던 르꾸르도 풍속담당 경찰의 무능력과 무책임을 인정했을 정도였다. 바로 여기에서 공인창가의 몰락이 규제주의제도가 실패했다는 사실을 조금이라도 상징해 주는 것이 아닐까? 의료형무소나 일반병원에서의 성병환자들의 수용기간은, 효과적인 치료를 기대하기에는 턱없이 부족한 것이었다는 사실도 별도의 문제로 고려되어야 한다. 게다가 이 치료기관들은 단순한 피난처의 역할밖에는 하지 못했다.213) 따라서 규제주의는 매춘관리라는 본래의 방역목표를 확실하게 보장하지 못하는 제도였다.

이상과 같은 고찰은 시급히 이루어져야 할 일련의 개혁을 부과했다. 바로 효율적인 보건위생 경찰이 보장하는 과학적 예방체제의 확립이 필요하다는 것이었다. 그리고 이런 예방체제를 위한 활동은 입법화되어 사법권의 감독을 받아야 한다는 것이었다. 그리고 이런 개혁은 매춘부에 대한 보통법의 적용을 보장하는 것이었다.

현대적인 예방과 〈순진무구한 사람들의 매독감염〉에 대한 과학적 인식은, 성병환자에 대한 학대나 징벌의 폐지와 군의관들의 집단적 의료검진제폐지 등의 문제를 전제로 했다. 그러나 이것은 반대로 공창의 등록제도를 유지하고 중대한 위생문제를 야기시키는 사창에 대항해 투쟁을 증가시켜야 한다는 문제점을 가져오기도 했다. 실제로 공창과 사창의 발병률 정도에 관한 토론에서 신규제주의 의사들인 모리악과 르 뻴뢰르·뷔드·꼬를리외·마르띠노·꼬망쥬와 바르뗄레미는, 규제주의자들인 가랭이나 미뢰르·쟈넬과 합류했다. 이들은 전염의 위험성이 공창들과의 접촉에서보다 사창들과의 접촉에서 더 가능성이 많다고 생각하고 있었다.

공창의 등록규칙은 시의 규칙이 실지로 지정하고 있는 연령제한에 대한 모든 의무사항을 전제로 하지 않았다.214) 그리고 창가에의 감금은 신규제주의자들의 최초의 주요 원안에서 직접적으로 언급되지는 않았다. 창가에 대한 그들의 은밀한 의견은, 그들 사이에서 공인창가제도에 대한 원칙적인 반대가 없었다는 사실을 잘 보여 준다. 1879년, 신규제주의의 주요 강령들 중 하나를 수정 보완했던 몰레-또끄빌협회는 창가에의 감금이라는 원칙을 전격적으로 결정했다. 특히 최종 보고서에는 다음과 같은 글이 기록되어 있다.『(매춘부들과의)215) 불가피한 성적 유혹이나 동거, 혹은 불가피한 관계 등 모든 기회로 인해 그들에 대한 경멸의 감정이 무디어지는 것이 아닐까? 도시 근처의 일정한 토지에 그들의 구역을 할당해서, 경찰과 의사들이 미풍양속과 위생의 감시를 원활히 수행할 수 있는 보호시설을 만드는 것이 더 나은 방법이 아닐까?』216)

다시 공창의 경우로 거슬러 올라가 보자. 그들은 매주 필요한 의료검진에 더 이상 구속되지 않는다. 그밖에도 장려금제도에 의해서 무료진료소를 찾는 사창들이 늘어났고, 따라서 무료진료소의 숫자도 증가했다. 감옥에 병설된 병원들은 당연히 폐쇄되었다. 그때부터 성병환자들은 자신이 원할 경우 모든 사람에게 개방된 특수병원에서 치료를 받을 수 있었다. 이런 형태의 의료시설이 각 도청 소재지 지역에 하나씩 설립되었다. 이와는 반대로 푸르니에는 공창제폐지론자들이 원했던 일반병원에서의 특별진료과 개설을 반대한다고 주장했다. 이와 같은 이유로 외래진료의 수치가 증가했다. 부른느빌 교수는 수 년 전부터 이 외래진료를 요구했으며, 쌩-루이 병원에서 푸르니에 교수가 실시한 특별진료는 그 방식의 효과를 입증해 주는 것이었다. 이러한 무료진료와 함께 의약품도 환자에게 무상으로 지급되었다. 이어서 성병환자들은 의사에 의해 완전히 치유되었다는 진단이 나올 때까지 특별병원에 수용되었다.

이 신조직은 의사의 자질이 개선되어야 한다는 것을 전제로 한다. 그 개선이란, 우선 의학교육의 개혁을 의미하는 것이다. 신참의사 1백 명 중 13명만이 의학수업과정에서 매독환자를 실제로 관찰할 수 있었을 뿐이었다.[217] 따라서 의학도들에게 성병환자의 진료부서를 개방하고, 4학년의 수업과정에 매독학에 대한 수련기간을 부과할 필요가 있었다. 무료병원과 특별병원의 의사들에 관해 언급하자면 빠리 경찰청은 더 이상 그들에 대한 임명권을 갖고 있지 않았으며, 그들은 선발시험을 거쳐 모집되었다. 끝으로 일반주민에 대한 조치로서 홍보활동과 그 대중화가 요구되었다.

이러한 방역체제의 실행력은 효율적인 보건위생 경찰의 활동에 달려 있었다. 따라서 공공도로상에서의 호객행위에 대한 억압이 강화되고, 사창들과 까페나 가게 혹은 싸구려 술집의 여성들에 대한 감시가 확대되었다. 특수경찰의 임무는 〈하급매춘부들〉을 일소하기 위해 군대의 야영지 부근에서 펼쳐져야 했다. 그리고 감염자에 대한 밀고제도가 체계적으로 조직되었다.

보건위생 경찰의 활동은 법률에 의거한 것이었다. 신규제주의자들은 우선 매춘에 관한 법률제정의 필요성에 대해 공창제폐지론자들과 견해를 같이했다. 주지하다시피 이러한 법률의 적용은 전국토에 예외 없이 적용되는 것이었다. 신법률은 공창제폐지론자들이 제안했듯이, 매춘을 경범죄의 대상으로서가 아닌 선동죄의 대상으로 규정해 놓았다. 그밖에도 일부 신규제주의자들은 공창제폐지론자들이 법률의 제정을 주장하기 이전에, 성병을 전염시키는 행위를 범죄로 규정하자는 새로운 법률안 제정을 제안한 바 있다.[218]

이 신규제주의는 사법제도의 도움을 전제로 하는 것이며, 이 제도는 더 구체적으로 말하자면 즉결재판소를 의미한다. 이 즉결재판소는 임검을 방해하는 행위를 재판하고, 사창이 공공도로상에서 호객행위를 하다가 현장에서 체포될 경우 그녀의 일시적 등록과 그 등록경신을 부과할 수 있는 권한을 지니고 있었다. 새롭게 구성된 보건위생 경찰의 직무내용은 그때부터 방역규칙들을 준수하고, 호객행위의 범죄에 관한 조서를 작성하고, 죄를 범한 매춘부들을 사법당국에 고발하거나 재판의 결과를 집행하는 것이었다. 따라서 풍속경찰들의 자유재량권은 보건위생 경찰로 이양되었다.

이렇게 구조화된 신규제주의 계획은 경찰권력의 남용을 없앤다는 명목하에 근본적으로 억압을 정당화하려는 의도를 분명히 보여 주고 있다. 그것은 청소기로 매춘부를 제거하려는 기계적 제거이며, 동시에 전통적인 규제주의의 재강화를 의미하는 것이었다. 그리고 이것은 의학의 권위확대를 의미하는 것이기도 했다. 이런 의도를 공창제폐지론자들은 십분 이해하고 있었으며, 새 제도를 세웠던 몇몇 사람들도 그런 사실을 공식적으로 인정했다.

르 포르 교수는 의학협회의 토론이 진행되는 동안 행정당국의 활동을 약화시키기보다는 법률에 의해 『행정당국의 효과적 개입을 방해하는 요소들을 제거하고, 그 활동을 강화시켜야 한다』[219]고 주장했다. 이러한 주장은 토론이 진행되면서 여러 번 되풀이되었다.

공창제도를 존속시키려는 최후의 시도로써 당연히 새로운 계획이 나타나고 있었다. 이것은 레옹 르 포르의 선언과 맥락을 같이하는 것이었다. 『사법권의 개입에는 구제 이외에 다른 목적은 없다.』[220] 그것은 부분적으로 당국의 권위를 확립하려는 것이 목적이었으며, 반면에 여론은 자유주의적인 사상들에 점점 더 관심을 보이고, 국가의학의 최고권위가 사회적 방역을 구실로 매춘부들에 대한 소외나, 혹은 감금상태를 합법화시키려는 이 신규제주의를 만들어 가고 있었다.

푸르니에 교수의 주장은 사실상 전통적 제도―브루아르델 교수가 대변하고 있던―에 집착하던 몇몇 사람들과 피요 박사를 위시한 공창제폐지론자들의 반대에 부딪혔다. 그외에도 1888년 이래로 실천의학협회는 말레코 박사[221]의 기술을 통해서 의학협회의 제안들과 특히 성병환자에 대한 격리방침을 비난했다. 끝으로 기억해야 할 것은 같은 해에 라 스멘느 메디칼(주간의학)誌가 푸르니에의 보고에 반대하는 입장을 취하고 있었다는 사실이다.

이상과 같은 반대에도 불구하고, 그 문제에 관여했던 대다수 의사들은 푸르니에 교수의 주요안들을 자신들의 방법대로 변화시켜 자신들의 이론으로 내세웠다. 1885년부터 마르띠노 박사[222]는 사법권의 관할하에 놓여지는 것을 전면적으로 거부하면서 신규제주의가 지니는 방역수단 전체를 공개했다. 무료진료소에서

10년간 근무했던 꼬를리외 박사[223]는 현장 의사들의 창의적 사고에 기초한 개혁의 필요성을 요구했다. 그리고 이런 개혁안은 공창제도의 원래 범위를 대폭 초월하는 것이었다. 베르셰르 박사[224]도 신규제주의의 계획을 지지하고 있었다는 사실을 기록으로 남겼다. 베르셰르 박사에 이어서 1889년부터 바르뗄레미 박사[225]는 성병 예방을 위한 국제적 규모의 조직을 구성하는 문제가 관심사로 떠올랐을 때 결정적인 역할을 수행했으며, 푸르니에 교수와 의견을 같이했다. 그밖에도 그는 신규제주의의 본질을 강하게 드러내는 실천적인 몇몇 제안들을 정형화시켰다. 또 그는 풍속담당 경찰의 위상이 『보건위생을 다루는 사복형사』로 변해야 한다고 주장했다. 동시에 디데이 박사가 이미 제안한 바와 같이, 창가의 매춘부들이나 술집의 여급들에 대한 건강증명서의 발급제도를 만들어야 한다고 요구하기도 했다. 그가 제안한 바에 따르면 소위 창가는 〈방역창가〉가 되어야 하며, 그곳의 여경영자는 고객들의 생식기를 조사함으로써 성병의 감염을 예방해야 한다는 것이었다. 끝으로 그가 요구했던 것은, 방역규칙을 위반하는 경우 해당자는 강제적인 노동시설에 구치되어 그에 해당하는 노동을 해야 한다는 것이었다. 그런데 이런 제안은 오히려 전통적인 공창제도의 성격을 드러내 주는 것이었다.

1885년부터 1890년 사이, 세간의 여론에 확산된 신규제주의의 발전은 빠리 시의회가 구성한 보건위생위원회의 최종 보고서 속에도 잘 드러나 있다. 1883년 당시에 피요 박사가 기초한 보고서가 공창제폐지론자들이 제안한 개혁안의 목록을 형성하고 있다면, 1894년의 법안에 의거하여 1890년에 제출된 조르쥬 베리의 보고서는 제1차・제2차위원회의 업적을 반영하는 것으로서 세간에서 대단한 반향을 불러일으켰다. 결국 그 보고서는 시의회의 권위하에 놓여지는 완화된 신규제주의를 정형화시켰던 것이다. 보고서의 기초자이며 시의회 의원이던 리샤르[226]의 요구는, 사실 매춘규제관리가 1883년 당시 피요 박사가 표명한 공창제폐지론과 반대되는 입장을 취해야 하며, 규제관리의 권한이 경찰청 관할이 아닌 시의회의 관할이 되어야 한다는 것이었다. 성병환자들은 원칙적으로 병원에 입원・수용되어야 한다는 입장을 취하고 있으면서도 리샤르는 그것이 일반병원에 설치된 특수부서에서 이루어져야 한다는 사실을 강조했다. 끝으로 그 역시 행정적인 구금을 비난했으며, 공창의 등록을 즉결재판소에 위임해야 한다고 제안했다. 이 보고서를 전반적으로 고찰해 보면 성병의 위험성에 대단한 중요성을 부여하고 있다는 사실을 확연히 깨달을 수 있다.

*   *

　매춘부의 운명에 관해 비등해진 여론의 논쟁들이 1888년에 일단락된다. 공창제폐지론 캠페인은 그 신랄성을 상실했고, 사회주의자들은 그 문제에 거의 관심을 기울이지 않았다. 그럼에도 불구하고 구체적인 개혁안이 다시 마련되고 있었다. 개혁안의 입안자들은 규제주의를 과학이 진보하고 감수성이 증대되는 당시의 풍조에 적응시켜 보고자 했다. 이 새로운 언설은 무엇보다도 의사들의 주장을 대변하고 있었다. 이것은 위생과 사회적 방역의 관념에서 비롯된 진보의 직접적 표현이었다. 성병의 위험성을 과장했던 이 언설은, 그때부터 성병을 신체에 위협을 가하는 가장 끔찍한 요소로 제시하면서 근본적으로 남근에 대한 불안감을 폭로했다. 매춘부들을 일반인과 격리시키는 제 수단들을 유지해야 한다고 제안하면서, 그리고 성병환자들의 격리와 더불어 사창들에 대한 감시 강화를 요구함으로써, 이 언설은 부르주아층이 노동자계급에 대해 지니고 있었던 해묵은 공포감이 그때까지도 잔존하고 있다는 사실을 입증했다.

　신규제주의는 당시로서는 거의 실행에 옮겨지지 못한 제도였다.[227] 1888년부터 1898년에 이르기까지 의학문헌들은 푸르니에와 리샤르의 사상들을 끊임 없이 되풀이하는 정도였다. 그 10년 동안 의사들은 끝없는 논쟁에 휩쓸려 있었고, 일련의 통계수치를 세우거나 발병률에 관한 비교토론에 시간을 허비하고 있었다. 이들은 문제의 핵심이 전혀 거기에 있다는 사실을 인식하지 못했으며, 문제가 주어진 자료를 토대로 한 과학적인 방법으로도 해결할 수 없는 것이라는 사실을 깨닫지 못했던 것이다. 그 10년간 일어난 사건들 중 중요한 것은 베랑제라는 인물이 종신상원의원으로 선출된 사건일 것이라고 필자는 확신한다. 자신의 강한 개성으로 인해서 이 제도의 내부에서 약간의 모순과 혼란을 야기하기도 했지만, 신규제주의의 주요 원칙들을 다시 취하면서 그는 사실상 그 제도에 도덕적 요소를 부가시키고자 시도했다. 자유스런 구교도이면서도 베랑제는 E. 드 프레쌍세와 공중도덕쇄신협회에 깊이 결부되어 있었다. 그는 이런 사상의 중심인물이 되어 모든 외설문학가들을 엄단했고, 인신매매업자들을 고발했으며, 동시에 미성년 매춘부들의 입장을 옹호했다. 공식적으로 신규제주의와 그것에 기초한 풍속의 교정의지를 표명함으로써 베랑제는 신규제주의에 도덕을 착색시켰다. 그는 1898년부터 1906년 사이에 매춘문제가 또다시 세론의 관심사로 떠올랐던 이후 제1차 세계대전 전야까지 신규제주의를 승리로 이끌었던 장본인이었다.

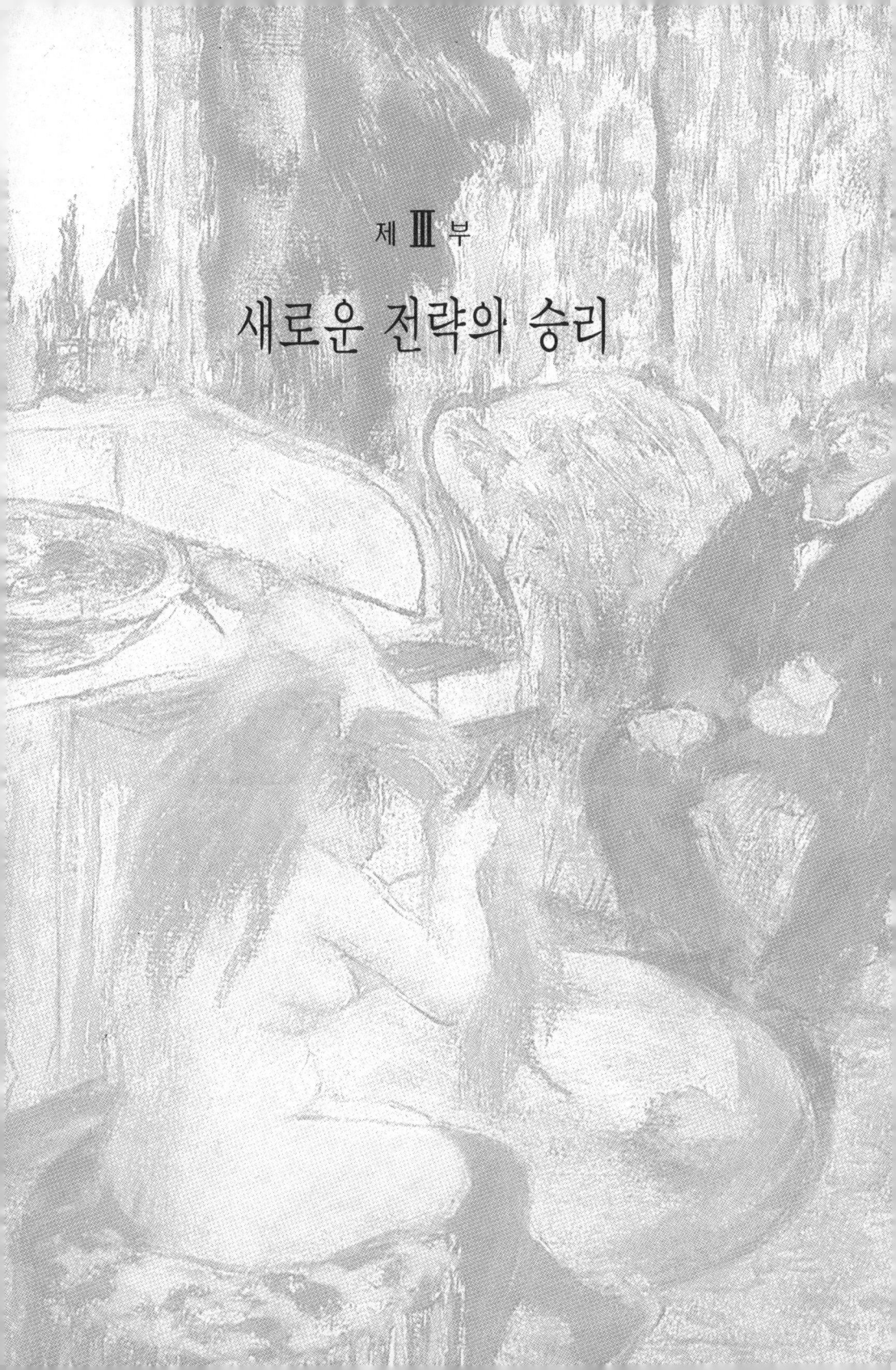

제 III 부
새로운 전략의 승리

비너스병(성병)의 자가치료법을 선전하는 포스터. 매독이나 비밀스러운 병은 아무도 모르게 스스로 신속히, 철저하게, 그리고 간단하게 치료할 수 있다고 씌어 있다.

1902년의 선거에서 좌파 진영이 승리했다. 이것은 공창제폐지론자들의 주장에 항상 호의를 보였던 급진주의자들의 권력장악을 의미하는 것이었다. 한편으로 부르주아층에서 일어나던 도덕성의 균열현상이 더욱더 심각한 상태에 이르렀다. 즉 이혼율의 증가와 함께 여성들은 자신들의 해방을 부르짖었고, 젊은이들의 행동양식이 변화되어 더 많은 자유를 향유하게 되었다. 또한 혼인외적인 남녀의 자유로운 결합을 지지하는 변호사들이 등장하였으며, 드레퓌스 사건은 개인의 자유에 대한 여론을 부추기는 데 일역을 담당했다.
  요컨대 이런 현상들 모두가 매춘부의 해방을 위한 호조건을 형성하고 있었다. 공창제도의 폐지가 임박한 것처럼 보이기도 했다. 그런데 이런 생각은 사실상 감시제도를 지지하는 사람들이 이미 새로운 전략을 수립하고 있었다는 사실을 미처 깨닫지 못한 상황에서 비롯되는 것이다. 확실히 그 이전과는 다른 형태를 띤 새로운 그들의 전략은, 그러나 여전히 공창의 격리화를 근본적인 목적으로 하고 있었다.
  공창제폐지 캠페인의 제2차 활동사를 추적하기에 앞서서, 그리고 새로운 매춘 정책을 분석하기에 앞서서 감시의 필요성을 지지하던 사람들이 성병의 위험성과 부녀자 매매, 그리고 매춘부의 선천적 기질설을 폭로했던 과정을 연구해 보는 것이 바람직할 터이다. 교묘하게 조직된 이 캠페인들은 여론을 뿌리째 뒤흔들었다. 정치사의 논리와 반대로 세론은 매춘부의 감시제도를 지지하는 입장을 취하게 되었다.

제6장 성병·유괴, 그리고 신체적 퇴화, 혹은 감시의 필요성

매춘이 1876년 이래로 수많은 소설 속에서 폭넓게 다루어지고 있었으며, 풍속 담당 경찰에 대항하는 운동이 펼쳐지던 1876년에서 1883년 사이에 언론에서 주된 토론의 대상이 되었음에도 불구하고, 매춘문제가 세론의 주된 관심사들 중 하나로 부상한 것은 20세기 초엽의 몇 년 동안에 불과했다. 여러 도덕단체들의 활동에 고무된 대신문은 부녀자들에 대한 인신매매를 나름대로의 방법으로 폭로하면서 수많은 독자들의 관심을 살 만한 주제를 찾아나섰다. 동시에 성병에 대한 공포는 소설과 연극 등의 다양한 문학적 형태로 끊임 없는 주제를 형성하고 있었다. 그리고 부녀자 매매와 성병으로부터 자신을 지키고자 하는 바람에서 본래 성적인 억제를 목표로 성교육을 추진하자는 욕구가 일어나게 되었다.

매춘문제는 이후부터 부녀자 매매와 성병이라는 한정된 범위 안에서 다루어지는 경향을 보였으며, 이런 협소한 범주의 사상에 사람들의 성도덕에 대한 의식변화를 추가시킬 필요가 있을 것이다. 부녀자 매매와 성병이라는 두 문제는 프랑스 학자들이 매춘부의 선천적 기질설을 위해 즐겨 애용하던 주제였다. 이 두 문제의 출현은 성적 질서의 파괴를 두려워하고, 도덕성의 수호를 통해 자신을 지키려 하던 폭넓은 부르주아층의 불안감과 관심을 표현하는 것이다. 한편으로 도덕가들과 교육자들·의사들은 일치단결함으로써 부르주아층 내부에서 일어나던 성해방의 흐름을 저지하는 데 성공했던 듯하다. 전쟁이 일어나기 전 10년간은 민족주의 사상이 급속히 대두되었던 시기이자 도덕가들의 반격이 격화일로에 있던 시기이기도 했다. 성적 질서의 변혁은 기독교에서의 사회적 이탈처럼 연속적이며 직선적인 움직임은 아니었다. 이 성적 분열상이 매춘에 관한 태도변화의 가장 적합한 예를 구성하고 있다.

매춘문제가 이렇듯 한정된 범위에서 취급되고 있던 이유는, 1899년과 1910년 사이에 부녀자에 대한 매매금지와 성병에 대한 위험성이 국제적인 문제로 떠올랐기 때문이다. 1902년 이래로 성문제는 외교상의 긴급한 현안사항이 되어 있었다. 그때부터 프랑스의 매춘사는 여러 국제회의의 결정사항들을 충실히 반영하고 있을 뿐이며, 수많은 국내조직들은 국제조직의 지부 이상의 기능을 수행하지는 못했다. 따라서 매춘문제는 대중전달매체의 수단변화와 국제조직의 발달에 따라 새로운 차원으로 접어들게 되었다.

1 20세기 초엽의 성병의 위험성—보건위생적·도덕적 예방[1]

끔찍한 위험성

19세기 최후의 몇 년간, 그리고 20세기 초엽의 10여 년간은 성병의 황금시대였다. 바로 이 시기에, 다시 말해 특별히 성병에 할당된 두 개의 국제회의가 1899년과 1902년에 브뤼셀에서 연거푸 개최되었다. 그래서 하나의 조직이 결성되었는데, 그 조직의 목표는 성병환자들에 대한 인간적 처우를 요구하면서 끈질긴 홍보활동을 통해 끔찍한 성병의 위험성을 세간에 확산시키는 것이었다.

1900년 무렵에 매독은 사람들이 그때까지 생각했던 것보다 더욱 심각하고 전염성이 높으며 오래 지속되는 병으로 고려되기 시작했다. 매독 예방이라는 관념의 출현을 통해서 사람들은 매독을 고대의 〈천연두〉와 같은 것으로 인식하게 되었다. 즉 매독은 자손에게 전염이 되고 무수히 많은 기타 질병들의 원인이 된다는 생각을 갖게 되었다. 매독의 유전이 제2차 감염이라는 등식이 성립되고, 수은과 요드화물의 효력이 무용화된 만큼 〈새로운 발본적 대책들〉이 필요한 상황이었다.[2] 1902년 브뤼셀의 국제회의에 제출한 보고서 속에서 뷔를뤼뢰 교수는, 의사들이 『다른 어떤 병보다도 친숙하게 매독을 취급하고 항상 매독에 대한 생각을 품어야 한다』고 기술했다.[3]

매독환자의 자식에 대한 사산율 증가를 강조하는 논문들의 수치가 늘어나기 시작했다. 이미 1889년에 르 뻴뢰르 박사[4]는 『빠리에서 태어난 1백 명의 아이들 중에서 13명이 어머니의 매독으로 인해 사산되었다』는 사실을 확인했다. 1901년 당시 뽈 바르 박사[5]는 사산율이 7퍼센트에서 8퍼센트에 이른다고 추정한 바 있다. 같은 해에 뻬나르 박사는 자신의 제자 중 한 사람이 보들로끄 병원에서 얻어낸 조사결과를 원용하면서 다음과 같은 발표를 했다. 『임신여성 2만 명을 토대로 한 조사에서 연구자는 아이들의 사망원인이 어머니의 매독감염에 있다는 사실을 밝혀냈고, 그 비율은 42퍼센트에 달했다.』[6] 가족 내에서 어린이의 사산은 그때부터 매독의 분명한 징후로 간주되어졌다.[7] 엄밀한 과학성이 결여되어 있기는 하지만, 이런 견해는 사람들의 뇌리 속에서 매독에 대한 공포심을 불러일으키기에 충분한 것이었다.

특히 의사들 사이에서 매독유전설이 커다란 승리를 거두게 됨으로써 기형아의 출산을 유발한다는 공포심이 여론을 뒤흔들었다. 뒤이어 A. 푸르니에의 아들인 에드몽 푸르니에의 연구성과[8]는, 매독에 의한 기형아 출산을 이론의 여지없는 확실한 사실로 인정하였다. 따라서 거의 모든 기형과 신체장애가 매독이라는 현상으로 귀결되었으며, 이것은 매독의 기형학에 대한 황금기를 의미하는 것이었다.[9] 빠로 교수의 사상과 결부된 뻬나르 교수는 A. 푸르니에 교수에게 『모든 임상경험을 통해 나는 매독이 유전에서 벗어난 경우를 단 한번도 보지 못했다.』[10]고 말했다.

그래서 전문가 사이에서는 이 병이 그토록 끔찍하고 대단히 쉽게 전염된다는 사실이 폭넓게 퍼져 있었다. 그들의 견해에 따르면, 더욱 심각한 것은 매독이 문명의 발달과 함께 대단히 빠른 템포로 증가하고 있다는 사실이었다.[11] 근본적으로 과거에는 도시에서만 발생했던 매독이, 레옹 이쌀리 박사가 자신의 논문에서 지적했듯이 이제는 시골에서도 증가하고 있었다. 종종 인용되는 그의 논문의 결론은 사람들에게 충격을 주기에 충분한 것이었다.[12] 르 뇨르 박사 이후에[13] 알프렛 푸르니에 교수는 빠리 한 도시에서만 13퍼센트에서 15퍼센트에 이르는 남성들(약 12만 5천 명)이 매독에 감염되어 있다고 추정했다. 심지어 바르뗄레미 교수의 견해에 따르면 그 비율은 20퍼센트까지 올라간다.[14] 1902년 당시 빠스뙤르 연구소 소장이던 에밀 뒤클로는 매독감염자 수치가 프랑스 전체를 통틀어 1백만 명에 달한다는 결론에 도달했다.[15] 리용에서 과학진보협회가 개최되었던 1906년 당시 망까 박사는 르 뇨르 박사와 A. 푸르니에 교수의 끔찍한 수치를 여전히 인용하고 있었다.[16] 한편으로 에밀 뒤클로는 임질환자의 수치가 전국적으로 2백만 명 이상일 것이라고 생각했다. 신중한 태도를 보였던 모라르트 박사도, 대다수 남성들이 일생 동안 적어도 한 번 이상 임질에 걸린 적이 있다는, 당시 보편적으로 퍼져 있던 여론을 망설임 없이 받아들였다.[17]

따라서 그때부터 매독학자들, 특히 바르뗄레미파와 디윌라뽜파·푸르니에파[18]

학자들의 성병에 대한 공포심을 더욱 잘 파악할 수 있다. 전례에 없었던 성병학자들의 논리는 프랑스의 출생률 저하를 탄식하는 사람들의 불안감과 일치했다. 출생률이라는 관점에서 볼 때 매독이 더욱더 심각했던 이유는 청년기의 감염률이 높았다는 사실 때문이다. 에드몽 푸르니에가 1만 7천4백6건에 관해 실시한 조사결과[19]는 젊은층들의 감염사실을 입증하고 있다. 성교에 의한 감염률이 최고치(순진무구한 사람들의 매독감염 수치를 제외하고)를 기록한 때는 여성의 경우 18세에서 21세 사이였고, 남성의 경우는 20세에서 26세 사이였다. 따라서 생식을 시작할 수 있는 나이에 매독에 걸리게 된다는 결론을 내릴 수 있다.

동시에 매독은 국가의 장래를 위협한다. 매독은 해군과 같은 군대 내에서 엄청난 맹위를 떨치고 있었으며, 성병예방대책협의회는 소위 『프랑스 식민지에서의 성병의 위험성』을 다루는 위원회를 발족시키기에 이르렀다. 더욱 심각한 것은, 출생률의 저하를 가져오면서 그 병은 미래의 병력공급에 차질을 가져온다는 사실이었다. 『올해에 매독으로 죽게 될 아이들의 절반, 혹은 3분의 1의 수효가 20년 후의 징병모집에 영향을 가져오지 않을까?』[20]라는 질문을 알프렛 푸르니에는 풍속경찰의 원외위원회 회원들 앞에서 제기한 바 있었다.

끝으로 성병은 인류 전체에 죽음을 몰고 올 위험한 존재이다. 따라서 빠뜨르 박사[21]는 인류 전체가 매독으로 감염되는 불가피한 상황에 놓일 것이라고 기술하면서, 따르노프스키의 보고에 의거해 다음과 같이 덧붙인다. 『러시아의 몇몇 지방의 경우에는 주민 전체가 매독에 감염될지도 모른다.』[22] 결국 세론을 향한 성병의 끔찍스런 영향력과 그로 인한 장기간의 성행위의 단념은 성적인 면에서 견딜 만한 것으로 인지되었다.[23]

투쟁의 조직화

성병의 위험에 대한 투쟁은 국제적 협력의 차원에서 전개되었다. 그 문제를 다룰 수 있는 회의 개최의 필요성이 엄청나게 제기되었고, 마침내 뒤보와-아베니쓰 박사와 벨기에 의학협회의 멤버들의 주도로 1899년 브뤼셀에서 회의가 열리게 되었다. 벨기에 의학협회의 멤버들은, 그들의 프랑스 동료들에 앞서서 매독의 극단적 심각성을 밝혀낸 바 있었다. 브뤼셀회의에 참여한 대다수의 유럽 국가들은 프랑스처럼 규제제도를 채택하고 있거나, 벨기에처럼 엄격한 규제주의를 취하고 있었고, 또 전염병예방법이 폐지된 이후의 영국이나 1888년 이후의 노르

웨이와 같은 공창제폐지론의 입장을 지지하던 국가도 있었다. 프랑스 대표단은 국제회의의 필요성을 끊임 없이 요구해 온 바르뗄레미 교수를 필두로 공창제폐지론자들(피요 박사의 입장을 지지하던)이나 오가뇌르 교수의 새로운 입장을 지지하던 사람들로 구성되어 있었다.

물론 이 회의에서 공창제폐지론자들의 의견이 이상적인 것이라는 평가를 받았는데, 이들은 자신들의 성공으로 자만심에 차 있었다. 그러나 결국 공창과 사창의 발병률의 비교에 관한 오랜 논의 끝에 그 국제회의는 신규제주의를 채택하는 최종결정을 내렸다. 이 회의의 가장 분명한 성과는 국제의학적·도덕적 성병예방대책협회의 설립에 있었으며, 그 목적은 각국의 성병에 대한 투쟁에 나서는 모든 사람들의 노력을 결집시키자는 것이었다.

1902년에 브뤼셀에서 개최된 제2차회의는 1899년에 확정된 방침을 재확인하는 정도였다. 그러나 랑두지 교수의 제안에 의거해 당시 시행중이던 매춘감시제도가 참가자들의 호된 비판을 받았던 것이 특기할 만한 사건이었다.

성병의 위험에 대해 프랑스에서 전개된 투쟁은 다양한 양상을 띠고 있었으며, 투쟁은 국제협회의 지부로서 1901년에 설립된 의학적·도덕적 성병예방대책 프랑스협의회를 중심으로 이루어졌다.[24] 알프렛 푸르니에가 정의했던 대로 그 협의회는 진정한 매독박멸동맹의 창설을 가져왔다. 이 동맹은 설립 당시부터 도덕단체들과 신규제주의적 색채가 농후한 의사들, 그리고 경찰청의 간부들과 연결되어 있었으며, 이어서 군대의 관계자들과도 밀접한 관계를 유지했다. 성병예방대책 프랑스협의회는, 따라서 압력단체의 중심세력으로서 매춘규제관리의 유지뿐만 아니라 프랑스 내에서 교육자들과 의사들·군인들, 그리고 자유사상에 물든 大中부르주아층 가족들이 전개한 성에 대한 새로운 사고방식을 가져오는 등 괄목할 만한 역할을 수행했다. 거기에서 성병의 위험성으로 인해 성교육에 대한 개념이 생겨나 보급되었다. 그래서 필자는, 이 협의회와 그에 연관된 모든 단체들의 활동이 성병의 위험성에 대한 투쟁을 구실로 젊은이들의 성적 억제력을 캠페인에 첨가했다는 확신을 가지고 있다.(실제로 이 캠페인은 부분적이나마 성공을 거두었다.)

1901년 당시 성병예방대책협의회는 4백6명의 회원을 거느리고 있었는데, 그 중에서 여성이 11명을 차지했다. 3백95명의 남성 회원들 중 3백58명(90퍼센트에 해당)이 빠리인이었으며, 34명만이 지방에 거주했고, 외국 거주자는 3명이었다.

이 협의회는 의학분야의 최고 권위자들로 구성되어 있었는데 그들 중 75퍼센트가 의사와 치과의사, 그리고 약사들이었다. 그밖의 다른 회원들은 대다수가 재산이 많거나 의사들이 출입하는 살롱에 드나드는 재주가 있던 상류층 부르주아들이었다. 그들의 면모를 살펴보면 빠리의 변호사와 공증인 들이 회원의 5퍼센트를 차지했고, 고급공무원들과 하원의원들·상원의원들 심지어는 장관 출신의 인물들이 4퍼센트를, 주식중매인과 실업가 혹은 중개인이 7퍼센트, 쏘르본느대학 교수들과 문인들이 4퍼센트, 예술가들이 2퍼센트, 군장교들이 각각 2퍼센트를 점유했다. 또한 그 리스트에는 몇몇 귀족들과 대학생 2명, 중앙시장의 인부 한 명의 이름이 들어 있었다. 이것은 친족관계나 사교계의 인맥을 통해 회원이 모집되었다는 사실을 확연히 보여 주는 것이다.

성병예방대책 프랑스협의회의 설립목적은 처음부터 명확히 규정되어 있었다. 공식적으로 도덕향상을 목적으로 하는 의학적 대책마련을 중시했다. 의학적 대책이란 성병에 대한 적절한 조치를 강구하고, 이런 목적으로 창립된 국제적 단체들과 연계하여 성병에 대한 투쟁을 벌이는 것이었다. 이것은 악의 확산을 근절시킬 수 있는 구체적인 예방수단들과 매춘에 대한 대책을 강구하려는 사고를 전제로 했다. 또 이것은 특히 젊은이들 사이에서 벌어지는 자유스런 성관계로부터 야기될 수 있는 위험성을 강조하기 위해 홍보조직이 필요하다는 사실을 강조한 것이었다.

성병에 대한 사회적 대책들이 미흡하다고 판단한 이 협의회 회원들은, 개인적인 예방의 필요성을 홍보할 필요가 있다고 생각함으로써[25] 보건위생 캠페인에 도덕적인 예방이 포함되었다. 사실상 알프렛 푸르니에가 지적한 대로 성병에 대한 가장 효과적인 투쟁방법은 모든 혼외정사를 근절시키는 데 있을지도 모른다. 『인간이 때묻지 않은 순수한 상태로 돌아갈 수만 있다면 맹위를 떨치고 있는 매독도 소멸될 날이 올 것이다.』[26] 이것은 그 협회의 최종 결론이 『도덕쇄신과 풍속의 정화, 의무에 대한 수행의식, 젊은 여성에 대한 올바른 예절과 조혼을 통해서[27] 매독을 근절시키는 것을 목적으로 하고 있다는 사실을 설명해 준다. 개인적 예방에 관해 보고책임을 맡았던 뷔를뤼뢰 교수는 1902년 당시 브뤼셀의 국제회의에서 다음과 같이 언명했다. 『결혼은 분명히 성병의 위험을 피할 수 있는 가장 확실한 피난처이다. 따라서 성병에 대한 투쟁이 어떠한 것인가를 알 수 있으며, 종교적인 계명들도 문제를 해결할 수는 없다.』 그리고 또 다음과 같이 덧붙였다. 『성직자들은 매독의 위험성에 대한 우리의 캠페인이 전개되는 것을 관심을 가지고 바라본다. 그 이유는 성병을 예방할 수 있는 근본적 요소가 바로 도덕교육이라는 사실을 성직자들은 잘 알고 있기 때문이다.』[28]

드보브 박사는 1904년에 다음과 같이 쓰고 있다.『성병 예방이라는 중대한 문제를 순전히 의학적인 영역에서만 다루면서도, 우리는 결국 정절을 내세움으로써 도덕적 영역으로 문제를 해결하고 있다……』[29] 한편 모네 박사는 저서《매독대책》[30] 속에서『생식기의 포진을 예방하는 방법은 절대적으로 성실한 부부관계를 위해 정절을 지키는 것이다. 아내 이외의 다른 여성과 성관계를 갖지 않는 것이 필수적인 조건이다. 사실상 도덕과 의학은 불가분의 관계를 맺고 있다.』[31]라고 기술했다.

결과적으로 도덕적인 문제들을 의학적 예방계획과 분리시키려는 시도는 무의미한 것일지도 모른다. 다시 말해, 의학적 이론과 도덕적 가정 사이의 밀접한 관련성은 의학적·도덕적 성병예방대책 프랑스협의회의 출판물과 문헌들 이외에 어느곳에서도 분명하게 나타나 있지 않았다. 이 협의회의 명칭 그 자체가 이러한 연결성을 확연하게 보여 주고 있다.

성병예방대책협의회는 그때부터 토론을 조직하고, 부르주아층의 성생활에 관계되는 중대한 현안사항들에 대해 여론조사에 착수했다. 그 결과 이 협의회는 결혼의 자유와 우생학에 대한 사상을 보급시키고, 성교섭의 과정에서 이루어지는 감염에 대해 징벌을 가하며, 정절에 대한 장점과 손해를 인식시키거나 혹은 젊은이들에게 스포츠에 몰두함으로써 성욕을 감소시켜야 한다는 등의 예방책을 강구했다. 협의회 내에서는 성도덕, 특히 젊은이들의 성문제에 대한 새로운 전략이 준비되고 있었는데, 얼핏 보아도 이것은 부차적이거나 별다른 의미가 없는 전략에 불과한 것이었다. 그리고 매춘의 각도에서와는 달리 공적인 토론을 통해서 처음으로 그런 문제들이 다루어지고 있었다. 매춘론과 그 문제에 대한 정책은 성문제라는 더욱 광범위한 논의 속에 별안간 통합되어 버렸다. 성병예방대책협의회의 풍부한 문헌들이 이렇듯 매춘문제가 더욱 광범위한 분야로 확대된 사실을 증명하고 있다. 따라서 성문제를 바라보는 태도에 있어서 그 전환점이 되는 현상을 강조할 필요성이 있다.

집요한 홍보활동

뷔를뤼뢰 교수는 1902년 브뤼셀 국제회의에서『원하는 목적을 달성하기 위해 시민들의 여론을 집요하게 환기시키는 것도 나쁜 방법은 아니다.』[32]라고 공언한 바 있다. 공식적으로 젊은 여성의 성교육에 최초로 접근했던 의사에게서 나온 이 말은, 성병예방대책협의회 회원들이 기본적인 성병대책으로 준비했던 성교육의 추진을 예고하는 것이었다.

사실상 성교육은 무엇보다도 성적인 억지력을 목표로 한다. 따라서 젊은 남성들에게 혼전의 성교섭이나 혼외정사에 대한 주의를 촉구하는 것이 바람직하다. 께라 박사는 1902년[33] 성병예방대책협의회에 보내는 구두보고 속에서 『실제로 필요한 것은 젊은이들이 순결한 상태로 결혼해야 하는 바로 그것이다』라고 말하면서, 또 다음과 같이 덧붙였다. 『의사들처럼 도덕가로서 우리들 각자는』 젊은 남성들이 혼전에 성적인 쾌락을 추구해야 한다는 『어리석은 생각을 일소하기 위해 정력적인 캠페인을 벌이는 것이 중요하다.』[34] 혼전의 성경험을 단순히 『일시적인 육체적 간질병』[35]으로 간주하는 그는, 따라서 자신의 생각을 다음과 같이 요약한다. 『젊은이들을 순수하게 기르고 일찍 결혼을 시켜야 하며, 덧붙여서 그 결혼에서 상대방을 배신하지 않도록 해야 한다.』[36]

성병예방대책협의회가 편집한 팜플렛에도 똑같은 의도가 명백하게 나타나 있다. 뷔를뤼뢰 박사[37]가 편집한 대다수의 팜플렛은 알프렛 푸르니에[38]의 경우와 마찬가지로 성병의 징후에 관한 묘사로 일관되어 있다. 1906년 당시 망까 박사는, 젊은 여성에 대한 성교육은 『혼외의 성교섭을 받아들이는 경우, 그것이 현재와 미래에 위험한 요소로 작용한다』는 사실을 주지시키는 것이 그 목표라고 기록했다.[39] 델로르므 교수는 1907년 4월 군대에서 실시한 홍보활동의 성과를 내세우면서, 성교육은 이미 병사들에게 『서서히 그러나 확실한 방법으로 유익한 두려움』을 가져다 주었고, 『혼외정사에 대한 본능적 혐오감』[40]을 심어 주는 데 성공했다고 발표한 바 있다.

그런데 〈성교육〉의 확립은 성병의 위험성을 고발하는 한 양상에 불과했으므로 세론을 자극시키기 위해서는 기타 여러 수단들이 동원되어야 했다. 성병예방대책협의회는 위선적인 홍보활동에 대항하기 위해 공동변소 안에까지 자신들의 주장을 알리는 벽보를 붙였다. 1902년의 브뤼셀 국제회의에서 뷔를뤼뢰 교수는, 대도시에서의 매독박물관 창설[41]과 함께 매독의 공포를 인식시키기 위해 채색된 설명판을 만들어 모형으로 사용해야 한다고 권고했다. 그리고 알다시피 그의 권고는 부분적으로 수용되었다.

성병에 관한 회의나 강연회가 증가하였다. 뻬나르 교수는 쏘르본느대학에서 성병의 위험에 관한 강의를 하였으며, 세르띠양쥬 신부는 노뜨-담의 사순절 강연회에서 성병을 다루었다. 1903년, 하원의원 조르쥬 베리는 하원의 서기국에 매춘대책법안의 제정을 요구했다. 이 법안의 내용은 성병의 상황을 상세하게 설명하는 것이었으며, 그는 그 속에서 성병이 감소하기는커녕 1900년부터 오히려 증가현상을 보인다고 주장했다. 이보다 1년 앞서서 발덱-루쏘는 성병에 대한 투쟁수단을 연구하기 위해 원외위원회의 구성을 결정한 바 있다.[42]

입센의 연극이 유럽지역에서 성공을 거둠으로써 교양 있는 대중들 사이에서 매독에 대한 공포가 인식되기 시작했다. 그의 연극 《유령들》의 불어판 서문에서 에두아르 로드는 그 작품이 관객들에게 확산시켰던 『소리나지 않는 전율감』[43]을 상기했다. 『무대 위에 나타난 재앙의 처참한 광경』[44]과 선조들의 잘못으로 태어나기 전부터 폐인이 되어 버린 사람들의 모습은 과학적 발견이 입증한 바 있던 깊은 불안감을 증폭시켰다. 매독의 유전증상에서 기인하는 일반적인 마비현상[45]이, 그 연극에서 신경증세보다 더 강하게 표현되어 있지 않았다 해도 연극의 마지막 장면은 더욱더 불안감을 야기시킨다. 모호한 성격을 통해서 연극은 당시의 관객이 매독에 대해 느끼고 있던 막연한 불안감을 여실히 보여 주었다.

특히 브리외의 작품 《성병환자들》을 통해서 성병의 위험성에 대한 명확한 형태의 공포감이 무대 위에 등장했다. 이 작품은 까잘리스 박사의 《과학과 결혼》에 영감을 받은 것이며, 이브 귀요는 그 희곡에 대해 그것은 희곡이 아니라 푸르니에 박사의 인터뷰를 무대에 올려 놓은 것이라고 평하기도 했다. 아무튼 이 희곡작품은 성병예방대책협의회가 불러일으킨 홍보활동의 일부분이었던 것 같다. 그리고 그 작품은 매독이 개인과 가정에 가져다 주는 엄청난 피해를 보여 주었다. 저자는 매춘에 대한 침묵의 결탁과 무지, 그리고 그 피해에 대한 공포를 고발했다. 그는 또 의학적 홍보활동의 강화가 필요하다고 생각했으며, 매독환자도 다른 일반환자들처럼 수치심을 유발시키지 않는 상태에서 치료를 받아야 한다고 강조했다. 이 작품의 주인공이자 공증사무소의 견습인이었던 26세의 조르쥬 뒤뽕은 어느 하원의원의 딸과 약혼한 상태였으며, 독신생활을 마감하던 마지막날 밤에 매독에 걸리고 말았다. 가정의에 설득당한 장인은 그것이 사위만의 죄가 아니라는 사실을 인정할 수밖에 없었으며, 결국 매독에 걸린 아이가 태어나자마자 젊은 부부의 이혼소송을 즉각 취소하고 말았다. 이어서 이 하원의원은 〈매춘대책법안〉의 제정을 하원에 제안하기에 이르렀다.

브리외의 작품은, 처음 프랑스에서는 상연이 금지되었지만 폭넓은 대중의 사랑을 받으면서 결국 1902년에 활자화되었다. 이 희곡작품은 성병의 위험성을 세간의 화제거리로 만들었다. 이 희곡작품이 무대에 상연됨으로써 〈매독〉이나 〈매독환자〉라는 용어보다 귀에 덜 거슬리는 〈성병〉과 〈성병환자〉라는 용어가 부르주아층에 퍼졌다. 따라서 상류층의 사람들도 알콜중독이나 결핵과 마찬가지로 성병을 공공연히 화제의 대상으로 삼게 되었다. 그때부터 의학적 문제들을 취급한 극작품들이 증가하기 시작했다. 페르낭 라울이 1902년에 자신의 작품 《매독 예방에 관한 연구》를 헌정했던 대상이 바로 브리외였다. L. 모네 박사는 《매독대책》를 출간했고, H. 미뢰르 박사도 르 쁘띠 프로방살紙에 예방대책에 대한 일련의 논문들을 발표했으며, 이 논문들은 1906년에 《성병, 사회적 위생론》이라는 제목하에 재구성된다. 미뢰르 박사도 『반세기 전부터 나타난 모든 위생학자들보다도 3막으로 된 희곡으로 더 훌륭한 업적을 이룩해낸』[46] 브리외 박사에게 역시 자신의 작품을 헌정했다. 그는 그 저서 속에서 성병의 연구에 몇몇 난을 할애하지 않았던 신문은 단 하나도 없었다는 사실을 지적했다.[47] 브리외의 《성병환자들》은 따라서 세론에 성병에 대한 불안감을 확산시키는 필수적인 한 과정이었다.

앙드레 꾸브뢰르는 1900년에 가공할 만한 소설 《매독환자들》을 발표했는데, 그 자신도 자신의 작품을 남성 독자들에게만 보내는 하나의 〈임상적 연구〉[48]로 간주했다. 그 작품 속에서 빠리는 독으로 죽어가는 만치닐나무(열대지방의 有毒樹)에 비교되었고, 동시에 여성들은 남성들의 육체적·정신적 타락의 장본인으로서 그 나무의 열매에 비유되었다. 그 작품에서는 또 빠리의 매독이 득실대는 〈대중적 온상〉[49]에 대한 묘사와 도시에 대한 반감이 나타나 있으며, 한편으로는 전통주의적인 사고로 특징되는 전원적인 풍취의 고양과 외국인 배척의식, 그리고 근본적인 인종차별문제가 등장했다.[50] 그러나 근본적으로 그 소설은 매독 증상의 진전에 관한 기록소설이었다. 독자들이 작품의 주인공이 있던 쌩-루이 병원을 여러 차례 방문해 본다면, 이 병의 증상에 대한 여러 과정을 이해할 수 있을 것이다. 이러한 성병학 강의는, 그 소설의 주인공 막씸 뒤프라에게 나타나고 있던 병의 진전상황이 묘사됨으로써 완결된다. 36세의 나이에 장관이 되었던 소설의 주인공은, 그러나 12년 전에 걸린 매독의 제3기 증상으로 신음하고 있었다. 이 감염의 결과 그가 개인적으로 사회적으로 겪는 고통의 모습이 상세하게 분석되어 있다. 주인공은, 약혼자는 순결한 사람이어야 된다고 생각했기 때문에 시골의 순박한 처녀와 늦은 나이에 결혼을 하지만, 매독으로 인해 눈부신 그의 정치적 경력은 산산이 부서져 버리고, 순진무구한 아내의 감염으로 인해 끔찍스런 기형아가 출생한다. 꾸브뢰르는 아이의 모습을 『배는 녹색을 띠고 손은 원숭이 손을 닮았으며, 발은 난쟁이 발과 같았다.』[51]고 비교적 완곡하게 묘사했다. 주인공 막씸 자신도 매독의 〈유전병자〉였으며, 최후의 발작으로 땅에 쓰러짐으로써 성병과 정신병을 연결시키고자 했던 성병학자들의 견해를 독자들은 납득하게 될 것이다.

이런 맥락에 서 있는 모든 소설들과 같이 작가는 주인공의 친구인 어느 의사의 입을 빌어 자신의 견해를 피력했다. 이 의사는 〈정신적 소독법〉[52]을 꿈꾸었으며, 이 병에 대한 공포와 아울러 정신적 분열의 공포를 확산시키려 노력했다. 『여자들과의 쾌락에 너의 불안감을 이용하라』[53]고 그가 막씸에게 설교하고 있음에도, 막씸은 불행히도 이 충고를 따를 힘이 없었던 것이다!

이와 같은 두려움 속에서 1903년 뽈 브뤼는 자신의 소설 《無性의 여인》을 임질의 공포에 할당했다. 이 작품의 줄거리는 간단하다. 어느 대규모 가구공장의 유일한 아들 레이몽 모렐은 시몬느 로지에라는 여성과 결혼한다. 그들은 서로를 열렬히 사랑하고 있었지만 젊은 남편은 이미 임질에 걸려 있었다. 신혼여행기간에 시몬느는 임질에 감염되고 만다. 그녀는 난관염이라는 진단을 받고 난소와 난관의 적출수술을 받아야 했다. 갑작스럽게 찾아온 불행 앞에서 그녀는 자신의 삶이 산산이 부서져 버렸다는 사실을 깨닫고 이성을 잃는다. 이어서 남편의 부정으로 비롯된 발광상태에 빠지기 전에, 그녀는 신비주의적인 종교로 방향을 바꾼다.

그밖에도 상당수의 작품들이 성병의 불안감을 증폭시키는 데 기여했지만, 그 모두가 의학적·도덕적 성병예방대책협의회의 방침을 지지하는 것은 아니었다. 신맬더스주의에 고무되어 그 내용이 혼합되었다. 미셸 꼬르데이는 자신의 소설 《비너스 혹은 두 가지 위험》속에서 임신에 대해 성병의 공포가 얼마나 정신적으로 영향을 끼치고 있는가, 그리고 그것이 부부의 성적 극치감에 얼마나 방해되고 있는가를 지적한 바 있다. 그 작품에 등장하는 시인 레옹 미라는 아내에게 임신을 시키지 않으려는 강박관념 때문에 자신의 성생활이 망가지고 있다고 생각한다. 결국 홀아비가 된 레옹은 자신의 정부들과 관계를 맺게 될 때에도, 그녀들 각자가 나름대로의 피임법을 사용하고 있었음에도 불구하고 똑같은 걱정에 부딪혔다. 그는 명성 높은 화류계의 여배우로서 과거 자신의 정부였으며, 가게에서 점원으로 일하던 아가씨와 일시적인 사랑을 나누다 매독에 감염되어 결국에는 죽음에 이른다. 주인공의 친구였던 레젯 박사는 자신의 동생이 매독으로 자살하자 처절한 심정으로 빠스뙤르 연구소에서 매독혈청의 연구에 매달렸으며,[54] 이런 상황의 묘사는 매독의 공포를 여실히 드러내 주는 것이었다.

이 점에 있어서 대단히 근대적 어조를 띠고 있는 이 끔찍한 소설은 안심하고 즐길 수 있는 성적 쾌락권에 대한 비참한 호소이며, 동시에 『사랑이나 고통·출산, 혹은 전염병과 같이 성에 결부되어 본능적으로 일어나는 수치심』[55]에 대한 항거의 성격을 보여 주고 있다. 그 작품 속에서 다시 한번 매독에 대한 사람들의 태도가 다음과 같이 엿보인다. 『혹시 매독에 감염된 것이 아닐까, 라는 생각에서 수 주일 동안 의사의 세밀한 진단을 받고 그 결과를 기다리는 사람의 불안감과 초조, 두려움……[56] 그리고 가끔 결과가 좋으면 한시름 놓은 나머지 졸도를 하고……』[57] 그 소설가는 전혀 은유법을 사용하지 않으면서 숨김 없이 성병의 끔찍함을 상기했다. 『그 병은 뼈를 갉아먹는다. 환자의 치아는 빵글로쓰*처럼 으깨어지고 코가 떨어져 나가고, 사람들이 길거리에서 볼 수 있는 이 흉한 머리가 암종으로 부스러지거나 녹아 흐른다.』[58] 이 소설의 끝부분에서 레젯 박사는 알프렛 푸르니에의 필치를 연상시키는 연구발표를 행한다. 대단히 비관적 시각으로 쓰여진 이 소설은 독자들에게 음산한 불안감을 던져 주었다. 모네 박사의 견해에 따르면, 이 작품을 읽은 수많은 성병환자들이 병원으로 몰려들어 그 병이 치유될 수 없는 것인지, 자살만이 그 문제에서 벗어날 수 있는 유일한 해결책인지를 의사들에게 진지하게 물었다는 것이다.[59] 이 작품은 따라서 매독에 대한 공포를 홍보하는 데 일역을 담당했다.

* 볼떼르의 소설 《깡디드》에 등장하는 철학박사로서, 매독환자였다.

반복해서 말하자면, 성병의 소멸을 위한 노력이 가장 광범위하게 펼쳐진 곳은 바로 군대였다. 1902년부터[60] 갓 입대한 젊은 신병들은 전문강사의 강습을 받아야 했다. 군대의 위생요원들인 강사들[61]은 성병의 문제를 폭넓게 취급했다. 성병의 〈도해판〉과 투영도, 외출허가 용지에 인쇄된 주의사항들을 통해 교육은 완벽하게 이루어졌다. 아울러 염화제일수은으로 만들어진 성병 예방 연고제가 치료제로 추천되었다. 1907년 9월 23일에는 국방부차관 셰롱의 명령문이 하달되었다. 이것은 성교육의 강화와 콘돔기구 착용의 공식적인 추진, 예방진료실—성교섭 후 병사들이 찾아와 검사를 받을 수 있는—의 설치를 골자로 하고 있었으며, 당시 대단한 파장을 일으켰다. 1912년 4월 7일, 국방장관은 성병예방대책 프랑스협의회 간부들의 요구에 부응하여 병사들에 대한 홍보활동의 강화를 약속했다.

1902년 이래로 성병에 감염된 군인들을 징벌하는 모든 규칙이 철폐됨으로써 건강진단을 받으려는 개인의 의지가 증가하고 있었다. 병사들의 성욕을 감소시키기 위해서 병영 내에 酒保(주보, P.X.)와 오락실·도서관 등의 부대시설을 증가시키는 등 그들을 병영 내에 붙잡아두고자 하는 노력을 기울였다.[62] 그리고 야간 외출에 들어가는 비용으로 가족과 함께 보낼 수 있는 휴가제도가 장려되었다. 또 군대가 주둔해 있는 주요 도시들에는 〈병사의 집〉과 〈군대 공원〉이 만들어졌다.

병사의 도덕성 쇄신은 유럽지역의 군대들 사이에서 일반적인 현상이었으며, 미국인 플렉스너도 1913년 당시 이 사실을 간파했다. 그는 병사에 대한 도덕교육을 전쟁준비의 일환으로 생각하고 있었다.『성병률을 우선적으로 감소시키는데 성공한 국가가, 적에 대해 군사적인 우위를 점유할 수 있을 것이며』[63] 이렇게 되려면『병사에게 금욕은 가능하고 건전한 것이라는 사실을 주입시켜야 한다.』『유럽의 군대 당국자들은 거의 동시에 음주나 여자와의 쾌락에 대한 투쟁을 전개했다.』[64]

이렇듯 조직적이며 끈질긴 홍보활동의 효과는 모든 군대의 불안감과는 무관한 문학작품 속에 반영되고 있었다. 젊은이들이 성병의 감염에 대해서 느끼고 있는 불안감을 추정해 보기 위해서는 샤를르-루이 필립의 작품《몽빠르나스의 뷔뷔》[65]를 읽는 것으로 충분하다. 당시 사람들은 그 책이 성병예방대책협의회의 출판국에서 만들어진 것이라고 생각했지만, 필자의 견해는 다르다. 성병에 대한 공포가 위스망의 작품구조에서 끈질긴 주제를 형성하고 있다면, 이 소설은 매춘 자체를 소재로 삼고 있으며 〈성병의 심리적 변화에 관한 사회적 연구〉라는 부제를 부여할 수 있을 것이다. 젊은 기둥서방 뷔뷔는 성병의 끔찍한 고통을 겪으면서,『그보다 더욱 심각한 매독』[66]에 걸린 자신의 동료 그랑 쥘르를 통해 마음의 평정을 되찾는다. 즉 뷔뷔는 친구 그랑 쥘르로부터, 성병은 자신이 지니고 있는 매독에 비하면 아무것도 아니라는 고결한 위로의 말을 들었기 때문이다. 또 그 작품에서는 성병 대책에 대한 반대이론이 등장하게 되는데, 그것은 성병의 위험성에 관한 홍보활동의 사회적 한계를 보여 주는 것이다.

매춘에 관한 다면적 양상을 총괄하는 빅또르 마르그리뜨의《매춘부》[67]도 매독의 공포로 완전히 채색된 작품이다. 이 작품은 매독의 확산성이 불가피한 것이며, 매독의 확산속도는 문명의 발전과 결부되어 있다는 사상을 보급시키는 본 연구과제를 위한 필수적인 작품이다. 그는 작중인물들 중 한 사람인 저명한 매독학자의 입을 빌어 다음과 같이 피력했다.『몽딸은 매독의 전염력과 유전적 영향을 입증하는 데 폭넓은 기여를 했을 것이다. 사람들의 교유범위가 확대되고 교유 자체가 증가하여 뒤섞여짐으로써 문명[68]의 발전과 비례하여 매독은 급속도로 전염되어 나가고, 그 피해도 증가된다. 과거에 몇몇 사람들에게만 국한되었던 매독이 이제는 좁은 범위를 넘어서서 의사매독증상까지 추가됨으로써 이 사람에서 저 사람으로, 이 가족에서 저 가족으로, 그리고 민족 전체로 그 독성을 퍼뜨린다. 왜냐하면 그 병균의 매개체는 매춘이 아니었기 때문이다. 그리고 악순환의 수레바퀴가 점점 더 커다랗게 확대되고 있다……」[69] 따라서 성병 예방에 대한 공창제도의 비효율성을 폭로한 최근의 사상은 성병의 증가현상을 없애 버리기에는 불충분하기 때문에 그 제도를 혁신해야 할 뿐만 아니라, 교육과 위생·도덕을 통해 성행동을 더욱 엄밀히 감시할 필요성이 있다는 견해가 등장한다.

풍속담당 경찰의 구조활동에 의한 성병의 위험성

성병의 위험에 관해 의사들이 동조했던 사상은, 신규제주의제도를 강화·추진시켰을 뿐만 아니라 의학적으로 극단적인 규제주의의 부활을 가져왔고, 이러한 상황으로 인해 공창제폐지운동이 후퇴하는 경향을 보였다. 사람들이 성병이라는 재앙에 대해 가졌던 지나친 불안감은, 한편으로 매춘관리제도를 정당화하려는 의사집단의 의지를 반영하는 것이었다. 주지하다시피 성병에 관련된 빠스뙤르와 네쎄르의 발견 이래로, 에밀 뒤클로 박사의 저서 제목과 똑같은 용어에서 나온 〈공중위생〉이라는 개념이 조금씩 가다듬어지고, 그 틀이 갖추어지기 시작했다. 빠스뙤르 연구소와 사회고등연구원의 소장으로 재직하던 1902년 에밀 뒤클로는 논문을 발표했는데, 그 논문의 한 장이 풍속경찰에 관한 연구에 할당되었다.[70] 논문 속에서 그는 풍속경찰이 시민의 위생상태를 감시할 수 있는 보건위생 경찰로 전환되어야 한다는 결론을 내렸다. 푸르니에의 충직한 제자로서 그는 신규제주의적 방침을 재확인하는 데 그쳤지만, 공중위생촉진계획이나 『의사의 사회적 책임』[71]—의사들이 다양한 사회집단의 건강관리를 책임져야 한다는—속에서 그 방침들이 어떻게 수용되어야 하는가를 명확하게 보여 주었다.

성병에 대한 폭로가 신규제주의자들에게 유리하게 작용했다는 점을 강하게 의식한 공창제폐지론자들은, 신규제주의 캠페인이 과장되었다는 사실을 강조하는 데 주력하고 있었지만 그들의 노력은 결국 허사로 돌아가고 말았다. 신규제주의자들의 주장은 단순한 것이었다. 성병환자가 증가하고 있다. 그런데 매춘부의 의학적 관리에 의해 공창의 성병 발병률은 감소되고 있으며, 이러한 사실은 성병에 걸린 공창들이 소수에 불과하다는 것과 〈평형의 법칙〉을 증명한다. 이 법칙에 따르면, 특정지역에서의 남성의 성병 발병률은 풍속경찰의 활동이나 권한강화에 반비례한다는 결론이 나온다. 따라서 공창들에 대한 감시체제를 유지·강화할 필요가 있다는 것이다. 민족주의가 대두될 때 그 존재의미가 더욱 증대되는 군대의 내부에서 관계자들은 공창에 대한 역할을 재인식하고, 특히 공인창가의 폐지를 원하지 않는다.

성병의 위험성은 심지어 의학계 내부에서도 1870년대의 극단적 규제주의—도덕적·종교적 법률을 공공연히 주창했던—와는 성격상 다른 극단적 규제주의를 초래했다고 필자는 술회한 바 있다. 따라서 G. 피셰 박사[72]는 도조례들이 성병환자들에게 자신이 전염시킨 사람들의 이름과 주소를 명기하는 강제조항을 만들 것을 제안했다. 이 제안에 따르면, 해당구역의 경찰서장은 성병환자에게 〈성병대책수첩〉을 보내고 자가치료를 의무화한다는 것이다. 성병으로 3회를 고발당한 사람은 벌금형이나 구금형에 처해지고, 심할 경우 강제적으로 병원에 수용된다는 내용도 들어 있다.

1900년에 발간된 소책자 속에서 다씨 드 리니에르는 성병을 모든 병들 중에서 『가장 두렵고 끔찍한 재앙』[73]으로 간주하고 있으며, 공인창가를 『사회의 질서유지를 위한 계단』[74]으로 파악한다. 그가 주장하던 바는 창가에 출입하려는 고객은 의무적으로 검진을 받아야 하며, 창가에 들어가기 전에 의학적 검사를 필했다는 〈검진증명서〉를 의무적으로 제시해야 한다는 것이다. 『건강한 매춘부와 건강한 고객이 의학적으로 감시되고 위생적으로 관리되는 창가에서 만나야 한다는 방침, 바로 이것이 시도해 볼 만한 궁여지책의 형태일 것이다.』[75] 한편 이런 생각들이 전쟁기간 동안에 외국에서 성공을 거두게 되는데, 그 이전에 스칸디나비아의 국가들이나 독일의 의사들에 의해 이런 생각들이 이미 표출된 바 있었다. 1906년에 망까 박사는 더욱 완화된 안을 내놓았는데, 그것은 고객이 매춘부에게 요구할 수 있는 〈건강수첩〉을 만들자는 단순한 것이었다.[76] 까를르 박사도 이 제안을 지지했다. 까를르의 견해는 매독에 걸린 매춘부들에게 3년간의 치료기간을 부여하고, 안전성이 확인된 연후에 그 수첩을 발부해야 한다는 것이었다.[77]

성병의 위험성에 관해 무서울 정도로 집요하게 전개된 홍보활동은, 매춘의 규제관리가 필요하다는 생각을 세론에 확산시키는 분명한 역할을 수행했다. 그것은 바로 P. 레베끄 박사가 공창제폐지론자들의 관점을 옹호하는 흔치 않은 논문들 속에서 지적하던 것이었다. 그는 다음과 같이 기술하고 있다. 『푸르니에 교수는 과학의 권위를 앞세워서 우리에게 성병의 공포들을 수용하고 있는 박물관을 펼쳐 놓았다…… 사람들은 경찰청장 앞에 엎드려 전율한다.』[78]

성도착이나 정신병에 관한 순수한 성과학적 언설과는 반대로 성병에 관한 언설은 성적 향락의 다양한 형태를 주장하는 것이며,[79] 필자는 그것을 통합적인 요소로 파악했다. 성병의 위험성과 관련하여 성문제에 대한 생각들이 어떤 일정한 방법으로 정리되어 여론에 퍼져 가는 경향을 보이고 있었다. 의사들은 종교의 영향력이 후퇴하고 의학의 권위가 증대됨에 따라 자신들의 강압적인 주장을 도덕과 교육의 영역으로 관철시키려 했으며, 심지어는 정신병의 원인까지도 해명할 수 있다는 확신을 가지고 있었다. 결국 성병은 종교·도덕·의학이라는 주제의 중심에 있으며, 근원적인 공포가 융합되는 요소였던 것이다.

여기서 우리는 최종적으로 성병의 위험성에 연결된 정도에 따라서 미셸 푸꼬가 〈억압의 가설〉[80]이라고 규정했던 것을 고찰해 볼 필요가 있다. 성에 관한 고찰은 주로 젊은층에 대해서 그들의 성욕을 억제하는 전략을 가져오며, 이것이 바로 억압의 가설과 같은 맥락을 형성한다. 성과학 연구가 발전함으로써 의사와 사회학자 들이 인간의 행동을 유형화하거나 정신병의 원인에서 성을 중요한 요인으로 간주하고 있던 반면에, 성적인 면에서 여론을 형성하고 있던 정보들은 성병의 위험성에 대한 집요한 홍보를 통해서만 이루어지고 있을 뿐이었다. 요컨대 매독에 대한 과도한 공포감은 얼핏 보면 진부한 느낌이 없지 않지만, 성적 쾌락에 대한 커다란 장애요소로서 기독교적 죄악감으로 대체되고 있었다. 사실상 이것은 당시 확산되어 가고 있었던 매독공포증을 더욱 강화시키는 작용을 했다.

2 부녀자 매매, 현시대 최악의 재앙[81]

신화를 현실로부터 풀어헤친다는 것은 어려운 일이다. 이러한 예는 바로 부녀자의 매매문제이다. 부녀자 매매라는 주제는 그 시대 모든 공포의 근원이었으며, 현실상황에 의해서보다는 불안에 휩싸인 문학을 통해 더욱 의미심장한 주제를 형성하고 있었다. 이 문제에 관해 가장 온건한 입장에 있었던 사람들조차도 혼란에 빠져 있었다.

요컨대 부녀자 매매라는 표현이 당시 애매모호한 성격을 띠고 있었던 것이다. 따라서 르노블의 이론[82]과 함께 부녀자의 〈소규모 매매〉와 〈국제적인 대규모 매매〉를 분명히 구별해야 한다. 사실상 세간의 여론이나, 심지어는 차장검사 쾨이욜리⁸³⁾와 같은 법학자들에게 있어서도 부녀자 매매는 여성의 무역이라는 동의어로 인식되고 있었다. 부녀자 매매는 인간 신체의 모든 매매가 금지되고 있다는 점에서 마땅히 규탄되어야 할 만한 것이었다. 부녀자 매매의 사실을 세간에 처음 고발한 언론인들의 논조가 바로 이런 입장을 대변하는 것이었다. 이브 귀요의 매춘에 관한 저작 속에서, 그리고 그 재앙에 할당된 따뀌셀의 작품 속에서도 부녀자 매매사건이 고발된 바 있다.⁸⁴⁾ 마찬가지로 이벨은 라 랑떼른느紙와 르 마땡紙의 사설에서 여가수들의 매매에 항의하는 캠페인을 전개했으며, 이것은 거의 국제적인 범주를 넘지 않는 소규모적인 불법거래를 겨냥한 것이었다. 간단히 말해 부녀자 매매는 공인창가의 노동력을 모집·보급하려는 창가의 경영자나 중개인, 혹은 물주들이 어쩔 수 없이 의존해야만 하는 보편적인 거래형태로 인식되고 있었다. 따라서 부녀자 매매는 공창제도에 그 근거를 두고 있는 것이다. 이런 이유로 공창제폐지론자들은 부녀자 매매라는 현상으로부터 자신들에게 적합한 공격재료를 추출해냈다. 그러나 기억해야 할 것은 공창제폐지론자들이 공격재료들의 예를 프랑스가 아닌 영국이나 벨기에, 즉 조사가 특별히 잘 진행되어 불법거래가 명확하게 드러난 국가들에서 취했다는 사실이다.

 이와는 반대로 공창제도의 폐지가 부녀자 매매의 원인이 되고 있다고 생각하는 국제법 전문가들과 외교관들, 그리고 신규제주의자들도 있었다. 이들에게 있어서 부녀자 매매에 대한 시각은 국경을 넘나들면서 이루어지는 상거래만을 목표로 한 것이다. 『한 국가 안에서 그것은 노동력의 고용이라고 볼 수 있지만, 다른 국가의 입장에서 보면 그것은 노동력의 수출이나 수입이 된다』⁸⁵⁾라고 루이 르노는 쓰고 있다. 그런데 1902년의 빠리회의가 종료된 이후, 심지어 이들 사이에서 부녀자 매매라는 표현은 범법적인 사건으로 간주되는 사건들에 한해 적용하려는 경향을 보였다. 다시 말해 그들은 국제적 규모의 부녀자 매매가 아닌, 폭력이나 사기·배임죄 등을 동반하는 미성년 여성과 성인 여성의 매매에만 이 표현을 한정시키려는 태도를 취하고 있었던 것이다.

 1880년부터 1914년까지 진행된 그 표현의 의미론적 변화를 확인할 수 있다. 즉 위의 두 입장 중에서 후자의 입장이 서서히 전자의 입장을 압도해 나가기 시작했던 것이다. 이런 현상은 부녀자 매매에 대한 투쟁을 빌미로 공창제폐지론을 희생시키면서 신규제주의자들이 자신들의 세력을 확장했다는 사실을 의미한다. 그럼에도 불구하고 그들은 모호한 캠페인을 통해서나마 공창제도를 유지하려는 의지를 보였으며, 한편으로 부녀자 매매라는 비인간적 행위에 대한 투쟁을 전개했던 것이다.

신화의 형성과정과 최초의 투쟁

모든 형태의 인신매매에 반대하는 초기 공창제폐지론자들의 논리는 단순한 것이었다. 당시 인신매매라는 재앙에 대한 고발은,[86] 영국의 의원들과 벨기에 판사들에 의해 명확히 규명된 사건들에 근거하고 있다. 영국의 상원의원 로드 스네이즈는 1881년 7월 26일 〈소녀의 보호〉에 관한 상원특별위원회에 제출한 보고서에서, 영국과 대륙의 국가들 사이에서 벌어지던 불법거래의 실체와 그 과정을 적나라하게 폭로했다. 게다가 영국의 물주들과 벨기에의 중개인들이나 창가 경영자들 사이에 오간 서신들의 일부가 공개됨으로써 걷잡을 수 없는 추문을 야기시켰다. 고발된 사람들의 서신을 읽어보면 〈소하물〉에 기입된 여성의 연령과 신체적 조건, 그리고 직업적 경력사항이 상당히 미화·과장되어 있음을 알 수 있다. 1878년에서 1880년의 3년 사이에 34명의 젊은 영국 여성들—그 중 3명은 진짜 처녀였다—이 런던에서 브뤼셀로 이송되었다. 당시 가격은 3백 프랑이었으며, 상품을 받고 그 상태를 확인한 후에 총액이 지불되었다.

이런 사실의 고발에 뒤이어 벨기에 법정은 1881년 12월에 개정된 재판에서 이 사건을 규명하려고 애쓴 결과, 인신매매의 실체를 확인할 수 있었다. 브뤼셀 재판사건에 대한 여러 이야기가 공창제폐지론자들의 신문을 통해 수없이 거론되었다. 조세핀 뷔틀레에게 헌정된 소설 하나가 벨기에에서 불어판으로 출간되었다. 이 소설은 영국과 대륙국가들 사이에서 이루어지던 여성의 인신매매를 상세하게 다루고 있었다.[87] 귀요도 자신의 저작에서 이 모든 사건들에 커다란 중요성을 부여했으며, 이외에도 프랑스에서 이루어지던 공창의 모집과 알선 그리고 운송방법의 과정을 상세하게 묘사했다. 1885년 7월 3일, 라 뽈 말 가제뜨誌는 일련의 폭로성 기사들을 발표함으로써 강제로 창가에 끌려와 매춘을 벌이는 여성 매매시장이 런던에 존속한다는 사실을 폭로하고자 했다.[88] 이런 폭로기사가 《런던의 스캔들》이라는 제목으로 번역되어 같은 해 빠리에서 출간되었다. 출판 당시 약간 호기심을 끌었던 이 책의 내용에는 특히 부녀자를 유인했던 모집책의 고백이 포함되어 있었다.

다시 공창제폐지론의 입장으로 돌아선 뤼또 박사는, 미님 박사라는 가명을 사용하면서 이런 사실들을 세간에 널리 인지시키려는 노력을 기울이고 있었다.

1886년에 출간된 저서《런던과 빠리에서의 매춘과 부녀자 매매》속에서 뤼또 박사는, 1902년 당시 대신문에서 전개한 캠페인의 성공을 보장하는 모든 문제들에 대해 그 성격을 규명한 바 있다. 부녀자 매매문제로부터 그는 처녀들의 수난을 인지하고 있을 뿐이었다. 그것은 돈에 팔린 여자가 아니라 찢겨진 처녀성을 의미하는 것이며, 이것은 약간의 호기심에 찬 비난을 야기하는 것이기도 했다. 뤼또 박사는 『처녀들에 대한 강간—처녀들에 대한 매매—처녀들이 인도된다—어째서 희생자들의 외침 소리를 듣지 않는가?—어린 소녀들이 가죽끈에 매여 있다』와 같은 제목의 수많은 장들을 자신의 저서 속에 삽입시켰으며, 이것은 부녀자 매매의 비참한 상황을 확실하게 증명해 주는 것이다. 그는 다수의 참신한 아가씨들의 가치를 구역에 따라 세분화했다. 가격은 처녀를 선호하는 고객에 따라 결정되었는데 M부인과 Z부인의 창가에서는 1백25프랑, 동부 외곽지역에서는 2백50프랑, 서부 외곽지역에서는 5백 프랑으로 매매가 이루어지고 있었다.[89] 주지하다시피 이 가격은 자격을 갖춘 전문 감정인의 처녀증명서를 고객에게 제시할 때에만 지불되는 것이었다. 저자의 견해에 따르면, 1만여 명의 어린 소녀들이 영국의 수도에서 이렇게 매춘부가 되어 있었다. 저자는 자신의 작품 속에서 2주마다 3명의 처녀들을 상습적으로 갈아치운 한 고객의 예를 제시하고 있다. 이렇듯 수많은 사실들이 폭로되었음에도 불구하고 실상 프랑스에서는 이에 대한 별다른 반응이 없었다. 그 이유는 프랑스에서 대신문의 시대가 그때까지 도래하지 않았기 때문이다.

그러나 외국에서는 부녀자 매매문제가 이미 공식적인 폭로의 대상이 되어 있었다. 따라서 1864년부터 헝가리 정부의 법령은[90] 소녀들을 미국으로 운반하는 선박운송 책임자들의 주의를 촉구했다. 1867년 3월, 이집트에 거주하던 헝가리인들은 이러한 불법거래의 투쟁에 나서 달라는 청원서를 본국의 국회의원들에게 보냈다. 특히 1874년, 오스트리아의 하원의회는 부녀자 매매문제의 취급을 위한 국제회의의 개최를 희망한다고 발표했다. 오스트리아 하원은 또 부녀자 매매에 관한 조항이 당시 준비중에 있던 신형법에 추가되어야 한다고 요구했다. 1889년 제네바에서 개최된 제5회 국제회의에서 공창제폐지 전영국·대륙연합은 국제적인 부녀자 매매의 실체를 엄격히 비난하고 나섰다.

1895년, 프랑스 상원은 베랑제가 제안한 법안을 가결시켰다.[91] 이 법안은〈폭력과 사기에 의한 매춘의 강요를 처벌〉(성인 여성의 경우도 이를 적용)하자는 벌칙의 내용을 담고 있었다. 그런데 사실상 이 법안의 문안들은 의원들에 의해 단

한번도 검토된 적이 없었다. 같은 해에 로비께[92]의 요청에 따라 빠리에서 개최된 국제징계회의는 매춘의 강요를 금지시키는 제안을 채택했으며, 부녀자 매매문제에 관한 국제회의 개최를 요구했다.

독일인 라이히만이 유일하게 구체적인 대책을 강구하고 있었다.[93] 라이니게와 베벨·포르스터가 라이히슈라트회의의 문제점을 지적한 이후인 1897년, 부녀자 매매에 가담된 사람들의 벌칙조항이 마련되어 이민법에 추가되었다. 이 벌칙조항은 2년에서 5년의 징역형과 1백50마르크에서 6천 마르크에 해당하는 벌금을, 여성을 이민으로 위장·유입시켜 매춘에 투입하려는 모든 범법자들에게 부과하는 것이었다. 이를 위해 당시 범죄인 인도에 관한 여러 조약들이 인접국들 사이에 체결되었다.

이러한 조치들을 통해 부녀자 매매에 대한 투쟁의 국제적 캠페인이 일어나고 있었다. 이 캠페인을 이끌었던 것은 영국과 스위스의 신교도계층이 주체가 된 민간단체들이었다. 이런 목적으로 1885년에 런던에서 창설된 전국감시협회는 국제적인 불법거래에 반대하는 국제조직의 결성을 눈앞에 두고 있었다. 그 협회의 서기장 꾸뜨는 대륙 제국들의 국내위원회 설립을 촉구하기 위해 대륙을 여러 차례 왕래했다. 프랑스위원회의 조직자는 상원의원이던 베랑제였는데, 프랑스위원회가 조직된 다음부터 부녀자 매매에 대한 투쟁을 자신의 제일 목표로 삼았다. 그는 또 자신과 견해를 달리하는 사람들을 자신의 주위로 끌어모으는 데 성공했다. 〈집중력의 과업〉[94]을 표방한 그 위원회는 신규제주의자들과 공창제폐지론자들·신교도들·유태인들·가톨릭교도, 혹은 여권주의 운동가들이나 그 반대자들을 위원회의 멤버로 포용하고 있었다. 요컨대 프랑스위원회는 결성 당시부터 일치단결하여 공창제폐지론자들의 시각을 저해하고 있었다.

전국감시협회는 1899년 6월, 런던에 있던 펠리스 호텔에서 부녀자 매매에 반대하는 제1회 국제회의를 개최했다. 이 회의에는 12개국의 회원들이 참가했다. 서유럽 국가들 중에서 스페인과 이탈리아의 회원들만이 불참했다. 물론 이 회의의 성격에 의구심을 가지고 있던 영국 정부는 공식적인 대표를 임명하지 않았으며, 이것이 다른 외국 정부 대표들의 불참을 초래했다.[95] 그럼에도 불구하고 외국 정부들은 정부를 대변할 수 있는 비공식 대표들을 파견했다. 각국의 국내위원회는 해당국가의 불법매매 실태와 예방책, 그리고 갱생조치를 보고할 두 명의 보고자를 임명했다.[96] 이 국제회의의 결과로서, 그 당시까지 신화로 남아 있던 부녀자 매매의 실태가 명확히 실증되었다.

이 회의의 참가자들은 부녀자 매매에 관한 법률적 규제의 문제를 검토한 이후, 이에 대한 항구적 국제기관의 설치를 만장일치로 가결했다. 각국의 국내위원회는 부녀자 매매가 하나의 범죄로 간주될 수 있도록 공적 기관에 압력을 가하자고 호소했다. 그 회의는 특히 공식적으로 부녀자 매매에 반대하는 국제적 협의회의 필요성을 제창했다.

그러나 그 회의에서 열띤 토론이 진행되는 동안 각국의 국내위원회, 특히 프랑스위원회의 모순된 태도의 실체가 적나라하게 드러났다. 영국과 스위스의 회의 대표자들은, 동석했던 여권주의자들과 마찬가지로 프랑스위원회가 부녀자 매매에 대한 반대투쟁을 벌이면서 동시에 공창제도를 옹호했다는 사실을 확인하고 이에 분개했다. 영국과 스위스의 회의 참가자들은, 또 자신들의 노력을 수포로 돌릴 수 있는 근본적인 모순점을 지적하기도 했다.[97]

국제회의가 종료되자 운동의 효율성에 의심을 품은 꽁뜨 목사는 영국 대표자들의 불안감에도 불구하고, 프랑스 공창주의자들의 명의로 매춘규제와 부녀자 매매문제를 완전히 분리시키자는 원칙을 받아들였다. 결국 모든 회의 참가자들이 본받게 된 꽁뜨의 태도를 통해 부녀자 매매에 대한 여러 결의사항들이 만장일치로 채택될 수 있었다. 그 결과로서 중요한 양보사항이 이루어졌으며, 이 운동은 적어도 프랑스에서 베랑제 이후 신규제주의자들이 이용하는 하나의 도구로 변모되어 갔다.[98]

전영국감시협회의 반대조직 결성과 국제연락망의 확충이라는 노력과 병행해서 여성들을 불법매매로부터 보호할 목적으로 수많은 자선단체들이 등장했다. 공창제폐지회의가 끝나고 1877년 제네바에서 창설된 젊은 여성들의 우호국제연합회는, 필자의 견해로는 젊은이들의 성적 도덕성을 보호하기 위한 국제적 캠페인의 제1보였다고 생각한다. 젊은 여성들의 우호국제연합회는, 빠리회의가 개막되기 전인 1902년 당시 젊은 여성들을 보호하거나 갱생시킬 목적으로 2백40개의 시설을 확보하고 있었다. 이 연합회는 27개 대도시의 역에 요원들을 배치하고 84개의 무료직업소개소를 운영했으며, 이외에도 아미 드 라 죈느 피유라는 기관지를 발행했다.[99] 이러한 조직 위에서 젊은 여성의 보호를 위한 국제가톨릭사업단이 당시 활동을 펼치고 있었다. 이밖에도 부녀자 보호를 위한 유태인협회와 이스라엘연맹도 부녀자 매매에 반대하는 투쟁을 적극적으로 전개해 나갔다.[100]

프랑스에서는 적어도 1천3백 개의 조직이 결성되어 완전히, 혹은 부분적으로 젊은 여성들의 보호나 갱생에 헌신하였다. 1898년 4월 18일에 가결된 〈아동에 대한 폭력이나 학대행위 금지〉 법안은 이런 유형의 조직들의 증가를 가져왔다. H. 졸리가 런던에서 열거했던 이 모든 조직들의 이름을 다시 여기서 제시한다는 것은 지나치게 짜증스런 일일지도 모른다.[101] 그러나 중요한 것은 19세기 말엽에 일어난 이런 조직들의 증가현상을 확인함과 동시에, 그 조직들의 목록작성과 그들의 행위를 지원할 목적으로 시도된 노력을 확인할 수 있다는 것이었다.

런던의 국제회의가 종료되었을 때, 부녀자 매매문제는 세간의 공공연한 화제거리로 등장했다.[102] 1901년, 암스테르담에서 개최된 국제회의에 각국의 국내위원회 대표들이 참석하였다. 그 이듬해에 급진사회당 정부의 주도하에 그토록 열망했던 국제회의가 빠리에서 개최되었으며, 이 국제회의는 부녀자 매매 반대운동에 있어서 획기적인 의미를 갖는 것이었다. 이제 남은 과제는 당시 절정에 달했던 부녀자 매매현상으로부터 은폐되어 있는 신화를 폭로하는 것이었다.

사건들의 실태

부녀자 매매행위의 증가는 분명히 유럽인들의 확장정책에서 기인하는 결과들 중 하나이다. 이 불법매매의 증가현상은, 식민지정책의 추진에서 기인한 것이라기보다는 수백만의 유럽인들이 지구의 다른 네 대륙으로 유입되어 가던 광범위한 이민정책에서 비롯된 것이었다. 이 현상에 대한 연구는 이후부터 잘 진행되었으므로 여기서 다시 언급할 필요는 없을 것이다. 그런데 이것과 관계된 유럽인들의 이 이민현상은 지중해 북안의 주민들(그리스와 이탈리아)과 오스트리아·헝가리, 그리고 러시아제국 주민들의 유럽 이주였다. 그리고 이와 관계된 부녀자 매매의 신화가 세간의 관심거리로 부상하게 되었다. 이러한 대량이민은 우월한 남성들에 비해서 상대적으로 빈약하고 거의 교육적 소양이 없는 여성들을 대상으로 한 것이었다. 이민은 또 당시 새로운 국가들(오스트레일리아와 라틴아메리카)과 개척지들의 인구분포에 있어서 남녀 구성비율의 불균형을 초래함으로써 여성의 수요문제를 야기시켰다. 이 문제는 중국의 분할과 1899년에서 1902년 사이에 일어난 트란스발 전쟁으로 더욱 심각한 양상을 띠고 있었다. 다시 말해서, 그때부터 교통수단의 발달을 통해 여성의 보급문제가 더욱 원활히 해결되고 있었다.[103] 개인의 거주지 이동이 더욱 일반화됨으로써 쉽게 자신의 고향을 등지는 현상이 일어났고, 타지에서의 개인의 익명성은 도덕관의 약화를 가져왔으며, 동시에 불법매매자들은 더욱 용이하게 여성들을 유인할 수 있었던 것이다. 여기에다 국내의 몇몇 정치적 사건들이 당시 부녀자 매매를 조장했다는 사실을 추가해야 한다. 따라서 세르쥬 볼코브스키 공[104]이 지적했듯이, 러시아의 독재치하에서 행해진 수많은 유태인 여성들에 대한 학대로 인해 그 여성들은 불법매매자들과의 교섭을 받아들였다.

그럼에도 불구하고, 새로운 이주개척지에서의 여성의 부족으로 인해 유럽 이주민들이 성적 욕구불만을 매춘에 의존할 수밖에 없었으며, 그 결과로 부녀자 매매가 증대현상을 보이고 있었다는 설명은 납득하기 어려운 것이다.[105] 유럽의 이주정책에 거의 적극적이지 않았던 프랑스가, 부녀자 매매문제에 관해 대단한 강박감을 가지고 있었다는 사실이 바로 이것을 설명하고 있는 것이 아닐까? 부녀자 매매의 국제화는 또 전 유럽지역 공인창가의 감소현상에 대한 반동으로 필자는 파악하고 있다. 남성의 성적 취향에 커다란 변화가 일어나고, 여론도 최소한의 묵인을 함으로써 이에 고무된 밀매인들과 모집책들·중개인들, 혹은 물품 공급업자들은 새로운 대규모 밀매시장의 개설 필요성을 인식했으며, 그 결과 그들은 인신매매를 위한 국제적 조직망의 형성을 구상하고 있었다. 따라서 부녀자 매매는 당시까지 유럽지역 창가에 여자들을 공급하던 중개인들의 악덕행위가, 그 성격이 변화되고 연장되었다는 사실을 반영하고 있는 것이었다. 부녀자 매매는 새로운 재앙이라기보다는 오히려 공창제도를 유지하는 결과를 초래했다. 물론 공인창가를 유지하고, 매춘부의 존재를 공식적으로 인정하는 한에서만 효과적인 억압이 가능할 수 있다는 것은 분명하다.

이상과 같이 부녀자 매매의 변모와 여성시장의 새로운 증대를 배경으로, 20세기 초엽의 10년간 매춘업계에서 일어난 변화에 호응해서 창가 경영의 집중화 현상이 일어났던 것으로 생각된다. 대신문들은 그러한 사실을 경쟁적으로 되풀이하고 있었다.[106] 삐에르 구종은 1912년 당시 의회에서, 15년 전부터 일어난 〈악의 놀라운 확장〉을 상기시키면서 다음과 같이 지적했다. 『말하자면 체계적으로 조직화된 부녀자 매매는 전세계에 전문적인 모집책을 구비하고 있는 국제적 망을 통해 실행되고 있다. 이 조직망은 은행가들을 끼고 있으며, 법원이 회계보고를 요구할 때 쓰이는 보조수단으로서 경리계의 조직까지 갖추고 있다.』[107] 수많은 국제회의에서 행해진 보고서들과 공식적인 조사결과들, 법원[108]과 경찰의 고문서 보관소의 자료들이 보다 신중한 자세를 요구한다. 사실상 놀라운 것은 여론의 흐름 사이에 풍문이나 정식으로 확인되지 않은 왜곡된 사실이 존재하고 있다는 것이다. 특히 경찰의 보존문서들을 보게 되면, 부녀자 매매의 실태가 그 구조에 있어서 공창제도 국가들이 인정하던 매춘부 거래의 실상과 크게 다를 바가 없다는 일시적인 가정을 해볼 수 있다. 반복하자면 부녀자 매매행위가 증대하고, 그 형태의 변화와 적응기간을 거치면서 공창의 매매와 같이 방법상의 기술이나 재정적 기반이 대변화를 겪게 되었던 것이다.

전국감옥협회 전문가들의 분석을 믿는다면, 일반적으로 부녀자 매매는 2인 1조의 인물들로 이루어진다. 즉 재정상태가 빈약한 모집책들은 비교적 부유한 물주들 수하에서 일하게 된다. 최고법원의 차장검사 푀이욜리는 물주에 대해 다음과 같이 말한 바 있다. 『이런 류의 사업을 전문으로 하고 있는 물주는, 그 풍채와 태도가 고상한 부르주아를 연상케 한다. 그는 자신이 임대한 가옥에 대해 정기적으로 임대료를 지불하며, 그 구역의 저명 실업가로 행세한다.』[109] 그리고 퓌바로는 대다수의 보석상인들이 부녀자 매매와 관계된 활동을 하고 있다고 지적했다.[110] 물주들은 일반적으로 부녀자들을 유인할 수 있는 입장에 있는 주류상인들이나 이발사, 호텔이나 선술집 혹은 댄스장의 종업원들로 구성된 하부조직망을 거느리고 있었다. 부녀자들은 물주인 사장의 집이나 모집책의 집에서는 결코 소개되지 않는 것을 원칙으로 했다. 『부녀자의 소개는 길거리나 공공 공원, 때로는 까페에서 이루어졌으며, 결코 같은 장소에서 두 번 이상 행해지는 법이 없었다…… 모집된 여자는 그때 몇 푼의 돈을 받게 된다…… 몇몇 여성들의 모집이 이루어지게 되면, 물주는 소위 호위선단이라는 특별유통경로를 통해 지방이나 외국으로 가는 배에 여성들을 승선시킨다.』[111] 이것은 사실상 인신매매시장의 등급화와 공창매매의 집중화 현상을 보여 주는 것이며, 공공기관의 자료들을 검토해 보면 실상과는 약간의 차이가 있다는 것을 알 수 있다.

1902년 빠리회의가 개최되기 직전, 경찰청은 확실히 부녀자 매매에 연루되어 있다고 생각되는 사람들에 대해 은밀한 조사를 실시했다.[112] 81명의 〈물주-중개인〉들이 리스트에 올라 있었는데, 필자는 다행스럽게도 그들에 관한 상세한 정보를 얻을 수 있었다. 물론 빠리 경찰이 물주의 활동보다 모집책들의 활동에 보다 정확한 정보를 가지고 있었다고 추정해 볼 수 있을 것이다. 그러나 이 양자 사이의 역할 차이는, 푀이욜리의 지적대로 그렇게 분명한 것이라고 말할 수 있을까? 필자의 견해로는 그렇지가 않다. 분명한 사실은 불법매매자들은 당시 공창제도에 깊이 관여하고 있던 인물들이었다. 창가의 남경영자나 여경영자들, 혹은 그들의 배우자들, 창가에서 일하는 모집책들, 가옥 임대인들, 주류상인들, 바로 이러한 직업의 소유자들이 부녀자 매매활동을 벌이고 있었던 것이다. 그러나 이들의 본업을 구별해낸다는 것은 상당히 어렵고도 애매한 것이다. 4년 후 페르디낭 드레퓌스는, 내무부 직원들이 1902년부터 1906년까지 작성한 부녀자 매매에 관한 4백여 개의 자료들을 분석하면서 불법매매자들은 일반적으로 중개인이나 외판원·주류상·숙박업자·직업소개소의 경영자, 혹은 까페-공연장의 관리인이나 악극단의 지배인 행세를 하고 있다는 사실을 파악했다.[113] 사실상 이러한 직업들이 공인창가를 뒤에서 움직이는 물주들의 진짜 활동을 은폐시키는 역할을 하고 있었다.

부녀자 밀매인들은 누구를 위해 일하고 있으며, 그들 〈수하물〉의 목적지가 어디인지는 분명하게 알려져 있다. 그 목적지의 대다수는 지방이거나 혹은 지방과 외국의 양방향이었다. 대규모적인 국제밀매를 전담하는 모집책과 중개인, 혹은 물주는 여성들의 운송에는 직접적으로 가담하지 않았다. 〈물건〉들의 운송을 담당하는 사람들은, 정확히 말하자면 대다수가 공인창가의 대리인들이었다. 연구된 표본을 보게 되면, 그것은 주로 네덜란드 창가들의 경우가 심했다는 것을 알 수 있다. 공인창가의 부녀자에 대한 대규모 모집과 공급활동은 대단히 복잡하게 얽혀 있다. 물론 이러한 현상은 필연적이긴 하지만, 한편으로 베랑제를 추종하는 인물들이나 프랑스 국내위원회의 노력이 헛된 것이라는 사실을 반영하는 바이기도 하다.

대신문들이 하찮은 몇몇 사건들에 입각해 밀매인들을 언급하게 될 때면, 으레 외국인들과 특히 행동이 수상스런 외국인들의 이름이 신문지상에 오르내렸다. 1902년 8월, 그랑드 르뷔紙[114] 속에서 사비오즈는 르방뗑(근동지방)인들과 스페인 갈리샤 지방의 유태인들, 그리고 남아프리카 공화국사람들에 대해 언급한 바 있다. 이상의 조사와는 반대로 경찰이 밝힌 바에 따르면, 이러한 밀매에 가담한 절대다수의 사람들이 프랑스의 지방사람들이라는 사실이 확인되었다. 프랑스인들 외에 경찰의 조사결과에는 유태인은 거의 없으며 몇몇 벨기에인들과 러시아인들이 포함되어 있었다. 이것은 프랑스의 밀매인들과 부녀자를 처음 모집했던 나라의 모집책들이 맺고 있는 관련성을 드러내 주는 것이었다. 그리고 외국의 밀매자들은 가명을 사용함으로써 자신의 신분을 은폐시키고 있었다는 사실을 추가해야 한다.

〈물주-중개인〉들은 부녀자 매매를 전문으로 하는 장년층이라는 사실을 명기할 필요가 있다.(cf. p.242) 이들은 기둥서방들과는 근본적으로 다른 성격을 지니고 있으며(이 두 개체를 혼동해서는 안 된다), 창가의 지배인들과 유사한 모습을 보이고 있다. 끝으로 이들 중 66퍼센트가 전과가 없었다는 사실은 그다지 놀라운 일이 아니다.

부녀자 매매가 행해지는 주된 지역의 위치는, 경찰의 감시가 항상 이동적인 상태에서 이루어지고 있었음에도 불구하고 상당히 정확하게 명기되어 있다. 1902년 당시, 부녀자 매매가 이루어지던 34개의 시설물들이 빠리 제6구(주로 포부르-몽마르뜨르 가에 16개)와 제2구(몽마르뜨르 가와 쎙-드니스 도로, 쎙-마르땡 가, 블롱델 가), 세바스토뽈 도로(7개), 제10구(5개), 제18구(4개), 제3구(2개)에 밀집되어 있었다. 이 시설들의 내역을 살펴보면 싸구려 술집이 10개, 까페가 6개, 일반 술집이 4개, 맥주홀이 2개, 바가 2개, 음식점이 2개였으며, 그밖의 기타 시설물이 8개였다. 경찰이 파악하고 있는 이 시설들의 위치 분포는 아브릴 드 쌩뜨-크로와 의 부인이 제시하는 것과 크게 다르지 않다. 아브릴 부인의 주장에 따르면 실제로 모집책들은 몽마르뜨르 언덕이나 샤또뎅 사거리에 인접한 까페들, 혹은 마르띠르 가나 노뜰-담 드 로레뜨 가로 몰려들고 있었다. 이후 경찰은 빨레-롸이얄 궁 근처의 시설들을 강제로 추방시켜 버렸다.

사람들이 집중적으로 몰려들어 활동하던 곳은 시 교외의 몇몇 장소였으며, 종종 물주들의 거주지에서 활동이 이루어지기도 했다. 1902년 당시 꽁플랑과 펭-돠즈, 그리고 특히 앙드레지[116]가 부녀자 매매의 주요 국내 거점이었다.

여자들을 모집하는 방법은 공인창가에서 여자를 조달하는 방법과 상당히 유사하게 이루어졌다. 무허가 직업소개소들, 불법매매업자들과 한통속인 숙박업소 주인들, 신문의 광고들, 혹은 남자 모집책이나 여자 모집책들을 통해 병원이나 공공 공원에서 여자가 조달되었으며, 특히 빠리에서는 뚜르 쌩-쟈끄 광장과 보스주 광장에서 여성들의 모집이 이루어지고 있었다. 그러나 새로운 것은 역들이 모집책들의 주된 활동무대였다는 사실이다. 모집책들은 역에서 길을 잃고 외로워하는 시골 여성들을 기다렸다. 이 당시 부녀자 매매에 있어 수송수단과 국경통과의 방법에 커다란 변화가 일어났다. 즉 미성년자들에게 가짜 신분증이 발급되고, 다음에는 건강진단이 행해진다. 햇병아리 여성들이 출발 전〈실습〉과정을 갖게 되고, 교외의 특정지역으로 집결한 다음 기차를 타고 출발하여 항구로 가는 과정이 바로 그것이었다.[117] 드문 경우이긴 하지만 이렇게 모집된 여성들을 대상으로 배 위에서는 교섭이 진행된다. 가불을 하고 배가 목적지에 도착할 때쯤이면 무일푼이 된다. 게다가 불어난 부채를 갚기 위해서 자포자기적인 심정으로 매춘에 종사하게 되는 것이다. 러시아제국에서는 밀매인들의 활동이 신흥국가 독신남성들의 공식적인 여성 공급 루트로 은폐, 이용되고 있었다. 수많은 젊은 여성군단들이 이처럼 쉽게 모아졌고, 이들은 국외의 창가 경영자들에게 폭리를 안겨다 주는 대상이 되었다.

국제적 부녀자 매매의 대상(희생자라는 표현은 여기서는 적절치 않다)이 되었던 프랑스 여성들은 주로 매춘부들이나 하녀들, 그리고 가게의 여종업원들이었다.[118] 당시의 증언을 토대로 한다면 위 계층의 여성들 말고도 수많은 〈분류될 수 없는 여성들〉이 매매의 대상이 되었는데, 대표적인 예가 유자격 가정교사나 교습생 없는 피아노 교사였다. 이들은 가정교사를 공급한다는 속임수에 넘어가 러시아 제국과 특히 폴란드로 몰려들었다.[119] 그러나 이들은 목적지에 도착함과 동시에 자신들이 속았다는 사실을 깨닫지만, 달리 뾰족한 생활방도가 없기 때문에 창가 경영자들의 제안을 받아들일 수밖에 없다. 그리고 이들은 까페-공연장의 여가수들과 흡사한 상황에 놓이게 되는 것이다. 일단 목적지에 도착한 이상 별다른 직업을 찾기 전에는 스스로 매춘을 수락할 수밖에 없는 것이다.

그러나 강조해야 할 중요한 사실이 하나 있다. 푀이욜리[120]와 사법관들 혹은 검찰청 관리들[121]이 증언하듯이, 폭력이나 납치로 끌려온 부녀자들의 경우는 극히 드물었다는 사실이다. 여러 조사위원회나 공창제폐지협회의 단체들은 그런 사실들을 지적했지만, 〈소규모적인 부녀자 매매〉와 마찬가지로 〈대규모의 부녀자 매매〉에 대해서도 부녀자들은 이미 그 성격을 잘 알고 있었으며, 따라서 해당 부녀자들은 별다른 이의 없이 자신의 고국을 떠났던 것도 분명한 사실이다. 대부분의 경우, 이 여자들은 동행하는 중개인[122]과 짜고 항해 도중에 자신의 진짜 직업을 은폐했으며, 당국자들의 눈을 피하기 위해 약혼여성이나 판매원, 혹은 가정교사 행세를 하기도 했다. 국제적인 부녀자 밀매가 광범위하게 이루어지고 있었던 만큼 그 방법에 있어서도 국내에서의 밀매행위와 같은 과정으로 전개되었다. 즉 국제적 규모의 밀매는 단순히 국경을 넘나드는 행위를 전제로 하는 것이었다. 조르쥬 삐꼬의 적절한 표현을 취하자면, 국제밀매와 국내밀매 사이의 유일한 차이점은 그 행위의 장소가 일치하지 않는다[123]는 점이었다. 일상적으로 공공연히 행해지고 있던 매매행위는 당시 그 합법성에 의문이 제기되고 있었다. 따라서 빠리 국제회의가 개최되었을 당시 세계의 외교관들은 부녀자 매매의 법제화를 추구하거나, 혹은 그 합법성의 범위를 규정하려고 노력하게 되었다.

부녀자의 국제 매매는 기타 상품거래와 마찬가지로 독자적인 유통경로와 창고, 그리고 주요 소비시장을 지니고 있었다. 이런 지리적 판매망의 구축으로 인해 수요와 유행, 그리고 시장의 포화도에 일대 변화가 일어났다.[124] 1899년 런던 회의에 제출된 보고서를 읽어보면 국제적 매매의 실상을 어렴풋하게나마 이해할 수 있을 것이다.[125] 국제적 규모의 부녀자 밀매의 두 가지 형태가 그 보고서에 동시에 실려 있는데, 하나는 불규칙적으로 이루어지던 유럽대륙 내에서의 매매이고, 또 다른 하나는 유럽대륙을 벗어나서 이루어지는 정기적인 밀매의 형태였다. 사실상 유럽은 부녀자들을 다른 대륙으로 수출하는 것보다 훨씬 더 많은 부녀자들을 다른 곳으로부터 수입하고 있었으며, 여기에서 〈백인여성의 매매〉라는 표현이 나오게 된 것이다.

비엔과 부다페스트가 유럽대륙의 주요 매매시장의 거점들이었다. 보히미아와 헝가리, 혹은 갈리샤에서 온 젊은 여성들과 특히 유태인 여성들은 트리에스떼와 제노바에서 모인 다음 세계 각지로 흩어졌다. 1백80여 개의 매춘소개소가 오스트리아의 수도에서 활동하고 있었다. 이 소개소들에는 상시등록한 1천5백 명의 부녀자가 모든 수요를 충족시킬 수 있는 승선 채비를 갖추고 대기상태에 있었다.[126] 러시아제국[127]은 부녀자들의 공급원으로서 대규모 시장을 형성하고 있었다. 러시아제국은 주로 오데싸 항구를 통해서 유태인 여성들과 특히 씨르카시아 여성들, 그리고 바르소비와 키에프·페트로프스크·칼라치 지방의 여성들을 그룹 단위로 승선시켰으며, 한 그룹은 15명 내지 20명씩으로 구성되었다. 알프렛 가로폴로 박사[128]의 견해에 따르면, 매춘에 종사하게 될 1천2백여 명의 여성들이 제노바 항구에서 매년 승선했다고 한다. 이 항구에서 승선한 여자들은 주로 헝가리와 러시아·스위스, 혹은 프랑스 출신들이었다. 나폴리와 메시나도 이탈리아로 들어온 여성들이 이용하던 승선의 주요 항구들이었다. 이탈리아의 남부지방에서는[129] 부녀자의 매매가 〈까모라〉와 〈마피아〉의 폭력조직에 의해 이루어지고 있었다. 영국과 마찬가지로 프랑스도 기본적으로 여성들이 거쳐가는 중간 기착지였다. 몇몇 프랑스 여성들을 제외하고, 프랑스의 경우 르 아브르와 보르도·마르세유[130]에서, 영국은 사우샘프턴에서 이탈리아 여성들과 독일 여성들, 벨기에 여성들, 그리고 심지어 러시아 여성들까지 외국으로 가는 배를 탔던 것이다.

당시 미풍양속과 전통적 가정의 분위기를 유지하고 있던 스웨덴을 제외한 전 유럽 국가들이 국제인신매매시장에 필요한 여성인력을 공급하고 있었다. 부녀자 매매는 엄격한 감시에도 불구하고 앙베르와 함부르크에서도 행해지고 있었다. 유럽국가들 중에서 특히 프랑스는 벨기에나 네덜란드, 혹은 러시아 창가들을 위시한 유럽의 인신매매시장에 인력을 공급하는 주요 루트가 되었다. 네덜란드의 수사담당 경찰관리 발켄슈타인의 보고에 따르면,[131] 암스테르담과 로테르담·헤이그에는 당시 〈프랑스-위젠인〉으로 구성된 전문창가가 11개나 존속하고 있었다. 이 창가들 중에서 4개는 필요한 인력을 프랑스로부터 직접 구입하고, 수 주일이 지난 다음 2등급에 속하는 창가들에 여자들을 되팔았다. 15개월 동안 79명의 프랑스 여성들이 이런 과정을 거쳐 수입되었으며, 총 2백21회의 매매과정을 거쳐 여러 창가로 분산되었다. 돈에 팔려온 어느 브르따뉴 출신 여성의 경우를 인용해 보면, 그녀는 자신의 동의가 없었음에도 불구하고 8주 동안 3번이나 창가를 옮겨다녀야 했다. 또 상당수의 프랑스 여성들이 남아메리카, 그 중에서도 특히 아르헨티나로 운송되었다.

당시 여성들의 주요 수입국은 남아메리카의 여러 나라들이었다. 미국에서의 여성 수요는 서부개척과 이민제한정책의 완성으로 약간은 시든 감이 없지 않았다.[132] 태평양 연안지역들이 그때부터 대다수 여성들을 끌어들이고 있던 반면에, 당시 주요 항구의 역할을 수행하던 뉴욕으로는 여성들이 몰려들지 않았다.[133] 뉴욕과 마찬가지로 리오 데 자네이로도 매춘의 과도한 증가현상에 대한 반동으로 그 역할이 감소되고 있었다.[134]

1914년 당시까지 대규모 여성시장의 역할은 부에노스 아이레스와 몬테비데오가 담당하고 있었다. 아르헨티나 수도의 풍속담당 경찰이 조사했던 결과를 삐에르 구종[135]이 의회에서 보고한 바 있었는데, 그것에 따르면 6천4백13명의 매춘부가 1889년 1월 1일부터 1901년 12월 31일까지 수도에서 정식으로 등록했다. 이들 중 4천3백38명(68퍼센트)이 유럽 출신들이었으며, 1천2백11명(19퍼센트)이 러시아 제국에서 온 여성들이었다. 이탈리아 출신의 여성들이 8백57명(13퍼센트)에 이르렀고, 6백88명(11퍼센트)이 오스트리아-헝가리제국 출신이었다. 또 6백6명(9퍼센트)이 프랑스 여성들이었고, 3백50명(5퍼센트)이 독일 여성들이었으며, 스페인 여성들이 3백26명(5퍼센트), 스위스 여성들이 96명(1.5퍼센트), 루마니아 여성들이 76명(1퍼센트), 영국 여성들이 65명(1퍼센트), 벨기에 출신이 42명(0.7퍼센트)의 순이었다. 1897년에 행한 부에노스 아이레스 주재 스위스 영사의 보고에 따르면,[136] 불법매매자들은 대다수가 폴란드계 유태인들로 구성되어 있었다. 당시 2천2백여 명의 매춘부들이 피와 눈물의 거리라는 깔르 라발르 구역의 창가들에 밀집되어 있었다. 그 보고에 의하면 매춘부의 40퍼센트가 폴란드 여성들이었고, 15퍼센트가 순수한 러시아 여성들이었으며, 11퍼센트가 이탈리아, 10퍼센트가 오스트리아-헝가리, 8퍼센트가 독일, 5퍼센트가 프랑스, 4퍼센트가 영국과 스페인 출신의 여성들이었다. 아르헨티나 여성들은 단지 3퍼센트만을 점유하고 있을 뿐이었다. 스위스 영사의 이러한 계산은 삐에르 구종의 평가와는 상당히 다른 것이다. 따라서 후자의 통계를 따른다면, 러시아제국으로부터의 여성 수입량이 19세기 말엽에 급격한 증가를 보이고 있다는 사실을 깨달을 수 있다. 여러 경우에서 알 수 있는 것은, 절대다수의 여성들이 국제적 이민의 수량에 커다란 비중을 차지하고 있던 국가들 출신이었다는 사실일 것이다. 그러나 영국 여성들이 차지하는 비율이 적고 프랑스 여성들의 비율이 높다는 것은, 위의 견해가 완전한 것이 아니라는 바를 보여 주고 있다. 다시 말해 취미나 관습・유행뿐만 아니라 사회적 제 구조나 성도덕도 함께 고려되어야 하는 것이다.

부녀자 매매의 또 다른 중심축은 중근동이었다. 이 지역에는 이탈리아 출신과 러시아・몰타・루마니아[137]・그리스[138] 출신의 여성들과 특히 유태인 여성들이 수없이 몰려들었는데, 아쁠르똥[139]에 따르면 이집트에 수입된 여성들의 75퍼센트가 오스트리아-헝가리제국 출신들로서 지중해에 면한 중근동 제국들의 부녀자 밀매 중심지 알렉산드리아에 집결해 있었다. 이집트 국가위원회가 빠리회의에 제출한 보고서에 따르면,[140] 종종 나일 강의 항해중에 매춘부로서의 수업이 실시된다는 것이었다. 반대로 이 보고서보다 6년 후에 비또리오 레비는, 러시아와 루마니아・헝가리 출신의 절대다수 여성들이 이집트에 정착하기 이전에 보스포루스 해협에서 2년 내지 3년간의 실습기간을 거쳤다고 강조한 바 있다.[141] 이렇듯 상반된 두 보고서는 콘스탄티노플과 알렉산드리아 사이를 왕래하던 여성들이 있었다는 사실을 보여 주는 것이다. 나일 강가에 집결한 일단의 매춘부들이 오토만제국의 창가와 규방, 특히 스미르나와 베이루트・아나톨리아와 보스포루스 해협 연안도시들로 밀려들었다. 터키에서는 부녀자 매매가 귀족층과 황제를 위해 이루어지고 있었다.[142] 이것에 관해서 상기해 볼 사실은 프랑스에서, 특히 마르세유 지역에서는 중근동 출신의 매춘부들을 찾아보기가 극히 힘들었다는 것이며, 이것은 당시 부녀자 매매의 지중해 무역이 극히 불균형을 이루고 있었다는 사실을 입증하는 것이기도 하다.

극동지역의 중개인들이 여성들을 사서 봄베이나 중국의 대항구들로 보내던 곳은 바로 알렉산드리아였다. 이집트 국가위원회의 보고에 따르면, 그 여자들의 보통 여정표는 다음과 같이 이루어진다. 『유럽―알렉산드리아, 혹은 카이로―포트-사이드―봄베이―콜롬보―싱가포르―사이공―홍콩과 상하이, 그리고 반대의 여정으로 구성되어 있는데, 추가시켜야 할 것은 일단 중국에 도착한 이 여성들 중에서 돌아온 수치는 극히 드물었다는 사실이다.』[143] 그리고 당시 이집트에서 이런 밀무역을 금지한 법이 전혀 존재치 않았다는 사실에도 주목해야 한다. 알렉산드리아와 카이로에서는 여성들을 대동하고 유럽에서 온 운반책들과 이집트 국적의 대상인들, 그리고 동양의 구매자들의 접선이 이루어졌다. 따라서 이집트는 중근동에서 이루어지던 여성 매매의 진정한 중심무대가 되었던 것이다.

부녀자 매매는 오스트레일리아와 남아프리카공화국에서도 행해졌다. 그밖에도 황인종 부녀자들에 대한 매매[144]가 동부 시베리아와 러시아의 지배하에 있던 만주 지역 등에서 맹위를 떨치고 있었는데, 당시 이들 지역에서는 남녀간 성비율이 엄청난 불균형상태를 이루고 있었다. 마찬가지로 블라디보스토크와 하얼빈 지역의 창가들에도 수많은 일본 여성들이 있었다.

1899년의 런던 국제회의와 1906년에 개최된 빠리 국제회의의 7년 동안 부녀자 매매를 취급하는 지리적 범위에 여러 가지 변화가 일어났다. 북아메리카 시장에서의 여성 수요가 계속해서 감소되고 있던 반면, 프랑스 여성의 인기는 최고조에 달해 다른 나라의 여성들보다 두 배 혹은 세 배의 돈으로 팔려나갔다.[145] 남아프리카공화국의 전쟁기간 동안 트란스발 지역은 부녀자 매매의 주요 소비시장이 되었다. 그 수천 명의 유럽 여성들 중에서 상당수의 프랑스 여성들이 영국군의 수요 충족을 위해 희망봉으로 가는 배에 몸을 실었다.[146] 당시 요하네스버그는 이러한 밀무역의 중심지 역할을 하고 있었다.

또한 1899년 이래로 남아메리카의 매매조직에 상당히 커다란 변화가 일어났다. 그 변화는 다음과 같이 창가들의 분산현상이 가속화되는 것으로 나타났다. 몬테비데오의 특별구역[147]이 폐쇄되었고, 1904년 1월 1일부터 부에노스 아이레스 행정당국도 대규모 창가들을 폐쇄시켰다. 그 이후부터 매춘은 『3명의 매춘부를 거느린 소규모 창가들』에서만 이루어졌다. 이것은 매춘부에 대한 고객의 선호도가 변화되었음을 의미하는 것이며, 이런 변화는 반세기 전에 근동지방에서 일어났던 위기상황을 연상시키는 것이었다.[148]

부녀자 매매에 관한 세론의 동향과 국제문제화(1902-1910)

새로운 괴물

1895년 로비께가 빠리에서 개최된 국제징계협회에서 부녀자 매매에 관심을 기울일 것을 촉구했을 당시, 그의 제안이 회의 참가자들의 돌연한 비난을 불러일으켰다. 참가자들은 예의바른 진행의 촉구를 위해 종교가의 참여를 요구했다.[149] 또 아주 최근에, 즉 4년 후인 1899년 런던에서 개최된 회의에서 몽샤르빌이 보고한 바에 따르면, 당시 일반대중들에게 거의 알려지지 않았던 현상으로서 부녀자 매매실태가 경악과 의혹의 대상이 되었다.(사비오즈[150]의 표현에 의하면, 그것은 조롱거리나 회의의 대상이었다.) 르 마땡紙의 어느 기자가 1902년 4월 20일자 신문에서『항상 그 문제에 냉담한 태도를 보이는』대중을 향해 관심을 호소했다. 요컨대 20세기 초엽까지 세론은 부녀자 매매를 하나의 소설로 간주하고 있었던 것이다.

몇 년이 지난 1906년, 빠리회의에서 로비께는『부녀자 매매문제는 오늘날 온건한 자선사업가들과 귀족계급의 부인들이 헌신해야 할 갱생사업의 문제로 떠오르고 있다』[151]고 보고했다. 이어서 프랑스 대통령은 엘리제 궁에서 그 회의 참가자들을 초대, 접견했다. 결국 6년 후에 삐에르 구종은 하원에서, 대중들이 부녀자 매매에 대해 얼마나 두려움을 느끼고 있는가를 격렬하게 역설하기에 이르렀다.[152]

부녀자 매매의 문제가 일반인들의 의식 속에서 갑작스럽게 떠오른 것은 1902년부터였다. 그해 7월 27일, 라 레쀠블리끄紙의 한 기자가 부녀자 매매를『현대 최악의 재앙으로 모든 문명국가들에서 급속히 세력을 확장해 가고 있다』고 폭로했다. 그 기자는 또 부녀자 매매를〈도덕적으로 끔찍한 암〉에 비유하면서『유럽의 일부 청년층을 잔혹하게 부패시킨다』고 부언했다. 그의 견해에 따르면, 이 재앙은 결핵보다 더 많은 희생자를 양산하며『상어보다 더 두려운 존재들에 의해 세계의 도덕성에 정면으로 도전하는』[153] 힘을 행사하고 있었다. 4반세기 전부터 공창제폐지론자들이 수없이 폭로했던 이 문제가 세인들의 의식 속에 갑자기 떠오른 이유는 무엇일까?

명백한 첫번째 이유가 있다. 많은 발행부수를 자랑하는 신문들, 특히 르 마땡紙와 르 주르날紙·르 쁘띠 빠리지엥紙는 부녀자매매폐지협회라는 프랑스 국내위원회의 활동에 고무되어 있었으며, 그 협회의 재정적 지원을 받으면서[154] 1902년 빠리에서 개최될 국제회의에 세론의 관심을 끌기 위한 준비에 착수했다. 따라서 이 국제회의가 열리기 전인 4월부터 캠페인이 시작되고 있었다. 대신문은 드레퓌스 사건에 여론을 환기시킴으로써 당시 그 위력을 십분 발휘하고 있었다. 야당의 자리를 차지하고 있다가 권력을 잡게 된 급진사회주의자들은 개인의 자유를 적극적으로 옹호하고 있었다. 물론 발덱-루소도 꽁브도 개인적으로 공창제폐지운동에 참여하고 있지는 않았지만, 그들의 수많은 지지자들은 그 운동의 대의명분을 위한 투쟁과 개혁을 요구했다.[155] 클레망소 자신도 이전에 행했던 선언을 실행으로 옮겨야 할 필요성을 절감하고 있었다. 그래서 공창제폐지를 요구했던 이전의 십자군운동보다는 더 온건한 새로운 십자군운동이 일어나게 되었으며, 이것은 양식 있는 모든 사람들의 일치된 의견으로 세론을 형성하는 데 기여했다.

부녀자 매매는 대신문이 가장 선호하는 기사거리의 대상이었다. 부녀자 매매라는 신문의 주제는 경우에 따라서 독자들에게 외국인과 유태인에 대한 혐오증과 영국과 독일에 대한 적대감·반교권주의를 불러일으켰으며, 동시에 인구감소나 인류의 퇴화에 대한 불안감을 확산시켰다. 따라서 부녀자 매매업자들은 신맬더스주의자들처럼 결국 국가적인 자원의 상실을 야기시킨 사람들이 아니었을까? 결국 베르띠용 박사의 동맹은 후에 이러한 사실을 고발하기에 이른다. 또한 이 주제가 사건들의 선정적 측면이나 암시적인 측면을 통해서 왜곡되어졌다는 것도 분명한 사실이다. 부녀자 매매의 문제는 매춘문제 이상으로 타락한 여성의 비참한 생활상에 초점을 맞추지 않고, 여성의 타락에 관심을 두는 대단히 선정적인 의미를 지니고 있었다. 여기서는 바로 이 점을 강조해야 한다. 그리고 때맞추어 부녀자 매매에 대한 실상이 폭로된다. 부녀자 매매에 대한 신화(매매의 방법이 현실과 거의 일치하지 않기 때문에)는, 여성의 성적 해방이나 방탕에 관한 의식에서 비롯되는 불안감을 부분적으로 이용한다. 반복하자면, 부녀자 매매사건들에서 타락한 여성들의 불행은 더 이상 강조되지 않는다. 여론은 타락한 여성이 필요한 존재이며, 가장 보수적인 공창제지지론의 개념 속에서 양가 여성들의 덕성을 보호하는 데 더욱 필수불가결한 존재라고 판단했다. 이것이 바로 공창제폐지론자들의 캠페인이 거둔 성공의 한계를 설명해 주고 있다. 그리고 한편으로 그 시대의 〈사회적 변화〉[156]와 성적인 자유, 그리고 가치관의 전환을 언급해야 한다. 물론 이것은 여성의 빈약한 정조관념의 의미를 밝혀보려는 것이 아니라 정숙한 부녀자들이 부딪힐 위험성을 강조하고, 그 여성들이 사기나 폭력에 의해 외국의 창가로 끌려가 매춘부가 될 변화상황을 상술하려는 것이다. 그 내용은 여성들이 머나먼 외국으로 실려가 자신에게 주어진 가명을 사용하면서 수치심을 덜어내고, 남성들의 욕망에 아주 쉽게 굴복해 버리는 사회적·성적인 이중의 타락에 대한 공포를 포함하고 있다.

심리학적인 이런 내용은 부녀자 매매에 대한 여론의 관심을 호소하는 동시에 불안감을 가중시켰다. 창가의 경영자가 사회적인 운명을 책임지고 있는 사람으로 용인되고 있는 반면에, 모집책은 사회적 지위의 전락을 야기한 장본인이었다는 논리가 성립된다. 신문기자들에게 있어서 창가의 파렴치한 행위를 파헤치고 도덕적인 의도로써 자신들의 제안을 더욱 용이하게 정당화시키고 있었다는 사실은 분명하다. 다시 말해 기자들은, 젊은 여성들에게 유혹에 넘어갈 경우 당해야 할 고통들을 강조하면서 수많은 조언으로 그 여성들을 도와 주었던 것이 사실이다.

그때부터 알 수 있는 사실은 대일간지들이 경쟁적으로 그 새로운 재앙을 폭로하고 타파하려는 데 앞장섰다는 것이다.[157] 1902년 내내 르 마땡紙는 〈부녀자 매매〉라는 고정란을 할애하였고, 르 주르날紙는 물주인 루슈니크의 체포에 단서를 제공했다고 자부하고 있었다. 몇 년 후 르 쁘띠 빠리지엥紙의 주장에 따르면, 그 신문은 빠리 국제회의에 자금을 제공하고 있었다.[158] 이처럼 대부분의 언론단체들은 그 재앙에 기사를 할애하고 있었던 것이다. 1902년 한 해 동안만 해도[159] 필자가 참조한 신문들 중 22개의 신문이 부녀자 매매문제를 취급했다.

체험에 입각한 신문 연재소설(멜로드라마의 형식과 유사한)을 통해서 부녀자 매매의 희생자들에 할당된 얘기거리들의 구조를 분석해 볼 수 있다. 독자들의 비난의 대상이 된 매춘조직의 관계자들, 즉 고객과 경영자와 매춘부의 보완적인 관계와는 달리 등장인물들이 부녀자 매매에 관한 이야기 속에서 마치 흰색과 검은색처럼 완전히 대립적인 관계를 유지하고 있다. 희생자는 항상 아동기를 막 벗어난 아주 앳된 젊은 여성이며, 순진무구한 모습을 보이지 않는다 해도 항상 처녀로 묘사되어진다. 그 앳된 여성은, 교묘하게 선심을 베풀거나 그럴 듯한 예술가의 삶을 살 수 있다는 모집책들의 사기에 말려들어 팔려나간다. 이것은 사실상 여성 희생자의 정숙성이 동기가 되는, 진정한 유혹의 문제와는 관계가 없는 것이다. 무시무시한 악당에게 인도된 젊은 그리스 여성들의 경우가 바로 그것이며, 신문기자들의 필치 아래에서 처녀는 남성들의 탐욕스런 악덕으로 희생된 존재로 나타난다. 『30세에서 40세 사이의 뚱뚱한 몸매에 추한 얼굴을 한』 부녀자 매매인들은 손가락에 두터운 반지를 끼고 있다. 그들의 거동은 앉아 있는 도박사들이나 풍속담당 경찰, 혹은 창가의 사장을 동시에 연상시키는 강력한 상어떼들이다.[160] 그들의 성씨는 대부분의 경우 외국인의 성씨와 비슷한 음조를 지니고 있다. 그렇지 않은 경우 성씨는 너무나 프랑스적이어서 의심이 가는 경우도 있다. 당시 화제거리가 되었던 성씨는 M. 드 보꾸르와 아이양(보통 아이엥으로 불렸던) · 루슈니크가 부녀자 매매인의 대표적 사례였는데, 앞의 두 사람은 다섯 명의 미성년 소녀를 희망봉으로 보내려는 승선 준비를 하다가 체포되었다. 루슈니크로

불려진 들로네이는 자신의 정부이자 서정예술가인 루이즈 뚜르뇌와 결탁하여 15세의 어린 소녀 제르맨느 니꾸에게 런던으로 가서 매춘에 종사하도록 유인했다.

신문은 제일 먼저, 여성들이 모집된 이후에 행해지는 철도여행과 배의 항해과정을 보도했다. 그러나 여성들의 외국행에 대한 보도는 제한적인 것이었다. 오히려 신문의 기사는 독자에게 불쾌감을 조장했을 뿐만 아니라 외국인에 대한 혐오감을 부추겼다. 기사는 이어서 여성들의 타락과정과 사회적 변화를 재추적했다. 기사 속에서 순진무구한 소녀는 매춘행위에 대한 거부의사를 밝히고 있기 때문에, 그녀에 대한 폭력과 사기의 장면들이 필수적으로 묘사되어야 했다. 주지하다시피 반유태주의 신문은 부녀자 매매의 장본인들의 명단을 서슴 없이 지적하고 있었다. 라파엘 비오는 라 리브르 빠롤紙[161]에 게재한 기사 〈아이양, 이스라엘과 그 회사〉에서 『유태인의 재정적인 막후지원을 통해 부녀자 매매는 이스라엘에서 가장 막대한 이윤을 남기는 국제적 상업조직들 중의 하나이다…… 현재 이스라엘의 국제연합회는 그 막대한 이윤을 주주들에게 가져다 주고 있다』고 언급하면서, 유태인들이 가담한 모든 부녀자 매매사건들을 일일이 열거하였다. 그는 1892년 당시 렘베르크에서 일어난 〈40여 명의 히브리인〉 체포사건을 언급했는데, 이 사건은 〈수하물들〉에 관계된 〈히브리어와 독일어〉로 쓰여진 통신문이 압수됨으로써 대량체포의 단서가 되었다. 그는 또 1896년 당시에 일어난 이지도르 빅타덴과 로젠크란츠라는 〈유태인들〉의 범죄를 기사로 고발하기도 했다. 빠리 출신 유태인들의 견해로는 프랑스에서의 부녀자 매매란 그들의 상업활동 중의 하나일 뿐이었다. 마찬가지로 오를레앙에서도 부녀자 매매에 관한 풍문이 떠돌고 있었다. 부녀자 매매의 반대투쟁을 목표로 형성된 동맹들의 비효율성을 비판하던 라 트리뷘 프랑쎄즈誌[162]는 『게다가 동맹들이 8일 안에 유태인들로 가득 들어찰 것이며, 그렇게 됨으로써 그들은 자신들에 대한 비난에서 벗어날 것이다』라고 쓰고 있다. 유태인들은 당시 부녀자 매매의 독점권을 행사하고 있었다. 한편 반교권주의의 입장에 서 있던 신문들은 성직자의 태도를 문제삼았다. 1902년 9월 2일자 라 랑떼른느紙의 부녀자 매매에 관한 특집기사는, 남아메리카에서 성직자의 가면을 쓰고 암약하던 매춘업자들을 고발했다. 같은 해 12월 3일, 르 라뺄紙는 〈교회부속 결혼상담소〉의 실체에 의문을 제기했다.

같은 해에 부녀자 매매에 관한 영국 혐오증이 반유태인적인 감정보다 더 폭넓게 확산되었으며, 특히 보샹-아이양 사건이 일어남으로써 트란스발로 향하는 매춘부의 공급문제가 초점으로 떠올랐다. 1902년 5월 12일 로로르紙는, 인도에 주둔하고 있던 전영국군 야영지에 매춘시설을 설치하라는 로버츠 장군의 명령서를 게재했는데, 이 명령서는 이미 1886년부터 시행되고 있던 것이었다. 이 신문 속에서 기자는 로버츠 장군이 남아프리카공화국에서 실시되고 있던 『이 추악한 거래를 은밀히 조장했던 것이 아닌가』라는 의문을 제기했다. 루슈니크 사건에 뒤이어 르 주르날紙[163]는 런던에 출현한 〈밀매인의 일반구역〉을 묘사했다. 영불간의 화해가 성립되고, 모로코 분쟁이 일어난 이후에 영독간의 긴장이 확연하게 드러났으며, 이런 현상이 부녀자 매매를 취급하는 문학에도 반영되었다. 1906년의 빠리회의에서 프랑스 경찰의 대표인 에네껭은 바즈너[164]와 격렬한 설전을 벌였다. 남아메리카에서의 독일 여성들의 매매실태를 조사하던 독일위원회의 대표 바즈너는, 사실상 불법매매문제에 있어서 프랑스의 르 아브르 항구가 담당하고 있던 역할에 의문을 제기하고 있었기 때문이다.

언론은 부녀자 매매에 희생된 여성들의 부모들, 특히 어머니들의 고통에 커다란 장을 할애했으며, 기자들은 그 부모들을 만나 그들의 고통을 보도함으로써 독자들의 마음을 움직이려 노력했다. 독자의 심금을 강하게 울렸던 신문기사는 여성의 매매가 지니고 있는 위험성이 유괴의 끔찍한 결말로써 얼마나 일상적인 것이며, 얼마나 예측하기가 어려운 것인가를 보여 주었다. 그런데 대개 그 논조의 결과는 멜로드라마의 성격을 지니고서 해피엔딩으로 끝을 맺고 있었다. 창가의 여경영자는 이따금 악을 물리치는 선한 천사의 역할로 묘사되기도 했다. 1904년 1월 21일자 르 주르날紙는 가브리엘르 데제메르 사건에 한 난을 할애했는데, 그 기사는 사건의 각 단계를 다음과 같은 부제로 발표하였다. 『매매된 여성—16세의 앳된 벨르빌 아가씨의 실종—노예시장—레쀠블리끄 광장의 밀매단—어느 어머니의 탄식』 이것이 바로 그 신문기사의 대표적인 예들이었다.

독자의 환상에 대한 취미를 만족시켜 주면서 이 일화들은 독자에게 부녀자 매매에 관해 완전히 부분적인 이미지만을 제공하고 있으며, 이것이 자포자기적인 여성들이 빠져들 수 있는 위험성을 과장하고 있기도 하다. 대신문은 부녀자 매매로부터 예외적으로 사악한 인간들이 저지르는 일화적 행위를 들추어내면서, 당시 시행되고 있던 공창제도나 그 제도가 원인이 되는 불법매매행위를 고의로 망각시키거나, 최소한 그 문제를 등한시하고 있었던 것이 사실이다. 신문은 처녀들에게 가해지던 폭력으로까지 그 보도범위를 넓혔지만, 부녀자들을 희생시키는 대량매매에 관해서는 드물게 기사를 할애할 뿐이었다. 사실 부녀자 매매에 있어서 자신이 직접 동의를 하고 매매에 응한 여성들도 있었지만, 이 경우에도 그 여성들은 성의 억압적 구조와 공창제도의 측면에서 발생한 진정한 희생자로 간주될 수밖에 없는 것이다.[165]

국제적 행동통일을 위한 조직의 어려움

런던회의가 끝난 뒤 2년 후인 1901년 12월, 프랑스 국내위원회는 부녀자 매매폐지와 소녀 보호를 위한 연합회를 결성했다. 이 새로운 단체는 부녀자 매매에 대항하는 적극적인 홍보활동을 전개하고, 〈인간 육체의 밀매인들〉을 처벌하는 법률개정을 공적 기관에 요청하자고 제안했으며, 동시에 소녀의 보호와 갱생을 위한 제반활동을 돕고 새로운 보호시설을 설립하자고 제의했다. 그 단체가 시도한 〈십자군운동〉은 비도덕성의 확산을 방지하고, 춘화를 추방하며, 길거리에서의 방종을 소멸시키자는 것이었다. 1902년 이래로 이 새로운 협회는 르 아브르와 쉘부르·브레스트·보르도·마르세유에 5개의 지역분과위원회를 거느리고 있었다.[166] 이밖에도 이 협회는 빠리와 보르도 사이에서 이루어지던 밀매행위를 종식시키는 데 성공했다고 자부했다.

베랑제와 그 지지자들, 즉 조르쥬 삐꼬·앙리 졸리·페르디낭 드레퓌스의 덕택으로 1899년의 런던회의에서 결성된 국제위원회가 국제회의의 개최국 후보지로 프랑스를 지명했는데, 프랑스 정부는 베랑제를 통해 이미 참여의사를 밝힌 바 있으므로 이 지명을 수락했다. 공창제도의 〈프랑스방식〉을 탄생시켰던 국가가 부녀자 매매에 반대하는 국제적 운동에 공식적으로 참여한다는 것은 상당히 역설적인 현상이었다.

그 국제회의는 1902년 7월 16일에 개최되었으며 공식적으로 16개국이 참가하였다.[167] 회의의 일정은 프랑스위원회측이 준비했다. 예비보고는 부녀자 매매에 대한 법적 규제의 빈약함을 지적했다.[168] 따라서 그 회의는 법적인 제 수단의 채택과 매매사건에 관한 소송절차의 확립, 매매사건에 연루된 여러 국가들의 범위 규정, 그리고 매매에 대한 감시와 희생자들의 귀국절차에 관한 행정조치들을 각 국가들에 촉구하는 것을 그 임무로 하고 있었다. 루이 르노는 부녀자 매매에 관해 자신이 부여했던 협소한 정의를 통해[169] 공창제도가 처음부터 문제를 야기시키지 않도록 노력했다.

아주 당연한 귀결로서 그 회의는 이질적인 성격의 두 가지 공식문서를 채택하기에 이른다.

1) 밀매인으로부터 희생된 여성들의 보호와 귀국을 보장할 수 있는 대책들을

포함한 행정조치법안. 이 법안은 정부의 승인을 거쳐 즉시 시행될 수 있었으며, 실제로 시행과정에서도 거의 문제가 나타나지 않았다. 1904년 5월 18일, 13개국의 정부는 이 법안을 승인했으며[170] 프랑스에서는 1905년 2월 7일에 정식 발포되었다. 이 〈법안〉의 적용을 위해서 부녀자 매매폐지를 위한 국내사업국이 내무부 산하에 설치되었다.

2) 협정안이 각국의 국회나 관계기관들의 비준을 거쳤다. 협정안의 내용은 최소한도의 벌칙규정을 포함하고 있었으며, 새로운 국제경범죄의 조항 신설을 상정하는 것이었다. 그러나 일부 프랑스 언론의 빈축을 사면서도[171] 그 국제회의는 미성년 소녀들에 대한 매매와 성인 여성들의 매매 사이의 차이점을 인정하고 있었다. 결국 그 회의는 양자 사이의 차이점으로부터 성인 여성들에 대한 매매를 암암리에 합법화시키려는 움직임을 보이고 있었다.[172]

그리고 바로 이런 이유로 해서 빠리 국제회의의 역할을 명확히 규명할 필요가 있다. 페르디낭 드레퓌스가 지적한 바 있듯이, 그 회의가 처음으로 외교관들이 매춘과 부녀자 매매에 대한 관심을 표명했던 회의였음에도 불구하고, 그 회의는 인신매매에 대한 근본적인 합법성을 인정하기에 이르렀다. 물론 독자 편에서 볼 때 이런 합법성의 인정이 역설적인 결과를 초래할 것이라고 생각할 수도 있을 터이다. 간단히 말해서 경찰청의 분석도 바로 이런 것이었다. 1902년 11월 22일자 경찰청 사무국의 자료는 다음과 같은 결론을 맺고 있다.[173] 『그 국제회의는 결국 부녀자 매매의 이름으로 규정된 비열하고 비도덕적인 상매행위를 전혀 저지시키지 않았을 뿐만 아니라, 밀매인들이 안심하고 암약할 수 있는 조건들을 명시해 놓았다.』 폐지시키고자 했던 대상은 바로 세론의 비난과 걱정을 불러일으키는 것, 다시 말해서 순진무구한 처녀들에게 가해지던 폭력이었다. 경찰청의 발표에 따르면, 성인 여성들은 사기나 협박·폭력에 의해 매매되고 있었기 때문에 실제로 매매행위에 대한 처벌은 그 적용이 불가능한 것이었다. 『이 소녀들이 속해 있는 집단에서는 법원이나 심지어는 경찰 앞에서도 불평을 늘어놓지 못한다. 불평을 늘어놓다가는 위험에 직면할 수 있기 때문이다. 이밖에도 법정에서 사기나 폭력행위 등을 입증해야 하는데 사실상 그것은 대단히 어려운 실정이며, 또 협박을 당하고 있는 증언자들을 신뢰한다는 것도 어리석은 일이다.』

대표적인 예로서 프랑스의회는 1903년 4월 3일, 사기나 폭력·협박에 의한 미성년 여성들과 성인 여성들의 매매에 대한 처벌법안을 가결시킴으로써 협정안의 내용을 서둘러 준수하고자 하였다. 그 이후부터 이 법안을 적용받은 범법자들은 6개월에서 3년간의 감옥형과 50프랑에서 5천 프랑에 달하는 벌금을 감수해야 했다. 협정안 제4조는 『여성이 지니고 있는 부채를 이유로 해서 미성년 여성이든 성년 여성이든 본인의 의사와는 상관 없이 위와 마찬가지의 수단(폭력과 사기와 협박)으로 창가에 강제억류하거나, 매춘행위를 강요하는 사람은 위와 마찬가지의 형을 감수해야 한다.』고 명시했다.

국제회의를 통해서 필요한 제반조치의 강구를 책임진 프랑스 정부의 노력에도 불구하고, 모든 나라가 부녀자 매매에 관한 동일한 열정을 보이지는 않았다. 독일과 영국·스웨덴, 그리고 노르웨이는 회의의 가입을 거부하였다. 그 이후부터 1902년 법안의 비준을 얻어내기 위해서는 법안 자체의 수정이 필요하였다. 독일 정부는 외설출판물의 처벌문제를 다루던 빠리에서의 회의를 빌미로 수정안을 제출하였다. 프랑스 정부는 서둘러 그 법안을 채택했다. 이렇게 해서 부녀자 매매문제는, 1910년 4월과 5월에 수도에서 개최된 제2차 국제회의의 의제로 상정되었다. 그 회의결과 1910년 5월의 새 협정안이 각국의 비준을 얻어 1903년의 프랑스 법안조항들을 다시 계승했다. 따라서 새 협정안은 법률안 자체에 어떤 수정도 가해지지 않았다.[174]

국제적 억압의 조직을 위한 공식적인 노력은 끝나지 않았다. 오히려 이와는 반대로 민간주도의 노력이 시작되었다. 1902년에는 프랑크푸르트에서, 1906년에는 빠리에서, 그리고 이어서 1910년에는 마드리드에서[175] 3개의 국제회의가 각각 각국의 실천노력을 점검했다. 빠리회의의 의사록을 보게 되면 1903년 법안의 적용실태를 파악할 수 있다. 『1903년 4월 3일부터 적어도 1906년 8월까지 프랑스 전국에서 1백44명이 미성년 소녀의 고용으로 검거되었는데 17명은 훈방되었으며 6명이 벌금형을, 1백21명이 감옥형을 선고받았다. 35명이 성인 여성들의 창가 고용으로 체포되었는데 3명이 훈방되었으며, 2명이 벌금형을, 30명이 감옥형을 선고받았다.』[176] 이밖에도 새로운 법률의 적용으로 『소위 7백54명의 기둥서방들이 검거되는 대사건이 일어났다. 이들은 특수방랑죄의 명목으로 체포되었는데 이들 중 56명이 훈방되었고, 6명이 벌금형을, 6백92명이 감옥형을 선고받았다.』[177] 방랑행위에 관한 1885년 5월 27일자 법안의 가결로 타격을 입고 있었던 기둥서방들이, 당시 상당히 용이하게 경찰의 추적을 피하고 있었다는 사실을 감안하면 이것은 놀라울 만한 수치이다. 따라서 매춘부들의 자유를 억압하려는 모든 사람들에게 억압의 물결이 확산되어 갔다는 사실을 부인할 수는 없다. 심의위원회나 세론의 압력에 굴복한 경찰청장 레삔느가 착수했던 개혁운동과 매춘부의 〈탈감

옥화〉현상과 함께 매춘조직 내부에 이런 정화의 움직임이 일어나고 있었다.[178]
 반대로 통계수치는 순진무구한 처녀들에 대해 폭력적인 방법으로 가해지던 국제적인 밀매의 신화를 과소평가하고 있었다. 물론 당시에 확인된 자료들 4백건이 내무부에서 작성되었으며, 경찰청은 엄밀한 의미에서 부녀자 매매라고 할 수 있는 93개의 사건에 전적으로 매달려 있었다. 그러나 이 93개의 사건들 중에서 63개가 증거가 불충분한 사건으로 인정되었다. 이것은 이 분야에서의 환상의 중요성을 입증하는 것이다. 따라서 30개의 사건들만이 법적인 문서로 기재되었을 뿐이다. 10명의 피의자만이 즉결재판소에 기소되었고, 그 중 8명에게 유죄가 선고되었다. 프랑스 전체에서 검거된 7백54명의 기둥서방들 중에서 단지 8명만이 빠리 지역에서의 대규모 부녀자 매매혐의로 유죄판결을 받았을 뿐이라는 사실을 상기해 보면, 검거수치와 유죄판결의 수치의 차이는 얼마나 대조적인 수치인가! 부녀자 매매에 있어서 실질적이거나 가공적인 희생자였던 41명의 여성들과 소녀들이 4년 동안[179] 정부의 원조로 귀향했다. 12명의 여성이 트란스발과 식민지 희망봉에서 돌아왔으며, 12명이 미국에서, 7명이 이집트에서, 7명이 러시아에서, 그리고 3명이 독일과 오스트리아에서 각각 귀국했다. 마침내 1908년에는 국제적 기관이 전세계에 걸쳐 일어난 93건의 〈국제매춘업〉을 적발할 수 있었으며, 1백46명을 체포하고 1백25명에게 유죄를 선고했다.[180]
 베랑제와 그 동료들이 신문에서, 그리고 구종이 하원에서 미성년 소녀들과 강요에 의한 성인 여성들의 수출을 끔찍한 재앙으로 폭로했지만, 법률가들과 외교관들이 인신매매에 대해 정의한 협소한 의미에서 볼 때, 이 모든 것은 끔찍한 재앙이라기보다는 공창제도에서 파생된 부수적인 현상이라는 사실을 보여 주고 있다. 공창제도를 통해 부녀자 매매를 공식적으로 인정하는 것은 필연적인 귀결이었으므로, 부녀자 매매의 반대투쟁을 선도하던 여러 회의와 마찬가지로 국제회의도 부녀자 매매의 문제화를 거부하였다. 경찰청의 기록에서 그것을 확인할 수 있듯이, 1902년의 빠리회의는 범법자의 요건을 엄밀히 정의하면서 해당 여성의 합의에 의한 부녀자 매매를 인신매매로 간주하지 않는 기존의 도덕적 고정관념들을 제거해 버렸다. 베랑제라는 한 인물이 이 눈부신 회합들을 주관하면서 이룩한 업적들이 신규제주의의 토대로 원용되었다. 공창제지지자들은 공창제도가 공창이나 공인창가의 존재에서 파생되어 생겨난 것이기 때문에 인신매매에 관한 자신들의 입장에 대해 위기감을 느끼고 있었으며, 따라서 자신들의 평판을 상실할 수도 있는 스캔들에 대한 캠페인을 상당히 교묘한 방법으로 성공적으로 변화시킬 줄 알았다. 공창제지지자들은 이전부터 미성년 여성들의 타락현상을 비난해 왔으며, 이에 대한 세론의 지지를 얻으면서도 제도의 〈프랑스방식〉에 문제가 있다는 사실을 인지하지 못한 채, 경찰들에게 매춘세계에 대한 더욱 용이한 감시의 방법만을 제공했을 뿐이다. 이들은 매춘부에 대한 감시의 필요성을 세론에 한층 더 성공적으로 납득시켰다. 어쨌든 공창제도 지지자들은 공창제폐지론자들이 그 전에 시작했던 캠페인—매춘규제관리의 존속이 대단히 위험스럽다고 생각하는—의 방향을 굴절시켰을 뿐만 아니라, 그 캠페인을 유산시켜 버리는 결과를 초래했다.

　이러한 일련의 과정을 거쳐 공창제폐지론자들의 입장이 더욱 강화되었다. 이들은 왜곡된 실용주의를 통해서 보수주의자들이나 광신적인 공창제지지자들과는 달리 십자군운동에의 참여를 결정했다. 공창제지지자들은 반대세력들의 적대감을 너무나 간단히 약화시켰으며, 특히 다행스럽게도 그 세력들을 자신들의 주목표인 도덕추진운동에 끌어들였다. 부녀자 매매의 반대운동을 전개했던 모든 지도자들의 경우에 우리가 속지 말아야 할 것은, 바로 부녀자 매매에 대한 반대투쟁이 젊은이들의 도덕교화를 위해 전개된 캠페인의 강화수단으로 인식되고 있었다는 점이다. 그 캠페인은 외설출판물을 금지시키거나, 혹은 길거리의 방탕을 추방하려는 의지를 통해서 나타나고 있었다.

　악의 현실적인 증가와 그 재앙이 지니는 모습 사이의 불균형이 바로 왜곡된 사실을 극명하게 드러내 준다. 그리고 그것은 더욱 광범위한 계획을 반영하고 있다. 다시 말해 소녀가 폭력에 의해서뿐만 아니라 일상적으로 유혹에 노출되어 위협당하고 있다는 사실을 납득시키고, 그 소녀에게 있어서 젊음은 위험으로 가득 찬 시련의 시기이며, 그 시기 동안에 결혼에 이르기 위해 스스로 자신을 지킬 줄 알아야 한다는 교훈을 심어 주는 것이 바로 그 계획이 의도하던 바였다.[181]

3 매춘·광기, 그리고 신체적 퇴화

　매춘과 광기·히스테리 사이에 놓여 있는 관련성은 매춘 논의의 근본적인 주제를 형성하고 있다. 그런데 바로 19세기 말엽에 이런 견해를 완전히 뒤엎는 시각이 나타났다. 그 이후부터 사람들은 매춘부의 정신질환이나 히스테리의 빈도를 강조하지 않았으며, 혹은 그것을 설명하기 위해 매춘부의 비참한 생활상이나 특별한 병의 영향을 내세우지도 않았다. 다만 다양한 매춘행위의 징후들을 가져오는 광기를 매춘행위 그 자체로 파악했으며, 매춘행위가 신체적인 퇴화를 야기·악화시킨다는 점을 입증하려고 했다. 이것을 목표로 인류학이나 심리학·생리학적 견지에서 살펴보는 매춘부와 〈정숙한 여성〉에 대한 비교연구들이 증가하기 시작했다. 범죄인류학의 발전에 결부된 새로운 방법론이, 과학적인 방법으로 제한선거왕정기에 경험주의적 사회학자들이 작성했던 유형들을 세분화하고, 또 그것을 설명하였다.

전통적인 질문

매춘부의 정신질환 빈도

19세기 정신과의사들과 신경과의사들, 그리고 성과학자들 대부분이 실증적인 임상연구에 토대를 두지 않은 채 매춘부들의 정신질환이 빈번한 것이라고 주장했는데, 이러한 가설의 진위 여부가 얼마나 정확한 것인가를 확인해 볼 필요는 전혀 없다. 이런 견지에서, 매춘부들이 보통 여성들보다 정신질환의 빈도가 더 낮다고 예상했던 사람이 단 한 사람도 없었다는 것도 분명한 사실이다.

1832년 당시, 정신병의 원인규명에 있어서 매춘행위가 가장 큰 요인이라고 최초로 언급했던 인물은 에스끼롤[182]이었다. 그는 오랫동안 정신병에 대한 임상연구에 몰두했던 사람이다. 그의 분석에 따르면, 살뻬트리에르 병원에서 정신질환이라고 판명된 환자들 중 5퍼센트가 공창으로 활동했던 여자들이었다. 퀼르르리에[183] 이후, 빠랑-뒤샤뜰레[184]는 에스끼롤의 연구에 토대를 둔 여러 논문을 집필했다. 이 논문들은 매춘부들에게 일어나는 정신질환의 빈도를 강조하는 것이었다. 그 이후로 매춘부의 정신질환은 과학적 진실로 인정되었다. 이 학설에 관계되어 있던 인물로는 로씨뇰[185]과 그리상제[186]·귀렝[187]·르노뎅[188]·샤뜰렝[189]과 19세기 말엽의 뢰쓰 박사[190]를 꼽을 수 있다. 크라프트-에벵은 자신의 저서 《정신병의 임상연구》[191] 속에서 매춘부는 쉽사리 정신병에 빠진다고 술회했다.

빈곤과 궁핍, 불행한 연애, 문란한 생활과 게다가 알콜중독과 매독이 원인이 되어 일어난 정신장애 등은 매춘부의 혼란스런 정신상태를 충분히 설명하고 있는 듯 보여진다. 매춘은 광기를 향해 가는 하나의 연결지점이자 중간과정으로 간주되어진다. 정신질환의 유전적 원인을 지적하지 않음으로써 위의 저자들에게

있어서 정신질환은 사회적 조직의 범죄와 개인의 문란한 도덕성으로 풀이되고 있다.[192]

그런데 거의 과학성이 결여된 유일한 임상연구가 있다. 1899년 당시 론 강 지역의 병원들에서 분석한 프랑소와 그라의 연구결과[193]는, 공창들의 정신질환이 많다는 사실과는 거리가 먼 것이었다. 1879년에서 1899년 사이에 그 도지역의 병원들에 수용된 5천1백37명의 정신질환 여성들 중에서 0.8퍼센트에 해당하는 40명만이 매춘부였다고 기록되었다. 사실상 이 수치는 등록된 매춘부들에게만 적용된 수치이며 그 내역을 살펴보면 공창 7명, 가창 16명, 등록 이전에 공식적으로 감시를 받고 있던 사창 17명이었다. 그런데 1900년 당시에는 3천3천38명의 공창들(가창이나 창가의 관리하에 있던 매춘부들도 포함)이 도시에서 활동하고 있었다. 위의 40명의 매춘부들 중에서 저자는 4명의 매춘부가 알콜중독으로 인한 정신질환자라고 쓰고 있다. 매춘부들의 입원을 필요로 했던 정신질환의 상태에 있어서 그 빈도수 순으로 열거해 보면 〈편집광적인 과도한 흥분〉·〈전신마비〉·〈자살하고픈 우울증세〉와 〈환각증세에 의한 정신착란〉 등 다양한 모습을 띠고 있다. 반대로 론 지역의 매춘부들에게서는 정신착란증세를 거의 찾아볼 수 없었다.

자신의 연구결과에 당혹감을 느꼈던 프랑소와 그라 박사의 이 연구는 별 반응을 얻지 못했기 때문에 사실 그다지 의미가 없는 것이다. 그럼에도 불구하고 그의 연구는, 정신질환과 매춘을 연결시키는 저명한 정신의학자들의 학설을 과학적인 엄밀성에 의존하지 않고 나름대로의 방법으로 파헤쳤다는 평가를 받고 있다.

히스테리의 빈도

히스테리에 할당된 수많은 연구문헌들을 읽어보면,[194] 매춘에 관련된 사항들은 히스테리증상의 발생에 관한 여러 학설들을 대립시키는 요소가 될 뿐이었다. 이것은 1859년에 브리께가 이미 지적한 바 있듯이, 논문의 저자들이 『매춘이 히스테리증상의 원인이 된다는 견해에 제각기 의견을 달리하고 있다는 사실』[195]을 반영하는 것이다. 랑두지 박사와 같이, 자궁과 난소의 개념을 지지하고 금욕이 애정의 감정을 북돋운다고 믿는 사람들에게 있어서 매춘부의 행위는 의심할 나위없이 악덕을 조장하는 행위로 비쳐진다. 빠랑-뒤샤뜰레는 공창들에게서 히스테리증세가 거의 나타나지 않는다는 사실을 상세하게 지적했다.[196] 이와는 반대로 빠랑-뒤샤뜰레의 견해에 동조하지 않는 사람들과, 특히 히스테리를 생식기관의 병이 아닌 신경조직의 병으로 파악하는 브리께와 같은 의학자들에게 있어서 금욕은 부차적인 요소에 불과한 것일 뿐이다.[197] 이 의학자들은 매춘부들에게서 일어나는 히스테리의 빈도를 강조하는 것으로 만족해했다.

삐에르 브리께는 라 모를리에르와 봐 드 루리의 협력을 얻어 쎙-라자르 의료형무소에 수용되어 치료를 받고 있던 16세에서 30세까지의 여성들 1백97명에 관해 연구조사를 실시했으며, 1859년에 그 결과를 발표했다.[198] 그 조사결과 1백97명의 여성들 가운데 그는 1백6명을 히스테리환자로,[199] 28명을 신경과민증환자들로 파악했다. 65명만이 아무런 이상증세가 없는 것으로 나타났다. 그의 말에 따르면, 이 조사결과는 『공창들의 절반 이상이 정도의 차이는 있지만 히스테리 증상을 보이고 있다』는 사실을 강조하는 것이다.[200] 데뻰느와 르그랑 뒤 솔르·질르 드 라 뚜레뜨와 같은 의사들도 이와 같은 견해에 동조하고 있었다.[201] 이들은 금욕이 신경증세의 원인이 되는 것이 아니라 성교섭이 신경증세의 원인이 된다는 사실을 입증했다.

이 의사들은 정신질환의 원인을 분명하게 인식하고 있었다. 브리께의 글에 의하면[202] 『빈곤과 밤샘, 과다한 음주습관, 경찰의 요구에 대한 끊임 없는 두려움, 동거중인 남자의 학대, 성병으로 인한 강제수용, 극심한 질투와 격렬한 열정』이 정신증상의 악화를 설명해 준다. 질르 드 라 뚜레뜨의 평가에 의하면, 정신질환의 악화는 신체적인 장애가 요인이 된다기보다는 지속적인 공포와 육체적인 무질서, 그리고 매춘업에 대한 도덕적 혐오감이 원인이 되어 일어난다.[203] 르그랑 뒤 솔르는 정신질환에 있어서 유전성을 결정적 요인으로 생각한다.

1890년에 샤르꼬의 한 제자인 H. 꼴렝 박사는 브리께의 주장에 의문을 제기했다. 그는 쎙-라자르 의료형무소에서 치료를 받고 있던 1백96명의 성병환자를 개인적으로 세밀히 조사한 바 있다.[204] 그 여자들 중에서 16명만이 히스테리증세를 보이고 있었다고 그는 주장했으며, 『히스테리증상을 가진 여성들은 일반적으로 지능이 높고 적어도 공창들의 지적 수준을 훨씬 상회하고 있다』[205]는 사실을 강조했다. 꼴렝 박사의 실증적 연구를 통해 몇몇 임상의학자들은 매춘부들에게서 일어나던 히스테리의 빈도를 재확인했다.[206] 요컨대 1890년 이래로 논쟁 그 자체가 실제의 흐름을 거의 따라가지 못했다. 따라서 정신병리학과 매춘 사이의 관련성 문제가 여러 가지 용어를 통해 제기되었다.

선천적으로 타고난 매춘부와 생식본능의 착란

주지하다시피 매춘부의 요인에 있어서 개인적인 기질이 차지하는 중요성을 공창제지지자들과 대다수 신규제주의자들은 명백히 인정하고 있었으며, 심지어 매춘부의 요건을 환경기원설에 결부시키기도 했다. 발[207]이나 모로 드 뚜르 박사[208]와 같은 몇몇 전문가들은 오래 전부터 매춘의 행태를 설명하는 데 있어 유전설을 차용하고 있었다. 그러나 이런 생각은 우연한 사고의 결과일 뿐, 범죄인류학파가 매춘의 선천성을 과학적으로 입증하기 위해 전개한 논리정연한 이론과는 아무런 관련이 없는 것이었다.

선천적으로 타고난 매춘부는 성장과정에서 여러 번 체포되는 과정을 겪고, 유전병의 희생자로서 불완전한 성장과 결부된 육체적·정신적 퇴화의 징후를 띠고 있는 온전치 못한 개체이다. 이런 퇴폐나 퇴화의 결과 범죄가 남성에게 일어난다면, 여성에게는 매춘이 존재하는 것이다. 수없이 간통을 범하는 아내에 비유되는, 선천적으로 타고난 매춘부는 심리학적인 면에서 볼 때 〈도덕적 착란〉의 희생자이다. 요컨대 퇴폐로부터 깊은 상처를 입은 여성은 정숙한 여성이 되기보다는 오히려 도둑과 같은 존재로 변해 버린다. 물론 모든 공창들이 선천적으로 타고난 매춘부의 기질을 가지고 있지는 않았다. 몇몇 매춘부들은 〈우연한 기회의 매춘〉에 종사했을 뿐이다. 그러나 이런 우연설에 입각한 그들에 대한 연구는 별다른 의미가 없다. 범죄인류학파 내에서 가다듬어지고 있었던 이론의 내용이 바로 이와 같은 것이었으며, 그 학파의 선도자들로는 러시아의 뽈린느 따르노프스키와 이탈리아의 페리가니·롬브로소·페레로 등을 꼽을 수 있다. 이들은 준엄한 비판의 대상이 되고 있었지만, 재빨리 불어로 번역 출간된 그들의 연구서적들[209]은 1890년에서 1914년 사이의 매춘론에 대단한 영향력을 행사했다. 이들은 외관상 극도로 엄격한 과학적 성격을 지니고 있었기 때문에 상당히 매력적인 인상을 주었던 것이 사실이며, 따라서 더 정확한 방법으로 그들의 연구결과를 분석해 볼 필요가 있다.

신체측정법을 통해서 공창의 신체적 퇴화 흔적을 분명하게 찾아볼 수 있다. 매춘부는 많은 특징들을 통해서 원시시대 여성의 모습을 보인다. 여기서 다시 말하고자 하는 것은, 매춘부가 〈정숙한 여성〉보다는 오히려 남성에 더 가까운 존재라는 사실이다. 신체측정법의 방대한 연구결과 19세기 말엽에 이르러 가장 정확한 새로운 매춘부상이 소묘되었다. 이 새로운 매춘부상은 정밀한 이론에 바탕을 두고서 세밀하게 묘사되었던 것이다.

범죄를 범한 여성들과 공창들, 농부 아낙네들, 그리고 정숙한 여성들에 대한 비교를 분석해 보면 매춘부들의 두뇌회전능력[210]이 원활하지 못하다는 특징을 깨달을 수 있다. 반대로 매춘부들의 아래턱은 정숙한 부인네들보다도 훨씬 강하다는 분석이 나와 있다.[211] 특히 매춘부들은 비정상적인 신체적 퇴화를 보이고 있다. 다시 말해서 머리부분이 비정상적으로 비대하고 융기되어 있으며, 후두부가 울퉁불퉁한 모습을 띠고 있다. 앞이마는 좁고 뒤로 벗겨져 있으며, 코뼈가 비정상적으로 발달되어 있고, 전체적으로 얼굴이 남성의 전형적 형태를 지니고 있다. 턱뼈는 크고 얼굴과 눈썹이 불균형상태인데다가 치아는 잘못 나 있거나 충치로 썩어 있었다. 매춘부들의 골반은 〈정상적인 여성들〉의 평균치보다 더 짧았고, 이것이 원시시대 여성의 모습을 연상시켰다. 매춘부들의 사지는 정숙한 여성들보다 더 짧았으며, 발도 더 작았지만 사물의 포착능력은 더 뛰어났다. 눈의 색채는 대부분 어두웠다.

 매춘부상은 다음과 같은 세 가지 기본적 특성으로 분류되는데, 이것이 매춘부를 야생적이고 원시적이며 남성과 흡사한 모습을 띤 존재로 만들어 준다.
 1)정숙한 여성들보다 키는 작지만 몸이 무겁다는 것 때문에 비대하다는 특성을 보인다. 매춘부들의 넓적다리는 평균적으로 정숙한 여성들보다 더 비대하다.
 2)신체 전체에 이상스럽게도 체모가 많다. 신체 전체의 모근조직의 과도한 발달로 인해 특히 머리와 성기 부분에 털이 많다는 특징을 나타냈다.(조사대상 매춘부들 중 41퍼센트가, 정숙한 여성들 중 14퍼센트가 이에 해당했다.) 여기에다 성대의 비대한 발달로 인해 남성의 목소리를 지닌 매춘부가 많았다는 특성이 추가된다.
 3)문신을 새긴 매춘부가 많았다는 특성을 빼놓을 수 없다.
 매춘부의 인류학적 전형을 그려낼 수 있는 이 기본적 특성들은, 그러나 매춘부의 젊은 시절의 아름다움에 장애요소가 되지는 않는다. 그러나 한편으로 피부 표면에 기름을 바르고 화장을 함으로써 나이와 함께 나타나는 신체적 퇴화를 일시적으로 은폐한다. 나이가 들면 얼굴은 완전히 남성의 얼굴을 닮아가거나, 심지어는 〈남자보다 더 추한〉[212] 모습을 하게 된다. 이러한 여러 특징들을 고려해 보면, 매춘부가 범죄를 저지른 여자보다 원시시대의 여성형에 더욱 가까이 있음을 확인할 수 있다. 한편으로 롬브로소는 『원시시대의 여성은······ 항상 매춘부와 같이 남성적인 특성을 지니고 있었다』[213]고 지적했다. 남성다움은 원시시대 여성의 특징이었다. 호텐토트족 여성들의 외모를 참고해 보면, 매춘부들의 이러한 비대증이 격세유전으로부터 비롯된다는 사실을 알 수 있다고 롬브로소는 지적했다.
 생리생물학은 신체측정법의 결과를 인정하고 있다. 선천적으로 타고난 매춘부는 우선 신체적 조건이 조숙하고, 이에 따라 이상한 퇴화현상을 보인다. 로씨놀 박사[214]의 고찰에 따르면, 선천적인 매춘부의 생리현상은 조기에 그리고 불규칙적으로 일어난다. 그 매춘부는 일찍 처녀성을 상실하며, 이것은 원시사회 여성의 특징과 흡사한 것이다.

선천적인 기질을 타고난 매춘부는 또 감정에 대단히 둔감하다[215]는 특징을 보인다. 따라서 그녀의 혀와 클리토리스는 정상적인 여성들의 것보다도 덜 민감하다. 미각과 후각이 둔하고 시력이 저하되는 매춘부들도 많았는데, 그렇다고 해서 이런 현상들이 정숙한 여성들보다 더욱 때이른 매춘부들의 선정적 행동을 방해하지는 못했으며, 이것이 매춘부를 더욱 남성적으로 만드는 특징을 형성하는 것이었다. 그러나 이것에 관한 과학적 논의가 갑자기 중단되었다. 성활동에 관한 생리학적 분석의 시대가 도래하지 않았던 까닭이다. 과거에 이루어진 저작들과 심지어는 빠랑-뒤샤뜰레의 저서를 원용하면서 롬브로소와 페레로는 공창들의 동성애가 빈번하게 일어나고 있다고 지적했다. 선천적으로 타고난 매춘부들은 남성적 성향에 마음이 끌리며, 이것은 『자웅동체시대를 향한 격세유전의 회귀경향』[216]과는 다른 퇴화의 징후이다.

선천적 기질을 타고난 매춘부의 심리적 퇴화는 도덕적 착란[217]을 결정한다. 본질적으로 수치심의 결여에서 비롯되는 이러한 증상의 특징은 매춘행위의 발생기원과 매춘행위의 발전에 대한 근본적인 요인을 형성한다. 매춘부의 심리적 퇴화의 유형을 분류하는 데 몰두했던 뽈린느 따르노프스키에 의하면, 도덕적 광기의 특징은 수없이 많다. 즉 애정이 결핍되고, 격렬한 질투심과 복수심에 휩싸이게 되며, 소유의식과 친밀감의 약화와 함께 모성본능의 감퇴로 인한 아동학대 등이 도덕적 광기의 특성을 이룬다. 그리고 선천적 기질을 타고난 매춘부는 나이가 들면 자신의 딸에게 매춘을 시키고 범죄, 특히 절도와 사기행위를 사주하며 탐욕과 함께 육체적 폭력을 행사하기도 하는데, 이 모든 특성이 도덕적 착란을 규정하는 초보적 조건들이다.

이밖에도 선천적으로 타고난 매춘부의 지능은 평균 이하이다. 지능의 퇴보와 생식력의 감퇴로 인해 그녀는 육체의 영양섭취에 몰두한다. 이것은 그녀의 과음과 과식과 심지어는 탐욕으로 나타난다. 오락을 좋아하고 무위도식에 권태감을 이기지 못하며, 춤을 추고 싶어하는 열정적인 요소를 제외하고, 아무것도 하지 않고 아무것도 생각하지 않으려는 태도 등이 바로 정신적 퇴화의 징후를 보여주는 특징이다. 이러한 특징은 원시사회의 여성들에게서 볼 수 있는 무위도식과 통음난무에 해당되는 것이다. 이외에도 선천적 기질을 타고난 매춘부는 거짓말쟁이다. 도덕적으로 미쳐·있는 사람들과 마찬가지로 그녀는 동물들에 대단한 애착심을 보이며, 마치 개가 주인에게 하듯이 자신의 기둥서방을 충실히 섬긴다. 롬브로소[218]의 눈에 비친 공창들의 충성심은 그 자체가 퇴화의 징후이다.

반복하자면, 근본적으로 남아 있는 특징은 수치심의 결핍이다. 수치심의 결핍은 도덕적 퇴화의 심리적 징후를 대단히 잘 보여 주는 현상이며, 이것은 성적 조숙과 매춘행위의 실행, 그리고 불감증 사이의 모순을 무리 없이 설명해 준다. 선천적 기질을 타고난 매춘부는 직업의 수행에 있어서 성적인 착란보다 도덕적인 착란에 더 영향을 받는다. 게다가 불감증은 그녀에게 있어서 하나의 유리한 장점이자 〈다윈적인 적응〉[219]의 요소이다. 그래서 성행위는 그녀에게 있어서 도덕적으로나 육체적으로 무의미한 것이기 때문에 선천적 기질을 타고난 매춘부는 그 행위를 별 저항 없이 받아들이는 것이다.

계보학은 매춘부의 기질설에 관한 타당성을 입증했다. 알다시피 졸라의 작품이 그 설을 뒷받침하는 가장 우수한 예이다. 그와 같은 19세기의 작가들은 가족들의 계보를 작성하는 데 주의를 기울였으며, 범죄와 방탕이 그밖의 다른 죄악과 마찬가지로 유전적 요인에서 기인하는가를 밝혀보고자 했다. 유전설에 토대를 둔 입장은 특히 병적 현상과 도덕적 퇴폐의 원인을 제거하고, 또 그것에 대한 설명을 목표로 함으로써 매춘부의 과오를 완화시켜 보자는 것이었다. 선천적 기질을 타고난 매춘부에 관한 과학적 논의가 특히 이러한 생각을 반영하는 한 예를 형성하고 있다. 뽈린느 따르노프스키는 알콜중독과 폐결핵·매독·신경질환이나 정신질환이 러시아 매춘부들의 조상들에게서 일어난 빈도수를 제시했다. 특히 알콜중독에 빠진 어머니에게서 출생한 매춘부의 경우 정신질환의 징후는 더욱 심했다.

한편으로는 우연히 매춘에 종사하게 된 매춘부들이 있었는데, 그들의 특징은 후천적인 영향에 의해서 매춘부가 되는 것으로서 대다수의 사창들이 이에 해당되었다. 뽈린느 따르노프스키의 표현에 의하자면, 세상에서 이 〈태평스런 여자들〉은 자신의 사랑을 오로지 한 정부에게만 쏟아붓는 간부와 같은 존재들이다. 이 후천적 기질의 매춘부들은 〈악을 위한 악의 결핍〉[220]이라는 특징으로 인해서 선천적 기질을 타고난 매춘부들과 구별된다. 이들은 가난이나 나쁜 가정환경, 연인으로부터의 배반이나 혹은 부녀자 매매의 희생물이 그 원인이 될 때에야 매춘에 이르게 되는 존재이다. 매춘세계에 빠져들면, 이들은 일단 선천적 기질을 타고난 매춘부들보다 더 큰 수치심을 느끼게 된다. 이들은 후회의 감정과 함께 아이들에 대해 사랑의 마음을 보여 준다.

수많은 비난의 대상으로서 매춘부의 선천적 기질설은, 그러나 프랑스 의사들에게 상당한 반향을 불러일으켰다. 선천적 기질설은, 심지어 뽈린느 따르노프스키의 이론과 이탈리아 범죄학자들의 학설이 완전히 인정되지 않고 있었음에도 불구하고 수많은 저작들에 영향을 끼쳤다. 이미 1888년에, 비세트르 병원의 의사이자 성과학 분야에서 명성을 떨치고 있던 페레 박사는 매춘과 범죄의 연관성을 내세우고 있었다. 그의 말에 따르면 공창들과 여성 범죄자들은 공통적으로 비생산적인 개체들이며, 〈문명의 불구자들〉[221]이고 〈사회부적응의 폐물들〉[222]이자 〈선천적인 병약자들〉[223]의 특성을 지니고 있었다. 노동의 거부와 향락추구, 쉽게 분노하는 특이체질―이것은 예술창조에 적합한 생물적인 호조건이다[224]―등도 그의 눈에는 퇴화의 징후로 비쳐졌다. 이 증상들은 신경질환자 가계 구성원들에게서 나타나는 특징이기도 하다. 꼬르 박사[225]는, 매춘이 범죄를 저지르는 여성들에게서 파생되었다고 지적했다. 매춘부의 선천적 기질설과 특히 롬브로소와 페레로의 연구결과를 대중화시킬 목적으로 쓰여진 한 논문 속에서, 에밀 로랑 박사는 매춘의 기원에 있어서 알콜중독의 유전증이 상당한 원인을 제공하고 있다고 술회했다. 그는 또 수많은 매춘부들이, 정신질환자나 범죄자 혹은 매춘부들이 없었던 가계의 후손들이었다는 사실을 지적했다.[226] 임상관찰에 의한 오류가 지적되기도 하지만, 그라 박사는 자신의 논문 끝머리에서 매춘부의 선천적 기질설을 지지하고 있다.[227]

그러나 이 매춘부의 선천적 기질설을 프랑스에서 가장 상세하고 완벽하게 체계화시킨 인물은 바로 옥따브 시모노 박사였다. 매춘부 2천 명을 조사한 이후, 풍속담당 경찰에 소속된 이 의사는 선천적인 광기(공창에게서 일어나는 정신장애의 한 형태)에서 비롯되는 생리·생물학적 요인을 분석하고자 노력했다. 1911년에 시작된 그의 연구업적은, 빠랑-뒤샤뜰레가 1836년에 착수했던 프랑스 매춘부에 관한 인류학적 연구의 대미를 장식하는 것이었다. 우선 시모노는 사회학자들이 원용한 학설들을 격렬하게 비판했다. 시모노에게 있어서 『매춘은 병리학적인 신체기관의 질환』[228]이었다. 뽈린느 따르노프스키의 인류학적 관찰을 자신의 것으로 활용하면서 시모노는 신경학과 특히 뇌기능장애에 관한 독자적 이론체계를 확립했다. 그 자신의 생각으로는 〈매춘은 자동적인 반사운동〉이며, 공창은 그 반사운동을 충실히 이행하는 인간이었다.[229] 그런데 이런 〈선천적 광기〉[230]는 유전에서 기인하며, 『유전적 혈장과 화학적·생물학적 변질을 초래한다.』[231]

그의 조사에 따르면, 쌩-라자르 의료형무소에서 치료받은 1백 명의 매춘부 가운데 80명이 기억력 쇠퇴와 산만한 주의력을 야기하는 뇌기능 쇠약증세를 보였다. 매춘부는 원시인과 마찬가지로 〈자연발생적인 주의력〉만을 지니고 있으며, 이 양자에게는 노동과 인간진화의 진보정도를 가늠하는 〈의지력〉이 결핍되어 있었다. 이러한 특징에 선천적 퇴화의 두 가지 징후로써 방심상태와 고정관념에 대한 민감한 반응이 결부된다.

〈선천적 광기〉에 도달한 매춘부는 의지력이 없다. 쌩-라자르 의료형무소에서 치료받은 매춘부들 중 70퍼센트가 이런 증세를 보이고 있었다. 그들의 노동욕구는 〈내적 몽상〉의 단계를 벗어나지 않았다. 그밖에도 공창은 환상에 민감하다. 그 이유는 그녀의 뇌가 지각작용이 요구하는 통합적인 작업을 수행할 능력이 없기 때문이다. 이런 이유로 매춘부는 〈뇌의 감각중추장애〉[232]의 심각한 희생자인 셈이다. 때때로 그녀의 뇌는 『완전히 죽어서 존재하지 않는』 상태가 되기도 한다. 이와 같은 〈생리적 장애〉[233]의 희생물로서 매춘부는 충동적인 행동만을 추구할 뿐이다.

쌩-라자르 의료형무소에 수용된 매춘부들 중 90퍼센트가 자신들의 에너지를 쾌락의 추구에 탕진했으며, 이런 사실은 〈선천적 광기〉의 또 다른 징후를 형성한다. 매춘부들은 말초신경의 작용으로 인한 하위감각의 이상발달증세[234]를 보이고 있다. 이런 이유로 매춘부들은 화려한 원색과 음악과 성적인 쾌락을 꿈꾼다. 쾌락을 지속적으로 추구한다는 점에 있어서 공창은 어린아이나 원시인과 유사하다. 매춘부에게 있어서 사랑은 생식행위와 동일한 것이며, 이런 견지에서 볼 때 매춘부는 『양서류나 조류의 발달단계에서 그 성장이 멈추어 버린』[235] 존재이다. 매춘부에게 있어서 〈생식행위〉는 격렬한 열정을 발생시키는 원천이지만, 반면에 정상적 성장과정을 거친 인간에게는 생식행위에 대한 충동은 일시적이며 과도기적인 요소에 불과하다. 그래서 『생식행위에서 발생하는 열정이 바로 매춘인 것이다.』[236]

유혹에 대한 공창의 약점, 정신적 불안정, 〈정신적 방황〉—정신적 방황은 어떤 의미에서든 현실적인 방황과 마찬가지로 비난의 대상이 된다—등의 요소들이 매춘부의 〈두뇌구조〉 속에서 『관념·운동·행위의 통합을 저해하는 단속적인 마비현상』[237]을 야기한다. 시모노 박사는 최종적으로 유전에 의한 척수신경의 흥분을 매춘의 형성과 결부시켰다. 『골수와 뇌수의 연결작용의 장애』로 인해 〈반사적 흥분〉이 일어나 매춘행위에 이르게 된다는 것이다.[238]

이 연구에 대한 시모노의 열의는, 그가 매춘현상의 문제들에 접근했을 당시

의학계에 극도의 긴장감을 불러일으켰다. 그밖에도 이 박사의 연구는 사람들이 흔히 생각하듯이 그렇게 하찮은 것이 아니었다. 이것은 그의 연구가 중요 잡지에 실려 널리 퍼졌다는 사실 때문이 아니라, 풍속담당 경찰에 소속된 의사로서 과학적 방법을 통하여 초기 공창제지지론의 문헌들을 정당화하려는 지속적인 노력을 보여 주었기 때문이다. 시모노 박사는 결국 이전의 인류학자들과 마찬가지로 매춘부의 소외화 현상을 강조하였으며, 한편으로 심리생리학에서 차용한 擬似科學(의사과학)의 무장을 통해서 매춘부의 사회소외론을 확립했다. 『의지가 강하고 적응력이 있으며 집단적 행동을 하는 인류는 계속해서 발전하지만 의지가 박약하며 개인적 행동을 벌이는 매춘부는 전혀 적응하지 못한다.』[239] 이 임상의에 따르면, 노동에 대한 혐오와 고통의 회피, 정착성에 대한 거부, 상습적인 쾌락의 추구 등이 〈선천적인 광기〉를 가져오고, 결국 매춘부에게 있어서 퇴화의 징후를 보이게 된다는 것이다.

매춘부의 선천적 기질설은 그 영향이 어떤 것이었던간에 수많은 불신을 초래했던 것도 사실이다. 그래서 롬브로소 자신도 자신의 종래 입장을 번복하기에 이르렀다. 사회주의자들[240]과 자유주의자들, 그리고 그밖에 매춘행위의 동기를 기질원인설로 파악하지 않으려는 사람들은 매춘부의 선천적 기질설에 적대적 감정을 나타냈으며, 반면에 의사들은 자신들의 의견을 유보해 두고 있었다.[241] 그라 박사의 필치 아래에서 의사들이 보였던 신중한 유보적 입장은 신랄한 비판과 적대감의 대상이 되었다. 브뤼셀의 G. 다니엘 박사는 1897년에 뽈린느 따르노프스키의 저작에 대해 맹렬한 비난을 퍼부었다. 그는 매춘부와 정숙한 여성을 구별하는 기준이 무엇일까, 라는 의문을 제기했다. 그는 또 다음과 같이 부언했다. 『솔직히 말해서 양장점의 여공이나 꽃가게 아가씨들에 비해서 매춘부를 더 특별한 정신분석학적 입장에서 연구해야 할 이유가 없다고 나는 생각한다. 매춘부는 돈을 받고 그것에 해당하는 자신의 노동력을 제공하는 장인과 같은 존재이다. 그런데 매춘부들의 문제는 무엇보다도 그들의 노동력이 돈으로 정확하게 환산되지 않는다는 사실이다.』[242] 공창제폐지론의 입장에 있던 의사들의 필치는 예리하고도 명쾌한 것이었다.[243] 공창제옹호론과 매춘부의 선천적 기질설 사이의 상호 관련성을 지적했던 모라르트 박사는 1906년에 다음과 같이 기록하고 있다. 『루이 12세 치하에서 매춘부들은 정신적으로 황폐화된 존재들이었다. 롬브로소가 등장한 이후에 매춘부들은 육체적으로 타락한 존재로 간주되었다…… 그때부터 매춘부들에 대한 다양한 주장들이 다시 제기되기 시작했다.』[244]

그러나 어지러울 정도의 시각에서 접근한, 획기적이며 새로운 이론을 제시하면서 G. 따르드는 이탈리아의 인류학에 예리한 비판을 가하고 있었다. 그는 이탈리아의 인류학이 정제했던 이론들이 이탈리아에서 적용되지 못하고 있다는 사실을 불가사의하게 생각했다. 꼴레쥬 드 프랑스의 사회학 교수였던 따르드의 논법은 대단히 단순한 것이었다. 『원래 농노의 신분으로 출생한 인간은 문명에서 비롯된 사랑을 통해 동물들의 삶이 지니는 단순한 생식적 수단을 뛰어넘는 경향을 보이며, 인간의 사랑은 그 자체가 수단이 아닌 목표가 되려는 것이다.』[245] 이렇듯 『생식을 일체 배제한 성의 향유』[246]를 따르드는 동시대의 주된 현상으로 파악했다. 그는 생식을 배제한 쾌락추구의 증가현상을 추잡한 것으로 간주해서는 안 된다고 생각했다.

이 새로운 반론은 『성욕의 실용적·심미적 가치와 성욕의 개인적·사회적 역할』[247]에 관한 반성을 촉구했으며, 바로 여기에서 새로운 윤리관이 생겨난다. 실제로 『미래의 새로운 윤리는 인간에게 있어서 성교섭이 지니고 있는 중요성과 당위성에 대한 신념을 의미하는 것이다.』[248] 『쾌락에 관한 사람들의 개념이 변해감에 따라 결혼관과 가족관에 영향을 미치고, 종족보존에 대한 의무감이 감소되었다.』[249] 에로티시즘의 우월성이 인정된다 해도 매춘을 바라보는 시각에 급진적인 변화가 일어났다. 웨스터마크가 매춘은 원시시대의 유물이라고 주장했지만, 실상 매춘은 문명의 발달과 함께 확산되기 시작한 것이다. 과거에 매춘은 심미적 직업이었으며, 기독교적인 정숙성을 원용해서 수치스런 성격을 이 직업에 결부시켜야 했다. 이상과 같은 정리과정을 거치면서 일체의 생식을 벗어난 특수화된 사랑의 형태가 득세하게 되었다. 그래서 매춘은 중요한 기능, 즉 가계의 유지를 위해 필요한 일부일처제 결혼의 미비점과 결함을 보충하는 중요한 기능을 수행했다. 그리고 G. 따르드는 다음과 같이 결론을 내렸다. 『매춘은 시대의 변화에 따라 다음 두 가지 중 하나가 될 것이다. 우선 매춘이 그 유용성에도 불구하고 항상 불명예스런 존재로 남아 있다면, 결국에 매춘은 소멸되고 일부일처제의 결함을 더 잘 보완할 수 있는 다른 제도로 대체될 것이다. 또 다른 경우는 매춘이 계속 존속하는 것이다. 이때 존중할 만한 대상으로서, 다시 말해 좋든싫든간에 매춘이 존경받는 직업이 되는 경우를 의미한다. 매춘이 강대한 동업조합에 의해 조직화될 때 이런 지위의 향상이 이루어질 수 있으며, 매춘부들은 보증금을 내고 조합에 입회함으로써 그곳에서 직업윤리관을 습득할 수 있게 된다. 이런 조직을 통해서 회원들의 도덕적 수준이 향상되는 것이다.』[250] 러시아와 이탈리아의 인류학자들의 이론에 정면으로 배치되는 사회학적 분석이 자유주의자들의 요구와 일치한다.

빠랑-뒤샤뜰레에서 겸손한 시모노 박사에 이르기까지, 의학과 인류학이 매춘의 분석에 원용했던 논리를 얼핏 살펴보면 사회적 구조에 영향을 미치는 기질의 우월성, 즉 기질원인설이 강조되어 있다는 사실에 놀라게 될 것이다. 그럼에도 불구하고 19세기 말엽에 가다듬어진 매춘부에 관한 인류학적 설명은, 칠월왕정기의 박애주의자들이 시도했던 주장들의 연장선상에 정확히 놓여 있지는 않다. 빠랑-뒤샤뜰레의 방법은 후에 가서 확립되는 사회학을 예고하는 것으로서 생활양식과 환경을 중시하는 연구를 포함하고 있었다. 뽈린느 따르노프스키류나 롬브로소류의 연구서들은 생물학의 우위를 주장함으로써 환경의 영향보다 유전적인 숙명이 더 큰 자리를 차지하고 있다. 즉 매춘의 유전적 측면에 있어서, 매춘은 소외화의 차원을 넘어서서 한 사회계층을 형성하고 있는 것이 아니라 생물학적인 한 사회계층을 형성하고 있다는 사실을 납득시켜야 한다. 동시에 여기에 정신분석학적 시도가 추가된다. 즉 매춘과 방탕을 행하는 것은 범죄를 저지르는 것과 동일한 것으로 간주되며, 이것은 여성의 성적 탈선을 추방함으로써 여성을 정상화시킬 필요성이 있다는 것을 의미한다.

매춘이 사회의 손상된 조직에서 비롯된 현상이 아니라 유전작용에서 기인하는 것으로 파악하는 생각은 수많은 문제를 해결해 주었다. 다시 말해, 매춘부의 선천적 기질설을 과학적으로 내세우던 의사들의 주장은 공창제옹호파를 고무시키는 결과를 가져왔던 것이다.

매춘과 방탕이 유전작용에서 기인한다는 관념은 결국 매춘행위와 여성의 성적 자유를 비판하면서 당시 세론에 널리 확산되어 가던 퇴화에 대한 공포를 인지시키는 수단이 되었다.『유전성이란 숙명의 현대적 표현이다』[25]라고 H. 꼴렝 박사는 1890년에 기술했으며, 성병의 위험을 홍보하던 사람들이 이런 사상을 어떻게 이용했는지는 이미 앞에서 설명한 바 있다. 모든 경우에 있어서 이런 유전의 숙명적 희생을 강조함으로써 특히 여성들의 성적 불안감을 증대시키는 데 기여했다.

*　　*

19세기말에서 20세기 초엽의 성문제에 관한 세론의 역사를 살펴보면, 부녀자 매매에 관해 지엽적이며 의도적으로 과장된 고발과 성병의 공포로 인한 소요,

그리고 매춘과 심신의 퇴화를 연결시키려는 고의적인 의도의 세 가지 현상이 동시에 발생했음을 주목할 수 있다. 따라서 당시의 의사들과 경찰들·군인들은 도덕단체의 회원들과 마찬가지로 공창들에 대한 감시를 공동으로 행사하려는 의지를 보였고, 성도덕으로 그들을 교화시키거나 혹은 적어도 관습의 해방이 가져오는 수많은 위험성을 역설하면서 그 원인제거에 노력을 기울였다는 결론을 내릴 수밖에 없다. 그리고 바로 그 순간에 공창제폐지론자들을 지지하던 급진사회주의자들이 정권을 획득했다. 이제 남은 문제는 이 두 가지 흐름 중에서 어떤 것이 더욱 강력한 것이었으며, 매춘에 대한 강구책이 무엇이었는가를 규명하는 것이 될 터이다.

제7장 입법부의 침묵과
신규제주의의 사실상의 승리

 이제 막 살펴보았듯이, 매춘과 그 매춘이 야기시켰던 문제들이 1898년부터 또 다시 세인들의 화제거리로 등장하고 있었다. 그리고 부녀자 매매 검토를 위한 수많은 단체들이 조직되어 전례 없이 대규모적인 조사활동을 벌이고 있었고, 매춘문제가 세론에 광범위하게 확산됨으로써 매춘에 대한 세인들의 관심이 증대되기 시작했다. 그래서 종종 공창제폐지론의 영향을 받은 광범위한 매춘논의가 전개되고 있었다. 그러나 이러한 논의는 제1차세계대전 이후부터 침체적인 국면을 맞게 된다. 다시 말해 매춘에 관한 논의는, 매춘부의 소외화 현상을 고려하지 않으면서 신규제주의적 색채가 농후한 소규모적 개혁에만 몰두했던 것이다. 이런 양상으로 인해 매춘에 관한 참된 법제화가 이루어지지 않고 있었다. 이러한 매춘논의의 쇠퇴, 그리고 논증적 측면과 현실적 정책 사이의 불일치 현상이 매춘에 관한 세론과 제도의 역사에 있어서 가장 특징적인 현상이라고 말할 수 있다.

1 현실상황에 대한 인식노력과 여론조사

정치적 상황을 이용하려는 공창제폐지론의 헛된 시도

 급진공화파와 풍속경찰에 반대하던 사람들과의 최초 제휴는 매춘부들의 운명에 꽁브가 보여 주었던 관심을 잘 설명해 주는 것이다. 특히 클레망소가 내무부장관에 임명되고, 1906년에는 내각의 수상이 됨으로써 이것이 공창주의폐지론의 승리를 예고하는 듯했다. 로로르紙의 편집장으로 있던 클레망소는, 이미 1903년에 그 신문을 통해서 풍속경찰제도의 폐지를 요구한 바 있었다. 내무부장관으로 취임한 그는 1906년 10월 14일 드라기냥에서 공창들을 위한 근본적이고도 긴급한 대책이 필요하다는 연설을 하였다. 이어서 수상으로 취임하자마자 쌩-라자르 의료형무소에 수용된 환자들을 개인자격으로 조사하기 시작했다. 같은 해 노동·사회보장부가 신설되었고, 장관에 임명된 비비아니는 공창제폐지론자들의 활동을 고무시키고 있었다. 이것은 매춘에 관계된 모든 문제에 관해 공식적인 범위 내에서 세인들의 관심이 증대되었다는 사실을 설명하는 것이다.

공창제폐지론은 이러한 정치적 호조건을 이용하고자 했다. 그런데 공창제폐지운동은 1896년말에 사실상 소멸화된 상태에 있었다. 공창제폐지운동의 일환으로 1880년초에 빠리와 마르세유·리용에서 결성된 위원회의 회원들은 앞서 살펴본 바와 같이 전영국매춘폐지연합의 창설준비와 공중도덕프랑스재건동맹의 창설을 최종적으로 결정했다. 이 조직의 설립목적을 명쾌하게 밝히고 있는 선언 제1조는, 풍속담당 경찰의 폐지와 함께 공공질서를 교란함으로써 법을 침해하고 남녀간의 불평등을 조장하는 공창제도의 폐지를 요구하였다. 실제로 이 동맹은 《사회적 갱생》이라는 기관지의 성격이 증명하고 있듯이, 1887년 이래로 〈가정의 재정립〉을 그 목표로 하고 있었으며, 공창제도에 대한 반대투쟁 이상으로 알콜중독과 부녀자 매매, 부도덕한 문학, 가두에서의 방탕에 대한 반대투쟁에 몰두했다. 이런 취지를 가지고 있는 조직의 노력은, 한편으로 도덕이라는 이름으로 풍속경찰을 옹호하던 일부 회원들의 격렬한 비난에 부딪히기도 했다.

이런 이유로 해서 그 동맹의 지도자들 중 한 사람이었던 루이 꽁뜨는 오귀스뜨 드 모르지에와 함께 1897년 1월 1일부터 기관지 《사회적 갱생》의 별책부록을 발행하기로 결정했다. 이 부록은 전적으로 공창제도에 대한 반대투쟁을 다루려는 것이었다. 같은 해 조세핀 뷔틀레가 프랑스에 머무르고 있을 때, 오귀스뜨 드 모르지에의 주선으로 모인 일단의 공창제폐지론자들은 공창제폐지국제연합의 프랑스지부 결성을 시도했다. 몇 달간의 준비기간을 거쳐 이 기관은 1898년 5월 대중들에게 이 조직에 참여해 줄 것을 호소했으며, 이 새로운 조직이 같은 해 런던에서 개최된 공창제폐지국제회의에 공식적인 대표로 참여하였다.[1]

오귀스뜨 드 모르지에는 1902년 자신의 활동을 총괄하면서[2] 자신이 옹호하고 있던 대의명분에 따라 사회주의자들과 자유주의자들이 그 조직에 가담했다고 강조했다. 그는 또 공창제폐지론이 노동운동의 내부에서, 직업소개소에서, 그리고 민중대학 등에서 사람들의 지지를 받고 있다고 평가했다. 이와는 반대로 그는 소수의 의사들만이 그 조직의 운동에 참여하고 있었으며, 항상 도덕의 보호와 갱생에 근본적으로 몰두하던 가톨릭교도들과 종교정당이 당시까지도 그 운동에 대해 적대감을 보이고 있었다는 사실에 유감을 표명했다.[3]

공창제폐지국제연합에 가담한 사람들의 성격을 살펴보면, 공창제폐지론의 방향이 다른 쪽으로 빗나가고 있음을 납득하게 된다. 그러나 가톨릭교도로서 가족제도를 부인하지 않는 오귀스뜨 드 모르지에는 이 연합의 프랑스지부가 더 이상 도덕적인 사상적 토대를 전혀 제공하지 않는다고 불평했다. 사회주의자들과 자유주의자들이 프랑스지부에 가입하게 됨으로써, 그는 그 조직의 성격에 위배되는 새로운 정신적 자세를 갖추어야 했다. 그때부터 그 운동은 풍속담당 경찰의 폐지와 남녀간의 도덕적인 평등원리의 확립을 유일한 목표로 하게 되었다. 이상과 같은 시각에 토대를 두고서, 그는 프랑스지부의 지도자들에게 남녀간의 자유로운 결합을 완전히 인정해야 하며, 따라서 합법적인 결혼만이 곧 가정이라는 등식을 거부해야 한다고 주장하기에 이르렀다.[4]

공창제폐지론 조직은 오귀스뜨 드 모르지에와 아브릴 드 쌩뜨-크로와 부인의 주도하에 1898년부터 1907년까지 또다시 활발한 활동을 전개했다. 1901년 리용에서 개최된 회의[5]는 그 운동이 정점에 도달해 있음을 보여 주었다. 론 강 연안의 지역이 그 회의의 개최지로 선정되었는데, 그 이유는 그 지역의 시장으로 재직하던 오가뇌르 박사가 그 회의의 의장직을 수락했고, 프랑스의 중부지방과 신교도가 많은 남프랑스 지역이 공창제폐지운동의 교두보 역할을 하고 있었기 때문이다. 이 수 년 동안, 풍속경찰에 반대하는 경쟁자들이 여러 분야에서 활발한 활동을 펴고 있었다. 빠리에서는 아브릴 드 쌩뜨-크로와 부인(사비오즈라는 가명으로)과 오귀스뜨 드 모르지에·시카르 박사, 그리고 이브 귀요가 수많은 강연회를 개최하였다. 이들은 인권동맹과 종교와 무관한 자선조직들이나 비밀결사단체들·직업소개소·민중대학·청년종교단체와 심지어는 자유주의자들의 내부에 이르기까지 영향력을 발휘하고 있었다. 이들의 활동은 지방에서의 수많은 순회강연으로 강화되고 있었다. 아브릴 드 쌩뜨-크로와 부인은 가창들의 피난처를 제공할 목적으로 구호사업단을 조직했다. 이런 선전활동은 이브 귀요가 이끌던 르 씨에클紙와 그 운동의 진실한 지지자였던 라 프롱드紙의 후원을 받고 있었다. 이외에도 로로르紙, 르 라뻴紙, 라 쁘띠뜨 레쀠블리끄紙, 레벤느망紙, 레클레르紙와 같은 신문들도 그 운동에 강력한 지지를 표명했다. 1899년 제네바와 빠리에서 창간된 르뷔 드 모랄 쏘시알誌는 완전히 공창제폐지운동에 전념하고 있었던 잡지였다.

홍보활동은 또 다른 형태로도 이루어지고 있었다. 레옹 프라뻬에는 공창의 생애를 묘사한 작품 《추방자》를 간행, 공창제폐지연합에 헌정했다. 쥘르 오슈는 자신의 소설 《쌩-라자르》를 발표했는데, 그 속에서 페스트균이 득실대는 창가의 폐해를 고발했다. 1906년 마리우스 베랑은 공창제폐지의 홍보를 위한 연극 《금품을 터는 여자》를 릴에서 상연했다. 그 연극에 등장하는 적갈색 머리의 여자는 굶주림 때문에, 그리고 사장의 유혹에 넘어가 매춘부로 전락했는데, 그녀는 결국 의료검진소의 의사에게 진료를 받기보다는 자살의 방법을 택하고 만다. 그 이유는 자신의 동생이 자원봉사자로서 그 진료소에서 봉사하고 있다는 사실을 알고 있었기 때문이다.

프랑스지부의 지도자들은 지도급 인사들에게 그 협회의 가입을 공식적으로 요청했다. 그 결과 조레스와 졸라의 가입이 성사되었고, 프레데릭 빠씨가 새로이 지지의사를 표명했다. 1906년 10월 25일, 당시 수상으로 재직하던 클레망소가 공창제폐지론자들에게 희망을 불어넣으면서 공창제도에 반대하는 집회를 빠리에서 개최했다.[6] 그 집회에는 7백 명 이상의 사람들(참가자들의 대다수는 여자였다)이 참여했지만, 그러나 리베르따가 이끌던 무정부주의자들의 방해공작을 감수해야만 했다.[7] 이 무정부주의자들은 그 집회에서 추방되기 전 집회의 참가자들을 위선자라고 비난했다.

이렇게 조직된 공창제폐지운동의 부활은 매춘에 대한 여론의 관심이 다시 일어났다는 것을 보여 주는 한 양상일 뿐이다. 만국박람회 개최에 즈음하여 1900년 빠리에서 열린 여권주의자들의 두 집회에서는 매춘문제가 대단한 관심사로 떠올랐다. 프랑스지부의 권유를 받은 인권동맹은 1901년에 공창제도와 풍속경찰에 관한 광범위한 토론회를 조직하고 완화된 신규제주의에 지지의사를 표명했다.[8] 이후 수 년간 인권동맹의 수많은 지부들은 단도직입적으로 공창제폐지론에 찬동했다. 론 지역의 사회당 지역구의원이자 인권동맹의 회장으로 재직하던 프랑씨스 드 프레쌍세의 영향을 받은 인권동맹은, 1907년 5월 보르도에서 개최된 회의에서 공창제도를 단호하게 비판했다. 1904년 빠리 시의회가 행했던 토론들과 그 영향력은 더욱 강력한 것이었다. 경찰청장 레뻰느가 제시한 혁신적인 개선안에도 불구하고, 전통에 충실한 시의회의원들은 공창제도와 풍속경찰의 폐지를 요구하고 나섰다.

이제 프랑스의 지도자들도 더 이상 그 운동을 외면할 수 없는 상황에 직면해 있었다. 오브 지역의 급진사회당원들인 뽈 뫼니에와 꽁브는 이미 이 문제에 관한 통계적 조사를 정부에 요구한 바 있으며, 이들의 대정부질문이 있은 다음인 1903년 7월 18일에 풍속제도담당 원외위원회가 구성되었다. 의사와 행정관리·언론인·법조인 등 73명으로 구성된 이 위원회는, 1903년 11월 3일부터 1906년 12월 7일까지 활동을 벌였다. 동위원회는 장기적인 노력의 결실로서[9] 공창제폐지론의 색채가 농후한 법안을 채택했다. 상원의원 베랑제는 그 열의에도 불구하고 지지자들의 성원을 획득하는 데 실패했다.

피요 박사는 그 위원회의 결의정신을 완벽하게 정의했다. 그의 견해에 의하면, 『매춘의 감시라는 명목으로 사람들이 부분적으로 부과하는 임의적 의무를 사회계층이나 성의 구별 없이 도덕적·법적인 의무로 발전시켜 모든 사람들에게 부과하는 것이 문제였다.』[10] 특히 남성들에게 『우리는 성에 대한 의식을 심어 주고자 했다』[11]라고 그는 술회한다. 그러나 그 위원회 회원들은 그의 견해를 이해하지 못했다. 신규제주의자들의 집요한 압력에 떼밀려 미성년자의 매춘에 관계되는 조항을 제외하고 위원회의 개혁안은 폐기되고 말았다. 최종적으로 그 위원회는 그 제안들의 현실적 구현보다도 방대한 연구조사를 통한 중대한 역할과 업적을 인정받았다.

세론을 향한 구원 요청

매춘에 관한 단순히 관념적인 논의가 지양됨으로써 수많은 조사가 일반인을 대상으로 펼쳐졌다. 그 조사항목 가운데에는 남성들에 대한 〈성의식〉의 촉구가 포함되어 있다. 이것은 피요 박사가 끊임 없이 요구했던, 성병의 전염자를 경범죄의 범죄자로서 벌하자는 궁극적 제도의 중요성을 설명해 주고 있는 것이다. 여론조사는 다양한 형태로 이루어지고 있었다. 예를 들면 르뷔 드 모랄 쏘시알誌는 매독환자에 관한 독자조사를 행하고, 동잡지가 선정한 저명인사들에게 성교섭에 있어서 국가의 개입에 대한 시비문제를 부과하는 것으로 만족해했다.[12]

실제로 의사들의 의견이 그 문제에 관한 가장 가치 있고 두려운 지식들을 제공한다. 1903년 당시 르 프랑쎄紙[13]는 풍속경찰의 문제에 관해 의사들을 상대로 조사를 벌인 바 있다. 의사들 가운데 3백37명이 회답을 보내왔으며, 회답자 전원이 풍속경찰이 수행하고 있던 기능을 비판했다. 1백75명의 의사들(52퍼센트)이 매춘부들의 갱생과 시민으로서의 생활권리에 호의를 가지고 있다고 답했으며, 1백 55명(46퍼센트)이 공창제도의 보완유지를 희망한다고 응답했다. 후자의 입장에 서 있던 신규제주의자들 가운데 48명의 의사들(14퍼센트)이 제도의 근본적 개혁을 원했다. 의사들에 대한 조사의 대성과는 그밖에도 당시 의사들이 성병의 위협에 얼마나 민감해 있었는가를 잘 보여 주고 있다. 그 신문이 예상치 못했던 것으로 간주하고 있던 조사결과는, 그러나 공식적으로 확인되지는 못했다. 1904년, 대다수가 의사들로 구성되어 있던 성병예방위생과 도덕을 위한 프랑스위원회는 그 회원들을 대상으로 대규모의 조사를 실시했다. 전체회원 8백63명 중에서 4백10명(47.5퍼센트)이 당시 공창제도의 유지에 찬성했으며, 51명(6퍼센트)만이 매춘의 자유를 인정한다고 응답했다.[14] 결국 이 협회에 소속되었다는 것은 신규제주의의 입장을 받아들이는 결과를 가져왔다는 사실을 언급해야 한다.

앞에서 언급한 원외위원회가 공인창가의 유지나 폐지에 관해 시장들을 상대로 실시한 조사는 더욱더 공식적 성격을 지니고 있었다. 도시의 시장으로 재직하고 있던 사람들 가운데서 87명이 회답을 보내왔다. 전체 시장들 중에서 74명이 공인창가에 호감을 가지고 있다고 대답했으며, 32명이 공인창가를 〈필수불가결한〉 요소로, 28명이 그것을 〈필요한〉 것으로, 그리고 14명이 〈유용한〉 것으로 파악하고 있다고 응답했다. 단 13명의 시장들만이 공인창가에 적대적이었지만, 그것도 유보적인 의사표시일 뿐이었다.

공인창가의 유지를 지지하던 사람들이 내세웠던 논거는 단순한 것이었다. 공인창가의 폐쇄가 공중위생을 위태롭게 할 것이라는 답이 35명이었고, 비밀매춘을 증가시킬 것이라고 응답한 시장들이 21명, 음주량의 증가를 가져올 것이라는 답변이 15명, 공중도덕을 해칠 것이라는 응답이 11명, 호객행위가 성행할 것이라는 의견이 9명, 마지막으로 미성년자들의 도덕에 악영향을 끼칠 것이다가 3명 등 나름대로의 다양한 이유들이 제시되었다. 따라서 시장들이 공중도덕의 보호보다 공중위생의 혼란에 더 공포심을 갖고 있었다는 사실을 확인할 수 있으며, 한편으로는 전자의 개념도 여전히 폭넓게 원용되고 있었다.

또 원외위원회는 창가의 경영자가 없는 상태에서, 그리고 시당국이나 경찰의 허가 없이도 여성 스스로가 결사의 자유를 행사하면서 집이나 아파트에서 매춘을 공동으로 행할 수 있는 자유를 인정하라고 시장들에게 요구했다. 시장들 중에서 71명이 이런 요구를 『생각하기에도 끔찍스럽고』 『받아들일 수 없으며』 혹은 『대단히 위험한』 발상으로 간주했다. 왜냐하면 이런 발상은 현실적으로 공중위생과 도덕 혹은 공공질서를 어지럽힐지도 모르며(42명), 사실상 안전이 보장되지 않는 공인창가의 재형성을 야기할 것이고(24명), 수많은 기둥서방들의 증가를 가져올 수(11명) 있기 때문이다. 또한 부녀자 매매를 자극할 수도 있을 것이고(9명), 매춘부의 금품탈취를 조장할 우려가 있을 수도 있다.(7명)[15]

한편으로 도덕교화단체들은 공공기관들이 길거리의 정화에 앞장서도록 여론을 부추겼다. 베랑제는 1894년에 이미, 자신이 상원에 제출했던 법안을 지지하기 위해 노상비행추방동맹의 의장으로서 호객행위를 억압할 것을 요구하는 서명운동을 빠리에서 벌인 바 있었다. 몇 달 동안 그 서명운동에는 2만여 명이 참여하였다. 이 동맹은 그 문제에 관해 시의회의원들의 견해를 요구하였다. 그 의원들 중 61명(쎈느 도의 의원들을 포함해서)이 열성적으로 활동하던 상원의원 베랑제에 동조한다는 의사를 표시했다.[16]

2 변함 없는 입법부의 침묵과 미봉책들

19세기 말엽의 수 년 동안 매춘문제가 다시 세간의 관심사로 등장하고 있었음에도 불구하고, 국회의원들은 여전히 그 문제의 취급을 거부하고 있었다. 여기서 입법부가 오랫동안 침묵을 지키고 있었던 그 근원을 조사할 필요가 있다. 상당수의 국회종사자들이 매춘의 고객층이었기 때문에 그들 스스로 매춘을 논한다는 것은 상당히 미묘하고도 거북스런 것이었을지도 모른다. 동시대의 사람들이 앞에서 지적했던 사실은 입법부의 유보적 입장을 부분적으로나마 설명해 주는 것이었다. 그러나 이보다도 상원과 하원의 의원들이 매춘을 공안유지나 가두정비의 문제로만 파악하는 성 아우구스티누스적인 개념에 충실하고 있었다는 것이 더욱 적절한 생각일 것이다. 잇달아 일어난 각부 장관들의 선언과 특히 법무부장관의 선언이 바로 그것을 보여 주고 있다. 이 선언서들 모두는 상원의원들이나 하원의원들의 행정기관과 경찰에 대한 신뢰를 재확인하는 것이었다.

매춘문제가 거론될 때마다 의원들의 폭소를 자아냈던 현상은 성문제의 취급에 대해 그들이 상당한 거북스러움을 느끼고 있었다는 사실을 드러내 준다. 매춘문제가 사사로운 개인의 문제일 뿐이라는 견해 때문에 의원들은 매춘이 공식적인 회의에서 논의할 대상이 아니라고 생각하고 있었다. 다시 말해 의회에서의 공식적인 매춘논의는 추잡한 짓이 될 것이며, 입법부와 공화국 전체를 욕되게 하는 것이라고 생각했던 것이다. 이밖에도 G. 따르드는 『性愛와, 그것에 대립되는 인간의 영혼의 문제에 관해 경시적인 태도를 보였던』.¹⁷⁾ 오로지 권력과 부만을 추구하던 의원들의 정신자세를 비난했다. 동시에 따르드는 1904년, 당시까지 성욕의 문제에만 집착해 있던 종교의 영향력이 감소되는 상황에서 입법자들이 이 문제에 관심을 기울이는 것이 절실하다는 것을 강조했다.¹⁸⁾

매춘 대책에 대한 입법화 문제가 의도적으로 거부되었으며, 당시의 수많은 사람들이 이 사실을 지적 비난했다. 법무부장관 발레는 1903년 4월 3일자 법안이 가결되기 전에 상원에서 그 사실을 지적하면서 형법 제334조의 개정을 선언했다.『그 당시까지 경찰의 영역이었던 분야에 입법부가 침투하기는 처음 있는 일이다.』¹⁹⁾ 전 경찰청장 알베르 지고는 1903년 12월 23일, 전국감옥협회에서 행한 보고서 속에서 다음과 같이 선언했다.『우리를 놀라게 하는 것은 입법가들의 고의적이며 절대적인 침묵이다. 법은 이 문제의 대책을 강구하지 않고 있을 뿐만 아니라 입법가는 이 문제의 언급을 회피하고, 심지어는 그것을 묵살하기도 한다. 이것은 수많은 사람들이 그냥 흘려 버리고 싶어하는 문제이다.』²⁰⁾ 경찰청의 제1과장 오노라는 회의석상에서『풍속에 관한 현재의 논의가 활발히 진행되고 있음에도 공창과 성병의 언급을 쇼킹한 것으로 간주하는 한, 의회는 어떤 사소한 대비책도 결코 강구하지 못할 것이다.』²¹⁾라고 단언한 바 있다. 냉철하고 문제의 심각성을 충분히 깨닫고 있던 이 경찰청 과장은 좀더 후에 가서 궁극적으로 입법화되어야 할 법안에 대해 다음과 같이 피력했다.『우리 모두가 죽어 땅에 파묻힌 다음에야 입법화가 이루어질지 나는 상당히 두렵다.』²²⁾

그러나 궁극적인 법률의 적용에 있어서 입법부가 다시 사법부와 충돌하게 되었다는 사실을 언급해야 한다. 이런 사실은 법관들이 1904년과 1908년의 전국감옥협회에 개진한 의견서 속에 명백히 나타나 있다.²³⁾ 법관들은 경범죄의 수치가 증가할 수 있다는 위험성과 청중들에게서 일어날 수 있는 스캔들에 대한 두려움, 그리고 자신들이 성문제들을 해결하면서 느끼는 불쾌감 등을 이유로 내세우면서, 이 문제에 대해 행정당국의 개입이 모색되어야 한다는 희망을 피력했다. 이밖에도 당시의 법관들은 민사적 사건의 재판을 수행하는 능력이 부족했다는 사실도 지적되어야 한다.²⁴⁾

그런 중에도 3명의 의원들, 즉 조르쥬 베리와 급진사회당원 뽈 뫼니에, 그리고 특히 종신상원의원 베랑제는 이런 입법부의 침묵을 깨뜨리고자 끊임 없는 노력을 기울였다. 법제화를 이룩하려는 이들의 수많은 시도가 결국은 실패로 끝났지만, 이들이 경주한 노력은 상당히 중요한 의의를 지니고 있었다.

이들의 최초 운동은 1894년과 1895년에 있었다. 1894년 11월 23일, 조르쥬 베리는 매춘규제에 관한 법안을 하원의 서기국에 제출했다.[25] 이 법안은 입법권의 유보적 태도를 타파하기 위한 논리적인 내용을 담고 있었다. 공중위생에 대한 리샤르의 신규제주의적 사상이 짙게 반영됨으로써, 별 독창성이 없는 것으로 간주된 이 법안도 물론 결코 토론의 대상이 되지 못했다. 조르쥬 베리는 법안 속에서 공창의 등록제도와 공인창가(그는 약속의 창가라는 신형 창가를 그 범주에 포함시키고자 했다)의 유지를 명시했다. 베랑제가 보급시켰던 사상을 반영하면서 조르쥬 베리는 거리정화를 위해 호객행위를 경범죄로 처벌할 것과 기둥서방들을 더욱 엄격하게 처벌할 것을 요구했다. 한편으로 그는 무료진료소의 개설을 제안했으며, 일반병원에서의 성병환자에 대한 특별수당의 지급과 공개된 진료창구의 증가를 호소했다.

실제로 베랑제는 지금까지 혐오의 대상이 되었던 이 문제를 의회에 제출하는 데 성공했다. 이 상원의원은 19세기 말엽의 일반적 현상을 이루고 있던 성적 불안감에 쫓긴 나머지, 공중도덕보호에 관한 전반적인 투쟁의 일환으로 1894년 4월 27일 〈매춘과 미풍양속의 훼손에 관한 법안〉을 상원에 제출했다. 이 법안의 기본적 취지는 거리와 공공장소를 『정화하고』『눈앞에서 펼쳐지는 부도덕한 행위에 대해』투쟁하자는 것이었다.[26] 그리고 그 법안에서 도덕적인 중요성이 십분 배려되었다. 신체적인 조숙성으로 인해 젊은이들은 쉽게 방탕에 빠지며, 방탕한 생활을 통해서 호기심과 기호를 만족시키게 된다. 조숙성으로 인한 방탕은 쾌락의 추구와 노동의 기피를 초래하며, 손쉬운 일에 대한 젊은이들의 탐닉을 조장하고 사회적인 증오를 부추긴다. 이밖에도 그 상원의원은 공중도덕의 문란현상이 남성들의 신체적·정신적 건강을 파괴하고, 젊은 여성과 정숙한 부인들의 수치심을 감퇴시킨다고 생각했다. 그의 견해로는 매춘이라는 실체보다도 『대중의 면전에서 펼쳐지는 호객행위』가 더 심각한 것이었다. 『젊은이들에게 순결의 관념을 교육시킬 수 있다면, 거기에는 얼마나 많은 정신적·지적 희생이 뒤따르겠는가!』라고 그 상원의원은 외쳐댔다.[27]

바로 거기에서 일련의 제안들이 나오게 됨으로써 베랑제는 가장 과격한 규제주의자들과 풍속담당 경찰에 반대하는 가장 전투적인 사람들 사이에 위치한다. 당초의 계획 속에서 베랑제는 성매매의 제한과 혁신된 공인창가에 호의를 지니고 있다고 확인했다. 이와는 반대로 풍속경찰의 임의재량권을 격렬히 비난하면서, 그는 풍속문란에 해당되는 『대중의 면전에서 이루어지는 호객행위』를 경범죄의 대상으로 처벌하자는 조항의 법제화를 제안했다. 공창의 등록제도 의무화는, 그의 견해에 의하면 사법적인 문제에 속하는 것이었다. 이밖에도 베랑제는 기둥서방들과 포주들, 비밀창가의 경영자들, 그리고 부녀자 매매자들에 대한 중형을 권고하였다. 끝으로 그가 요구했던 사항은 미성년 여성들은 경범재판소의 관할하에 있어야 한다는 것이었다.

    1895년 5월 27일, 상원의원들 앞에서 자신의 법안을 설명하면서 베랑제는 풍속경찰의 자유재량권에 대해 맹렬한 공격을 퍼부었다. 그 다음날 법무부장관 트라리외는 호객행위에 대한 경범죄 조항의 신설을 거부했다. 그 장관은 호객행위와 매춘부의 존재를 불가분의 관계로 파악하고 있었으며, 매춘에 관계되는 모든 법률의 제정을 반대한다는 의사를 표명했다. 그의 생각으로는 매춘에 관한 법안의 가결이란 일고의 가치도 없는 것이었다. 그 이유는 법안을 매춘에 적용시키는 것이 어려울 뿐만 아니라 법안이 통과됨으로써 공중위생사업이 완전히 무용화된다는 우려에서 기인한 것이다.[28] 매춘문제에 관한 입법부의 침묵을 공식적으로 인정하면서, 〈사회적 관심〉이라는 이름으로 법무부장관은 다음과 같이 쓰고 있다. 『법이 어느 정도의 임의성을 지니고 있다고 말할 수 있을 때까지 나는 나아갈 것이다.』 그는 또 다음과 같이 덧붙였다. 『모든 시각에서 우리의 입장을 세워야 한다. 우리는 지난 2천 년 전부터 살아온 삶을 오늘날에도 똑같이 되풀이해서는 안 된다.』 이러한 표현을 통해서 그는 매춘이 비역사적인 현상이며, 그 불변적인 성격을 통해서 매춘은 문명의 진보에 의한 혜택을 받지 못했다는 사상을 내세우면서 상원의원들을 지지 격려하였다.[29]

    이제 풍속경찰은 당시 권좌에 있던 온건한 대다수 공화주의자들의 옹호를 받게 되었으며, 베랑제의 법안이 보수적인 귀족층과 셰늘롱·쥘르 시몽·뷔페·워딩턴·왈롱·바르텔레미-쌩-띨레르와 같은 이름들이 동시에 어우러진 이질적 집단들의 지지를 받고 있었음에도 거부되는 사태가 발생했다. 매춘에 관한 입법화 계획은 그 이전의 의견들을 결정적으로 갈라 놓았다. 매춘부에 대한 보통법의 적용을 요구하는 동시에 호객행위를 경범죄로 처벌하려는 베랑제의 매춘론은 실상 너무나 모호한 것이었다. 베랑제에 반대하던 인물로는, 공창제폐지론자인 슈레르-께스트네를 비롯해서 꽁스땅·플로께·발덱-루쏘·아라고·프레시네·떼스랑 드 보르 같은 다양한 의견을 피력하던 사람들을 꼽을 수 있다.

    베랑제는 자신의 법안 제1조가 실패로 돌아감에 따라 그 조항의 수정안을 제출했다. 한 부분이 잘려나가 불완전했던 그 법안은 결국 1895년 6월 14일과 27일상원에서 가결되었다. 법률로써 매춘부의 사회적 지위를 보장하고, 매춘부에 대해 보통법을 적용해야 한다는 의견이 종국에는 철회되었다. 그 법안은 기둥서방들과 포주들 그리고 비밀창가의 경영자들을 경고하고, 주류판매업자들에 대하여 형벌을 강화하며, 미성년 매춘부들을 경범재판소에 출두시키는 것으로 그 역할을 제한하고 있었다. 알다시피 이 계획이 의원들 앞에서 거론된 일은 단 한번도 없었다.[30]

1902년에서 1910년 사이에 매춘에 관한 조사·검토를 벌이던 운동이 일어났는데, 이 운동의 영향이 상류의 사회계층에 파급되어 갔던 반면 의회는 여전히 전반적인 매춘문제에 관한 법안에 냉담한 태도를 보이고 있었으며, 마지 못해 미미한 대책을 강구하게 되었다. 매춘조직에 관한 방대한 조사연구와 검토작업을 원외위원회에 위임하자는 꽁브의 태도는, 한편으로 근본적인 대책을 강구한다기 보다는 문제를 사후에 해결하고 보자는 의도를 드러내는 것이었다. 그러나 매춘의 조사과정에 있어서 매춘계[31]를 용감하게 파헤치고 거리의 소녀들을 옹호하려는 파격적 발상이 처음으로 실행에 옮겨졌다.

원외위원회의 지명을 받기도 전에 조르쥬 베리는 1903년 6월 4일, 성병의 위험성을 예리하게 지적하는 신규제주의의 이론에 토대를 둔 법안을 하원에 제출했다. 이 법안 역시 국회에서 단 한번도 논의된 일이 없었다. 부녀자 매매에 관한 빠리회의의 결정사항을 인정하는 1903년 4월 3일자 법안이 가결됨으로써 매춘부 보호를 위한 법률상의 가장 중요한 대책이 단번에 입법화되었다. 이와는 반대로 1904년 2월 1일, 하원은 격렬한 토의를 거친 끝에 매춘문제를 치안재판소로 이관해야 한다는 르뻴르띠에의 수정안을 거부했다.

공창제폐지론자들은, 1906년 12월에 원외위원회가 통과시킨 획기적 법안을 클레망소와 권좌에 앉은 그의 후임자들이 의회에 압력을 넣어 다루어 줄 것을 초조하게 기대하고 있었다. 그러나 그들의 기대는 완전히 빗나가고 말았다. 1907년 6월 7일, 뿔 뫼니에는 원외위원회의 가결안을 수정한 법안을 제출했다.[32] 그 법안 역시 단 한번도 토론의 대상이 되지 못했음은 물론이다. 그 원외위원회가 이룩한 방대한 작업 중에서 결국 미성년자의 매춘에 관한 1908년 4월 11일자 법안만이 법률로 채택되었을 뿐이다. 이것이 원인이 되어 성병예방대책협회와 당시 영향력이 증대되고 있던 군의협회, 그리고 의학아카데미가 중심이 된 신규제주의자들의 반격이 시작되었다. 베랑제가 이끌고 있던 성병예방대책협회의 대표단은 1908년 12월 7일, 클레망소에게 원외위원회의 결론이 위험스럽다는 사실을 지적했으며, 뷔뜨 박사가 기초한 법안을 그 대안으로 제시하였다. 이 법안은 상당한 설득력이 있었다.

특히 도덕의 문란을 염려하는 보수주의자들과 성직자들에게 있어서 미성년자의 매춘은 오래 전부터 제기되어 온 심각한 문제들 중의 하나였다. 아이들로 구성된 부랑아집단이 범죄와 치안교란의 온상이 되고 있다고 생각한 오쏭빌 백작은, 제3공화정의 성립 직후 10여 년간 빠랑-뒤샤뜰레의 방법으로 부랑아동들에 관한 인류학적 실태조사에 헌신했다.[33] 그 결과 이 백작에게 있어서 매춘은 수많은 사생아의 탄생과 노동자 가정의 혼잡스런 환경, 부모들의 바르지 못한 행동, 특히 무도회의 나쁜 영향 등에서 기인하는 방랑벽의 한 형태일 뿐이었다. 그는 소란스런 대중음악에도 소녀들의 타락의 동기를 부여하고 있었다. 소란한 대중음악을 통해 쾌락과 주연을 위해 모여든 민중들은 지도적 계층의 사람들에게 커다란 위협을 행사하고 있다는 것이다.

그리고 그가 미성년자의 매춘에 보였던 관심은, 방탕과 악덕의 때이른 증가가 청소년층에 광범위하게 확산되었다는 두려움을 설명하고 있다. 1896년에 출간된 마르크 레비유의 저작 《미성년자의 매춘과 형법규칙》이 이것을 분명하게 보여주고 있다. 가장 격렬한 규제주의적 색채에 젖어 있는 진정한 유토피아를 꿈꾸면서, 저자는 젊은 여성들의 수치심의 감소를 근거로 들면서 수공업공장에 대한 도덕적 감시제도와 함께 방탕벽이 병을 가져온다는 신념에 기초한 강제권의 발동을 요구했다.

20세기 초엽에 이르러 소녀들의 타락현상과 남성들의 소녀 선호현상이 눈에 띄게 두드러졌으므로, 이에 대한 위기감을 추가로 고려해야 한다. 1891년 까뗄르 망데스는 젊은 댄서였던 릴리안느의 비극적 운명을 상세하게 묘사한 바 있다. 그녀는 작품 속에서 『아주 어리고 귀엽지만…… 욕망도 쾌락도 없이 살아가는 끔찍한 매춘부』[34]이자 『더럽고 무기력한 조숙성』[35]의 희생자로 그려지고 있었다. 성인으로 가장하고 고객을 유인하는 미성년 매춘부의 행위를 고발함으로써, 저자는 소녀들의 매춘이 상당히 증가하고 있었다는 사실[36]을 증명했던 것이다. 따라서 외관상 깐깐한 노파의 느낌을 주는 여포주들은 성인 매춘부들을 젊은 매춘부로 변장시키는 데 몰두하지 않을 수 없었으며, 그 매춘부들은 댕기머리에 짧은 치마를 입고 때로는 팔에 인형을 안고 있거나 입에 과자를 물고 있는 등 소녀 흉내를 내면서 남성 고객들의 소녀 취향을 만족시켰다.[37]

미성년 여성들의 공식적인 공창등록은 사실상 여전히 비난의 대상이 되고 있던 문제였다. 1882년, 상원의원 루쎌은 상원위원회의 이름으로 비행아동들에 관한 방대한 조사를 실시한 바 있다. 이 조사서의 13번 문항이 미성년 여성의 매춘과 관계가 있었다. 57개의 도청이 이 질문에 답신을 보내왔다. 이 답신들에 따르면 1천3백38명의 미성년 여성들이 각도의 도시들에 공창으로 등록되어 있었다.[38]

관계당국이 미성년 여성들의 공창등록에 소극적이었음에도 불구하고, 지방에서와 마찬가지로 빠리에서도 미성년 매춘부들은 계속 증가 추세를 보였다.(당시 빠리에서 미성년 여성들의 전체적 수치는 감소되어 가고 있었다.)[39] 에네껭이 1904년에[40] 분석한 4백 개의 시조례 가운데 3백37개가 미성년 매춘부들의 등록에 관한 제한조항을 전혀 명시하지 않았다. 26개의 조례만이 등록을 성인 여성에만 한정한다고 규정하고 있었다. 몇몇 도시들에서는 심지어 12세에서 14세에 이르는 소녀들에게 등록을 허락하기도 했다.[41] 1904년 한 해 동안[42] 매춘을 했다는 이유로 검거된 지방의 미성년 매춘부 3천8백9명 중에서 2천26명(53퍼센트)이 등록된 매춘부였다. 이 수치 중에서 45명(2.2퍼센트)이 16세 미만이었으며, 3백85명(19퍼센트)이 16세에서 17세였고, 1천5백96명(78퍼센트)이 18,9세, 혹은 20세였다. 그때부터 빠리 경찰청은 미성년 소녀들에 대한 더욱 엄격한 감시를 펼쳐 나갔다. 1902년 당시 매춘부로 파악되던 1천8백32명의 미성년 소녀들이 체포되었는데 이들 중 4백57명이 이미 공창으로 등록된 상태였으며, 이들의 연령은 18세와 그 이상이었다.

1905년 6월 30일, 베랑제는 미성년자의 매춘에 관한 법안을 상원에 제출했다. 방탕스런 행위가 확산되고 있으며, 성병의 발병률이 젊은 매춘부들에게서 대단히 높다는 사실을 인지하고 있던 이 상원의원은, 자신의 법안 속에서 18세 이하의 공창들을 갱생시설로 이송해야 한다고 제안했다. 그러나 정부는 원외위원회의 제안을 기다리면서, 그 법안에 대한 심의를 연기시켰다. 원외위원회의 작업이 끝난 다음, 마침내 정부는 그 위원회의 결론을 받아들여 18세 미만의 미성년 매춘부들을 보호시설로 이송시킬 것을 명시하는 1908년 4월 11일자 법안[43]을 가결시키기에 이르렀다.

반복하자면 이 법안은 원외위원회가 남겨 놓은 유일한 긍정적 성과였지만 법이 제정되고도 수 년간 실행에 옮겨지지 못했다. 예정되어 있던 학교나 보호소 시설이 그때까지 설치되지 않고 있었기 때문이다. 따라서 경찰은 체포된 매춘부들을 어떻게 처리해야 할지 고민에 빠져 있었고, 새로운 법률이 실시되는 1909년 1월 16일부터 미성년 매춘부들에 대한 감시를 중단해야 할 위험한 처지에 놓여 있었다. 성병환자들의 재만연을 명백하게 지적하고 있었던 르 삘뢰르 박사의 보고서를 통해 심각성을 깨달은 클레망소는 1908년 법안의 실시일을 유예하지 않을 수 없었다.

그 이후에 행해졌던 매춘관련의 법제화 시도는 사람들의 무관심 속에 결실을 맺지 못한다. 1912년 7월 11일, 사회주의자들과 일부 급진주의자들의 지지를 받고 있었던 뽈 뫼니에는 풍속경찰의 횡포에 관한 문제를 또다시 정부에 제기했다. 그는 원외위원회의 활발한 작업결과에도 불구하고 어떠한 대책도 강구되지 않았다는 사실을 강조했으며, 쌩-라자르 의료형무소의 존재를 다시 한번 비난했다. 내무부장관 스떼그는, 과거 풍속경찰의 횡포에 맹렬히 반대했던 클레망소가 오랜 재임기간에도 불구하고 전혀 개혁을 이루어내지 못했으며, 1908년의 법안조차도 사실상 〈사문화〉⁴⁴⁾되어 버렸다고 때맞추어 지적했다. 결국 하원은 정부로 하여금 풍속담당 특별경찰 개혁안을 제출토록 하자는 안건을 320 대 241로 부결시키고 말았다. 그 다음날, 스떼그가 권유했던 바에 따라 뽈 뫼니에는 원외위원회의 결론을 반영한 새로운 법안—공창의 등록과 의료검진의 폐지를 명시한—을 제출했다. 원외위원회에 재송부된 이 법안 역시 단 한번도 의회에서 거론된 일이 없었다.

좌익진영의 분열과 의회에 대한 급진주의자들의 영향력 감소, 젊은이들의 도덕화를 위해 움직인 맹렬조직들, 그 이전에 채택된 소극적 개혁안들의 실패, 여론과 특히 의사들 사이에 확산된 신규제주의의 발전, 그리고 그 원리에 입각한 개혁안들의 상대적인 성공 등이 복합적으로 작용함으로써 제1차세계대전이 발발할 때까지 입법부는 매춘문제에 관한 침묵을 유지할 수 있었다.

3 실행에 옮겨진 개혁안들

입법부의 침묵은 행정적 측면에서 이루어진 약속이나 공약, 혹은 실제로 행해진 개혁안들 사이에 상당한 균열을 초래했다.⁴⁵⁾ 원래 빠리 지역의 약속의 창가와 성병환자들에 대한 인간적 처우를 공식적으로 인정한다는 것이 개혁의 근본적 취지였다.

약속의 창가의 인정과 그에 대한 원활한 감시

1895년 당시 상원의원들 앞에서 〈검거령의 시대〉가 이미 종료되었다고 선언한 바 있던 경찰청장 레뻰느는 빠리 시의회에서 토론이 전개되기도 전에, 그리고 심지어는 원외위원회가 구성되기도 전에 1900년 2월 14일자의 새로운 법규에 의거해 약속의 창가라는 제도를 공식적으로 인정하였다. 동시에 그는 새로운 매춘구조의 발전에 힘을 불어넣었다.

약속의 창가의 발전은 부르주아풍 가족형태(집약적인 가족형태의 해소)의 승리와, 그 가족형태의 사회적 확산을 반영하고 있을 뿐이다. 그러나 이 새로운 매춘제도에도 몇몇 불투명한 부분이 있었으며, 레뻰느 자신도 바로 이 점을 꿰뚫어 보고 있었다. 『중산계급의 쾌락추구가 국가의 관리로부터 해방되었다』[46]라고 기술한 경찰청장 떼오도르 젤뎅의 개혁안도 부분적으로 타당성을 지니고 있었다. 물론 새로운 규제법규가 공인창가에 적용되고 있었던 법규보다 훨씬 단순한 것이었다는 사실을 부인할 수는 없다. 그러나 동시에 당시까지 경찰의 감시에서 벗어나 있던 창가들을 감시의 영역으로 끌어들이려는 레뻰느의 근본적 의도가 바로 새 법규에 들어 있었다. 규제주의의 가장 순수한 전통에 입각한 새 법규는 새로운 형태의 〈청결한〉[47] 창가의 발전을 촉진시켰고, 또 한편으로는 〈성도착〉과 〈파렴치한 행위〉의 온상이었던 공인창가의 소멸을 가져왔다.

1900년의 법규는 자연발생적으로 발전하고 있던 관습들을 법문화한 것에 불과했다. 이 법규는 매춘부들이 공인창가로 자유로이 출입하는 내용을 골자로 하는, 다시 말해서 수십 년 전부터 시작된 〈탈감옥화〉에 그 초점을 맞추고 있었다. 새로운 매춘시설에 대한 감시가 경찰의 부속실 담당과에 위임되었는데, 그 이유는 빠리 지역에 있던 약속의 창가가 그 이후부터 부속실과 동일한 것으로 간주되고 있었기 때문이다. 그때부터 공인된 매춘시설에 수용된 모든 매춘부들은, 새로운 법규에 따라 창가의 여사장을 통해 사진과 함께 등록대장에 자신의 이름을 올려야 했다. 매춘부들은 공인된 의사의 정기적 검진을 받아야 했으며, 의사는 검진 해당자의 검사결과를 장부에 기재했다. 약속의 창가의 창문들은 공인창가의 경우와 마찬가지로 항상 닫혀 있어야 했으며, 통행인들에게 매춘시설의 존재임을 알리는 건물 외부의 표식설치가 완전히 금지되었다. 문간에서의 호객행위의 금지와 함께 일체의 광고행위가 허락되지 않았다. 그 창가에는 주류 코너가 설치될 수 없었으며, 여사장은 등록장부에 기재되어 있지 않은 여성들을 고용해서도 아니 되었다. 경찰청 제1과장 오노라가 상술하고 있듯이,[48] 『경찰청장 레뻰느는 우선 요금이 40프랑 이하에 해당하는 매춘시설에 그 법규의 적용을 명했지만, 실제로는 그 이상의 요금을 받는 창가들도 이미 이 법규의 적용을 받고 있었다.』 그는 또『등록을 거부하는 대규모 창가 소속의 몇몇 매춘부들에 대해 사진이 첨부된 무기명 감찰표의 소지를 예외적으로 인정하기도 했다. 완전히 전형적인 공인창가에 관해 말하자면, 감소되어 가고 있던 이 시설물들도 전면적인 광고규제를 감수해야 했다.

1904년부터 1908년까지 빠리 매춘업계는 과도기적인 시기에 놓여 있었다. 매춘에 관한 여러 문제들의 검토결과를 기다리면서 경찰청장 레뻰느는 1904년, 기존의 일반법규들을 폐지하면서 여경영자들에게 계속해서 새 법규를 준수하도록 권유했다. 공인창가의 여경영자들은 이제 더 이상 경찰청의 허가를 받을 필요도 없었고, 더 이상 장부의 기재의무를 이행하지 않아도 되었다. 심지어 여경영자들은 사창들을 고용할 수도 있었다. 무료진료소 의사의 정기검진만이 의무적 사항으로 남아 있을 뿐이었다. 이후부터 창가에 부속된 작은 방이 단순한 소매주류점으로 간주되었다. 최하층과 중간층의 약속의 창가에 대한 모든 규제가 폐지되었다. 그러나 이 형태의 창가를 경영하는 여사장들은 자신의 창가에 출입하는 매춘부들의 건강상태를 여전히 책임져야 했다. 이런 자유스런 풍토가 약속의 창가의 상당히 비약적인 수치 증가를 가져왔다. 이때부터 1등급에 속하는 이 창가의 여사장들은 자신들의 활동상황을 경찰청에 신고하는 것만으로 충분했다.

결국 입법화조치가 긴급하게 요청된다고 생각한 사람들은, 국회의 결정들을 기다리면서 시의회와 원외위원회가 희망한 정책을 실행에 옮겨보고자 했다. 시의회와 원외위원회 멤버들 앞에서 행한 발언들이 증명하고 있듯이, 레뻰느 자신도 신규제주의에 상당히 깊은 영향을 받고 있었다. 그는 새로운 규제방법에 법적인 근거를 부여하고자 했으며, 이렇게 함으로써 정기검진과 매춘부의 등록을 위한 특별위원회와 수많은 벌칙조항들이 폐지될 수 있을 것이라는 희망을 피력했다. 그는 경범재판소의 소환을 각오하고서라도 매춘을 하려는 여성이 있는 경우 경찰청에 신고를 하면, 경찰청이 지정한 의사가 그녀에게 건강증명서를 발행해 주는 것으로 충분하다는 견해를 가지고 있었다. 그가 고대했던 바는, 이런 개혁이 실행됨으로써 약속의 창가에 대한 감시와 사진 첨부의 의무화가 폐지될 것이라는 바였다.

매춘의 법제화를 위해 시도된 여러 움직임의 실패로 인해서 경찰은 본연의 임무로 복귀해야 했다. 1908년 8월 4일자 법령은 매춘부의 등록업무를 담당하는 특별위원회를 폐지하고, 풍속을 관장하는 행정재판소의 설립을 골자로 했다. 그러나 실제로 이 기관은 재판소의 기능을 발휘하지 못했다. 그 이유는 이 기관이 1911년 국무원에서 비합법적이라는 평가를 받았기 때문이다. 1910년 2월 15일자 법령은 빠리의 부속실 주인들이나 다방 주인들에 대해 상습적인 매춘부 고용을 금지시켰다. 특히 1912년 4월 4일자 조례는 수도지역에서의 약속의 창가가 지니는 기능을 또다시 법적 규정의 대상으로 삼았다. 그 조례의 내용은 1900년의 조례의 내용과 거의 동일한 것이었다. 다시 말해, 경찰청에 대한 영업신고와 함께 일체의 간판설치와 선전, 문간에서의 호객행위를 금지하고 장부의 기록을 의무화하는 조항들이 그 조례의 내용이었던 것이다.

매춘의 입법화운동의 실패를 확인한 경찰청은 그 이전, 즉 1903-1907년에 적용시켰던 여러 규정들을 재검토하기 시작했다. 이것은 레뻰느가 그 이전에 추진했던 혁신적인 개혁안들에도 불구하고, 경찰이 새로운 매춘시설에 대한 감시를 재개하고자 하는 의도를 증명하고 있다. 그래도 역시 1900년에서 1910년 사이에 제정된 법령이 공인창가의 몰락을 어느 정도 지연시키는 효과를 가져왔던 것이 사실이다. 이 법령의 제정으로 인해 비밀스런 약속의 창가가 비약적인 증가 추세를 보이게 되었다. 그리고 자신의 거처에서 이런 형태의 창가로 출퇴근하는 대다수의 매춘부들은 여경영자의 과거와 같은 영향력을 받지 않아도 되었다.

성병환자들의 인간적 처우

신규제주의자들이 위생에 관한 원칙들을 적용함으로써 성병환자들의 대우가 상당히 개선되었다. 쌩-루이 병원과 그 피부과의 진료는 이 점에 있어서 대표적인 역할을 수행하고 있었다.[49] 랑두지 교수는 원외위원회의 동료들에게, 빠리 지역 성병환자들의 반수 이상이 일반병원에서 치료를 받았다는 사실을 상기시켰다. 이런 현상은 자연발생적인 것이었다. 옛날 남프랑스 지역 병원이었던 리꼬르 병원에서는 이때부터 성병학과 피부과학을 전문으로 하는 혼합진료부서만이 존재하고 있었다. 1890년부터 브로까 교수는 루르씬느 병원(후에 가서 브로까 병원으로 명명되는)에 더 이상 성병학을 전문으로 하지 않는 피부과를 설치했다. 성병환자와 피부병환자가 동일시된 이래로 여포주들의 병원에서의 매춘부 모집은 근절되었다.

1904년, 쎈느 도의회는 쌩-라자르 의료형무소의 한편에 성병전문 무료진료소를 개설하기로 결정했다. 초대원장 뚜쌩 바르뗄레미의 이름을 딴 이 무료진료소는 1906년부터 진료를 시작했다. 이 진료소의 업적은 괄목할 만한 것이었다. 1912년 당시 이 진료소는 1만 2천5백31건의 치료를 수행하였다.[50] 여성들은 더 이상 무료진료소에서의 치료를 두려워하지 않게 되었다. 요컨대 제1차세계대전 직전 빠리의 성병환자들의 의식에 커다란 변화가 일어나고 있었던 것이다.[51]

신규제주의자들은 쌩-라자르 의료형무소의 개축을 위해 시도한 수많은 움직임이 실패로 돌아감으로써 커다란 실망감을 맛보고 있었다. 이 시설의 노후화가 야기한 스캔들이 당시 세간의 끊임 없는 화제거리가 되었다. 1902년 당시 발덱-루쏘와 국회의원 마이예가 맞섰던 토론이 종료된 다음부터 거의 매년마다 쌩-라자르 의료형무소의 예산은 하원의 비판대상이 되어야 했다. 쎈느 도의회는 같은 해에 이미 이 의료형무소의 개축을 위해 5만 프랑의 예산안을 가결시킨 바 있었다. 1906년에 도의회는 의료형무소의 이전지를 결정했지만, 제1차세계대전이 일어날 때까지 그 어느것도 이루어지지 않았다.

지방의 대도시들에서도 매춘부들에 대한 인간적 처우는 민감한 문제였다. 보르도에서는 성병환자의 외래진료가 쌩-쟝 병원에서 이루어지고 있었다. 제1차세계대전 직전에 낭시의 성병환자들은 구호원을 떠나야 했다.[52] 리용에서는 더욱 야심찬 개혁이 시도되고 있었다.[53] 이 도시에서는 1901년부터 성병에 걸린 매춘부들의 강제적 입원제도가 폐지되었다. 이렇게 되자 이 도시의 공창들은 일반환자들과 마찬가지로 거리낌 없이 검진과 치료를 받아들였다.

징계행정기관이 1908년 성병에 걸린 공창들의 치료에 관한 조사를 결정했으며, 그 조사결과는 부른느빌의 연구 이래로 프랑스 전체에서 모색된 과정들을 통합해 주는 것이었다. 예외적인 징계시설에서의 수용을 제외하고[54] 이때부터 매춘부들은 거의 전지역의 병원에서 진료를 받을 수 있게 되었다. 그러나 이것이 매춘부의 병원시설에의 수용에 대한 일체의 거부를 의미하는 것은 아니었다. 1913년 6월 14일, 광산병원의 건설에 관여하고 있던 브리에의 부지사는 『새로운 병동이 용이한 감시와 탈주방지를 위해서 마련되어야 한다』[55]고 또다시 요구했다.

4 제1차세계대전 직전의 강화된 감시

도덕단체들의 가중된 압력

전쟁이 일어나기 전 수 년간 성병의 위험성과 부녀자 매매에 관계된 일련의 캠페인을 통해 특히 젊은이들의 성적 억제를 위한 움직임이 펼쳐지고 있었으며, 한편으로 도덕단체들과 비행에 대해 투쟁하려는 모든 사람들의 활동도 일단 활성화되기 시작했다. 거리정화와 비밀매춘의 금지를 위한 지방신문들의 캠페인이 더욱 광범위하게 펼쳐졌다. 1907년 라 크롸 뒤 노르紙[56]는 〈악취가 풍기는 릴〉이라는 부제의 기사를 게재하면서 시내 중심부에서 활동하는 매춘부들과의 투쟁에 돌입했다. 이 신문은 또 이 도시에서 일어나는 비행에 격분한 외국인 60명의 서명 탄원서를 게재했다. 이밖에 다른 지역 신문들 대다수도 가톨릭계 기관지를 지지하면서 청원서를 기사로 싣고 있었다. 1912년 솔레이 뒤 미디紙[57]는 〈제발 매춘부를 쓸어냅시다〉라는 제목의 기사를 통해서 마르세유 지역의 매춘에 대한 투쟁을 강화하라고 촉구했다.

빠리에서는 지역별 차원에서 투쟁이 조직되었다. 구뜨 도르 구역에서 펼쳐지고 있었던 매춘반대투쟁이 그 좋은 본보기가 될 것이다. 1913년 초엽에 지역도덕보호위원회가 설립됨으로써 사회주의자들과 급진사회주의자들, 그리고 도덕단체의 회원들이 가담하였다. 이 위원회를 이끌고 있던 사람은 시의회의원인 마르셀 까셍이었다. 이 구역의 〈저명인사들〉에게 도움을 호소한 이후인 6월 21일, 노상의 비행에 항의하는 집회에 최소한 1천5백 명의 사람들이 몰려드는 대성공을 거두었다.[58] 까셍은 이 도덕 캠페인에 모든 정치적 조류들이 참여하였다는 사실을 깨닫고, 모든 정파를 초월한 질서와 안전·청결의 문제가 바로 그곳에 있었다[59]는 것을 증명했다는 사실에 대단한 희열을 느끼고 있었다. 매춘은 『그 구역을 독으로 물들인다.』[60] 매춘은 상점의 가치를 저하시키며, 기업주들을 여공들에게서 격리시킴으로써 기업주는 더 이상 여공들에게 일거리를 주지 않는다. 또 매춘은 범죄건수를 증가시키는 요인이 된다. 까셍은 경찰청장이나 내무부장관과 개인적으로 교섭을 진행시켰다. 그는 창가 경영자들에 대한 감옥형을 요구했다. 급진사회주의자 데조르모 박사(당시의 선거에서 불행하게도 낙선했다)는 까셍의 뒤를 이어, 매춘의 증가는 자본주의사회에 그 책임이 있다고 자본주의체제를 비난했다. 사회보호동맹의 부의장 르페브르-오르또줄은 마침내 그 조직회원들 3만 명의 지지를 얻어 『샤르보니에르 가와 그밖에 다른 거리들의 정화』[61]를 호소했으며, 구역주민들에게 거리의 정화가 바로 주민들 자신의 것이라는 바를 인식시켰다.

이런 움직임들은 독자적으로 일어난 것이 아니었다. 1913년 6월 깡브론느 광장 지역의 주민들은 공창을 추방하라는 청원서를 경찰청장에게 보냈다.[62] 이러한 사건들은 공중도덕의 보호를 위해 전개된 공창들에 대한 수많은 공격을 증명하고 있으며, 아울러 공창제폐지론과 속죄주의 문학이 불러일으킨 공창들에 대한 동정심이 감소되고 있었다는 사실을 보여 준다.

경찰의 보건위생관리 확대

여러 개의 수치를 참고하면, 경찰이 제1차세계대전 직전에 매춘부에 대해 벌였던 감시활동이 그보다 15년 전에 전개했던 감시보다 훨씬 더 가혹한 것이었음을 알 수 있다. 주지하다시피 마르세유에서는 당시 약속의 창가에 반대하는 대규모의 공격이 개시되었다. 행정당국은 경찰의 감시에서 벗어나는 시설에 대해 공공연한 〈방탕의 장소〉로 간주했으며, 전통적으로 하급매춘에 이용된 공중변소의 폐쇄를 강행했다.

브리에 지방의 분지에서 행정기관이 서둘러 농민의 건강관리제도를 시행했던 시기도 바로 제1차세계대전 직전이었다. 이로 인해 선술집의 아가씨들을 공창으로 전환시켜 관리할 수 있게 되었다. 툴 시 병영의 인접지역에서 활동하던 주변 농촌 출신의 병사용 매춘부에게도 이와 똑같은 과정이 적용되었다. 기록문서를 조사해 보면, 일종의 모세관현상을 통하여 소도시와 심지어는 당시까지 규제의 힘이 미치지 않고 있었던 농촌부락들에서도 매춘에 대한 감시와 경찰권력이 행사되고 있었다는 사실을 깨달을 수 있다. 그리고 공중의 위생을 관리한다는 명목으로 매춘부에 대한 감시가 강화되었고 경찰력이 배가되었다.

바로 이 시기에 처음으로 매춘과 결부되어 확산일로에 있던 마약의 적발운동이 조직되었다. 렌느의 검찰청장은 1913년 6월 14일[63] 아편습관을 지닌 모든 화류계 여성들이 브레스트에서 추방되었으며, 해군중장이 그녀들의 고객대상인 장교들을 항구에서 축출하는 데 성공했다고 득의만만하게 기술하고 있다.

공창제폐지론자들과 신규제주의자들의 반대운동에도 불구하고 행정기관의 처벌은 감소되기는커녕 이전보다 훨씬 더 강화되었다. 건강관리라는 명목하에 경찰력은 엄격한 탄압을 행사했다.[64] 징계기관이 1908년에 실시했던 조사 속에는 수많은 매춘부들이 형무소에 들어가 체험했던 사례들이 들어 있다. 1907년 당시 낭시에서 매춘부들의 전체 억류기간은 3천1백17일이었다.[65] 그리고 1914년에 그 도시의 성병환자들이 경찰의 호송하에 새로운 병원으로 이송되는 사건이 발생했다.[66]

부도덕을 추방하자는 여론의 흐름은 바로 매춘부들과 외설문학의 적발을 그 대상으로 하는 것이었다. 법무부장관은 1912년 각 지방검찰청장들에게 관할구역의 공중도덕 상황에 대해 조사하도록 지시를 내린 바 있었다. 또 매춘조직에 대한 처벌을 강화하라고 강도 높게 요구했는데, 이러한 조치는 매춘 종사자들에게 충격을 주기에 충분한 것이었다.[67] 보스주의 도의원은 1910년 9월 30일, 주거부정자들과 〈무뢰한들〉을 외인부대에 배속시킬 것을 제안했다. 1911년 5월 27일, 알리에의 도의원도 탄압의 강화를 요구했다. 선술집에 대한 엄격한 규제정책이 이런 흐름을 반영한다.[68] 각 지역의 도지사들은 클레망소의 요구에 따라 1907년부터 시장들에게 선술집의 영업수치를 제한하라고 권유하기 시작했다. 1913년 7월 30일, 재정법의 보조조항은 시장과 마찬가지로 도지사도 특정구역에서의 선술집 개설을 금지해야 한다고 규정하고 있었다. 1914년 한 해 동안 이런 권한이 43개 도에서 행사되었다. 1914년 2월 20일자 내무부장관의 명령서는 알콜중독과 캬바레에서의 매춘에 대한 더욱 엄격한 탄압을 명시했다.

젊은 매춘부들의 감금과 반항

도덕의 보호라는 구실 아래 1906년 4월 12일자 법령은 실제로 젊은이들에 대한 도덕교육 실시와 매춘영업에 대한 탄압강화를 골자로 하는 것이었다. 형법상 성인연령이 16세에서 18세로 확대됨에 따라 주거부정과 매춘행위를 이유로 수많은 소녀들이 체포되었다. 체포 후 처음 1년간 소녀들은 까디약과 둘랑의 교정원이나 몽뻴리에·벨포르에 인접한 바빌리에·리모즈, 그리고 루앙에 있던 사설수용소로 이송되었다. 이송 초기부터 젊은 매춘부들은 구금상태에서 자신들의 분노를 폭발시켰다.[69] 이들은 매춘이 경범죄가 아님에도 불구하고, 또 자신들 중 상당수가 이전에 행정당국으로부터 인정받은 공창이었음에도 불구하고 18세의 연령까지 구속되어야 하는지 그 이유를 납득하지 못했던 것이다. 매춘이 자신들의 진정한 직업이라고 생각하는 대다수 매춘부들은 『우리는 매춘부이다』라고 강변하면서 다른 직업훈련을 거부했다. 이들은 전혀 노동을 원하지 않았으며, 자신들의 기둥서방이나 고객들과 노닥거리는 데 시간을 보내고 있었다.

매춘부들의 가장 격렬한 반항이 바로 이런 상황에서 터져 나왔다. 매춘부들이 감금되어 있던 모든 수용소에서 매춘부들만이 참여한 저항운동이 일어났다. 따라서 행정당국은 이 운동에 가담했던 매춘부들을 둘랑과 루앙의 교정원으로 이송, 집결시키기로 결정했다. 루앙의 교정원에 이송된 매춘부들은 도착하자마자 반란을 꾀했다. 소요가 일어나기 전에 이들의 움직임을 간파한 교정원장은 이들을 두 그룹으로 나누어 시의 감옥에 수용해 버렸다. 라 데뻬슈 드 루앙紙는 그 끔찍스런 이송광경을 보도했다. 첫번째 그룹의 매춘부들은 호송차의 승차를 거부했다.『호송차의 경관과 자전거 배치담당 직원이 매춘부들로부터 안면을 강타당했다. 호송요원들은 물어뜯기고 발길질로 난타당했다. 이 모든 일이 가장 상스런 악다구니 속에서 벌어졌으며, 이것은 옛날 빠리 감옥의 기록을 연상시키는 사건이었다……』[70] 운송도중에 매춘부들은 누더기옷을 벗어내리면서 호송경관을 유혹하기도 했다. 두번째 그룹의 이송은, 언론의 표현에 의하면 더욱 비참한 것이었다.『기쁨과 분노, 절망이 어우러진 광경이 30분간에 걸쳐 펼쳐지고 있었다. 몇몇 여자들은 추잡한 노래를 소리 높여 부르고 있었다. 어떤 여자들은 호송차를 보고 무릎을 꺾은 채 땅에 쓰러졌다. 공포에 질린 여자들은 펄쩍펄쩍 날뛰다가 욕설을 퍼부으면서 창문으로 달려가 유리창을 깨부수었다. 이들은 손목에 자해를 하면서 상처의 치료를 거부했다. 보기에 끔찍할 정도로 몸부림을 치는 여자가 있어서 4명의 요원이 그녀를 끌어가야 했다.』[71]

　루앙의 감옥에 잠시 수용되어 있던 젊은 반란자들은 쌩-라자르 의료형무소로 이송되었다. 도착하자마자 이들은 이곳에서도 1908년 7월 13일에 터지게 될 반란을 획책하였다. 이들은 유리를 깨부수고 집기를 훼손했기 때문에 반란가담자들의 일부를 프레네로 분산시키지 않을 수 없었다. 이와 같은 일련의 사태들의 재발 방지를 촉구하기 위해 개인자격으로 도착한 클레망소를 매춘부들은 음란스런 제스처로 맞아들였다.[72]

　행정당국은 클레르몽 되즈의 새로운 감화원이 개설되기를 기다릴 뿐, 이들의 반란에 속수무책이었다. 결국 이들의 반란을 저지하기 위해서 당국은 이들의 거처를 수시로 변경해야 했다.『그것은 보란 듯이 여기저기로 이동하면서 일어나는 반란이었다.』[73] 그해 가을 매춘부들은 다시 클레르몽으로 이송되었는데, 이것이 새로운 사건의 불씨가 되었다. 10월 7일, 매춘부들은 이송도중 반란을 일으키면서 노르 역의 플랫폼에서 탈출을 시도했다. 결국 뜻을 이루지 못한 매춘부들은 항거의 표시로 상의를 벗어던진 채 기차에서 내려왔다. 이어서 레클레르紙[74]

의 보도에 따르면, 매춘부들은 치마를 걷어올리고 복부를 훤히 드러내고 있었으며, 고래고래 소리를 질러대면서 구경꾼을 모았다는 것이다. 1909년 1월 14일, 새로운 반란이 일어나고 나서 감금된 매춘부들의 일부를 본느-누벨 형무소로 이감시켜야 했다. 이런 이송과정이 되풀이될 때마다 매춘부들은 엥떼르나쇼날이라는 노래를 불러댔다.

결 론

　제3공화정시대의 1871년부터 1914년까지 전개된 매춘의 역사를 서술한다는 것은, 바로 19세기 초엽에 확립된 규제적 방식의 공창제도가 보여 주는 완만하고도 부분적인 붕괴과정을 재추적하는 것이다. 이 기간 사이에 매춘은 서서히 성 아우구스티누스나 빠랑-뒤샤뜰레가 바랐던 정액의 배수구로서의 역할을 중단하기 시작했다. 사회·경제적 변화의 영향에 의해서 남성의 성적 감수성이 변화하였고, 이에 따른 수요에도 변화가 일어났다. 부르주아적인 가정적 친밀감의 확산과 성적 굶주림의 감소, 사회적 욕구불만의 변동으로 인해 성관계가 정서적 측면을 중시하는 경향을 보이게 되었다. 따라서 공창에 의한 성적 욕구의 해소가 차선책일 수밖에 없다는 인식이 더욱더 확산되어 갔다. 그리고 상대적인 성적 욕구불만이 일어날 때, 다시 말해 성관계를 맺고 싶은 특정 대상과 관계를 맺을 수 없는 데서 오는 성적 욕구불만―이런 현상은 도시사회에서는 흔한 것이었다―을 공창과의 관계를 통해서 마음껏 발산시키는 경향이 늘어났다. 따라서 매춘부와의 관계에 있어서도 생식적인 측면보다는 연애의 감정이 더욱 중요한 의미를 지니고 있었다.

　모든 사회계층에서 이런 변화를 분명하게 찾아볼 수 있다. 노동자와 군인을 상대로 하는 캬바레 매춘업의 번성과 공인창가를 이용한 비밀매춘의 횡행, 맥주홀 여종업원들과 까페-공연장의 여가수들에 대한 젊은이들의 탐닉, 약속의 창가에서 이루어지던 금전에 의한 간통의 확산 등이 바로 사회 각 계층에서 일어나고 있던 변화를 증명하는 현상들이다. 매춘부들의 속죄를 묘사하는 당시 문학작품들을 읽어보면 이런 변화를 쉽게 포착할 수 있다.

　이때부터 매춘부의 몽타쥬는 혼란스런 모습으로 그려지기 시작했다. 동시에 매춘부들에 대한 어떤 장벽들이 무너졌으며, 1900년경에 이르러 빠랑-뒤샤뜰레를 모방한 인류학적 제 연구들은 실현이 불가능하거나, 심지어는 실소를 자아내는 대상이 되었다는 사실을 깨달을 수 있다. 동시에 매춘부와 〈정숙한〉 부인의 모델들이 상대적인 비교를 통해 명확히 규정되었다. 그리고 매춘부의 존재가 합법적인 부부 사이의 쾌락에 분명히 장애가 되고 있다는 관점에서 본다면, 부르주아층의 이상적인 부인상에도 붕괴현상이 일어나고 있었던 것도 사실이다. 이제 여성은 더 이상 천사도 악마도 아니었으며, 여성의 특수기질을 규명한 의학적 언설이 이러한 변화를 증명한다. 小부르주아층의 아내였던 보바리 부인은 자신의 성적 갈증을 메우려 애쓰던 여성이었다. 그녀의 행동은 당시 변해 가고 있던 부인상의 대표적인 예가 되며, 이러한 변화는 사람들의 불안감을 증폭시키는 결과를 초래했다.

매춘부의 격리실패에서 비롯된 혼란과 불안감이 사회에 확산됨으로써 매춘부를 당시 비극의 중심부에 위치시키려는 집요한 홍보가 활성화되었다. 성병에 알콜중독·폐결핵, 그리고 신체적 퇴화현상의 특징을 보이던 매춘부상은 재앙의 복합적 요소로써 생물학적 불안감을 야기시키며, 사회 전체에 영향을 미치고 있던 모든 위협의 상징으로 인식되고 있었다.

이때부터 새롭고도 투명한 측정법이 부과되기 시작했다. 바로 우생학적인 견지에서 신규제주의적 사고가 가다듬어지고, 승리를 거두게 됨으로써 새로운 측정법이 탄생했던 것이다. 신규제주의제도는 매춘이 야기하는 근본적인 모순점을 해결한다는 데 그 목적을 두고 있었다. 여기에서 욕망의 배수구로써 사회에 대한 정형외과의사의 역할을 수행하면서, 매춘부는 부르주아 가정의 화목한 분위기를 유지해 주고 프롤레타리아계층의 노동의욕을 고취시키는 존재로 새롭게 인식되기 시작한다. 그러나 동시에 매춘부는 건강을 위협하고, 따라서 국방의 생산력을 위협하는 요소로 파악되기도 한다. 그래서 매춘을 존속시키되 청결하고 건강한 매춘이 되도록 노력해야 했다.

공인창가는, 매춘부를 격리시킴으로써 생물학적·도덕적 감염을 예방할 수 있다고 생각하는 위생학적 사고의 시대적 흐름에 부응하는 것이었다. 19세기 말엽에 이르러 매춘부의 격리가 실질적인 아무런 효과가 없으며, 새로운 감시제도가 강구되어야 한다는 사상이 출현했다. 신규제주의가 바로 그 새로운 사상이었다. 이것은 공중위생이라는 이름으로 매춘여성을 선별해서 정상인으로 복귀시키는 가장 최상의 수단으로 인식되고 있었다.

매춘부의 격리제도에서 감시제도로의 이행이 경영자들의 전략과도 들어맞았다. 이런 관점에서 볼 때, 규제를 받는 공인창가제도는 매춘부에게 노동을 부과하고 동시에 감금시킬 수 있는 의지의 표현으로 간주될 수 있다. 이 공인창가제도는 수도원의 작업장이나 수공업 가내공장에 매춘부들을 수용하는 것을 의미한다. 신규제주의가 가다듬어짐으로써 한편으로는 보건위생관리를 통해 올바른 행동지침을 요구하는 새로운 전략이 수립되었다.
　제1차세계대전이 터졌을 당시, 초기의 규제주의제도와 그 원리에 입각해서 만들어진 수많은 공인창가들은 몇몇 잔해만을 남겨두고 있었다. 현실적으로 공창들이 당시 〈탈감옥화〉 현상을 보이고 있었으며, 이후부터 대다수 공창들은 감금상태에서 벗어나 마음대로 몸을 팔고 스스로 건강관리를 할 수 있게 되었다. 매춘이라는 악의 방파제가 부분적으로 무너져 내려갔던 것이다. 약속의 창가가 비약적으로 발전하고 있었고, 그곳을 출입하는 여성들에게 상대적으로 많은 자유가 부여됨으로써 사회 전반에 매춘행위가 확산되어 가는 흐름을 포착할 수 있다. 한편으로 신규제주의는 세론의 지지를 받고 있었다. 한 종족의 활력에 영향을 미치는 모든 위험스런 요소들과 마찬가지로, 성병이나 부녀자 매매가 불러일으키는 공포에 능숙하게 대처함으로써 의사들은 공창제폐지라는 자유주의적 움직임을 성공적으로 물리쳤다. 그리고 건강관리에 대한 개념이 강화되어 널리 확산되었다. 건강관리를 빌미로 행정당국은 당시 감시에서 벗어나 있던 매춘부들에게 감시를 펼 수 있었다. 약속의 창가를 공식적으로 인정하게 됨으로써 이에 대한 은밀하고도 효율적인 통제를 가할 수도 있게 되었다. 감시제도의 이러한 확립은, 제1차세계대전 직전에 맹공세를 퍼붓고 있던 도덕추진론자들의 움직임에 통합된다. 이들은 병사들에게 적절한 오락거리를 제공하고자 노력했으며, 거리에서의 성적 비행이나 캬바레의 증가, 마약의 만연, 그리고 외설서적의 범람에 대항하는 투쟁을 전개하려는 의욕을 보였다.
　이상과 같이 나타난 변화와 새로운 전략의 적용, 그리고 그 전략의 성공은 정치적 결정들과 무관하게, 그리고 입법부의 침묵이 계속되던 상황에서 이루어지고 있었다. 이 같은 사실에 전혀 놀랄 필요는 없을 것이다. 매춘에 대한 정부의 불확실하고 무성의한 태도는 매춘의 모순성에서 기인하는 정신적 혼란에 그 근거를 두고 있었다. 매춘은 젊은 여성들의 순결과 부인들의 정조 보호에 필수불가결한 존재였으며, 독신남성들이 행사하는 위협을 막아 주는 방어물로서, 그리고 성적 굶주림에서 비롯되는 본능적 욕구를 감퇴시켜 주는 요소로서의 역할을 수행했다. 또한 매춘은 독신남성들이 만혼에 이를 때까지 그들의 성욕을 만족시켜 주었으며, 생식력의 증가를 통제함으로써 인구억제정책에 기여하였고, 부르주아층 젊은이들이 보이고 있던 신체적 소양의 일상적 규칙들을 거부했다.
　아무튼 여성의 성해방이 궁극적으로 불러일으킨 공포가 사람들의 뇌리에서 깨끗이 사라졌다. 우생학의 지배로 인해 매춘부는 이전과는 다른 형태로 통제관리를 받음으로써 여전히 매춘부의 소외화가 유지되었다. 정신분석학과 인류학의 언설은 방탕을 정상적인 행동영역의 밖으로 위치시켰다. 에로티시즘은 전문분야로서 상품의 지위를 누리게 되었다. 사교계의 살로메는 헤로데 왕을 자신의 노예*로 삼아 세례자 요한의 목을 베어 버릴 수 있었지만, 살로메의 동료들은 경찰청의 감시하에 머무르고 있었다.

* 마태복음에 의하면, 헤로데 안티파스는 이복형 헤로데 필리푸스의 이혼한 아내 헤로디아와 결혼한 일로 인해(이 결혼은 모세의 율법에 어긋나는 일이었다) 세례자 요한의 비난을 받자 그를 감옥에 가두었으나 민심이 두려워 그를 죽이지는 못하고 있었다. 그러던 중 헤로데는 연회에서 살로메가 춤을 추자 그녀에게 원하는 것은 무엇이든지 주겠다고 약속했다. 세례자 요한이 자신의 결혼을 비난한 것에 몹시 분개해 있던 헤로디아는 딸 살로메를 부추겨 세례자 요한의 목을 쟁반에 받쳐 달라는 부탁을 하라고 했다. 헤로데는 마음이 내키지 않았으나 할 수 없이 약속을 지켜 요한의 목을 잘랐고, 살로메는 그 머리를 쟁반에 받쳐 어머니에게 갖다 주었다.

20세기(1914-1978)
―벨트컨베이어식 연애와 신체의 새로운 관리구조―

　필자가 서언에서 목표로 했던 일은 일단 마쳤으나, 여기에서 다루지 않으면 안 될 것은 그 작업의 와중에 어떤 중요한 사건이 발생하여 그것을 피해 갈 수 없다는 점이다. 요컨대 매춘부들의 운동, 교회의 점거가 그것이다. 과거를 다루는 전문가는 사건의 근원을 찾아내지 않으면 안 된다. 이제부터 서술하고자 하는 것은, 환경의 심오한 인식에 의해 형성된 사회학이나 매춘부들에 의해 최근 출판된 회상록과 겨루려는 것이 아니다. 사건을 장기적인 안목으로 보는 것, 사건의 원인을 규명하는 것, 그 사건 속에서 새로이 발생한 일과 과거에 뿌리를 둔 것을 구별하는 것, 이런 식으로 중요한 사건이 근래의 매춘 역사를 채색하고 있음을 강조하는 것 등이 본론의 목적인 셈이다. 유감스럽지만, 이 시기에 정리된 자료가 남아 있지 않아서 팜플렛이나 광고지 등의 정보에 의존할 수밖에 없다. 요컨대 비평을 가하려고도 하지 않은 증언과 이따금 간단히 정리된 사건이라든가, 검증을 거치지 않은 가설이라든가, 혹은 뒷날 연구에 의해 정정되거나 그다지 의미가 없을지도 모르는 주장 등에 의지할 수밖에 없는 운명에 처해 있는 것이다. 이런 사정으로 19세기 전문 역사가는 과거라는 견고한 요새를 뒤로 하고, 흐르는 모래처럼 유동하는 현대의 문제를 향해 약간은 불안한 발걸음을 옮겨본다.[1]

위생주의시대(1914-1960)

전시 번영기

거의 반세기 동안이나 계속되었던 매춘조직의 개혁 방향은 제1차세계대전으로 단절되어 버린다. 전쟁으로 인하여 성적 불만은 더욱더 심해진다. 혹은 위기에 따른 절박감이 순간의 욕망을 부추긴다. 죽음이 일상화되자 질병에 대하여 가졌던 신중한 태도를 미련 없이 버리고, 평온한 시민생활에서는 언급조차 꺼리던 금기사항이 사라져 버린다. 병사들은 자신들의 출신지에서 떠나와 있었기 때문에 수치를 수치로 여기지 않게 되고, 또한 계속되는 강제이동이 매춘의 촉진제 역할을 한다.[2] 한편 일시적으로 매춘부의 수가 늘어났다고 연구자들은 한결같이 지적한다. 많은 미망인과 의지할 데 없는 부인들은 이후 가족의 금전적 문제에 직면하게 된다. 이러한 부인들의 고통을 헤아려보면, 남편이 없는 쓸쓸한 침실에서 금욕을 강요당함으로써 틀림 없이 이상한 감정에 휩싸이게 될 것이라는 사실이 당시의 상황에 의해 잘 드러나고 있다.

성의 불만이 격화됨과 동시에 전쟁으로 군대가 권위를 갖게 되면서 일시적인 탈감금이 무너지고 공인창가가 부활하였다. 매춘조직의 개량화라는 역방향으로 나아가는 이러한 경위를 확인하기 위해 빠리의 경우[3]를 살펴보면 그것은 더욱 분명해진다. 물론 그 경위가 곧바로 명확한 형태로 나타나는 것이 아니라는 점은 인정해야 한다. 병사의 동원으로 인해 매춘부들은 심한 불안감 속에서 빠리 밖으로 방출되었고, 1870년의 경우처럼 노동작업장에 갇히는 것은 아닌가 하는 두려움에 떨기도 했다. 이러한 불안과 더불어 병사를 고객으로 맞이하기 위해, 1914년 여름에는 지방으로의 대탈출이 일어났다. 이 이동은 주로 사창들에 의해 발생하였고, 그녀들은 빠리의 거리에서 거의 자취를 감추어 버렸다. 독일군의 진격으로 인해 남프랑스와 프랑스 남서부를 향한 매춘부들의 행보가 더욱 빨라졌다. 빠리 창가의 4분의 3은 이렇게 해서 문을 닫았고, 나머지 창가에서도 여느 때보다 적은 수의 고객들을 맞이할 수밖에 없는 처지에 놓여 있었다. 아울러 매춘부를 위한 무료진료소에도 찾아오는 환자의 수가 급격히 줄어들고 있었다.

마른느의 승리가 이번에는 매춘부들의 대규모적인 귀환이동을 초래하였다. 가을이 끝나갈 무렵 다시 문을 여는 창가의 수효가 늘어났다. 전선과 가까운 곳에서는 이러한 현상이 대단히 경쟁적인 양상을 띠고 있었다. 1915년 이후 병사의 휴가가 인정되면서 부상병들의 요양휴가가 늘어났다. 연합군이 도착할 무렵에 이르러 매춘, 특히 공인창가의 매춘이 일대 번영기를 맞게 된다. 이렇게 해서 당시 빠리의 매춘부를 검거한 통계수치가 나타내는 바와 같이, 그녀들이 활약하는 장소도 변화해 가고 있었다.[4] 역 근처는 호객행위를 위한 가장 좋은 장소가 되었고, 전쟁 전에는 네번째였던 제10구가 그후 첫번째로 바뀜으로써 다른 구역을 훨씬 능가하게 되었다.

1916년부터 휴전조약체결까지의 기간에는, 새로운 창가가 출현하면서 종래의 창가는 더욱 호화로운 건물로 변해 갔다. 심지어 분점을 내는 곳까지 생겨나고 있었다. 창가의 여경영자 가운데는 손님 접대를 위해 고용한 매춘부에게 영어 교습을 시키는 일까지 있었다. 『병사들은 다음 휴가에 맞추어 여자를 예약하려고 전선에서 편지를 보냈다.』[5] 1918년의 독일군 진격에도 사태는 변화되지 않았다. 까페나 레스토랑이 문을 닫은 후에도 공인창가는 소등을 한 채 영업을 계속하였고, 그 가운데는 독자적으로 대피소를 가지고 있기도 하였다.

이러한 사정으로 미루어볼 때, 개전 당시 성병이 재연되고 있었기 때문에 매춘부들에 대한 압력이 더욱더 심해질 수밖에 없었다는 사실은 충분히 납득될 수 있다. 새로운 정책이 수립되면서 먼저 사창에 대한 배척이 시작되었다. 대전 초부터 군당국자는, 전투지역 출신자가 아닌 매춘부들을 전선에서 멀리 추방하는 일에 고심했다. 이렇게 해서 역과 병원·병영 근방은 엄격한 감시하에 놓이게 되었다.[6] 1916년 11월 18일, 성병예방대책의 검토를 목적으로 하는 새로운 위원회가 설치되었다. 12월 27일, 매춘알선업에 부과되는 벌금형이 무거워졌다. 1917년 10월 1일의 법률에는 술집에서 매춘부를 고용하는 것을 금하고 있었다.

의학상의 감시도 엄격해짐으로써 이후 빠리 창가의 여자들은 주 2회의 검진을 받아야 했다. 병사들도 2주에 1회는 진찰을 받도록 되어 있었고, 그외에도 예고 없이 검진을 받기도 했다. 휴가병들은 귀대하면 누구나 군의관에게 출두해야 했다. 성병에 걸려 있다는 사실을 핑계로 전투를 회피하는 것을 막기 위해 성병환자는 전선 근방의 성병센터에 수용하였다. 더욱이 성병에 관한 정보를 넓혀 나가면서 병사의 도덕교화 추진에 박차를 가하고 있었다. 『금욕하라. 그러면 대적하여 두 배의 힘을 발휘할 수 있을 것이다.』[7]라는 명령이 매일같이 내려졌다. 또한 『숭고한 전쟁의 선두에 서서 긴장할 때에도, 그후의 길고 건강한 휴식 때에도 한결같이』[8] 금욕이 요구되었다. 이 점에 있어서 정무차관보 쥐스땅 고다르의 수많은 지령은 시사하는 바가 크다. 전투의식을 앙양하는 도서들이 유행하고, 전쟁과 도덕이 결부되었다.[9] 공인창가의 매춘이 현저히 확대되었음에도 불구하고, 공창제폐지론자는 그 사실을 인정하지 않을 작정으로 성적 충동의 억압을 노래하고, 병사의 위생관리를 구체화하는 정책을 환영한다.[10] 이 정책에 예리한 분석을 가한 고셰 교수에 따르면,[11] 이 정책은 고참병사들 사이에서는 그 효력이 나타나지 않았으나 신참병사에게는 상당한 영향력을 발휘하고 있었던 듯하다.
 창가의 번영은 전쟁이 종결되는 해까지 계속 이어지는 듯했으나 전후의 경제위기로 인해 갑자기 기울기 시작한다. 이 경제위기로 상당수의 공인창가가 사라지고, 그곳이 호텔이나 사무실로 변모해 간다. 경찰청장 모렝은 창가에 대하여, 앞으로는 영업을 인가해 주지 않겠다고 밝혔다. 경영자 가운데는 반도덕조항을 행사하여 창가의 여경영자를 해고해 버리는 자도 생겨나고 있었다. 요컨대 전쟁으로 한동안 조금 편안했던 공인창가 매춘도 이제는 그 조락이 확실해진 셈이었다. 1920년, 빠리에는 본래의 공인창가가 불과 30개 정도에 지나지 않았다.

테일러식 합리주의 매춘과 예방의 창가(1919-1939)

 1871년의 패전 직후에도 그러했었지만, 〈세미프로 매춘〉의 확대와 〈세미프로 비이버〉[12]의 증가를 비난하는 소리가 제1차세계대전의 승리 후 강하게 일고 있었다. 이러한 비난은 풍속의 자유화와 사회에서의 여성의 역할진출을 개탄하는 상투적인 불평불만이었다. 새로운 이들 〈자유여성〉은 혼자서 까페에 드나들며 칵테일을 마시고, 밤에는 춤으로 시간을 보내며, 자가용을 운전하고, 유행하는 옷을 입고 혼자 해변에 나타난다. 당시 이러한 여성의 행동을 보급시킨 것은 레저의 확대와 영국풍으로 주말을 보내는 식의 유행에 기인하는 것이었다. 사랑의 세계에서는 좋은 반려자(이성의 친한 친구)라는 개념 대신 파트너라는 언어가 출현했다.[13] 전쟁 전의 도덕교화운동을 앞지르는 이 무분별한 세대는 아름다운 시대(19세기말부터 20세기초에 걸친 빠리의 평화로운 시대)와 다시 결부되는 것이다. 남성과 같은 대담한 여성의 행동에 사람들은 두려움을 느꼈다. 쥘리에뜨 로마네라면, 다정한 여성들의 성적 충동을 만족시키는 가게를 열거나 그러한 것을 요구해도 이상하지 않을 정도였다.[14] 막씸 뒤 깡의 후계자들에게 있어서는 당혹스런 시대의 시작이다. 레옹 비자르 박사는 다음과 같이 서술하였다. 『매춘은 사회의 저변에 머물러 있지 않게 되었다……. 후작부인이란 도대체 어떤 자인가? 부유한 여성 실업가인가? 아니면 극히 단순하게 말해 매춘부인가? 이것은 대단히 진부한 물음일 것이며, 또한 대단히 해결하기 어려운 문제일 것이다.』[15]
 한편으로 호객행위가 이루어지는 장소와 기술이 바뀌었다. 〈유곽〉의 옛구조는 전쟁으로 인하여 뒤바뀌어 버렸다. 도시개발에 따른 변화도 그 한 부분을 담당하고 있었다. 빠리에서는 〈성벽의 자취〉가 사라지고, 교외의 개발이 진행됨에 따라 민중세계에서 이어받은 매춘형태가 종말을 고했다. 성벽지대의 여자들, 다시 말해 하급매춘부들은 이제 사라져 가고 있었다. 성벽이 제거되어 버린 이상 참호를 주거지로 삼을 필요가 없었다. 입석만이 남아 있던 레뷔극장(뮤직홀)의 사양화로 인하여 매춘부들은 호객행위의 방법을 바꾸지 않을 수 없었다. 이미 늘어나기 시작한 어둠침침한 방은 호객행위에 적합하지 않았다. 어찌 되었거나 기술의 전환이 다시 행해지고 있었다. 큰 까페에서는 동반자가 없는 여성이 환영을 받았고, 인기 있는 바·찻집·호텔의 로비가 레뷔극장의 입석을 대신하게 되었다. 그리고 여급 대신 호스티스가 등장한다.

매춘부들은 이미 거리에서의 노골적인 호객행위를 망설이지 않는다. 1925년대의 빠리는 거리에서의 호객행위 매춘이 성행하게 된 시기이다. 이렇게 해서『마들렌느 가의 어부인들』[16]의 수효가 증가했다. 즉 몇 시간밖에 활동하지 않고, 수표라도 괜찮다며 손님을 끄는 귀족 어부인들이 바로 그들이었다. 이와 동시에 자동차에 의한 호객행위도 출현한다.[17] 제2차세계대전 전야에는 광고매춘도 발달한다. 여자가 신문 등의 3행 광고란에 자신의 이름을 낸다. 따라서 그것을 알선하는 여자가 늘어나고, 전화로 밀회 장소를 정하는 관습이 생겨났다.[18] 이것이야말로 콜걸이라는 호칭이 단순히 아메리카적 생활양식을 빌어온 것이 아니라는 점을 여실히 말해 주고 있는 것이다.

셔터를 내리고 커다란 번호를 붙인 종래의 창가는 전쟁으로 한동안 부활했다가 사양길로 접어들기 시작한다.『창가가 붕괴되었다! 머지않아 창가는 소멸될 것이다』라고 1935년에 레옹 비자르 박사는 한탄하며[19] 빈사상태의 이 제도에 애도의 종을 울렸으나, 사실 이 제도는 언제나 사라지지 않을 것이다. 당시 빠리에는 공인창가가 27개밖에 남아 있지 않았다. 스포츠의 유행과 외부 지향성이 이 폐쇄상태를 불리하게 만들었고, 반대로 공기와 태양의 빛을 끌어들이는 시설이 이익을 가져다 준다는 식이었다. 당시의 통계에는 공인창가의 매춘부수가 감소하는 한편 약속의 창가에서 활동하는 매춘부수가 늘어나기 시작했으며, 그 수도 1935년에는 1백65명에 달하여 양자는 가위 모양으로 변화하고 있었다.[20]

그런데 사실상 이 두 종류의 서로 다른 매춘시설은 서서히 통합하게 된다. 약속의 창가가 인정되고 감시상태에 놓여짐으로써, 또한 창가에 거주하는 매춘부에게 부분적으로 자유가 부여됨에 따라 다소 시간은 걸렸을지언정 이들 두 건물은 하나로 통합되어 가고 있었다. 1930년대에는 적어도 빠리에서 약속의 창가의 통합이 실현된다. 이 시기는 약속의 창가의 고객이 〈대중화〉[21]되는 때였다. 리옹은 항상 매춘조직 개혁의 전위를 담당해 왔으나, 이 도시에서는 소위 공인창가로 불리고 있던 곳들이 고객이 찾아오지 않았기 때문에 이미 사라져 버렸다. 그 대신 남녀가 함께 짝을 지어 들어가는 호텔이 40여 개나 생겨났다. 까를르 박사는 그 호텔들이 당국의 위생적인 측면의 감시를 받아들였다는 점에서, 그 보상으로 그 존재들을 승인할 것이라는 약속을 보장했다.[22] 그 지역 전체에서는 부채를 대신했던 유치금이 없어지고, 주말휴가가 자리잡아 가고 있었다. 매춘부들은 자유를 누릴 기회가 더욱 늘어나서 기뻤다. 릴에서는 1920년 당시 경영자에게 방세를 지불하고, 고객으로부터 받은 돈을 몽땅 그대로 손에 넣고 자족해하는 매춘부들이 있었다.[23]

지금까지 서술한 이러한 진보는 필자를 그다지 놀라게 만들지는 않았다. 왜냐하면 그것은 필자가 지금까지 조사해 온 개혁의 연장선상에 있는 것이며, 19세기말 이후 전통적인 창가에 있어서 승부는 패배라는 필자의 생각을 확신시켜 주었기 때문이다. 그래도 당시까지 창가가 없었던 작은 면이나 마을로까지 창가가 확대됨에 따라, 단말마의 고통을 늦추게 되었다는 점은 주의하지 않으면 안 된다. 《레룸 연감》을 계승한 《유곽 가이드》가 이러한 상황을 알려 준다. 1926년 1월 8일의 조례에, 아르데슈 지방의 작은 마을 르 뿌쎙의 면장은 실제로 면의 한 구획에 창가를 개설하겠다는 결의를 서술하고 있다.[24]

빠리에서는 극히 호화로운 대여섯 곳의 창가가 의연히 살아남아서, 진행중인 개혁을 단행하려는 세론에 등을 돌리고 있었다. 장-조제 쁘라파에 따르면, 이러한 시설은 『국가보조를 받는 매춘극장처럼 보였던』[25] 듯하다. 그렇지만 프랑시스 까르꼬는 그곳을 다음과 같이 회상하고 있다. 『그곳은 좋은 교육을 받아왔다는 점을 자랑거리로 삼는 자에게는, 무엇이든 어렸을 적의 추억과 읽을거리를 떠오르게 해주는』[26] 박물관풍 창가의 양상을 띠고 있었다. 공인창가에서의 매춘에 관해 말하면, 주머니 사정이 좋은 고객을 끌어들이기 위한 갖가지 새로운 기획이 불발로 끝나고 말았다. 전쟁 후 곧 극장풍 창가는 이렇게 해서 쇠퇴하였고,[27] 그 후에 출현한 댄스홀풍 창가도 1934년에 이르러서는 시대에 뒤떨어진 것이 되어 버렸다.

그러나 그곳에서 매춘 개혁의 진정한 의미를 구할 수는 없다. 두 대전 동안의 매춘시설을 특징짓는 것은 집중화와 합리화·규격화였다. 이러한 관점에서 볼 때 새로운 유형의 숏타임으로 영업을 하는 창가, 즉 숏타임 매춘은 진정한 현대성을 나타내는 것이다. 성적 현대를 그림으로 그린 듯한 이들 시설 가운데 능률을 본위로 하는 테일러방식의 애정교환이 행해졌다. 분명히 숏타임의 창가는 19세기에 존재했던 것이다. 그러나 여기에서 강조하고 싶은 점은, 당시 그와 같은 창가에 있던 여자들의 역할과 지금 행해지고 있는 여자들의 활동방식을 비교하면 별다른 점이 없었다는 것이다.[28] 벨트컨베이어식 매춘은 20세기의 새로운 산물인 셈이다.

먼저 개혁은 이러한 시설에서 활동하는 멤버의 평균적 증가현상으로 나타났고, 그 비율은 20명에서 50명 이상이 될 정도였다. 숏타임 창가에서 활동하는 매춘부는 평상시 그대로였다. 그녀들은 어림잡아 예측을 해도 하루 평균 30명에서 50명의 고객을 맞아들였다.[29] 창가의 경영자들은 동업자조합규정 속에 40명이라는 고객의 수를 책임량의 한도로 정하기에 이르렀다. 따라서 한 곳의 숏타임 창가는 이론적으로[30] 하루에 6백 명에서 2천5백 명의 남성을 만족시켜 주었다는 계산이 나온다. 남성의 실제수는 당시 〈아랍인 창가〉로 불리던 곳이 가장 높고, 제2차세계대전이 발발했을 무렵에는 흑인부대를 위한 전용창가 건설이 기대되기에 이르렀다.[31]

매춘부를 주제로 한 문학에서는 라 샤르보니에르 가와 라 몽조르 일대의 창가 묘사, 푸르쉬 가 물렝 가렝의 묘사, 혹은 뚤롱의 숏타임 창가의 묘사가 반복적으로 출현한다.[32] 이들 시설에서의 영업은 아침 10시부터 밤 11시까지 이루어지고 있었다. 고객은 직접 바로 들어간다. 그러나 바에서는 고객이 꾸물거리지 못하도록 의자 따위를 비치하지 않는다. 이곳에서도 규율이 지배하고 있으며, 건강음료만을 판매하고 알콜류는 금지되어 있다. 고객은 접수처를 지날 때 6프랑이나 8프랑 혹은 10프랑을 지불하고, 여자가 건네 주는 수건과 조그마한 비누를 받아들고 매춘부와 함께 위로 올라가 짧은 시간을 보낸다. 그리고 다음 차례를 기다리는 고객에게 장소를 양보한다. 주정뱅이나 미성년자는 거절당하기 일쑤였다. 이 숏타임 창가 쪽이 평판이 좋지 못한 바 등보다는 19세기 초기에 공창제지지자가 생각했던 정액의 배수구로서의 역할을 훨씬 잘 수행하고 있었다.

한편 보건위생의 진보는 두 대전 동안 매춘사의 한 중대한 현상이었다. 창가는 서서히 예방주의로 향해 간다. 점령군은 이와 같은 창가를 장려했다. 그것은 결국 에로스센터가 된다. 이 위생주의의 진보는 직접 지시를 하는 여경영자가 새로운 세대로 교체된 결과이다. 이전 시대의 여경영자들보다는 젊고 종래의 뚱뚱한 체형을 지닌 중년부인의 풍채와는 다른 마담으로서, 그녀들은 위생과 예방만이 창가를 살아남을 수 있게 한다는 확신을 가지고 있었다. 창가에 중앙난방

장치와 온수가 나오는 수도시설을 만들게 된 시기도 두 대전 기간이었다. 또한 같은 시기에 각 방에 세면대를 설치하도록 하였다. 공창제도를 기치로 하는 문헌은 위생주의를 끝없이 찬미했다. 그 문헌들의 기술은 불확실한 것이었지만, 중요한 것은 그것들이 전하고자 하는 이데올로기였다. 실제로 쟝-조제 쁘라파가 자신 있게 묘사하고 있는 것은, 스포츠에 열중하고 테라스에서 일광욕을 즐기는 창가의 아가씨들 모습 바로 그것이다.[33] 그것은 마치 인형옷 같은 의상을 수영복으로 바꾸고 스포츠와 일광욕을 즐기는 모습을 보여 줄 수 있다면, 최근 세론에서 폐업이 거론되고 있는 이들 시설이 살아남을 수 있을 것이라는 생각을 반영한다. 리포린(에나멜 도료의 상품명)을 칠한데다 벽은 의약품을 넣는 가구와 주사기 한 세트로 가려진 이 새로운 유형의 객실은 병원의 의료실과 흡사했다. 각 창가에는 샤워시설과 장롱이 갖추어져 있었다. 초일류 건물의 지하층에는 종업원용 레스토랑이 초근대적인 시설로 설치되어 있었고, 미용실과 매니큐어실도 있었다. 지하실에 대피소를 갖춘 곳도 있었다. 전쟁이 발발하면, 이러한 건물은 간단히 병원으로 변경할 수 있을 것이라고 창가의 경영자는 강조하고 있다.[34]

조직상의 미묘한 문제로서 비공식적이긴 하지만 프랑스 및 식민지의 가구가 딸린 호텔경영자조합이 결성된 것도 중요한 사항이다. 이 조합은 경영자 전원을 집약하고, 셸리에 법안이 공포되자 프랑스와 식민지 양방에서 활동하는 1천3백 명의 경영자들 중 6백27명을 총회에 결집시킬 수 있었다. 조합은 경영자로부터 총액 4천9백47만 2천 프랑을 기금으로 거두어들여 정부법안을 부결시킬 것을 목적으로 한 강렬한 선전자금으로 충당하였다.[35] 이 조직은 자위적인 것으로서, 창가에 가해지는 압력과 다양한 위협에 대처하려는 그들 나름대로의 조직이었던 것이다. 또한 이 조직의 존재는 프롤레타리아의 불만족스런 성적 상황과, 특히 이민노동자에게 생긴 비극적인 상황을 계획적으로 이용함으로써 집중화와 균등화가 실현되었다는 사실을 반영하고 있다. 이 동업자조합은 아직까지 공식적으로 인정되지 않았지만, 비시프랑스*의 동업조합주의에 의해 비로소 인가를 받을 수 있었다.[36]

*제2차세계대전이 벌어지고 있던 1940년 7월 프랑스가 나치 독일에 패한 뒤부터 1944년 9월 연합군에 의해 빠리가 해방될 때까지 필리프 페탱 원수가 통치하던 괴뢰정권. 1940년 6월 22일 프랑스·독일의 휴전으로 프랑스는 독일군의 점령하에 들어갔고, 나머지는 적어도 명목상 완전한 자치지역으로 남겨졌다.

매춘정책에 대해 말하면 두 대전 기간은 신규제주의가 승리한 연장선상에 있었으며, 가장 중요한 부분은 이전에 행해졌던 것이므로 당연히 강력한 의견은 나오지 않았다. 1920년 4월 20일, 새로 생긴 위생성의 지휘 아래 성병예방대책위원회가 재건되었다. 1925년에는 신규제법안이 상정되었으나 이번에도 역시 이 법안은 실현을 거두지 못했다.[37] 그러나 실제적으로는 보건위생주의가 승리를 거둔 것이었다. 명기해야 할 것은 6백6가지 新藥 사용과, 바서만(혈액-혈청반응에 의한 매독검사법)이 고안해낸 매독진단법의 보급화로 인해 매독은 더 이상 불치의 병으로 간주되지 않았다. 성병무료진료소의 수도 대폭 늘어나 1936년에는 매춘부를 위해 개설된 3백87개의 의료기관을 계산에 넣지 않더라도 그 수치가 1천8백21개에 달했다.[38] 매춘부의 검진도 최근의 상황을 상회할 정도로 철저하고 유효한 것이었다. 정기적으로 혈액검사와 질 점막의 채취가 행해지고 분석됨으로써, 그 이후 대부분 확실하게 성병 유무가 검출되었다. 실제로 전문가 전원이 매춘부의 건강상태가 좋아졌다는 점을 강조하고 있다. 바로 의학 승리의 시대였던 것이다.[39]

동시에 경찰의 활동은 서서히 의사들의 활동에 의존하려는 경향을 보였고, 이렇게 해서 19세기말의 의사들이 강렬하게 소망했던 보건위생 경찰이 그 실현을 보게 된다. 제2차세계대전 전야에 쌩-라자르는 그 감옥적 사명을 잃어 여성 범죄자들을 쁘띠뜨 로케트 감옥으로 이송시키게 된다. 1934년 이후 매춘부의 〈수용소〉는 〈무료보건진료소〉의 부속시설 가운데 하나가 되고, 그녀들은 일반적인 절도범 여성들과 같은 식으로 취급당하지 않게 되었다.[40] 그러나 다른 분야에서는 경찰의 감시가 여전히 이전과 같은 형태로 계속되고 있었다. 이것은 1919년 6월 1일자 내무장관의 중요 명령서 내용으로도 분명해진다.[41] 어찌 되었거나 대부분의 대도시 시의회들은 매춘부에게 행정적 징벌을 부과하는 권리를 경찰로부터 빼앗아 버렸다. 지나치게 선정적인 몸짓으로 호객행위를 하거나 보건위생상의 진료를 게을리할 경우에는, 경범죄재판소(벌금형뿐)에 넘겨지는 예가 점점 많아져 갔다.[42]

그다지 두드러지지 않은 현상이지만 미래와 충분히 관련된 것으로, 이 시기에 매춘을 〈정신의학적〉 입장에서 감시하려는 의견들이 대두되었다. 이들 사이에서는 롬브로소의 이론은 거들떠보지도 않았고, 또한 매춘행위를 억누르기 어려운 성충동의 결과로 간주한 롬브로소의 논쟁상대인 모라스의 생각이 엄청난 반향을 불러일으켰다. 그러나 〈잠재적 매춘부〉라는 그럴 듯한 이론의 경우는 약간 사정이 달랐다. 이 〈잠재적 매춘부〉는 벨바크 박사의 인류학 근대학파의 풍부한 견식적 산물이라고도 할 수 있는 것이다. 이는 매춘행위의 기원을 설명하기 위해서, 라까싸뉴 박사가 그 무렵 제창한 환경의 역할과 유전의 영향을 결부시키려 한 것이었다.『선천적 결함을 지닌 자로서 부도덕한 환경에 있는 여성은 잠재적 매춘부이다.』[43] 이 절충주의는 많은 의사로부터 암묵적인 동의를 얻어 릴의 법사회의학연구소에서 실시된 정신의학상의 감시에도 영향을 주었다.[44] 이후 곧 아랑띠 박사는, 매춘부는 가장 먼저 사도매저키즘적 신경환자라는 판단을 내리면서 체계적인 이론을 세웠는데, 이것이 후에 가서 유망한 이론으로 정립되기에 이른다.[45] 이에 대하여 매춘을 다룬 아브록 엘리스의 책이 프랑스에서 출판되었으나, 실제적인 의미에서의 영향은 거의 찾아볼 수 없었다. 매춘섹스에 관한 풍부한 연구내용과 자료를 뒷받침하고 있는 이 책은, 그러나 정신과적인 연구와는 거리가 먼 것이었다. 왜냐하면 이것은 해방된 매춘, 그리고 매춘에 의한 여성의 해방화를 위해 지금 싸우고 있는 운동의 전위파적 사상과 따르드의 생각을 이어 주는 중간 역할을 하고 있기 때문이다.[46]

의기양양한 신규제주의에 대항해서, 그리고 창가의 존속에 대해서도 공창제폐지론자들의 투쟁은 여전히 계속되고 있었지만 철저한 개혁은 이루어지지 않고 있었다. 공창제 매춘 및 부녀자 매매 반대 임시동맹을 주도하던 회장 게메링 교수는 끈기 있는 비서 르그랑 파르코 부인과 함께 적극적인 선전활동을 행하고 있었으며, 한편으로 이에 따른 공창제폐지론자의 논문도 증가하고 있었다.[47] 이 운동의 중요한 점은, 몇몇 사건에 커다란 반향을 주었다는 사실이다. 알싸스 지방에서 이 운동은 자치론자들에 의해 유리한 국면을 맞고 있었다. 요컨대 1925년에는 아그노에서 창가가 폐쇄되었고, 1926년에는 스트라스부르에서, 1927년에는 뮐루즈에서 창가가 폐쇄되었다. 바-랑 지방의 지사는 다음과 같은 사건 이후, 스트라스부르의 15개 창가에 폐쇄 명령을 내렸다. 그것은 1925년 5월 30일부터 6월 1일에 걸쳐 16세부터 20세까지의 선수가 1만 2천 명이나 참석했던 한 스포츠 대회를 가리키는 것이다. 이 대회에는 나이 어린 소년들도 찾아왔는데, 그동안 창가는 연일 만원을 이루며 성황을 누렸다는 것이다. 공창제폐지론자들의 말에 따르면, 수백 명의 젊은이가 연사흘 동안 창가를 출입했다는 것이다. 1930년에는 루베·아즈브루크·사르그민·오요나의 각 시의회가 창가 폐쇄를 결의하기에 이르렀다. 이제르 지방에서 에르미뜨 박사와 샤를르-리샤르 몰라르의 주도하에, 뽈미스트라르 시장이 시도한 예는 바로 시범 케이스가 되었다.[48] 이러한 성공으로 인해 프랑스가 독일점령군으로부터 해방되었을 때, 마르뜨 리샤르와 그 지지자들은 그 결정을 채택하기에 이르렀다.[49]

인민전선이 정권을 얻자 공창제폐지론자들 가운데는 클레망소가 입각했을 때와 같은 기대를 갖는 자들이 나타났다. 따라서 신내각은 이 문제를 회피하고 이들의 결의안을 부결시켜 버렸다. 1930년에는 이미 창가를 폐쇄한다는 결의가 급진사회당에서 나왔고, 1931년에는 프랑스 공화사회동맹에서, 1932년에는 인민민주당대회에서 나왔으며, 1937년에는 공산주의파 회의연합 서기의 성명으로 계승되었다. 법학자 르 포와트방의 초안으로 제출된 이 법안은 1936년 11월 5일 후생장관 앙리 셀리에의 이름으로 제출된다. 법안의 내용은, 성병의 위험성을 설파한 성병학자로 유명한 쟝셰롬 교수의 이전의 연구에 토대를 둔 것이었다. 마치 50년 전 신규제주의가 빈사의 공창제도를 과학의 발견으로 보존하고자 했던 것처럼, 이 내용에는 공창제폐지론자의 이론을 소위 위생상의 감시 필요성과 결부지으려 하는 교의, 요컨대 공창제폐지론의 새로운 영향력이 나타나 있었다. 이것은 결국 어느 경우에나 책임문제가 논란이 될 때면, 성병환자를 감시하는 일이 불가피하다고 늘상 생각하기에 이르렀다는 것을 의미한다.

법안은 행정과 경찰의 자유재량권을 폐지하고, 법정에 호소하며, 그리고 나서 호객행위죄를 성립시킨다는 조치를 포함하고 있다. 예외적으로 몇 가지 특별한 상황을 제외하면서 H. 셀리에는 창가의 폐쇄를 제안하고 있다. 여기에서도 중요한 점은 보건위생의 권위라는 개념이 들어 있다는 것이다. 법안은 의사에게 성병환자가 있다는 것을 선고할 권위를 부여하고, 감염죄의 설치를 예고하여 환자에게 치료의 의무를 강제하고자 한 것이다. 그것을 거부할 경우에 환자는 〈공립병원으로 연행〉되어야 했다.

이 법안은 많은 조건을 붙여 공창제폐지론자들의 찬성을 얻었지만, 동시에 이것이 계기가 되어 〈사랑의 나라 키티라 섬*〉(창가를 풍자하고 있다) 전체는 바로 공황에 빠졌다. 그러나 경영자조합은 이 법안을 부결시킬 수 있는 방어술을 터득하고 있었다고 해도 과언이 아니었다. 그래서 H. 셀리에는 1936년 12월 23일의 명령서에서, 창가를 새로이 개업하려는 경영자들은 후생장관과 내부장관의 허가를 반드시 필해야 한다는 취지를 설득하였다.

* 고대 아프로디테 신앙의 중심지. 〈키티라로 여행을 떠나다〉는 사랑의 쾌락에 빠지다, 라는 뜻을 가진다.

제3공화정 말기의 정부는 전쟁을 이용하여 이제까지 법안제출의 근거로 내세웠던 여러 원리를 실행에 옮기고자 했다. 성병박멸을 위한 프랑스 최초의 예방책이 시도되었으며, 보건위생을 우선으로 한다는 사상이 전쟁 개시 후 몇 개월 되지 않아 법률적으로 인정되기에 이르렀다. 동시에 1939년 11월 29일의 법령은[50] 보건위생의 향상이라는 관점에서 중요한 일보를 내딛고 있다. 법령은 성병환자에 대한 치료를 의무화하고, 위반한 경우는 형무소행을 그 내용으로 하고 있었다. 의사가 성병환자의 존재를 보건위생당국[51]에 미리 알려 주는 일을 가능하게 하는 것이었다. 또한 이 각령에는 정황에 따라 각 개인에게 어떠한 성병도 앓고 있지 않다는 증명서를 요구할 수도 있었다. 이러한 대책은 위생군무반의 행동 능률을 향상시켰고, 무면허 매춘에 대한 압력을 더욱더 강화하는 경향을 보였다. 이렇게 해서 전쟁이 시작된 최초 몇 개월 동안의 특징으로서, 리용에서는 거리에서의 호객행위에 대한 압력이 강화되었고, 마르세유에서는 풍기문란을 단속하는 재조직이 결성되었다.

비시프랑스―묵인에서 정식 공인의 창가로

포로로 2백만 명 가까운 사람들이 자유를 빼앗기고 가정으로 되돌아가지 못한 점에서, 물가고로 생활비가 높아진 점에서, 그리고 실업상태에 놓이게 됨으로써 다시 이전과 마찬가지로 일부 여성들은 『전시하에서의 매춘에 발을 들여 놓을 수밖에』[52] 없었다. 또한 유부녀들은 자신들의 남편과 멀리 떨어져 있었기 때문에, 그리고 특히 젊은 아가씨들은 부모의 권위가 느슨해져 있었기 때문에 아주 쉽게 매춘의 유혹에 빠져들 수 있었다. 이같은 상황으로 기혼 매춘부의 수가 늘어난 것을 이해할 수 있다. 따라서 매춘부 가운데 기혼여성과 미혼모가 차지하는 비율이 유례 없이 높아지게 되었다. 릴에서 의사의 치료를 받았던 1천9백 명의 무면허 매춘부 중 1천1백42명이 기혼자였고, 그 가운데 7백58명은 자녀가 1명 혹은 그 이상이 있었다. 이 총계에 1백45명의 미혼모를 덧붙여야 한다.[53] 더구나 전쟁으로 창가의 매춘은 내리막길을 걸었다. 실제로 창가에서 활동하는 여성의 수는 1939년에 비하면 1945년에는 감소하고 있는 데 비해, 공창 전체의 숫자는 이 기간중에 증가현상을 보이고 있었다.[54] 이 점을 지금 강조하고 있는 것은, 비시프랑스와 독일군당국의 정책이 거꾸로 매춘부를 가두는 정책을 다시 시행하려 했다는 사실 때문이다. 공창을 지배하고 있던 이 특수한 〈세계〉의 힘도 어느 정도 약해진 것으로 보이며, 그후는 무면허 단속이 이익의 커다란 중심을 차지한 셈이다.

비시프랑스는 셀리에 법안이 표명했던 것과 같은 공창제도의 신폐지론적 경향에 종지부를 찍기 위해 신규제주의에 찬성하는 정책을 취했다. 프랑스는 바야흐로 실로 독특한 정책으로, 요컨대 과학적 예방책의 확고한 의지 아래 창가에 대한 보호에 몰두할 작정이었다. 이 점으로 우리들은 비시프랑스에서 특유의 전통주의와 관료적 근대성의 교묘한 일체화를 발견할 수 있다. 이 정책은 주로 세 방향을 가진다.

―먼저 그 첫째는, 패전을 초래한 부도덕의 상징이라 할 수 있는 매춘알선업자와 대결하는, 부인할 수 없는 결연한 의지를 나타냈다는 점이다. 1940년 7월 20일의 법률이 재빨리 제정된 점도 주목할 점이지만, 또한 배후 조종자에게 부과된 벌금이 더욱 무거워졌다는 점에도 주목해야 한다. 매춘업자의 입을 다물게 하는 데 있어서, 이미 그들이 실제로 활동하고 있는지 어떤지는 문제가 되지 않았다. 3년 후인 1943년 3월 2일의 법률은 매춘업자의 범위를 확대하는 것이었다. 조문에 따르면 매춘에 협력하는 자와 다른 자의 매춘을 옹호하는 자, 또한 그것으로 이익을 얻고 있는 자 모두를 매춘업자로 간주하였다. 동시에 모든 개인, 가령 남편이라 해도 여자와 함께 살고 있으면서 그녀가 매춘을 하는 것을 알고 있는 자는 모두 매춘업자로 간주하였다. 그리고 법률은 중개업자에게도 벌금과 형량을 무겁게 부과하였다.

―두번째 방향은, 프랑스 국가정책이 한편으로는 공인창가에서의 매춘을 장려하고 있었다는 사실이다. 그때까지 단순히 관례로 묵인되었던 창가가 비로소 정식으로 공인되었다. 이론상으로는[55] 창가가 모든 점유권을 얻었다고 할 수 있는 것이며, 그후로는 일종의 상업으로 간주되고 있었다는 점이다. 요컨대 전체적인 정책면에서 볼 때, 매춘업에 벌금을 부과하고자 하는 의욕과 역행하는 것 같은 어떤 관점이 있다. 빠랑-뒤샤뜰레의 책은 어떠한 방법으로 규제이론이 처음부터 이와 같은 모순을 극복해 왔는가를 분석하고 있다. 비시프랑스는 먼저 국내 전체에 똑같이 공창제를 보급하고자 했다. 1940년 12월 24일, 내무성 명령의 당시 장관 페일통에 의한 회상과 법령은, 가정국의 인증을 붙여서 각 지사에 보내졌다. 조문을 살펴보면, 공인창가는 가옥 전체를 차지해야 하고 그 안에서는 알콜음료를 팔지 말 것이며, 간판을 달지 말 것 등을 주된 내용으로 하고 있었다. 한편 창가의 경영자는 그들의 자금을 주식회사 혹은 합자회사의 형태로 만들 수 있는 허가를 얻었으나, 기명주를 발행할 의무가 주어졌다. 매춘은 하나의 상업으로 간주되었고, 그후 자유자본 투자의 장이 된 동시에 여성의 거래로 얻은 이익을 공식적으로 인정받게 되었다. 마지막으로 이 명령문에서는, 창가에서 매춘을 해도 좋은 연령에 관해서는 전혀 다루지 않고 있었다는 점에 주목해야 한다.

1941년 12월 31일자 법률은, 이 문제를 세금으로 더욱 통제를 가하여 정부의 의도를 완벽한 것으로 만들고자 했다. 차후로 공인창가는 제3부문의 유흥시설로 간주됨으로써 과세대상에 해당된다는 것이었다. 과세기준이 각 시읍면에 위임되었기 때문에 각 시읍면에서는 창가를 새로이 개설하는 것이 유리하였다. 창가의 경영자 〈조합〉은 1942년 2월 18일, 자신들의 태도표명을 위해 리용에서 집회를 열었다. 이 조합이 같은 해 4월 11일에 호텔업전문조직위원회와 병합하게 된 것도 당연한 결과였다. 그리고 창가는 공동숙박업소와 유료양로원과 같은 취급을 받게 되었다. 이렇게 해서 동업조직이 확대되었으며, 마침내 최근까지 그 존재를 위협했던 직업에 구제의 길이 열리게 되었다.

—마지막으로, 특히 비시프랑스는 보건위생면에서의 감시를 강화하고, 제3공화정 말기의 산물을 완성시켰다.[56] 실제로 풍속담당 경찰 소속의 의사들은, 1940년 7월 이후부터 환자 검진을 이전보다 더욱 엄격하게 실시하기로 의견 일치를 보았다. 보건위생정책은 1941년 1월 14일에 시달된 후생장관의 명령문 속에 그 방향이 잘 나타나 있으며, 1942년 12월 31일[57]의 법률로 그 방향은 더욱 명확해졌다. 그것은 의학적 입장에서의 성명과 성병환자의 치료의무를 규정한 것이었다.[58] 조문은 어쩔 수 없는 환자는 강제입원을 시켜도 좋다는 것이며, 이것은 19세기에 이론화된 신규제주의의 말하자면 논리적 귀결이라 할 수 있는 조치였다. 더구나 의사들은 전염병 검사를 하여 감염자 색출에 힘쓰지 않으면 안 되었고, 의무를 게을리할 경우에는 벌금을 물어야 했다. 이 법령은 이외에도 부인민생위원에 중요한 역할을 부여하고 있었다. 군·시당국이 개입하기 전에 환자는 자신의 고향으로 돌려보내져 의무적인 입원명령이 부여되었다. 1942년의 법률에서는 단순히 보건위생 경찰의 창설뿐만 아니라, 의사와 부인민생위원이 이 단속의 중요한 요원이 되었다는 점이 중요하다.

유럽의 매춘가(A. 히틀러 정권)[59]

점령지대와 영토 전역에 대해 독일군이 취한 정책은, 그들이 제3제국 내에서 취한 정책과 분명히 그 취지를 달리하였다.[60] 점령군당국은 공인창가제를 존속시키는 동시에 자국의 병사에게 혜택을 줄 수 있는 매춘제도를 마련하였다. 이 새로운 체제는 예방에 대해 매우 의욕적으로 감염환자의 집단검진을 철저히 하는 것이었다. 그러므로 독일군이 실시한 정책은 바로 아름다운 시대, 극단적인 규제주의의 의사들이 품었던 가장 과격한 꿈 그 자체였다.

〈독일군사령부〉는 점령 직후부터[61] 꼼꼼히 창가를 조사하였고, 그 중 몇 개를 접수하여 독일군에게 할당하기로 결정하였다. 빠리에서는 6개가 장교용으로(특히 샤바네 가 12번지, 쌩-조르쥬 가 50번지, 빠스키에 가 39번지, 그리고 1년 계약으로 〈스핑크스〉와 프로방스 가 122번지), 또한 16개가 병사용으로 할당되었다. 쎈느-에-와즈 지방에서는 34개의 창가 전체가 접수되었다. 루앙도 마찬가지였다. 렌느에서는 〈페리아〉가 독일군대 전용이 되었고, 뚤롱에서는 비점령지구를 점령한 후 〈룩슈리앙〉·〈푸치 카로〉·〈프랑보와이양〉 역시 접수되었다. 이 점령군은 또 루베 지구의 매춘시설 재개의 시초가 되었다.

이러한 독일군용 창가에서는 일류의 보건위생시설이 갖추어지지 않으면 안 되었다. 보통 문 쪽에서 간호병의 주사가 기다리고 있었다. 이러한 창가 출입이 허락된 민간인은 신분증명서를 제시해야 했다. 들어가면, 균일요금표가 표시되어 있었다. 위로 올라갈 때, 고객은 상대 여성의 이름과 방번호가 기입된 카드를 받는다. 고객이 나중에 성병감염의 의혹을 가질 경우, 그 카드를 군의관에게 건네 주면 된다. 경영자는 앨범에 아가씨들의 사진을 붙여 놓고, 창가에서 기숙하는 아가씨는 적어도 1개월간은 이동할 수 없었으므로 성병환자가 그 추적에서 벗어나는 일은 거의 없었다. 덧붙여서 콘돔의 사용은 의무적인 것이었다. 요컨대 매춘부의 위생관리가 강화되었다는 점이다. 이 점에 관하여 마음을 쓰지 않은 의사는, 〈독일국방군〉에 대하여 사보타주를 행한 것으로 법정에 출두해야 했다.

독일군당국은 또한 가창에 대해서도 병사에게 배당을 하였다. 빠리에서는 이따금 행해졌던 일제단속으로 가창들을 검거하였으며, 그 가운데 1천2백 명에게 카드를 발급하여 특수통제하에 두었다. 규칙을 위반하면 반드시 낭떼르 유치소에 감금되었다. 유치기간은 6개월에 달하는 경우도 있었다. 지방에서는 매춘부들이 노동작업장으로 보내지는 예도 있었다.[62] 매춘부 가운데 독일군 병사를 고의적으로 감염시키려는 자가 있다는 소문이 나돌았기 때문에, 1942년 12월 16일 〈독일국방군〉은 이러한 범죄를 범하는 매춘부에게는 강제노동을 부과한다는 명령을 내렸다. 한편 계약 사인을 한 매춘부 가운데 5,6백 명은 당시 독일통치하에 있던 다른 나라의 매춘에 응하고 있었다. 빠리에서는 점령당국으로부터 정기적으로 경제원조를 받았고, 은행에 구좌를 개설한 매춘부도 있었다.[63] 점령군당국에 의한 이러한 공창제 매춘의 통제·공인이라는 이면성은 다른 매춘부들 사이에서 상당한 시샘을 불러일으켰던 것 같다. 사실 매춘부 가운데는 점령기간 중 적군측 고객 덕분에 호화로운 생활을 누렸던 자가 있었던 점은 부정할 수 없다.

또한 경영자 쪽에서는 〈독일군사령부〉의 후원을 잘 이용하여 많은 이익을 챙기기도 하였다.[64]

프랑스의 해방과 위생주의의 절정기

독일점령군으로부터의 프랑스 〈해방〉으로 매춘부의 움직임이 다시 활발해지게 된 것을 역사는 보여 주고 있다. 창가의 출입을 금지하는 명령 등에 개의치 않는 연합군 병사들은 시내로 우르르 몰려들었고, 또한 포로의 귀환으로 고객의 수가 급격히 늘어 애국적인 매춘이 횡행하게 되었다.[65] 프랑스의 해방은 이렇게 해서 매춘부의 〈탈감금화〉의 움직임을 촉진시켰다. 창가 경영자의 위세는 비시 프랑스의 실추와 더불어 사양화하였고, 그 가운데 경제적으로 위기에 빠진 자들도 생겨났으며, 많은 매춘부가 새로운 고객을 찾아 창가를 떠났다. 요컨대 매춘부들은 자유를 갈망하여 모든 억압으로부터 도망치고 싶다는 강한 소망을 품고 있었으며, 이것이 바로 이 시기를 특징짓고 있는 한 현상이었다.[66] 이와 같은 연합군 병사의 국내 유입을 목격하면서 당국과 경찰은 다시 옛날 수단을 발판으로 무면허 매춘부 사냥에 열을 올리게 되었다.[67] 마사지산업에 종사하는 여종업원에게는 청색 위생카드를 발급하였고, 나이트클럽의 호스티스에게는 베이지색 카드를 배포했다. 군은 병사들을 위해 독일방식을 모델로 한 창가의 개업을 서둘렀다.[68]

20세기 매춘의 역사를 생각할 경우, 세인들은 그 역사를 제1차세계대전 때의 매혹적이고 수수께끼 같던 히로인의 모습과 결부된 입법상의 에피소드로밖에 기억하지 않았다. 그러나 먼저 우리들이 현재라는 시점까지의 예측 속에서 이 문제가 차지할 위치를 설정하는 것이 바람직할 터이다. 1946년의 법률은 논리적인 과정을 다시 취하고 있다는 점을 보여 주고 있으며, 그 특징은 H. 셀리에 법안의 줄거리를 차용한 것이었다. 이 법률은 이전에 용인되었던 폐쇄적 공인창가에서의 매춘의 임종을 명기하고 있었다. 이 점에서 두 대전 기간에 확대된 매춘 전면금지주의적 경향의 공창제가 새로운 폐지론의 승리를 나타내고 있다. 이것은 결국 훨씬 이전에 시작된 운동의 에필로그에 다름아니다. 중요한 점은 이 새로운 법률이, 실은 19세기말 이후 막연하게 그 윤곽이 완성되어 가고 있던 보건위생주의를 정당화하는 동시에 많은 점에서 그것을 강화하고 있다는 바다. 요컨대 1946년의 이 법률은, 하나의 긴 여정의 귀결로 생각할 수 있다. 그렇지만 이 보건위생조치가 의결될 당시, 이것은 국제연합을 당혹케 한 비판·비난의 대상이 되기도 했다. 사회보건카드의 신설은 이제까지 프랑스방식의 최종적인 변경 사항이었지만, 1960년대 이후에 와서 방기되기에 이르렀다. 보건위생주의의 절정기는 새로운 시대를 여는 것이 아니라 한 시대를 마감하는 것을 의미하고 있었다. 법률적으로 새로운 시대가 찾아온 것은 1960년에 이르러서이다.

  1946년 4월 법률의 가결은 당시의 경제적인 다른 정황에 의해 용이해졌다고 말할 수 있다. 비시프랑스는 다시 감금정책으로 되돌아가려고 했기 때문에, 이제까지의 신규제주의는 그 인기를 상실해 가고 있었던 것이다. 당시 출산장려주의가 지배적인 흐름이었는데, 이것이 20세기 초기 이후의 인구증가론으로 다시 결부되면서 매춘전면금지의 주장을 교묘하게 재촉하였다. 또한 본격적인 위생정책을 내세운 공창제의 새로운 폐지론에 의사단체의 대다수가 동조하였고, 신규제주의는 무시되었다.[69] 공창제도의 폐지는 인민공화파와 인민전선정부의 지지당이 선거에서 성공한 시점으로 예견할 수 있었다고 말할 수 있다. 창가의 경영자가 독일군과 결탁한 사실은, 창가의 폐지를 지지하는 자에게는 공격의 좋은 빌미가 되었다. 이 공격의 재료야말로 1946년 4월 9일 의회에 법안을 제안한 마르셀 로크롤이 언급했던 바로 그것이다. 많은 점에서 이 새로운 법률은 정화책의 의도를 지니고 있었다. 이 법률의 성립과정에서 언론의 캠페인이 한몫을 하였으며, 그 캠페인 속에서는 조국의 적과 공동결탁한 사실이 강조되었고, 창가의 경영자〈조합〉멤버들의 유죄를 묻게 되었다. 예를 들면 쌩-조르쥬 가 50번지의 창가와, 마르셀 자메 경영의〈왕 투 투〉의 스캔들이 당시 과장되어 전해졌다. 뿔게메링 교수는, 창가의 존재는 국방[70]을 위협할 것이라는 글을 썼고, 다니엘 빠케르는 젊은 프랑스 처녀가〈독일 영주귀족들의 음욕〉[71]에 몸을 내맡기게 했다고 창가의 경영자를 고발했다. 그리고 또 막상스-방-데르-메슈의《돈대로의 여자》의 성공은, 여론을 한층 더 폐지론 쪽으로 몰아갔다. 세상에서〈마르뜨 리샤르 법〉으로 일컬어지는 법률은 여성 한 사람에 의해 만들어진 산물이 아니라, 그에 앞서 갖가지 단편적인 방책이 수립되었던 법률이었다. 먼저 1944년 9월 7일에 파스톨 발레리-라도가 각 지사에 공창제폐지론에 대한 한 장의 편지를 보냈는데, 그것은 페일통 조례[72]와 폐지를 요구하는 것을 골자로 하고 있었다. 1945년 2월 8일에는 당시 프랑스 부흥기의 장관이 공인창가의 폐지를 기획하는 입장을 거부하였다. 그렇지만 그것은 창가의 경영자들이 전시중에 손에 넣은 부정이익에 과세를 했기 때문이다. 1944년 12월 이후 창가에 대한 폐쇄를 규정한 조례의 수가 늘어나고 있었다. 사보와·아르데슈·모젤·와즈 지방과 샹베리·릴·쌩-떼띠엔느·뚜른느 도빌 등 각 도시에서는 서서히 창가의 금지가 결의되고 있었다. 그러므로 1945년 12월 13일, 마르뜨 리샤르가 이 빠리 시의회에서 매춘시설의 폐지를 요청한 배경에는 이와 같은 시대상황이 그 근거로 작용하고 있었다. 삐에르 꼬르발이 제출한 정확한 보고서가, 창가의 존립에 최후의 일격을 가했다. 3개월의 유예기간을 두고 쎈느 지방의 창가들을 폐쇄하자는 루이제 지사의 제안이 17일, 69 대 1로 가결되었다. 매춘가의 국영화를 제창한 아미요 씨의 의견은 회의에서 거부당했다.

이 조치는 특히 국외에서 커다란 반향을 불러일으켰으며, 이후 몇몇 법안의 가결이 불가피한 것으로 보였다. 매춘알선업자를 총동원해도 보람이 없었다. 경영자측은 위생주의를 표방해 보이고, 이러한 매춘시설은 실제로 특수진료소와 같은 것이라고 억지를 쓰면서 큰소리쳐 보았으나 허사였다. 또한 외국인 고객으로부터 항의의 목소리가 높았으나 법안을 번복시킬 만한 효과는 없었다.[73] 1946년 3월 9일, 내무장관인 사회당의 르 또르케가 각 행정처에 창가의 폐쇄조치를 잠시 보류하도록 요청하기도 했지만, 이것도 경영자측에게 부질 없는 희망을 품게 한 것에 지나지 않는 것이었다. 왜냐하면 그것은 혼란을 막기 위한 일시적인 완화책으로 내놓은 것에 불과했기 때문이다.

1946년 4월 9일, 삐에르 도망종에 의해 제안된 법안의 심의를 위해, 후생·공중위생위원회의 보고서가 마르셀 로크롤에 의해 제출되었다. 그러나 반원형회의장은 이번에는 갈채가 아닌 침묵으로 뒤덮였다. 실제로 토의는 전혀 이루어지지 않았다. 왜냐하면 의장이 먼저 〈쓸데 없는 토론〉[74]은 원치 않는다는 점을 표명했기 때문이다. 그러나 이 보고서를 읽으면, 당연히 공창제폐지론이어야 할 것이 미래 법률의 애매함을 나타냈다. 이 법률은 분명히 매춘전면금지주의 형태이지만, 매춘부의 감시를 계속한다는 점을 암암리에 내포하는 사항이 들어 있기 때문이었다.[75]

제1조에 의하면『모든 공인창가는 전국토에 걸쳐 그 설치가 금지된다』고 되어 있다. 따라서 시당국의 인가는 철회되었다. 유예기간은 시 자치단체에 지불한 납세액에 따라 달랐다. 창가의 폐쇄에 대한 배상금은 지불되지 않았으며, 철거지는 각 지방 지사에게 위탁되었다. 매춘알선도 엄격한 단속의 대상이었다. 이 점에서 이 새로운 조례는 1943년의 〈사실상의 권위집행〉 조항과 상당히 밀접한 연관성이 있다는 암시를 주고 있다. 신조례에 따르면 어떤 여성의 매춘을 옹호하거나, 그곳에 입회하거나, 도와 주거나 할 경우, 또는 매춘부로부터 보수를 받거나, 중

개에 나서거나, 개인소득을 명세화하지 않고 매춘부와 동거하는 경우 벌금형이 내려졌다. 특히 이 법률의 새로움은 335조의 신조문에 들어 있다. 그것은 『매춘시설의 운영·지휘·경영으로 옹호되고 있는』 자, 혹은 『한 명이나 몇 명의 매춘부가 늘 모여 있는 것을 용인하는』 자에 관한 것이다. 예상되는 처벌 가운데는 면허증 몰수·가게 폐쇄·추방 등을 열거할 수 있다. 문자 그대로 해석하면, 1946년 4월 9일에 채택된 법안은 분명히 매춘전면금지주의론적이었다. 벌금은 토지의 소유자에게까지 미쳤으며, 소유자 역시 이웃을 침해한다는 이유로 손해배상을 지불하여야 했다.

제5조에 아마 고의일 리는 없겠지만 『현존하는 기록부와 카드는, 사회·보건 국민카드가 작성된 시점에서 소멸할 것이다』고 서술되어 있는 점은 유머러스하다. 4월 11일, 헌법제정국민의회는 〈성병과 공중부도덕에 관한 대응〉안을 채택하여 그것을 정부에 부과하였으며, 또 도니 꼴드니에 씨의 법안이 가결되었다. 이것은 반복해서 말하지만, 필자에게는 본질을 이루는 점으로 생각된다. 이 법안은 프랑스 국내 전체에 매춘부의 사회보건카드의 제정을 준비시킨 법안이었다. 이로써 매춘부에 관한 데이타가 중앙에 모여졌고, 〈매춘의 세계〉에 대한 지배력을 수월케 하는 가운데 그녀들이 〈증발하는〉 현상들을 방지할 수 있게 되었다. 이와 같은 카드의 제정이 이론상으로는 극비였을지 몰라도, 실제로는 공명정대한 방식이 될 수 있었다. 매춘부에게 있어서 지금까지 해방의 수단으로 가장 유용하게 사용했던 방식, 즉 장소를 바꾸거나 대도시 사람들 속으로 용해되어 그 사회에 파고들고자 하는 가능성이 방해를 받게 된 것이다.[76]

1946년 4월 법안의 조항이 최초로 적용되기 시작했을 때에도 별다른 큰 문제는 발생하지 않았다. 건물의 폐쇄에 이어진 경매도 평온하게 이루어졌다. 창가의 건물은 학생기숙사와 노동조합을 위한 사무실로 전환되었다. 그러나 항의의 목소리가 곧 국회 내부로부터 일어나게 된다. 이른바 마르뜨 리샤르법은, 적용된 다음날부터 격렬한 비판의 대상이 되었다.[77] 계속해서 창가의 재개를 요구하는 목소리가 정기적으로 들려왔다.[78] 새로운 법률의 적용이 먼저 인정된 점도 많은 항의를 불러일으키게 되었다. 1954년 프랑씬느 르페브르가, 법이 범죄가 된다고 단언했을 때 의회는 다시 비웃음의 소용돌이에 휩싸였다. 1956년 10월에는 네르젝 하원의원이, 이 건에 관한 일련의 질문서를 푸쟈르파의 이름으로 정부에 제출했다. 정치상의 전통적인 분열도 이 사건으로는 일어나지 않았다. 그리고 주목할 점은, 식민지에서는 공인창가에 의한 매춘을 전통적인 형태 그대로 존속시키고 있었다는 점이다. 그것은 제4공화국 정부가 해외에 있어서 공인창가제의 매춘이 필요하다고 인정했기 때문이며, 그 결과 1949년에 행해진 국제협정(인신매매에 관한 국가간의 협정)의 조인이 거부되었다.

감시의 황금시대(1946-1960)

이 갑작스런 〈탈감금화〉가 매춘부들의 사회복귀에 미묘한 문제를 제기하지는 않았다. 창가에서 거주하는 여성들 가운데는, 가창으로 변신할 수 없어서 이주하여 마그리브와 북아프리카의 매춘가에 거주하는 자도 있었다. 또한 거리로 나온 다른 여성들 가운데는 매춘의 새로운 민간풍속에 일역을 담당하는 자도 있었다. 숏타임의 창가에서 활동하고 있던 여성들의 경우는, 일찍이 건물 안에서 행하였던 관습 등을 깨부수어 버리고 그들을 길거리로 내모는 결과를 초래했다. 그것은 또한 매춘부에게 있어서 길들여진 익숙한 행동을 바꾸는 것이기도 했고, 이렇게 해서 남녀가 함께 짝을 지어 드나드는 호텔 앞에는 〈양초〉(샹델르)가 늘어나게 되었다.

물론 경영자도 직업을 바꿀 것을 강요당했고 가혹한 상황에 처해졌다. 처음 한동안은 남녀가 동반하여 들어서는 호텔의 소유자가 상당한 이익을 보기도 했다. 당연한 일이지만 공인창가에서의 매춘이 그후부터 금지되는 운명에 처해졌다. 그러나 그 당시에는, 예를 들면 두 차례의 세계대전 동안에 리용에서 공공연히 실시되고 있었던 방법을 모델로 하여 매춘양상이 재편되었다. 이렇게 해서 남녀가 동반하여 들어간 호텔이 창가를 대신하게 되었고, 따라서 창가의 경영자도 공을 들여 이 새로운 생활수단을 관리하는 데 노력을 기울이기 시작했다. 그들은 새로운 방식의 성공으로, 호텔 소유자와의 격렬한 싸움에서 승리를 거두었다. 호텔 소유자 가운데는 건물을 내주는 자도 나타났다. 이렇게 해서 진정한 네트워크가 이루어진 셈이다. 뚜쟁이와 호텔 소유자 쌍방의 대표자에 의해, 이른바 〈재판소〉가 기능을 발휘하고 있었다고 생각되던 때가 바로 이 시기였다. 이 조직은 매춘시장의 통제와 〈거리의 직업윤리〉에 경의를 표하려는 목적으로 보지라르 가의 까페 안방에서 매월 첫째 수요일에 집회를 갖고 있었다.[79]

법의 제정자가 예측하지 못했던 또 하나의 결과가 있다. 그것은 창가의 폐쇄가 뚜쟁이의 역할에 가치를 부여했다는 점이다. 새로 남녀가 동반하여 들어서게 된 호텔의 경영자들이 관리하는 시스템의 기능에서 뚜쟁이는 없어서는 안 되는 인물이었다. 호텔의 주인들은 단순한 호객행위와 주선자가 아니라 진짜 뚜쟁이를 더욱 필요로 했던 것이다. 뚜쟁이는 신참자에게 〈그 세계〉의 규정과 습관을 가르치는 동시에, 매춘부가 규칙대로 활동하는 것을 보증하는 보증인의 역할을 수행하고 있었다.

그러나 그 이외의 점에서[80] 1946년의 법률은 매춘부의 일상생활을 거의 변화시키지 못했다. 왜냐하면 엄격한 감시하에 놓여졌다는 사실은 그 이전에는 일찍이 없었던 일이기 때문이다.[81] 더구나 그 감시라는 어휘는 언제까지나 항상 주변을 따라다닌다는 의미를 내포하고 있다. 분명히 이전의 카드는 폐지되어 〈의학카드〉로 바뀌게 되었고, 그것은 검진일의 도장이 찍힌 혼전증명서와 흡사한 것이었다. 그러나 매춘부들 사이에서는 이 중앙보건카드가 〈범죄기록부〉라는 표현으로 일컬어졌다. 두세 번 호객행위를 반복하는 매춘부를 경찰이 다룰 경우, 경찰은 해당 매춘부에게 반드시 보건위생등록을 의무화했다.[82] 그렇다고 해서 돈에 몸을 파는 여성이 완전히 경찰의 규제로부터 벗어날 수 없었던 것은 아니다. 1960년 보건카드가 폐지되었을 때 대상이 된 매춘부는 3만 명이었다. 그러나 같은 시기에 경찰공안과의 산정에는, 잠정적인 혹은 〈무면허〉 매춘부의 수가 10만 명에 달한다고 되어 있었다.

우리들은 보건위생주의운동의 진전과정을 추적해 보았으나, 이 오랜 운동의 귀결로서 1946년에 가장 완벽한 형태로 제도화되었을 때 이미 그것은 시대에 뒤늦은 감이 있었다. 따라서 그 운동은 오래 지속되지 못했으며, 다시 매춘부들을 감시하고 그녀들을 사회의 외곽에 위치시키는 방법을 다른 논거에 입각하여 만들 필요성이 대두되었다. 1960년의 법률은, 이 점에 있어서 새로운 시대를 개척하는 법률이었다. 앞으로 필요한 것은 매춘알선업에 대한 투쟁이며, 따라서 교묘한 전환을 통해 매춘부를 보통법의 테두리 밖에 두는 것을 가능케 했던 성병에 대한 투쟁이 갑자기 사라져 버린 셈이 되었다. 필자가 앞으로 설명해야 할 필요성을 느끼는 것은, 이 새로운 방식과 그것으로 생긴 매춘부의 반항에 관한 것이다.

매춘알선업에 대한 투쟁의 애매함

확실성과 양식의 시대(1960년대)

보건위생감시방식은 전통적인 공창제도와 교대하여 19세기말에 등장한 것이었으나, 제5공화정이 도래함으로써 이 감시방식은 정식으로 방기되는 것을 의미했다. 매춘이 호모섹슈얼과 같은 사회의 질병으로 공공연하게 고발되면서, 이후 매춘알선자를 박멸할 필요성에서 사창들은 경찰의 암묵적인 용인을 얻게 되었다. 실제로 1946년 이후부터는 호객행위를 억제하는 것이 쉽지 않았고, 또한 법정도 법으로 새삼스럽게 정해진 중벌을 위반한 매춘부들에게 부과하는 것을 삼갔다. 1958년 12월 23일[83]에는 질서유지를 용이하게 하기 위해, 종래 경범죄로 되어 있던 것을 벌금부과의 위경죄로 전환하여 소위 소극적인 호객행위라는 개념을 인정하였다. 요컨대 『공공도로에서의 태도가 여자들과의 유희를 부추긴 듯한 성질의 것』은 3백에서 2천 프랑의 벌금형에 처하고, 『재범의 경우에는 최고 5일간의 구류형을 선고』하였다. 그리고 1958년 12월 23일의 경찰조례에서는 새로운 매춘알선업의 정의가 확대됨으로써[84] 매춘부의 사생활이 일체 금지되었다.

인신매매에 관한 협정이 1949년 12월 2일 국제연합총회에서 채택되었는데, 그 협정은 매춘부에 대한 일체의 차별조치를 중지하고 매춘부라는 지위에 그녀들을 묶어두려는 조치의 철폐를 명시하고 있었다. 사회보건카드가 당시까지 존속하고 있었기 때문에 프랑스는 이 협정에 서명하지 않았다. 그렇지만 식민지의 독립화가 진행됨에 따라 국제연합의 협정문과 국내의 법률을 취합시키는 일은 지금까지보다 간단해졌다. 또한 성병이 감소되고, 그리고 매춘부가 이미 성병감염의 주요 원인으로 간주되지 않았다는 점에서[85] 보건위생방식으로 매춘부를 단속하는 방법은 날이 갈수록 그 세력을 상실해 갔다.

1960년 7월[86] 국회의 의결에 따라 도브레 정부는, 1949년의 국제연합협정을 비준하고 매춘이라는 사회의 재화에 대한 조치를 강구했다. 몇 가지 조례를 통해 법률을 이 이중의 목적에 부합시키는 것이 가능하게 되었다. 사회보건카드는 폐지되었고, 그 대신 각 지방의 후생국장 밑에 사회보건과가 개설되었다. 이 새로운 조직은 사회복귀센터·직업훈련센터로 간주되는 부인민생위원이 매춘부의 치료·직업알선에 종사하는 조직이었다. 이외에도 도덕적으로 위험한 상태에 있는 어린이에 대한 보호시설의 창설에도 예산이 책정되었다.

매춘부의 〈식비〉를 저지하지 못하는 네트워크를 해체하는 것이 이론상 공공연한 정책이었다. 1960년의 법률은 이렇게 해서 매춘알선업자에 대해 매우 엄격한 정책을 실시하고 있었다. 1958년의 조치가 인가되고, 매춘알선이라는 모호한 개

넘이 도입되었다. 이후부터는 매춘부가 손을 떼는 것을 방해하는 행위조차도 위법이 될 것이다. 1960년 11월 25일의 조례에는 호텔 경영자의 매춘알선에 대한 투쟁의 강화를 엿볼 수 있다. 이른바 자유매춘으로 불렸던 것에 관해서도 자유롭게 실행할 수 있었다. 그러나 실제로 그와는 반대로 진압하려는 생각은 버리지 않고 소극적인 호객행위라는 생각이 취해지고 있었다. 따라서 경찰은 공공도로에서의 스캔들과 혼란을 감시하게 되었고, 당시의 후생장관[87]이 말한 바에 따르면, 고객에게 성병을 옮기고자 한 매춘부에 대해서는 직무상 그녀를 감시하고 입원시켜야 한다는 것이다.

1960년대는 이 영역에서 확실성과 양식의 시대라 말할 수 있다. 각계의 책임자는 각각의 영역에서 매춘부를 통제하였으며, 매춘과 관계 있는 프랑스의 많은 직업을 보면, 그들 사이에는 어떤 의견의 일치가 있음을 인정할 수 있다. 한 가지 예로서, 가령 정신과의 뒤르방 박사[88]와 정치가 R. A. 비비앙[89] · 형사 M. 시코 · 판사 M. 사꼬뜨[90] · 교육가 르 모알 박사[91] 등이 말하고 있는 점은 서로 일치하고 있다는 사실이다. 이러한 남성측의 목소리로써 이 5중주단을 분석해 보면 한 가지 명확한 사실이 드러난다. 그것은 1960년의 조례가 법의 분야에서 커다란 전환점이 되었음에도, 매춘부들에게 권력을 행사하는 자의 사고방식은 과거의 이론에 그대로 얽매여 있었다는 것이다.

1960년의 법률과 책임 있는 측 사람들의 매춘부 감시에 관한 사고방식 사이에는, 어떤 종류의 나쁜 여파가 있었다는 사실을 필자는 지적할 수 있다. 결국 경찰이 하고 있는 일이 법률의 정신에 위배되고, 조문에서도 벗어날 뿐만 아니라 전통주의적인 시각에서 벗어나지 못하고 있다는 점을 말해 주고 있다. 1960년 12월부터는 호텔경영자의 매춘알선업에 대한 단속이 강화되었다. 새로운 법률에 의해 단속반 경찰은 급습회수를 늘리고, 다음해부터 경찰은 대규모 단속작전을 감행했다. 빠리에서는 북아프리카 출신의 노동자들에게 할당된 매춘지역을 축소시켰으며, 실제로 라 샤뻴 가 · 바르베스 가 · 올드네 가 · 마르크스 돌모와 가[92]의 사각형 지역으로 매춘지역을 한정시켰다. 불로뉴 숲[93]에서 매춘을 행하는 여성에 대해 수사망이 펼쳐졌다. 불심검문으로 사실상 일제검거를 단행했던 것이다.[94] 소극적인 호객행위의 진압으로 〈유치장행의 매춘부〉수는 일찍이 유례 없는 수치를 기록했다. 또한 〈오뻬라좌의 대감옥〉, 즉 유치장에는 그 지역의 매춘부로 가득 차 예전에 누리지 못했던 성황을 이루었다.[95] 위반회수가 너무나 많았기 때문에 예전의 공창제도 복귀를 강하게 바라는 매춘부도 나타났다. 경찰차는 매일

밤마다 2백 명의 매춘부를 쎙-라자르의 접수센터로 수송했다.[96] 보건위생주의가 정식으로 폐지되었기 때문에 일과처럼 된 이 철저한 수색은, 원래 매춘부를 부인민생위원과 접하도록 하는 것을 목적으로 했던 것이 그 원인이다.

결국 이와 같은 단속활동은 완전히 불법으로 매춘경찰카드를 새로 만드는 결과를 초래했고,[97] 실제 매춘지구를 분할하는 시초가 되었다.[98] 항상 변함 없는 단속의 정신이 강해진 점은 특히 용어의 수준에서도 명료하게 읽을 수 있다. 경찰서 내와 관청의 각 부국에 이르기까지 사용된 용어는 예전의 공창제도시대 그대로였다. 불량배 같은 사람에게서 빌려 온 듯한 은어를 사용했기 때문에[99] 매춘은 마치 비밀결사와 같은 유형이 아닌가 하는 느낌이 들기도 했다.

〈매춘의 세계〉에서는 이 새로운 법률을 많은 불안감으로 받아들였다. 당초 매춘부의 접수를 거부한 호텔의 주인은 많았다. 그런 점에서 1960년 12월 12일, 오베르뉴 출신의 죠로 불리는 수백 명의 매춘부가 부르봉 궁 앞에서 데모를 하며 남자와 함께 호텔 객실을 자유로이 사용하도록 해달라고 요구했다. 그러나 그날 알제리에서 중대한 사건이 몇 가지 발생한 점과 농성진압의 방법이 신속했기 때문에[100] 여론에 별 반향을 주지 못한 채 데모가 끝나 버렸다. 이 소요는 완전히 일시적인 열광에 불과했다. 1961년 여름 이후, 호텔의 주인들은 비교적 온건한 재판소의 판정을 받고 다시 활동을 시작했다. 경찰과 〈그 세계〉 사이에는 새로운 타협안이 생겨났다. 1946년 이후 기능해 오던 조합은 이전보다도 유연성 있는 조직이 되었다.[101] 그러나 그 역할을 살펴보면, 당국과의 모든 충돌을 회피해야 하고 사복경찰의 구두 제시에 경의를 표해야 하며, 병에 걸린 매춘부를 활동시키지 않는다는 것 등이 그것이었다.

1960년대 매춘의 특징은, 매춘활동을 언제나 볼 수 있었다는 점과 유형이 다른 매춘활동 사이에 어떤 균형 같은 것이 있었다는 점이다. 당시 매춘을 이야기한 작품의 작가들이 사용한 분석적 어휘가 풍부한 것은, 19세기 공창제지지자들의 모습을 상기시킨다. 이러한 어휘가 정확한 덕분에 매춘활동의 다양성을 체계화하거나 명확히 규정할 수 있는 요인이 되었다. 경관·수사관에 이어서 일반인도 다음과 같은 단어의 의미를 알게 되었다. 〈양초〉(샹델르)라든가 보도를 활보하는 〈다리힘이 좋은 여자〉(마르셰즈)·〈집시〉(룰랑뜨), 숲과 공원을 발판으로 한 〈목자〉(뷰코리츠크), 차를 타고 호객행위를 하는 〈기마녀〉(아마존느), 바의 작은 의자에 앉아 고객을 기다리는 〈학〉(에샤시엘), 그외에도 공항 빌딩과 고속도로 부근에 있는 호텔에 발이 닳게 드나드는 〈제트기〉(카라벨) 등.

그러나 뚜쟁이의 세계에서는 옛날 그대로의 구조가 남아 있었다. 북아프리카 출신자는 〈하층계급의〉 매춘을 지시하고, 본국(코르시카·마르세유·빠리)의 뚜쟁이는 나머지 매춘부들에 대한 지배력을 갖고 있었다. 매춘부와 〈정부〉의 매매, 그들에게 벌금을 부과하는 것이 일반적인 관례가 되었다. 밤이 오면 뚜쟁이는 매일매일의 〈매상〉을 계산한다. 일요일과 휴일에는 아내를 차에 태워 시골로 데리고 간다. 자녀를 유모에게 맡기고 그녀와 레스토랑이나 영화를 보러 간다. 나이가 들었으면 그는 〈조용한 부친〉으로 변신한다. 혹은 저금을 털어 바를 사서 옛친구들과 교유를 갖는 등등. 커다란 변화의 예고는 이미 정확하게 보이기 시작하였으나[102] 아직 아무도 그 중대함은 헤아릴 수 없는 형편이었다.

매춘알선업의 원격조작의 비약적 발전[103]

1967년부터 1969년에 걸쳐서 매춘의 세계에도 근대화의 회오리가 불기 시작했다. 이 변화의 크기를 모르고는 1975년의 운동을 이해하기란 불가능할 것이다. 이 시기, 매춘의 수요가 늘어난 점이 재차 이와 같은 과정을 이끈 셈이다.[104] 젊은이들 사이에 어느 정도 풍속의 자유화가 침투하자, 이미 매춘은 예전과 같은 성의 입문으로서의 역할을 수행하지 않았으며, 매춘의 주요 멤버들은 40대부터 60대의 남성들로 이루어졌다. 시몽의 보고가 나와 고객에게 정신병환자라는 신앙도 일소되었고,[105] 이렇게 해서 프랑스에서는 처음으로 온 손님들이 매춘부들을 양육하게 되었다.[106]

극히 에로틱한 풍조가 일상생활 가운데 침투한 점에서, 젊은이의 성해방 의식이 빨라지고 또 중년층 남성의 욕망도 증대되었다. 포르노 숍의 증가가 보여 주고 있는 바와 같이 섹스산업은 비약적으로 거대화되었고, 〈포르노〉 영화와 남성전용 잡지도 연이어 성공을 거두었다. 텔레비젼에서는 에로틱한 장면이 상영되었고, 성과학 관계의 작품도 유행했다. 더구나 1967년부터 1969년에 걸쳐서 미니스커트와 가죽부츠, 가슴을 노출시키는 유행으로 시각적인 유혹도 강해지고 일상화되어 환영이 만들어졌다. 안내양·패션모델·〈섹시〉한 비서들·남성전용 미용사들의 교태섞인 예의 바름과 은근한 유혹이 에워싸고 있어 분위기를 한층 에로틱하게 만들었다. 이렇게 새로 덧붙여진 여성들은 새로운 행동모델을 가져왔고, 그에 의해 새로운 매춘이 생겨났다. 이와 같은 여성들의 모습이 일상적이 되어감에 따라 미묘한 변화가 일어났고, 그 결과 남성은 아무런 저항 없이 바람기 많은 여성 밑으로 들어가게 된다.
 원숙한 연령의 남성에게 있어서 매춘은 일시적인 섹스욕구와 배출구라기보다는 『그들의 꿈과 잠잘』[107] 가능성을 부여하는 것이다. 일찍이 금전에 의한 사랑이 이 정도까지 기혼남성의 욕구불만을 해소시킨 적은 없었다. 고객은 이런저런 주문을 늘리게 되었고, 연령으로 보아 자기의 상대가 자유로운 몸으로 생각되는 부류의 경우에 고객은 새로운 유혹의 환상을 구하였다. 이제까지의 숏타임의 정해진 의식과 벨트컨베이어식 사랑의 속도로는 고객의 새로운 욕구에 부응할 수가 없었다. 이렇게 해서 1967년부터 1969년에 걸쳐서 〈정서가 담긴〉[108] 매춘이 성공을 거두기 시작한다. 고객의 연령에 따라 매춘부는 재빨리 그리고 숨김 없이 이야기를 털어놓는 친구가 되거나, 〈다정한 여동생〉[109]의 역할을 대행하기도 하였다. 고객이 고백하고 싶은 것, 그리고 상대 여성이 이해를 하고 대답해 주기를 기대하는 것, 그것이 현시대의 매춘을 특징짓고 있는 것이다. 또한 상당수 매춘부가 이와 같은 역할을 중요시했기 때문에 그녀들을 지배하는 알선자의 힘이 약해진 것도 분명한 사실이다. 그녀들 가운데는 그 역할을 마음 속으로 바라는 자가 있었다고 리샤르 몰라르는 말하고 있다.[110]
 이러한 정황에서 매춘부가 조직화된 기성의 매춘에 가담하지 않는 경우, 그것만으로도 그녀들에게는 커다란 미래가 있었다고 말할 수 있다. 즉 현재의 금전적인 사랑의 형태를 부정함으로써 미래가 열리게 된 것이다. 그러나 한 발자국 전진한 새로운 형태라는 것도 얼마 지나지 않아서 싫증의 대상이 되어 버린다. 다른 시장분야와 마찬가지로 매춘계에서도 늘 새로움을 추구하지 않으면 안 된다.
 매춘구조 전체에도 변화가 생겼다. 호텔업자의 반대에도 불구하고 경찰의 단속이 행해진 결과, 매춘알선이 간접적인 형태로 나타났다. 이것은 개인 대 개인의 직접적인 관계에 기초를 두는 것이 아니었다. 길모퉁이에서 매일 〈고객을 기다리던〉 옛날의 정부들은 이제 형태를 바꾸어야 했다. 그들은 마치 공업화가 진행되었기 때문에 쓸모가 없어진 팔다남은 물건과 같은 것이 되었다.[111] 배후에서 조종하는 정부 대신에 폭력조직의 〈부하〉가 나타났다. 그들은 길거리에서 젊은이가 나타나기를 기다렸다. 예전부터 호객행위는 극히 드물게 이루어지고 있었으며, 우연히 지나가는 사람이 있을 때 고객을 유혹하기 위해 폭력수단을 사용하였지만 이제는 그럴 필요가 없어진 셈이다.[112]
 중요한 점은 새로운 유형의 매춘알선업이 비약적 발전을 이룩했다는 것이다. 그것은 매춘활동 그 자체에서 직접적으로 이익을 얻는 것이 아니라, 매춘행위에서 빠뜨릴 수 없는 장소와 수단의 제공으로 이익을 얻는 형식이다. 매춘부의 매춘행위에 필요한 여러 가지 준비를 해주는 대가로 보수를 받고 서서히 값을 올려가는 방식으로, 이 새로운 유형의 알선업은 매춘부를 다시금 하나의 체제 속으로 옭아매어 갔다. 신체의 새로운 관리·분배구조라고도 말할 수 있는 이 새로운 유형의 매춘업은 아마 1백 년의 매춘 가운데 가장 커다란 혁명일 것이다. 남자를 동반하여 들어가는 호텔의 객실과 원룸맨션·바·사우나, 또는 부띠끄 등 고객과의 만남의 장소를 잘 안배하느냐 못하느냐가 앞으로의 매춘의 성공을 좌우하는 것이다. 이 새로운 알선방식은, 이른바 가옥 소유주의 부동산적 매춘업이라는 형태를 취하면서 마침내 그 활동을 널리 확산시켜 나간다.[113] 이미 이런 종류의 매춘업은 〈에로스센터〉를 목표로 하지 않는다. 에로스센터의 존재는 비판을 불러일으키기 쉬운 상태이기도 하고, 그 제도의 안전성 역시 비난받을 소지가 있는 것이기 때문이었다. 〈그 세계〉에서의 변화가 이렇게 빨리 시작된 것도, 이와 같은 위기감을 〈그 세계〉가 안고 있었다는 데 지나지 않는다. 사고방식의 전환과 항의의 목소리가 높아짐에 따라서, 그때까지 교묘하게 짜여져 있던 의식적인 이 반사회활동이 해체되기 시작했음을 잘 알 수 있다. 단 이와 같은 진전도 매춘알선업이라는 전체적인 구조의 재편성의 일면에 불과하므로, 여기에서는 하나하나 자세히 분석하는 것을 삼간다.

매춘에 바라는 요구의 성격이 바뀌었다는 점, 더구나 매춘알선업의 구조변화가 결과적으로 매춘부의 외모·행동을 크게 변화시켰다. 먼저 첫번째로 들어야 할 점은, 이 수 년 사이에 빈곤으로 인한 매춘행위라는 것[114]이 점차 줄어들고 있다는 사실이다. 따라서 빈곤을 첫번째 원인으로 보았던 매춘분석이 이제는 정확한 것이 되지 못한다. 한편 간접적 형태의 알선은 매춘부의 일상생활에 이전보다 더 많은 자유를 부여하였고, 그녀들은 이전보다 자식을 잘 돌볼 수 있게 되었다. 작업시간의 배당 그 자체가 바뀐 셈이다. 매춘행위에 소비되는 시간도 감소했다. 특히 이 새로운 노동조건은 매춘부들에게 장기계획의 야심을 가져다 주었다. 요컨대 원룸맨션의 소유자가 되는 것이 그녀들 대부분의 공통된 목표였다. 또한 매춘알선업자들은 그것을 교활하게 이용하기도 했다. 정부의 납세정책도 같은 방향으로 움직였다. 매춘부에게 매춘으로 얻은 수입의 실제관리를 강제하게 되었다. 1975년 당시 리용의 매춘부는 일에 필요한 운전자금을 매월 5천 프랑으로 잡고 있었다. 이렇게 된 결과 충동이라든가, 특수한 정신이 매춘의 원인이라는 인식이 서서히 쇠퇴하였다. 진행중인 이러한 혁명에 의해 매춘부는 어느 의미에서 사회에 통합되고, 그녀의 활동에 대한 실제적 규격화가 준비되고 있는 것이라고 볼 수 있다.

〈그 세계〉고참자의 고통을 믿고 있는 젊은 매춘부들은 자신들을 짓누르는 모든 형태의 권위에서 해방되고 싶다는 욕구를 지니고 있었다. 취업알선업자는 어디에서나 점점 영향력을 상실해 가고 있었다. 페미니스트운동의 반향도 커졌다. 새로 매춘부가 된 자는 이미 옛날 방식을 따르지 않았다. 이후부터 대부분의 경우에 매춘부 자신이 연인과 보호자[115]에게 지불할 금액을 결정하게 되었다. 그녀들은 이제 명령에 따라 움직이는 존재가 아니었으며, 자신들의 감정에 따라 행동할 수 있게 된 것이다. 리용에서는 이미 꽤 오래 전부터 매춘부가 스스로 규칙을 만들고, 거리에서의 행동을 조정하고 있었다.[116] 이와 같은 매춘부의 독립정신에 의해 정도가 지나친 듯한 고객에 대하여 매춘부는 적의를 나타낼 수 있었다. 매춘부는 서서히 자신들의 마음에 들지 않는 고객을 거절할 정도의 사치스러운 기분을 갖게 되었다.[117] 이러한 일련의 사항은 매춘부의 지적 수준의 전반적인 향상에 의한 것으로 이해할 수도 있을 것이다.[118]

이 수십 년 이후[119] 콜걸은 해방된 매춘부라는 이미지를 만들어냈다. 소녀시절부터 콜걸이 된 자는 극히 드물었으나, 일단 콜걸이 되면 가창보다도 〈오래 지속〉하였다. 콜걸의 지적 수준이 높은 점이나 고객층이 진정으로 그 수가 많지 않아 신중하게 선택된다는 점, 또한 〈매춘부들의 세계〉에 비하면 비교적 자주적인 독립이 유지된다는 점과 아울러 그녀들은 가끔 몸을 팔며, 그때가 되면 몸의 대체도 어렵지 않다고 하는 어느 정도의 자유가 있다는 점, 혹은 그렇게 희망하고 있다는 사실에서 콜걸은 매춘의 새로운 모습을 만들어내는 모델이 되었음을 알 수 있다.

젊은이가 성적인 억압에서 풀려나기 어려웠던 점과, 경제위기에서 장래의 전망이 줄어들었다는 점, 성인연령이 저하했다는 점, 그리고 이런 종류의 아가씨에 대한 수요가 증가했다는 점에서 다수의 젊은 〈미슈트누즈〉(돈으로 곤란당하던 때에 매춘을 하는 여자)가 늘어난 것이 설명된다. 매춘에 발을 들여 놓는 것은 대개의 경우 적극적인 자발적 결정에 의한 것이었다. 공장과 회사·가게 등지에서의 노동을 싫어하고, 성적 자극이 강한 분위기 속에서[120]의 생활이 가져다 주는 매력이 젊은 아가씨의 유동적 매춘을 초래한 것이다. 매춘의 초창기에는 가끔씩 행해지던 행위가, 새로운 욕구에 불이 붙게 되면 그 아가씨에게 매춘행위는 항구적인 것이 되어 버린다. 덧붙인다면 아가씨들 가운데 매춘을 기성사회에 대한 자신들의 공격심을 해방시키는 수단으로 생각하는 자도 있었다. 대부분 〈남성들 틈〉 속에 있던 아가씨들이 매춘을 시작할 경우는 우선 서로가 봉사한다는 미묘한 형태에서, 간단히 말하면 감사의 기분[121]으로 행하는 것이 되고, 금전에 대한 집착은 애매해져 버린다.

이 새로운 유형의 매춘부 행동은 그녀들이 집과의 유대를 끊어 버림으로써 용이해진다. 옛날에 비해 그녀들은 그다지 따돌림당하지도 않았고, 죄인 취급을 받지도 않았다. 쟝 푸세에 따르면, 마르세유에서는 그녀들 중 절반이 양친의 집에 계속 거주하고 있었으며,[122] 또한 금전과 쾌락을 결부지어 생각하는 젊은 아가씨들이 서서히 늘어나고 있음을 보고하고 있다.[123] 폐 성가신 것으로서, 매춘부가 되는 요인을 연구과제로 하는 자들에게 있어서 이러한 현상은 상당히 난해한 문제가 될 것이다. 매춘부의 진정한 해방에는 소수의 고객, 그것도 그녀들이 필요로 하는 욕망을 느끼기 위해 극히 소수의 고객과 부끄러움 없이 즐긴다는 과정이 필요하다. 실제로 매춘부 가운데 혁명적인 전위파는 매춘행위 속에서 쾌락을 찾고 싶다고 주장하고 있다.

이와 같은 그녀들의 태도는 〈그 세계〉가 강요당해 왔던 갖가지 금기의 파괴를 초래하게 되었다. 〈그 세계〉란 고객과 즐기는 매춘부, 요컨대 〈일을 내버리는 여성〉에 대해서는 가장 심한 모멸이 주어지는 세계였다. 매춘부로부터 그녀 자신의 육체를 빼앗거나, 스쳐 지나가는 자와의 쾌락에 대해서는 죄책감을 품고, 매춘행위를 일종의 自罰(자벌)로 생각케 하는 것이 뚜쟁이 자신의 이익을 지키기 위해 불가피해졌다. 극히 당연한 일이지만, 오늘날 매춘에 나타나기 시작한 새로운 움직임은, 이와 같은 종래의 양상에 다시 문제를 제기하고 있다.[124] 사회적인 환상적 열망이 고객 사이로 확대된 것처럼 그 열망이 매춘부들 사이로 확산되어 갔다. 그렇다 하더라도 〈이 세계〉를 지배하는 금기의 위력은 너무나도 큰 것이어서 갑작스런 변화 등은 도저히 상상조차 할 수 없는 것이었다.[125]

교회의 점거와 1975년의 운동

앞에서 매춘부에 얽힌 다양한 변화를 다루었으나 그러한 변화는 매춘부들에게 야심과 새로운 희망을 불어넣은 동시에, 그때까지 그녀들이 알지 못했던 불안감을 뚜렷이 야기시켰다. 교회점거운동의 배경은 바로 이러한 근저에서 출발한다. 그 원인은 다양했다. 1975년에 시작된 매춘부들의 반항은 점차 늘어나는 억압과 옛날에 시행되던 감금정책의 부활에 대한 항의였다. 이 반항은 또한 실제로 각 지역에서 행해지고 있는 매춘구조를 거부하는 것이기도 했다. 이러한 의미에서 이들의 반항은 회고주의의 기능을 잃어버렸다는 점을 나타내 주고 있다. 동시에 매춘부들의 의견이 반영되지 않은 상태에서, 그녀들이 생각지도 않은 어떤 변화가 불안을 가중시켜 반항으로 이끌었다고 말할 수 있다. 이 운동은 아마 자신들의 발언을 들어 주기 바라는 매춘부들의 강한 소망의 표현일 것이다. 그럼에도 불구하고 이 운동에는 혁명적인 의도는 분명히 엿보이지 않았고, 또한 그것을 각별히 강조할 필요도 없었다. 그만큼 사실 그 자체가 이미 강한 이미지를 가지고 있었던 것이다.[126] 1975년 당시 여성 투사들은 무엇보다도 먼저 그 자리에서 요구항목을 주장하였다. 그것은 매춘업무의 정비개량이며, 좀더 장기적인 대책으로는 매춘부의 사회적 지위에 대한 획득요구였다. 이 운동은 매춘의 법적 제도화와 기존의 사회제도에 편입되고 싶어하는 의지에서 기인한 것이다. 이 반항이 주민과 새로운 관계를 갖고 싶어하며, 자신들에게 쏠린 시선을 바꾸고 싶어하는 매춘부들의 강한 욕구를 표현한 것이라는 점은 부정할 수 없다. 국무장관에 의해 제기된 매춘업자에 대한 중재는 미온적인 것이었다. 새로운 운동은 〈그 세계〉 이외의 장소에서 발생했고, 운동의 발전을 〈그 세계〉는 관대하게 관망하는 식이었다.

사건의 전조는 잘 알려져 있다. 신법무장관 쟝 르까뉴에는, 일찍이 존재하지도 않았던 법률을 적용시키고자 하였다. 그러나 매춘알선박멸운동이 현단계에서는 반대로 매춘의 자유행사를 방해하는 결과를 초래하였다. 뒤이어 일어난 몇 가지 사건도 이 정책의 애매함을 그 자리에서 여실히 드러내 주고 있다. 왜냐하면 이 정책의 결과, 매춘이라는 존재 그 자체에 대한 반대운동이 의지표명되었기 때문이다. 동시에 매춘부들은 자신들에게 미치는 지배력에서 해방되어 자유로이 행동하고 싶다는 욕구마저 드러냈기 때문이다. 매춘이 범죄가 아니라 하더라도, 그것이 사회적 재앙의 하나로 간주되고 있었다는 점을 잊어서는 안 된다.

리용에서는 그녀들에 대한 억압이 1973년부터 강화된다.[127] 경관은 이제까지 호되게 비난을 감수하고 있었던 만큼, 남자를 동반하고 호텔에 들어서는 적극적 형태의 호객행위에 대해 불심검문의 회수를 늘리고 매춘부에 대한 거친 태도를 노골적으로 드러냈다. 경찰이 부과하는 벌금액은 의외로 무거운 것이었다. 매춘부의 증언에 따르면, 2주일 동안에 벌금액은 3백20프랑에서 1천2백80프랑에 달했다. 경찰측의 이 새로운 태도는 다음해에는 지방의 다른 도시와 빠리에서도 취해졌으며,[128] 이 때문에 매춘부는 자택의 자기 방에서 일을 해야만 했다. 집 지키는 개와 최루성 스프레이가 사용되었다 해도 매춘부 쪽에서는 이전보다 안전한 상태는 바랄 수 없었다. 더구나 같은 아파트를 여러 차례 사용하는 것도 금지되었다.

1974년 5월 15일 리용 근교에서 25세의 매춘부 샹딸 리비에가 고문 후 학살당한 모습으로 발견되었다. 리용 지방에서 매춘부들에 대하여 1년 이내에 행해진 네 번째 범죄였다. 이것이 매춘부들에게 분노의 불을 당기게 되었다. 리용과 빠리에서는 매춘부의 조직이 만들어지고, 몇 명의 변호사들과 저널리스트들, 〈보금자리〉(Nid, 이 조직은 매춘부를 보호하고 맞아들이는 시설 및 그 활동. 주로 교회에서 행해졌다)가 매춘부들의 활동을 지원하고 있었다. 요구항목의 리스트가 만들어지고, 실제로 6월에는 공동망으로 신체의 안전확보를 목적으로 한 조치가 최초로 요구되었다. 9월에는 매춘부의 한 단체가 자신들에게 쏠린 다양한 형태의 짓궂은 말에 넌더리를 치면서, 수입센터를 향한 순찰차의 유리창을 깨고, 식당에서는 식기를 부수고 가구를 뒤엎으며 이렇게 외쳤다. 『쌩-라자르 형무소!』 이렇게 해서 그녀들은 금세기 최초의 반항자들이 취했던 옛날의 행동을 다시 되풀이한 것이다. 방위준비를 하기 위해 사회지도자들은 행동위원회를 조직하고, 곧이어 변호사도 조직을 만들었다. 그렇지만 실제로 이 사건도 싱겁게 끝나 버렸다. 재판장이 소송을 무기한으로 연기했던 것이다. 11월에는 매춘부에 대해 짓궂은 행동을 그만두도록 요구하는 두 개의 청원서가 공화국의 검사 앞으로 송달되었다. 이러한 일련의 움직임으로 쌩-라자르의 수입센터 업무는 현실적인 기능을 발휘할 수 없었다.

1975년초 봄에 소요가 재연된다. 매춘알선업박멸운동을 강화시키는 것을 골자로 하는 새로운 법률안이 마련되었기 때문이다. 특히 행정기관은 호객행위의 재범자로 간주되는 매춘부를 수감시키는 조항을 처음으로 적용하였다. 리용에서는 매춘부에 대한 단속이 너무 엄격하였기 때문에 매춘행위 그 자체가 문제시될지도 모르는 상태가 되었다. 같은 시기에 새로운 납세정책이 적용되고, 앞으로 매춘은 비상업 수입원으로 간주되어 납세 일반법 92조의 적용범위에 속하게 된다. 그 때문에 매춘부 가운데는 과거 4년간의 수입을 소급하여 납세의 추가지불을 명령받은 자도 있었다.

그러나 일찍이 리용의 매춘부 대변자였던 유라는 4월 29일 스크린 다큐멘트라는 방송프로에 참가하였다. 그 프로에서 그녀는 많은 매춘부를 대표하여 자신들이 스스로 생각하고 자신들의 운명을 스스로 결정할 권리를 요구했다. 다음달 몽뻴리에의 매춘부들은 시몬느 베이유에게 보낼 편지를 쓰고, 〈보금자리〉의 리용 여성 투사들은 법무장관과의 면회를 요구하여 자신들이 처해 있는 상황을 설명하고자 했다.

최초의 매춘부 수감통고가 그녀들의 행동에 불씨를 던졌고, 이 운동은 그후 그녀들에게 있어서 일시적인 것이었지만 하나의 지표가 되었다. 6월 2일 월요일, 리용의 매춘부들은 쌩 쟝 대성당에서 농성을 하며 쌩-니지에 교구의 교회 점거를 결의했다. 이곳의 사제 베알 신부는 그녀들에게 협력했다. 1주일 동안 특이한 공동체가 성당 안에서 만들어졌고, 한쪽에서는 주민들과의 사이에 새로운 관계가 수립되었다. 교회의 앞뜰에서 행해진 긴 토론회를 통해 매춘부들은 자신들에게 쏠린 리용 주민들의 인식을 바꾸어 보고자 했다. 그러한 의도는 그후 종종 성공을 거두기도 했다. 이 사건에 세계의 저널리스트도 주목하였다. 프라델 시장도 회견을 접수했다. 대사교 루날 예하는 유라를 비밀리에 접견했다. 그동안 쌩-니지에의 여성 반역자들은 주민에게 문서로 메시지를 보내고, 공화국 대통령에게도 편지를 썼다.

이 운동은 조금씩 확산되어 몽뻴리에·쌩-떼띠엔느·그르노블의 매춘부와 빠리의 매춘부 대표단이 쌩-니지에에 집결했다. 마르세유·그르노블·몽뻴리에에서는 교회가 점거되었고, 뚤루즈·깐느·니스·쌩-떼띠엔느에서는 스트라이크가 발생했다. 6월 8일 일요일, 빠리의 매춘부들은 몽빠르나스의 쌩-베르날 예배당을 점거했지만, 국무장관 미셸 포니아토프스키는 강제철거를 결의한다. 10일 화요일 오전 5시 반, 경찰은 일제히 교회로 난입한다. 쌩-니지에 교회에서는 실력행사를 필요로 했다. 그 과정에서 유라도 바르바라도 무자비한 취급을 당할 수밖에 없었다. 그렇지만 몽뻴리에의 쌩-드니 교회에서는 반대로 강제철거가 조용히 진행되었다.

그렇다고 해서 운동의 불씨가 사그라질 리는 없었다. 〈매춘의 삼부회〉라는 것이 6월 30일 리용의 노동조합센터에서 개최되었다. 이 집회에는 쌩-떼띠엔느·그르노블·마르세유·빠리에서 온 3백 명의 매춘부와 1천5백 명의 동조자들이 모여들었다. 투사들의 대다수는 운동에 정치적인 의미를 부여함으로써 혁명적인 목표를 갖추려고 시도하였다. 이 때문에 매춘부와 동조자들 사이에 심각한 불협화음이 노출되고 있었다. 유일하고 구체적인 결의라 하면, 공화국 대통령의 소유지인 샤노나성 공원 안에서 농성을 하는 일 정도였다.

8월 23일 오전 3시, 프랑스의 몇몇 도시에서 매춘부들은 〈포르노〉 영화관과 포르노 숍의 입구에 낙서를 한다. 쟝 베르날에 의해 『프랑스의 매춘부에 의한 맑은 행위』[129]로 명명된 것은, 가장 전통적인 규제주의와 손을 잡게 되었다. 공창제로 매춘을 규제관리하는 입장은, 매춘이 채워 주지 못하는 섹스욕구에 대해 유일하게 건전하고 정상적인 배출구로 생각했기 때문이다.

이 운동은 11월 18일 빠리의 공제조합 홀에서 행해졌고, 〈전국회의〉의 개최로 절정에 달한다.[130] 이 회의는 결국 실패로 끝난다. 집회에서 상영된 파조리니의 영화 《뚜쟁이》는 시대에 뒤진 상황을 보여 주었다. 지나치게 가슴을 드러낸 유라의 스타연하는 태도 역시 출석한 많은 매춘부들의 빈축을 샀다.[131] 이와 같은 혼란의 와중에 매춘부들은 일련의 기묘한 연설자에게 귀를 기울이게 되었는데, 대다수 연설자들이 개인적으로 마음을 터놓고 열심히 이야기를 해준 덕분이었다. 그러나 뒤죽박죽이 되어 버린 이 〈분별 없는 고백〉의 연속으로 이들 사이에는 서로를 깊이 이해할 수 없다는 사실이 곧 명확하게 밝혀졌다.

타인에게 해가 되지 않는 범위 내에서 품위를 지키며 안전하게 활동할 수 있는 것, 또한 나중에는 정식으로 사회적 지위를 얻는 것, 이상이 매춘부들의 기본적인 요망사항이었다. 포르노 숍과 〈하드코아〉를 태연히 지나가던 시대에, 소극적인 호객행위는 그녀들에게 완전히 시대착오적인 방식으로 생각되었다. 그녀들은 경관으로부터 받는 짓궂은 말과 난폭한 행동, 또한 모든 모멸적인 태도에 종지부를 찍고 싶어했다. 매춘부는 자신들이 택한 호텔에서 일할 권리를 요구하고, 섹스의 〈O.S.〉(직업교육증서 취득자)의 지위로 쫓아보내는 듯한 특수시설의 창설을 단연코 거부하였다. 매춘알선업자박멸운동이라는 구실로 매춘부가 아파트를 빌리거나 사는 것을 방지하고 있는 법률을 그녀들은 고발하였다. 신체의 안전을 확보하기 위해 같은 곳에서 몇 번이고 활동할 수 있는 자유를 그녀들은 요구했고, 세무상의 추가지불에도 항의했다. 궐기한 매춘부들은 사생활의 권리를 요구했다. 매춘부들 가운데 한 명은 『우리들이 처해 있는 상황에서는 우리들 자신의 신체를 갖는 것마저 금지되어 있다』[132]라고 말하고 있다. 따라서 매춘부와 함께 거주하는 개인은 모두 그 사실만으로 뚜쟁이로 간주된다고 선고한 법조항 폐지를 그녀들은 요구한 것이다.

사회는 매춘부들을 더러운 여자로 간주하고, 그녀들에게 깨끗하게 행동할 것을 강력히 요구하고 있었다. 그렇지만 그녀들 쪽에서는 오히려 이와 같은 모멸과 연민이 빈민가 속에 가두는 듯한 기분이 들었다. 그곳에서 탈출하기 위해 여성 투사들은 〈교회〉에 틀어박혀 농성을 벌였던 것이다.[133] 타인의 자신들에 대한 인식을 바꾸는 것, 이미 다른 사람과 다르지 않다는 것을 알리는 것, 하루에 두 얼굴을 갖지 않고 살 수 있는 것, 자식들의 눈을 두려워하지 않아도 좋을 것, 이와 같은 것이 그녀들의 기본적인 요구였다고 말할 수 있을 것이다. 여성 투사들 가운데는 이러한 해방을 통해서만 매춘부는 인간다운 고객과 진실로 자유롭게 자신의 직업을 수행하고, 적당한 시기에 자신들의 자식들에게 뿐만 아니라 타인들에게도 자신들의 일의 성격을 밝힐 수 있을 것이라는 점을 강조하는 이도 있었다.

그 이외에 질문을 받은 매춘부들 가운데는 몇몇 종류의 매춘알선업의 존재를 용인한 자들도 있었다. 매춘부들은 사회보장·가족수당·연금의 은전을 1975년부터 얻을 수 있게 되기를 희망했다. 그녀들은 자신들의 사회적 지위에 관한 초안을 잡고, 그것을 기이 피노 의원에게 위임했다. 리용의 매춘부 가운데 한 여성은 『매춘부는 가장 온건하고 무난한 꿈을 안고 있다고 생각합니다. 요컨대 가정이라든가 자식들, 평화, 기분 좋음 같은 것…… 입니다. 저요, 저의 꿈이라는 것은 딸이 새하얗고 순결한 그대로 결혼하는 것입니다.』라고 말했다.[134] 이 고백이 가령 매춘부 전체의 심정을 대표하는 것은 아니라 하더라도, 딸에게 순결을 바라는 모친의 모순된 심정을 통해서 비로소 이 운동을 지지하고 있던 혁명가들도 그들의 존재를 인정할 수밖에 없었다는 점을 쉽게 이해할 수 있을 것이다.

이 운동의 마지막은 실패로 끝난다. 왜냐하면 1975년 7월 11일의 결의안을 저지할 수 없었기 때문이다. 이 법률은 특히 같은 아파트를 거주지로 정해 일하는 매춘부들을, 상호 매춘알선으로 보아 유죄로 간주하고 있었기 때문이다. 이날 이후 약간의 주도권을 되찾는다. 12월 11일 매춘에 관한 지방집회가 마르세유에서 개최된다. 1976년 5월 15일, 리용의 매춘부는 당시의 공화국 대통령 앞으로 공개장을 보내 피노의 보고서를 각의에 제의할 것을 요구한다. 그렇지만 그 이후에는 침묵이 유지된다. 왜일까? 어떤 움직임으로 인해서 이 사건은 잊는 것이 좋다는 의견이 설득력을 지니고 있었기 때문이다. 미셸 포니아토프스키가 제안한 뚜쟁이에 의한 조작론과 운동의 표적을 잘못 삼았다든가, 반동적 푸쟈드주의가 뒤얽혀 있다는 성명을 발표하여 일종의 여론이 성립, 그에 의해 모든 것을 백지화시키는 것이 좋다는 식이 되어 버렸던 것이다. 이렇게 해서 가장 교묘한 비난 〈싸 쉬퓌〉(이제 그만 됐어!)가 기염을 토했다. 경찰은 주모자격인 매춘부들에게 새로운 단속정책의 책임을 덮어씌웠고, 얌전한 매춘부들의 적의를 자신들의 동료들에게 돌리는 술수를 터득하였다. 당시의 여성문제담당장관 프랑소와즈 질이 침묵을 지키고 있었고, 1975년 6월 7일에 조사가 단행됨으로써 과반수의 여론이

규체화에 호의적이라는 결과가 나왔다는 사실이 매춘부들의 희망의 싹을 잘라 버린 셈이었다.[135]

결국 현대라는 시야로 이 운동의 중요한 점을 말하자면, 그것은 새로운 이야기꾼의 출연이었다고 생각한다. 안느 살바[136]·미셸[137]·마리-뗄레즈·구자비엘·쟌느 꼴도리에, 그리고 이어서 유라·샹딸·바르바라와 클로드 쟈제·유디뜨 벨라도나가 인터뷰한 몇몇 매춘부[138]는, 자신들의 일신상의 이야기들을 끊임 없이 나열했던 것이다. 고백과 회상·소망이 이야기의 흥미를 돋우었고, 여기에서 그 내용을 분석하려 한다면 그것은 이야기의 풍요로움을 무의미하게 만들어 버릴 것이다.[139] 이것은 내면의 이야기이며, 그때까지 억눌러 왔던 감정의 토로이다. 더구나 요즈음 의사와 정신과의에게서도 들을 수 없는 갖가지 고백이 될 수 있는 것이다. 그외에 개입하지 못하고 보류되고 감금되었던 영역, 적어도 자기 내부라는 영역이 억압에서 해방되어 백일하에 드러나게 되었다는 점이다. 더구나 이 특수한 〈세계〉의 해체가 기묘한 비판을 초래하고 있는 그 시기에 이루어졌다는 것이다. 매춘부는 자신을 이야기하고, 자기를 표현함으로써 섹스의 비애를 호소했다. 매춘부의 맑은 눈이 현대사회의 가면을 벗기는 결과가 되고, 그것은 모든 이야기 속에서 모습을 보이게 된다.

필자로서는 매춘의 새로운 전설의 두 가지 면을 강조하는 것으로 만족하고 싶다. 그것은 예전부터 말해 오던 사항이 대부분 전체적으로 확인할 수 있었다는 점(수치심이라든가 불감증·동성애의 빈도가 높다는 점, 싫증낼 줄 모르는 성에 대한 갈망, 자식에 대한 애정, 〈센티멘탈〉의 측면 등등……)과, 또 한 가지 성의 신화가 해체되었다는 점이다. 어찌 되었거나 몇몇 인물들의 이야기는 희망과 야심의 시대가 도래하고 있음을 강조하고 있다. 이제 매춘은 단순히 어찌할 수 없는 난처한 처지라든가, 죽음의 길로는 간주되지 않는다. 때로 매춘은 사회적 상승의 여정으로 체험되고 있는 것이다.[140]

프로인가, 육욕에 빠진 여성인가

매춘 해방을 위해 앞장선 투사들 가운데서도[141] 대립이 생겨났고, 각각의 전략 또한 대조적이었다.

1) 어떤 지도자들은 매춘의 사회적 지위를 개량하고 싶다는 기분을 최우선 과제로 삼고 있었다. 그것은 매춘부들의 직업에 구체적인 자유를 부여하고자 하는

것이다. 이 정책은 매춘부가 요구하는 점과 비슷하다. 기이 피노 보고의 초안은 이 의도에 따라 작성된 것이다. 그는 매춘에 관한 정보와 지식에 관하여 특별임무를 부여받은 관리였다. 그렇지만 시몬느 베이유가 1975년 1월 23일 기자단에게 기이 피노를 소개했을 때, 이 사법관은 오히려 위기에 빠진 소년소녀들의 전문가로 간주되었을 뿐이었다. 그는 대화를 중시하였으며, 따라서 1975년 9월 30일 매춘부의 사회적 신분에 관한 계획을 제출하러 온 매춘부의 전국 수준의 대표단과 3시간 이상에 걸친 대화를 나누었다. 몇 주일 후 그는 바르바라와, 정치와는 인연이 없는 다른 세 여성과 함께 매춘부에 대한 사회의 편견과 사회복귀 문제에 관한 대화를 나누었다. 정성껏 조사한 후 그는 그해 말에 초안을 완성했다. 그러나 이것이 각의에서 심의는 되었지만, 아무런 의미도 갖지 못했다는 점은 앞에서 이미 주지한 바 있다.

피노의 보고는 명석하며, 또한 그 이상으로 열의에 찬 것이었다. 그의 이론은 R. A. 비비앙이 최근 간행한 저작물과 정반대되는 입장을 취한 것이다. 여기에서 1960년부터 1975년까지의 제5공화정하에서 더듬은 행로를 추측할 수 있다. 매춘의 특별임무를 담당한 이 관리는 매춘부와 그 고객을 특수한 유형의 인간으로 보는 것을 강경하게 거부하고 있다. 그가 강조한 점으로는[142] 1960년의 법률이 실제로 완전히 적용되지 못했다는 것과, 군대용의 창가나 매춘가는 지금도 여전히 존속하고 있다는 것이었다. 매춘알선업자에게 벌금을 부과하는 것을 목적으로 했던 몇 가지 조치도 실제로는 매춘을 억압하는 수단으로 이용되어 왔다는 점과, 진짜 매춘부 사냥이 시작되고 단속으로 위협적인 효과를 발휘할 생각 등을 널리 확대했다는 것 등을 그는 설명하고 있다. 예를 들면 매춘의 장소에 관한 정책에서는 공창제폐지론적 법률은 매춘전면금지론적 조치의 총결산으로 받아들이는 것이 좋다. 이와 같은 경위를 보면, 정식으로 추진한 매춘부의 사회적인 분류도 상당히 이상스럽게 보인다.

이상과 같은 분석으로 기이 피노는 다음과 같은 일련의 제안을 하였다. 먼저 매춘부에게 행해진 경찰의 특수한 단속은 어떤 형태의 것이건 그만둘 것. 이것은 소극적인 호객행위에 관한 형법 R34-13조의 폐지를 의미하며, 좀더 정확하게는 적극적인 호객행위에 관한 R40-11조의 수정을 의미한다. 기이 피노는 매춘부를 가두려 하는 모든 절차에 이의를 제의했고, 매춘 지정지역을 설정한 것은 이치에 맞지 않는다는 점을 강조했다.

그의 제안은 매춘부가 사생활을 갖고 그녀가 선택한 남성과 애정관계를 맺도록 배려한다. 이러한 것에 위반되는 어떠한 정책도 그녀들을 반사회적인 개인으로 만들어 버린다는 것이다. 그러기 위해서는 매춘알선업박멸을 위한 법률 가운데 소홀하게 다루어지는 부분을 좀더 정비해야 한다는 견해를 그는 취한다. 또한 그는 매춘부가 당당하게 매춘업을 할 수 있는 장소와 건물의 사용권이 획득될 수 있도록 법률을 바꿔야 한다고 말한다. 또한 피노의 보고는 창가와 특수센터의 개업과 같이 사회복귀를 더욱 곤란하게 만드는 식의 대책은 모두 단호히 그만두어야 한다는 것을 강조한다. 그는 사회보장에 관한 매춘부들의 요구에 동의하고, 1978년으로 예정되어 있던 일반조치를 이용하여 그녀들의 요구를 충족시켜 주고자 조언했으며, 이것은 오늘날에도 실행되고 있다. 매춘부에게 부과하는 과세를 없애자, 다시 그녀들을 특별한 존재로 여기게 되었으므로 적당한 과세에는 기이 피노도 찬성하는 입장을 취했다. 또한 적어도 이와 같은 제도가 과도기에 있는 경우에, 매춘부들에 대한 창가로의 귀환과 신변구속 등이 없어지도록 그는 간청한다. 그녀들이 일을 그만두는 순간 납세를 위해 다시 매춘하는 일이 없도록 감사관은 그녀들에게 납세면제를 해주어야 한다고 주장했다. 한편 후생복지과의 생각은, 이러한 점에서 피노 보고와는 상당히 동떨어진 것이었다. 후생복지과의 지배적인 의견으로는, 이와 같은 정책이 결국 매춘을 정식으로 인정하여 직업이 되어 버린다[143]는 우려를 갖고 있었기 때문이다. 실제로 피노의 제안은 일시적이나마 매춘이라는 일을 암암리에 인정하는 것이 되었음을 부정할 수는 없다. 그런 까닭에 매춘부들이 피노의 보고가 각의에서 심의되기를 요구한 것은 당연한 일이었으며, 또한 공화국 대통령이 오늘날에 이르기까지 이 법안이 과반수를 획득하지 못할 것이라는 점을 미리 내다보고, 이 법안심의를 거부해 온 것도 납득할 수 있는 일이다.

2) 피노의 보고는 매춘의 자유화를 위해 투쟁하는 운동원 사이에 강한 비판을 야기시켰다.[144] 그들에 의하면 피노의 정책은 매춘행위를 자본주의의 이익체계 속에 편입시키고, 더구나 두 가지 커다란 위험성을 수반한다는 것이다. 한 가지는 육체노동이라는 수준으로까지 매춘부가 전락하고, 매춘알선기업주 혹은 국가라는 뚜쟁이에게 봉사하는 매춘의 프롤레타리아화를 초래할 위험성과, 다른 한편으로 매춘부의 혁신적 능력을 쓸모 없게 만들어 버릴 위험성이 바로 그것이다. 쾌락의 교사인 매춘부는 금전에는 무관심한 자세를 취하고, 여러 가지 사회규범을 멀리 할 수 있는 여성으로서의 모범적인 존재이며, 동시에 남성사회의 질서[145]와 자본주의제도에 대항하면서 여성 독자의 해방을 위한 길을 구축하는 모

범적 존재이기도 하다. 이에 대해 매춘부가 〈O.S.〉 즉 섹스전문의 기능노동자로 전락해 버리면, 마치 여성 육체노동자가 노동에 대해 매력을 잃어버린 것처럼 매춘에 대한 의욕을 상실할지도 모른다. 피노의 보고는 성의 자유를 영리화하는 것이지, 쾌락의 본원으로 좁혀 오는 지칠 줄 모르는 탐구를 용이하게 해주는 것은 아니다.[146] 피노의 보고가 의도하는 바는, 깊이 확대되어 버린 위법행위 중에서 가장 형편이 나쁜 것을 들어 관리하는 것이라고 한다. 따라서 이 관점에 서면, 여성이 자신의 신체문제에 관하여 이제까지 찾아온 이 이의신청의 형태를 폐지하지 못하게 하고, 다음과 같은 매춘—주체적 행위로서 행하며—자기에게 적합하게 고안하고—권력이 설정한 범주 안에 끼워넣는 것을 거부하는—행위를 받아들이게 하는 것이 그들의 바람이었다.

이렇게 해서 논의는 명확하게 절대자유주의적인 전통에 따른 것이라는 점이 명백해졌다. 여기에서 중심문제는 매춘 커플인 두 사람에게 있어서 각기 쾌락을 얻을 수 있도록 타협하는 것이다. 매춘은 의식적인 형태에서 해방되어 성적 쾌락과 다시 결부된다.[147] 그것은 남성의 욕망이 순수하게 폭력적인 부분과, 그 아름다움을 찬미하게 하는 매춘인 셈이다. 또한 제도화된 매춘도 아니고, 또한(〈포르노〉 영화와 같이) 시각의 자리와(성과학과 같이) 언어의 영역에서 이미 행해 왔던 것 같은 매춘에 동조할 수도 없는 것이며, 개개인의 비인간화를 이끌려는 것도 아니다. 이상은 유디뜨 벨라도나가 정열적으로 말하고 있는 주장을 예로 든 것이다. 이 점으로 인해 매춘부들에게 매춘을 시키는 것이 이젠 문제가 되지 않았고, 그녀들에게 혁신적인 사명, 요컨대 혁명적인 깊이를 담은 성의 예비과정을 부여하는 것이 중요하게 되었다. 그렇다면 매춘은 직업이 아니라, 그것은 성본능을 어떤 식으로 누리며 살아가는가 하는 점이 될 것이다. 육체적으로 성인이 되기 이전에 성에 대한 환상을 묘사할 무렵의 몽상과 결부시키는 육체의 유희가 될 것이다. 그러기 위해서는 무엇보다도 먼저 직접 매춘부를 자본에 봉사하는 자금노동의 장에서 격리하고, 육체단속의 가장 꺼림직한 형태를 피해야 한다. 여기에서는 갱생이라는 관념이 부정되어야 한다. 왜냐하면 갱생은 〈히스테리〉[148]적인 매춘부들을 그 〈사회적 연옥〉의 상태로 다시 되돌아가게 하는 것과 같은 것이기 때문이다.

* *

이러한 논의는 간단한 언어로 요약된다. 즉 자위와 수음, 혼전의 성교섭과 동성애, 그리고 수많은 피임방법이 쾌락을 더한층 용이하게 해주는 오늘날에 있어서, 금전으로 매매되는 사랑의 자유로운 행위를 사회가 인정하는 상태가 되었는지 그렇지 않은지를 아는 것, 그것이 앞으로의 문제인 셈이다. 다시 말하면, 여성에게 매춘의 권리를 인정하는가 하지 않는가, 금전을 지불하는 것으로 지속적인 모든 계약에서 해방되고 어느 순간 일시적인 결합을 원하는 사람들끼리 커플을 이룰 자유를 사회가 인정하느냐 하지 않느냐 하는 문제이다.

이와 같은 태도가 1960년 법률조문의 적용 전제가 된 것이다. 동시에 최근까지 동성연애자에게 벌금을 부과한 몇몇 법률상의 조치가 존재하고 있었지만, 이는 그 근저에 숨어 있는 동성애를 사회악으로 여기는 개념을 포기했음을 의미하는 것이다. 그것은 또한 다음과 같이 경찰이 단속하는 정책의 폐지를 전제로 하고 있다. 요컨대 매춘단속을 위해 차례로 내놓은 논거(도덕과 질서의 존중, 육체적 정신적 건강 유지, 그리고 매춘알선업박멸운동)와, 끊임 없이 늘 바뀌는 법률과는 달리 육체와 쾌락에 관한 광범위한 단속의 일면밖에 안 된다는 점, 그리고 다른 영역에서는 양보하고 있는 것 같은 단속의 폐지이다.[149] 매춘부를 일반시민과 같이 보통법 적용의 대상으로 귀속시키려면, 그녀들에게 상처를 가하고 있는 경멸에서 그녀들을 해방시키지 않으면 안 된다. 또한 자기가 금전으로 몸을 더럽히고 있다는 죄의식과 자책감을 약화·소멸시킬 필요가 있다. 요컨대 우리 사회에서 매춘이 감추고 있는 매저키즘적인 것을 모두 소멸시킬 필요가 있다. 그러나 매춘부에게 보통법을 적용하여 일반시민과 같은 권리를 인정하게 되면, 매춘부들과 〈그 세계〉 사이에 현재에도 여전히 계속되고 있는 관계에 긴장이 조성된다. 왜냐하면 경찰의 힘이 행사되고, 매춘부들을 모든 소외로부터 탈피시킬 수 있을 뿐만 아니라, 새로운 방향을 향해 재출발하고자 하는 그녀들에 대한 압력을 모두 없애고자 하는 일이 발생하기 때문이다.

그와 반대로 만약 사회를 컨트롤하는 자들이 매춘부에 대한 보통법 적용을 거부한다면, 역사가 이미 나타내고 있는 바와 같이 감시라든가 배제라든가 억압과 같은 모든 압력수단이 반복될 것이다. 요컨대 심리적인 위생주의가 다소 함유된 격리(성을 다루는 진료소)와 또 우격다짐에 의한 엄격한 감시가 실시될 것이며, 매춘부의 갱생과 매춘의 박멸을 구실로 사생활을 박탈하는 일이 행해질 것이다. 혹은 일에 싫증을 낸다는 이유에서 단호하게 매춘을 금지시킬 수도 있을 것이다.

또한 자유주의적인 해결방법이 진정한 승리를 초래할 것이라고 가정할 경우,

다음 사항을 알아두어야 한다. 즉 매춘이 직업으로서 인지될 수 있는가 아닌가 (이와 같은 인정법은 자칫하면 매춘부를 프롤레타리아화할 우려가 있을지도 모른다), 혹은 매춘이라는 것이 심사숙고 끝에 결단을 내려 이루어진 스스로의 성적 행동으로 간주될 수 있는가 아닌가라는 물음을 던질 필요가 있다. 매춘이란 남녀를 분간하는 최종적인 형태인가 아닌가, 그렇지 않으면 남성우위의 사회에 대한 근본적 거절인가 아닌가? 자본주의에 의한 인간소외의 상징인가, 그렇지 않으면 공장과 사무실과 상점에서의 단조로운 생활에 대한 파격적인 반란인가 아닌가? 자기파괴에의 유혹인가, 그렇지 않으면 강렬한 에로티시즘의 분위기에 감춰진 격렬한 생의 욕망표명인가? 매춘을 하는 인간의 존재는 필자에게 끝없는 의문을 던져 준다. 그 존재는 현기증이 날 정도로 복잡하고 폭주를 하는 의미를 갖고 있다. 이 점에 관해 설명하고자 해도 침묵을 유지하는 것 이외에 다른 방법은 없을 터이다. 생각하는 것마저 거부되지 않으면 안 된다. 아마 매춘 중개자들에 의해 돈을 사용하는 유혹도 도움이 되는 〈싸 쉬퓌〉인 셈이지만, 또한 이 〈싸 쉬퓌〉는 프랑스 정계를 주도하는 과반수 인사들이 내심 환영하고 있는 것이기도 하다. 오감에 의한 격렬한 고통을 느끼면서 제출된 것과 육체에 관한 정책의 관할하에서 거론된 것, 이러한 모든 문제가 포괄적으로 해결되지 않으면 매춘이라는 문제는 해결될 수 없을 것이다.

원 주

서 언
1) Abraham Flexner, *La prostitution en Europe*, p.31.
2) J. 로씨오, B. 제르멕, J. 솔레, J. C. 뻬로의 연구와 특히 현재 진행중인 에리까 베나부의 논문이 증명하듯이 중세사가와 현대사가 들이 이 문제를 검토하기 시작했다. 몇몇 국가들에서도 매춘사가 폭넓게 제시되고 있으며, 미국의 경우도 마찬가지이다.[번. L. 벌러프와 그의 팀의 연구서적 참조.]
3) Servais et Laurend, *Histoire et dossier de la prostitution*.
4) 그러나 그 문제에 접근했던 흔치 않은 저자들이 사용했던 방법과는 다른 것이다.[P. 뻬라르의 인용된 논문이나 더 최근에 나온 G. 데쎄르의 기사를 참조할 것.] 이러한 비난은 필자가 논문 *Archaïsme et modernité en Limousin au XIXe siècle*(19세기 리모즈 지방의 복고주의와 현대성)을 쓸 때 사용했던 방법과도 관계가 있다.
5) 그 제도의 생성과정은 에리까 베나부의 총제적인 방법으로 공표되었다.

제 I 부 규제주의자들의 공창제 계획과 그의 격리된 세계

제1장 규제주의의 논설
1) Docteur Parent-Duchâtelet, *De la prostitution dans la ville de Paris considérée sous le rapport de l'hygiène publique, de la morale et de l'administration*.
2) 빠랑-뒤샤뜰레의 저서의 영향력은 직접적인 것이었다. A. 베로는 1839년에 빠랑-뒤샤뜰레의 책에 의거해서, 그리고 미진한 부분을 경찰의 경험담을 통해 보충해서 *Les filles publiques de Paris, et la police qui les régit*(빠리의 창녀들과 그들을 관리하는 경찰)을 출판한다. 딕뻬띠오와 마찬가지로, 빠랑-뒤샤뜰레의 저서에서 뷔레와 프레지에는 매춘에 관계되는 통계수치를 차용해 온다. 뽀똥 박사가 1839년과 1842년 사이에 자신의 저서 *De la prostitution et de la syphilis dans les grandes villes, dans la ville de Lyon en particulier*(대도시, 특히 리용에서의 매춘과 매독에 관하여)를 쓰게 된 이유는, 론 강 유역에 밀집한 도시들에서 빠랑-뒤샤뜰레가 논술한 바 있던 빠리의 공창제가 적용되고 있는지를 살펴보기 위함이었다. 알퐁스 에스끼로[*Les vierges folles*(미친 처녀들), 1844]만이 그 당시에 공창제도의 입장에 서 있는 의사들에 저항을 시도하였으나, 결국 그도 그들의 영향을 받아들이지 않을 수 없었다.
3) 루이 슈발리에의 *Classes laborieuses et classes dangereuses*(근로계층과 위험한 계층), pp.29-31 참조.
4) 실상 베로는 이 점에 대한 모순을 증명하고 있다. 그는 『고급매춘부나 첩, 고귀한 귀족 출신의 방탕한 여자들』의 취급을 스스로 거부한다.[*op. cit.*, t. I, pp.18-19] 위의 여자들을 똑같은 부류로 간주하는 뽀똥 박사와는 달리[*op. cit.*, p.XIV] 그는 정사가 대중적인 매춘과는 다르다고 생각한다.[*op. cit.*, t. I, p.47] 그러나 비밀매춘에 대한 자신의 고정관념과 경찰의 감시를 확대시켜 보려는 의도에서 저서의 말미에 공창제의 구상을 정형화시키고, 모든 바람둥이 여자들과

화류계의 여성들을 창녀의 범주로 간주했다.[op. cit., t. II, pp.296-298] 그는 거기에서 매춘의 위생 관리를 확실하게 보장하고 방탕한 자식들의 재산을 지켜내며, 특히 『빈약한 미덕에 대한 민중의 사치』를 억제하고 가두어 버리는 유일한 방법을 찾아낸다. 빠랑-뒤샤뜰레보다 더 열정적이며 더욱 과감하고 도덕적인 어조를 채택한 베로는 극단적인 규제주의를 격찬한다.

5) 하물며 시대의 이 욕망과다증은 제한선거왕정기와 제2공화정 기간에 나타난 매춘사의 특징을 이룬다. 사바띠에의 Histoire de la législation sur les femmes publiques et les lieux de débauche(매춘부와 방랑의 장소에 관한 입법사, 1818)와 뒤푸르의 De la prostitution chez tous les peuples(모든 민족에게 있어서의 매춘에 관하여, 1852) 참조. 뽀똥 박사의 경우[op. cit., p.7 sq.]와 마찬가지로 베로[op. cit., t. I, pp.IX-CVIII]의 경우에서도 이러한 욕망과다증을 발견하게 된다.

6) 알퐁스 에스끼로[op. cit., p.19]는 빠랑-뒤샤뜰레가 매춘을 『정체되어 흐르지 않는 영원하며 항상 똑같은 일』로서 간주했다고 잘못 이해했다.

7) 당시의 거의 모든 저술가들이 이 점을 인정하고 있다. 1835년부터 게뺑 박사는 Nantes au XIXe siècle(19세기의 낭뜨, p.636)라는 책에서 어떤 유보적 입장을 취하고 있다. 베로[op. cit., t. I, p.15]도 『우리의 존경과 찬양을 받을 만한 대다수 사람들의 성의 보호』를 위한 필수불가결한 조건을 매춘에서 인식하고 있다.[p.16] 알퐁스 에스끼로의 경우에는[op. cit., p.182 et p.205], 매춘이란 필요악을 형성하긴 하지만 일시적인 것에 불과하며, 문명의 발달이 원시적으로 잡다한 집단을 감소시킬 때 매춘은 사라질 것이라는 주장을 편다. 그 동안에 매춘부들을 잠정적인 공창제도에 종속시키면서 『일반적인 사회질서 속에』 편입되도록 한다는 것이다.

8) Op. cit., tome II, p.513.
9) Op. cit., tome II, p.512.
10) 이 주제에 관해서는 루이 슈발리에의 상세한 설명을 참조할 것. op. cit., p.30.
11) 공창제도의 입장에 서 있는 사람들은 성 아우구스티누스의 사상을 꾸준히 참조한다. 『매춘부들을 없애라. 정열이 세계를 전복한다. 그녀들을 정숙한 여자들의 대열로 복귀시켜라. 치욕과 불명예는 세계를 쇠퇴시킨다.』 De ordine, lib. II, cap. IV, §12.
12) Op. cit., tome II, p.41.
13) 사회주의자들과는 달리[본서, p.299 참조] 빠랑-뒤샤뜰레는 매춘행위의 기원에 관한 고찰과정에서 부르주아적인 부부의 원형을 결코 재검토하지 않았다.
14) 그의 저서들의 간행자들이 강조하고 있듯이[op. cit., t. I, p.3] 『베로 씨의 주된 목표는 비밀매춘의 근절이다.』 뽀똥 박사[op. cit., p.38]는 비밀매춘부가 공식적인 창녀보다 1백 배나 더 위험하다고 생각한다. 프레지에[Des classes dangereuses de la population dans les grandes villes et des moyens de les rendre meilleures(대도시 인구에 있어서 위험스런 계층과 그 계층의 개량에 관해서), 1840, t. I, pp.153-154]는 베로의 낙관주의적인 공창제도에 견해를 같이하며 비밀매춘을 감소시켜야 한다고 판단한다.

15) Op. cit., tome II, p.14.
16) 루이 슈발리에의 훌륭한 저작의 성공은 사실상 이러한 개념을 다소나마 잊어버리게 할 위험성이 있다. 프레지에의 경우에 근로자계급을 위험한 존재로 만드는 것은 각 개인의 내부에 덧붙여지는 빈곤과 악덕이었다.[op. cit., t. I, p.7] 그래서 그는 『민중의 반란을 선동하는 개인들』을 〈위험한 계급〉에 속한다고는 보지 않는다.[t. I, p.13] 그는 매춘부와 그의 정부·후원자, 그리고 창가의 여주인들을 『악덕한 계급의 위험한 요소들』로 파악한다.[op. cit., t. I, p.44] 『나태하고 빈둥대며 악덕한』[p.7] 『여기서는 무산계급의 룸펜을 가상해 볼 수 있다.』 그리고 『아주 정열적인 그 계급』[p.11]은 수효를 열거할 수 있는 대상이 될 수 없으며, 악덕은 범죄 이상으로

통계수치[p.IX]에서 사라져 버린다고 프레지에는 결국 한탄한다. 악덕에 대한 연간 통계의 고찰(그리고 프레지에는 특히 음주벽에 초점을 맞추고 있는 듯하다)은 공창제도의 구상을 능가하는 것이지만 동일한 고정관념을 불러일으킨다.

17) *Op. cit.*, tome II, p.33.

18) 뽀똥 박사가 매춘에 관계되는 저서에서 더욱 과감하게 성병의 위험에 초점을 맞추었다는 것은 사실이다. 그래도 이 당시에 세론은, 매독이 심각하지도 않고 전염성도 사라졌다고 확신했던 것이다. 참조 docteur Guépin, *op. cit.*, p.644. 쮤르리에, *Dictionnaire des sciences médicales*(의학사전) 〈매독〉. 뽀똥 박사[*op. cit*, p.3]는 이러한 믿음을 비난했다.

19) *Ibid*. 발작의 작품 속에서 까를로스 에르라는 에스테르에게 다음과 같이 말한다. 『경찰의 서류 속에서 당신이라는 존재는 사회적인 존재들의 밖에 있는 수치이기 때문에……』[*Splendeurs et misères des courtisanes*(고급매춘부들의 영광과 비참), La Pléiade, p.684]

20) *Op. cit.*, tome I, p.4.

21) 베로에 의해서 재시도된 사상.[*op. cit.*, t. II, p.34] 그러나 알퐁스 에스끼로의 경우에 매춘부들은 사회로부터 배제되지 않으며, 또 그 사회에 편입되지도 않는다.

22) 당시를 지배하던 생명기관설을 항상 지침으로 삼고 있었던 알퐁스 에스끼로는 특히 다음과 같이 쓰고 있다. 『한 사회에 있어서 그의 구성원들을 그 중심으로부터 이탈하도록 내버려 두는 것은 종래에는 위험한 일이 되고 만다. 사회의 외부로 분산된 이러한 힘은 어떤 특정 시기에 폭력적이고 삭막한 사회적 혼란을 야기한다. 세계에는 두 명의 여자 사생아가 있다. 하나는 매춘이고, 또 하나는 폭동이다.』[*op. cit*, p.201]

23) 1839년부터 베로는 빠랑-뒤샤뜰레의 분류를 자신의 의도대로 손질하면서, 그것을 보완하는 데 약간의 교과서적인 방법을 적용한다.[*op. cit.*, t. I, pp.54-91]

24) *Op. cit*, tome I, p.153.

25) *Op. cit*, tome I, p.180.

26) 베로는 빠랑-뒤샤뜰레가 경영주로부터 어떠한 급여도 받지 않고 견습을 허락받은 〈사랑의 창부〉와 고객에게서 받은 요금의 일부를 취하는 〈번호제 창부〉를 잘못 혼동하고 있다고 지적했다.

27) *Op. cit*, tome I, p.188.

28) *Op. cit*, tome I, p.90.

29) 『방탕이란 정신착란에 이르기까지 진행되는 관능의 열병이다. 방탕이란 매춘과 같이 타락적이지도 않고, 또 매춘처럼 치유가 불가능하지도 않은 상태에서 매춘으로(혹은 요절로) 이어지게 된다.』라고 베로는 쓰고 있다.[*op. cit.*, t. I, p.42]

30) 베로가 접근하기를 거부했던 주제이다. 왜냐하면 그는 모든 대중을 대상으로 책을 썼기 때문이다.

31) *Op. cit*, tome I, p.95.

32) *Op. cit*, tome I, p.94.

33) 주지하다시피 이 시대의 자선가들과 경험적 사회학자들은 환경의 영향을 중시하는 데 동의한다. 매춘을 취급하면서 게뼁 박사는 1835년에 다음과 같이 쓴 바 있다. 『매춘부들의 전력, 사회적 위치, 교육 정도, 양친의 도덕성 등에 관한 자료를 제공하는 통계를 우리는 단 한 마디로 그녀들을 둘러싸고 있는 〈환경〉이라고 부른다.』[*op. cit*, p.637] 그의 말에 의하자면, 이 작업은 〈친절한 경찰〉이 해야만 할 것인지도 모른다.

34) 그 예로서 빈곤함이 매춘의 원인이라고 E. 뷔레[*De la misère des classes laborieuses en*

Angleterre et en France(영국과 프랑스 노동자계층들의 비참함에 관하여), 1840, t. II, pp.251-256]와 프레지에[*op. cit.*, psssim] · 뽀똥[*op. cit.*, pp.7 sq.] · 딕뻬띠오[*De la condition physique et morale des jeunes ouvriers et des moyens de l'améliorer*(젊은 노동자들의 육체적 · 정신적 상황과 그 개선책에 관하여), 1843, t. I, pp.325, 330], 그리고 알퐁스 에스끼로[*op. cit.*, p.30]는 인정하고 있다. 그러나 빠랑-뒤샤뜰레에 이어서 위의 저자들이 이것 때문에 개인의 기질과 관계되는 모든 원인을 소홀히 생각하지는 않는다. 지난 반세기 동안에 매춘의 원인에 관한 논쟁은 분열되었다. 여자를 매춘으로 이끌어 가는 다양한 방법들에 대한 이와 같은 총체적 분석을 후에는 더 이상 찾아볼 수 없다.

35) 베로[*op. cit.*, t. II, p.36] 참조. 그럼에도 불구하고 이 테마를 가장 상세하게 전개했던 사람은 알퐁스 에스끼로였다. 골상학에 대한 깊은 이해와 브루쎄와 가졌던 대화의 경험을 통해서, 그는 매춘부가 〈유년기의 상태〉에 머물러 있다는 생각을 하기에 이르렀다.[*op. cit.*, p.68] 그에 따르면 매춘부란 미발달한 원시상태로 남아 있으며…… 인류의 유년기 사이에서 영속하는 여성들의 계층이다.[*op. cit.*, p.69] 세기말의 범죄인류학[본서 p.374]이 그의 의도대로 이러한 개념을 취하게 되었다. 동시에 에스끼로는 행정적인 감시를 정당화한다. 매춘부들의 〈사회적 연령〉[*op. cit.*, p.229]은 브루쎄에 의하면, 그들에게 결여된 자아의식을 깨닫도록 하기 위해 노예상태가 아닌 보호의 상태에 놓아두는 것을 의미한다.

36) Alphonse Esquiros, *op. cit.*, p.37.

37) 많은 사람들은, 어린 소녀들의 매춘을 젊은 시절의 방황에 해당하는 것으로 본다. 『소녀들은 변덕스런 존재여서 아무런 이유도 없이 극도의 심한 불신감에 휩싸이기도 하고, 반대로 절대적인 신뢰감을 보이기도 한다. 이런 관점에서 보면, 어린 매춘부들은 짐승보다 아래에 있는 존재이다.』라고 발작은 말했다.[*Splendeurs et misères des courtisanes*, p.682]

38) A. Daumard, *La bourgeoisie parisienne de 1815 à 1848*, p.211.

39) 프레지에[*op. cit.*, t. II, p.259]는 매춘부들의 수입을 은행에 저축하도록 유인하는 데 노력을 기울여야 한다고 경찰서장들에게 요구했다.

40) *Op. cit.*, tome I, p.223.

41) 투옥된 매춘부가 자신의 식량을 나누어 주는 경우는 〈먹는 여자〉, 즉 자신의 여자 동료의 중개에 의해서만 가능할 것이다.

42) 『매춘부들은 이 세상에서 세 가지 물건을 특히 좋아하는데, 그것은 태양과 꽃과 그들의 머리카락이다.』라고 알퐁스 에스끼로는 쓰고 있다. 이러한 주제가 문학작품의 대자산이 되었다는 것은 주지의 사실이다.[*op. cit.*, p.161]

43) 골상학에 열중했던 알퐁스 에스끼로만이 매춘부에 대한 상당히 정확한 몽타즈 사진을 그려냈다.[*op. cit.*, pp.52 sq.] 그 사진에서 그는 특히 다음의 특징들에 주목했다. 『넓고 두드러진 가슴, 헤라클레스처럼 강하고 두터운 목에, 실팍진 어깨, 아름답다기보다는 오히려 활력에 차 있는 전체의 얼굴, 낮은 이마, 벌어진 콧구멍, 게걸스런 입…… 짧고 두터우며 물렁물렁한 손.』 그에 따르면 매춘에 있어서 인종과 소질 사이에 어떤 관련성이 존재한다. 이런 점에서 볼 때 『흑인 여자는 본래가 매춘부이다.』[*op. cit.*, p.54]

44) *Op. cit.*, tome I, p.279. 빌레르메의 경우에서 똑같은 관찰을 찾아볼 수 있다.

45) 이러한 특징은 모빠쌍[*Le port*(항구)]과 마찬가지로 발작[*Splendeurs et misères des courtisanes*, p.671]에 의해서, 그리고 빅또르 위고[*Les Misérables*(레 미제라블), 〈La pléiade〉, p.265]에 의해서 강조되었다.

46) 매춘부의 등록은, 등록되어 있으므로 감시를 받고 있다는 사실을 알고 있는 매춘부들에게 극도의 방탕으로 빠지는 것을 막아 준다고 프레지에는 기술한다.[*op. cit.*, t. I, p.155] 비밀매춘

에 있어서 그의 뇌리에서 떠나지 않고 있던 것은 사실 『그 매춘의 끔찍한 방탕』이었다.[op. cit, tome I, p.185]

47) 이것은 베로가 강조하듯이 규제주의 기본원칙이다. 규제주의를 선도하는 방침[op. cit, t. I, p.10]은, 사람들이 더 이상 수치심을 느끼지 않도록 매춘의 범위를 제한하고 한 곳으로 집중시킴으로써 매춘을 억제하는 것이 그 목적이었다. 그는 창가의 강제적인 폐쇄[op. cit, t. I, p.178]를 통해서 공공도로[p.17] 위에서 모든 선정적 행위가 사라져 가는 것을 깨닫는다. 〈대중의 수치심〉과 일반적인 안전성, 그리고 여경영주들의 번영을 위해서는 방탕스런 장소의 조직적인 집중이 하나의 개선점이 될 수 있다. 경찰서장 베로는 1830년에 공공장소에서의 매춘부들의 추방을 시도했던 망젱의 실행자였다. 『악을 한 곳에 집중시키는 것은 도덕을 보호할 수 있는 가장 확실한 보증이다』라고 뽀똥 박사는 말한다.[op. cit, p.247] 알퐁스 에스끼로는 공인창가로의 집중은 매춘부들의 도덕적인 향상을 결정할 것이며 최종적인 갱생의 단계, 즉 결혼에 쉽게 도달하도록 해 줄 것이라고 생각한다. 기억해야 할 것은, 발작도 악의 특정지역으로의 집중화를 지지하고 있었다는 사실이다. Splendeurs et misères des courtisanes, p.672 참조.

48) Béraud, op. cit., t. I, p.4. 리샤르 꼽[La protestation populaire en France(프랑스에서의 대중매춘), 1789-1820, p.221]은 당시의 경찰이 이러한 감시행위를 주로 수행하고 있었다고 지적한다.

49) Surveiller et punir, ch. Ⅲ. 〈Le panoptisme〉, passim.

50) 미셸 푸꼬는 독방식의 수인호송차에 대한 중요성을 강조했다.

51) Parent-Duchâtelet, op. cit., t. Ⅱ, p.250.

52) Op. cit., t. I, p.308.

53) Op. cit., t. I, p.292.

54) 베로는 자신의 규제안 속에서 특히 다음과 같이 피력하고 있다. 『공기의 환기를 위한 시간이 꼭 필요할 때만 창문이 열리게 된다. 질투심은 계속해서 사그라지고 커튼이 젖혀진다. 이 커튼은 짙은 색의 질긴 천으로 만들어진다.』[op. cit, t. I, p.161]

55) Op. cit., t. I, pp.429-430.

56) Op. cit., t. I, p.292. 창가의 수적 증가는 모든 규제주의자들에 의해 요구되었던 문제이다. 베로, op. cit., t. I, pp.184-185 혹은 뽀똥, op. cit, p.251.

57) Op. cit., t. Ⅱ, p.49.

58) 게뺑 박사[op. cit, p.642]는 〈도덕의 쇄신〉만이 매독을 소멸시킬 수 있을 것이라고 이미 생각했었다. 반면에 프레지에[op. cit, t. Ⅱ, p.256]는 의사들과 경찰서장들만이 매춘부들을 개량시킬 수 있는 적합한 존재라고 판단한다. 그는 의사들이 매춘부들에게 도덕적인 조언을 베풀 수 있도록 행정당국이 노력해야 한다고 역설했다.

59) Op. cit., t. Ⅱ, p.86.

60) 칠월왕정기의 규제주의자들이 성병을 정당한 처벌의 대상으로 고려하지 않았다고 많은 사람들이 잘못 비난하고 있다는 사실을 강조해야 한다. 그와는 반대로 수많은 무고한 희생자들의 입장에 서서 규제주의자들은 육체적 징벌의 포기를 자축했으며, 또 인간적인 치료를 강하게 요구했었다.[Béraud, op. cit, t. Ⅱ, p.59]

61) Op. cit., t. Ⅱ, p.495. 베로는 임의재량이 필요하다는 사실을 제시하기에 바빴다.[op. cit, t. Ⅱ, pp.24 sq.]

62) Op. cit., t. Ⅱ, p.261.

63) 알. 에스끼로는 이런 형태의 갱생에 대해 강한 거부감을 표현하고 있다.[op. cit, p.193] 그의 말을 빌리면, 매춘부들에게 보통법을 적용하고 보통 여자들과 같이 취급해야 하며 개선된 창

가에의 재수용이 바람직한 것이었다.
64) *Op. cit.*, t. I, p.115.
65) Ch. Tilly 〈The changing place of collective violence〉, *Essays in social and political history* et E. Shorter et C. Tilly 〈Le déclin de la grève violente en France de 1890 à 1935〉, *Le Mouvement social.* Juill.-sept. 1971, pp.95-118.
66) 본서 pp.278 sq.
67) *Op. cit.*, t. II, p.268.
68) *Op. cit., Ibid.*
69) 프레지에는 비밀매춘의 진보된 형태로서 이러한 대기소를 더욱 강력하게 고발한 바 있다.[*op. cit.*, t. I, p.181]
70) *Op. cit.*, t. I, p.109.
71) *Op. cit.*, t. I, p.22.
72) *Op. cit.*, t. I, p.23.
73) *Op. cit.*, t. I, p.255 et t. I, p.23. 빠랑-뒤샤뜰레는 께틀렛·앙제빌 공작, 그리고 딕뻬띠오와 함께 사회통계를 추진했던 사회학자들 그룹의 일원이었다. 프랑스의 통계연구의 비약적인 발전에 관해서는 B. 질의 *Les sources statistiques de l'histoire de France*(프랑스사의 통계자료들), 1964를 참조할 것.
74) *Op. cit.*, t. I, pp.372 sq.
75) M. 뻬로의 *Enquêtes sur la condition ouvrière en France au XIXe siècle*(19세기 프랑스 여성 노동자의 상황에 관한 조사), p.33에 주목할 것.
76) 빠리 매춘부들의 출신지에 관한 연구 속에서 그는 쌩-말로와 제네바 간의 그 유명한 라인의 존재를 인식하고 그 점에 주목했다.
77) Docteur O. Commenge, *La prostitution clandestine à Paris.*
78) 빠랑-뒤샤뜰레 저서의 제3판은 실제로 1857년에 나왔다. 이 판은 특히 부록에 A. 트레뷔셰와 뽀와라-뒤발의 논문이 첨부되어 있다.
79) 주요 저서들 중에서 다음의 책들을 인용해 보자. C. J. Lecour, *La prostitution à Paris et à Londres*(빠리와 런던의 매춘), *1789-1871*, 1872, et *De l'état actuel de la prostitution parisienne*(빠리 매춘의 현실태에 관하여), 1874. Maxime du Camp, *Paris, ses organes, ses fonctions et sa vie*…(빠리, 그 기관들과 기능들, 그리고 삶), t. III, ch. XVII, 〈La prostitution〉, 1872. Docteur Jeannel, *De la prostitution dans les grandes villes au XIXe siècle et de l'extinction des maladies vénériennes*(19세기 대도시에서의 매춘과 성병환자들의 소멸), 1868. Docteur Homo, *Etude sur la prostitution dans la ville de Château-Gontier, suivie de considération sur la prostitution en général*(일반 매춘론에 뒤이은 샤또-공띠에 시의 매춘에 관한 연구), 1872. Flévy d'Urville, *Les ordures de Paris*(빠리의 오물들), 1874. Charles Desmaze, *Le crime et la débauche à Paris*(빠리의 범죄와 방랑), 1881. Docteur J. Garin, *Le service sanitaire de Lyon, son organisation médicale et ses résultats pratiques*(리용의 위생업무, 그 의학적 조직과 실제적 성과), 1878. 비록 더 늦게 나오기는 했지만, 다음의 몇몇 작품들도 같은 발상에서 비롯되었다. docteur Mireur, *La prostitution à Marseille*(마르세유의 매춘), 1882 et docteur L. Reuss, *La prostitution au point de vue de l'hygiène et de l'administration en France et à l'étranger*(프랑스와 외국에서의 위생적·행정적 관점에서 바라본 매춘), 1889.
80) Yves Guyot, *La prostitution*, 1882.
81) 〈Etenim non est creatus vir propter mulierem, sed mulier propter virum〉 saint Paul, I Cor. XI, 9.

82) C.-J. Lecour, *La prostitution à Paris*…, chap. XV, pp.241 sq., Maxime du Camp, *op. cit.*, pp.428 sq., docteur Jeannel, *op. cit.*, p.174. 『나태함, 탐식, 무질서, 타고난 방탕, 비밀매춘, 노동에 대한 혐오와 완전한 포기, 바로 이러한 것들이 공적인 매춘의 원천인 것이다.』 Docteur Homo, *op. cit.*, p.125 sq., docteur H. Mireur, *La prostitution à Marseille*, pp.333-335; docteur L. Reuss, *op. cit.*, pp.24-49. 바로 이 책 속에 규제주의자들이 상기했던 매춘의 원인들에 관한 목록이 가장 명확하게 들어 있다. 〈생식 본능, 어릴 때부터 시작된 조숙한 타락〉, 〈무기력·나태〉, 〈빈궁한 가정 내에서의 혼잡과 추잡한 짓거리〉, 〈정상적인 결혼에 의하지 않은 출생〉, 〈아버지나 어머니의 재혼〉, 〈나쁜 교육상태〉, 〈여성에게 개방적인 직업에 종사하는 사람들의 과잉〉, 〈정보의 확대〉, 〈농촌으로부터의 탈출〉, 〈열악한 임금〉, 공장과 가게에서의 남자와 여자의 동석, 너무나 많은 비천한 인간들, 〈쾌락의 유혹, 사치에 대한 기호〉, 〈외설스런 책과 삽화들〉, 〈이성에 대한 최초의 유혹〉 등을 저자는 계속 열거하고 있으며, 특히 〈매춘의 원인과 사회적인 문제 사이에는 밀접한 관련성이 존재하며〉[p.49], 〈정치적인 혁명〉과 〈재정적인 타격〉, 〈오랫동안 노동자계급을 강하고 정직하게 만들었던 종교원리〉의 실종 등이 매춘의 원인에 있어서 중요한 역할을 수행하고 있다고 강조한다.

83) 오모 박사는 그때부터 호화로운 창가와 경쟁하고 있던 옛날의 검소한 창가에 대한 향수를 느끼게 된다. *op. cit.*, pp.6-7, p.70.

84) 〈침대 29〉라는 작품의 여주인공.

85) Léon Bloy, 〈Repaire d'amour〉, *Sueurs de sang*.

86) 〈L'enfance à Paris〉, *Revue des Deux-Mondes*[oct., déc. 1876, mars 1877]

87) Docteur Homo, *op. cit.*, p.70.

88) Docteur J. Garin, *op. cit.*, p.39.

89) Lecour, *La prostitution à Paris*, p.137.

90) Docteur H. Mireur, *La prostitution à Marseille*, p.228.

91) Docteur H. Mireur, *La syphilis et la prostitution dans leurs rapports avec l'hygiène, la morale et la loi*, p.368.

92) Docteur Reuss, *op. cit.*, p.97.

93) Docteur J. Garin, *op. cit.*, p.12.

94) *Op. cit.*, p.424 sq.

95) Léon Bloy, *Sueurs de sang*, p.60.

96) C.-J. Lecour, *La prostitution à Paris*…, p.338. 뺄 쎄르는 두 번의 포위가 있은 뒤부터 매춘부들에 대한 경찰의 태도가 더욱 가혹해졌다는 사실에 유의한다.[*Les populations dangereuses et les misères sociales*, 1872, p.235.]

97) Professeur Mauriac, *Leçons sur les maladies vénériennes proféssées à l'hôpital du Midi*, 1883, 4ᵉ leçon[1875] p.145.

98) *Op. cit.*, p.454 sq.

99) 그와 비교해서 플레비 뒤르빌[*op. cit.*, p.155 sq.]은 『나병이 극도로 퍼져 있다』는 사실을 제시한다.

100) 1887년에 상당히 늦게 출판된 F. 까를리에의 *Les deux prostitutions*(두 매춘부)는 실상 제2제정과 관계가 되는 책이다.

101) 샤를르 데스마즈에 의하면[*op. cit.*, p.v], 더 이상 방탕을 수치로 〈헤아릴〉 수 없다. 『옛날에 매춘은 지정된 장소에 수용되어 금으로 장식된 허리띠를 착용하는, 등록되어 얼굴이 알려

진 여자들에 한정되었지만, 오늘날 빠리에서는 매춘이 도처로 확산되어 모든 의복을 입고 길거리를 배회한다. 매춘은 머리 스타일과 모든 의복의 유행을 선도한다. 옛날에는 방탕이 고정된 어떤 수치로 계산되어졌다. 지금은 그것이 군단으로 불리며, 공장과 가게·극장 등에서의 공급에 의해 매일 증가된다. 연령과 성과 천진난만, 그리고 악덕의 혼잡 속에서 사람들은 모든 미덕을 사들일 수 있다.』

102) 뿔 쎄르[*op. cit.*, p.229]의 견해에 의하면, 방탕한 여자와 매춘부는 그 이후부터 개념이 혼동되어졌다. 단 한 정부와만 거래하던 〈음란한 젊은 여공 처녀〉는 사라져 버렸다.[p.3] 비밀매춘을 상기시키면서 약간 회의적이던[*La prostitution à Marseille*, p.210] H. 미뢰르 박사는 1837년에 다음과 같이 쓰고 있다. 『정사, 단정치 못한 행실, 동거 등의 단어들 사이에는 물론 어떤 다른 점이 여전히 존재하고 있다.』[*La prostitution à Marseille*, p.210] 『타락과 파멸이라는 이 무기는 지금 이 시간에도 우리의 목을 너무도 꽉 조이고 있기 때문에 우리가 걸어가는 인생의 커다란 길을 가로막고 있는 것 같다.』[*Ibid*] 뢰쓰 박사는 더욱 명확하게 쓰고 있다. 『일반적으로 방탕한 모든 여자들은 비밀매춘부들이다. 정부들을 거느리는 상류부인은 이러한 점에서 길거리에서 고객을 끄는 창가의 매춘부와 동렬에 위치한다.』[*op. cit.*, p.164]

103) *Op. cit.*, p.465.

104) Professeur H. Diday. 〈Assainissement méthodique de la prostitution〉, *Bull. de l'Acad. de Méd*, 1888, p.492.

105) *Op. cit.*, p.65.

106) *Ibid.*, p.69.

107) 이것은 위생학의 영향을 보여 주는 것이며, 의학계의 관심을 반영한다. 이미 1867년에 빠리국제의사협의회는 성병과의 전쟁을 의사일정에 상정시켰다.

108) Docteur H. Mireur, *La syphilis et la prostitution*…, passim. 그러나 그가 1867년에 매독의 유전성에 관한 논문을 집필했다는 사실에 주목하자.[*Essai sur l'hérédité de la syphilis*(매독의 유전에 관한 소고)]

109) 르꾸르에 의해 인용된 무조 박사의 *La prostitution*…(매춘), pp.13-14.

110) Docteur Homo, *op. cit.*, p.75.

111) *Ibid.*, p.75.

112) *Op. cit.*, p.490.

113) *Ibid.*, p.458.

114) *Ibid.*, p.460.

115) Flévy d'Urville, *op. cit.*, p.26. 저자는 거기에 『독점하는 것을 좋아하는 여자들』이라는 단어를 다시 집어넣는다.

116) Maxime du Camp, *op. cit.*, p.460.

117) Paul Cère, *op. cit.*, p.231.

118) Flévy d'Urville, *op. cit.*, p.40.

119) *Op. cit.*, p.44.

120) *Op. cit.*, 2ᵉ section. Introduction.

121) *La prostitution à Marseille*, p.VIII.

122) Docteurs Crocq et Rollet, *Prophylaxie internationale des maladies vénériennes*, 1869, p.28.

123) 필라델피아[1876]와 제네바[1877]의 국제의학협회에서는 이 문제가 더 이상 의제로서 상정되지 않았다는 사실에 주목하자.

124) J. Garin, *op. cit.*, p.13.
125) *La prostitution à Marseille*, p.327.
126) *Ibid.*, p.330.
127) Arch., dépt. Seine-Inférieure, 4 MP 4565.
128) *Op. cit.*, p.397.
129) *La prostitution à Marseille*, p.233.
130) 〈Supression de la syphilis.〉 Paris, 1846, cité par Desprès, *op. cit.*, p.174.
131) Professeur Diday, *La Gazette médicale*, 1850, p.198.
132) 미뢰르에 따르면[*La syphilis…*, p.82], 라띠에・뻬떼르망・악똥・드 쌍두빌・베르떼랑과 다빌라가 바로 그 사람들이다.
133) Docteur Rey, *Congrès médical international de Paris*, 1867, p.312.
134) 미뢰르 박사는 이러한 제안들을 하나씩 검토해 본 후에 결국 그것들을 거부하게 된다.[*La syphilis…*, pp.82-97]
135) Docteur Jeannel, *op. cit.*, p.377.
136) *Op. cit.*, p.121.
137) *Ibid.*
138) *Op. cit.*, p.89.
139) *Ibid.*
140) Docteur Potton, *op. cit.*, t. II, p.44, cité par le docteur Homo.
141) *La prostitution à Marseille*, p.336.
142) *Ibid.*
143) *Ibid.*, p.337.
144) *Ibid.*, p.338.
145) *Ibid.*, p.339.
146) Docteur Bertillon, mémoire sur *L'influence du mariage sur la vie humaine*. Acad. de Méd, 24 nov. 1874. Publié in *Gazette Hebdomadaire*, 1871, n° 43, p.686 sq.
147) Diday, 〈Assainissement méthodique de la prostitution〉, p.492.
148) *Ibid.*
149) 우리는 졸라가 자신의 작품에서 이러한 수많은 환상을 얼마나 반영시켰는지를 알고 있다. 졸라에 의하면, 나나는 『자신이 만지는 모든 것을 녹여 버린다. 그녀는 우리 사회의 붕괴를 가져오는 효소이자 나체이며 바닥이다…… 그녀는 중심적인 육신이다.』[papiers Zola, Bibl. Nat. manuscrits français, nlles. acqu. §211-212] 그럼에도 불구하고 졸라는 이러한 과정에 대항하지 않는다. 나나는 하나의 위협적인 존재로서가 아니라 사회의 붕괴를 가져오는 하나의 요인으로서 두드러지게 나타난다.

제2장 규제주의의 격리된 세계

1) 쎈느 강 하류의 어느 매춘부가, 자신의 등록말소를 얻어내기 위해서 행정당국에 보냈던 탄원서 속에서 사용했던 표현.[Arch. dépt., Seine-Inférieure, 4 M P 4565]
2) Règlement Gigot, 15 octobre 1878, 1, 2.
3) Cf. O. Commenge, *op. cit.*, pp.142-175. 저자는 이런 교유의 예들을 저서 속에서 인용하고 있다.

4) 본서 제2부 제5장 참조.
5) Docteur H. Mireur, *La prostitution à Marseille*, pp.130-151. 이외에도 부슈-뒤-론의 지역보존 문서 M 6 시리즈의 다양한 문서들이 있다.
6) 뚤롱에서는 1902년에도 감찰표가 1프랑에 판매되었으며, 이 판매대금은 경관 개개인에게 보너스로 지급되었다.[rapport du commissaire central, 24 mars 1902. Arch. dépt., Var. 8 M 52]
7) 결과는 인용된 저서의 부록에 나와 있다. pp.485-555.
8) 풍속담당제도 검토원외위원회. *Annexes au rapport général présenté par M. F. Hennequin*, pp.41 à 133.
9) Cf. Henri Hayem, 〈Enquête sur la police des mœurs en province〉, *Revue pénitentiaire*, 1904, pp.251 sq.
10) Hennequin, annexes au rapport cité, p.91.
11) H. Hayem, art. cité, p.258.
12) Docteur Jeannel, *op. cit.*, p.236.
13) Docteur H. Mireur, *La prostitution à Marseille*, p.150.
14) 1902년의 조사일람표를 참고하여 작성한 도표, Arch. dépt., Finistère[série M, non classé], Seine-et-Oise[6 M 7], Charente-Inférieure[6 M 415], Hérault[62 M 8], Meurthe-et-Moselle[4 M 134].
15) 이 경우, 프랑스 남부지역의 중요성을 최소화시키려 하는 그 표본의 구성을 통해서 우리가 제시하고 있는 변화양상이 과장될 위험성이 있다.
16) Docteur Louis Fiaux, *La police des mœurs*…, t. I, p.199.
17) 19세도 안 된 에스테르가 메이나르드 부인의 창가를 나와서 2년 동안의 보호관찰을 받고 있었다고 발작은 과장했다.[*Splendeurs et misères des courtisanes*, p.677]
18) Docteur H. Mireur, *La prostitution à Marseille*, p.201.
19) Hennequin, rapport cité, p.97.
20) Docteur Reuss, *op. cit.*, p.261.
21) Cf. Annexex au rapport de M. F. Hennequin, rapport de Paul Meunier, p.392.
22) C.-J. Lecour, *La prostitution à Paris*…, p.126.
23) Garin, *op. cit.*, tableau hors texte.
24) E. Richard, *La prostitution à Paris*, 1890, p.50.
25) Docteur A. Desprès, *La prostitution en France*, 1883.
26) 1879년 2월 1일부터 각지를 순회하면서 실시한 〈풍속 통계〉에 대한 상세한 서류들을 각 도의 기록보관소에서 찾아볼 수 있다. Arch. dépt. Bouches-du-Rhône, M 6 2329, Charente-Inférieure 6 M 415, Gironde 4 M 337, Var 8 M 52, Finistère[non classé], Seine-Inférieure 4 M P 4565, Seine-et-Oise 6 M 7. 이것은 인쇄된 도표의 정확성을 증명해 주고 있다.
27) 필자는 이 책의 끝부분에서 이 조사결과를 폭넓게 이용할 것이다. 예를 들면 끝부분에서 아래에 명기된 각 도의 기록보관소의 중요문서들을 보게 될 것이다. Arch. dépt. Charente-Inférieure 6 M 415, Hérault 62 M 8, Meurthe-et-Moselle 4 M 134, Var 8 M 52, Seine-et-Oise 6 M 7, Finistère M non classé, Bouches-du-Rhône, M 6 4817[A].
28) 보불전쟁으로 프랑스는 공창이 거의 퍼져 있지 않던 니스와 사봐를 획득했으며, 공창이 중요한 자리를 점유했던 알싸스-로렌 지방을 상실했다는 사실을 고려해야 할 것이다.
29) Rapport du sénateur Théodore Roussel, *Documents parlementaires*, Sénat, Annexe à la sé-

ance du 25 juillet 1882. Documents annexes, réponses à la 13ᵉ question, pp.291-296.

30) Cf. Henri Hayem, art. cité.

31) H. Hayem, art, cité, p.251.

32) 주 27)에서 인용한 자료를 토대로 작성함.

33) 뚤롱의 상황은 중앙경찰서장이 지휘하는 〈폐쇄〉정책에 의해 설명되어진다.[cf. son rapport, 1902. Arch. dépt. Var, 8 M 52] 독자적으로 활동하던 매춘부들은 이 도시에서 1899년 당시 2백50명이었고, 1901년에는 89명, 1902년에는 16명이었다.

34) Cf. docteur A. Després, op. cit., passim.

35) J. 로씨오는 중세기 연구를 위해서 론 강 유역의 남프랑스 지방에서 있었던 매춘구조에 대한 정확한 연구에 몰두했다. Cf. 〈Prostitution, jeunesse et société dans les villes du Sud-Est au XVᵉ siècle〉(15세기 남동부 대도시들의 매춘과 젊은이들, 그리고 그 사회), Annales E.S.C., mars-av. 1976, p.289-326.

36) 그러나 이제부터 공식적 매춘이 오히려 도시사회 내부가 아닌 외부의 성적인 욕구를 만족시켜 주고(군인, 학생, 외판원, 갓 이주한 노동자와 사회에서 소외된 자들) 있는 반면에, 사창의 비밀매춘은 이 사회에 소속된 개체들의 성적 욕구에 더 잘 부응하고 있다는 사실에 주목해야 한다. 비밀매춘이 더 위협적인 것이 이러한 이유들 중의 하나이다.

37) Docteur Reuss, op. cit., p.19.

38) Docteur H. Mireur, La prostitution à Marseille, p.158. 저자에 의하면 수많은 지원자들이 더욱 쉽게 등록하려고 밤을 지새웠다고 한다.

39) Professeur Barthélemy, 〈La prophylaxie des maladies vénériennes chez la femme〉, Revue de médecine légale, 1900, p.124.

40) A. 데스프레스 박사의 저서에서 발췌한 자료.

41) 이러한 결론은 비밀매춘부에 관한 마르띠노 박사의 결론을 확인해 준다.[본서 p.215] 샤또-공띠에의 52명의 매춘부가 오모 박사에게 처녀성을 상실했을 때의 나이를 털어놓았다. 그 중 2명의 매춘부는 10세 이전에 처녀성을 잃어버렸으며, 17명은 10세에서 15세 사이에, 24명은 15세에서 18세 사이에, 9명은 18세에서 21세 사이에 처녀성을 상실했다. 처녀성을 상실했을 때의 평균 나이는 15세 4개월이었다. 52명 중에 43명은 등록하기 전에 이미 1명의 자녀를 두고 있었다. 그녀들 중 대부분이 창가로 들어오기 이전에 첩의 생활을 했다.[docteur Homo, op. cit., p.45] 이 수치는 르 모알 박사가 자신의 저서[Etude sur la prostitution des mineures(미성년자들의 매춘에 관한 연구), Paris, 1969] 속에서 제공한 오늘날의 수치들과 비교해 보면 상당히 흥미로운 것이다.

42) 그것은 1901년에 리용에서 공창제폐지의회가 개최되었을 때에도 되풀이된다.

43) Docteur L. Le Pileur, cité par Régnault, L'évolution de la prostitution, pp.87-88.

44) Docteur Martineau, La prostitution clandestine, pp.42-66.

45) Arch. dépt. Var, 8 M 52 et Arch. dépt. Seine-et-Oise, 6 M 7.

46) 이러한 편견은 E. 딕뻬띠오가 자신의 저서 De la condition physique et morale des jeunes ouvriers et des moyens de l'améliorer(젊은 노동자들의 육체적·정신적 상황과 그 개선책에 관하여)에서 매춘에 할당한 모든 논설의 기초가 되고 있다. Les Misérables(레 미제라블)의 빵띤느가 사생아였다는 사실을 상기할 필요가 있을까?

47) H. Mireur, La prostitution à Marseille, p.169.

48) H. Homo, op. cit., p.40.

49) Préfet Delasalle, 18 février 1882, in Th. Roussel, rapport cité, p.294.
50) 길거리에서 호객행위를 하다 현장범으로 체포된 모든 나이 어린 소녀들에 대해 행정당국이 어린 나이를 이유로 등록을 거부했으며, 가족들의 전력이 그 소녀들에게 분명히 영향을 미쳤다는 사실을 언급해야 한다. 이 점에 있어서, 본 연구서가 가볍게 그려내고 있는 공식적인 매춘이 돈으로 거래되는 사랑의 전체를 대변하지는 않는다는 사실을 간과해서는 안 될 것이다.
51) Docteur Homo, op. cit., p.36.
52) Docteur H. Mireur, *La prostitution à Marseille*, p.170.
53) Docteur Reuss, op. cit., p.17.
54) Arch. dépt. Bouches-du-Rhône, M 6 4817ᴬ.
55) Arch. dépt. Seine-et-Oise, 6 M 7 et Arch. dépt. Finistère, M.[non classé]
56) Docteur Reuss, op. cit., p.13.
57) Docteur H. Mireur, *La prostitution à Marseille*, pp.166-168.
58) 알제리 태생의 매춘부 58명은 계산되지 않았다.
59) Arch. dépt. Bouches-du-Rhône, M 6 4817ᴬ. 똘롱의 상황은 마르세유의 모델에서 더욱 두드러진다. Cf. Arch. dépt. Var, 8 M 52.
60) Docteur H. Homo, op. cit., p.31.
61) Cf. 본서 p.107.
62) Docteur H. Mireur, *La prostitution à Marseille*, pp.171-173.
63) 그러나 도표에 실려 있는 하인들의 대다수는 농업관계 종사자들이었을 것이다.
64) 본서 p.215.
65) Docteur H. Mireur, *La prostitution à Marseille*, p.176.
66) 본서, pp.265-266.
67) 본서, pp.240-241.
68) Docteur Reuss, op. cit., p.15.
69) Docteur H. Mireur, *La prostitution à Marseille*, p.174.
70) Arch. dépt. Bouches-du-Rhône, M 6 4817ᴬ.
71) Arch. dépt. Seine-et-Oise, 6 M 7.
72) Arch. dépt. Var, 8 M 52.
73) Arch. dépt. Charente-Inférieure, 6 M 415.
74) Arch. dépt. Bouches-du-Rhône, M 6 4817ᴬ.
75) Arch. dépt. Seine-et-Oise, 6 M 7 et Var, 8 M 52.
76) 이 주제에 관해서는 Friedlander, *Histoire et psychanalyse*.
77) Docteur L. Fiaux, *La police des mœurs*, t. I, p.212.
78) 이런 유형의 자료들은 다음에 인용하는 사람들의 연구에서 비롯된 것이다. 오모 박사, C.-J. 르꾸르, 가랭 박사, 미뢰르 박사, 마쎄 박사, 뢰쓰 박사, 피요 박사, 고롱의 저작들과 1878년 빠리 시의회가 발족시킨 위원회나 풍속담당원외위원회의 자료들이 이에 해당된다.
79) 꼬피뇽과 비르매트르의 인용된 저서들이 바로 그 예들이다.
80) 이 주제에 관해서는 비르매트르가 피요의 연구를 비난했던 저서 *Trottoirs et lupanars*(보도와 창가), p.28 참조.
81) 예를 들면 이브 귀요의 저작들이 이 유형에 속한다.
82) 론 강 유역 여러 도들의 기록보존문서. 미분류. 1) 에스뻬랑스 살바도르가 1896년 9월 19일

부터 모네 가 1번지에서 영업했던 창가의 기록장부.[1885년 9월 7일부터 1914년 7월 27일까지] 2)1907년 8월 2일부터 1914년 8월 3일까지의 베이요 창가의 기록장부. 3)1879년 7월 25일부터 블랑의 미망인 조세핀 셰빌라가 스미스 가 2번지에서 운영하던 창가의 기록장부.[1898년 10월 22일부터 7월 18일까지]

83) Arch. dépt. Bouches-du-Rhône, M 6 6569.
84) Arch. dépt. Bouches-du-Rhône, M 6 6570¹.
85) 그러나 이 연구는 그보다 약간 앞선 시대의 자료들도 참고의 대상이 될 것이다.
86) Docteur H. Mireur, *La prostitution à marseille*, p.156. 그리고 86개의 〈고급〉 공인창가에 관해 중앙경찰서장이 1876년 12월 15일에 작성한 보고서를 참조할 것.[Arch. dépt. Bouches-du-Rhône, M 6 3336]
87) Yves Guyot, *La prostitution*, Annexes, p.488.
88) 1902년 3월 25일의 보고서. Arch. dépt. Var, 8 M 52.
89) Arch. dépt. Var, 8 M 52.
90) Arch. dépt, Hérault, 62 M 8.
91) Arch. dépt. Bouches-du-Rhône, M 6 6573.
92) Docteur Reuss, *op. cit.*, p.407.
93) Arch. dépt. Finistère, série M, non classé.
94) Hennequin, rapport cité, p.106.
95) Servais et Laurend, *Histoire et dossier de la prostitution*, p.203.
96) Cf. R. Ricatte, *La genèse de La fille Elisa*, p.120
97) 본서 pp.167-168.
98) 이에 대해서는 L. 피요가 기술한 *Les maisons de tolérance, lear fermeture*…, p.251 참조.
99) 모빠쌍이 묘사한 *Ami Patience*(친구 빠씨양스)의 창가에 있는 거실은, 백조와 누워 있는 레다를 상징하는 프레스코로 장식되어 있다. 신화를 소재로 한 이러한 수법을 여자들이 고용된 선술집의 장식 속에서도 발견하게 되는데, 이 수법은 두말할 나위도 없이 진부한 부르주아 화가들이 사용했던 속임수는 아니다. 고객에게 놀라움을 주지 않으면서 매춘의 분위기를 돋우려는 이 화가들은 동양의 규방과 미개한 부족장의 전리품, 노예시장, 그리고 성 앙또완느의 유혹이나 막달라 마리아의 초상을 소재로 한 그림들을 양산했다. 이 점에 관해서는 알렉사 쎌레보노비치의 *Peinture kitsch ou réalisme bourgeois. L'art pompier dans le monde* 참조.
100) Maupassant, *L'Ami Patience*.
101) Cf. Coffignon, *Paris vivant. La corruption à Paris*, p.43.
102) Coffignon, *op. cit.*, p.39.
103) Docteur Jeannel, *op. cit.*, p.194.
104) 그러나 대다수 지방도시는 당시 공인창가의 여경영자들에게 주류의 판매를 금지시켰고, 1층에서의 다방 겸 음식점의 영업도 금지시켰다. 아미엥, 루앙, 렌느, 브레스트, 낭뜨나 뚤루즈의 경우에도 사정은 동일했다. 반면에 리용에서는 술과 음식을 함께 파는 창가가 정식으로 인정되었다. L. Fiaux, *La police des mœurs en France et dans les principaux pays d'Europe*(프랑스와 유럽 주요 국가에서의 풍속경찰), 1888, p.184.
105) Ed. de Goncourt, *La fille Elisa*. G. de Maupassant, *La maison Tellier et Le port*.
106) 그것은 적어도 목격자들의 증언이다. 그러나 계량분석을 통해서 실증되지 않는 한 이렇게 정형화된 틀을 경계해야 한다는 것을 경험에 의해 알 수 있다.[본서 p.118의 〈Les filles à

soldats)에 관계된 부분]

107) G. Macé, *La police parisienne. Gibier de Saint-Lazare*, p.260.

108) 살랭 시의 시장 샹뽕은 네베르에서 그것이 실제로 행해졌다고 확신한다. A. de Morsier, *La police des mœurs en France et la campagne abolitionniste*(프랑스의 풍속경찰과 공창제 폐지 캠페인), Annexes, 〈Rapport de M. Champon〉, p.155.

109) Toulon, rapport du commissaire central, 24 mars 1902, Arch. dépt. Var, 8 M 52.

110) Rapport du maire de Brest au sous-préfet, Arch. dépt. Finistère, série M, non classé.

111) Lardier, *op. cit.*, p.13.

112) G. de Maupassant, *La maison Tellier*.

113) 본서 p.177.

114) 본서 p.182.

115) 그들 작품의 절대다수가 방탕한 여자와 첩, 혹은 다른 사창의 여인들과 결부된 사항을 취급하고 있다.

116) 이런 부류의 고객을 밝혀내기 위해서는 스캔들의 위험성을 감수해야만 한다. 1883년말에 아를르에서 커다란 사건이 터진다. 수많은 사람들(공무원, 소송대리인, 변호사, 시자문위원, 금리생활자나 중개인)이 미성년자에 대한 매춘교사 혐의로 기소된 루지에 부인의 공인창가에 분명히 출입하고 있었다.[Rapport du commissaire spécial des chemins de fer, 30 novembre 1883. Arch. dépt. Bouches-du-Rhône, M 6 3336]

117) Hennequin, rapport cité, p.108.

118) 그렇지 않으면 그들은 독자적 활동을 하는 가창이나 비밀매춘부를 찾아간다.

119) Paul Bourget, *Physiologie de l'amour moderne*, p.78

120) *Ibid*, p.79.

121) *Ibid*, p.82.

122) 특히 관광지역에서의 호텔보이가 이에 해당된다. 예레스의 경찰서장의 보고에 의하면 『겨울철에 그 시의 대다수 호텔보이들이 창가를 출입한다고 한다.』[Rapport du 16 mars 1902, Arch. Dépt. Var, 8 M 52]

123) Cf. Homo, *op. cit.*, p.179 et Lardier, *op. cit.*, p.6.

124) L. Fiaux, *Les maisons de tolérance*…, p.126

125) Lardier, *op. cit.*, p.13.

126) L. Fiaux, *Les maisons de tolérance*…, p.125.

127) Coffignon, *op. cit.*, p.41.

128) A. Corbin, *Archaïsme et modernité en Limousin*(리모즈 지역에서의 복고주의와 현대성), t. I, p.218.

129) 『10만 명의 주민들 중에서 때때로 1만 5천여 명의 독신자들이 항구도시의 정박소나 혹은 병영에서 거주했다』는 사실에 뚤롱의 시장은 주목했다. 만일 매춘행위를 없애 버린다면 동성연애가 일반화될 것이라고 그는 생각한다.[Arch. dépt. Var, 8 M 52]

130) 본서 p.262 참조.

131) 뽈 부르제는 자신의 작품 *Physiologie de l'amour moderne*(현대적 사랑의 생리학) 속에서 성적 소외에 관한 흥미로운 연구를 심도 있게 전개했다. 우리가 열거했던 카테고리 속에 그는 내성적 성격의 소유자들을 추가시킨다.

132) 본서 p.161. 빠리의 어느 창가 경영자의 증언 참조. Arch. préfect. de pol. B A 1689.

133) Bergeret[d'Arbois], 〈La prostitution et les maladies vénériennes dans les petites localités.〉 *Annales d'hygiène publique et de médecine légale*, 1866, p.348.
134) H. Homo, *op. cit.*, p.179.
135) 창가의 운영권이 남성에게 양도되는 경우가 상당히 많았지만 대부분의 대도시에서는 여성들에게만 창가의 운영권이 인정되었다. 렌느와 망스·아미엥도 마르세유와 경우가 같았다.
136) Arch. dépt. Bouches-du-Rhône, M 6 6569.
137) 본서 p.191 참조.
138) C.-J. Lecour, *De l'état actuel de la prostitution parisienne*, p.138.
139) Carlier, *Les deux prostitutions*, p.177.
140) Arch. Nat. BB 18 2314.
141) 알다시피 이런 현상은 대부분 여경영자에게 채무의 부담을 가져다 주었다. 이러한 관행은 르꾸르, 마쎄, 그리고 피요 박사에 의해 이미 지적된 바 있다.
142) Carlier, *op. cit.*, p.153.
143) Macé, *op. cit.*, p.283.
144) *Op. cit.*, p.152.
145) Champon, *op. cit.*, p.156.
146) 베르사유의 중앙경찰서장의 보고서. Arch. dépt. Seine-et-Oise, 6 M 7.
147) 뚤롱의 중앙경찰서장의 보고서, 24 mars 1902. Arch. dépt. Var, 8 M 52.
148) Rapport du 14 mars 1902, Arch. dépt. Finistère, série M, non classé.
149) Arch. dépt. Var, 8 M 52.
150) Rapport du commissaire de ploice de La Seyne-sur-Mer, 28 mars 1902, Arch. dépt. Var, 8 M 52.
151) Rapport du maire, Arch. dépt. Finistère, série M, non classé.
152) 까를리에에 따르면, 이러한 사무소가 4개 혹은 5개 정도가 빠리에 존재해 있었다고 한다. *op. cit.*, p.175.
153) 뚤롱의 공인창가에서는 1902년 당시 숏타임 가격이 1프랑에서 2프랑이었으며, 롱타임의 경우는 5프랑에서 10프랑이었다.[Arch. dépt. Var, 8 M 52] 1902년 브레스트에서는 숏타임이 2프랑, 롱타임이 5프랑이었다.[Rapport du maire, Arch. Finistère, série M, non classé] 베르사유의 경우도 마찬가지였다. 그러나 이 도시에서 군인들은 숏타임 가격으로 1프랑밖에 지불하지 않았다.[Rapport du commissaire central, 14 mars 1902, Arch. dépt. Seine-et-Oise, 6 M 7]
154) 1902년 당시 뚤롱의 〈고급창가〉에서는 숏타임 가격이 5프랑, 롱타임이 고객의 수준과 매춘부에 따라서 10프랑에서 20프랑까지 다양화되어 있었다.
155) Rapport du maire, Arch. dépt. Finistère, série M, non classé.
156) 이것에 관해서는 1901년 리용의 공창제폐지회의에서 행해진 르그렝 부인의 발표를 참조할 것. A. de Morsier, *La police des mœurs en France*(프랑스의 풍속경찰), pp.184 sq.
157) *Ibid.*, p.187.
158) Champon, *op. cit.*, p.156.
159) *Ibid.*
160) *Op. cit.*, p.154.
161) L. Fiaux, *Les maisons de tolérance*…, p.301.
162) Hennequin, rapport cité, pp.106-110.

163) Macé, op. cit., p.265.
164) L. Fiaux, Les maisons de tolérance…, p.296.
165) Les maisons de tolérance…, p.113.
166) Docteur Reuss, op. cit., p.135.
167) 본서 p.347.
168) 그러나 가끔 창가로 직접 찾아가고자 생각하는 초보자들이 있다. 따라서 1902년 브레스트 창가의 매춘부들 중 『2명의 매춘부가 거처하던 수도원에서 나가 버렸다.』[Maire de Brest, 13 mars 1902, Arch. dépt. Finistère, série M, non classé]
169) Macé, op. cit., p.258.
170) L. Fiaux, Les maisons de tolérance…, p.49.
171) Ibid.
172) Ibid.
173) 이러한 소개소의 대기실 분위기는 옥따브 미르보의 저서 Le Journal d'une femme de chambre(어느 하녀의 일기) 속에서 상세히 환기되고 있다. pp.262-263.[éd. Fasquelle, 1968]
174) Y. Guyot, op. cit., p.165.
175) Arch. Nat. BB 18 2314.
176) L. Fiaux, Les maisons de tolérance…, pp.41-42.
177) 1902년의 조사. Arch. dépt. Seine-et-Oise, 6 M 7.
178) 미성년자를 채용할 때 행정당국의 눈을 속이기 위해서 포주들이나 여경영자들은 어쩔 수 없이 가짜서류를 작성하기도 했다. 이것을 위해서 그들은 묘지를 찾아가 공동묘혈의 비석에 새겨진 사망한 젊은 여인의 호적을 베끼고, 그럴 듯한 핑계를 대면서 출신지의 시장에게 출생증명서의 교부를 청원하곤 했다.[Arch. dépt. Var, 8 M 52]
179) Arch. Nat. BB 18 2386 II.
180) Commissaire de police de La Seyne et commissaire central de Toulon, rapports cités, Arch. dépt. Var 8 M 52.
181) L. Fiaux, Les maisons de tolérance…, p.41.
182) Enquête de 1902. Arch. dépt. Finistère, non classé.
183) Cf. L. Fiaux, Rapport… au conseil municipal de Paris, 1883.
184) Cité par L. Fiaux, dans ce rapport, Annexes à l'ouvrage de Léo Taxil, La prostitution contemporaine, p.370, note I.
185) Docteur Reuss, op. cit., p.411. 브레스트의 시장은 이러한 모집망의 존재를 1902년 3월에 확인하게 된다.[Arch. dépt. Finistère, M non classé]
186) Rapport du commissaire de police, 1902, Arch. dépt. Var, 8 M 52.
187) Arch. dépt. Rhône. Non classé.
188) 리용의 창가에 있던 매춘부들이 등록할 때, 그녀들의 출신지에 관해 행해졌던 연구는 출생지에 관한 연구와는 다르다는 사실을 깨달아야 한다.[cf. 본서 p.79]
189) 각 경영자는 모집방법에 있어서 자신만의 방법을 고수한다. 따라서 에스뻬랑스 살바도르의 창가는 빠리에서 여자를 모집했고, 베이요 창가와 셰빌라 창가는 리용에 더욱 의존하고 있었다.
190) 30명의 여자가 어디로 가고 있었는지 알지 못했다고 대답했으며, 3명은 『몰래 자취를 감추었다.』 11명이 자신의 고향으로 돌아갔다고 주장했는데, 우리는 문제가 되는 지역이 어딘지

를 알 수가 없다. 9명이 병 때문에 다시 돌아왔고, 4명은 행정당국과 합의가 이루어지지 않았으며, 2명은 구속되었다. 단 1명이 등록말소가 되었는데, 결국 창가에 머물다가 사망했다.

191) Diagrammes réalisés à l'aide des documents des Arch. dépt. de la Seine-et-Oise, 6 M 7, du Var, 8 M 52 et des Bouches-du-Rhône, M 6 4817 A.[Cf. p.114]

192) Arch. dépt. Finistère, série M, non classé.

193) Arch. dépt. Rhône. Non classé.

194) 우리는 그밖의 다른 체류를 연구에서 배제시켰다. 왜냐하면 다른 경우의 체류기간은 별 의미가 없기 때문이다. 이 방법은 일단의 매춘부들의 실질적 체류기간을 최소화시켜 준다.

195) Diagrammes réalisés à l'aide des réponses à l'enquête de 1902, Arch. dépt. Seine-et-Oise, 6 M 7, Var, 8 M 52 et Bouches-du-Rhône, M 6 4817^A.[Cf. p.115]

196) Rapport du maire, Arch. dépt. Finistère, série M, non classé.

197) Rapport cité du commissaire central de Toulon, Arch. dépt. Var, 8 M 52.

198) 이러한 익명성은 18세기에 관한 시몬느 델레살의 작품 〈걸작의 독서, 마농 레스꼬〉 속에서 강조되었다. 『깊이를 헤아릴 수 없을 정도로 두터운 사회의 어둠으로부터 탈출한 그녀는 익명의 이름을 지니고 다녔다.』 마찬가지로 빅또르 위고도 죽을 때까지 익명을 간직하는 팡띤느를 자신의 작품 속에서 제시하고 있다.[Les Misérables, p.129]

199) 특정 가명을 이미 다른 창녀가 사용하고 있을 경우는 예외로 한다.

200) Arch. dépt. Rhône, non classé.

201) 이 가명의 상대적인 빈도수는 아마도 알퐁스 도데 작품의 여주인공에 의해서 부분적으로 설명되어질 수 있을 것이다.

202) L. Fiaux, Les maisons de tolérance…, p.90.

203) Rapport cité du commissaire central de Toulon, Arch. dépt. Var, 8 M 52.

204) 이와는 반대로 베르사유에서는 같은 시기에 매춘부가 하루당 1프랑 내지 1프랑 5쌍띰밖에 벌지 못했다. 이것은 바로 지역에 따라서 이러한 양상이 대단히 다르게 나타나고 있다는 사실을 증명하는 것이다.[Arch. dépt. Seine-et-Oise, 6 M 7]

205) Arch. Nat., BB 18 2359.

206) 본서 p.127.

207) Yves Guyot, op. cit., p.305

208) Hennequin, rapport cité, pp.106-107.

209) 어떤 조례들은 놀라운 지시사항을 명문화시켰다. 1911년에 시작되어 뒤늦은 감을 주었던 끌레르몽-드-레로의 조례는 『창가의 방은 각각 7센티미터 길이의 숫자로 된 번호를 문에 붙여야 하며』[Art. 5] 『층계의 단높이는 17센티미터를 초과해서도 안 되고, 안길이가 30센티미터를 넘어서도 안 된다』[Art. 20]라고 명시하고 있다.[Arch. dépt. Hérault, 62 M 8]

210) L. Fiaux, Les maisons de tolérance…, p.238.

211) L. Fiaux, Rapport… au conseil municipal de Paris.

212) E. 드 공꾸르는 자신의 작품 La fille Elisa(매춘부 엘리사) 속에서 보도 위를 걷는 매춘부의 모습을 기막히게 묘사했다. 졸라도 이 작품에 폭넓은 영향을 받았다.

213) 본서 p.148 참조.

214) 빠뚀르 박사는 1902년 9월 7일자 에코 메디깔 뒤 노르誌[La prostitution à Lille(릴의 매춘)] 속에서 검경과 질산염 연필을 능란하게 다루는 릴의 여사장들의 화장법을 지적한 바 있다. 이 지역의 여사장들은 바르톨린선에서 고름을 비워내거나, 혹은 경부에서 『점착력이 강하고 다루

기 어려운 점액」을 없애는 방법을 알고 있었다.

215) Cité par L. Fiaux, *Les maisons de tolérance*…, p.130
216) Commissaire de police de La Seyne, Arch. dépt. Var, 8 M 52.
217) 이것은 고객의 수치를 말하는 것이지 교접의 수치를 말하는 것은 아니다. L. Fiaux, *Les maisons de tolérance*…, p.131.
218) *Ibid.*, p.131.
219) *Op. cit.*, p.207.
220) L. Fiaux, *Les maisons de tolérance*…, p.132. Témoignage confirmé en 1901 par Champon, *op. cit.*, p.156.
221) 본서 p.166 참조.
222) Hennequin, rapport cité, p.107.
223) *Ibid.*, p.106.
224) Macé, *op. cit.*, p.267. 물론 그 상황은 지방에서도 크게 다르지 않았으며, 여기에 덧붙여 La fille Elisa(매춘부 엘리사) 속에 나오는 창녀의 방에 대한 묘사를 기억할 필요가 있다.
225) L. Fiaux, *Les maisons de tolérance*…, p.50.
226) *Ibid.*, p.263.
227) Cf. E. de Goncourt, *Les filles Elisa*, G. de Maupassant, *L'Ami Patience*.
228) Macé, *op. cit.*, p.266, docteur Reuss, *op. cit.*, pp.122 sq.
229) Docteur Reuss, *op. cit.*, p.124.
230) L. Fiaux, *La police des mœurs*…, 1888, p.184.
231) 이 점에 있어서 에네껭[Rapport cité, p.112]은, 여러 조례가 여경영자들에게 7월 14일의 〈장식등의 설치나 조명〉을 금지시켰다고 쓰고 있다.
232) 대단히 드문 경우이기는 하지만 기록이 보존되어 있는 리용의 세 창가에서 이런 일이 있었다는 사실을 기억해야 한다.[본장의 주 190) 참조]
233) Arch. Nat., BB 385. Cité par Pierre Arches, *Une ville et son maire, Parthenay en 1872*, 1975, pp.34-35.
234) 본서 p.135 참조.
235) 본서 p.404 참조.
236) G. de Molinari, *La viriculture*, p.156.
237) Lion Murard et Patrick Zylberman, *Le petit travailleur infatigable*, passim.
238) *Op. cit.*, p.152.
239) Arch. dépt. Var, 8 M 52.
240) 본서 pp.126-127.
241) L. Fiaux, *Rapport… au conseil municipal*, p.372.
242) 이것은 시위원회에서 꾸에가 행했던 발언에 의거한 것이다.
243) Docteur Jeannel, *op. cit.*, p.203
244) Arch. dépt. Bouches-du-Rhône, M 6 1747.
245) Arch. dépt. Bouches-du-Rhône, M 6 3336.
246) 이 구역은 특히 레꼴레뜨 가와 뛰바노 가, 르매트르 가, 박물관, 마자그랑 가, 그리고 떼아트르-프랑쎄 가와 세낙 가를 포함하고 있던 구역이었다.
247) Arch. dépt. Bouches-du-Rhône, M 6 4817[A].

248) Arch. dépt. Charente-Inférieure, 6 M 415.
249) Arch. dépt. Meurthe-et-Moselle, 4 M 134.
250) 리용의 세 창가에 관계된 부분은 주 190) 참조.
251) Docteur Reuss, op. cit., p.72.
252) 이것은 1865년 당시 병원에 대한 조사에서 나온 결과이다. Arch. Nat., F[20] 282.
253) 1882년[cf. Y. Guyot, op. cit., Annexes pp.486-555] 당시 이러한 제외사항은 대표적인 예로서 몽뻴리에와 렝스, 브레스트, 샬롱, 낭뜨, 니요르, 쌩-깡뗑, 뽀, 트로와에 있던 공제조합에서 실행되고 있었다. 조합의 이러한 조항은 대개 알콜중독자와 폭력의 희생자에게도 해당되었다.
254) 마그레벵의 매춘부들이 검경할 때 붙여 준 이름. M. Moty 〈prophylaxie des maladies vénériennes〉, *Echo médical du Nord.* 17 août 1902, p.391.
255) Docteur Reuss, op. cit., p.291.
256) Docteur Jeannel, op. cit., p.178.
257) Cf. Y. Guyot, op. cit., pp.302-303 et dans l'ensemble des ouvrages du docteur L. Fiaux, passim. 『진찰용의 길다란 의자는 그녀에게 공포와 수치심을 안겨 준다』라고 졸라는 나나에 대해서 쓰고 있다.[La Pléiade, p.1315] 롭스는 더욱 분명한 방법으로 검경의 사용에 대한 개념을 상기한 바 있다.
258) Docteur H. Mireur, *La prostitution à Marseille,* p.244.
259) Y. Guyot, op. cit., p.489.
260) L. Fiaux, *La police des mœurs*…, 1888, pp.184 sq. 1882년에 실시된 귀요의 조사는 가장 회수가 잦은 의료검진에 대해서 이루어졌다는 사실을 보여 준다.
261) Hennequin, rapport cité, p.114.
262) Docteur H. Mireur, *La prostitution à Marseille,* p.243.
263) Rapport du service de santé, Arch. dépt. Finistère, série M, non classé.
264) Docteur H. Mireur, *La prostitution à Marseille,* p.246.
265) *Ibid.*
266) Hennequin, rapport cité, p.116 sq. 어떤 도시들, 예를 들면 그르노블과 같은 곳에서는 매춘부들이 입원할 경우에도 창가의 여자영자들에게 세금의 부분적인 부담을 요구했다. 오를레앙에서는 매춘부가 치료비로 하루당 2프랑을 지불했다.[H. Hayem, art. cit., p.260]
267) Arch. dépt. Seine-Inférieure, 4 M P 4564.
268) 본서 p.58 참조.
269) Docteur H. Mireur, *La prostitution à Marseille,* pp.100 sq.
270) Y. Guyot, op. cit., annexes, p.523.
271) Cf. L. Fiaux. rapport cité au conseil municipal de Paris, p.417 ou E. Richard, op. cit., p.124.
272) L. Fiaux, *ibid.*
273) Y. Guyot, op. cit., p.294.
274) Cité par Guyot, op. cit., p.293.
275) Y. Guyot, op. cit., p.295 et Pr. A. Fournier, passim.
276) 여러 규칙들이 고객을 끌어들일 때 매춘부들의 모자 착용을 금지하고 있었는데, 그럴수록 그녀들은 더욱더 모자에 집착을 보였다.
277) Docteur Patoir, art. cit., p.425.
278) Cf. docteur Garin, op. cit.

279) 꼬를리외 박사의 저서 *La prostitution à Paris* 속에 이것에 대한 분명한 논술이 있다. pp.100 sq.
280) syphilisation이란 용어는 여기서 매독의 發症(발증)을 의미하는 것이지, 예를 들어 오지아스-뛰렌느 박사가 실시했던 자발적인 매독균의 접종을 의미하지는 않는다.
281) Arch. dépt. Bouches-du-Rhône, M 6 336.
282) Docteur Maireau, *Syphilis et prostituées*…, p.78.
283) 〈Les vénériennes de Saint-Lazare〉, *Revue de médecine légale*…; 1900, pp.81 sq.
284) Professeur Barthélemy, art. cit., *Revue de médecine légale*…, 1900. 그가 얻어낸 결과는 신뢰할 수 없는 것이다. 바르멜레미 교수의 결과를 믿으려면, 매춘부의 매독 발증연령은 여성 성병환자의 평균 발증연령보다는 분명히 늦어야 할 것이다.[cf. à ce propos les travaux d'Edmond Fournier, cités p.389]
285) *Bulletin de la Société française de prophylaxie sanitaire et morale*, 1909, p.127.
286) Titre de l'article du docteur Langlet, *Union médicale et scientifique du Nord-Est*, 30 juillet 1905.
287) *Op. cit.*, pp.310 sq. 이브 귀요는 그 자신이 제시하는 시간표 속에서 일반 구금자들과 성병환자들을 뒤섞어 놓았던 것 같다.
288) 이것은 뢰쓰 박사가 제시했던 사항들이다. *op. cit.*, pp.336 sq.
289) Corlieu, *op. cit.*, p.63. 알다시피 치료법은 병원에 따라 달랐다. 이브 귀요의 조사결과는 뎅게르프, 발랑씨엔느, 쌩-깡맹에 관계되는 상세한 사항을 참조할 것.
290) *Op. cit.*, p.312.
291) *Op. cit.*, p.338.
292) *Op. cit.*, p.312.
293) *Op. cit.*, p.69.
294) Docteur Corlieu, *op. cit.*, p.70.
295) Docteur Garin, *op. cit.*, p.40. 1888년, 다시 말해 제도의 개혁이 이루어진 이후 피요는 여성 성병환자를 위한 2백44개의 침대와 92개의 남성 환자용 침대에 대해서 언급한 바 있다.[*La police des mœurs*…; 1888, p.760]
296) Docteur Garin, *op. cit.*, p.31.
297) Docteur H. Mireur, *La prostitution à Marseille*, p.313.
298) Docteur L. Fiaux, *La police des mœurs*, 1888, p.760.
299) Docteur H. Mireur, *La prostitution à Marseille*, p.319.
300) Cité par le Docteur L. Fiaux, *La police des mœurs*, t. I, p.434.
301) 빠리의 루르씬느 병원에서는 독방이 A. 푸르니에 박사에 의해서 폐지될 때까지 존속하고 있었다.[L. Fiaux, *La police des mœurs*, 1888, p.776] 그러나 귀요의 조사결과를 보면, 1882년 당시 루앙과 발랑스의 성병환자들은 치료를 잘 받고 있었다는 생각을 해볼 수 있다. 루앙의 매춘부들의 평균치료기간은 당시 42일이었다.[Y. Guyot, *op. cit.*, annexes, pp.492-493 et 544]
302) Professeur Louis-Spillman et J. Benech, *Du refuge à la Maison de Secours*, 1914.
303) 에띠엔느 박사[*Etudes sur la prostitution*(매춘에 관한 연구), Nancy, 1901, p.14]에 따르면, 1882년부터 1885년까지 그 수도원에 억류된 매독환자의 평균수효는 1백22명에 달했다.
304) Docteur L. Spillmann, *L'évolution de la lutte contre la syphilis*(매독 투쟁에 대한 진보), pp.2-3.
305) *Ibid.*, p.5.

306) *Ibid.*, p.5.
307) Professeur Bourneville, 〈Quleques notes sur l'hospitalisation des vénériens de province〉, *Le Progrès médical*, 1887. 그 잡지 속에서 시작된 캠페인이 반교권적인 범주에 속한다 해도, 그의 증언은 대단히 확실한 것임에 틀림없다. 이 점에 대해서는 *La Province médicale*, 1887년 3월호의 비판을 참조할 것.
308) *Loire médicale*, 1887, n° 4, p.103.
309) *Ibid.*
310) *La Province médicale*, n° 13, 26 mars 1887, p.208.
311) M. Perrot, 〈1848, révolution et prisons〉, *Annales historiques de la Révolution française*, juill.-sept., 1977, p.321.
312) Docteur Bourneville, art. cit., 1887, 1re partie, p.431.
313) *Ibid.*
314) Art. cité, 1887, 2e partie, p.53.
315) Rapport du directeur du cours d'accouchement, Arch., dépt. Finistère, série M, non classé.
316) Docteur H. Homo, op. cit., p.27.
317) Lettre du docteur Viator au professeur Bourneville, *Progrès médical*, 1887, 2e partie, p.52.
318) *Le Progrès médical*, 1887, 2e partie, p.69
319) Docteur Patoir, art. cit., p.424.
320) Docteur Reuss, op. cit., p.414.
321) Y. Guyot, op. cit., Annexexs, p.488.
322) Docteur Langlet, art. cité, p.154.
323) *Le Progrès médical*, 1887, 1re partie, p.232.
324) Hennequin, rapport cité, p.115.
325) 이것에 대한 정의는 19세기를 통해서 변화하게 된다.
326) Cf. Vivien, *Etudes administratives*, t. II, pp.216-219, Batbie, *Traité de droit public et administratif*. Faustin-Hélie, *Théorie du code pénal*, t. III, p.104.
327) *Le Moniteur*, n° 192, 12 germinal an V.
328) 본서 p.390.
329) 1872년 3월 28일 레옹 르노의 빠리 시의회에서의 중재와 1876년 11월 30일 봐젱의 중재, 그리고 1879년 4월 28일 풍속담당 경찰위원회에서의 노뎅의 중재를 참조할 것. 또한 뢰쓰 박사의 저서 속에 전개된 논술을 참조할 것.
330) 1884년에 제정된 법 이전에 뵈뇨(1814)와 아르구(1833), 델랑글(1859)의 문서를 참조할 것.
331) Cf. docteur Reuss, op. cit., p.353.
332) 1872년 3월 28일 레옹 르노가 반복했으며, C.-J. 르꾸르[*La prostitution à Paris*(빠리의 매춘), p.40]에서 반복된 논술.
333) 레오 딱씰의 작품[*La prostitution contemporaine*(현대의 매춘), p.397] 중에서 총체적으로 인용.
334) *Ibid.*
335) *Ibid.*
336) 예를 들면 조르쥬 마르땡은 1월 25일자 회의의 보고서를 1883년 2월 8일의 *Bulletin municipal de la ville de Paris* 속에 게재했다.
337) 이것에 대한 상세한 열거는 L. 퓌요의 저서[*La police des mœurs*…(풍속경찰), t. I, p.59 sq.]

속에 나타나 있다.
338) 본서 p.338.
339) 이것은 1881년 3월 9일에 발효된 조례에 따른 것이다.
340) 마찬가지로 1883년 10월 25일 사복형사에 관한 명령서 제10조가 그대로 존속했다.
341) Guyot, op. cit., p.131.
342) 본서 p.337.
343) Docteur Reuss, op. cit., p.418.
344) Ibid., p.407.
345) Docteur H. Mireur, La prostitution à Marseille, chapitre III.
346) Docteur Reuss, op. cit., p.377.
347) Op. cit., p.145.
348) Cf. M. Perrot, Les ouvriers en grève, t. I, p.182.
349) 본서 p.157 참조. 이러한 움직임은 전국적인 규모의 보수진영과 가톨릭진영의 반격 시점이 일치하고 있다.
350) 노동자에 대한 탄압의 상황 속에서도 이러한 감소현상이 나타나고 있다. Cf. M. Perrot, op. cit., t. I, p.182.
351) Op. cit., p.295.
352) Y. Guyot, op. cit., Annexes, p.491.
353) Rapport du commissaire central, 1884. Arch. dépt. du Nord, M 201.
354) Arch. dépt. Bouches-du-Rhône, M 6 4817[A].
355) 2만 1천9백43명의 매춘부에 대해 언급하는 것은 그러나 적당치 않다. 왜냐하면 수 차례 감금된 매춘부들이 수없이 많기 때문이다.
356) Arch. dépt. Var, 8 M 52.
357) 각 도의 기록보관소가 보존하고 있는 수인들의 명부에 대한 체계적 분석만이 그것을 밝혀 줄 것이다.
358) L. Fiaux, La police des mœurs…, t. II, p.217.[Remarque de M. Auffret à la commission extra-parlementaire]
359) Arch. dépt. Bouches-du-Rhône, M 6 1747.
360) Arch. dépt. Bouches-du-Rhône, M 6 3336.
361) 본서 p.59 참조. 매춘부들을 그들만의 〈소굴〉에 가두어 놓자는 개선책이 1877년 당시 경찰서장에 의해 요구되었다.[Arch. dépt. Bouches-du-Rhône, M 6 4816]
362) 이 유치장에 대한 정확한 기술을 다음의 저서들에서 찾아볼 수 있다. docteur Reuss, op. cit., p.374; Guyot, op. cit., pp.136 sq; Cte d'Haussonville, art. cité, pp.900 sq.
363) Cf. rapport Guyot, au conseil municipal, 19 octobre 1880.
364) Coffignon, op. cit., p.246.
365) Cte d'Haussonville, 〈Le combat contre le vice.〉 p.809.
366) 이것은 디츠 서장의 말을 믿는다는 것을 전제로 한다. Arch. dépt. Bouches-du-Rhône, M 6 3336.
367) Coffignon, op. cit., p.248.
368) Docteur H. Mireur, La prostitution à Marseille, pp.204 sq.
369) Rapport du commissaire central, 24 mars 1902.

370) 막씸 뒤 깡[op. cit., pp.439 sq.]은 매춘부들의 심문에 관한 놀라운 묘사를 남겨 놓았다.
371) Docteur Reuss, op. cit., p.373.
372) Cité par L. Fiaux.
373) E. Richard, op. cit., p.135 et L. Fiaux, rapport cité, pp.389 sq.
374) Docteur Reuss, op. cit., p.376.
375) 사실 그들은 자신들의 반달치 봉급으로 식당에서 〈소량의 술종류〉, 즉 커피와 우유, 그리고 한 잔의 포도주를 마련한다.[Docteur Reuss, ibid.]
376) 이 점에 대해서 Y. 귀요와 E. 리샤르[op. cit.]는 의견을 같이하고 있다.
377) E. Richard, op. cit., p.136.
378) Maxime du Camp, op. cit., p.444.
379) 1875년 조례.
380) E. Richard, op. cit., p.137. 이것은 1886년 런던에서 열렸던 공창제폐지론자 회의에 제출한 까롤린 드 바로의 보고서에서 영감을 얻은 것이다.
381) 20세기의 쌩-라자르 의료형무소 문제에 관해서는 본서 p.400을 참조할 것.
382) Rapport préfectoral, 18 février 1887. Arch. dépt. Seine-Inférieure, 4 M P 4565.
383) Docteur Reuss, op. cit., p.419.
384) Hennequin, rapport cité, p.123.

제II부 감금에서 행위의 감시까지

제3장 규제주의 계획의 실패, 혹은 유혹에 대한 환상

1) 이 그래프는 L. 피요의 저서 Les maisons de tolérance…[p.343 sq]와 특히 La police des mœurs[t. II, pp.907-908]에 제공된 수치들에 의거해서 작성된 것이다. 이 저자는 F. 에네껭이 자신의 보고서 작성을 위해 모아 놓은 자료들을 이용했다.
2) 빠뽜르 박사가 이러한 감소현상을 강조했다.[art. cité, 1902, p.379] 그러나 빠뽜르 박사는 공인창가의 수효 감소로 인해, 그때까지 존속하고 있던 창가들 사이에 매춘부들의 더 빠른 회전현상이 나타난다는 사실을 환기시켰다. 릴에서는 이후부터 『연간 2백 명에서 2백20명에 이르는 매춘부들이 여러 창가를 회전하게 되었다.』
3) Rapport au préfet. Arch. dépt. Finistère. Série M.[non classé]
4) 예로서 벨기에와 러시아의 대도시들에서도 마찬가지 현상이 일어났다.
5) 다시 말해서 이 9개 도시는 리용과 보르도, 루앙, 똘루즈, 렌느, 아미엥, 리모즈, 디종, 그리고 부르주이다.
6) Cf. Carlier, op. cit., pp.146 sq.
7) 이 도표는 1902년의 조사 때 제공된 정보에 의거해서 작성되었다. 그러나 브레스트와 몽뻴리에에 관계된 수치는 1879년의 조사결과의 수치와도 일치하지 않으며, 피요 박사의 일람표와도 일치하지 않는다는 사실에 주목하자. 공인창가에 대한 정확한 개념의 차이 때문에 수치가 일치하지 않은 것 같다.
8) H. Hayem, art. cit., pp.260-261.
9) 본서 pp.250-251.
10) 본서 p.220.
11) Cité par L. Fiaux, La police des mœurs…; t. II, p.213.

12) 이 점에 관해서는 L. 피요 박사의 저서 *La prostitution cloîtrée*(갇혀 있는 매춘), p.86 참조.
13) Cf. Arch. préfect. de police. B A 1689 et Arch. dépt. Bouches-du-Rhône, M 6 6574.
14) *Op. cit.*, p.147. 이것에 관한 흥미로운 문서들이 국가보존기록문서 F 7 9304-5의 관계자료 속에 들어 있다.
15) 본서 p.193.
16) Arch. préfect. de police. B A 1689.
17) *Ibid.*
18) *Ibid.*
19) Arch. dépt. Bouches-du-Rhône, M 6 3336.
20) Arch. dépt. Meurthe-et-Moselle, 4 M 135.
21) 생각해 보면 이것은 위법이었다.
22) *Ibid.*
23) Arch. dépt. Meurthe-et-Moselle, 4 M 134.
24) Arch. dépt. Var, 8 M 52.
25) *Ibid.*
26) 여러 저서들 특히 샤를르 리샤르 소령의 *La prostitution devant le philosophe*(철학자 앞에서의 매춘)[1881] 속에서 이러한 이상향에 대한 영속성을 보여 주고 있다.
27) Regnault, 〈De l'évolution de la prostitution〉, *La France médicale*, 1892, p.565.
28) 이것은 빠리 시의회가 구성한 위원회에서 뽈 뒤보와가 행했던 진술이다.
29) A. Champon, art. cité.
30) Arch. dépt. Meurthe-et-Moselle, 4 M 135.
31) L. Fiaux, *Les maisons de tolérance*…, p.256.
32) *Ibid.*, p.230.
33) Docteur Regnault, art. cité, p.547.
34) 모빠쌍이 자신의 작품 *Le Port*(항구) 속에 남겨 놓은 그 구역의 거리들에 대한 활기찬 묘사를 상기해 볼 것.
35) Rapport du sous-préfet au préfet, 4 juillet 1907, Arch. dépt. Hérault, 62 M 8.
36) *Ibid.*
37) *Ibid.*
38) Meunier, *Annexes au rapport de M. Hennequin*, rapport, pp.421 sq.
39) Meunier, rapport cité, p.424.
40) *Ibid.*
41) L. Fiaux, *La police des mœurs*, t. I, p.214.
42) L. Fiaux, *Les maisons de tolérance*…, p.179.
43) *Ibid.*, p.180.
44) 회전테이블은 세기초부터 사용되고 있었다. cf. *Mémoires de Canler*, cité par Léo Taxil, *La prostitution contemporaine*(현대의 매춘), pp.168 sq. 이러한 광경들은 지방의 공인창가들에서도 펼쳐졌지만 이내 스캔들을 불러일으켰다. 1911년 9월, 쌩-미이엘에 주둔해 있던 몇몇 장교가 여자 친구들을 대동하고 한 창가를 찾아든다. 그들은 두 매춘부의 옷을 벗기고 매트에 함께 누워서 음란한 짓을 벌이기로 결정한다. 그들은 창가에서 밤을 보내고 샴페인으로 건배를 한 후 새벽이 되어서야 그곳을 떠났다.[Rapport du procureur général de la Cour de Nancy, 16 septembre 1911,

Arch. Nat. BB 18 2466] 예심과정에서 판사들은 장교의 여자 친구들이 정신이상자가 아니었나 하는 불안감을 느끼고 있었다.
　La fille Elisa(매춘부 엘리사)의 원고 속에는 원래 벌거벗은 매춘부가 부여사장에게 채찍으로 얻어맞는 장면이 들어 있었는데, 작가는 이 부분을 삭제했다.[Cf. R. Ricatte, *op. cit.*, pp.213-215]
　45)L. Fiaux, *Les maisons de tolérance*…, pp.182-183.
　46)경찰의 여러 보고서는 이러한 행위에 사용되는 특수한 개들의 존재를 확인해 주고 있다. cf. Arch. préfect. de police, BA 1689. 프로방스 가 6번지에 관한 1893년 10월 11일자 보고서. 부글레 박사는 자신의 저서[*Les vices du peuple*(민중의 악덕들), Paris, 1888] 속에서 수간에 대한 사항을 길게 언급했다. 이 저서는 초규제주의로부터 영향을 받은 것이었다.
　47)L. Fiaux, *Les maisons de tolérance*…, p.165.
　48)Léo Textil, *op. cit.*, p.165. 이 책 가운데 매춘부들이 벌였던 행위의 형태들이 대단히 정확하게 묘사되어 있다. 회초리와 같은 기구들이 뽈 뫼니에가 인용한 보고서 p.157 속에서도 정확하게 묘사되고 있다.
　49)L. Fiaux, *Les maisons de tolérance*…, p.165. 까를리에도 이 기구들을 언급하고 있다.[*op. cit.*, p.102] 길다란 바늘, 뾰족한 핀이 박혀 있는 가죽끈, 매듭으로 된 밧줄 등이 언급된다. 이 모든 것이 말라붙은 피로 얼룩져 있다.
　50)L. Fiaux, *Les maisons de tolérance*…, p.166.
　51)Léo Taxil, *op. cit.*, p.167.
　52)L. Fiaux, *Les maisons de tolérance*…, ibid.
　53)Léo Taxil, *op. cit.*, p.166.
　54)Cité par L. Fiaux, *Les maisons de tolérance*…, p.162.
　55)Léo Taxil, *op. cit.*, p.165.
　56)Docteur Paul Dubois, déposition citée.
　57)Léo Taxil, *op. cit.*, p.171.
　58) Cf. les ouvrages d'histoire du comportement biologique cités dans la bibliographie.
　59)예를 들면 깡레르와 까를리에가 그것을 증명하고 있다.
　60)Cf. le mémoire de maîtrise de M. Callu, *Approche critique du phénomène prostitutionnel parisien dans la seconde moitié du XIXe siècle par le biais d'un ensemble d'images : œuvres de Constantin Guys, Félicien Rops, Gustave Moreau*, Tours, 1977.
　61)이 점에 대해서는 G. 들뢰즈의 다음 저서를 참조할 것. *Présentation de Sacher-Masoch : le froid et le cruel*, 1973.
　62)Krafft-Ebing, *Psychopathia sexualis*.
　63)Michel Foucault, *La volonté de savoir*, pp.69-99.
　64)Docteur Homo, *op. cit.*, p.70.
　65)*Ibid.*, p.69.
　66)H. Turot, *Le prolétariat de l'amour*, p.181.
　67)Publiées par H. Turot.
　68)J. K. Huysmans, *À rebours*, collect. 10-18, 1975, pp.136-140.
　69)Carlier, *op. cit.*, pp.20 sq.
　70)*Op. cit.*, p.164.
　71)Cf. A. Dumas fils. *Théâtre complet*, t. I, préfaces inédites.

72) Cf. Coffignon, op. cit., p.142.
73) Ibid. p.143.
74) A. Dumas fils, préfaces inédites.
75) 예를 들면 오모 박사의 경우가 이에 해당된다. op. cit., p.52.
76) 그는 『성관계를 전문으로 하는 직업』 즉 『금전적인 보상이 뒤따른다면 누구든지와 성교섭을 하고…… 수많은 사람들과의 숏타임의 성교섭에 의존해서 살아가는 모든 여자들』을 매춘부로 간주한다.[op. cit, pp.43-44]
77) Docteur L. Butte 〈Syphilis et prostitution〉, 1890.
78) 그녀들에 대한 등록의 의무화를 요구했던 오모 박사[op. cit, p.52]도 자신의 매춘연구에서 가짜 부인으로 간주하고 있던 첩들을 제외시켰다.
79) 본서 pp.54-55.
80) F. 까를리에가 찬양했던 방법으로 E. 리샤르[op. cit., p.60]가 행했던 계산. 〈Etude statistique sur la prostitution clandestine〉(비밀매춘에 관한 통계적 연구), Annales d'hygiène publique, 1871, t. XXXVI, p.302.
81) 본서 pp.54-55.
82) C. J. Lecour, La prostitution à Paris et à Londres…, p.120. 저자가 공창들의 수효를 총계 속에 포함시켰다는 사실을 기억하자.
83) Docteur L. Fiaux, Rapport au nom de la commission spéciale…, p.378.
84) Déclaration à la commission formée par le conseil municipal, 2ᵉ séance, p.25.
85) Op. cit., p.9.
86) Cité par E. Richard, op. cit., p.58.
87) Lassar, Die Prostitution zu Paris, Ein Bericht, 1892.
88) Op. cit., p.60. 같은 해에 미롱은 빠리에 2만 4천 명의 공창이 있었고, 스트롬베르는 2만 명이 존재한다고 확신했다.[cité par le docteur P. E. Morhardt, Les maladies vénériennes et la réglementation de la prostitution(성병과 매춘의 규제), pp.113-114]
89) Docteur Lutaud, 〈La prostitution patentée…〉, Journal de médecine de Paris, juin 1903, p.229.
90) Bull. de la Soc. fr. de Prophylaxie. et morale, 1905, p.189.
91) Bull. de la Soc. fr. de Prophylaxie. et morale, 1908, p.9.
92) 본서 pp.68-69.
93) Op. cit., p.9. 이 조사의 제반 상황에 관해서는 본서 p.69 참조.
94) Docteur Mireur, La prostitution à Marseille, p.217. 더욱 신뢰도가 떨어지고 실제적으로 모든 관심이 결여된 제 평가들이 17개의 시에서 나왔다. 이 계산들은 이브 귀요가 1881년 당시 사창의 수효에 관한 질문서를 여러 도시에 보내어 협조를 요청했던 것에 대한 결과였다. 이 점에 있어서 질문서를 받은 제 도시들 중 절반이 비밀매춘부의 수치를 측정하는 것이 불가능하다는 견해를 보였다는 사실을 주목해야 한다.
앙리 아이양은 자신의 조사를 끝끝내고서 1903년 당시 마르세유에 2천 명의 사창이, 낭시에는 1천5백 명의 사창이, 그르노블에는 1백50에서 2백 명 정도의 사창[art. cité, p.254 et p.256]이 존재한다고 확신했다. 1907년에 E. 에르미뜨 박사[Prostitution et réglementation sanitaire de la police des mœurs à Grenoble(매춘과 그르노블 풍속경찰의 위생규제), p.9]는 마르세유에서 1천 명에서 1천2백 명에 이르는 사창들이 활동하고 있다고 평가했다.
95) E. 리샤르가 생각하던 것이 바로 이것이다. op. cit., p.64.

96) Docteur Martineau, *La prostitution clandestine*, p.4.
97) 다음의 저서들 속에서 생생하고 정확한 묘사를 발견할 수 있다. 제2제정의 경우 까를리에, *op. cit.*, 1ⁱᵉ partie, chapitre II와 델보의 전집. 그 이후의 시기에 관한 것으로는 마쎼의 작품 *op. cit.*, passim, 꼬피농, *op. cit.*, pp.122 sq. 앙드리외, *Souvenirs d'un préfet de police*(어느 경찰서장의 추억담), passim, 고롱, *Les industries de l'amour*(사랑의 산업들), 비르매트르, *Trottoirs et lupanars*(보도와 창가들), pp.143 sq. 문학작품 속에서는 삐에르 드 라노의 작품, 즉 알렉상드르 뒤마의 흥미로운 서문과 클레망소 사건이 적혀 있는 화류계 여자의 관심을 강조할 수 있다. 이 소설의 여주인공 이자는 화류계의 여자로서 자신의 남편 몰래 매춘활동을 벌인다.
98) 수많은 예들이 C. J. 르꾸르의 *La prostitution à Paris*(빠리의 매춘) 속에서, 그리고 쟈넬 박사와 레오 딱실[*op. cit*, p.211]에 의해 인용되었다.
99) 삐에르 드 라노의 소설에 등장하는 베르떼 드 라 삐에르-따이야드에게는 아드리엥 다르봐라는 정부가 있었는데, 그는 내각의 수상이자 내무장관의 신분이었다.
100) 아들린느 도마르가 표현한 의미. 학위청구 논문에서 인용.
101) Léo Taxil, *op. cit.*, pp.210 sq.
102) Docteur Reuss, *op. cit.*, p.422.
103) 본서 p.227. 졸라가 *La Curée*(관직다투기)에서 묘사했던 시도니 루공의 행위가 바로 이러한 변화를 설명해 주고 있다.
104) 마지막으로 고롱의 작품에서 상당히 다행스런 자격을 되찾는다.
105) P. Alexis, *La fin de Lucie Pellegrin*.
106) P. de Lano, *op. cit.*, préface, p.VII. 화류계 여자들의 이 엄숙한 양상은 문학적 성공의 토대가 되었다. 쾌락의 분배자이며, 동시에 대리석처럼 차가운 도저히 이해할 수 없는 수수께끼의 존재, 스핑크스를 닮은 화류계 여자는 여성의 상반되는 성격을 상징하고 있다. 그밖에도 뿔 드 쎙-빅또르[cité par H. Mitterand, *Nana*, La Pléiade, p.1689]가 강조하고 있듯이, 화류계 여자들의 사회는 남성 부르주아들에게 있어서 해프닝이라고 말할 수 있는 예기치 않은 세계를 형성하고 있다.
107) 알다시피 이것은 1884년 이후의 현상이다.
108) 이것에 관해서 뢰쓰 박사가 통계수치를 제공했다.[*op. cit*, p.371] 부슈-뒤-론의 보존기록문서들에[M 6 2458] 풍기문란으로 추방된 외국 여성들에 대한 흥미로운 서류묶음이 들어 있다.
109) 이것은 또한 뢰쓰 박사의 의견이기도 하다. *op. cit.*, pp.169 sq.
110) 이것도 역시 아들린느 도마르가 이해하고 있는 의미를 차용했다. 학위청구 논문에서 인용.
111) 에드몽 드 공꾸르와 쥘 드 공꾸르도 이와 같은 호칭을 *La lorette*(매춘부) 속에서 사용했다.
112) 죠안나 리샤르송의 작품 속에서 아름다운 사진자료집을 볼 수 있다. *Le demi-monde au XIXᵉ siècle en France*, *Les courtisanes*(19세기의 화류계, 고급매춘부들), 1968.
113) Gavarni, Daumier, Granville pour une période antérieure, puis Mars, Stop et Grévin.
114) *Nana*, La Pléiade, pp.1165-1195.
115) Macé, *op. cit.*, p.103 sq.
116) Coffignon, *op. cit.*, p.133. 막썸의 젊은 정부 실비아[*La Curée*(관직다투기)]는 졸라의 세계 속에서 이런 카테고리에 속하는 매춘부들을 대표한다.
117) Coffignon, *op. cit.*, p.127.
118) Cf. Léo Taxil, *op. cit.*, p.211.

119) Macé, op. cit., p.67.
120) A. Armengaud, Les populations du Sud-Est aquitain à l'époque contemporaine, p.284.
121) J. 드뽀가 앙샹-레짐의 말기에 행했던 연구와 같이, 19세기의 이 현상에 대한 정확한 연구자료가 불행하게도 결여되어 있다. 〈Amour illégitime et société à Nantes au XVIIIe siècle.〉 Annales. Economies, Sociétés. Civilisations, juill.-oct. 1972, pp.1155-1182.
122) Cf. 본서 p.268.
123) 위스망은 자신의 작품 Marthe(마르뜨)와 Les sœurs Vatard(바따르 자매) 속에서 이 대화를 훌륭하게 묘사해내었다.
124) 마르뜨의 경우에는 아파트에 몇 개월 동안 머물렀지만, 반대로 씨프리엥[Les sœurs Vatard]은 쎌린느에 대해서 더욱 인색하게 굴었다.
125) L. Puibaraud, Les malfaiteurs de profession, p.112.
126) J. Vidalenc, Le département de l'Eure sous la Restauration, p.494.
127) Docteur Reuss, op. cit., p.423.
128) Ibid., p.416.
129) Rapport du commissaire spécial, 12 novembre 1885. Arch. dépt. du Nord, M 201/13. 1885년에 르 마뗑紙는 이 사건에 관한 기사를 다루었다.
130) Cf. 본서 pp.300-301.
131) Yves Guyot, op. cit., annexes, p.552.
132) A. Corbin, Archaïsme et modernité en Limousin…, t. I, p.113.
133) G. Désiré-Vuillemin, 〈Une grève révolutionnaire: les porcelainiers de Limoges en avril 1905.〉 Annales du Midi, janv.-mars 1971, pp.54 sq.
134) Maurice Barrès, Les déracinés, éd. 1965, p.110. 발작은 『악은 여기에서 부자를 가난한 사람과 영원히 접합시켜 놓는다』라고 빠리에 관해서 강조하고 있다.[Splendeurs et misères…, p.826]
135) 이것에 관해서는 위스망 작품의 주인공들의 태도가 분명한 예를 보여 주고 있다.
136) 일반민중 출신 여성의 비통한 상처는 위스망과 샤를르-루이 필립 작품들의 중심사상이 되고 있다.
137) Docteur Homo, op. cit., p.179.
138) Docteur Reuss, op. cit., p.413.
139) Cf. infra les maisons de rendez-vous, p.259.
140) Docteur H. Mireur, La prostitution à Marseille, p.216.
141) Op. cit., p.21.
142) Coffignon, op. cit., pp.109 sq.
143) E. Richard, op. cit., p.63.
144) Nana, La Pléiade, p.1312.
145) Bubu de Montparnasse, Le Livre de poche, pp.107-109.
146) L'Assommoir, La Pléiade, p.771.
147) Coffignon, op. cit., pp.110 sq.
148) Macé, op. cit., p.58.
149) Coffignon, op. cit., p.111.
150) Ibid., p.112.
151) Ibid., p.115.

152) Martineau, *op. cit.*, p.81.
153) Virmaître, *Trottoirs et lupanars*, p.139.
154) 이것은 O. 꼬망쥬 박사의 견해에 따른 것이다. *op. cit.*, p.123.
155) Virmaître, *Trottoirs*…, pp.151. 모빠쌍도 자신의 작품 *Bel Ami*(벨 아미) 속에서 이것을 회상했다.
156) Carlier, *op. cit.*, p.23과 특히 오쏭빌 백작의 〈L'enfance à Paris〉(빠리에서의 어린시절), *Revue dss Deux-Mondes*, 15 juin, 1878, p.898.
157) 앞에서 기술한 것과 공인창가의 위치에 대한 사항 참조.
158) 민중공간의 핵심은 일반적으로 J. 루즈리가 경찰의 공간, 혹은 방치된 공간[〈Recherche sur le Paris populaire. Espace populaire et espace révolutionnaire: Paris 1870-1871.〉 *Recherches et Travaux*. Institut d'histoire économique et sociale de l'université de Paris I, N° 5, janvier 1977]으로 간주하였던 것에 의거한다.
159) J. Rougerie, art. cité, p.82.
160) 방탕한 여자의 생활태도를 민중의 기본적 항의형태로 간주하지 않는 한에서 그렇다는 것이다.
161) J.-P. Aron, *Le mangeur au XIXe siècle*.
162) J. Gaillard, *Paris, la ville*. Passim.
163) 알르 구역과 보부르 구역에서 현재도 벌어지고 있는 일반대중의 매춘과 성도착적인 매춘이 이것을 증명하고 있다.
164) Virmaître, *op. cit.*, p.140.
165) Docteur Patoir, art. cité, p.421.
166) Léon Bloy, 〈Barbey d'Aurevilly, espion prussien〉(바르베 도르빌리, 프루시아의 첩자), *Sueurs de sang*. 또한 비르매트르의 인용작품 속에서 매춘부들이 사용한 욕설 모음집 참조. p.139.
167) Coffignon, *op. cit.*, p.119은 합승마차에서의 호객을 예로 인용했다.
168) 플로베르가 지적한 것을 전개하면서[『지방에서는 창가의 창문에서 이루어지던 호객이 극장이나 산책에서의 호객으로 대체되고 있다.』 *Madame Bovary*, éd. Garnier, p.130] 에드가 삐슈는 다음과 같이 적고 있다. 『매춘의 주제는 바로 창문의 주제와 밀접하게 연결되어 있다…… 그것은 공인창가와 보도에 대한 일종의 대용품이다.』〈Littératures et cadres sociaux: l'antiféminisme sous le second Empire〉, *Mythes et représentations de la femme*, p.182, note 7.
169) Macé, *op. cit.*, p.78.
170) *Ibid*.
171) *Op. cit.*, p.502.
172) Coffignon, *op. cit.*, p.79.
173) Docteur Reuss, *op. cit.*, p.203.
174) 졸라는 *Nana*[La Pléiade, p.1302] 속에서 경찰의 부속실 침입을 회상한 바 있다.
175) 여기서 바르베 도르빌리의 중편소설 〈La vengeance d'une femme〉(어느 여자의 복수)에서 주인공이 시에라 레온느 후작부인의 수법을 깨닫고 놀라게 된다.
176) Docteur Reuss, *op. cit.*, p.422.
177) Arch. dépt. Bouches-du-Rhône, M 6 3336.
178) 이것에 관해서는 까를리에, *op. cit.*, pp.82 sq와 꼬피뇽, *op. cit.*, pp.80 sq.
179) *Op. cit.*, p.114.
180) Docteur Reuss, *op. cit.*, p.184.

181) Cf. Regnault, *L'évolution de la prostitution*, p.114.
182) 마르세유에 관해서는 본서 p.236 참조.
183) Docteur Reuss, *op. cit.*, pp.424 et 404.
184) Martineau, *op. cit.*, p.97 et Coffignon, *op. cit.*, p.312.
185) Arch. dépt. Haute-Garonne, M 284.
186) *Op. cit.*, p.83.
187) Virmaître, *op. cit.*, p.115.
188) Docteur O. Commenge, *op. cit.*, p.62. 그러나 저자가 부르주아 가정 내에서의 부부생활에 가해지던 모든 위협을 과장하고 있다는 사실에 주목해야 한다.
189) Virmaître, *op. cit.*, p.67.
190) Arch. dépt. Bouches-du-Rhône, M 6 6570 (1). F. 르뇨 박사는 자신의 저서[*L'évolution de la prostitution*(매춘의 진화), p.113] 속에서 〈공중변소〉에서의 매춘을 언급했었다.
191) Arch. dépt. Bouches-du-Rhône, M 6 4817[A].
192) Arch. dépt. Bouches-du-Rhône, M 6 6573.
193) J. 르 야우앙은 빠리 제4구의 유사한 실정에 주목했다.
194) 낭시에 관한 연구에서 비뉴롱 박사는, 때로 단순한 커튼으로 거실과 격리된 가게의 뒷방을 정확히 묘사하고자 애썼다. 『우리는 이 어두운 방에서 주거실로 스며드는 빛을 보았다. 그곳에서 무슨 일이 벌어지는지 쉽게 헤아릴 수 있다. 사람의 소리와 모습이 쉽게 포착되기 때문이다.』[*La prostitution clandestine à Nancy*(낭시에서의 비밀매춘), p.25] 여기에서 우려되는 것은 부부의 성생활이 방을 넘어 타인에게 감지될 수 있다는 사실이다.
195) 페브리에 교수에 의하면, 낭시에서 매독에 걸려 있던 까페 여종업원들 중 5분의 3이 21세 미만이었다.[비뉴롱 박사의 저서 *op. cit.*, p.62에서 인용]
196) Arch. dépt. Var, 8 M 52.
197) Arch. nat. BB[18] 2198.
198) Cf. Pierre Pierrard, *La vie ouvrière à Lille sous le Second Empire*(제2제정하에서의 릴 지역 여공의 생활), pp.281-289.
199) Professeur H. Leloir, 〈La syphilis et les cabarets dans la région du Nord; les brasseurs〉, *Journal des connaissances médicales*, nov. 1887, pp.371-372.
200) H. Hayem; art. cité, p.252.
201) Y. Guyot, *op. cit.*, annexes, p.551.
202) *Ibid.*
203) Arch. dépt. Nord, M 201.
204) H. Hayem, art. cité., p.253.
205) Reuss, *op. cit.*, p.424.
206) Professeur G. Etienne, *Etudes sur la prostitution*, p.13.
207) Arch. nat. BB[18] 2498.
208) Docteur Bergeret, art. *cité, passim.*
209) 도지사에게 보내는 중앙경찰서장의 보고서, Arch. dépt. Hérault, 62 M6.
210) *Ibid.*
211) 이러한 불평들을 특히 잘 드러내 주는 예가 바스띠드-보르도의 주민들에 의해 제공된다.[Arch. dépt. Gironde, 4 M 337] 이 주민들은 띠에르 가에 있던 5개 까페의 주인들을 비난했다.

여러 개의 신문을 끝내고 중앙경찰서장은 1881년 7월 10일 도지사에게 다음과 같은 보고를 했다. 『때로는 고객이 여종업원과 포옹하는 것이 목격되었다. 심지어 어떤 때는 여종업원이 어느 젊은이와 정사를 나누는 광경이 포착되기도 했다. 또 어떤 경우에는 술을 마시던 고객이 자신의 무릎으로 여종업원을 유혹하거나 허리를 껴안는 모습도 확인되었다. 때로는 여종업원들이 젊은이들로 가득 찬 마차에 올라타서 함께 담배를 피우기도 했다. 종종 친근하긴 하지만 때로 외설스런 말소리가 들려오기도 했다.』 26세인 한 도매상인의 말에 따르면, 13세 된 자신의 의붓여동생이 친구 집을 가고 싶어해도 아버지가 허락하지 않는다는 것이었다. 그 이유는 친구 집을 찾아가려면 반드시 이 까페들 앞을 지나쳐야 하기 때문이었다. 도서관을 출입하던 부인네들도 도서관이 까페 부근에 위치해 있었기 때문에 도서관 출입을 그만두어야 했다.

212) Arch. dépt. Charente-Inférieure, M 415, rapport du commissaire central, 1er juillet 1903.
213) 그것은 뢰쓰 박사가 스케치한 틀이다. op. cit., p.277.
214) 책임군의관 데브리와 군의관 뤼들레의 보고에 의하면 몇몇 매춘부들이 벨포르 주둔부대의 병사들을 상대로 5수우, 심지어는 2수우나 4수우의 대가를 받으며 매춘행위를 하고 있었다.[Bull. Soc. fr. de Médecine militaire, 1909, n° 7 et 8]
215) Léon Bloy, 〈La Boue〉, Sueurs de sang, collect. folio, p.128.
216) Ibid. Cf. 마찬가지로 로베르 뮈질의 소설 L'Homme sans qualités(인격 없는 인간) 속에서도 모스브뤼제에게 살해된 하급매춘부가 정확하게 묘사되어 있다.
217) 또 다른 몇몇 군주둔지에서도 비슷한 상황이 일어났는데, 이에 관한 일련의 자료들이 풍부하게 남아 있지 않다. 결국 1889년부터 위생관리의 감시를 위한 각 면간의 조직이 브레스트의 인근지역에서 생겨났다.[Arch. dépt. Finistère, série M, non classé]
218) Arch. dépt. Meurthe-et-Moselle, 4 M 135.
219) 19세의 여종업원에게 매춘을 강요하던 G…라는 경영자가 있었다. 그는 저녁이면 그 여종업원에게 테이블에 올라가 치마를 걷어올려 손님들의 주의를 끌라고 강요했고, 병사들의 음란스런 접촉을 허용하라고 주문하기도 했다. 또한 영성체를 받아오라고 자신의 종업원을 자주 교회로 보내던 G…라는 경영자도 있었다.
220) 전체적으로 볼 때 1백53명의 매춘부가 1백77건의 체포수치를 기록하는 원인을 제공했다.
221) Rapport du commissaire, Arch. dépt. Meurthe-et-Moselle, 4 M 135.
222) 1904년 8월까지 156연대와 160연대가 주둔해 있던 부근의 목장지역 내에 짐마차들이 정차해 있었다. 행정당국의 압력을 받은 나머지 목장의 소유자들은 이때부터 자신의 목장에 짐마차가 정차하는 것을 허가하지 않았다.
223) 1908년 체포 당시 19세였던 뤼씨엔느 G…라는 여자는, 예선회사의 마구간에서 잠을 잤다고 말했다. 그녀는 원래 운하의 둑에서 매춘행위를 하고 있었다. 루이즈 B…라는 여자는 1906년 체포 당시 20세였으며, 운하의 둑에서뿐만 아니라 쥐스띠스의 39포병연대의 연습장 부근에서도 매춘행위를 벌이고 있었다. 그녀는 『널빤지로 만든 오두막으로』 자신의 고객을 상습적으로 끌어들였으며, 『그 오두막은 물랭-르-바스에 위치한 공원 내에 세워져 있었다.』
224) Arch. dépt. Charente-Inférieure, 6 M 415.
225) Docteur Vigneron, op. cit., p.56.
226) Arch. dépt. Hérault, 62 M 8.
227) Arch. dépt. Gironde, 4 M 337.
228) Rapport du sous-préfet de Brest au préfet, 4 octobre 1876. Arch. dépt. Finistère, série M, non classé.

229) Docteur Bergeret, art. cité, p.343.
230) Rapport du sous-préfet de Marennes, 11 avril, 1902. Arch. dépt. Charente-Inférieure, 6 M 415.
231) Arch. dépt. Hérault, 62 M 8. Tableau-réponse à l'enquête de 1902.
232) Arch. dépt. Var, 8 M 52.
233) Résultats de cette enquête, Arch. dépt. Var, 8 M 52.
234) *Ibid.*
235) *Ibid.*
236) 그러나 어떤 예외적인 경우가 있었다. 18세와 21세의 두 매춘부가 있었는데 그 중 한 여자는 과부가 된 일일노동자였으며, 지롱드 도의 깡뜨낙 면에 있는 마떼우 마을에 살고 있었다. 이 두 여자는 자신들의 집으로 무리지어 찾아오는 젊은이들에게 몸을 팔곤 했다.[Rapport de la gendarmerie de Cantenac. Arch. dépt. Gironde, 4 M 337]
237) *Op. cit.,* p.15. F. 르뇨 박사도 같은 의견을 피력했다. *L'évolution de la prostitution,* p.89.
238) *Ibid.,* p.17.
239) *Ibid.,* p.15.
240) 1907년 11월 23일에 접수된 창녀의 금품갈취에 대한 진정서를 보게 되면, 결혼하여 부브롱에 가정을 이루고 있던 농업 일용노동자 샤를르 F…가 정기적으로 뚤에 드나들면서 28세의 매춘부 쎌린느 M…과 『침대 위에서 사무를 본』 했다.는 사실을 알게 된다. Arch. dépt. Meurthe-et-Moselle, M 134.
241) Cf. Lion Murard et Patrick Zylberman, *op. cit.*
242) 브리에의 특수경찰 보고, 7 juillet 1908, Arch. dépt. Meurthe-et-Moselle, 4 M 134.
243) *Ibid.*
244) 대중이 드나드는 무도장도 경찰의 끊임 없는 가혹한 비난의 대상이 되었다.
245) Rapport de l'ingénieur des mines, 5 juillet 1912. Arch. dépt. Meurthe-et-Moselle, 4 M 134.
246) *Ibid.*
247) Professeur Spillmann, ⟨A propos de la prophylaxie des maladies vénériennes. L'état sanitaire dans le bassin de Briey.⟩ *Revue médicale de l'Est,* 1908, p.77.
248) *Ibid.,* p.91.
249) Ingénieur des mines, rapport cité.
250) Arch. dépt. Meurthe-et-Moselle, 4 M 134. 이 시기에 1백27명의 매춘부가 등록을 마쳤는데, 그 내역은 다음과 같다. 죄프에 35명, 오메꾸르 23명, 자르니 18명, 발르롸 1명, 뛰끄니외 8명, 망씨윌르 4명, 트리외 2명, 삐엔느 20여 명, 몽-봉빌레 3명, 빌레룅 9명, 띨 4명, 크뤼스네 3명, 롱글라빌르 2명, 롱지 1명, 레옹 3명.
251) Cf. 본서, p.403 참조.
252) Arch. nat. BB[18] 2363.
253) 그래서 매춘부 엘리사는 ⟨정부⟩가 자신에게 보여 준 극도로 지나친 애정 때문에 그를 살해하고 말았다.
254) 바로 *Les sœurs Vatard*(바따르 자매)라는 작품에 등장하는 쎌린느의 경우가 이에 해당된다.
255) *Op. cit.,* p.78.
256) P. 알렉시스의 서간작품 *La fin de Lucie Pellegrin*(뤼씨 뻴르그렝의 최후)에 그 경우가 등장한다.

257) *Op. cit.*, pp.75-76.
258) L. Puibaraud, *Les malfaiteurs de profession*, p.97.
259) 이 주제에 관해서는 샤를르-루이 필립의 저서 *Bubu de Montparnasse*(몽빠르나스의 뷔뷔)를 참조할 것. p.28.
260) Paul Meunier, rapport cité, p.173. 〈Tarif des gonzesses du rade〉(정박소 계집들의 요금표). 이 문서는 모베르 광장에 살던 어느 기둥서방의 집에서 발견되었던 듯하다.
261) R. 리까르뜨는 씨떼의 구역이 붕괴되었을 때, 그 구역의 창녀촌에서 발견된 서신들을 *La genèse de la fille Elisa*(매춘부 엘리사의 유래)라는 작품에서 사용했다.
262) 알베르 르블롱 박사와 아르뛰르 뤼까스 박사의 공저 *Du tatouage chez les prostituées*(매춘부들에게 있어서의 문신에 대하여), 1899. 본 연구는 이 작품 속에서 문신에 관계된 기본적인 정보를 차용했다.
263) C.-J. Lecour, *La prostitution à Paris*…, p.207.
264) Docteur Reuss, *op. cit.*, p.77.
265) 매춘의 제반 현상들에 관한 묘사에 접근했던 모든 저술가들은 기둥서방의 초상화를 묘사하려고 애썼으며, 특히 다음 사람들의 경우가 그러했다. 까를리에, *op. cit.*, pp.218-230, 뢰쓰, *op. cit.*, pp.75-95, 마르띠노, *op. cit.*, pp.118 sq, 꼬피뇽, *op. cit.*, p.212 sq, 꼬망쥬, *op. cit.*, pp.91 sq, 막셈 뒤 깡, *op. cit.*, pp.470 sq, L. 뛰바로, *op. cit.*, pp.90-106, 마쎄, *op. cit.*, p.111, 그리고 뫼니에의 보고서 인용, p.171.
266) Coffignon, *op. cit.*, p.214.
267) Arch. dépt. Seine-et-Oise, 6 M 7.
268) Carlier, *op. cit.*, p.218.
269) Arch. dépt. Bouches-du-Rhône, 6 M 3336.
270) Arch. dépt. Nord, M 201/15.
271) Coffignon, *op. cit.*, p.215.
272) Commenge, *op. cit.*, p.93.
273) Puibaraud, *op. cit.*, p.115.
274) *Op. cit.*, p.94.
275) 르 드롸 데 팜므紙는 1884년 3월 15일자 기사에서, 기둥서방들의 동업조합이 빠리에서 결성된 적이 있다고 주장했다.
276) 그것은 바로 마르띠노의 견해이기도 하다. *op. cit.*, p.121.
277) *Bubu de Montparnasse* 속에 등장하는 뷔뷔와 그랑 쥘르의 산책을 참조할 것. pp.64 sq.
278) 이것에 관해서는 L. F. 쎌린느의 저서 *Mort à crédit*(저당잡힌 죽음) 속에서 페르디낭이 수행했던 역할을 상기해 볼 수 있다.
279) Rapport du commissaire Dietze, Arch. dépt. Bouches-du-Rhône, M 6 3336.
280) *Ibid.*
281) *Op. cit.*, pp.226-227.
282) *Op. cit.*, p.94.
283) Rapport du préfet au procureur général, Arch. dépt. Seine-Inférieure, 4 MP 4565.
284) Rapport du 9 décembre 1902, Arch. préfect. de police, BA 1689.
285) *Ibid.*
286) 〈Exploits de souteneurs〉 *L'Humanité*, 25-10-1906.

287) Arch. préfect. de police, BA 1689.
288) O. Commenge, op. cit., p.100.
289) Docteur Homo, op. cit., p.51.
290) 의학적 문헌들의 경우, 본 연구는 루르쎈느의 성병환자들에 대한 마르띠노 박사의 저서와, 경찰청의 무료진료소 의사들이 병이 있다고 인정한 사창들에 관해 1천 개의 서류를 작성한 꼬망쥬 박사의 저서를 구비하고 있다. 마찬가지로 마르세유 지역의 사창들에 대한 미뢰르 박사의 조사기록도 준비되어 있다. 또 우리에게는 에띠엔느 박사의 연구기록과, 특히 낭시 지역의 사창들에 관한 비뉴롱 박사의 연구기록도 비치되어 있다. 더 오래된 저작을 기억해야 하는데, 바로 샤또-공띠에 지역의 매춘부에 관한 오모 박사의 글이 그것이다. 가장 괄목할 만한 업적을 이룩한 마르띠노 박사와 꼬망쥬 박사, 그리고 미뢰르 박사는 불행하게도 서로 다른 견본들을 채택해서 연구했다. 마르띠노 박사는 가장 과학적인 방법을 구사했다. 왜냐하면 루르쎈느에서는 어떠한 공창도 취급하지 않았으며, 병원은 바로 비밀매춘의 〈일반구역〉이었기 때문이다. 그는 환자들만을 다루었기 때문에 매춘부 전체를 완벽하게 대변하지는 못했다. 미뢰르 박사의 연구업적은 경찰의 풍속담당부에 소환되었던 매춘부들 가운데 등록된 매춘부들과 방면된 매춘부그룹의 실태를 비교할 수 있게 해주었다. 그러나 마찬가지로 후자의 방면된 그룹도 비밀매춘 전체를 대표하지는 못한다. 꼬망쥬 박사가 채택한 견본(체포되어 병이 있다고 판명된 사창들)에 대해 말하자면, 그 견본은 즉각 등록이 될 대다수의 매춘부들과 비밀매춘으로 돌아간 소수의 매춘부들을 모두 포함하고 있다.
291) H. Mireur, La prostitution à Marseille…, p.221. 그 다음의 구절들 속에서도 상세한 정보가 제공된다.
292) Op. cit., p.42와 그 다음으로는 pp.302-379.
293) 디츠 경찰서장의 보고서 속에서 확인된 전체적인 결과[Arch. dépt. Bouches-du-Rhône, M 6 3367]는 1875년에서 1876년 사이에 체포된 미성년 매춘부들과 관계된 것이다.
294) Rapport du chef du service des mœurs. Arch. dépt. Seine-Inférieure, 4 MP 4 565.
295) Professeur G. Etienne, op. cit., p.13.
296) Docteur Vigneron, op. cit., p.20.
297) Op. cit., pp.42-66.
298) 제2제정 말기에 샤또-공띠에에 있던 11명의 사창들이 오모 박사의 질문에 응했는데, 그 가운데 1명이 12세 때 자신의 순결을 잃었다고 주장했으며, 또 다른 1명은 13세에, 4명이 14세경에, 2명이 15세경에, 1명 16세경에 처녀성을 상실했다고 대답했다. 그리고 17세에 순결을 상실한 사람도 1명이 있었다. 마지막 여자는 19세에 처녀로 결혼했다고 주장했다.
299) 약속의 창가에 있던 몇몇 매춘부들을 제외하고 경찰은 기민하고 은밀하게 그들을 추적했다.
300) 대표적인 예는 바르뗄레미와 드빌레의 글 〈syphilis et alcool. Les inviteuses〉(매독과 술. 초대하기를 좋아하는 여자들), France Médicale, 1882, pp.302 sq.
301) 마쎄[op. cit., p.127]와 비르매트르[Trottoirs et lupanars…(보도와 창가들), p.273]의 연구에 의거.
302) 요컨대 이 맥주홀들은 1860년 당시 수도에서 번창하던 〈싸구려 술집들〉에서 유래한 것인데, 1861년 9월 19일에 발동된 경찰청장 봐뗄르의 명령을 계기로 이 술집들은 사양길에 접어들었다.[C.-J. Lecour, La prostitution à Paris…, p.226]
303) Docteur Reuss, op. cit., p.196.
304) Macé, op. cit., p.136.

305) 지난 세기의 마지막 30여 년간 그 동굴의 형태는 체계적인 연구대상으로서의 충분한 가치를 지니고 있었던 것 같다. 사람들은 그 동굴이 서정적 예술이나 상징주의적인 건축분야뿐만 아니라 에로티시즘을 위한 사원들의 장식에 있어서도 상당한 중요성을 지니고 있다고 생각했다. 그리고 루르드의 동굴을 본따서 만든 수많은 건물들이 증명하듯이, 신앙심의 한복판에서도 그 동굴을 찾아볼 수 있다.

306) Macé, op. cit., p.141.
307) Docteur Martineau, op. cit., p.81.
308) Macé, op. cit., p.142.
309) Coffignon, op. cit., p.101.
310) Macé, op. cit., p.199.
311) Huysmans, A rebours, Collect. 10/18, pp.271-274. 주인공인 에쌩뜨에게 있어서 이 맥주홀들은 한 세대 전체의 정신상태를 보여 주는 것이었으며, 작가는 또한 〈어리석은 감상주의〉와 〈실제적인 잔인성〉이 혼합된 그 시대의 총체적인 분위기를 빼내었다. 『자신들의 뜨거운 피로 인해 그곳에 출입하면서 돈을 내고 술을 마시면서 괴로움을 풀 수밖에 없었던 빠리의 젊은이들은, 그러나 조형적인 아름다움의 관점에서 볼 때, 그리고 교양 있는 몸짓과 필수적인 장신구들의 관점에서 볼 때 이 싸구려 술집의 여성들이 호사스런 살롱에서 활동하는 매춘부들보다 상당히 수준이 낮다는 사실을 당시까지 깨닫지 못했다!』
312) Maurice Barrès, Les déracinés, éd. 1965, p.113.
313) Ibid., p.112.
314) Ibid., p.108.
315) Ibid., p.105.
316) Ibid., pp.73-74.
317) Ibid., p.107.
318) H. Hayem, art. cité, p.252.
319) O. Commenge, op. cit., p.57.
320) Arch. dépt. Haute-Garonne, M 446.
321) Arch. dépt. Bouches-du-Rhône, M 6 2329.
322) Enquête de 1902, Arch. dépt. Var, 8 M 52.
323) Arch. nat. BB[18] 2488.
324) Ibid.
325) 앙드레 이벨의 저서 La traite des chanteuses(여가수들의 매매)에 들어 있는 지도 pp.128 sq 참조.
326) Arch. dépt. Meurthe-et-Moselle, M 134.
327) 최소한 몇몇 지역에서는 사실상 합창이나 가요의 가무단이 노동자들에게 상당한 매력을 나타내고 있었다는 사실을 상기해야 한다. 북프랑스 지역에 관계되는 것은 P. Pierrard, op. cit., pp.296-299 참조. 리모즈에 관한 것은 A. Corbin, op. cit., t. I, pp.412-417 참조.
328) 물론 이것은 지역적인 경우나 관습에 따라 다르다. 북프랑스 지역과 북동부지역에서는 〈싸구려 술집〉의 주인들이 종종 여자들의 직업적인 행위에서 수입을 올리기도 했다. J. B. D…라는 사람은 롱지에서 두 개의 까페-공연장을 경영했다. 1895년에 시작된 보고서에 의하면, 그 주인은 고객에게 돈을 받고 또 『고객과 여가수들과의 숏타임 매춘에서 생기는 요금의 일부를 횡령했다.』 Arch. dépt. Meurthe-et-Moselle, M 134.

329) *Op. cit.*, p.78.
330) 아벨 에르망의 작품 *Le cavalier Miserey*[기사 미즈레, 1886, pp.379-383] 속에서 모금과 복권에 대한 묘사와 당시 루앙의 〈저속한 까페〉에 떠돌던 분위기를 찾아볼 수 있다.
331) Rapport de Louis Comte, *La répression de la traite des blanches, Compte rendu du 3ᵉ congrès international tenu à Paris*, 1906, pp.226 sq.
332) *La répression de la traite des blanches, congrès de Madrid*…, 1912, p.145.
333) Docteur Martineau, *op. cit.*, p.86.
334) Docteur Reuss, *op. cit.*, p.192. 뒤포 가에 있던 약속의 창가들 중 한 곳의 스캔들에 관해서는 다음을 참조할 것. Andrieux, *op. cit.*, t. II, Ch. LIX 〈L'Affaire de la rue Duphot.〉(뒤포 가의 사건)
335) 약속의 창가의 확산과정은 빠리와 지방에 있어서 시기적으로 약간 일치하지 않았던 듯하다.
336) L. Fiaux, *La police des mœurs*…, t. I, p.219.
337) L. Fiaux, *La femme, le mariage et le divorce*, 1880.
338) 본서 p.396 참조.
339) Virmaître, *Trottoirs et lupanars*, p.101; p.89 sq. 저자는 약속의 창가의 주소를 제공하면서 그곳에 대한 정보를 열거했다.
340) L. Fiaux, *La police des mœurs*…, t. I, p.218.
341) *Le prolétariat de l'amour*, p.175.
342) 본서 p.398 참조.
343) L. Fiaux, *La police des mœurs*…, t. I, p.219.
344) Meunier, rapport cité, p.436.
345) *Ibid*, p.445. *Mort à crédit*(저당잡힌 죽음)이라는 작품 속에서 꾸르씨알 데 뻬레르가 출입하던 곳이 바로 이런 타입의 창가였던 것 같다.
346) Meunier, rapport cité, p.437.
347) L. Fiaux, *La police des mœurs*…, t. I, p.219.
348) Meunier, rapport cité, p.448.
349) L. Fiaux, *La police des mœurs*…, t. I, p.221.
350) *Ibid*.
351) 본서 p.397 참조.
352) *Op. cit.*, p.32.
353) Coffignon, *op. cit.*, p.154.
354) Marie-Jeanne Dury, *Flaubert et ses projets inédits*. 이 점에 관해서는 Jean-Paul Sartre의 *L'idiot de la famille*(가정의 어리석음), t. III, pp.627 sq 참조.
355) Turot, *op. cit.*, p.185.
356) *Op. cit.*, p.81.
357) Coffignon, *op. cit.*, p.159.
358) Zola, *La curée*; G. de Maupassant, *Le signe*.
359) 대표적인 예로서 앙드레 꾸브뢰르의 *Les Mancenilles*(매독환자들) 참조.
360) 이 주제는 여기서 다 다룰 수 없을 정도로 무궁무진한 것이었다.
361) L. Fiaux, *La police des mœurs*, t. I, p.219와 뫼니에의 인용된 보고서.
362) Goron, *Les industries de l'amour*(사랑의 산업들), p.18.

363) *Op. cit.*, pp.229-244.
364) *Ibid.*, p.236.
365) *Ibid.*, p.237.
366) 인용된 보고서 p.439와 L. 피요의 *La police des mœurs*…, t. I, p.220.
367) 이 서류들은 부슈-뒤-론의 보존기록문서 코드 M 6 6570(1과 2)에 들어 있다. 그뒤에 나오는 모든 인용문들은 이 자료들에서 발췌한 것이기 때문에 코드번호를 다시 반복할 필요는 없다. 르 쁘띠 프로방살紙와 르 뚜-마르세유紙가 전개한 언론의 캠페인에 뒤이어 도지사는 1907년 7월 8일의 조례를 적용하기로 결정했다. 그 조례의 제9조는 〈숏타임 매춘의 경영〉을 금지하였으며, 제20조는 공창들에게 〈방탕스런 비밀창가〉의 출입을 금하였다. 이러한 정책이 강력한 억압수단의 일환으로서 제1차세계대전 직전까지 시행되었다.
368) 나머지 서류들의 경우를 살펴보면, 한 서류가 모든 면에서 공인창가와 같은 역할을 수행하는 비밀창가를 다루고 있고, 또 한 서류는 마르세유 교외지역에 있던 어느 까페-식당을 취급하고 있다. 화장실의 매춘을 다루고 있는 서류도 하나 있으며, 9개의 서류는 숏타임 매춘의 창가 즉 사창들의 싸구려 호텔과 관계된 것이다. 이런 매춘시설들은 일반적으로 건물 전체를 임대한다.
369) 이 부인들 중 4명은 그 기간 동안에 이런 유형의 창가를 두 개씩 개업하고 있었다.
370) 그러나 그 서로 다른 거리에서도 몇몇 개가 밀집된 곳이 있었는데 그것을 살펴보면 빠비용 가에 4개, 뮈제 가에 3개, 세낙 가와 쌩-페레올 가, 그리고 레퓌블리끄 가에 각각 2개가 있었다.
371) 이들 중 한 여경영자만이 제2차 임대인이었을 뿐이다.
372) 36개의 아파트들 중에서 우리가 구조를 알고 있는 13개 아파트는 다음과 같은 개수의 공간을 지니고 있다. 6개의 아파트가 5개의 공간을, 3개 아파트가 4개의 공간을, 나머지 아파트들은 제각기 3, 6, 7, 8개의 공간을 확보하고 있었다.
373) 공인창가의 여경영자들에 관한 본 연구는 창가의 영업허가를 받은 여자들을 다루고 있지만[본서 p.98], 여기서는 정반대로 행정당국이 폐쇄명령을 내렸던 대상인 매춘시설만을 취급하고 있다.
374) 여러 도들이란 바로 르 노르, 레 랑드, 라리에즈, 레 바쓰-삐레네, 레 오뜨-알프스와 라 코르스 등이다.
375) 연금생활자라고 주장했던 두 명의 여경영자가 있었다는 사실을 추가시켜 보자.
376) 우리는 이 여경영자들 중 4명의 서류를 분석한다.
377) 이런 아가씨들의 출현은 5개의 약속의 창가에서 나타난 현상이었다.
378) 이런 관습은 우리가 연구대상으로 삼았던 창가들에서만 나타난 것이다.
379) 일반적으로 이러한 감시는 매춘건물 부근에서, 그리고 때로는 건물의 계단에서 이루어졌다. 몇몇 경찰들은 건물 내부에 들어가서 직업의식을 발휘하면서 범행현장에 출입하는 커플들을 감시하고자 했다. 먼저 X…라는 경찰은 S…라는 부인의 창가에서 몸을 껴안고 있던 한 커플을 목격했다. 옷을 벗고 있는 커플들을 자신의 동료와 함께 목격한 그 경찰은 자신의 보고서 속에서 다음과 같이 한탄하고 있었다.『우리는 그 커플들의 은밀한 행위를 목격하지 못했다. 왜냐하면 우리가 위치해 있었던 자리에서는 침대가 보이지 않았기 때문이다.』 통제되지 않는 성행위에 관해 경찰이 펼친 끊임 없는 감시에 대해서 이것보다 더 좋은 예가 있을까?
380) 어떤 여경영자들은 그들이 배에서 나올 때 호객하기 위해 몰이꾼을 보내기도 한다.
381) 평균체류시간의 내역을 살펴보면 다음과 같다. 세 곳의 약속의 창가에서는 25분이나 30

분, 또 다른 세 곳에서는 45분, 두 곳에서는 1시간, 그리고 마지막 창가에서는 1시간 30분이었다.

382) 이 창가들 가운데 한 곳은 오후에 4명의 고객을 받았고, 두 곳은 7명을, 또 다른 두 창가는 15명에서 20명을 받아들였다.

제4장 성적인 굶주림과 매춘의 공급

1) Louis Chevalier, *La formation de la population parisienne au XIXe siècle*.

2) Jeanne Gaillard, *Paris, la ville, 1852-1870*, pp.217 sq.

3) Louis Chevalier, *Classes laborieuses…*, pp.380-392 참조. 릴에 관해서는 삐에르 삐에라르, *op. cit.*, p.118-124 참조.

4) 이러한 가정구조의 변화에 관해서는 J. L. 플랑드렝, F. 르브룅의 전집 *La vie conjugale sous l'Ancien Régime*(앙샹-레짐하에서의 부부생활) 참조.

5) A. Corbin, 〈Migrations temporaires et société rurale au XIXe siècle: le cas du Limousin〉, *Revue Historique*, n° 500, sept.-déc, 1971과 *Archaïsme et modernité en Limousin*, t. I, p.218. 임시 이주자들의 〈불멸성〉에 관해서는 아벨 샤뜰렝의 *Les migrants temporaires en France de 1800 à 1911*(1800년에서 1911년까지 프랑스의 임시 이주자들), pp.1068-1073과, 마스뻬로 출판사와 아셰뜨 출판사에서 거의 동시에 재출간된 마르땡 나도의 *Mémoires*(메꽈르)를 참조할 것. 이 재판본에는 J. P. 리우와 모리스 아귈롱의 서문이 실려 증보됨.

6) J. Gaillard, *op. cit.*, p.525.

7) 발작은 *Splendeurs et misères des courtisanes*[La Pléiade, p.671]에서 랑글라드 거리와 『이상스럽게 뒤틀려서 아무도 찾지 않는』 인접 거리들을 회상했다. 반쯤 벗어진 하얀 형체들이 벽을 장식하고 어둠이 활기를 찾는다. 어둠은 성채와 통행로 사이를 흘러 들어간다.』이 주제에 관해서는 *Les mystères de Paris*(빠리의 불가사의) 속에 나오는 모르뗄르리 가에 대한 묘사와, 이보다 좀더 늦게 나온 바르베 도르빌리의 바쓰-뒤-랑빠르에 대한 묘사[〈La vengeance d'une femme〉(어느 여자의 복수), *Les diaboliques*]를 참조할 것.

8) 쟌느 가이야르의 인용된 전집에서 그것을 볼 수 있다.

9) J. Gaillard, *op. cit.*, p.220.

10) A. Châtelain, *op. cit.*, p.1069는 19세기 후반기에 나타난 일시적 이주민들의 건전하고 정숙한 부부생활의 변화를 강조했다.

11) Cité par J. Gaillard, *op. cit.*, p.221.

12) Pierre Pierrard, thèse citée, pp.119 sq.

13) M. Perrot, 〈L'éloge de la ménagère dans le discours ouvrier français au XIXe siècle.〉 *Mythes et représentations de la femme au XIXe siècle*, p.110.

14) *Op. cit.*, p.228.

15) A. Daumard, *Les fortunes françaises au XIXe siècle*, p.152.

16) P. Léon, *Géographie de la fortune et structures sociales à Lyon au XIXe siècle*, pp.120-135. 특히 비단제조에 종사하는 노동자는 1870년 이후에 자신의 생활노동조건이 호전되어 가는 것을 느꼈다. 그는 부르주아화되는 것에 점점 더 민감해지는 경향을 보이고 있었다.』[p.127]

17) Yves Lequin, *Les ouvriers de la région lyonnaise*[1848-1914], t. II, 〈Les intérêts de classe et la République〉, p.92.

18) F. Codaccioni, *De l'inégalité sociale dans une grande ville industrielle. Le drame de Lille de 1850 à 1914*, p.430.

19) Louis Chevalier, *Classes laborieuses*…, pp.461-462.
20) A. Corbin, 〈Pour une étude sociologique de la croissance de l'alphabétisation au XIX⁰ siècle〉, *Revue d'Hist. Econ. et Soc.*, 1975, I 참조. 더 일반적인 범위에 관해서는 F. Furet와 J. Ozouf의 *Lire et ècrire* 참조.
21) *The rebellions century, 1830-1930*, pp.78 sq.
22) Michelle Perrot, 〈*Les ouvriers en grève*〉, t. II, p.586.
23) *Ibid.*
24) Michelle Perrot, 〈Délinquance et système pénitentiaire en France au XIX⁰ siècle〉, *Annales Eco. Soc. Civ.*, janv.-fév. 1975.
25) M. Foucault, *Surveiller et punir, passim*.
26) Michelle Perrot, *Les ouvriers en grève*, t. II, pp.624.
27) 리모즈에 있던 노동자들의 경우에서 환상에 젖어 있는 수많은 사람들을 확인할 수 있다.
28) 광부들에 관해서는 R. 트랑뻬의 논문 *Les mineurs de Carmaux*(까르모의 광부들) 참조.
29) *Le petit travailleur infatigable*, p.153.
30) *Ibid*, p.198.
31) *Ibid*, p.259.
32) *Ibid.*
33) *Ibid*, p.202.
34) *Ibid.*
35) *Ibid.*
36) *Ibid.*
37) Jean Borie, *Le célibataire français, passim*.
38) Lion Murard, Patrick Zylberman, *op. cit.*, p.202.
39) *Ibid.*, p.20
40) 이것은 1977년 2월 5일의 인구역사학회 회의에서 나온 것이었으며, 이어서 본 연구를 위해 참조했던 M. 질레, M. 프레이, G. 자끄메의 인터뷰에서도 나온 것이다.
41) 가정화와 도덕화는 동시에 병행되었다. 그것은 그 당시에 폭넓게 다루어진 주제와 관계되었다. Jacques Donzelot의 *La police des familles et Recherches*, 제28호, *Disciplines à domicile*을 참조할 것.
42) Michelle Perrot, 1976년 11월 쟝 조레스와의 대담.
43) J. Gaillard, *op. cit.*, p.207.
44) A. Daumard, *Les fortunes*…, p.149 sq.
45) C. 보들로, R. 에스따블레, J. 말르모르의 공저 *La petite bourgeoisie en France*(프랑스의 소시민계급) 속에서 이 개념에 대한 비판적인 분석을 찾아볼 수 있다. pp.29 sq.
46) P. Léon, *op. cit.*, p.105 sq.
47) Cité par J. Gaillard, *op. cit.*, p.384.
48) *Ibid.*
49) Maurice Lévy-Levoyer, 〈Le patronat français a-t-il été malthusien?〉 *Le Mouvement social*, juill.-sept. 1974, pp.22-28.
50) 프랑스 내에서의 영국인들의 여행상황에 대해서는 실뱅느 마랑동의 *L'image de la France dans l'Angleterre victorienne*(빅토리아시대 영국에 있어서의 프랑스에 대한 이미지), pp.145 sq를 참조

할 것.

51) 레옹 미라가 매독에 걸려 결국 자살에 이르게 된 것도 바로 기차여행이 계기가 되었다.[Michel Corday, *Vénus ou les deux risques*(비너스, 혹은 두 가지 위험)]

52) *Sodome et Gomorrhe*(소돔과 고모라) 속에 등장하는 발벡Balbec 근처의 노르망디 해안지방에 설치된 고급창가에 대한 회상 참조.

53) 시골에 사는 공증인이 매춘부를 찾아가는 장면이 위스망의 *Un dilemme*(딜레마) 속에서 상기된다.

54) Marguerite Perrot, *La mode de vie des familles bourgeoises*, 1873-1953.

55) 본서 p.298에 있는 사회주의자의 논설을 참조할 것.

56) Th. Zeldin, *Ambition, love and politics*, p.291.

57) *Contributions à la psychologie de l'amour*(사랑의 심리학에 대한 기여)와 이 주제에 관한 쟝 보리의 *Le célibataire français*(프랑스의 독신) p.47 참조.

58) 이본느 니빌레르의 〈Le discours médical sur la femme, constances et ruptures〉(여성에 관한 의학론, 지속성과 단절), *Mythes et représentations*… p.45.

59) *Op. cit.*, p.291. 저자 번역.

60) Noami Schor, 〈Le sourire du sphinx〉, *Mythes et représentations*… p.193.

61) *Op. cit.*, pp 65 sq.

62) Th. Zeldin, *op. cit.*, pp 299 sq.

63) Yvonne Knibiehler, article cité et 〈La nature féminine au temps du code civil.〉 *Annales Eco. Soc. Civ.* juill.-août 1976.

64) Docteur Louis Fiaux, *La femme, le mariage et le divorce. Etude de physiologie et de sociologie*, pp.112 et 94.

65) *Revue de gynécologie* 참조. 이 기사들은 성교시에 해야 할 여러 가지 체위들에 대한 충고들로 가득 차 있다.

66) A. 포렐의 *La question sexuelle exposée aux adultes cultivés*(교양 있는 성인들에게 노출된 성문제)[passim] 참조. 다씨 드 리니에르가 본 바로는 이 시기에 그 사회에서의 평균성교시간은 계란 하나를 반숙으로 만들 정도의 짧은 시간, 즉 3분 내지 4분 정도에 불과했다. 반대로 샤를르-루이 필립은 베르뜨와 그녀의 기둥서방이 벌이던 성교를 떠올리면서『잠들기 15분 전쯤에 독자에게 재미를 주는, 한 남자와 그 부인 사이의 위생적이며 모범적인 어떤 일』로서 그들의 성교를 간주했다.[*Bubu de Montparnasse*, p.28] 시몽의 보고서에 따르면 평균성교시간은 현대에 이르러 11분이다.

67) Docteur L. Fiaux, *La femme, le mariage et le divorce*, p.198.

68) *Ibid.*, pp.197-198.

69) *Ibid.*, p.116.

70) *Op. cit.*, p.303.

71) 이런 이유로 해서 금욕생활을 해야만 했던 어느 남편의 로마네스크적인 예가 옥따브 미르보의 작품 *Journal d'une femme de chambre*(어느 하녀의 일기) 속에 나타나 있다.

72) Th. Zeldin, *op. cit.*, pp.292 sq 참조. 이 책에서는 당시 오르가즘에 대한 여성의 권리를 주장했던 흔치 않은 작가들[G. Droz, J.P Dartigues, A. Debay]의 저작 관계자료들을 볼 수 있다.

73) *Nana*, La Pléiade, p.1223.

74) 이 문제에 관해서는 L. 볼땅스키의 *Prime éducation et morale de classe*, passim 참조.

75) J. Le Yaouanq, 〈La boutique du IV⁰ arrondissement〉, communication à l'*Institut français d'Histoire sociale*, 1976.
76) P. 레옹[*op. cit*, pp.117-118]은 특히 〈증가하는〉 이 부류에 대해서 강조했다. 『점점 더 수적으로 증가를 보이는 종업원 계층은 거의 혜택을 받지 못하는 전반적인 발전의 희생자들로 보인다. 이 부류의 사람들은 부의 축적에 관한 계획에 있어서 속도감각을 상실한 어느 집단을 대변하고 있다.』 이브 르껭[인용된 논문, t. I, pp.187 sq]은 이 부류의 급속한 신장을 역설했다. 그의 말에 따르면, 리용에 있던 종업원들의 수치는 1886년에서 1891년 사이에 9백34퍼센트의 신장률을 기록했다.
77) 오쏭빌 백작의 〈Les non classées et l'émigration des femmes aux colonies,〉 *Revue des Deux-Mondes*, juin 1898, p.787과 샤를르 드 루브르[*L'Employée, A Deux*] 참조.
78) J. Gaillard, *op. cit.*, p.221.
79) P. Guillaume, *Bordeaux au XIX⁰ siècle*.
80) Cf. J. Borie, *op. cit.*, p.49.
81) P. Gerbord, *La condition universitaire en France au XIX⁰ siècle*.
82) Stendhal, *La vie d'Henri Brulard*, La Pléiade, pp.317, 320, 322.
83) 대표적인 예로서 위스망의 *Un dilemme*를 참조할 것.
84) J. L. 플랑드랭[*Amours paysannes*(농부들의 사랑), p.158]은 청소년 시절에 관한 〈성적 집단〉에 대해 언급했다.
85) 본서 p.94 참조. 위스망의 작품[*En ménage*(결혼생활), 10/18, pp.168-169]에는 고등학생과 한 가창 사이의 초창기 성적 관계에 대한 아름다운 묘사가 들어 있다.
86) 그 다음으로 젊은 부르주아 여성들은 이 점에 있어서 서민층의 여성들보다 더욱 관대했다. M. 프레보의 *Les demi-vierges*(반처녀)와 M. 프루스트의 *A la recherche du temps perdu*(잃어버린 시간을 찾아서)[passim]를 참조할 것. 혹은 오스트리아의 부르주아층에 관해서는 뮈질의 소설 *L'homme sans qualités*(인격 없는 인간)에 등장하는, 클라리쓰와의 약혼기간중에 있었던 월터의 속내이야기들을 참조할 것. 프랑스 이외의 지역에 대해 언급하자면, 프로이트는 마르따 베르네이라는 사람의 임상실험을 한 결과 그의 신경증을 밝혀낸 바 있었으며, 오랜 약혼기간은 남성 약혼자들의 이런 신경증을 빈번하게 유발하곤 했다. 그러나 젤뎅이 강조한 바 있듯이 이런 현상은 프랑스에서는 별로 보편화되지 못했지만, 이 사실을 통해서 프랑스 젊은이들의 성적 행동을 이해할 수 있다.
87) 본서 pp.260-261 참조.
88) *Op. cit.*, p.24.
89) 뚤 지역에 있던 병사들의 주둔지에 관해서는 본서 pp.199-200와 L. 피요 박사의 *La police des mœurs*(풍속경찰), t. II, p.174, 그리고 랑두지 교수의 인터뷰를 참조할 것.
90) M. 뻬로와 쟝 조레스 사이의 인용된 담화와 Y. 르껭의 *Les ouvriers de la région lyonnaise*(리용 지역의 노동자들)[passim]을 참조할 것.
91) 이 점에 있어서 미셸 로브로의 *La libération sexuelle*(성의 해방) 속에서는 생식적인 행위와 에로틱한 면 사이에 분명한 차이점이 나타나 있다.
92) 빨리 달아나고자 하는 고객의 허둥대는 태도는 위스망의 작품 *Un dilemme*(딜레마)와 *A vau-l'eau*(흘러가는 대로) 속에서 다루어진 바 있다. 동시대 대다수의 작가들은 『성교 이후에 슬퍼지는 동물』이라는 문구를 절대적인 정의로 간주했다.
93) 상대를 유혹하고자 하는 이러한 강한 욕구는 쟝 보리[*op. cit*, p.52]가 재현해낸 돈 후앙의

신화에 대한 붕괴와 모순되지 않는다. 유혹하려는 행위가 매춘부를 대상으로 삼는다면, 그 행위로 인해 고객의 신용과 명예가 실추되지는 않는다. 약속의 창가 거실에 있던 돈 후앙, 그는 바로 신화의 정신병리학적 재료들 중 한 요소에 불과하다. 본래의 모순은 다른 곳에 존재한다. 과학적 문헌이 생식본능의 충족, 다시 말해 인간 개인에게 있어서의 동물성을 언급하게 될 때 매춘부들을 찾는 고객은 그녀들에게서 더욱더 감정적인 요소를 요구하게 되는 것이다. 이것이 이론과 실제 행동 사이에 존재하는 어떤 괴리가 아닐까? 더 간단히 말하자면, 결혼에 있어서 성관계에 만족을 느끼지 못하는 남성은 매춘부의 힘을 빌어 거역할 수 없는 이중의 소망을 추구하게 된다.

94) J. P. Aron, *Le mangeur au XIXe siècle*.

95) *Op. cit.*, p.543.

96) Chalmin, *L'officier français de 1815 à 1870*, p.145.

97) Cf. W. Serman, *Les officiers français, 1848-1870*, pp.1071-1079.

98) 지방 주둔지 장교들의 경우에는 극장도 그 범주에 포함되었다.

99) Docteur L. Fiaux, *L'armée et la police des mœurs, biologie sexuelle du soldat*, p.116.

100) A. Corbin, 〈Le péril vénérien: prophylaxie sanitaire et prophylaxie morale〉, *L'haleine des faubourgs. Recherches*, n° 29, 1977.

101) J. Gaillard, *op. cit.*, p.528.

102) *Histoire de Lyon et du Lyonnais*, Privat, 1975.

103) 릴에 관계된 것.

104) 다시 말해서 사람들은 매춘부들에게 몰려다니지 말고 계속 움직일 것과 통행인을 말썽없이 통과시킬 것을 요구했다.

105) P. Pierrard, *op. cit.*, p.216.

106) J. Gaillard, *op. cit.*, p.246.

107) 뮈파 백작은 나나의 육체가 벌이는 선정적인 과시에 더욱 매료되었다. 왜냐하면 그가 속한 사회에서는 여자의 나체를 볼 수가 없었기 때문이다. 21년의 결혼생활을 영위하는 동안 그 백작은 『자신의 부인이 자르띠에르(스타킹을 허리 부근에 매는 일종의 야한 여성용 속장식품)를 착용하는 것을 결코 본 일이 없다』[*Nana*, La Pléiade, p.1213]

108) 이것에 관해서는 *Germinal*(제르미날)에 등장하는 초로의 사장 안느보가 프롤레타리아계급의 성적 과시에 대해 가졌던 질투심어린 생각을 참조할 것. *En ménage*(결혼생활)에 나오는 사이프러스인에게서도 노동자들의 성적 행동에 관한 질투섞인 시선을 찾아볼 수 있다.[고양이에게 보내는 독백 참조]

109) 본서 pp.82-83 참조.

110) Richard Cobb, *La protestation populaire*, pp.220-226.

111) *Le Pornographe*.

112) Louis-Sébastien Mercier, *Tableau de Paris*, 〈Matrones〉 저자는 소부르주아층의 여성들과 드레스를 갖고 싶어하는 아가씨들을 자신의 집으로 유혹하는 창가의 여포주들의 활동을 묘사했다. 이미 18세기의 빠리에서는 무희들과 여배우들, 가정교사들, 바람기 있는 여공들, 내의류 공장의 아가씨들이 매춘세계로 공급되고 있었다.

113) J. Simon, *L'ouvrière*, pp.228-229.

114) Docteur O. Commenge, *op. cit.*, pp.337-379.

115) Savioz, 〈La question du sixième〉, *Relèvement Social. Supplément*, 15 mars 1906.

116) Docteur Morin, 〈Le sixième étage et les jeunes domestiques〉, *Bull. de la Soc. fr. de Prophylaxie san. et morale*, 1912, p.139.
117) *Une vieille maîtresse*(늙은 정부)에 등장하는 하녀 벨리니의 경우를 참조.
118) 마르셀 프루스트의 작품 전체를 통해서 묘사된 작가와 하녀 사이의 관계가 이런 접촉의 가장 확실한 예가 아닐까?
119) 빅또르 마르그리뜨의 작품 *Prostituée*(매춘부) 속에 등장하는 라울 뒤메가 로즈의 방을 찾아가서 빈둥거리던 장면을 참조할 것.
120) E. et J. de Goncourt, *Germinie Lacerteux*(제르미니 라세르뙤), 1877, p.53. 하녀의 성적인 역할은 퓌뷔 부인의 하녀에 관해 마르셀 프루스트가 명백하게 설명한 바 있다.[*Sodome et Gomorrhe*, passim 참조]
121) De Ryckère, *La sèrvante criminelle*, p.293. 이 책은 이 문제에 관한 기본적인 작품이다.
122) *Psychopathia sexualis*, p.223.
123) 이것은 *Au Bonheur des Dames*(백화점에서) 속에서 정확하게 상기된 바 있다.
124) F. Parent-Lardeur, *Les demoiselles de magasin*, pp.36-37.
125) 이 점에 있어서 대학생과 상점 아가씨 사이에 이룩된 커플의 관계는 타당성이 있는 것이다. F. Parent-Lardeur, *op. cit.*, p.37.
126) H. Mercillon, *La rémunération des employés*, p.48, 주 3).
127) 그러나 알아두어야 할 사실은 남판매원과의 동거중 상당수가 진짜 결혼의 형태를 띠고 있었다는 점이다. 사실상 이 사회에서 정부들의 수효가 증가함으로써 여판매원에 대한 미혼남성 판매원의 신용에 손상이 가는 세태가 확립되고 있었다. *Au Bonheur des Dames*(백화점에서)에 등장하는 클라라의 경우도 마찬가지였다.
128) E. 졸라에게 보내는 진열담당 책임자 M. 보샹의 고백을 참조할 것.[소설 집필을 위한 예비원고]
129) E. 졸라에게 보내는 될리 부인의 고백. *Ibid*.
130) J. Gaillard, *op. cit.*, p.440.
131) *Ibid.*, p.439.
132) *Ibid*, p.216.
133) *Op. cit.*, p.296.
134) Charles Benoist, *Les ouvrières de l'aiguille à Paris*, pp.115 sq.
135) L. Bonnevay, *Les ouvrières lyonnaises travaillant à domicile. Misè res et remèdes*, p.90.
136) 졸라는 *Au Bonheur des Dames*에 등장하는 드니스 보뒤라는 등장인물을 통해서 정확하게 이 상황을 제시했다.
137) *Réforme sociale*, 1901, t. II, pp.57 sq. 고나르에 따른 것으로는 *op. cit*, p.134.
138) L. F. 쎌린느는 자신의 작품 *Mort à crédit*(저당잡힌 죽음) 속에서 남성 노동자들의 경우를 훌륭하게 묘사했다.
139) 마르셀 프루스트의 작품 속에 나타나는 양장점 여공들의 역할을 참조할 것. 모렐의 약혼녀이자 조끼제조인인 쥬뻬앙의 조카딸인 그녀는 고귀한 부르주아층 사회로 편입되었다.[*La prisonnière*]
140) J. Simon, *op. cit.*, p.298.
141) J. K. Huysmans, *Marthe, Les Sœurs Vatard*.
142) Bonnevay, *op. cit.*, p.90.

143) J. Simon, op. cit., p.145.
144) *Au Bonheur des Dames*, La Pléiade, p.681.
145) E. Zola, *Au Bonheur des Dames*, p.500.
146) Michelle Perrot, 〈Délinquance et système pénitentiaire…〉, p.75. *Au Bonheur des Dames*의 등장인물 드 보브 부인을 생각해 볼 수 있다.
147) 오쏭빌 백작, *Les non classées*…, p.779.
148) 주지하다시피 1870년 이후의 도시사회에 대한 역사는 지금까지 활발하게 진행되어 온 연구분야이다.[이 문제에 관한 경제사학자들의 최근 대담과 함께 J. 르 야우앙과 G. 자끄메의 연구 참조] 불행하게도 보르도 지역에 관한 P. 기옴의 저작을 제외하고 이런 호기심은 당시로서는 별 결실을 맺지 못했다.
149) Servais et Laurend, op. cit., pp.209 sq.
150) 경제동향은 매춘활동에 실제로 복잡한 영향을 미치고 있었다. 베를린에 관해서 경제공황시 매춘공급의 확대현상을 지적했던 엥겔스가 암시했던 것보다 경제상황은 매춘과 더욱 밀접하게 결부되어 있었다. 실제로 사정은 그렇게 단순하지가 않았다. 경기불황과는 반대로 호경기는 사람들의 욕망과 쾌락의 추구를 증대시키는 자극제의 역할을 했다는 사실을 기억해야 한다.
151) 이 시기에 관계된 경제동향을 연구했던 모든 역사가들은 거의 같은 견해를 지니고 있다. 이미 시미앙은 이 시기를 새로운 콘드라티프의 A단계로 파악한 바 있다. 이 시기에 일어난 가속적인 경제발전에 대해서는 특히 T. J. 마르코비치와 M. 레비-르봐이에, F. 크루젯의 연구서를 참조할 것.
152) P. Léon, op. cit., p.380.
153) Cf. C. Marcilhacy, *Le diocèse d'Orléans sous l'épiscopat de Mgr Dupanloup*.
154) Cf. J. Van Ussel, *La répresion sexuelle* ou J. Solé, *L'amour en Occident*.
155) 매춘문제가 대두된 것은, 실제로 바르베 도르빌리로부터 위스망이나 레옹 블로와에 이르기까지 수많은 소설가들에게 영향을 끼쳤던 타락과 자기파괴에 대한 매력을 반영하는 것이었다. 결국 그 작품은 『악마적 정신이라는 색욕의 정신적 승화』를 구현해낸 작품으로 인정될 수 있다.[Huysmans, *Certains*, à propos de l'œuvre de Rops]
156) 이 점에 관해서는 F. 롱젱의 논문 *Mouvements et courants néo-malthusiens en France*(프랑스의 유물들과 신맬더스주의의 흐름), Paris VII, 1974와 A. 아르망고의 *Les Français et Malthus*(프랑스인들과 맬더스)를 참조할 것.
157) 예를 들면 마들렌느 뻴르띠에의 작품, 특히 *L'émancipation sexuelle de la femme*(여성의 성적 해방)이 그것이다.
158) 포렐의 인용된 저서와 같은 성과학자들의 대중을 향한 저작들의 성공이 이런 현상을 가져왔다.
159) Cf. Yvonne Knibiehler, *Le discours médical*…, p.46.
160) *Ibid.*, p.41.

제5장 규제주의제도의 비판

1) La Pléiade 총서의 *Les Misérables*판, 〈Notes et variantes〉 속에 모리스 알렘이 발표했던 기본 텍스트, pp.1624-1641을 참조할 것. 빅또르 위고는 빵띤느의 매춘행위에 관한 묘사를 거부한다. 작가는 작품의 여주인공을 기질상 타고난 매춘부로서가 아니라 탈선한 여자로 제시한다.

생명수에 대한 선호, 쉰 목소리, 관능적 쾌락의 성향, 갑작스런 분노 등을 제외하고 작가는 매춘부의 전형적인 틀을 자신의 여주인공에게 부여하지 않았다. 그는 매춘이 사회 전반, 특히 부르주아층에 영향을 끼쳤다는 불안감을 지적하지 않았다. 그의 작품 속에서 성병에 대한 위험은 전혀 문제시되지 않는다. 반대로 그는 타락의 여정을 재추적하며 사회적인 준엄한 비난에 몰두한다. 매춘이란 그런 타락과정의 마지막 단계에 불과할 뿐이다. 매춘에 의해 빵뜨느는 사회적인 어둠에서 유령의 세계로 이행한다. 소설 속에서 경찰의 자유재량권과 부르주아층 남성들의 이기심이 격렬한 비난의 대상이 된다. Les mystères de Paris(빠리의 비참) 속에서 이미 다루어진 바 있는 순교자적인 매춘부의 순결성이라는 낭만주의적 주제는 19세기말에 일어난 속죄주의의 태동을 가져왔다. 자신의 딸을 먹여 살리기 위해 이 어머니는 몸을 팔고, 그래서 그녀가 겪는 끔찍한 지상의 삶은 사후 천국으로의 입행을 준비하는 것이다.『그런 상황에도 불구하고 시궁창은 신성한 곳이며, 그 시궁창을 통해서 고귀한 영혼을 볼 수 있다면 부패는 이상화된다고 기록한 빠랑-뒤샤뜰레와는 달리, 제레미는 그 비참한 상황에 흐느껴 울 것이다.』 [Les Misérables, La Pléiade, ⟨Notes et variantes⟩, pp.1631과 1637] 쟝 발쟝의 운명과 빵뜨느의 운명을 동일한 것으로 만들면서, 빅또르 위고는 마들렌느가 꿈꾸었던 몽트뢰이-쉬르-메르 지역을 묘사했으며, 매춘과 범죄와 굶주림이 없는 하나의 반사회를 설정했다. 그리고 이런 유토피아적 시각에 종지부를 찍은 사람이 바로 자베르 경감이었다.『죄수들이 재판관이 되고, 매춘부들이 백작부인처럼 대우받는 이 무뢰한들의 집단! 아, 그렇지만 이 모든 것은 변화될 것이다. 이미 시작되었는지도 모른다!』[Les Misérables, La Pléiade, p.307]

2) Cf. Yves Guyot, op. cit., chapitre Ⅱ 참조. 이 캠페인에 대한 이야기는 주로 이브 귀요의 인용된 작품과 조세핀 뷔틀레의 Souvenirs personnels d'une grande croisade(대십자군의 개인적 추억들), 그리고 코드번호 B A 1689로 경찰청의 보존기록에 포함된 경찰의 보고서들에 의거한 것이다.

3) 쥘르 파브르는 죽기 전에 다시 이 문제로 돌아온다. 그는 알베르 드꾸르띠의 작품 La liberté individuelle et le droit d'arrestation(개인의 자유와 체포권)을 위해 서문을 쓴 바 있는데, 그 서문 속에서 그는 풍속담당 경찰의 커다란 변화를 상기했다.

4) 이 캠페인은 언론에 의해 길게 보도되었다. 그 캠페인을 벌이는 영국인 투사들의 동태감시를 책임졌던 경찰요원들의 수많은 보고서를 통해 일반적인 사실 이외의 많은 사실을 깨달을 수 있다.

5) J. Butler, Souvenirs…, p.64.
6) Ibid., p.63.
7) Ibid., p.63.
8) Ibid., p.67.
9) Ibid., p.65.
10) Ibid., p.190.
11) Bulletin continental Revue mensuelle des intérêts de la moralité publique. Fédération britannique et continentale pour l'abolition de la prostitution spécialement envisagée comme institution légale ou tolérée. 15 décembre 1882.
12) Bulletin continental, n° 15 juin 1882, texte de l'appel du Comité parisien pour le relèvement de la moralité publique.
13) J. Butler, op. cit., p.131.
14) 부녀자의 매매를 취급한 최초의 저서[La traite des blanches(부녀자 매매), p.28] 속에서 저자

따쀠쎌은 다음과 같은 의문을 제기한다.『육체의 욕망이 만족되어야 한다는 이러한 생각에 더 이상 집착할 필요가 있을 것인가?』

15) A. Corbin, 〈Le péril vénérien au début du siècle, prophylaxie sanitaire et prophylaxie morale〉, *L'haleine des faubourgs.*

16) 1887년 1월 28일에 기도교청년연합에서 개최된 경찰 책임자 브리쏘의 보고서. Arch. Préfect. de police, BA 1689.

17) J. Butler, *op. cit.,* p.186.

18) Cf. Caroline de Barrau dans le *Bulletin continental,* n° 12, 15 novembre 1876, p.92.

19) 이 인물에 관해서는 A. 꼬르벵의 *Archaïme et modernité*…, t. II, passim 참조.

20) 1877년의 *Bulletin continental* 속에 그 회의에 대한 상세한 얘기가 실려 있다. Arch. Préfect. police, DB 410.

21) *Ibid.* Figure aussi aux Arch. préfect. de police, BA 1689.

22) 아드리엥 고리 목사와 보렐 목사는 지방을 순회하면서 집회를 가졌다. Cf. *Bulletin continental,* 1878, p.76.

23) J. Butler, *op. cit.,* p.293.

24) *Bulletin continental,* 1879.

25) *Bulletin continental*에서 이것에 대한 기사를 읽어볼 수 있다. 1878, p.9.『프랑스는 현재 풍속담당 경찰이 매춘에 대해 신속하고도 철저한 감시를 행하는 가장 희망에 차 있는 나라이다. 풍속담당 경찰의 제도는 공화정의 입장과는 상반되는 것이다. 노동자계급 모두가 그것을 곧 인정할 것이라고 민주적인 신문과 잡지는 천명한다.』

26) Yves Guyot, *op. cit.,* p.425 sq.

27) 마리아 데레스메스와 주요 여권운동자들에 관해서는 마리-엘렌느 질베르베르-오꺄르의 저서 *Féminisme et syndicalisme en France avant 1914*(1914년 이전 프랑스의 여권주의와 조합주의), 3기 박사논문, 뚜르, 1973, pp.17 sq를 참조할 것.

28) 이 점에 관해서는 *Bulletin continental,* 15, avril 1879, pp.29 sq를 참조.

29) Arch. Préfect. de police, BA 1689.

30) *Ibid.*

31) Cf. 이하 참조.

32) *Bulletin continental,* 15 juin 1883, p.70. 이 단체의 운명과 활동에 관해서는 F. 롱젱의 인용 논문을 참조할 것.

33) *Bulletin continental*의 쇠퇴가 그 단체의 사양화를 반영하고 있다.

34) 본서 p.384 참조.

35) 1841년 르뷔 데 두-몽드紙 속에서 루이 레이보가 정형화시켰던 엄격한 재판들을 상기해 보는 것만으로도 이것을 이해할 수 있다. 더 최근에는 1867년 11월 30일자 르 땅紙는 풍속담당 경찰의 활동에 대해 엄중한 항의서를 게재했다.[cf. Y. Guyot, *op. cit,* 3ᵉ partie, chap. I] 제2제정시대에도 부샤르는 본느 지역의 매춘조직에 대항하는 은밀한 투쟁을 전개한 바 있었다. 1871년에 시장이 된 그는 한 조례에 의거하여 그 도시에 존재하던 창가를 폐쇄시켜 버렸다. 이러한 조치로 인하여 그는 공창제폐지론자의 선구자로 간주되기도 했다.[*Bulletin continental,* 1878]

36) Arch. Préfect. de Police DB 407.

37) 이 캠페인은 인용된 언론기관 속에서와 마찬가지로 C. J. 르꾸르와 이브 귀요[*op. cit.*]에 의해 무수히 되풀이되었다.

38) 그 캠페인을 지지하던 언론지들의 면면을 살펴보면, 레벤느망·르 비엥 퓌블릭·라 프랑스·르 골롸·롬므 리브르·르 나쇼날·르 랄리망·르 라뻴·르 씨에클·라 트리뷘·라 레퓌블리끄 프랑쎄즈·레스따페뜨·라 가제뜨 데 트리뷔노·라 리베르떼·르 레퓌블리껭과 라 레볼뤼숑紙 등이 있으며, 특히 여성지로서 라브니르 데 팜므가 포함되었다. 르 쁘띠 리요네와 라 트리뷘 데 트라바이외르紙도 쌩-떼띠엔느 지역의 르 레퓌블리껭紙와 보르도 지역의 라 지롱드紙와 함께 캠페인에 참여하였다. 모빠쌍은 자신의 작품 *Bel-Ami*(벨-아미)의 투쟁에 관해서 당시 언론사회를 뒤흔들던 이 캠페인을 그대로 되풀이했다.

39) 르 라디깔誌가 이 신문을 대체했으나 이 신문도 결국 1877년 6월에 폐간되어 버렸다.

40) 이 사건에다 마르땡 나도의 선제공격을 추가시켜 보자. 그는 1878년 3월 22일에 풍속담당 경찰의 폐지를 의회에 요구한 바 있었다.

41) 르 라디깔紙가 폐간된 다음, 다시 시지스몽 라크로와에 의해 재창간된 신문.

42) C. J. Lecour, *La campagne contre la préfecture de police*, 1881.

43) 심지어는 이브 귀요에 앞서서 9월 25일부터 페르낭 조가 라 마르세이예즈誌 속에서 운동의 불길을 당겼다. 그에 뒤이어 샤를르 로랑이 에밀 드 지라르뎅이 책임자로 있던 라 프랑스紙를 통해 비판기사를 썼다. 뒤이어 오렐리앙 숄이 레스따페뜨誌·르 라뻴紙·르 볼떼르紙 등을 통해 경찰에 대한 비난기사를 발표했다. 이 잡지들은 오귀스띤느 B…를 체포했던 경찰서장 뤼씨아니로부터 정간 처분을 받게 된다. 그러나 르 땅紙·르 쁘띠 빠리지엥紙·르 디스 뇌비엠므 시에클誌 등의 잡지들은 경찰을 옹호한다.

44) 이 위원회의 연대기는 대단히 복잡하다. L. 피요 박사의 보고에 의하면 이 위원회는 1876년 11월 11일에 위원을 선출하였으며, 1878년 12월 14일에 다시 손질이 가해졌다. 위원회는 1879년 1월 27일에 업무를 시작했고, 1880년 2월 23일에 업무를 마감했다. 그리고 1883년 1월 6일에 업무를 재개해서 같은 해 4월 5일에 해산되었다.

45) *Bulletin continental*, 15 juin 1881.

46) 앙드리외는 자신의 저서 *Souvenirs d'un préfet de police*(경찰서장의 추억들), op. cit., t. II, chap. LIX에서 이 건에 대해 설명하고 있다.

47) *Bulletin continental*, 15 juin, 1883.

48) P. Sorlin, *Waldeck-Rousseau*, p.321.

49) 르 피가로紙[1881년 10월 6일자]와 쥘리에뜨 아담의 라 누벨 르뷔誌가 바로 이런 태도를 취했다.

50) E. Richard, *La Prostitution à Paris*, 1890.

51) 그러나 하나의 예외가 있는데 L. 피요 박사는 이런 공창제폐지론의 선구자였다.

52) *Op. cit.*, p.452.

53) 허버트 스펜서의 몇몇 사례들에 기초하여 피요 박사는 성적 행동의 자유와 비도덕 사이에 존재하는 차이점을 구별해내었다.

54) L. Fiaux, *Les maisons de tolérance*…, p.320

55) Cf. Y. Guyot, *op. cit.*, pp.420-1, 459.

56) *Ibid.*, p.473.

57) L. Fiaux, *Ibid.*, p.326과 *La police des mœurs*…, t. II, p.865.

58) Y. Guyot, *op. cit.*, p.438.

59) 1876년 11월 23일과 1878년 3월 14일자 *La Critique philosophique, politique, scientifique et littéraire*에 실린 뻬용의 기사와, 특히 1882년 5월 6일 同誌에 실린 르누비에의 기사를 참조할 것.

60) 이것은 당시 부르주아층이 대단히 우려를 표명했던 활발한 논의의 주제였다. cf. Huysmans, *Un dilemme*.
61) Y. Guyot, *op. cit.*, pp.41 et 455. 『집들을 정리하고 화장실을 청소하라…… 그러나 내가 군에게 금지하는 것은 바로 나라는 사람의 몸에 손을 대지 말고, 또 나를 군의 실험재료로 삼지 말아 달라는 것이다』라고 이브 귀요는 위생학자에게 선언한다.
62) *Ibid.*, pp.302-303, cf. *supra*.
63) 따라서 피요도 유명한 여배우를 감시하는 것에 만족하고 있었던 경찰들의 관행을 폭로했다.[*Rapport de la commission*…, p.384]
64) Y. Guyot, *op. cit.*, p.107. Rapport, Fiaux, pp.373 sq.
65) Y. Guyot, *op. cit.*, pp.123 sq; L. Fiaux, Rapport, p.380.
66) 본서 p.141에서 지적된 사항 참조. 원용된 이 견해들은 L. 피요의 Rapport… p.391과 Guyot, *op. cit.*, p.231을 참조할 것.
67) Y. Guyot, *op. cit.*, pp.267-268.
68) *Les maisons de tolérance*…, p.321.
69) Y. Guyot, *op. cit.*, p.215.
70) *Ibid.*, p.215.
71) *Ibid.*, p.222.
72) 바르베 도르빌리는 또 다른 사상에 기초하여 『엎질러진 화병을 똑바로 세우듯이 허우적거리는 여자들을 교정하고자 하는』 도덕주의자들을 비난하고 있었다.[⟨La vengeance d'une femme⟩(어느 여자의 복수), *Les diaboliques*, La Pléiade, p.256] 그의 생각으로는 목사만이 타락한 사람들을 구원할 수 있다. 치유할 수 없이 타락한 여성을 격리치료하는 것은 도덕적으로 정당화된다는 신념을 가지고 있다.
73) L. Fiaux, *Les maisons de tolérance*…, p.282.
74) Y. Guyot, *op. cit.*, pp.294 sq와 L. 피요 박사의 보고서, pp.417 sq.
75) 이브 귀요의 인용서, pp.334 sq.
76) L. Fiaux, *Les maisons de tolérances*…, p.325.
77) L. Fiaux, rapport au conseil municipal, p.436.
78) C. J. Lecour, *La campagne contre la préfecture de ploice*, p.435.
79) M. H. Zylberberg-Hocquard, *op. cit.*, p.6.
80) 사비오즈의 *La serve, une iniquité sociale*(여자 노예, 사회적 불안)과 위드리-므노가 1898년 런던회의에 제출한 보고서 ⟨le mouvement féministe français et la réglementation de la prostitution⟩(프랑스의 여권운동과 매춘규제)[*Le Relèvement social Supplément*, 1ᵉʳ septembre 1898] 참조.
81) *Solidarité des Femmes*의 뽀또니에-뻬에르와 프랑스여성권리동맹의 마리아 뽀농, 여성환경개선협회의 그리쓰-트로 부인, 라방-꾸리에르의 슈믈 부인, 레갈리떼의 빈센트 부인의 활동 상황 참조.
82) Savioz, *La serve*…, p.10.
83) Arch. préfect. de police, DB 1689.
84) 주지하다시피 여성의 문제는 계속해서 노동자집단의 여러 집회에서 점점 더 그 입지가 약화되어 가고 있었다. 1888년 이후에 여성의 노동에 관해 제기된 유일한 문제가 아동들의 문제에 포함되어 일괄적으로 다루어졌다.[cf. M. Perrot: ⟨l'éloge de la ménagère⟩, p.107]
85) *Bulletin continental*, 1878에 인용된 논설.

86) Christine Dufrancastel, 〈Hubertine Auclert et la question des femmes à l'immortel congrès〉, *Mythes et représentations*…, p.135.
87) 그러나 새 시장도 그 도시에서의 새로운 창가 개설을 불러했다.
88) 1870년에서 1879년 사이에 영국에서는 2백15만 9백41명이 서명날인한 9천6백67개의 청원서가 매춘폐지를 요구했다.[Y. Guyot, *op. cit.*, p.437]
89) Cf. A. Corbin, 〈Le péril vénérien au début du siècle…〉.
90) C. Andler, *Le manifeste communiste de Karl Marx et F. Engels*, p.151.
91) Charles-Albert, 〈La prostitution〉, *Les Temps nouveaux*[26 nov. et 2 déc. 1898]
92) 루이 데방스[〈Femme, famille, travail et morale sexuelle dans l'idéologie de 1848〉(1848년 이데올로기 속에서의 여성·가정·노동, 그리고 성적인 도덕성), *Mythes et représentations*…]는 푸리에 사상의 보급에 뒤이어, 그리고 앙팡뗑의 영향하에서 1830년대 초기의 성도덕을 뒤흔들고 그것을 파괴하려던 음모를 정확하게 설명했다. 그는 당시에 여성운동이 얼마나 급진적이었는가를 보여 주었다. 반대로 1848년은 분명히 『사회주의 윤리학의 불협화음이 감소되던』 시기였다.[p.86] 프루동과 까베·외제니 니봐이에·잔느 드로엥과 심지어는 *Société des vénusiennes*까지도 당시 여성의 본성에 관한 지배적인 이론에 영향을 받고 있었다. 그런데 뽈린느 롤랑은 그 주변의 가족중심주의로 방향을 바꾸었다. 빅또르 에네껭과 특히 쥘르 그레이는 리용 사람인 그레뽀와 함께 노동자계급에 대한 연구에 몰두하던 거의 유일한 사람들이었다.
한편으로는, 주지하다시피 성문제에 관한 프랑스 사회주의의 궁극적 태도를 결정짓는 영향력이 두 이론가에 의해 비롯되었는데, 이 양자 사이에는 커다란 견해 차이가 존재했다. 이 양자란 푸리에와 프루동을 말하는 것이다. 전자가 연애의 완전자유를 예찬했다면, 후자는 아버지와 남편의 권위 회복을 부르짖었다.[cf. Louis Devance, *La question de la famille dans la pensée socialiste*…(사회주의 사상에 있어서 가정의 문제), thèse 3ᵉ cycle, Dijon, 1972] 프루동은 매춘에 관한 자신의 견해를 상세하게 표현한 바 있다. 그에게 있어서 혼외정사를 갖는 여자는 모두가 매춘부였다. 남편에 대한 절대적인 헌신을 결여한 상태에서 남편과의 쾌락을 추구하는 여자도 역시 매춘부와 다름없는 존재라는 견해를 그는 가지고 있었다. 사실상 부부 상호간의 헌신이 없는 무보수의 사랑은 존재치 않는다. 그밖에도 남성들이 일상적으로 지나친 성교섭을 요구하게 되면, 정숙한 여자들까지도 창녀처럼 변태적이고 〈보기에도 끔찍한〉 존재가 되고 마는 것이다.[Œuvres Complètes, *La pornocratie*, pp.372-374]
삐에르 르루·뻬뀌외·비달·루이 블랑은 여성들의 더 많은 평등권과 결혼상대자의 자유선택권을 요구하면서 일부일처제의 결합을 수용했다. 끝으로 마르크스와 엥겔스는 미래의 혼인에 대한 구체적 언급을 생략한 채 부르주아적인 결합의 폐해를 분석했다. 이들에 의하면 새로운 사회조직이 그러한 부르주아적 결합의 악습을 치료할 수 있다는 것이다.
93) Benoît Malon, *Le socialisme intégral*, t. I, ch. VII, 〈L'évolution familiale et le socialisme.〉
94) Charles Bonnier, *La question de la femme*, 1897.[*Devenir social*에서 발췌]
95) Charles Andler, *Le manifeste communiste de Karl Marx*.
96) Edouard Dolléans, *La police des mœurs*(풍속경찰). 그리고 브뤼셀회의에서의 이 저자의 보고서 *Le mouvement socialiste*(사회주의운동), 1902, pp.1784-1791. 반대로 뽈 라파르그는 자신의 저서 *La question de la femme*(여성의 문제), 1904에서 이 문제를 다루지 않았다.
97) *La police des mœurs*, p.90.
98) *Op. cit.*, p.129.
99) *Ibid.*, p.120.

100) Ch. Andler, op. cit., p.152.
101) B. Malon, op. cit., p.362.
102) Ibid., p.363.
103) Op. cit., p.77.
104) 그러나 한편으로 그것에 대한 유형은 기술되지 않았다.
105) Bebel, op. cit., p.79.
106) E. Dolléans, op. cit., p.90.
107) 이것에 관해서는 Ch. Andler, op. cit., pp.150-150 참조.
108) 제한선거왕정기의 박애주의자들에 관해서는 본서 p.37 참조.
109) Madeleine Guilbert, op. cit., pp.189 sq.
110) Ch. Bonnier, op. cit., p.42.
111) Op. cit., p.364.
112) Bebel, op. cit., p.88.
113) Ibid., pp.120 sq.
114) Ibid., p.122. 이 이론은 1866년의 의학협회에 제출된 이론이었다.[cf. M. Perrot, 〈L'éloge de la ménagère〉, p.109]
115) M. Guilbert, op. cit., p.188.
116) E. Dolléans, La police des mœurs, p.166.
117) 이러한 유보적 태도는 사회주의파 의원이던 F. 드 프레쌍세에 의해 지적된 바 있다. 그는 1903년 당시 대중집회가 열렸을 때 자신의 동료들이 투쟁에 참가하지 않았다고 한탄했다. Arch. Préfect. de police, B A 1689.
118) 이것은 브노와 말롱이 L'Intransigeant le 19-7-1883[Un congrès socialiste]에 발표했던 기사에서 나온 것이다.
119) 그들의 이론의 분열상은 명백한 것이었다. 브노와 말롱은 자유스럽고 인간적이며 자연스런 노동자 가정을 꿈꾸었다. 그 가정은 지적이며 도덕적인 친근감과 사랑에 토대를 둔 가정을 의미하며, 가정의 존속기간은 부부간의 합의에 의해 결정되어지는 것이었다. 반대로 에두아르 돌레앙은 미래의 가정을 생산의 의무에 종속시켰다. 그의 시각에서 보면, 생식에 대한 필요성이 육체적 쾌락을 능가하는 것이었기 때문에 그는 청년층의 정욕의 절제와 성적인 억압을 주창했던 사도로 자처했다.
120) Cf. Charles Sowerwine, 〈Le groupe féministe socialiste, 1899-1902〉, Le mouvement social, janv.-mars 1975, pp.87-120.
121) 본서 p.403.
122) 본서 p.384.
123) 이것은 Supplément du Relèvement Social의 검토에서 나온 것이다.
124) 본서 p.397.
125) 인용된 회합에서 F. 드 프레쌍세가 행한 연설, Arch. Préfect. de police, B. A 1689.
126) Charles-Albert, 〈La prostitution〉, Les Temps Nouveaux, 10-16 déc. 1898. 샤를르-알베르는 1900년에 발간된 L'amour libre(자유로운 사랑) 속에서 이 기사들을 전재했다.
127) 특히 르 리베르떼르紙와 르 뻬르 뻬나르紙・레 땅 누보紙가 그 예이다.
128) 〈La prostitution〉, Les Temps Nouveaux, 26 nov.- 2déc. 1898.
129) 〈Le droit de cuissage〉, Le Père Peinard, février 1889, Louis Grandidier, 〈Le droit de

cuissage⟩, *Le Libertaire*, 22-28 avril 1897 혹은 ⟨Le droit de jambage à Limoges⟩, *Le Libertaire*, 23 avril 1905.

130) 기억해야 할 사실은 돌레앙도 다음과 같이 자문했다는 것이다.『매춘의 계약을 노동계약과 비교할 수는 없는 것일까?』 *Le mouvement socialiste*, 1902, p.1790. 이런 생각은 샤를르 보니에에 의해 표현된 바 있다. *op. cit*, p.42. 이것은 이 양자 사이에서 더욱 정확한 것으로 설정했던 차이점이 약간은 조직적이라는 사실을 증명한다.

131) 르 리베르떼르紙[13 novembre 1896]에 기고한 레옹 볼크의 기사 제목.

132) R. C. ⟨Salariat et prostitution⟩, *Les Temps nouveaux*, 29 avril 1899.

133) Arch. Préfect. de police, BA 1689.

134) Henri Duchmann, ⟨Etudes féministes, la prostitution⟩, *Le Libertaire*, 20-27 août 1904.

135) Charles-Albert, *Les Temps Nouveaux*, 10-16 décembre 1898.

136) 리옹 뮈라르와 빠트릭 질베르망의 인용작품 *Le petit travailleur infatigable*(지칠 줄 모르는 가엾은 노동자)는 이런 시각에서 기술된 것이다.

137) Charles-Albert, *Les Temps Nouveaux*, 10-16 décembre 1898.

138) *Les Temps Nouveaux*, 26 nov.-2 déc. 1898.

139) *Les Temps Nouveaux*, 26 nov.-2 déc. 1898.

140) Louis Grandidier, art cité, *Le Libertasire*, 22-28 avril 1897.

141) *Les Temps Nouveaux*, 10-16 déc. 1898.

142) 이 점에 관해서는 1910년 2월 2일부터 게르 소씨알紙에서 전개한 투쟁을 명기할 필요가 있다.

143) 이것에 대해서는 아리스띠드 브뤼앙의 전집과 니니 뽀-드-시엥의 작품만을 보아도 알 수 있다.

144) D. Snop, ⟨Margot⟩, *Le Libertaire*, 11-17 juil. 1896. 혹은 Gaston Kleyman, ⟨La serve d'amour⟩⟨사랑의 노예⟩[*Le Libertaire*, 27 juin-3 juil. 1896]. 후자는 이상형의 연인에 대한 이루어지지 않는 이미지를 가슴에 품고 있다.

145) *Crime et châfiment*(죄와 벌) 속에서 등장인물 소냐가 치유되어 속죄받는 양상이 나온다.

146) Cf. *Résurrection*(부활)에 등장하는 카츄샤를 참조할 것.

147) 그의 소설 *Femme-enfant*(여자아이)를 참조할 것.

148) 레옹 블로와가 이런 흐름의 가장 대표적인 작가였다. 그의 작품 *Désespéré*(절망에 빠진 사람)의 주인공 마르슈뇨르는 전직 공창 출신의 첫정부를 잃어버리고 난 뒤, 매춘부로 전락한 베로니끄와 파란만장한 연인관계를 맺는다. 그 생활이 지속되는 과정에서 그의 정부 베로니끄는 신을 향한 고귀한 사랑과 자신의 애인 사이에서 갈기갈기 마음이 찢어진다. 신비주의에 대한 갈증 속에서 그녀는 레옹 블로와가 고귀한 사랑에 할당한 공인창가의 어느 폐쇄된 공간속에 스스로 몸을 가두어 버린다. 신을 향한 매춘부의 이런 테마는 막달라 마리아라는 인물로부터 영감을 받은 것이며, 때때로 우라노스적인 세계관으로 확대되기도 한다. 개종했던 위스망은 뒤르딸의 입을 빌어 성모를 향한 기원을 올린다. ⟨Tenancière des glorieuses Joies.⟩[*La cathédrale*, Le livre de poche, p.17]

149) Jacques Damour, ⟨Les yeux des putains⟩, *Le Libertaire*, 12 novembre 1899.

150) Apollinaire, ⟨Marizibil⟩과 ⟨La chambre du mal-aimé⟩, *Alcools*.

151) Alla, ⟨Un syndicat de prostituées⟩, *Le Libertaire*, 12 novembre 1899.

152) *Ibid*.

153) 레오뽈드 라꾸르의 저서 *Humanisme intégral. Le duel des sexes, La cité future*(완전한 휴머니즘, 섹스의 이원성, 미래의 도시, p.128)는 에드워드 카펜터의 작품 *La femme et sa place dans une société libre*(여성과 사회에서의 위치)로부터 영감을 얻은 것이다.
154) Henri Duchmann, 〈La prostitution〉, *Le Libertaire*, 20-27 août 1904.
155) Henri Duchmann, 〈Etudes féministes. Le droit des vierges〉, *Le Libertaire*, 17 juin 1904.
156) 앙리 뒤슈망은 저서 〈Etudes féministes. La liberté sexuelle〉(여권주의 연구, 성적 자유)[*Le Libertaire*, 17 sept. 1904] 속에서 이 점에 관해 여권운동의 온건함을 비난했다. 이상하게도 마들렌느 뻴르띠에는 여성의 성해방에 할당한 자신의 저서 속에서 매춘문제에 관해 침묵을 지켰다.
157) Henri Duchmann, 〈La prostitution〉, *Le Libertaire*, 20-27 août 1904.
158) Charles-Albert, 〈La prostitution〉, *Les Temps Nouveaux*, 24-30 déc. 1898.
159) Paul Robin, *Propos d'une fille*. 등장인물에 관해서는 F. 롱젱의 인용 논문을 볼 것. 그러나 저자는 매춘에 대한 로벵의 태도를 무시했다.
160) Michel Corday, *Vénus ou les deux risques*.
161) 이것에 관해서는 F. 롱젱의 인용 논문을 참조할 것.
162) Paul Robin, *op. cit.*, p.9.
163) *Ibid.*
164) *Ibid.*
165) *Ibid.*, p.10.
166) *Ibid.*, p.15.
167) 뽈 로벵은 유명한 쌍쀠스학파의 창립자이다.
168) 보건위생국의 창설을 위해 국회에서 권고안이 발의된 것이 바로 이때이다. Cf. docteur Corlieu, *La prostitution à Paris*(빠리의 매춘), pp.107 sq.
169) 위험이라는 용어가 이 형태의 병에만 한정되었다는 사실은 의미심장한 것이다.
170) Professeur C. Mauriac, *Leçons sur les maladies vénériennes professées à l'Hôpital du Midi*, p.198.
171) 매춘행위를 우발적인 것으로 간주하는 그의 방법은 마르크시스트들의 방법과는 다른 것이며, 수요의 변동에 기초를 두고 있다.
172) Professeur Mauriac, *op. cit.*, p.126.
173) *Ibid.*, pp.186-187.
174) E. Richard, *op. cit.*, p.23. 사용된 통계방법에 대한 비판적 검토에 의하면, 이런 추정수치는 신용할 만한 것이 아니다.
175) Professeur Barthélemy, 〈Exposé des mesures en vigueur en France, et d'un projet de réorganisation de la surveillance de la prostitution〉(프랑스에서 현재 통용되고 있는 매춘 감시의 재편성안의 보고), 1889년 8월 빠리에서 개최된 피부과학과 매독학회에서의 보고[Arch. Préfect. de police, DB 407] 이 학회에서 성병론은 〈도덕질서〉에 대한 공창제론자들의 의견과 다시 조우한다. 본서 p.54.
176) 그의 저작은 9월 4일의 공화국과 빠리 꼬뮨이 성병의 전반적인 재유행을 야기시켰다는 사실을 보여 줄 뿐이다. 그 이유는 그 자신이 제시한 통계수치가 그 반대의 결과를 증명했기 때문이다. 모리악은 그러나 이 시기가 사회의 저변층을 파고든 연성하감, 즉 성병 중 가장 음탕한 이 증세가 대유행되던 시기와 일치하고 있다는 사실을 즐겨 강조했다.[*op. cit.*, p.177]
177) 모리악 교수가 제시한 결과는 1866년과 1867년 남프랑스 지방의 병원에서 레옹 르 포르

교수가 얻어낸 결과와는 상당히 다르다. 감염원이 밝혀진 4천70명의 감염자들 중에서 2천3백2명(58퍼센트)은 길거리나 대중 댄스홀에서 만난 매춘부들과의 관계에서 병에 걸렸으며, 7백80명(19퍼센트)은 공인창가에서, 나머지 9백88명(22퍼센트)은 정식 부인이나 돈이 거래되지 않는 정부와의 관계에서 비롯되었다.[Bull. Acad. de Médicine, 1888, pp.262 sq] 아마도 모리악 교수는 성병의 감염과정에 있어서 매춘의 영향력을 과장하는 경향이 있었던 듯하다.

178) Cf. docteur H. Mireur, *La syphilis et la prostitution*…(매독과 매춘), pp.120 sq. 1875년에 발간된 이 작품은 그 문제에 대한 한 양상을 포함하고 있다.

179) 이러한 의료기구로는 탐진측정기, 압설자(진찰할 때 입을 벌리고 혀를 아래로 내려 목구멍을 보는 기구)와 검사경을 예로 들 수 있다. 이것에 관해서는 *Bulletin Médical*, 15 et 18 mai 1895를 참조할 것.

180) Docteur Commenge, *op. cit*, p.505.

181) Professeur A. Fournier, 〈documents statistiques sur les sources de la syphilis chez la femme.〉 *Bulletin de l'Académie de Médecine*, t. XVIII, 1887, pp.538 sq.

182) *Ibid.* Conclusion.

183) Professeur H. Diday, *Le péril vénérien dans les familles*, 1881, p.54.

184) *Op. cit.*, pp.17 sq.

185) Tardieu, *Etude médico-légale sur les attentats aux mœurs*, 1859, p.72. 빅또르 마르그리뜨의 소설 *Prostituée* 속에서 라울 뒤메는 바로 이런 편견에 사로잡혀 양장점의 젊은 여공 안네뜨의 처녀성을 앗아 버린다.

186) 루앙의 시립병원에서 A. 에베르라는 의사의 진료를 받은 성병환자들 중 62퍼센트가 처음에는 〈돌팔이의사들〉(20퍼센트가 약사에게서, 17퍼센트가 약초 판매인들에게서, 16퍼센트가 친구들에게서, 4퍼센트가 사기꾼들에게서 치료를 받았고 의심스런 의사들에게서 치료를 받았던 사람도 1퍼센트에 달렸다)에게 치료를 의뢰했다. Docteur G. Hébert, *Où se prennent les maladies vénériennes?* p.39.

187) H. 미뢰르 박사는 *La syphilis et la prostitution*…(매독과 매춘), p.67에서 그 문제를 제기했다.

188) 인류의 퇴화에 대한 사상은 마르띠노 박사에 의한 것이었다. *op. cit*, p.10.

189) 공창제폐지론의 승리를 위해서 조세핀 뷔틀레가 시도한 십자군운동에 대해 신규제주의자들은 〈위생십자군〉을 즐겨 대립시켰다.

190) 『자신의 아내와 함께 자는 것이 훨씬 좋다.』는 문구는 폴랑땡이 한 말인데, 그는 남자 화장실에 들어가서 성병에 걸린 사람들에게 정화를 충고하는 광고 문구 밑에 선이 거칠게 그려진 것을 발견한다.[J. K. Huysmans, *A vau-l'eau*(흘러가는 대로), Collect. 10/18, p.389]

191) 감염된 뻬뀌셰에 대한 보꼬르베이의 태도와 같이 플로베르가 애통해하던 하감에 대한 그의 우스갯소리들을 참조할 것.[이것에 관해서는 Jean Borie, *op. cit*, pp.82-83]

192) J. K. Huysmans, *En ménage*, p.168.

193) J. K. Huysmans, *A vau-l'eau*, p.388.

194) J. K. Huysmans, *En ménage*, p.303.

195) J. K. Huysmans, *A rebours*, pp.163 et 170 sq.

196) *En rade*(정박중) 속에서의 자끄 마를르의 악몽 참조, pp.208 sq.

197) J. K. Huysmans, *Certains*, éd. 1908, pp.77-118.

198) *En ménage*, pp.298-299.

199) Barbey d'Aurevilly, 〈La vengeance d'une femme.〉 *Les diaboliques*.

200) Cf. G. de Maupassant, *Le Lit 29*.

201) 본서 p.337.
202) 그러나 기억해야 할 것은 몰레-또끄빌회의가 이보다 앞서 이와 유사한 조치들을 제안했다는 사실이다. Cf. Conférence Molé-Tocqueville, 〈Rapport extrait de l'annuaire 1879-1880.〉 Paris, 1886, p.54. Arch. Préfect. police, DB 410.
203) 이 위원회에는 특히 라레이와 리꼬르·르구에스트·뒤자르댕-보메츠·클렉·푸르니에·빠쌍·부로·마르띠노, 그리고 르 뻴뢰르가 포함되었다.
204) Docteur Le Pileur, *Prophylaxie de la syphilis, réglementation de la prostitution à Paris, Rapport adressé à M. le préfet de police*…, 1887.
205) Cf. *Bulletin de l'Académie de Médecine*, 1888, séances du 31 janvier, des 7, 21 et 28 février, des 6, 13, 20 et 27 mars.
206) *Op. cit.*, p.162.
207) *Op. cit.*, p.34.
208) *Op. cit.*, p.558.
209) 라보르드의 경우가 바로 그것을 보여 준다.
210) Professeur Mauriac, *op. cit.*, p.103. 이것은 그렇다고 해서 도덕적 관심사들이 이 새로운 의학적 논쟁을 지지하고 있었다는 것을 의미하지는 않는다.
211) 레옹 르 포르의 발언, *Bulletin de l'Acad. de Méd.*, 1888, p.261.
212) Cf. docteur Martineau, *op. cit.*, p.196.
213) Docteur Le Pileur, rapport cité, p.25.
214) *Ibid.*, p.18.
215) 필자의 삽입구.
216) 몰레-또끄빌협회에서 인용된 보고. 여기서 사람들은 발작상태를 가둘 수 있는 수용소의 창설과 마찬가지로 부도덕성을 가둘 수 있는 수용소를 꿈꾼다.
217) Docteur Le Pileur, 인용 보고서 p.21.
218) 이것은 르 뻴뢰르 박사[*ibid.*, p.24]와 귀스따브 라뇨[*Bulletin de l'Acad. de Méd.*, 7 février 1888, p.188]가 제안한 것이었다.
219) *Ibid.*, séance du 28 février 1888, p.292.
220) *Ibid.*, p.276.
221) Docteur A. Malécot, *Les vénériens et le droit commun*, 1888.
222) *Op. cit.*, pp.161 sq.
223) *Op. cit.*, pp.107 sq.
224) Docteur Verchère, 〈De la réorganisation de Saint-Lazare au point de vue de la prophylaxie des maladies vénériennes〉, *Bulletin médical*, 19 mars 1890, pp.267 sq.
225) 인용된 보고서.
226) E. Richard, *La prostitution à Paris*.
227) 이것에 관해서도 기껏해야 경찰청장 레옹 부르조와의 포고령을 언급할 수 있을 정도이다. 이 포고령은 풍속담당 의사들의 공개경쟁 모집을 제도화하였으며, 쌩-라자르 의료형무소의 규정들에 몇몇 변화를 가져다 주었다.

제Ⅲ부 새로운 전략의 승리

제6장 성병・유괴, 그리고 신체적 퇴화, 혹은 감시의 필요성
1) 그 질문에 대한 양상은 다른 곳에서 오랫동안 전개되었다. Cf. A. Corbin, ⟨Le péril vénérien au début du siècle; prophylaxie sanitaire et prophylaxie morale⟩(19세기 초엽의 성병 위험성; 보건적 측면과 도덕적 측면의 예방), Recherches, n° 29, 1977, L'haleine des faubourgs.
2) 1901년 4월 쌩-루이 병원의 회합에서 행했던 A. 푸르니에 교수의 강연. Ligue contre la syphilis[1904년 간행] p.12 참조. 한편 F. 라울 박사는 『매독이 자식에게 감염된 그날로부터 그 자식의 병세를 예측해야 되는 필요성이 증대된다』[op. cit, p.33]고 기술했다
3) Professeur Brulureaux, ⟨Rapport concernant la prophylaxie individuelle⟩, II° Conférence internationale de Bruxelles, 1902, p.5.
4) Docteur L. Le Pileur, ⟨De la mortalité infantile causée par la syphilis,⟩ Journal des maladies vénériennes, cutanées et syphilitiques, juin 1889, p.78 sq. ⟨Statistiques sur l'avortement⟩ par le docteur J. H. Doléris. Bulletin de la Soc. fr. de Proph. san. et mor., 1906, pp.136-150.
5) Bulletin de la Soc. fr. de Proph. san. et mor., 1901, p.37.
6) Ibid., p.80.
7) F. Raoult, op. cit., p.39 sq. et docteur E. Mignot, thèse citée, p.28, observations des docteurs Porak et Ribemont-Dessaignes.
8) 특히 다음 세대에의 유전, 다시 말해 손자 세대에의 제2차 유전이 가끔 제1차 유전보다 심각한 경우도 있었다.
9) Docteur Edmond Fournier, Les stigmates dystrophiques de l'hérédosyphilis, Paris, 1898, 원색 인체모형도. 에드몽 푸르니에 이후의 모든 저작물이 매춘의 유전연구에 할당되었다.
10) A. Fournier, Danger social de la syphilis, 1905, p.56.
11) 『나는 매독의 희생자가 문명의 발전에 비례해 증가하고 있다고 확신한다』[Ligue contre la syphilis(매독에 대한 결사), p.7]라고 A. 푸르니에는 기술했다. 이런 견해는 바로 뽈 베르또 박사가 제시했던 것과 같은 것이다. ⟨Le péril vénérien…⟩(성병의 위험성), Revue de médecine légale…, 1899, pp.86 sq.
12) Docteur Léon Issaly, Contribution à l'étude de la syphilis dans les campagnes, Thèse, Paris, 1895.
13) Docteur Le Noir, Rapport à la conférence de Bruxelles, 1899, cité par A. Fournier, ibid.
14) Cité par le docteur Morhardt, op. cit., p.60. 이 평가수치는 블라슈코가 코펜하겐에 대해 제시한 수치와 비슷한 것이다.
15) Emile Duclaux, L'hygiène sociale, 1902, p.237.
16) 페브리에 교수와 비뉴롱 박사, 그리고 스뻴망 교수 등은 1913년 당시 낭시 지역에서의 성병 발병률이 다시 높아지고 있다는 견해를 피력했다.[Docteur V. Vigneron, La prostitution clandestine à Nancy. Esquisse d'hygiène sociale(낭시의 비밀매춘, 사회적 위생의 소묘). Thèse, Nancy, 1901, p.8. Professeur Février: ⟨Du rôle du médecin dans la prophylaxie de la syphilis⟩(매독 예방에 있어서의 의사의 역할론), Revue médicale de l'Est, 1903, p.385. L. Spillmann et Zuber: ⟨Syphilis et prostitution à Nancy⟩(낭시의 매독과 매춘), Société de Médecine de Nancy, 1913, p.299] 토론에 참여한 G. 에띠엔느는 동부지역에 있는 공장 노동자들의 성병 발병률이 증가하고 있다는 사실을 강조했다.
17) Docteur Morhardt, thèse citée, p.88.
18) 특히 알프렛 푸르니에가 풍속경찰의 원외위원회에 제출한 보고서를 참고할 것.
19) Docteur Edmond Fournier, ⟨A quel âge se prend la syphilis⟩(몇 살에 매독에 걸리는가). Presse

médicale, 1900, pp.164-167. 이밖에도 매독에 감염된 연령은 사회계층에 따라 다른 양상을 보였다. E. 푸르니에는 부친 A. 푸르니에의 환자들을 남프랑스 병원과 쌩-루이 병원의 환자들과 비교한 다음 『부르주아층보다 일반대중계급이 더 이른 나이에 매독에 걸렸다』는 결론을 내렸다.[p.165]

20) A. Fournier, rapport à la commission extra-parlementaire du régime des mœurs, p.152.

21) Docteur Patoir, 〈La prostitution à Lille.〉 *Echo médical du Nord*, 10 août 1902, p.373.

22) 이것에 관해서는, 매독의 전염이 숙명적인 것이라는 생각으로 인해 예방접종이라는 명목하에 모든 사람들에게 강제적으로, 그리고 체계적으로 매독균을 퍼뜨렸다는 사실을 언급할 필요가 있다.

23) 그러나 이때부터 매독학자들의 대소란을 규탄하면서 그들에게 더욱 이성적으로 행동할 것을 요구했던 저명한 의사들도 없지 않았다. 그 의사들은 여기에서 허버트 스펜서의 사상을 그대로 답습할 뿐이었다. 허버트 스펜서는 1873년부터 자신의 저작 *Studies of sociology*(사회학연구) 속에서 성병의 실태와 그 허상 사이에 존재하는 어떤 뒤틀림을 지적한 바 있었다. 사상적으로 균형잡힌 이 의사들 가운데서 우리는 매춘규제에 있어서 공창제폐지론의 주장을 지지하고 있던 많지 않은 의사들, 특히 루이 피요 박사와 리용의 시장, 그리고 오가뇌르를 인용할 수 있다.

24) 1896년에 부로 박사의 제안에 따라 설립된 성병예방대책협회는 세인들의 편견과 충돌함으로써 소멸된 일시적인 단체였다는 사실을 명기할 필요가 있다.[cf. *Bull. Soc. fr. de Proph. san. et mor.*, 1902, p.280]

25) 성병에 반대하는 예방학사에 있어서 전환점이 되는 것을 강조할 필요가 있다. 그 당시까지 예방은 그 개념상 매춘에 대한 감시수단과 거의 혼동되고 있었다. 성병에 대한 도덕적 예방을 증진시키기 위한 노력은, 그것이 신규제주의적 경향을 띠고 있었음에도 불구하고 이브 귀요와 루이 피요 박사가 옹호한 공창제폐지론자들의 사상과 결부되어 있었다.

26) A. Fournier, *Ligue contre la syphilis*, p.25.

27) *Ibid.*

28) Professeur Burlureaux, rapport cité, p.13.

29) Docteur Debove, 〈Rhumatisme blennorragique-Prophylaxie des maladies vénériennes〉 *Revue de Thérapeutique médico-chirurgicale*, juin 1904, p.400.

30) Docteur L. E. Monnet, *Conseils aux avariés*, pp.55-56. 생식기의 포진이 당시에 성병으로 간주되고 있었다는 사실을 상기하자.

31) 모띠 교수[art. cit. p.390]는 다음과 같이 기술했다. 『남자가 한 여자만을 알고 그녀와만 상호 교섭을 가진다면 성병은 머지 않아 소멸될 것이다.』

32) Professeur Burlureaux, rapport cité, p.23.

33) Docteur Queyrat, *La démoralisation de l'idée sexuelle*, 1902. 조혼이 성병 예방의 가장 효과적인 수단이라는 생각이 진정한 동기가 되고 있다. 이런 생각은 특히 조르쥬 에베르의 논문 속에서도 나타난다. *Où se prennent les maladies vénériennes? Comment elles sont soignées, comment elles devraient l'être?*(성병환자들은 어디에서 병에 걸리는가? 어떻게 그들은 치료를 받으며, 어떻게 될 것인가?) Paris, 1906, p.49.

34) Docteur Queyrat, *op. cit.*, p.5.

35) *Ibid.*, p.6.

36) *Ibid.*, p.7.

37) Professeur Burlureaux, *Pour nos jeunes filles quand elles auront seize ans*.
38) Professeur A. Fournier, *Pour nos fils quand ils auront dix-sept ans*.
39) Docteur Manquat, rapporteur de la question: 〈Prophylaxie de la syphilis et des maladies vénériennes…〉, p.25.
40) Professeur Delorme, 〈La syphilis dans l'armée…〉, *Bull. de l'Acad. de Médecine*, 23 avril 1907.
41) Professeur Burlureaux, rapport cité, p.20.
42) 이 위원회가 얻은 결과들을 풍속경찰의 원외위원회가 계속해서 이용하게 된다.
43) H. Ibsen, *Les revenants*(유령들). Préface d'Edouard Rod. 1889.
44) *Ibid*.
45) 롬브로소[cité par T. de Wyzewa, *Le Temps*, 9 mars 1899]의 견해. 〈Le crime et la folie dans la littérature〉(문학에서의 범죄와 광기). 이것과 관계된 것은 일반적인 마비현상을 의미한다.
46) Docteur H. Mireur, *L'avarie, étude d'hygiène sociale*, p.7.
47) *Ibid.*, p.1.
48) André Couvreur, *Les Mancenilles*, Paris, Plon, 1900, préface.
49) *Ibid.*, p.217.
50) 막씸은 프리다와 동침하는데, 그들이 잔『침대는 그 구역에 살고 있는 모든 인종들의 배출구가 되어 있었다. 그 다양한 인종들은 세계의 구석구석에서 악과 병을 가지고 오는지도 모른다!』[p.121] 결국 막씸의 다른 정부, 시몬느를 감염시킨 사람은 어느 아르메니아 남성이었다.
51) *Ibid.*, p.363.
52) *Ibid.*, p.188.
53) *Ibid.*, p.195.
54) 당시의 여론은 매독에 대항할 수 있는 매독혈청의 발견이 임박했다고 생각했다.
55) M. Corday, *Vénus*, 1901, p.78.
56) *Ibid.*, p.166.
57) *Ibid.*, p.247.
58) *Ibid.*, p.252.
59) Docteur L. E. Monnet, *Conseils aux avariés*, p.86.
60) Cf. rapport cité du Professeur Delorme.
61) 군의관 라말리의 교본은 마르띠외 박사의 저서를 참고로 한 것이었다.
62) 이것에 관해서는 그랑쥐의 저서 〈Prophylaxie de la syphilis dans l'armée(군대에서의 매독예방), 1901-1911〉을 참조할 것. *Bull. Soc. fr. de Proph. san. et mor.*, 1911, p.60 sq.
63) Abraham Flexner, *La prostitution en Europe*, p.309.
64) *Ibid.*, p.308.
65) Charles-Louis Philippe, *Bubu de Montparnasse*. Le Livre de poche, p.57.
66) *Ibid.*, p.65.
67) 이 작품은 물론 전투를 소재로 한 것이지만 그 취급 각도는 완전히 다른 것이다.
68) 문명이라는 단어와 매독감염이라는 단어에 관해서 자유주의 언론은, 마다가스카르에 주둔한 프랑스 군대에 대해 그것이 문명의 작품이거나 혹은 매독적인 작품이라고 비아냥거렸던 것이다. Cf. 〈La syphilisation à Madagascar〉(마다가스카르에서의 매독화), *Le Père Peinard*, 28 nov.-5 déc. 1897.
69) Victor Margueritte, *Prostituée*, p.82. 모띠 교수는 앞에 게재한 논문[p.390] 속에서 공기의 전

염으로 매독이 확산되고 문명의 발달이 성병을 확산시키는 요인이며, 성병은 상업의 번영과 정비례하여 만연하게 된다고 생각했다.

70) Emile Duclaux, *L'hygiène sociale*, ch. VII. 〈La syphilis〉, pp.224-266.

71) *Ibid.*, p.263.

72) Docteur Fischer, 〈Essai de prophylaxie des maladies vénériennes〉, *La Presse médicale*, 2 avril 1902, pp.317-318.

73) Dassy de Lignières, *Prostitution et contagion vénérienne*, Paris, Barthe, 1900, pp.36 et 38.

74) *Ibid.*, p.11.

75) *Ibid.*, p.37.

76) Docteur Manquat, rapport cité.

77) Compte rendu du congrès de Lyon in *Annales d'hygiène*, 1906, pp.358-360. 그때부터 사람들은 뤼또 박사의 우스꽝스런 제안을 이해하게 되었는데, 이전에 그는 대다수의 동료들 의견에 찬성하지 않는다고 표명한 바 있었다.『여러분들이 추구하는 안전문제는, 빠리 시에 있는 8만 5천 명의 매춘부와 헤아릴 수 없을 만큼 널려 있는 창가를 공식적인 존재로 인정하지 않는 한 보장될 수 없을 것이다. 성교섭이 이 공식적인 시설에서만 허락될 때, 그리고 매춘부와 성교를 원하는 사람 모두가 의사의 사전검사를 받을 때에만이 안전문제는 보장될 수 있다』고 그는 부르짖었다. 그의 견해에 따르면, 사람들이 그런 상태를 이룩하려고 시도하는 것이 레스띠프 드 라 브르똔느의 오랜 꿈이라는 것이다.[Docteur Lutaud, 〈La prostitution patentée〉(허가된 매춘). *Journal de médecine de Paris*, juin 1903]

78) *Prophylaxie des maladies vénériennes et police des mœurs*, thèse, Lyon, 1905, p.87.

79) 미셸 푸꼬는 *La volonté de savoir*(지적 욕구의 의지) 속에서 근본적으로 영향을 받았던 듯하다.

80) 성병학자들이 섹스와 고통을 결부시켜서 생각하는 입장이 쾌락론에 관한 반대명제를 형성하는 정도에 따라 인간은 반대의 입장에 놓일 수도 있다는 것을 의미한다.

81) A. B. 〈La traite des blanches〉, *La République*, 27 juillet 1902.

82) Jules Lenoble, *La traite des blanches et le congrès de Londres*, 1900.

83) *Revue pénitentiaire*, séance du 19 mars 1902.

84) F. Tacussel, *La traite des blanches*, 1877.

85) *Ministère des Affaires étrangères. Documents diplomatiques, conférence internationale pour la répression de la traite des blanches*, Paris, 1902, p.183.

86) 여기서는 여론 내부에서 일어난 부녀자 매매의 문제를 추적하는 것과 관계가 있다. 부녀자 매매라는 용어가 상당히 오래 전부터 사용되어져 왔다는 것은 분명한 사실이다. 따라서 뤼씨앙 드 뤼방프레는 꼬랑뗑과의 대화 속에서 이러한 표현을 사용한다.[*Splendeurs et misères des courtisanes*, La Pléiade, p.862]

87) Lord Monroe, *La clarisse du XIXe siècle ou la traite des blanches*, Bruxelles, 1881, p.367.

88) 이것에 대한 여러 일화들이 오래 전부터 로마네스크적인 문학의 장식거리를 제공했다. 특히 *Splendeurs et misères des courtisanes*에 등장하는 리디의 운명을 참조할 것.

89) Docteur Minime, *La prostitution et la traite des blanches à Londres et à Paris*, p.92.

90) Paul Appleton, *La traite des blanches*, p.103.

91) 본서 pp.391-392.

92) Paul Robiquet, 〈La traite des blanches〉, *Histoire et Droit*, pp.179-192.

93) Savioz[Mme Avril de Sainte-Croix], 〈La traite des blanches〉, *La Grande Revue*, 1902, p.282.
94) Moncharville, *La traite des blanches et le congrès de Londres, rapport présenté au comité français de participation au congrès*, p.14.
95) Ferdinand Dreyfus, *Misères sociales et études historiques*, p.60.
96) 프랑스 국내위원회의 보고자들은 몽샤르빌과 H. 졸리였다.
97) 1895년부터 로비께가 징계협회에서 지적한 이런 모순은 이 문제를 검토하는 프랑스의 기관들 사이에서 자주 강조되던 것이었다. 따라서 1902년, 전국감옥협회 내부에서는 이런 모순으로 인해 인신매매를 경범죄로 간주하길 거부하는 前경찰청장 지고와 베랑제는 인신매매가 경범죄로 취급되어야 한다는 푀이욜리나 퓌바로와 반대의 입장에 서게 되었다.
98) 그러나 기억해야 할 것은, 프랑스 대표들이 반대세력의 압력에 굴복해서 어쩔 수 없이 최소한의 구체적 대책만을 양보했다는 사실이다.
99) J. Lenoble, *op. cit.*, pp.69-78.
100) Vittorio Levi, *La prostitution chez la femme et la traite des blanches*(여성에게 있어서 매춘과 부녀자 매매), p.6. 1910년 4월 5일, 6일, 7일에 런던에서는 부녀자 매매에 반대하는 이스라엘인 국제회의가 열렸다.
101) 이것에 대해서는 H. 졸리의 보고서 이외에 르노블[*op. cit.*]과 사비오즈[*art. cité*]를 참고할 것.
102) 부다페스트에서 국제형법연맹의 회합이 개최되었을 때인 1899년 9월, 그 회합은 부녀자 매매문제에 한 주일을 할당했었다.
103) 이러한 부녀자 매매조직은 실종된 매춘부들을 현지로 운송하는 이전의 전통에 그 뿌리를 두고 있었으며, 프레보도 이런 실상을 작품 속에서 불멸화시킨 바 있다.
104) 그의 지적은 런던회의에서 행한 보고서 속에 들어 있다.
105) 주지하다시피 이런 현상은 서부극에 수없이 등장하는 주제이기도 했다.
106) 1902년 4월 21일자 르 마땡紙 속에서 앙드레지에 본부를 둔 매매조직에 대한 기사를 볼 수 있다. 『일당은 모집책과 호객책·검사관과 외판원 들로 구성되어 있다. 그 일당 속에는 심지어 회계사들과 경리원 등도 포함되어 있으며, 거기에다 세계 각지에서 모여든 여자 수입업자들도 추가해야 된다.』
107) *Chambre des Députés, Débats parlementaires, Séance du 26 mars 1912*, rapport de Pierre Goujon, pp.328-329.
108) 부녀자 매매를 취급하는 국립고문서보관소 BB[18] 시리즈 전체는 경찰청부속 문서보관소 [DB 411]와 각도의 기록보관소의 보존문서 자료들을 참조한 것이다.
109) *Revue pénitentiaire*, séance du 19 mars 1902, p.509.
110) *Revue pénitentiaire*, 1902, p.517.
111) Feuilloley, *Revue pénitentiaire, ibid.*, pp.509-510.
112) Arch. préfect. de police, DB 411.
113) Ferdinand Dreyfus, *La répression de la traite des blanches, compte rendu du 3ᵉ congrès international*, Paris, p.362.
114) Art. cité, p.286.
115) *Ibid.*
116) 앙드레지에 관해서는 1902년 4월 21일부터 시작된 르 마땡紙의 보고기사를 참조할 것.
117) 범죄수사의 원인이 되었던 사건들[그 사건들의 기록은 문서보관소에 보존되어 있다]을 통해서, 거의 완벽한 모습을 갖추고 있는 조직은 드물었다는 사실을 인식해야 한다.

118) Cf. Feuilloley et Savioz, art. cités. 사실 이러한 단언은 양적으로 풍부한 연구를 토대로 한 것이 아니다. 그 이유는 20세기 초엽에 내무부가 작성한 4백여 건의 희생자 서류들을 참고한다는 것이 불가능했기 때문이다.
119) 1902년 5월 25일자 르 마땡紙의 한 기사가 이 문제에 할당된 바 있다.
120) *Revue pénitentiaire*, 1902, p.508.
121) *Op. cit.*, pp.42-43. 이것은 또한 국가 보존문서 시리즈 BB^{18}의 서류들을 참조한 것이다.
122) 법원과 경찰의 기록을 참고하게 되면, 이 여자들은 혼자서 길을 떠나는 경우도 허다했다는 사실을 알 수 있다.
123) *Revue pénitentiaire*, 1902, p.535.
124) Savioz, art. cité, p.284.
125) Cf. Moncharville, Lenoble, et Appleton, *op. cit.*
126) Savioz, art. cité, p.290.
127) Rapport du prince Serge Wolkowski.
128) Cité par Appleton, *op. cit.*, p.33.
129) Cf. rapport Paulucci de Calboli cité par Appleton, *op. cit.*, p.37.
130) Arch. dépt. Gironde, 4 M 340 et Bouches-du-Rhône, M 6 6356.
131) Savioz, art. cité, p.287.
132) 그럼에도 불구하고 여성들의 수입현상은 그대로 존속되고 있었다. 1908년-1909년에 미국의 〈여성의 불법이민・수입현황 조사위원회〉에서 실시한 조사결과에 따르면, 수입여성들 중 대다수가 자신의 동의하에 미국에 입국했다는 것이다. 그 여자들 중 상당수는 서신판매 방식을 통해서 20달러에서 2천 달러에 달하는 액수에 팔려왔던 것이다.[Arch. Nat. BB^{18} 2167^a] 이런 매매를 종식시키기 위한 법안이 1910년 당시 의회에서 채택되었다.
133) 뉴올리언스를 위시한 연안지방의 여성 공급원은 영국과 아일랜드 여성들이었다. 뉴올리언스의 스토리빌르 구역은 재즈의 본산이며 매춘의 중심지로서 당시 번영을 구가하고 있었다.
134) 근본적으로 브라질에서는 매춘이 헝가리와 갈리샤・폴란드, 혹은 남부 러시아 출신의 밀매자들인 〈까프뻬스〉의 손아귀에서 이루어진다는 사실을 주목할 필요가 있다. 그러나 드문 경우이긴 하지만, 이 나라에 정착한 몇몇 프랑스 출신의 매춘부들은 이 밀매자들의 손아귀에서 벗어나기도 했다.[Rapport Wagener, compte rendu du congrès de Paris, 1906, p.402]
135) Rapport cité, p.328.
136) *Le Relèvement social.* Supplément, 1er juin 1897.
137) Vittorio Levi, *op. cit.*, p.54.
138) Béranger, 〈La traite des blanches et le commerce de l'obscénité〉, *Revue des Deux-Mondes*, juillet 1910, p.85.
139) *Op. cit.*, p.34.
140) *La répression de la traite des blanches*…, 1906, p.337.
141) *Op. cit.*, p.53.
142) Rapport du docteur Ismaïl Kémal bey à la conférence de Londres, cité par Appleton, *op. cit.*, p.35.
143) *La répression de la traite des blanches*…, 1906, p.337.
144) Appleton, *op. cit.*, p.37 et *Revue pénitentiaire*, 1902, pp.768-769.
145) Béranger, 〈La traite des blanches…〉, p.87.

146) 1902년에서 1906년 사이에 내무부에서 작성한 4백여 건의 부녀자 매매서류를 검토한 페르디낭 드레퓌스는 프랑스 여성들의 남아프리카공화국행 이주현상을 강력히 지적했다.

147) Wagener, rapport cité, p.404.

148) 그것은 당시 이집트에서 나타나기 시작했던 창가의 몰락현상을 의미한다. Cf. Vittorio Lévi, op. cit., p.53. 이런 밀매형태를 개괄해 본다면, 수많은 자료들을 토대로 그 현상의 실태를 검토한다는 것이 얼마나 어려운 것이었는가를 알 수 있다. 이민에 관계된 통계수치는 정확한 근거에 의해서 산출된 것이 아니었다. 그 이유는 매춘부나 혹은 미래의 매춘부가 될 여성이 스스로 자신이 매춘부라고 자처하거나, 또는 그렇게 간주되는 경우가 거의 드문 실정이었기 때문이다. 공인창가의 등록대장만이 통계수치에 대한 유효한 자료들을 제공할 수 있을 뿐이다. 그러나 불행하게도 이런 종류의 자료는 중근동 지방의 경우에 많은 결함을 지니고 있다. 이것은 어쩌면 라틴아메리카의 공창제도를 채택한 여러 국가들에서 일어나고 있던 불법매매의 양을 과대평가하는 원인이 될 수도 있다. 법원의 고문서들은 경범죄의 경우만을 취급하고 있을 뿐이기 때문에 불법매매에 관한 자료들은 극히 드물다 해도 거의 중요성이 없는 것이었다. 그러나 몇몇 서류들을 읽어보면 불법매매자들의 활동실태를 생생하게 파악할 수 있다. 리스본 방면의 밀매상황은 Chat Noir(검은 고양이)에 등장하는 공인창가 참조. Arch. dépt Charente-Inférieure 6 M 415와 Gironde M 340. 바르셀로나의 밀매현황은 Arch. Nat. BB^{18} 2184, 부에노스 아이레스는 Arch. dépt Gironde 4 M 340, 부슈-뒤-론은 M 6 3336, Arch. Nat. BB^{18} 2231 et 2514, 포트-사이드 방면의 밀매현황은 Arch. dépt. 부슈-뒤-론 M 6336, 폴란드와 러시아제국에 관해서는 Arch. Nat. BB^{18} 2250, 남아프리카공화국의 현황은 Arch. Nat. BB^{18} 2249 et 2250, 세네갈에 관해서는 Arch. dépt Gironde 4 M 340을 참조할 것.

149) P. Robiquet, Histoire et Droit, t. II, p.181.

150) Art. cité, p.281.

151) P. Robiquet, op. cit., p.179.

152) Rapport cité.

153) 주 81) 참조.

154) Cf. Jacques Teutsch, secrétaire de l'Association pour la Répression de la traite des blanches. Revue Pénitentiaire, compte rendu du congrès de Francfort, 1902, p.1134.

155) G. 발은 에밀 꽁브의 권력에의 등장과 그 지지자들이 불러일으킨 여론의 확산운동을 보여 준 바 있다. Cf. 〈Combes et la République des comités〉, Revue d'Hist. Mod. et Contemp., avril-juin 1977, pp.260-285.

156) Ch. Brunot, 〈La traite des blanches〉, Revue philanthropique, 10 mai 1902 p.13.

157) 1902년 5월 8일자 로로르紙를 보게 되면, 부녀자 매매에 대한 문제를 여론에 환기시켰던 것이 바로 언론이었다는 사실을 알 수 있다.

158) Le Petit Parisien, 17. 8. 1906.

159) 여기에 해당되는 신문들을 열거해 보자. La Lanterne[24 avril, 19 mai, 4 juin, 9 et 25 août, 2 septembre], L'Aurore[8, 12 mai, 8 août], La Libre Parole[5 mai], Le Père Duchêne[17 mai], La Journée [20 mai, 30 août], Le Rappel[31 mai, 1er septembre, 30 décembre], La Presse[8 juin, 18 novembre], Le Radical[14 juin, 10 et 28 novembre], Le Libertaire[13 juin], Le Français[22 juin], Le Journal des Débats[22 juillet], La République[27 juillet], La Petite République[8 août], La Patrie[6 août], Le Temps[26 août], L'Eclair[10 octobre], La Tribune Française[28 novembre], l'Echo de Paris[4 décembre], La Fronde[6, 17, 28 décembre]. 이밖에도 르 마땡紙와 르 주르날紙, 르 쁘띠 빠리지엥紙

의 일련의 기사들도 포함되어야 할 것이다.
160) Jean Marestan, 〈La traite des blanches〉, *L'Aurore*, 8 mai 1902.
161) N° du 5 mai 1902.
162) *La Tribune française*, 28 novembre 1902.
163) *Le Journal*, 27 août 1902.
164) *La répression de la traite des blanches*…, 1906, p.99 du compte rendu des délibérations.
165) 그러나 기억해야 할 것은 좌익계열의 신문과 특히 무정부주의 신문은 이와 모순적인 사실을 지적했다는 것이다. 1902년 6월 13일자 르 리베르떼르紙에 게재된 G. 아미요의 글을 참조할 것. 사회주의자들의 견해에 관해서는 1902년 8월 8일자 라 쁘띠뜨 레뛰블리끄紙에 게재된 루이 모리스의 기사를 참조할 것. 알렉상드르 부띠끄가 서명한 같은 해 8월 30일자 라 주르네紙 속에 전직 뚜쟁이의 고백들이 실려 있었는데, 이것은 부녀자 매매와 공인매춘 사이에 존재하던 관련성을 분명하게 보여 주는 것이었다. 끝으로 공창제폐지론의 영향을 받고 있던 신문들도 분명히 이와 마찬가지의 경향을 띠고 있었다. 1902년 9월 2일자 라 랑떼른느紙 참조.
166) Ferdinand Dreyfus, *Revue pénitentiaire*, 1902, p.1135.
167) 여기에 참가한 나라는 개최국인 프랑스를 비롯하여 독일과 오스트리아·벨기에·덴마크·스페인·영국·헝가리·이탈리아·노르웨이·네덜란드·포르투갈·러시아·스웨덴·스위스·브라질이었다. 프랑스의 대표로는 베랑제와 페르디낭 드레퓌스, 법률고문 루이 르노, 경찰청장 레쁜느와 경찰청 제1국장 에네껭이 참석하였다.
168) 프랑스의 법률에 관해 말하자면 형법 제334조(미성년자 비행의 상습적 교사)와 형법 제354·355·356·357조(미성년자의 납치, 유괴), 형법 제341-344조(인신의 불법구속과 감금) 들이 부녀자 매매에 대한 관련 법규들이었지만 대단히 간접적인 처벌조항에 불과했다.
169) 본서 p.347 참조.
170) 오스트리아-헝가리와 미국, 그리고 브라질이 뒤이어 이 법안을 승인했다.
171) 특히 르 땅紙가 대표적인 경우였다.
172) 최종 의정서의 대책은 최소한의 조치만을 명시하고 있을 뿐이었다.
173) Arch. Préfect. de police, D B 411.
174) 그러나 기억해 두어야 할 것은, 최종 의결서와 마찬가지로 협정안의 내용이 『자신의 의사와는 상관 없는 창가에의 감금행위』에 대해서는 침묵을 지키고 있었다는 사실이다. 이와는 반대로 식민지에서의 매매문제는 수없이 언급되었다.
175) 공창제폐지 국제연합회의 제4차회의가 마드리드에서 개최되었는데, 그때에도 공창제도의 문제가 공식적으로 제기되지 않았다. 그러나 부녀자 매매가 발생하는 원인과 그 과정에 대한 집단적인 반성으로 인해 간접적이긴 하지만 그 문제에 접근할 수 있었다. Cf. *La répression de la traite des blanches, compte rendu du IVᵉ congrès international tenu à Madrid les 24-28 octobre 1910. 6ᵉ* question, pp.146 sq.
176) Rapport cité de Ferdinand Dreyfus au congrès de Paris, p.359.
177) *Ibid.*, p.360. 빠리에서는 1903년 법안의 적용을 위해 특별임무를 띤 기동대가 치안부에 설치되었다는 사실에 주목해야 한다.
178) 본서 p.397 참조.
179) Ferdinand Dreufus, rapport cité, p.363.
180) Pierre Goujon, rapport à la Chambre des Députés, 26 mars 1912. 국회는 마드리드회의의 보고[1910년, 3ᵉ question, p.85]에서 인용된 수치를 재인용했다. 덧붙일 것은 도덕옹호단체들이 밀

매인들의 암약을 적극적으로 차단하려는 운동을 펼쳤다는 것이다. 1905년 10월에 통과역 감시협회가 창설된 것이 바로 이런 목적에서였다.

181) 부녀자 매매폐지와 소녀보호협회 총회에서 행한 발언[1902년 7월 21일자 주르날 데 데바紙에 게재] 속에서 조르쥬 삐꼬는, 혼자 있던 한 소녀에게 다른 소녀들과 단결하여 소녀기의 수많은 유혹을 물리칠 수 있는 시기가 올 때까지 자신들을 방어할 수 있는 수단을 강구해야 하며, 결혼이라는 유일한 도덕적 해결책을 통해 그 위험에서 벗어나야 한다고 권유했다. 그는 민간 자선가가 소녀들 주위에 보호의 성벽을 설치해야 한다고 호소했으며, 그들을 보호할 수 있는 시설물들의 증설을 요구했다. 바로 이것이 국제적인 인신매매와 거의 관련성이 없으며, 협회의 멤버들이 지니고 있던 젊은이들의 성적 해방에 대한 깊은 우려를 드러내 주고 있다. 매춘부라는 존재가 젊은 부르주아 여성들의 처녀성 보호에 필수적이라는 사실을 인지한 협회의 멤버들은 규제주의와 공창제도에 대한 비난을 거부했다.

182) Esquirol, *Maladies mentales*, p.47.
183) *Dictionnaire des sciences médicales*, t. XXXII, p.483.
184) Parent-Duchâtelet, *op. cit.*, t. I, pp.262-266.
185) Docteur Rossignol, *Aperçu médical sur la maison de Saint-Lazare*, 1856.
186) Griesinger, *Traité des maladies mentales*, p.175.
187) Guislain, *Leçons orales sur les phrénopathies*…, p.73.
188) Renaudin, *Etudes médico-psychologiques sur l'aliénation mentale*, pp.312-316, 매춘부의 장 참조.
189) Chatelain, *Causeries sur les troubles de l'esprit*, p.32 et 123 sq.
190) Docteur Reuss, *Annales d'hygiène*, 1888, janv.-juin, p.301.
191) Krafft-Ebing, *Traité clinique de psychiatrie*, p.188.
192) 뢰쓰 박사의 경우는 예외적인 것이다.
193) Docteur F. Gras, *L'aliénation mentale chez les prostituées*.
194) 이 문헌들에 관해서는 히스테리에 대한 최근의 역사적 연구와 특히 일자 베이쓰 박사의 연구서를 참조할 것.
195) Docteur P. Briquet, *Traité clinique et thérapeutique de l'hystérie*, p.123.
196) *Op. cit.*, t. I, p.259.
197) Cf. Gérard Wajeman, 〈Psyché de la femme, note sur l'hystérique au XIX° siècle〉, *Mythes et représentations*…, pp.56-66.
198) 이 연구조사의 목적은 루르씬느 병원에 수용되어 있던 성병환자들과의 비교표본을 작성하고자 하는 것이었다. 이런 시도는 그 병원에서 치료를 받고 있던 여성들 대부분이 사창들이었던 관계로 그들의 별다른 관심을 끌지 못했다. 이상스럽게도 브리께는 이 점을 간과한 것 같다.
199) 이들 중 32명이 강도 높은 공격적 히스테리환자였고, 74명이 앞의 경우보다 『덜 공격적이지만 지속적이거나 거의 지속적인 히스테리증상』을 보이고 있었다. *Op. cit.*, pp.124-125.
200) *Ibid.*, p.125.
201) Cf. docteur H. Colin, *Essai sur l'état mental des hystériques*, pp.38 sq. 기억해야 할 사실은, 에드몽 드 공꾸르가 *La fille Elisa*(매춘부 엘리사)[cf. R. Ricatte, *op. cit.*, p.64]를 썼던 것은 한 매춘부의 인간혐오증의 정신증세가 발전해 나가는 과정을 묘사하기 위한 것이었다.
202) *Op. cit.*, p.125.
203) Cité par F. Gras, *op. cit.*, p.13.

204) Docteur H. Colin, op. cit., ch. IV: 〈l'hystérie dans les prisons et parmi les prostituées〉 pp.37-43. 이 작품은 그밖에도 매춘부들의 열정적인 삶을 생생하게 그려내고 있다.
205) Ibid., p.41.
206) Cf. docteur Octave Simonot, 〈psycho-physiologie de la prostituée〉, Annales d'hygiène, 1911, pp.498-567.
207) Ball, Leçons sur les maladies mentales, p.383. 발작은 매춘부의 선천적 기질설을 주장하던 골상학자들의 믿음을 작품에 그대로 반영했다.『당신은 매춘부이며 계속해서 매춘부로 살아갈 것이고 매춘부로 죽어갈 것이다, 라고 까를로스 에레라는 에스테르에게 말했다. 그 이유는 동물사육자들의 매력적인 이론에도 불구하고 이 세상에서는 태어난 그대로, 그런 존재로 살아갈 수밖에는 없기 때문이다. 두개골이 융기된 사람은 이성이 있는 법이다. 그대는 태어날 때부터 사랑의 재능을 지니고 있다.』[Splendeurs et misères des courtisanes, La Pléiade, p.710] 범죄와 매춘의 원래 속성이 이 소설 속에서 여러 번에 걸쳐 확인되었다.[cf. pp.1046-1050] 〈La prostitution et le vol sont deux protestations vivantes, mâle et femelle, de l'état naturel contre l'état social.〉[p.1046]
208) Docteur Moreau[de Tours], La psychologie morbide, pp.379-381.
209) Pauline Tarnowsky, Etude anthrométrique sur les prostituées et les voleuses, 1889. Lombroso et G. Ferrero, La femme criminelle et la prostituée, 1896.
210) 롬브로소[op. cit., p.265]의 연구결과에 의하면『정상적인 여성들의 두뇌능력은 매춘부들보다 5배 내지 6배나 앞서 있었다.』
211) Ibid., p.269.
212) Ibid., p.338. 프루동은 저서 Pornocratie(포르노그라띠) 속에서 다음과 같이 지적했다.『그 여성들의 얼굴이 그들의 행동습관이 변하는 만큼이나 험하게 변해 가고, 남성을 방불케 하는 목소리와 태도 등의 전체적인 모습이 변화되어 가며, 정신적으로나 육체적으로 아주 필요한 성기관만이 제 모습대로 보존될 뿐이라는 사실을 빠랑-뒤샤뜰레는 추가했을 것이다.』[pp.372-373]
213) Op. cit., p.345.
214) Cité par le docteur S. Icard, La femme pendant la période menstruelle, 1890, p.197.
215) 여기서 롬브로소는, 여성의 본성이 모성과 강한 감수성의 특성을 지니고 있다는 전통적 인류학자의 사고와 반대되는 입장을 취하고 있다.[cf. Y. Knibiehler, Le discours médical sur la femme(여성에 관한 의학론), pp.49-50]
216) Lombroso, op. cit., p.409.
217) 도덕적 착란에 관해서는 이 학파의 연구서적을 참조할 것. Annales médico-psychologiques(의학·심리학 연보)[1899, pp.482 sq.] 속에서 이 견해에 대한 비판을 엿볼 수 있다.
218) Op. cit., p.556.
219) Ibid., p.542.
220) Lombroso, op. cit., p.585.
221) Ch. Féré, Dégénérescence et criminalité, p.103.
222) Ibid.
223) Ibid., p.107.
224) Ibid., p.104.
225) Docteur Corre, Crime et suicide, pp.273-276 et précisions de la page 277 à la page 291.
226) Docteur Emile Laurent, 〈Prostitution et dégénérescence〉, Annales médico-psychologiques, 1899, pp.353 sq.

227) 공창들 대다수가 신체적 퇴화를 보이고 있다는 신념이 몇몇 공창제폐지론자들의 글 속에 나타나 있다. 쥘르 오슈가 쌩-라자르 의료형무소를 방문하고서 묘사했던 매춘부들의 모습이 그것을 증명한다.[J. Hoche, 〈Une visite à la prison de Saint-Lazare〉(쌩-라자르 의료형무소에의 방문), *La Grande Revue*, mars 1901, pp.697-721]

228) Art. cité, p.562.
229) *Ibid.*, p.516.
230) *Ibid.*, p.499.
231) *Ibid.*, p.543.
232) *Ibid.*, p.510.
233) *Ibid.*, p.511.
234) *Ibid.*, p.514.
235) *Ibid.*, p.518.
236) *Ibid.*, p.520.
237) *Ibid.*, p.530.
238) *Ibid.*, p.548.
239) *Ibid.*, p.567.
240) Par exemple, E. Dolléans, *La police des mœurs*, pp.95 sq.
241) 독일과 오스트리아에서 빈스방거와 멘델·바에르·메이네르트, 그리고 나에케는 〈정신적 광기〉를 타고난 선천성 질병으로 파악하기를 거부했다. 프랑스에서 라까싸뉴 박사는 매춘행위의 기원에 있어서 환경의 역할을 중시하는 입장을 취했다.
242) Docteur G. Daniel, 〈Etudes de psychologie et de criminologie: contribution à l'étude de la prostitution〉, *Revue de Psychiatrie*, 1897, p.80.
243) Docteur Poppritz, La prostituée-née existe-t-elle?(매춘부는 존재하는가?) 이 저작은 매춘부의 선천적 기질설에 대한 체계적 반론을 펴고 있다.
244) *Op. cit.*, p.151.
245) G. Tarde, 〈La morale sexuelle〉, *Archives d'anthropologie criminelle*, 1907, p.29.
246) *Ibid.*
247) *Ibid.*, p.23.
248) *Ibid.*
249) *Ibid.*
250) *Ibid.*, p.39.
251) Docteur Colin, *op. cit.*, p.48.

제7장 입법부의 침묵과 신규제주의의 사실상의 승리

1) 〈사회적 갱생〉紙의 별책부록은 6월 1일 이래로 공중도덕재건 프랑스동맹과 공창제폐지국제연합 프랑스지부의 공식 기관지가 되었다. 실제로 1902년 7월에 그 기관지의 편집장이던 오귀스뜨 드 모르지에는 몇몇 동료들의 협력을 얻어 자신들의 논조를 펴나갔다.

2) Auguste de Morsier, 〈La campagne abolitionniste française, 1897-1902〉, *Le Relèvement Social. Supplément*, 1ᵉʳ mai 1902.

3) 실제로 두 달 후에 4명의 대주교와 4명의 사제가 공창제도에 반대한다는 의사표시를 했다. *Le Relèvement Social. Supplément*, 1ᵉʳ juillet 1902.

4) A. de Morsier, 〈Explications nécessaires〉, *Le Relèvement Social. Supplément*, 1ᵉʳ décembre 1899 et 〈seconde explication〉, 1ᵉʳ janvier 1900.

5) Cf. A. de Morsier, *La police des mœurs en France et la campagne abolitionniste*, 1901; 이 저서는 그 회의의 보고서를 구성하고 있다.

6) Arch. Préfect. de police, BA 1689.

7) 본서 p.307.

8) *Bulletin officiel de la Ligue des Droits de l'Homme*, séances du comité central des 23 et 27 décembre 1901, 6, 13, 20 et 27 janvier 1902.

9) 이 위원회는 53회의 회의기록을 남겼는데, 쎙뜨-쥬네비에브 도서관에 보관되어 있는 회의록들 속에서, 그리고 에네껭의 인용 보고서와 그 부록 속에서 그 위원회가 벌였던 노력의 흔적이 나타나고 있다. 이밖에도 루이 피요[*La police des mœurs*⋯(풍속경찰)]는 그 회의의 여러 토론을 유용하게 요약해 놓았다.

10) L. Fiaux, *La police des mœurs*⋯, t. II, p.865.

11) *Ibid*.

12) *La Revue de Morale Sociale*, 1902-1903, pp.90 sq.

13) 그 조사결과들이 1903년 8월 2일자 르 프랑쎄紙에 실려 있다.

14) *Bulletin de la Société fr. de Proph. san. et morale*, 1904, p.543.

15) Louis Fiaux, *La police des moeurs*⋯, t. II, pp.162 sq.

16) *Journal officiel. Débats parlementaires. Sénat*. Séance du 30 mai 1895, intervention du sénateur Béranger.

17) G. Tarde, art. cit., p.29.

18) *Ibid*, p.35.

19) Séance du 3 avril 1903.

20) Revue pénitentiaire, séance du 23 décembre 1903, p.43.

21) *Ibid*, p.69.

22) *Ibid*, séance du 16 mars 1904, p.548.

23) Cf. intervention de Paul Jolly, *Revue pénitentiaire*, 1904, p.525.

24) Cf. déclaration de M. A. Rivière, *Revue pénitentiaire*, 1904, p.385.

25) *Journal Officiel. Débats parlementaires. Chambre des Députés*, Annexes à la séance du 23 novembre 1894.

26) *Sénat. Documents parlementaires. Annexes*. 1894, nº 81, 27 avril 1894. 〈Proposition de loi sur la prostitution et les outrages aux bonnes mœurs〉 par M. Béranger.

27) Cité par Trarieux au Sénat. Séance du 28 mai 1895.

28) Sénat. Séance du 28 mai 1895. 법무부의 시각에서 볼 때 경찰의 자유재량권 행사를 정당화하는 것이 공중위생이었다는 사실을 지적해야 한다.

29) 주르날 오피씨엘(관보)誌를 읽어보면 상원의원들이 법안에 대해 논쟁을 벌였던 1895년 5월 28일과 30일 회의가 폭소의 대상으로 묘사되어 있다는 것을 알 수 있다. 베랑제가 『이와 같이 상당히 힘든 일을 본인이 맡게 되었습니다』라고 말했을 때, 그리고 『단지 길에서 무슨 일이 벌어지고 있는지를 잘 알고 있다고 자부하는 내가⋯』라고 덧붙였을 때 그 폭소는 절정에 달했다. 그리고 빈번한 라틴어 사용이 상원의회에서 이 문제를 다루게 될 때 상당한 장애요소가 되기도 했다.

30) 그러나 상원의 규칙에 따라 1895년과 1898년, 1902년, 1914년, 1919년, 그리고 1924년 6월에도 가스똥 두메르그를 통해서 이 법안이 하원의장에게 우송되었다.
31) Cf. rapport cité de Paul Meunier.
32) 왜냐하면 그 위원회의 바람과는 달리 뽈 뫼니에는 창가가 존속되도록 놓아두자고 제안했기 때문이다.
33) D'Haussonville, 〈L'enfance à Paris. Les vagabonds et les mendiants〉, *Revue des Deux-Mondes*, juin 1878, pp.598-627.
34) Catulle Mendès, *Femme-enfant*, p.435.
35) *Ibid.*, p.599.
36) 마르세유에 있던 약속의 창가에 대해 이 책에 인용된 실례들 외에 또 다른 예들이 있다. 1898년 엘뵈프에서 하나의 파렴치한 사건이 터졌다. 그 지역 신문의 확인에 따르면 M…이라는 부인이 자신의 창가에서 소녀들에게 매춘행위를 시켰다. 중앙경찰서장도 이 사실을 확인했다. 그 창가의 고객들 중에서 그는 중매인들과 실업가들·지주들·금리생활자들, 그리고 근처 면의 면장과 함께 도시의 몇몇 유지들의 명단을 거론했는데, 가명을 사용한 이름들이 많아서 필자는 분명하게 그 명단을 밝히기가 어려웠다.[Arch. Dép. Seine-Inférieure, 4 MP 4565]
37) L. Fiaux, *La police des mœurs*…(풍속경찰), t. I, p.CCXLII et t. II, p.17. *La Mort à crédit*(저당잡힌 죽음) 속에서도 어린 소녀들의 매춘행위를 찾아볼 수 있다.
38) 실제의 전체적 수치는, 대다수 미성년 매춘부들이 은밀한 활동을 벌이고 있었기 때문에 별다른 의미가 없다.
39) H. 뛰로의 인용작품 속에 나타난 통계수치를 참조할 것.[p.153]
40) Rapport cité, pp.93-94.
41) Selon H. Turot, *op. cit.*, p.213.
42) L. Fiaux, *La police des mœurs*…, t. I, p.CCCXXI.
43) 이미 1906년 4월 12일자 법안은, 형벌의 대상을 16세에서 18세의 범위로 연장하면서 18세 미만의 매춘부들이 감당해야 할 운명의 문제를 제기했다.[본서 p.404]
44) Chambre des Députés, séance du 11 juillet 1912.
45) 이러한 사실은 E. 스캉다가 〈La prostitution et la police des mœurs〉(매춘과 풍속경찰), *La Revue Blanche*, 1er Septembre 1902, p.49에서 강조한 바 있다.
46) *Op. cit.*, p.308. 저자 번역.
47) *Ibid.*
48) Lettre au directeur du service des garnis, 31 mars 1900, Arch. Préfect. de police, DB 408.
49) 이 병원이 성공을 거두었던 것은 특수진료부서와 일반진료부서를 함께 갖춤으로써 일반병원의 성격을 띠고 있었던 데서 연유한다.
50) Arch. Préfect. de police DB 408.
51) 전쟁 이후에 성병환자를 취급하는 무료진료소는 비약적 발전을 이룩했다. *La Mort à crédit*(저당잡힌 죽음) 속에서 쎌린느는 자신이 담당했던 진료소의 고객층을 상기했다.
52) Professeur L. Spillmann et J. Benech, *Du refuge à la maison de secours*.
53) Cf. Carle, *Paris médical*, 1er mars 1913.
54) 샤랑뜨-엥페리외르 지역[Arch. dépt 6 M 415]과 쎈느-에-와즈 지역[6 M 7], 그리고 에로 지역[62 M 8] 들에서는 뫼르뜨-에-모젤[4 M 134] 지역에서와 마찬가지로 전체 매춘부들이 이 시기에 의료시설의 진료를 받았다.

55) Arch. dépt. Meurthe-et-Moselle, 4 M 134.
56) *La Croix du Nord*, 27 décembre 1907.
57) *Le Soleil du Midi*, 4 juillet 1912. 이보다 앞선 수 년 동안 투쟁과 청원이 수없이 잇달았었다. Cf. Arch. dépt. Bouches-du-Rhône, M 6 6574.
58) Arch. Préfect. de police, BA 1689.
59) *Ibid*. 사회주의자들과 급진사회주의자들이 이 집회에 참여했다는 사실은 도덕단체 회원들의 참가보다 더 중요한 의미를 내포하고 있다. 이런 기회를 통해서 그때부터 극좌적 성향의 선동가들이 존경받는 〈도덕가〉로 간주되었다. 결국 민주적인 사고방식의 지지자와 알콜중독자, 그리고 방탕 사이에 존재하던 과거의 혼란스러움이 종식되었다. 이러한 악에 대한 편협한 범위는 제3공화정하에 펼쳐지던 프랑스 정치사를 이해하기 위한 결정적 자료가 된다.[이것에 관해서는 모리스 아귈롱이 고등사범학교의 제3학기 과정 쎄미나에서 행한 발언을 참고할 것.]
60) Marcel Cachin, récit de la réunion, Arch. préfect. de police, BA 1689.
61) *Ibid*.
62) Arch. préfect. de police, BA 1689.
63) Arch. Nat., BB[18] 2488.
64) 1902년의 조사결과를 읽어보면, 자유주의적인 사고의 의지와 규제관리의 진보 사이에 존재하는 이런 뒤틀림을 분명히 인지할 수 있다. 에로 도[Arch. dépt. 62 M 8]의 상황이 이런 점에서 분명한 예를 보여 주고 있다.
65) Arch. dépt. Meurthe-et-Moselle, 4 M 134.
66) L. 스뻴망과 J. 베네끄의 인용서 속에 이런 이송광경에 관한 사진이 실려 있다.
67) Arch. Nat., BB[18] 2363.
68) J. 랄루에뜨는, 공중위생에 있어서 수많은 까페와 캬바레가 내포하고 있던 위험성에 대해 여론이 불안감을 보이고 있다는 사실을 지적했다.
69) 이 점에 관해서는 외젠느 프레보의 저작 *De la prostitution des enfants. Etude juridique et sociale[loi du 11 avril 1908]*(아동들의 매춘에 관하여, 사법적·사회적 연구)와 특히 부록 〈Résultats de l'envoi en correction des prostituées mineures de 16 à 18 ans〉(16세에서 18세까지의 미성년 매춘부들의 감화된 이송결과), pp.295 sq 참조.

이것을 근거로 전쟁 직전의 약 10년 동안 매춘부들의 요구사항이 증가되었다고 말할 수 있을까? 왕정복고시대에 빨레-롸이얄 궁에 대해 매춘부들이 보여 준 청원운동이 증명하듯이 매춘부들의 탄원서는 전통적인 것이었는데, 전쟁 직전의 탄원운동에 가담한 매춘부의 수치가 왕정복고시대의 그것보다 더 많았는지를 단언하기는 어렵다. 그러나 공창제폐지론자들과 이따금 사법관계자들의 아낌 없는 격려에 의해 공창들은 경찰권력에 대해 점점 더 거세게 대항하기 시작했다. 이 점에 관해서 보르도와 마르세유의 매춘부들이 취했던 태도가 분명한 예를 보여주고 있다. 다시 말해 이들은 공창제폐지운동의 변호인이던 고귀요의 권고에 따라 경찰력에 대항하였던 것이다. 한편으로 검사가 시장의 명령으로 구금된 매춘부들을 석방한 사건이 일어나기도 했다. 이런 움직임이 마르세유에서는 1905년에, 보르도에서는 1910년에 각각 일어나고 있었다.[Arch. dépt Bouches-du-Rhône M° 3336 et Gironde 4 M 337] 1907년에는 마르세유의 한 매춘부를 난폭하게 다룬 경찰관들이 문책당하는 사건이 발생기도 했다. 이 사건에 즈음하여 검찰청장은 경찰청장에게 매춘부들이 『간단한 구두조서의 방식을 요구하고 있다』고 항변했다.[Arch. dépt. Bouches-du-Rhône, M° 3336] 개인적인 탄원운동 가운데서, 1901년에 있었던 라 쎄인느의 어느 매춘부의 탄원[Arch. Nat. BB[18] 2199]과 1905년 샹베리 지역 매춘부의 탄원[Arch.

Nat. BB^{18} 2318], 그리고 1906년 당시 리용 매춘부들의 탄원운동[Arch. Nat. BB^{18} 2342]을 인용해 볼 수 있을 것이다.

70) *La Dépêche de Rouen*, 13 juin 1908.
71) *Le Journal de Rouen*, 27 juin 1908.
72) E. Prévost, *op. cit.*, p.299.
73) *Ibid.*, p.301.
74) *L'Eclair*, 7 octobre 1908.

20세기(벨트컨베이어식 연애와 신체의 새로운 관리구조)

1) 이 장에 실려 있는 참고문헌은 인용문헌 목록을 보충해 주고 있다.
2) 이 점에 관해서는 L. 피요 박사의 *L'armée et la police des mœurs*의 서문에 인용된 고세 교수의 분석을 참조.
3) 특히 레옹 비자르 박사의 *Les Maisons de prostitution de Paris pendant la guerre*, Poitiers, 1922와 르 뻴뢰르 박사의 *Indications sur la prostitutions vulgivague à Paris depuis le début de la guerre*를 참조.
4) 르 뻴뢰르 박사, *op. cit.*, p.16 이하의 1천47명의 매춘부에 대한 조사.
5) Docteur Léon Bizard, *op. cit.*, p.5.
6) 이 정책에 관해서는 L. 피요 박사의 *L'Armée et la police des mœurs*, p.264 이하(특히 갈리니류의 교화분석)와 M. 까를르 박사의 *La Prophylaxie des Maladies vénériennes*, p.48 이하 참조.
7) 쥐스땅 고다르의 말.[L. Fiaux, *ibid.*, p.XII에 인용됨]
8) L. Fiaux, *op. cit.*, p.XI.
9) Albert Nast, *La Vie morale et la guerre*를 참조.
10) 예로서 Mme Avril de Sainte-Croix et Louis Comte, *Vous êtes braves, restez forts. Les vrais héros.*
11) E. 고세 교수의 연구보고. *Bull. Acad. de Méd.*, 28 mars 1916, p.357과 26 décembre 1916, p.576.
12) Docteur Bizard, *La Vie des filles*, p.93. 이하의 전개는 대부분 이 저자의 분석에 의거함.
13) F. Carco, *L'Amour vénal*, Paris, Albin Michel, 1927. p.69.
14) Juliette Romanet, *Le N° 17*, Paris, 1929.
15) *La Vie des filles*, p.95와 p.46.
16) *Ibid.*, p.110.
17) 뽈-쟝 꼬니아르[*La Prostitution, étude de science criminelle*, thèse de Droit, Nancy, 1938, p.119]는 자동차를 〈움직이는 방탕의 집〉이라 하여 격렬히 비난한다. 또한 L. 비자르 박사의 *La Vie des filles*, p.108과 쟝-조제 쁘라파의 *Enquête sur la prostitution*, p.47을 참조.
18) *Ibid.*, pp.80 et 83.
19) *La Vie des filles*, p.203.
20) Paul-Jean Cogniart, *op. cit.*, p.135.
21) 이 점에 관해서는 1922년 6월 20일의 빠리 시의회 에밀 마샬의 권고 초안을 참조. 이것은 모리스 아멜·샤를르 뚜르니에가 세론조사 속에서 인용한 것이다.[*La Prostitution*, Nice, 1927, pp.269-279]
22) Docteur M. Carle, *La Prophylaxie des maladies vénériennes*, 곳곳에서 인용. 그리고 Jean-

José Frappa, op. cit., p.174.
23) Paul-Jean Cogniart, op. cit., p.136.
24) Jacques Roberti, Maisons de société. Choses vues, Paris, Fayard, 1927, pp.8 et 217.
25) Op. cit., pp.137-138.
26) Op. cit., p.71.
27) Docteur Léon Bizard, La Vie des filles, p.158
28) 수집한 증언 전체에는, 이 견지에서 보아 조화를 이루지 못하는 면이 포함되어 있지 않다.
29) 예를 들면 뽈-쟝 꼬니아르의 계산에 따른다.[op. cit, p.139] 가장 조심스럽고 소극적인 증인이라도 하루에 10명에서 15명의 고객을 갖고 있었다.
30) 모든 창부를 휴일 없이 종사시키느냐 아니냐의 정도에 따라서.
31) 이 건에 관해서는 임마누엘 데팡의 La Prostitution à Toulon, Toulon, 1940, pp.78-79 참조. 저자는 필자에게 있어서는 쇼킹한 인종차별적인 어조로, 라 샤뻴 가의 흑인부대 전용의 매춘부 8명을 고용했던 창가에 대하여 언급하고 있다.『매춘은 에스컬레이터의 무한궤도방식에 의해, 소문난 세네갈인 1명당 1회 5프랑에 행해지고 있었다. 인내심이 강한 흑인은 마치 군역에 종사하는 것처럼 순서를 기다렸다.』
32) 예를 들어 Roberti, op. cit., pp.273 sq et A. Scheiber, Un fléau social. Le Problème médico-policier de la prostitution, Paris, Lib., de Médicis, 1946, p.66.[〈물렝 가렝〉에 관하여]
33) 그의 저서는 1937년에 출판되었으나, 이것은 공인창가에 예방조치를 취하려고 추진된 책의 견본이다.
34) 쟝-조제 쁘라빠에 의하면(그러나 이것은 A. 셰바의 의견과는 다르지만), 보건위생학은 변두리 여인숙에도 확산되어 있다.『나이트테이블의 서랍에는, 감홍(염화제일수은)포마드 튜브가 들어 있고, 세면대에는 양치질을 위한 작은 물병이 놓여 있다. 또한 그 위 벽에는 후생성이 만든 포스터가 눈에 띄는 곳에 붙여져 있다. 그리고 모든 전염병을 예방하기 위한 주의사항이 씌어져 있다.[op. cit., p.117]
35) M. Van Der Mersch[Femmes à l'eucan. p.99 이하]는 회의록을 손에 넣었다고 주장하고 있다. A. 셰바는 같은 자료를 근거로 하고 있지만, 이 자료는 오늘날에는 명확한 점을 알기란 불가능하다.
36) 이 시기에는 또한 〈감찰〉의 관습도 확산되었다. 풍속담당 경찰과 매춘부 사이에 얼마간의 금품수수가 이루어져 호객행위를 묵인해 줄 것을 정한 계약이다.
37) 1921년, 같은 발상에서 생긴 법안을 정부는 상정했다. 그후 시칼 드 프로졸 의사(사회위생의 제 원리)는 이 취지에 따랐고, 더구나 몇 가지 제안을 작성한다. 이러한 시도 전체에 관해서는 N. M. 봐롱의 La Prostitution devant l'histoire…, p.243 이하 참조.
38) Salim Haïdar, La Prostitution et la traite des femmes et des enfants, Paris, Domat-Montchrestien, 1937, p.392.
39) 빠리에 관해서는 L. 비자르 의사의 증언, 그리고 까바이용 의사의 증언(리용과 낭시에 관해서), 이 건에 대해서는 P.-J. Cogniart, op. cit., p.168 참조.
40) 신규제주의적인 서적은『부인민생위원의 감탄해야 할 일』을 칭찬하기 시작했지만, 이것은 빠랑-뒤샤뜰레가 자선을 좋아하는 부인에 대해 사용한 것과 거의 흡사한 방법이다. L. Bizard, op. cit., p.266.
41) M. Sicot, La prostitution dans le monde, Paris, Hachette, 1964, pp.46-47 속에서 이 명령서의 문맥을 볼 수 있다.

42) 낭시의 경우는 가령 N. M. Boiron, *op. cit.,* p.238.
43) P.-J. Cogniart, *op. cit.,* p.77.
44) 〈릴 법사회의학연구소〉에서의 매춘부의 〈정신의학적〉 감시에 관해서는 P.-J. 꼬니아르, *op. cit.,* p.75 이하 참조.
45) *Crapouillot,* sept. 1937, pp.49 sq.
46) 아브록 엘리스는, 돈으로 거래되어 온 남녀의 결합은 정상적인 상태라는 점을 강조하고 있다. 그는 박쿠스(로마신화에 나오는 酒神)적 충동의 억압을 결정적인 것으로 간주하고, 매춘의 새로운 형식의 발전을 자본주의사회의 억압과 관련짓고 있다. 그 결과 그는 그의 눈에 매춘의 〈문화적 가치〉로 비치는 다음과 같은 요소를 칭찬하기에 이른다. 요컨대『우리들 현대생활의 질서 있는 번잡함 속에서의 발랄함과 다양성, 기계적이고 판에 박힌 일의 단조로움 속에서의 휴식, 인내하기 어렵지만 무시할 수 없는 우울함으로부터의 상쾌함』이다.[Havelock Ellis, *La prostitution. Ses causes. Ses remèdes.* p.147] 그리고 그는『일시적이건 결정적이건 여자가 매춘부로서의 생활을 선택한 주된 동기는, 기계적 작업 위에 구축된 우리들 문화체계에 의해 구속된 자아를 해방시키기 위한 수단을 얻는 점에 있다는 것은 의심할 여지가 없다』고 쓰고 있다.[p.149] 그의 이와 같은 견지에 따르면, 조혼이 〈매춘 소망〉을 막을 수는 없다. 탈죄악의식을 강하게 시사하는 그의 저서는, 매춘부의 사명을 다음과 같이 칭송한다. 그것은『거짓 사고와 비현실적인 감정으로 가득 찬 이 진부한 환경 속에서, 인생의 가장 중요한 부분을 잃어버린 점을 어쩔 수 없이 여기는 많은 문명인을 (고객으로 하여) 잠시 동안 그곳에서 구제하는 것이다.』[p.174] 시기상조이긴 했으나, 암암리에 신체의 정책을 설한 저서로 인해, 아브록 엘리스는 모랄리스트로서의 입장으로 모든 여성의 성의 의무와 권리를 재검토하는 동시에, 매춘에 관해서도 좀더 크고 정력적인 태도를 취할 것을 요구하고 있다.
47) 앞서 인용한 S. 아이다르, pp.409-424에 묘사되어 있는 것을 참조.
48) 이 시도에 관하여 서로 모순된 수많은 서술 가운데에서 다음 세 가지를 다루었다. P. Marcovici, *L'expérience de Grenoble,* Thèse méd., Paris, 1937. Docteur Bütterlin, *L'exemple de Grenoble. La situation vénérienne et l'état de la prostitution à Grenoble,* de 1931 à 1941 inclus, D. Dallayrac, *Dossier prostitution,* pp.99-103. 1934년 그르노블에 설치된 도피네 지방의 〈보호시설〉의 중요성을 강조해야 할 것이다. 이 시설은 자기가 놓인 상황에서 빠져 나가고 싶어하는 매춘부들을 위해 만들었지만, 전후에 만들어지게 될 사회복귀조직의 모델이 되었다.
49) 그러나 공창제도 폐지주의의 학설은 국제적인 규모까지 진전되고 있었다. 기본조약 제23조항에는, 이 문제에 종사할 사명을 국제연맹에 부여한다고 기재되어 있다. 1921년 7월 5일에 행해진 국제회의장에서 발표된 권고를, 9월 30일의 국제연맹총회에서 협정으로 바꾸는 결의가 행해졌다. 이후 국외로의 부녀자 매매는 문제가 되지 않았고, 부인과 어린이의 매매가 그에 더해졌다. 1926년 국제연맹에 의해, 서유럽을 대상으로 실시된 대규모적인 조사에서는 공인창가에 대한 비난이라는 결과를 낳았다. 부녀자 매매와 공인창가에서의 매매 사이에 있는 분명한 연관은 이미 1899년에 런던에서 거부되었던 것이지만, 지금 분명하게 고발된 것이다. 이것은 공식적으로 공창제도를 부인하는 것이었다. 마침내 1933년 제네바에서의 합동회의에서 국제협정이 탄생, 프랑스는 같은 해 10월 11일에 여기에 서명하였다. 부녀자 매매는 어떠한 형태를 취하더라도 모두 규탄을 받게 되었다. 성인에 달한 자라도 같은 뜻을 지닌 자 모두를 그곳에 포함시켰다. 1930년의 법률이 이미 부적절히 적용되었으므로, 새로운 협정의 문맥으로 프랑스 법률을 적용시키는 일은 이제부터이다.[국제정책에 관해서는 Salim Haïdar, *op. cit.,* 참조]
50) 사실 이 각령의 실시는 1940년 3월 19일부터이다.

51) 즉 주립위생검사소.
52) A. Scheiber, op. cit., p.127.
53) Ibid., p.128
54) Ibid., p.59-61, 222 et 297. 공식적으로 1939년 창가의 매춘부수는 8천7백84명, 그리고 〈거리에서〉의 등록수는 9천1백92명으로 총수 1만 7천9백76명의 매춘부가 있었다. 1945년 실제수는 각각 6천6백49명, 1만 2천3백55명, 1만 9천4명의 매춘부가 있었다. 그러나 행정측의 이 추정수는 실제수보다 상당히 동떨어져 있는 점에 주의하기 바란다. 그러나 유감스러운 것은, 이 이외에 신뢰할 수 있는 자료가 없다는 점이다.
55) 여기에서 이론상으로라고 기록된 것은, 동시에 호객행위가 허가되어 있는 지역의 목록이 만들어져 있었기 때문이다.
56) 이 행위에 관해서는, 독일과 스칸디나비아측으로부터 착상을 얻은 것이다.
57) 실시 법령은 1943년 6월 27일부이다.
58) 각각의 의사는 메모 노트에 기입한다. 이 노트로 전염병나병의 통지서와 보고서를 작성하고, 전자는 환자에게 건네 주고 후자는 위생당국으로 보내야만 한다. 그러나 매춘부라든가 생활분야, 혹은 전업이 특별히 감염될 가능성이 있는 경우, 혹은 환자가 치료받기를 거부할 경우 강제로 이름이 공표된다.
59) 점령군의 태도와 비시프랑스가 취한 정책을 이해하기 위해서는, 독일제국에 관한 두세 가지 사실을 상기시키지 않으면 안 된다. 1927년 2월 18일 독일제국의 법률은 여러 가지 면에서 1946년의 프랑스 법률의 모태가 되었다. 이 법률은 독일제국 내에서 매춘전면금지주의적 경향의 신공창제폐지주의를 만들어냈다. 이 법률은 공인창가와 그런 류의 시설을 금지하고, 그때까지 행하고 있던 인종격리주의적 공창제도를 폐지했다. 그리고 이론적으로 말하면, 매춘이 방법적인 면에서 보면 자유로워진 셈이다. 동시에 의학상의 감시는 강화되어 치료가 강제적으로 실시되었다. 더구나 위생당국의 비호 아래 구제와 교육을 받도록 하는 다양한 조치가 취해졌다. 본래 이 법령은 심하게 적용시키지 않았다. 예를 들면 1933년에는 브레멘에서 수상쩍은 구역이 재건되기도 했기 때문이다. 그후 이 법률은 좀더 정확해지고 여러 차례 수정되었다. 그 일은 주민이 2만 명 이하의 마을에서는 매춘이 금지되었다는 점이 증명하는 바이다.
우생학적 견지에서 행동을 취했던 히틀러에게 있어서, 매춘에 관한 정책은 중요한 것이었다는 점을 더욱더 상기하기 바란다. 격렬한 매춘전면금지주의자 히틀러는 《나의 투쟁》에서 성생활이 젊은이들에게 미치는 해독을 고발하고 있다. 총통은 매독박멸운동은 국가적인 의무이며, 그것은 제3제국의 미래를 좌우하는 것이라 생각하였다. 국민의 이익을 강조하는 입장에서는 여러 가지 면이 있었다. 파시즘과 위생주의, 우생학간의 관련을 묻는 자와, 무엇보다도 20세기를 규정하는 이러한 현상을 아득한 근원으로까지 거슬러 올라가서 취하고자 하는 자도 있었다. 그렇지만 공통된 점은 국민의 이익을 우선적으로 생각했다는 것에 있다.
총통의 신념에 따라 1935년 10월 18일의 법률은 혼전진찰을 의무화하였고, (특히) 성병환자의 결혼을 금지했다. 그들을 풍속범죄자로 간주하고, 거세에 의한 단종책도 예고하고 있었다. 이 조처에 의해 보건위생주의는 필연적으로 우생학에 이르게 되는 것이다.
60) 더구나 이것에 관해 독일제국 군대가 취한 태도는, 점령한 나라에 따라 달랐다는 점에 주의하기 바란다.
61) 이 영역의 독일제국 정책에 관해서는 A. 셰바, op. cit., pp.130-138 참조.
62) 렌느 부근 퐁샤이유에 설치되었던 시설.
63) 그와 같은 방식은 사실 반드시 완전하게 확립되지 않았다.

64) 매춘부들의 증언을 읽으면, 독일병은 예의 바름과 우아함, 더구나 신중함으로 그녀들을 정중하게 다루었다고 한다. 그와는 달리 연합군 병사의 음주벽과 난폭함, 특히 그들이 공창에 대해 보여 주는 경멸을 매춘부들은 늘 비난하고 있다.[이 건에 관해서는 마리 멜레즈의 *Histoire d'une prostituée*, Paris, Gonthier, 1964. p.86을 참조]

65) A. Scheiber, p.178.

66) 일반 여성과 매춘부 사이의 경계선이 애매해졌다는 점, 돈으로 거래되던 사랑이 어느곳에서나 행해졌다는 점, 돈에 구애받지 않는 여성들도 그것에 관련되어 있다는 점 등, 이와 같은 것을 반복해서 언급하는 사람들을 당연하지만 더한층 방기하는 갖가지 현상이 있었다.

67) 1945년 3월 5일자 내무장관 명령. 1945년 안에 빠리에서 1만2천 명 이상의 여성이 체포되었다.[A. 셰바, *op. cit.*, p.178과 빠리 시 홍보, 1945년 12월 p.427]

68) 1945년 7월 31일자 보건위생과 명령. 본문은 A. 셰바가 이미 인용한 저서의 pp.187, 188에서 볼 수 있다. 이해 후생성과 내무성에 의해 통제가 정확하게 이루어졌다.

69) H. 셸리에 법안의 흑막에 있던 까바이용 의사는, 이 분야에 깊은 영향을 미치게 되었다.

70) Paul Gemaehling et Daniel Parker, *Les Maisons publiques, danger public*. Paris, L.F.R.M.P., p.39.

71) *Témoignage chrétien*, 23 mars 1945.

72) 그 대신에 1945년 4월 15일, 후생장관은 성병박멸운동을 위해 강구된 조치를 인가하지 않을 수 없었다.

73) 단순한 가설에 지나지 않지만, 경영자들이 폐쇄될 때 스캔들을 계획하도록 추진된 점도 비난받았다. 이렇게 해서 그들은 매춘부들에게 고객으로부터 많은 돈을 우려내도록 재촉했을지도 모르며, 길거리에 서서 적극적인 호객행위를 하도록 그녀들에게 요구했을지도 모른다. 더구나 용기를 내서 조사에 반대하도록 그녀들을 부추겼을지도 모른다.

74) 이하의 인용은 모두 《관보》에서 발췌하였다.

75) 이 위원회는 〈프랑스 피부과학협회〉가 작성한 권고를 받아들여 보건위생적 조치를 요구했다. 보건위생조치야말로 『모든 형태의 매춘, 특히 무면허 매춘이 잉태할 위험성을 박멸하기 위한 운동을 강화하는 데 적합하다』고 할 수 있다. 보고자는 그가 의회에 가결을 구한 본문의 내용이 실은 공창제도의 폐지를 예상케 한 점, 그보다 공인이라든가 비합법과 같은 관념의 소멸을 암암리에 포함하고 있다는 점을 명확하게 잊고 있다.

76) 이 법률이 준비한 카드는, 필자가 이제까지 분석연구해 온 것 가운데 확실하고 완벽한 것이다. 이 카드는 2부로 이루어져 있으며, 1부는 후생성을 위한 것, 또 1부는 지방 관리소용이다. 매춘부가 거주지를 옮기면 이 카드도 그뒤를 따라가는 형식이었다.

77) 1947년 12월 27일 빠리의 시의회에서, 라스띠에 카에 부인(프랑스인민연합파)의 발언을 참조.[Pierre Dominique et Jean-Gabriel Mancini, *Pour. Contre. La réouverture des maisons closes*. Paris, Berger-Levrault, 1967 et 〈빠리 시 공보〉 B.M.O. Ville de Paris, 27 décembre 1947, pp.741-744 참조]

78) 1951년 11월 6일, 지롱드 지방 공화좌파 상원의원 쟝 뒤랑에 의한 재개요구. 1952년 1월 3일, 사회당 하원의원 뻬에르 마쥬엘에 의한 재개요구. 초안은 2월 20일 위원회에서 각하된다. [Romi(Robert Miquel) *Maisons closes*…, p.503 참조]

79) D. Dallayrac, *Dossier prostitution*, p.311. 기록문헌이 없으므로 이 재판이 실제로 존재했는지 아닌지는 의심스럽다.

80) 1960년의 전환기보다 앞선 기간에 관해서는 의사 P. 피롤의 *Le monde des particulières*, Paris, 1959이 가장 정확하게 기술되어 있다.

81)예를 들면 1953년 론 지방 지사는 지구 분할을 설치했다.[M. Sicot, op. cit., p.37]
82)그래도 새로운 제도의 기초가 완전하게 이루어지고, 등록카드의 실제 매춘부수가 10,000만 명에 달하는 데는 3년이 필요했다는 점에 주의하라.[doctur Filhol, op. cit., p.185]
83)같은 날, 명령이 공포되고 법령과 조례가 발포되었다.
84)이 조례에는, 보통 매춘에 몸을 맡기고 있는 여성과 생활을 함께 하는 남성은 본인의 생활에 필요한 수입이 입증되건 되지 않건 〈정부〉로 간주되었다.
85)1960년 프랑스에서는 매독나병건수가 1천5백 건에 불과했다. 1946년에는 그 나병건수가 4천4백 건에 달하였다. 1960년의 매독나병에 대하여, 그것을 전염시키는 데 매춘부가 매개체로서 그 책임을 져야 한다는 의견은 30퍼센트뿐이다.
86)1960년의 법률에 관해서는 〈Dispositions récentes contre la prostitution et l'alcoolisme〉 Notes et Etudes documentaires, n° 2777, 8 mai 1961을 참조.
87)후생장관 베르나르 슈노가 1960년 11월 16일에 행한 기자회견.
88)Docteru P. Durban, *La psychologie des prostituées*, 1969.
89)R. A. Vivien, Vice-président du conseil général de la Seine(쎈느 지방 의회의 부의장), *Solution de la prostitution*, 1960.
90)Marcel Sacotte, *La prostitution*, 1965.
91)Docteur Le Moal, *Etude sur la prostitution des mineurs*, 1965.
92)M. Sacotte, op. cit., p.95.
93)D. 달레에락, *Dossier prostitution*, pp.473-476에 기재되어 있는 〈아마존 B〉 작전 이야기 참조.
94)R. Delpêche, *L'hydre aux mille Têtes*, Paris, Karolus, 1961. p.85, 〈La razzia de ce soir.〉
95)경찰의 이 탄압에 관해서는, Jeanne Cordelier, *La Dérobade*를 참조.
96)법이 정한 최초의 사회복귀센터는 오랫동안 그 한 가지뿐인 예전의 보건위생시설로서, 그것은 옛날의 감옥을 그대로 계승한 것이었다.
그후 복귀센터는 노르, 론, 부슈-뒤-론, 에로, 지롱드 지방에 설립되었다. 그 이외에 사회복귀를 위한 몇몇 자선사업이 창설되었다. 가장 효과가 있었던 사업 가운데 몇 가지를 들면, 딸바신부가 창설한 시설 〈보금자리〉[le Nid]와 그 활동, 엘렌 쪼에 의한 〈환영〉[la Bienvenue]과 〈활동팀〉[les Equipes d'Action] 등이다.
97)이 건에 관해서는 D. 달레에락, *Dossier*…, p.314에 서술된 옥따비오 경시가 초래한 사실을 참조.
98)1961년에는 알제리에서 원정군용으로 창가가 영업을 계속하고 있었던 점을 덧붙이고자 한다. 이러한 창가에는 그 지역에 출정하고 있는 소집병의 12-14퍼센트가 항상 방문했던 것으로 생각된다.
99)이 건에 관하여는 R. 델뻬슈가 앞서 인용한 저서에서 사실을 폭로하였다. 그는 마르뜨 리샤르의 지지를 받아 경관과 함께 금지구역에 잠입했을 때의 일을 상세하게 보고하였다.
100)*Le Monde*, 14 décembre 1960.
101)D. Dallayrac, *Dossier*…, p.312.
102)M. Sacotte, op. cit., pp.84, 87 et 109 참조.
103)Cf. D. Dallayrac, *Le nouveau visage de le prostitution*, Paris, Laffont, 1976, pp.98 sq.
104)사실을 말하면, 고객의 수요증대 속에서 새로운 섹스산업에 의해 계통적으로 야기된 것이 무엇인가 하는 점을 찾아내기란 매우 어려워졌다.
105)Docteur Pierre Simon, *Rapport sur le comportement sexuel des Français*, Paris, Julliard 1972.

pp.230 sq. 이 보고 속에서 다음과 같은 점이 주목된다. 20세 이하의 남성 33퍼센트가 매춘부와 성적 관계를 가진 적이 있다고 분명하게 말하고 있다는 점이다. 그에 반하여 45퍼센트의 남성은 한번도 공창에서 그와 같은 관계를 가진 적이 없다고 대답하고 있다. 14퍼센트의 사람들은 발언을 피하고 있다.『관계를 가졌다고 증언한 매춘부의 수는 평균 7,8명이다. 중간치는 3명.』 [p.230] 이 평균치는 연령과 함께 올라가고, 50세 이상이 되면 10.1에 달한다. 대도시에 사는 이 연령층의 사람들 가운데 중간치는 9명에 달한다.

106) 시몽의 보고에 앞서 킨제이 보고는 미국에 대하여 이 점을 강조하고 있다. 매춘부들에게 있어서 단골고객은 보통 고객이 아니라는 점을 덧붙이고자 한다.

107) Claude Jaget, *Une vie de putain*, Paris, Presses d'aujourd'hui, 1975, p.150.

108) D. 달레에락의 저서에서 이 표현을 빌려옴.

109) G.-Richard-Molard, *Avec les prostituées*, Lyon, Chalet, 1976, p.60.

110) *Ibid*, p.64.

111) C. Jaget, *op. cit*, p.182.

112) 뚜쟁이 가운데는 순응하려는 자가 몇몇 있었던 것도 사실이다. 그들은 조사를 하거나, 다른 뚜쟁이와 연락을 취하면서 단속적으로 감시를 행하고 있었다. 또한 일정한 비율로 그들 여성들로부터 징수를 하고, 틀림없이 불량배에 가까운 자도 있었다.

113) 콜걸들이 활동하고 있던 호텔은 주식회사가 소유하고 있었고, 매춘으로 올린 이익은 이 주식회사가 손에 넣은 수입 전체의 일부에 불과하다는 예를 들 수 있다.

114) 특히 D. 달레에락, *Le nouveau visage*…, p.25 참조.

115) C. Jaget, *op. cit*, pp.153 sq.

116) Barbara et Christine de Coninck, *La Partagée*, Paris, Editions de Minuit, 1978, pp.18 sq.

117) C. Jaget, *op. cit*, p.149.

118) 이 점에 관하여 필자가 의견을 구했던 저자들은 전원이 같은 의견이었다. 돈으로 살 수 있는 애정행위를 영위하는 것은『어려운 일이다. 지나치게 지성이 낮은 자는 상대가 되지 못한다.』고 뒤르방 의사는 1961년에 이미 기록한 바 있다.[*op. cit*, p.66]

119) M. Sacotte. *op. cit*, pp.147 sq.

120) 이러한 변동에 관한 길고 상세한 설명을 D. 달레에락의 *Le nouveau visage*…; pp.27 sq에서 볼 수 있다.

121) 젊은 매춘부의 새로운 행동은, 매춘부들의 인생 이야기와 인터뷰로 분명하게 표현되었다. 19세기의 여러 곳에서 필자가 분명히 했던 점은 반대로 인터뷰와 독자의 흥미를 끌기는 했지만, 숙명으로 간주되고 폭력을 수반하여 행해졌던 처녀 상실의 이야기는 이미 없어졌다. 지금은 첫경험의 이야기가 되는 셈이다. Claude Maillard, *Les prostituées. Ce qu'elles disent quand elles parlent à une femme*. Paris, Laffont, 1975, pp.41 sq.

122) *Op. cit*, p.121.

123) *Ibid*, p.127.

124) D. 달레에락은 매춘을 하거나 선택된 것에도 독특한 기쁨이 있다는 점을 강조한다.[*Le nouveau visage*…, p.150]

125) 다른 사회에서는 교접을 지배하고 있으며, 매춘부에게 금지사항인 점을 그녀는 키스로 옮긴다. 그녀들이 키스의 의의를 칭송하며 그것에 열심인 것은, 그것만이 이와 같은 관습의 엄격함을 두드러지게 하기 때문이다.

126) 예로서 안느 미달의 〈Propos élémentaires sur la prostitution〉(매춘에 관한 기본적인 이야기)

Les Temps Modernes, mars 1976. 이 기사는 이 운동에 관한 생생한 평가를 담고 있다. 더구나 매춘부들이 받지 않으면 안 되는 정신분열적 시련을 그녀들이 스스로 받아들이고 있는 점에 대한 격렬한 분노의 목소리도 있다. 안느 미날은 여성이 육체의 소유자가 아니라, 육체 그 자체라는 점을 열심히 강조한다. 그녀는 강간과 낙태와 매춘은 같은 문제에서 기인한다고 생각하였다.

127) 매춘알선업사건에 연루된 경찰서장 톤노 건이 나중에 응어리를 남긴 결과이다.

128) 몽뻴리에에 관한 사건에 대해서는, 샹딸과 쟝 베르날의 저서 *Nous ne sommes pas nées prostituées*, Paris, Editions Ouvrières, 1978 속에 수록되어 있다. 에로 지방의 현청소재지에 관한 것은 모두 이 저서에서 인용하였다. 리용에 관해서는 Barbara, Christine de Coninck et Claude Jaget, *op. cit.*

129) *Op. cit.*, p.76.

130) 국세청이 총액 42,000 NF에 달하는 벌금을 부과하였던 Michèle D…의 면세를 요구하고, 10월 23일 마르세유의 Canebière 가에서 농성이 전개된 후의 일이다.

131) 이하가 샹딸의 반응이기도 하다. 한편 바르바라는 이 집회에 참가하지 않았다.[*op. cit*, p.113]

132) C. Jaget, *op. cit*, p.120.

133) *Ibid*, p.88.

134) *Ibid*, pp.98-99.

135) Sondages, Revue française de l'opinion publique, 1975, n° 3 et 4. 〈L'opinion d'août 1974 à juillet 1975〉, pp.81-85, 〈La prostitution〉의 항. 리용의 *Le Progrès*를 위해, 이 신문의 보급지대에 거주하는 18세 이상의 사람들을 대상으로 행해진 조사결과, 질문 응답자의 42퍼센트(남성 51퍼센트, 여성 34퍼센트)가 리용 지방의 매춘부의 농성에 찬성의 뜻을 표명했고, 42퍼센트가 반대의 뜻을 나타냈다. 질문 응답자의 7퍼센트(남성 3퍼센트, 여성 9퍼센트)가 『매춘의 모든 형태에 대한 전면금지』를 소망하였고, 10퍼센트가 『공인창가의 현상태를 유지할 것』을 희망했다.(공인창가가 1946년에 폐지되고, 모든 형태의 규제가 1960년 이후 소멸되었다는 점을 알고 있는데 이것은 조금 기묘한 질문이 아닐까?) 78퍼센트가 『적용된 규제에 따르는 범위 내에서 매춘을 행할 것을 허가』했고, 응답자의 5퍼센트가 답변을 거부하고 있다. 『당신의 의견으로는 모든 매춘부가 거리에서 고객을 맞이하는 것이 정상/승인할 수 있다/이상/승인할 수 없다/그외』의 질문에, 응답은 다음과 같이 나뉘어졌다; 정상 9퍼센트/승인할 수 있다 14퍼센트/이상 37퍼센트/승인할 수 없다 36퍼센트/태도 보류 4퍼센트.

이미 1970년 6월에 갤럽조사는 17퍼센트의 프랑스인 남성과 9퍼센트의 프랑스인 여성이 매춘의 필요성을 느낀다는 조사결과를 분명하게 보이고 있다. 59퍼센트의 남성과 55퍼센트의 여성이 매춘은 피할 수 없다고 판단하고 있지만, 자제해야 할 것으로 생각하고 있다. 그것에 대하여 한편으로는 20퍼센트의 남성과 31퍼센트의 여성은 매춘이 용인될 수 없다고 했고, 어떻게 해서든 소멸시켜야 할 것으로 생각하였다.[*The Gallup international public opinion polls*. France 1939, 1944-1975, p.808] 이 회사가 1974년 6월에 리용에서 행한 다른 조사에 따르면, 응답자의 59퍼센트가 매춘부의 신분에 대해 호의적이었다.[*Ibid*, p.1058] 이러한 조사결과에서 당시의 여론은 규제에 관한 개념과 매춘부의 신분에 관한 개념의 차이를 잘 알지 못했던 것으로 생각할 수 있다.

136) Anne Salva, *Je n'en rougis pas*.

137) *Histoire de Michèle*, Paris, Fayard, 1971, p.178.

138) 이미 인용한 저서 이외에 Ulla 저. *Ulla*, Ed. Charles Denu. Judith Belladona, *Femmes folles de leur corps. Recherches*, n° 26, 1977. *Sorcières*, n° 3. 〈Se prostituer〉 Sonia, *Respectueusement*

vôtre…, Ed. des Presses de la Cié et Grisélédis Réal, *Le noir est une couleur*, éd. Balland.

139) 새로움은 본질적으로는 한 사람 한 사람의 증언을 모으는 데 있다. 왜냐하면 당국에 집단으로 호소한 매춘부로부터 나온 문헌은, 프랑스혁명과 왕정복고기에는 대단히 많았으므로.

140) 클로드 쟈제에 의해 기록된 매춘부 가운데 한 사람은 『나에게 있어서 매춘부라는 것은 이상을, 미래에 대한 이상을 품는 것이다』라고 분명하게 언명하고 있다.[*op. cit*, p.165]

141) 그 책 속에서 분석되고 있는 유파의 하나와 관계하고 있는 사람들의 위치에 관해서는, 사실 새로운 요소를 초래하지는 못했으므로 여기에서 언급할 수고는 덜었다. 그 사람들이란, 빠랑-뒤샤뜰레의 청결하고 교정적 매춘가의 후계자인 성의 치료소로 소집하는 유격대이다. Vienne의 U.D.R 의원인 페이레 의사[Touma, 5-19 octobre 1970]와 같은 인물이 공공연하게 혹은 암암리에 매춘전면금지주의를 내세움으로써, 다소나마 장기간 매춘을 소멸시키고 싶다는 기대와 예상을 하고 있는 사람들 모두이다.[이 건에 관해서는 많은 정당의 응답을 참조. *Femmes et Monde*, n° 39, ⟨politique, société et prostitution⟩]

142) 실제로 미셸 포니아토프스키의 후계자이다. 피노의 보고에 관한 정확한 논설은 먼저 인용한 리샤르 몰라르의 저서에서 볼 수 있다.

143) 이 건에 관하여 모든 수입은 임시적이라 해도, 과세된 것을 이 의원은 지적하여 주의를 환기하고 있다.

144) 자명한 일이지만, 그것은 또한 해체화에 반대하는 측에서나 매춘에 반대하는 모든 사람들의 비판을 야기시켰다. 오랜 시간을 두고 상세하게 설명한 논거를, 여기에서 새삼스럽게 보고하는 것은 문제가 되지 않는다. 그렇지만 마르크시스트들에 관하여 1978년 6월 17일의 *Rouge* 속에서 서술한 미묘한 입장에 주의하라.[매춘법규: No, 매춘부를 위한 권리: Yes.]

145) 페미니스트의 입장은 애매하다. 어떤 사람들에게 있어서 매춘은 남성사회가 만들어낸 질서의 상징이며, 여성에 대한 더할 나위 없는 학대의 발로이다. 케이트 밀레트[*Quatuor pour voix féminines* pp.64 sq.]에 이어서, 부노와트 굴은 *La Dérobade*의 서문 속에서 다음과 같이 서술하고 있다. 『고객이 창가에서 구하고 있는 것은 성욕이 아니라 오히려 성적 권력이다.』 그녀는 매춘에 『잔혹하게 활성화시킨 빌리리즘』을 본다. 그런 까닭에 매춘부는 여성의 ⟨정치죄수⟩로 간주된다.[Kate Millett, *op. cit*, p.83] 또한 Cf. ⟨Dosier Prostitution⟩, *Cahiers du féminisme*, n° 5, juin-août 1978. p.21.

또한 다른 사람들은 매춘부를 남녀 감별을 증명하기 위해서만 존재하는 것이라 생각한다. 그러므로 매춘이라는 직업은 여성에게 있어서 결혼생활보다 소외성이 적다고 여긴다. 즉 『매매계약은 육체의 용도를 성에만 제한하지만, 결혼은 육체를 될 수 있는 한 많은 용도로 제공하라고 요구한다』에서.[Colette Guillaumin, ⟨Pratique du pouvoir et idée de Nature. L'appropriation des femmes⟩ *Questions féministes*, février 1978, p.13] 그곳에서 그 정도의 재앙을 불러오지 않는다고 간주된 매춘, 그것이 『육체의 존재 전체 속으로 뛰어들고 싶은』 유혹을 여성에게 주었으므로 그것만이 해방을 향해 길을 열 수 있다고 보았다.[⟨Se prostituer⟩, *Sorcières*, n° 3, p.9. 매춘의 혁신적인 영향력에 관해서는, 잡지 *Marge*가 개최한 집회에서 1978년 3월 9일에 행해진 Grisélidis의 증언을 참조. *Le Monde*, 14 mars 1978]

146) 이 건에 관한 정확한 점은 D. 달레에락의 *Le nouveau visage*…를 참조.

147) 매춘부가 색정광과 격정으로 치달리기 쉬운 아가씨와는 달리, 먼저 쾌락에 지지 않는 기술을 알고 있는 여성이라는 점은 의학과 여론이 훨씬 이전부터 인정하고 있는 바이다. 이 사실을 고려한다면, 매춘에 수반되는 성적 관계를 해명하는 일은 곤란하다는 점을 반복하게 된다. 규제를 정한 사람들의 계획이 진정으로 성공하느냐 못하느냐는 이 단계에 있어서일 것이

다. 여성이 (종종 남성도) 맛볼지도 모르는 방탕과 쾌락을 거부하는 것은 사회질서에 있어서 여성의 성이 상징하는 것처럼 보이는 위협, 그리고 방탕 그 자체를 제거하는 가장 좋은 방법이었다.

148) Judith Belladona, op. cit., p.68.
149) 사실 성교육과 성과학의 측면에서 실행이 시도되고 있다.

색 인

가랭Garin, Joseph 53,58,60,69,140,322,456,457,459,460,462, 469,470
가로폴로Garofolo, Alfred 357
가르니에Garnier, P. 253,479
가스빠랭Gasparin 백작부인 277
가이야르Gaillard, Jeanne 189,245,260,263,269,479,488,489, 492,493
가제뜨 메디칼Gazette médicale誌 459
강베따Gambetta 285,286
《건강에 필요한 절제론 De la continence envisagéé comme néessaire à la santé》 280
게르 소씨알Guerre Sociale紙 501
게메링Gernaehling, Paul 420
게뺑Guépin, P. 60,453,453,455
《결혼생활 En ménage》 256,318,491,492,503
고귀요Goguillot 518
《고급매춘부들의 영광과 비참 Splendeurs et misères des courtisanes》 179,453-454,460,478,488,508,514
고나르Gonnard, R. 493
고다르Godard, Justin. 413,519
고롱Goron, M. F. 232,462,477,486
고리Gory, Adrien 496
고셰Gaucher, E. 413,519
《고향을 떠난 사람들 Les Déracinés》 224,478,485
공꾸르Goncourt, Edmond de 90,92,274,467,477,513
공꾸르Goncourt, Jules de 477
《과거, 현재, 그리고 미래에서의 여성들 Les femme dans le passé, le prés ent et l'avenir》 299
《과학과 결혼 La science et le mariage》 338
《구원받은 여자 Sauvée》 267
구종Goujon, Pierre 352,358,359,361,369,509,512
귀렝Guislain 371,513
귀요Guyot, Yves 51,65,69,116,118,133,135,146,175,277,279, 280,281,283-291,293,296,298,338,347,386,456,462,463,466,467, 469-473,476,478,480,495-498,506

《규제주의적인 여러 제도의 이러한 집중 Concentration des institutions réglementaristes》 59
그라Gras, François 372,378,380,513
그라뇽Gragnon 146
그랑드 르뷔Grande Revue紙 354,509,515
그랑장Grandjean, Hélène 252
그랑쥐Granjux 507
그레꾸르Grécourt 150
그레뽀Greppo 499
그레이Gray, Jules 499
그리상제Griesinger 371
그리쓰-트로Griess-Traut 부인 498
《금품을 터는 여자 L'entôleuse》 387
기노Guinot 148
기욤Guillaume, P. 263,491,494
까르꼬Carco, Francis 416
까를르Carle, M. 344,416,517,519
까를리에Carlier, Félix 55,101,102,129,152,161,175,185, 210,211,457,465,473,475-477,479,483
까메스까스Carnescasse 117
까베Cabet 499
까솅Cachin, Marcel 304,402,518
까잘리스Cazalis, Henry 338
깡레르Canler, M. 474,475
께라Queyrat, Louis 337,506
께즈Caise, Albert 294
께틀렛Quételet 456
꼬니아르Cogniart, Paul-Jean 519-521
꼬데Codet, Louis 279
꼬랑뗑Corentin 508
꼬르Corre 박사 378,514
꼬르데이Corday, Michel 340,490,502,507
꼬르뱅Corbin, Alain 464,478,485,488,489,492,496,499,505
꼬를리외Corlieu, A. 135,140,320,322,325,470,502
꼬망쥬Commenge, O. 49,140,175,190,210,211,213,216,219,

266,321,322,456,459,479,480,483-485,492,503
꼬피뇽Coffignon, A. 462-464,472,476-479,483,485,486
꼴렝Colin, H. 373,382,513-515
꼽Cobb, Richard 265,455,492
꽁뜨Comte, Louis 350,385,486,519
꽁브Combes, Emile 361,384,387,394,511
꽁스땅Constans 286,393
꾸뛰리에Couturier 281
꾸뜨Coote 349
꾸르뗄린느Courteline 256
꾸브레르Couvreur, André 507
꾸에Coué 175,468
뀔르리에Cullerier, Michel 453
끌레르Clerc 박사 129

《나나Nana》 62,145,175,181,188,231,273,477-479,490,492,
나도Nadaud, Martin 488,497,
나에케Naecke 515
《나의 투쟁 Mein Kampf》 522
네쎄르Neisser 253,303,343
노댕Naudin 471
노아Noah 29
뇌망Neuwmann 박사 280
니꾸Nicoud, Germaine 364
니봐이예Niboyet, Eugénie 499
니빌레르Knibiehler, Yvonne 490

다니엘Daniel, G. 380,515
다무르Damour, Jacques 309,501
다빌라Davila 459
다윈Darwin, Charles Robert D. 303,377
달레에락Dallayrac, D. 524,525
당띠니d'Antigny, Blanche 181
데레스메스Deraismes, Maria 281,294,496
데방스Devance, Louis 499
데브리Debrie 481
데쁜느Despines 373
데슈빠르d'Etshepare, Iriart 160
데스마즈Desmaze, Charles 457
데스물렝Desmoulins, Auguste 296
데스프레스Desprès, Armand 69,70,175-177,277,280,

459-461
데슬리웅Deslions, Anna 181
데쎄리Désert, Gabriel 451
데일리 뉴스Daily News紙 276
데제메르Deixheimer, Gabrielle 365
데조르모Desormeaux 402
델라보스트Delabost 59
델레살Delesalle, Simone 467
델로르므Delorme, E. 337
델보Delvau, Alfred 477
델뻬슈Delpêche, R. 524
도데Daudet, Alphonse 184,257,467
도마르Daumard, Adeline 245,250,251,255,454,477,488,489
도스또예프스키Dostoevskii, Fyodor Mikhailovich 309
돈 후앙Don Juan 491,492
돌레앙Dolléans, d'Edouard 299,499-501,515
두메르그Dournergue, Gaston 517
뒤 깡du Camp, Maxime 53-55,57,133,175,414,456-458,
473,483
뒤르딸Durtal 501
뒤르방Durban, P. 433,525
뒤마Dumas, Alexandre 107,475-477
뒤몰라르Dumolard 142
뒤보와Dubois, Paul 168,474
뒤보와-아베니쓰Dubois-Havenith 333
뒤보와-크랑쎄Dubois-Crancé 142
뒤빵루Dupanloup 273,281
뒤뼁Dupin 127,143
뒤슈망Duchmann, Henri 311,502
뒤자르댕-보메츠Dujardin-Beaurnetz 504
뒤클로Duclaux, Emile 332,343
뒤포르Dufaure 283
뒤푸르Dufour, Pierre 452
뒤프라Duprat, Pascal 286
드 몰리나리de Molinari, G. 121
드가Degas, H. G. E. 91,94
드꾸르띠Decourteix, Albert 495
드니Denis 130
드 뚜르de Tours, Moreau 374
드레퓌스Dreyfus, Ferdinand 354,366,367,511,512
드레퓌스 사건 329,361

드로엥Deroin, Jeanne 499
드롸 데 팜므Droit des Femmes誌 295,483
드롸 드 롬므Droits de l'Homme誌 283,284
드 바로de Barrau, Caroline 294,473
드보브Debove 336
드빌레Devillez 484
드쁘Depauw, J. 478
드 쌍두빌de Sandouville 459
들뢰즈Deleuze, Gilles 475
디데이Diday, H. 55,60-62,316,325,458,459,503
디윌라퐈Dieulafoy파 332
디츠Dietze, E. 131,148,472,484
딕뻬띠오Ducpétiaux, Edouard 451,454,456,461
따뀌셀Tacussel, F. 328,508
따르노프스키Tarnowsky, Pauline 333,374,376-378,380, 382,514
따르디프Tardif, Louise 296
따르드Tarde, G. 381,390,391,420,515,516
딱실Taxil, Léo 477
떼스랑 드 보르Teisserenc de Bort, L.-P. 393
《뗼리에 창가 La maison Tellier》 93,121,170,463,464
똘렝Tolain 285
뚜레뜨Tourette, Gilles de la 373
뚜르뇌Tourneux, Louise 364
뚜르니에Tournier 142,519
뚤루즈-로트렉Toulouse-Lautrec 91,94,265
뛰로Turot, Henri 171,176,229,475,486,517
뛸리에Thulié, H. 285
띠라르Tirard 285
띨리Tilly, Richard 246

라 가제뜨 데 트리뷔노La Gazette des tribunaux紙 497
라까도Racadot 224
라까싸뉴Lacassagne, A. 419,515
라꾸르Lacour, Léopold 310,502
라노Lano, Pierre de 180,477
라뇨Lagneau, Gustave 504
라 누벨 르뷔La Nouvelle Revue誌 497
라느쌩Lanessan 286
라 데뻬슈 드 루앙La Dépêche de Rouen紙 405

라띠에Ratier 459
라 랑떼른느La Lanterne誌 281,284,285,286,328,364,512
라 레볼뤼숑La Révolution紙 497
라레이Larrey 504
라 레포름므 소씨알La Réforme Sociale紙 269
라 레쀠블리끄La République紙 361
라 레쀠블리끄 프랑세즈La République française紙 285,497
라 로셸La Rochelle 123,196
라르디에Lardier, P. 201,317
라 리베르떼La Liberté紙 497
라 리브르 빠롤La Libre Parole紙 364
라 마르세이예즈La Marseillaise誌 497
라말리Ramally 507
라 모를리에르la Molière 373
라방-꾸리에르L'Avant-Courrière 498
라보르드Laborde 504
라불레이예Laboulaye 204
라브니르 데 팜므L'Avenir des Femmes紙 497
라 빠이바la Païva 181
라 뽈 말 가제뜨La Paul Mall Gazette誌 347
라 쁘띠뜨 레쀠블리끄La Petite République紙 386,512
라 스멘느 메디칼La Semaine Médicale誌 324
라싸르Lassar 175
라울Raoult, Fernand 339
라이니게Reiniger 349
라이히Reich, Wilhelm 312,349
라 주르네La Journée紙 512
라 지롱드La Gironde紙 497
라크로와Lacroix, Sigismond 497
라 크롸 뒤 노르La Croix du Nord紙 402
라 트리뷴La Tribune紙 497
라 트리뷘 데 트라바이외르La Tribune des Travailleurs紙 497
라 트리뷘 프랑쎄즈La Tribune française紙 364
라파르그Lafargue, Paul 499
《라페르 뒤 그랑 쎄뜨L'affaire du grand 7》 261
라 프랑스La France紙 497
라 프롱드La Fronde紙 295,386
랄루에뜨Lalouette, J. 518

랑글레Langlet 139,470,471
랑드Lande 136
랑두지Landouzy 334,372,400,491
랑쎄로Lancereaux 303
《런던과 빠리에서의 매춘과 부녀자 매매 La prostitution et la traite des blanches à Londres et à Paris》 348,508
《런던의 스캔들 Les Scandales de Londres》 347
레갈리떼L'Egalité 498
레 땅 누보Les Temps Nouveaux紙 500
《레 미제라블Les Misérables》 276,454,461,467,494,495
레베끄Lévêque, P. 344
레벤느망L'Evénement紙 386,497
레벨Level 118,142
레비Levi, Vittorio 359,509,510
레비-르봐이에Lévy-Leboyer, Maurice 251,494
레비유Réville, Marc 395
레뻰느Lépine, L. 176,230,368,387,398-400,512
레스따페뜨L'Estafette誌 497
레스트 레쀠블리깽L'Est Républicain紙 204
레오나르Léonard, C. M. 263
레옹Léon, P. 245,251,255,256,491
레옹-죠셉 말브라끄Léon-Joseph Malbraque 161
레이Rey, J. L. 60
레이보Reybaud, Louis 496
레클레르L'Eclair紙 386,405
로드Rod, Edouard 338
로랑Laurent, Charles 497
로랑Laurent, Emile 378
로로르L'Aurore紙 364,384,386,511
로마네Romanet, Juliette 414
로버츠Roberts, Frederick Sleigh 365
로뱅Robin, Paul 311,502
로브로Lobrot, Michel 491
로비께Robiquet, Paul 349,360,361,509
로씨뇰Rossignol 371,376
로씨오Rossiaud, J. 451,461
로젠크란츠Rosenkranz 364
롤랑Roland, Pauline 499
롤레Rollet, Henri 58
롬므 리브르L'Homme libre紙 497

롬브로소Lombroso, Cesare 374-378,380,382,419,507,514
롭스Rops, Félicien 318,469,475
롱젱Ronsin, Francis 494,496,502
뢰쓰Reuss, Louis 51,53,55,59,105,120,125,127,135,173, 206,371,456-458,460-463,466,468-473,477,478-481,483,484, 486,513
루리Loury, Bois de 373
루브르Rouvre, Charles de 491
루쎄이Rousseil 283
루쎌Roussel, Th. 70,398,460,462
루이Louis 15세 167
루즈리Rougerie, J. 189,479
뤼까스Lucas, Arthur 208,483
뤼니에Lunier 69
뤼들레Rudler 481
뤼또Lutaud, A. 347
뤼방프레Rubempré, Lucien de 508
《뤼씨 뻴르그랭의 최후 La Fin de Lucie Pellegrin》 273,477,482
르구에스트Legouest 504
르 그를로Le Grelot紙 310
르껭Lequin, Yves 245,491
르꾸르Lecour, Charles-Jérôme 53,54,56,69,99,141,146,175, 276,283,285,321,456-458,460,462,465,471,476,477,483,484, 496-498
르 나쇼날Le National紙 497
르노Renault, Léon 283,471
르노Renault, Louis 328,366,512
르노뎅Renaudin 371
르노블Lenoble 345,509
르 놔르Le Noir 332
르뇨Regnault, Félix 165,480,482
르누비에Renouvier 289,497
르 드롸 데 팜므Le Droit des femmes紙 483
르 디스 뇌비엠므 시에클Le XIXe siècle誌 497
르 땅Le Temps紙 212,496,497,512
르 뚜-마르세유Le Tout-Marseille紙 487
르 라디깔Le Radical誌 237,284,497
르 라뻴Le Rappel紙 364,497
르 랄리망Le Ralliement紙 497
르 레쀠블리깽Le Républicain紙 497

르루Leroux, Pierre 499
르 리베르떼르*Le Libertaire*紙 309,310,500,501,512
르 마땡*Le Matin*紙 195,225,328,361,478,509-511
르모니에Lemonnier 부인 276
르 모알Le Moal, Paul 433,461
르 볼떼르*Le Voltaire*紙 497
르뷔 데 두-몽드*Revue des Deux-Mondes*紙 273,496
르뷔 드 모랄 쏘시알*Revue de Moral Social*誌 386,388
르브룅Lebrun, F. 488
르블롱Leblond, Albert 208,483
르 비엥 쀠블릭*Le Bien Public*紙 497
르뻴르띠에Lepellertier 394
르 뻬르 뻬나르*Le Père Peinard*紙 500
르 쁘띠 리요네*Le Petit Lyonnais*紙 283
르 쁘띠 빠리지엥*Le Petit Parisien*紙 361,363,497,511
르 쁘띠 프로방살*Le Petit Provençal*紙 339,487
르 쁠레*Le Play*학파 49
르 쁠뢰르*Le Plieur*, Louis 78,133,140,176,320,322, 331,398,504,519
르 씨에클*Le Siècle*紙 386,497
르 주르날*Le Journal*紙 361,363,365,511
르 페미니즘*Le Féminisme*誌 295
《르페브르 영감의 여자들 *Les femmes du père Lefèvre*》 257
르페브르-오르또줄Lefevre-Ortozoul 402
르 포르Le Fort, Léon 320,321,324,502,504
르 프랑쎄*Le Français*紙 388,516
르 프로그레*Le Progrès*紙 283
르 피가로*Le Figaro*紙 497
리까뜨Ricatte, Robert 483
리꼬르Ricord, Philippe 140,168,170,303,504
리니에르Lignières, Dassy de 344,490
리베르따Libertad 307,387
리샤르Richard, Charles 474
리샤르Richard, Emile 69,174,175,287,314,325,326,392, 473,476
리샤르Richard, Marthe 420,427-429,524
리샤르송Richardson, Joanna 477
리우Rioux, J. P. 488
리케르Ryckère, Raymond de 267

마냥Magnan 170
《마농 레스꼬*Manon Lescaut*》 467
마랑동Marandom, Sylvaine 489
마르땡Martin, Georges 471
《마르뜨*Marthe*》 183,273,478
마르띠노Martineau, L. 78,140,175,178,192,215,217,220, 223,322,324,461,477,479,480,483-486,503,504
마르띠외Marthieu 507
마르쎄르Marcère, de 146,281,284,285
마르코비치Markovitch, T. J. 494
마르크스Marx, Karl Heinrich 301,303,499
마를르Marles, Jacques 503
마쎄Macé, G. 120,146,182,190,223,233,462,464-467,477-479, 483-485
마이예Maillet 401
마찌니Mazzini, Giuseppe 276
마크-마옹Mac-Mahon, M.-E.-P.-M. 283,284
말레코Malécot 324
말렝보Marinvaud 296
말롱Malon, Benoît 299,500
말르모르Malemort, J. 489
말브라끄Malbraque, Léon-Joseph 161
망까Manquat 332,337,344
망데스Mendès, Catulle 309,395
망쟁Mangin 244,455
《매독 대책 *Conseils aux avariés*》 336,339,506,507
《매독 예방에 관한 연구 *Etude sur la prophylaxie de la syphilis*》 339
《매독환자들 *Les Mancenilles*》 339,486,507
《매춘 *La Prostitution*》 287,456,458
《매춘부 *Prostituée*》 342,493,503,507
《매춘부 엘리사 *La fille Elisa*》 90,273,463,467,468, 475,513
《매춘부의 눈에 어린 회한 *Regrets des yeux de la putain*》 309
메로Maireau 131
메르씨에Mercier, Louis-Sébastien 265
메이네르트Meynert 515
멘델Mendel, Johann 515
모노Monod, Gustave 276,280,282

모노Monod, Théodore 276
모네Monnet, L. E. 336,339,341,506,507
모띠Moty, M. 506
모랭Morin 266,414,493
모라르트Morhardt, P. E. 332,380,476,505
모로Moreau, Frédéric 253,475,514
모르지에Morsier, Auguste de 280,281,305,385,386, 464,465,515,516
모르지에Morsier, Emilie de 277,280,294
모를리에르Morlière 373
모라스Maurras, Charles 419
모리스Maurice, Louis 512
모리악Mauriac, Ch. 54,140,303,314,315,320-322,502,503
모빠쌍Maupassant, Guy de 52,170,182,256,267,274, 319,454,463,464,468,474,479,486,497,503
몰라르Molard, Richard 420,436,527
몽다Mondat 168
《몽빠르나스의 뷔뷔Bubu de Montparnasse》 186,342,478,483
몽샤르빌Moncharville 361,509,510
뫼니에Meunier, Paul 166,207,234,305,387,391,394, 397,460,474,475,483,486,517
《무덤의 여인들 Tombales》 182
무레Mouret, Octave 271
《無性의 여인 L'insexuée》 340
무조Mougeot 56,458
뮈라르Murard, Lion 247,501
뮈질Musil, Robert 481
므쥐뢰르Mesureur 287
미님Minime(Lutaud, A.) 347
미라Mirat, Léon 340,490
미롱Miron 476
미뢰르Mireur, Hippolyte 53,58,59,61,67,75,81,97,121,127, 135,149,177,215,216,292,322,339,456-464,469,470,472,476, 478,484,503,507
미르보Mirbeau, Octave 267,466,490
《미성년자의 매춘과 형법규칙 La prostitution des mineures selon la loi pénale》 395
미슐레Michelet, Jules 252,254
밀레뜨Millett, Kate 527

바레스Barrès, Maurice 223
《바따르 자매 Les sœurs Vatard》 256,478,482,493
바르Bar, Paul 331
바르뗄레미Barthélemy, Toussaint 132,133,140,303,315, 322,325,332,334,401,470,484
바르뗄레미-쎙-띨레르Barthélemy-Saint-Hilaire 393
바르바라Barbara 442,445,446,526
바르베 도르빌리Barbey d'Aurevilly, J. 190,274,319, 479,488,494,498,503
바서만Wassermann, August von 419
바에르Baer 515
바울Paul 51
바즈너Wagener 365
박쿠스Bacchus 신 90,521
《반대 방향으로 A Rebours》 172,475,485,503
발Baal, G. 511
발Ball 374,514
발덱-루쏘Waldeck-Rousseau, P. M. 287,338,361, 393,401
발레Vallée, Jules 257,391
발작Balzac, Honoré de 453-455,460,478,488,514
발켄슈타인Balkenstein 358
《백화점에서 Au Bonheur des Dames》 264,267, 493,494
베네끄Bench, J. 518
베랑Véran, Marius 387
베랑제Béranger, Alphonse-Marie-Marcellin 277,326,348-350,354,366,369,388,390-394,398,509,512,516
베로Béraud, F. F. A. 34,47,49,451-455
베로니끄Véronique 501
베르나쥬Bernage 285
베르네이Bernays, Martha 491
베르뗘랑Bertherand 459
베르또Berthod, Paul 505
베르띠용Bertillon 61,362
베르셰르Verchére 325
베르제레Bergeret, L. F. E. 98,195,200
베리Berry, Georges 191,325,338,391,392,394
베벨Bebel, Auguste 299-301,349
베이쓰Veith, Ilza 513
베일Beyle, Henri 257

벨라도나Belladona, Judith 445,448
보니에Bonnier, Charles 299,501
보들로Baudelot, C. 489
보렐Borel 496
보리Borie, Jean 252,256,489-491,503
보바리Bovary 부인 408
보샹Beauchamp, M. 493
본느베이Bonnevay, L. 269,270
본느푸Bonneff, M. 285
볼땅스키Boltanski, L. 490
볼코브스키Wolkowski, Serge 352
볼크Wolke, Léon 501
봐롱Boiron, N. M. 520
봐젱Voisin, Félix 283,284,471
부글레Bouglé 475
부띠끄Boutique, Alexandre 437,512
부로Boureau 506
부르제Bourget, Paul 95,464
부르조와Bourgeois, L. X. 222,504
부른느빌Bourneville 134,137,138,323,401,471
부샤르Bouchard 496
《부활 Résurrection》 267,501
뷔뜨Butte, L. 140,174,322,395,476
뷔레Buret, E. 453
뷔레Buret, F. 451
뷔를뤼뢰Burlureaux, Charles 331,335-337,506,507
뷔에Weit 139
뷔틀레Butler, Joséphine 151,275,276-278,281-284,294,
    298,347,385,495,496,503
뷔페Buffet 393
브놔Benoist, Charles 269
브로까Broca, Paul 400
브루쎄Broussais 454
브루아르델Brouardel, G. 320,324
브뤼Bru, Paul 340
브뤼앙Bruant, Aristide 501
브르똔느Bretonne, Restif de la 265,508
브리께Briquet, Pierre 372,373,513
브리쏘Brissaud 496
브리쏭Brisson 285
브리외Brieux, E. 338,339

블라슈코Blaschko 505
블랑Blanc, Louis 276,463,499
블로와Bloy, Léon 52,190,197,309,457,479,481,494,501
《비곗덩어리 Boule de Suif》 52,273
《비너스, 혹은 두 가지 위험 Vénus ou les deux
    risques》 340,490,502
비뉴롱Vigneron 163,200,216,258,480,481,484,505
비달Vidal 499
비르매트르Virmaître, Charles 191,231,462,476,479,
    480,484,486
비비아니Viviani 385
비비앙Vivien, R. A. 433,446
비오Viau, Raphaël 364
비자르Bizard, Léon 414,415,519,520
빅타덴Bicktaden, Isidore 364
빈센트Vincent 부인 498
빈스방거Binswager, Ludwig 515
빌레르메Villermé, Louis-René 37,454
빠똬르Patoir 139,333,467,469,471,473,479,506
빠랑-뒤샤뜰레Parent-Duchâtelet(Alex, J. B.)
    30,33-62,80,86,96,133,140,171,173,175,244,265,287,296,
    371,372,376,378,382,395,407,423,451-454,456,495,514,520,527
빠로Parrot 332
빠르띠 몽떼partie montée 96
《빠스깔 박사 Le docteur Pascal》 252
빠스뙤르Pasteur 343
빠씨Passy, Frédéric 276,387
빠케르Parker, Daniel 427
뻴르그렝Pellegrin, Lucie 180
뻴르띠에Pelletier, Madeleine 494
뻬깡Fécamp 93
뻬뀌외Pecqueur 300,499
뻬떼르망Pétermann 459
뻬로Perrot, Michelle 245,246,247,249,456,491
뻬로Perrot, Marguerite 251
뻬로Perrot, Jean-Claude 451
뽀뇽Pognon, Maria 498
뽀-드-시엥Pau-de-Chien, Nini 501
뽀또니에-뻬에르Potonié-Pierre 498
뽀똥Potton, Aristе 451,452-455
쁘띠Petit, Frédéric 297

쁘띠Petit, Gabrielle 311
쁘라파Frappa, Jean-José 416,418,519,521
삐꼬Picot, Georges 269,356,366,513
삐나르Pinard 331,332,337
삐슈Pich, Edgard 479
삐에라르Pierrard, Pierre 245,263,451,488
삐용Pillon, F. 289,497

사까르Saccard, Renée 231,232
사꼬뜨Sacotte, Marcel 433
사로Sarraut, Albert 277
사바띠에Sabatier 452
사비오즈Savioz(Sainte-Croix, Avril de) 266,354,361, 386,492,498,509,510
사셰르-마조크Sacher-Masoch 170
《사포Sapho》 184
《사회의 나병 La lèpre Sociale》 277
살로메Salomé 410
《살롱Salon》 91,94
《살림 Pot-Bouille》 266,267
살바Salva, Anne 445
살바도르Salvador, Espérance 462,466
샤뜰렝Châtelain, Abel 371,488
샤르꼬Charcot 170,373
샤를르-알베르Charles-Albert 500
샤프망Chapman, H. 부인 281
《성병, 사회적 위생론 L'avarie. Etude d'hygiène sociale》 339
《성병환자들 les Avariés》 338,339
세르띠양쥬Sertillanges 337
셰늘롱Chesnelong 393
셰롱Chéron 341
셰바Scheiber, A. 520,522,523
셰빌라Chevillat, Joséphine 111,463,466
솔레Solé, Jacques 451,494
솔레이 뒤 미디Soleil du Midi紙 402
쇼르Schor, Noami 252
숄Scholl, Aurélien 497
쉘셰르Schœlcher, Victor 276,281,285
쉬잔느Suzanne 114
쉴드Shield紙 276

슈레르-께스트네Scheurer-Kestner 393
슈믈Schmhl 부인 498
슈발리에Chevalier, Louis 188,243,451,452
스네이즈Snagge, Lord 347
스떼그Steeg 397
스뻴망Spillmann, L. 137,204,505
스캉다Skandha, E. 517
스탠스펠드Stansfeld, James 281
스트롤Strohl 60
스트롬베르Strohmberg 476
스펜서Spencer, Herbert 497
시모노Simonot, Octave 378-382
시몽Simon, Jules 245,252,266,269,270,276
시몽Simon, Pierre 435,524,525
시미앙Simiand 494
시카르Sicard 386
싸르트르Sartre, Jean Paul 252
쌀라베르Salabert, Jeanne 106
쌩뜨-크로와Sainte-Croix, Avril de(Savioz) 266,355,386
《쌩-라자르Saint-Lazarre》 387
쌩-빅또르Saint-Victor, Paul de 477
쌩-프랑소와-레지Saint-François-Régis 245
쎄르Cère, Paul 457,458
쎌린느Céline, L. F. 478

아귈롱Agulhon, Maurice 488
아담Adam, Juliette 497
아라고Arago, D. F. J. 393
아롱Aron, J.-P. 189,260
아르망고Armengaud, A. 494
아르쁘Harpe, Ph. 280
아미 드 라 쥔느 피유Amie de la Jeune Fille紙 350
아미요Amyot, G. 428,512
아뽈리네르Apollinaire, Guillaume de Kostrowitsky 309
아쁠르똥Appleton, Paul 359
아우구스티누스Augustinus, Aurelius 34,51,96,254, 390,407,452
아이다르Haïdar, Salim 521
아이양Hayem, Henri 71,195,224,363,364,476
악똥Acton, William 459

알라Alla 310
알레Haller 253
알렉시스Alexis, Paul 180,257,477,482
알렘Allems, Maurice 494
앙드리외Andrieux, L. 144,146,281,285-287,297,477,486,497
앙들레Andler, Charles 299
앙제빌Angeville 456
앙팡뗑Enfantin 499
야쎙뜨Hyacinthe 281
《어느 매춘부의 이야기 Propos d'une fille》 312
《어느 하녀의 일기 Journal d'une femme de chambre》 267,466,490
에네껭Hennequin, F. 34,65,68,123,365,398,468,512,516
에네껭Hennequin, Victor 499
에니끄Hennique, Léon 261
에띠엔느Etienne, G. 195,470,480,484,505
에르망Hermant, Abel 486
에르미뜨Hermite, E. 420,476
에베르Hébert, A. 503
에베르Hébert, Georges 506
에스끼로Esquiros, Adèle 455
에스끼로Esquiros, Alphonse 451-454
에스끼롤Esquirol 371
에스따블레Establet, R. 489
에코 메디깔 뒤 노르Echo médical du nord誌 467
엘리스Ellis, Havelock 420,521
엥겔스Engels, Friedrich 300,303,494,499
엥떼르나쇼날Internationale 406
엥베르Humbert, Aimé 276,277
《여성 노동자 L'Ouvrière》 245,266,492
오가뇌르Augagneur, V. 334,386,506
오노라Honnorat 391,398
오랑Horand 314
오모Homo, Hippolyte 53,55,56,60,78,140,170,456-459,461,462,464,465,471,475,476,478,484,
오쏭빌Haussonville 52,53,149,271,273,395,472,479,491, 494,517
오슈Hoche, Jules 387,515
오지아스-뛰렌느Auzias-Turenne 470
오지에Augier, Emile 181
왈론Wallon 393

요셉Joseph 254
우라노스Ouranos 501
워딩턴Waddington 284,285,393
웨스터마크Westermarck, Edward Alexander 381
웨스트팔Westphal 170
위고Hugo, Victor 51,251,252,276,295,454,467,494,495
위드리-므노Hudry-Menos 498
《위생·도덕, 그리고 법률과 연관된 매독과 매춘 La syphilis et la prostitution dans leurs rapports avec l'hygiène, la morale et la loi》 58-59,457
위스망Huysmans, Joris Karl 172,183,213,223,256,257, 273,318,319,342,475,478,485,490,491,493,494,498,501,503
유라Ulla 441,442,445
《유령들 Les revenants》 267,318,338,507
이벨Ibels, André 225-227,328,485
이쌀리Issaly, Léon 332
입센Ibsen, Henrik Johan 267,318,338,507

자끄메Jacquernet, G. 248,494
자끄맹Jacquemin 43
자독 칸Zadok Kahn 281
쟈넬Jeannel 58,60,129,140,322,456,457,459,460,463,468,469,477
쟈제Jaget, Claude 445,527
《저당잡힌 죽음 Mort à créit》 256,483,486,493,517
《정박중 En rade》 256,503
《정신병의 임상연구 Traité clinique de psychiatrie》 371,513
제르멕Geremek, Bronislaw 451
《제르미니 라세르뙤Germinie Lacerteux》 267,493
제르보Gerbod, Paul 257
젤뎅Zeldin, Théodor 252,254,398,490,491
조Xau, Fernand 497
조레스Jaurès, Jean 305,387,489,491
졸라Zola, Emile 179,181,182,186,188,231,252,255, 264,268,271,274,318,377,387,459,467,469,477,479,486,493,494
졸리Joly, H. 351,366,509
주르날 데 데바Journal des Débats紙 513
주르날 데 팜므Journal des Femmes紙 294,295
주르날 오피씨엘Journal Officiel(관보)誌 516
쥘리앙Jullien 131-133,140
지고Gigot, Albert 64,88,117,146,149,281,284,285,297,391,

459,509
지그프라이드Siegfried, Jules 295
지라르댕Girardin, Emile de 497
《진흙 La Boue》 197,481
질Gille, B. 456
질레Gilet, M. 248,489
질베르망Zylberman, Patrick 247,501
질베르베르-오꺄르Zylberberg-Hocquard,
 Marie-Hélène 496

《철학·정치·과학·문학비평 La Critique
 Philosophique, Politique, Scientifique et Littéraire》
 289
《추방자 La proscrite》 387

카펜터Carpenter, Edward 502
코니아르Cogniart, Paul-Jean 519-521
코페르니쿠스Copernicus, Nicolaus 312
크라프트-에빙Krafft-Ebing 170,267,371
크록Crocq, J. 58
크루젯Crouzet, F. 494
클레망소Clemenceau, Georges 227,285,297,362,384,387,
 394,397,404,405,420,477
클렉Clerc 504

톨스토이Tolstoi, Lev Nikolaevich 267,309
트라리외Trarieux 393
트랑뻬Trempé, R. 489
트레뷔셰Trébuchet, A. 456
트루쏘Trousseau 253

파브르Favre, Jules 276,495
페레Féré, Ch. 378
페레로Ferrero 374,376
페리Ferry, Jules 286
페리가니Ferrigani 374
페브리에Février 215,480,505
포렐Forel, A. de Zurich 490
포르스터Forster 349
푀이욜리Feuilloley 345-346,353,356,509
푸꼬Foucault, Michel 40,44,246,252,345,455,475,489,508

푸르니에Fournier, Alfred-Jean 140,253,303,315-317,319,
 320,323-326,332-335,337,338,341,343,344,469,470,503-507
푸르니에Fournier, Edmond 333,470,505,506
푸리에Fourier 499
쀠바로Puibaraud, Louis 183,353,483,509
프라삐에Frapié, Léon 387
프레보Prévost, Marcel 491,509
프레보Prévost, Eugène 518
프레시네Freycinet 393
프레쌍세Pressensé, Edouard de 278-280,282,326
프레쌍세Pressensé, Francis de 305,387,500
프레이Fray, M. 489
프레지에Frégier, H. A. 34,47,451-456
프로그레 메디깔Progrès médical誌 137
프로이트Freud, Sigmund 252,491
《프롤레타리아의 사랑 Le prolétariat de l'amour》
 302,475,486
프루동Proudhon 300,306,307,499,514
프루스트Proust, Marcel 491,493
프뤼보Pruvot, Aimé 104
플랑드렝Flandrin, Jean Louis 488,491
플렉스너Flexner, Abraham 29,342
플로께Floquet 393
플로베르Flaubert, G. 181,231,256,274,318,479,503
피롤Filhol, P. 523
피셰Fischer, G. 344
피요Fiaux, Louis 102,105,118,119,158,164,167,168,171,175,
 230,253,254,287-289,292,296,297,324,325,334,388,460,
 462-475,486,487,490-492,497,498,506,516,517,519
필립Philippe, Charles-Louis 186,207,256,342,478,
 483,490,507

헤라클레스Herakles 209,454
호텐토트Hottentot족 375
《흘러가는 대로 A vau-l'eau》 256,491,503
히틀러Hitler, Adolf 424

참고 문헌

ACTON(Dr William), *Fonctions et désordres des organes de la génération chez l'enfant, le jeune homme, l'adulte et le vieillard, sous le rapport physiologique, social et moral.* Paris, V. Masson, 1863.
— *Prostitution considered in its moral, social and sanitary aspects in London and other large cities and garrison towns...* 2ᵉ éd,. London, J. Churchill, 1870.
AGRIPPA(Dr J.), *La première flétrissure.* Paris, L. Hurta, 1877.
ALEXIS(Paul), *Les femmes du père Lefèvre.* 1877.
ALEXIS(Paul), *La fin de Lucie Pellegrin.* Paris, G. Charpentier, 1880.
ALHOY(Maurice), *La lorette.* Paris, Imp. de Raçon, 1856.
— *Physiologie de la lorette.* Paris, Aubert, 1841.
ALLEM(Maurice), *La vie quotidienne sous le Second Empire.* Paris, Hachette, 1948, 288 p.
ANDLER(Ch.), *Le manifeste communiste de Karl Marx et F. Engels.* Introduction historique et commentaire. Paris, Rieder, 209 p.
ANDRIEUX(L.), *Souvenirs d'un préfet de police.* Paris, Rouff, 1885, 2 vol.
ANNUAIRE-REIRUM. *Indicateur des adresses des Maisons de Société de France, Algérie, Tunisie et des principales villes de Suisse, Belgique, Hollande, Italie et Espagne.* Paris, Th. Murier, 39 rue Lamartine.
APPLETON(Paul), *La traite des blanches.* Lyon, Paris, Arthur Rousseau, 1903, 300 p.
ARCHES(Pierre), *Une ville et son maire, Parthenay en 1872,* 1975, (révolte de prostituées.)
ARON(J.-P.), *Le mangeur au XIXᵉ siècle.* Paris, Laffont, 1973, 371 p.
AUGAGNEUR(Pr V.), *Contre la police des mœurs. Critiques et rapports.* Paris, Cornély, 1974, XVII-147 p.
— *De l'influence de la réglementation de la prostitution sur la morbidité vénérienne.* Melun, Imp. adm., 1904, 50 p.
AUGIER(Emile) et FOUSSIER(Edouard), *Les lionnes pauvres,* 1858.
AVON(Dr Philippe), *Contribution à l'histoire des maladies vénériennes dans l'armée française.* Lyon, Dugas et Cie, 1968, 71 p.
AVRIL DE SAINTE-CROIX(Mme), *L'esclave blanche.* Alençon, Coueslant, 1913, 46 p.
BALZAC(H. de), *Splendeurs et misères des courtisanes.*
BARBERET(Joseph), *La bohème du travail.* Paris, Hetzel, 1889.
BARBEY D'AUREVILLY(J.), *Les diaboliques,* 〈La vengeance d'une femme.〉
BARLAY(Stephen), *L'esclavage sexuel.* Paris, A. Michel, 1969, 315 p.
BARRÈS(Maurice), *Les déracinés.*
BARTHÈLEMY et DEVILLEZ, 〈Les Inviteuses des brasseries.〉 *La France médicale,* N° 25, 28 fév 1882, pp. 289 sq.

BARTHELEMY(Professeur), *Exposé des mesures en vigueur en France, et d'un projet de réorganisation de la surveillance de la prostitution.* Paris, Gaston Née, 1889, 20 p.

BARTHELEMY(Docteur Toussaint), *Etude d'hygiène sociale. Syphilis et santé, publique.* Paris, J. B. Baillière, 1890, XIV-352 p.

BARTHELEMY(Professeur T.), 〈La prophylaxie des maladies vénériennes chez la femme.〉 (Conférence de Bruxelles, 1899.) *Revue de médecine légale.*, 1900, pp. 115 sq.

BARTHES(Roland), *La mangeuse d'hommes,* Guilde du Livre, Bulletin mensuel, XX, juin 1955.

BATAILLE(Georges), *L'érotisme.* Paris, Ed. de Minuit, 1957.

BEAUFILS(Marcel), *Parsifal.* Paris, Aubier, 1964, à propos du personnage de Kundry.

BEBEL(Auguste), *La femme dans le passé, le présent et l'avenir.* Trad. française d'Henri Ravé. Préface de Paul Lafargue. Paris, Ed. Carré, 1891, VIII, 375 p.

BECQUEREL(Docteur A.), *Traité élémentaire d'hygiène privée et publique.* Paris, 5ᵉ édition, complétée par Beaugrand, 1873.

BENOIST(Charles), *Les ouvrières de l'aiguille à Paris.* Paris, Léon Chailley, 1895, 296 p.

BERAUD(F.F.A.), *Les filles publiques de Paris et la police qui les régit.* Paris, Desforges, 1839, 2 tomes en 1 vol.

BERAULT(Gustave), *La maison de tolérance considérée au point de vue hygiénique et social.* Paris, J. B. Baillière, 1904.

BERCK(Armand), *Quelques aperçus sur la prostitution au point de vue social, économique et moral.* Paris, G. Carré, 1885.

BERENGER(Sénateur), 〈La traite des blanches et le commerce de l'obscénité.〉 *Revue des Deux Mondes,* 1ᵉʳ juillet 1910.

BERGERET(d'Arbois Dr L.F.E.), 〈La prostitution et les maladies vénériennes dans les petites localités.〉 *Annales d'hygiène publique et de médecine légale,* 2ᵉ série, t. XXV, 1866.

BERGERET(Docteur), *Les passions, dangers et inconvénients pour les individus, la famille et la société. Hygiène morale et sociale.* Paris, J. B. Baillière, 1878, IV, 336 p.

BERRY(Georges), *Les petits martyrs. Mendiants et prostituées.* Préf. de J. Simon. Paris, G. Charpentier et E. Fasquelle, 1892, 36 p.

BERTHOD(Docteur Paul), 〈Le péril vénérien; la réglmentation actuelle de la prostitution; ruine du système.〉 *Revue de médecine légale et de jurisprudence médicale,* mars 1899, pp. 86 sq.

— 〈Le traitement des maladies vénériennes; le mode d'assistance qui leur convient.〉 *Journal de médecine de Paris,* 19 juin 1904.

Biographie des nymphes du Palais-Royal. Paris, 1823.

BIZARD(Docteur Léon), *La vie des filles.* Paris, Grasset, 1934, 286 p.

— *Histoire de la prison de Saint-Lazare du Moyen Age à nos jours.* Paris, Ed. de Boccard, 1925, XV-279 p.

BLOY(Léon), *Sueurs de sang.* 〈La Boue〉 et 〈Repaire d'amour.〉 1892-1894.

— *Le désespéré.* Paris, Mercure de France, 1964, 339 p.

BLUZET(Jules), *La prostitution officielle et la Police des mœurs.* Lyon, A. Rey, 1903, 84 p.

BOGELOT(Isabelle), *Fédération britannique, continentale et générale. Rapport présenté à la conférence de Lausanne à propos de l'œuvre des libérées de Saint-Lazare à Paris,* 6 septembre 1887.

Paris, C. Noblet, 1887, 14 p.

BOIRON(N.M.), *La prostitution dans l'histoire, devant le droit, devant l'opinion*. Nancy, Paris, Berger-Levrault, 1926, 291 p. Excellente mise au point de l'histoire juridique de tout ce qui a trait à la prostitution.

BOLTANSKI(L.), 〈Les usages sociaux du corps.〉 *Annales E.S.C.*, janv.- fév. 1971, pp. 205 sq. à propos de la notion de 〈culture somatique.〉

— *Prime éducation et morale de classe*. Paris, La Haye, Cahiers du centre de sociologie européenne, Mouton, 2ᵉ éd., 1977, 152 p.

BONNEFF(L.) et (M.), *La vie tragique des travailleurs. Enquêtes sur la condition économique et morale des ouvriers et ouvrières d'industrie*. Paris, J. Rouff, 1908, 339 p.

BONNEVAY(L.), *Les ouvrières lyonnaises travaillant à domicile—Misères et remèdes*. Paris, Guillaumin, 1896, 148 p.

BONNIER(Ch.), *La question de la femme*. Paris, Giard et Brière, 1897, 59 p.

BORIE(J.), *Le tyran timide. Le naturalisme de la femme au XIXᵉ siècle*. Paris, Klincksieck, 1973, 161 p.

BORIE(Jean), *Le célibataire français*. Paris, Sagittaire, 1976, 191 p.

BOUGLE(Docteur), *Les vices du peuple*. Paris, G. Carré, 1888, 220 p.

BOURDIEU(P.), 〈Célibat et condition paysanne.〉 *Etudes rurales*, 1962, N° 5/6.

BOURGEOIS(Docteur L.X.), *Les passions dans leurs rapports avec la santé et les maladies. L'amour—le libertinage*. Paris, J. B. Baillière, 1860-1861.

BOURGET(P.), *Physiologie de l'amour moderne*. Paris, Lemerre, 1891, 431 p.

BOURNEVILLE(Professeur), Enquête entreprise par le docteur Bourneville dans l'Est de la France sur le traitement des vénériens parue dans le *Progrès médical*, 1887.

BRAUN, *The 〈Courtisane〉 in the French theater from Hugo to Becque(1831-1885)*. Baltimore, 1947.

BRICON(P.), 〈Révolte des vénériennes à Lyon.〉 *La Province médicale*, n° 13, 20 mars 1887, p. 208.

BRIDEL(Louis), *Mélanges féministes: études de droit et de sociologie*. Paris, Giard et Brière, 1897, 251 p.

BRIEUX(E.), *Les avariés*. Paris, Stock, 1902, 228 p.

BRIQUET(Docteur P.), *Traité clinique et thérapeutique de l'hystérie*. Paris, J. B. Baillière, 1859, pp. 123 sq.

BROUARDEL(Docteur G.), *Traité d'hygiène*. Paris, Baillière, 1911.

BRU(Paul), *Histoire de Bicêtre(hospice, prison, asile)*. Paris, aux bureaux du *Progrès médical*, 1890, XVIII-480 p.

BRUNOT(Ch.), 〈La traite des blanches.〉 *Revue philanthropique*, 10 mai 1902.

BULLOUGH(Vern L. et Bonnie L.), *The history of prostitution*. New York, University books, 1964, 304 p.

BUNTING(Percy von), 〈La traite des femmes.〉 *Revue de morale sociale*, n° 3, juil.-sept. 1899, pp. 273-283.

BURET(E.), *De la misère des classes laborieuses en Angleterre et en France...* Paris, Paulin, 1840, 2 vol. VI-432, VII-492 p.

BURET(Docteur F.), *Le gros mal du Moyen Age et la syphilis actuelle*. Paris, Soc. d'édit. scient., 1894, 319 p.

— *La syphilis à travers les âges. La syphilis aujourd'hui et chez les anciens*. Paris, Soc. d'éditions scient., 1890, 257 p.

— *Les mesures répressives à l'égard des vénériens, autrefois, aujourd'hui*. Clermont(Oise), Imp. de Daix frères, 1890, 12 p.
BURGUIÈRE, ⟨Histoire et sexualité,⟩ *Annales E.S.C.* Juil.-août 1974. Présentation, pp. 973 sq. Propose une ⟨théorie historique du désir.⟩
BURLUREAUX(Docteur Charles), *Société française de prophylaxie sanitaire et morale. Le péril vénérien, conseils aux jeunes filles*. Paris, C. Delagrave, 1904, 41 p.
BURLUREAUX(Professeur Charles), *Deuxième conférence internationale pour la prophylaxie de la syphilis et des maladies vénériennes*. (Bruxelles, 1902.) Rapport de... prophylaxie individuelle. (Quels sont les moyens de vulgarisation auxquels il convient d'avoir recours pour éclairer la jeunesse et le public...), Bruxelles, Imp. de Hayez, 1902, 33 p.
BUTLER(J.), *Souvenirs personnels d'une grande croisade*. Paris, Fischbacher, 1900, XXII, 366 p.
BUTTE(Docteur L.), *Rapport sur un projet de réglementation de la prostitution présenté au nom de la société de prophylaxie sanitaire et morale par le docteur Lucien Butte*. Paris, P. Renouard, 1908, 27 p.
— *Prostitution et syphilis, action du dispensaire de salubrité de la ville de Paris pendant les trente dernières années*. Paris, G. Masson, 1890, 30 p.
— *Etat sanitaire au point de vue de la syphilis des filles soumises dans les maisons de tolérance de la ville de Paris, depuis 1872 jusqu'en 1903 inclus*. Paris, F. R. de Rudeval, 1903, 5 p.
CALLU(Martine), *Approche critique du phénomène prostitutionnel parisien de la seconde moitié du XIXe siècle par le biais d'un ensemble d'images: œuvres de Constantin Guys, Félicien Rops, Gustave Moreau*. Mémoire de maîtrise, Tours, 1977, 215 p.
CANLER(M.), *Mémoires de Canler, ancien chef du service de sûreté*. Paris, J. Hetzel, 1862, 446 p.
CARCO(Francis), *Visite à Saint-Lazare*. Paris, Lesage, 1925, 57 p.
CARLE(Docteur M.), *La prophylaxie des maladies vénériennes*. Paris, Doin, 1921, 320 p.
CARLIER(Félix), *Etude de pathologie sociale. Les deux prostitutions*(1860 à 1870). Paris, Dentu, 1887, 514 p.
— ⟨Etude statistique sur la prostitution clandestine à Paris de 1855 à 1870.⟩ *Annales d'hygiène publique et de médecine légale*. 1871, t. XXXVI.
CAZALIS(Docteur Henry), *La Science et le mariage, étude médicale*. Paris, O. Doin, 1900, 184 p.
CELEBONOVIC(Aleksa), *Peinture kitsch ou réalisme bourgeois. L'art pompier dans le monde*. Paris, Seghers, 1974, 198 p.
CELINE(L.F.), *Mort à crédit*. 1936.
CÈRE(Paul), *Les populations dangereuses et les misères sociales*. Paris, Dentu, 1872, 378 p.
CHABROL DE VOLVIC(Cte Gilbert-J. Gaspard), *Recherches statistiques sur la ville de Paris et le département de la Seine*. Paris, Imp. Royale, 1821-1829, 4 vol.
CHATELAIN(Able), *Les migrants temporaires en France de 1800 à 1914*. Lille, P.U.L., 1976, t. I, pp. 512 sq: migrations liées à la prostitution.
CHERY(Dr Ch.), *Syphilis. Maladies vénériennes et prostitution*. Thèse méd. Toulouse, 1911-1912, Dirion, 576 p.
CHEVALIER(Louis), *Classes laborieuses et classes dangereuses à Paris pendant la première moitié du XIXe siècle*. Paris, Plon, 1958.

Cinquante années de visites à Saint-Lazare par Mme d'A. (sœur de Caroline de Barrau.) Paris, Fischbacher, 1889.
CLAVEL(Docteur A.), La morale positive. Paris, G. Baillière, 1873, 381 p.
COBB(Richard), La protestation populaire en France, 1789-1820. Paris, Calmann-Lévy, 1975, 322 p.
COFFIGNON(A.), Paris vivant. La corruption à Paris. Paris, Librairie illustrée, 1888, 401 p.
COLIN(Docteur H.) Essai sur l'état mental des hystériques. Paris, Rueff, 1890, ch. IV. 〈L'hystérie dans les prisons et parmi les prostituées〉, pp. 37-43.
COLIN(Docteur Léon), Paris, sa topographie, son hygiène, ses maladies. Paris, G. Masson, 1885, in-18.
COMMENGE(Docteur O.), Recherches sur les maladies vénériennes à Paris dans leurs rapports avec la prostitution clandestine,... de 1878 à 1887. Paris, G. Masson, 1890, 52 p.
— Les maladies vénériennes dans les armées anglaise, française et russe... Paris, G. Masson, 1895, 47 p.
— 〈La question de la prostitution devant le Sénat.〉 Bulletin médical, 14 juil. 1895.
— Hygiène sociale. La prostitution clandestine à Paris. Paris, Schleicher frères, 1897, XI-567 p.
Conférence internationale pour la répression de la traite des blanches. Bruxelles 21-24 octobre 1912. Bruxelles, Imp. Nat., 1912, 137 p.
Conférence MOLE-TOCQUEVILLE. Rapport présenté au nom de la commission... sur la police des mœurs. Paris, 1886, 54 p.
CORBIN(Alain), Archaïsme et modernité en Limousin au XIXe siècle(1845-1880). Paris, Rivière, 1975, t. I, pp. 112-115(prostitution).
— 〈Le péril vénérien au début du siècle, prophylaxie sanitaire et prophylaxie morale.〉 Recherches, n° 29, 1977.
CORDAY(Michel), Vénus. Paris, Charpentier, 1901, 277 p.
CORDELIER(Jeanne) et LAROCHE(Martine), La dérobade. Paris, Hachette, 1976, 407 p.
CORLIEU(Docteur A.), La prostitution à Paris. Paris, J. B. Baillière, 1887, 127 p.
COURCELLE(L.), Répertoire de police administrative et judiciaire...(sous la direction de M. Lépine). Paris, Berger-Levrault, 1896-1899, 2 vol. (très précis.)
COUVREUR(André), Les dangers sociaux. Les Mancenilles. Paris, Plon, Nourrit et Cie, 1900, 421 p.
CROCQ(Docteur J.), et ROLLET(Docteur), Prophylaxie internationale des maladies vénériennes. Lyon, L. Perrin, 1869, 84 p.
CUISIN(P.), Les nymphes du Palais-Royal... Paris, Roux, 1815, 104 p.
CULLERIER(Michel), Notes historiques sur les hôpitaux établis à Paris, pour traiter la maladie vénérienne... Paris, An XI, 72 p. et tabl.
DALLAYRAC(Dominique), Dossier prostitution... Paris, Ed. J'ai Lu, 1973, 563 p.
DANIEL(Docteur G.), 〈Etudes de psychologie et de criminologie Contribution à l'étude de la prostitution.〉 Revue de Psychiatrie, 1897, pp. 75 sq.
DASSY DE LIGNIÈRES, Prostitution et contagion vénérienne. Paris, Barthe, 1900, 47 p.
DAUBIE(Mlle J. V.), La femme pauvre au XIXe siècle. Paris, Guillaumin, 1866, 450 p.
DAUDET(A.), Sapho, mœurs parisiennes. Paris, G. Charpentier, 1884.
DAUMARD(Adeline), La bourgeoisie parisienne de 1815 à 1848. Paris, S.E.V.P.E.N., 1963, 670 p.
— Les fortunes françaises au XIXe siècle. Paris, La Haye, Mouton, 1973, 605 p.

Debove(Docteur), 〈Rhumatisme blennorragique. Prophylaxie des maladies vénériennes〉, *Revue de thérapeutique médicochirurgicale*, juin 1904, pp. 397-400.
Debray(Docteur Th. F.), *Histoire de la prostitution et de la débauche chez tous les peuples du globe depuis l'antiquité la plus reculée jusqu'à nos jours*. Paris, S. Lambert, 1879, 810 p. (Anecdotique.)
Decante(R.), *La lutte contre la prostitution*. Paris, V. Giard et E. Brière, 1909, 334 p.
Decaux(Alain), *Histoire des Françaises*. Paris, Perrin, 1972.
    t. 3: 〈La Révolte: les contradictions de la liberté〉, 606 p.
    t. 4: 〈La Révolte: de l'obéissance à la contestation〉—552—30 p.
Defrance(Eugène), *La maison de Mme Gourdan*. Paris, Mercure de France, 1908, 239 p.
Delaitre(J.), *Rapport sommaire sur... les jeunes mineurs se livrant habituellement à la prostitution* Imp. adm. Melun, 1906, 12 p.
Delannoy(J.C.), *Pécheresses et repenties, notes pour servir à l'histoire de la prostitution à Amiens du XIVe au XIXe siècle*. Amiens, 1943, 24 p.
Delesalle(Simone), 〈Lecture d'un chef-d'œuvre: Manon Lescaut.〉 *Annales E.S.C.*, mai-août 1971, pp. 723-740.
Deleuze(Gilles), *Présentation de Sacher-Masoch: le froid et le cruel*. Paris, U.G.E., 1973, 317 p.
Delorme(Docteur E.), 〈Mémoire sur la syphilis dans l'armée avec quelques considérations sur sa prophylaxie.〉 Lu à l'Académie de Médecine le 23 avril 1907, reproduit in L. Fiaux, *La Police des mœurs devant la commission...*, t. III, pp. 548-562.
Delvau(Alfred), *Les Cythères parisiennes, histoire anecdotique des bals de Paris*. Paris, E. Dentu, 1864, 281 p.
— *Les Dessous de Paris*. Paris, Poulet-Malassis et De Broix, 1860, 288 p.
— *Dictionnaire érotique moderne par un professeur de langue verte*. Freetown, Imp. de la Bibliomaniac society, 1864, X-319 p.
— *Le grand et le petit trottoir*. Paris, A. Faure, 1866, in-18, 343 p.
— *Grandeur et décadence des grisettes*. Paris, A Desloges, 1848, 104 p.
— *Histoire anecdotique des barrières de Paris*. Paris, E. Dentu, 1865, 301 p.
— *Les plaisirs de Paris*. Paris, A. Faure, 1867, 299 p.
Dennie(Docteur Charles Clayton), *A History of syphilis*. Springfield, 1962, 137 p.
Depauw(J.), 〈Amour illégitime et société à Nantes au XVIIIe siècle.〉 *Annales E.S.C.*, juil.-oct. 1972, pp. 1155-1182.
Descaves(Lucien), *Sous-offs, roman militaire*. Paris, Stock, 1889, 443 p.
Desert(Gabriel), 〈Prostitution et prostituées à Caen pendant la seconde moitié du XIXe siècle(1863-1914).〉 *Les Archives Hospitalières*. Cahier des *Annales de Normandie*. N° 10, 1977, pp. 187-208.
Desmaze(Charles), *Le crime et la débauche à Paris. Le divorce*. Paris, G. Charpentier, 1881, 364 p.
Després(Docteur A.), *La Police des mœurs et la morale, discours prononcés à Paris, en janvier et février 1877 par Mme Joséphine Butler, et MM. A. Humbert, Butler, Donat, Sautter et le docteur Després, avec un appendice contenant le compte rendu... des études du Conseil municipal de Paris sur le service des mœurs*. Paris, Sandoz et Fischbacher, 1877, in 12, 108 p.

— *La prostitution en France, études morales et démographiques avec une statistique générale de la prostitution en France.* Paris, J. B. Baillière et f., 1883, VIII-203 p.
DEVANCE(Louis), 〈Femme, famille, travail et morale sexuelle dans l'idéologie de 1848.〉 *Mythes et représentations de la femme au XIXe siècle.* Paris, Champion, 1976.
DIDAY(Docteur Paul), *Exposition critique et pratique des nouvelles doctrines sur la syphilis suivie d'une étude sur les nouveaux moyens préservatifs des maladies vénériennes.* Paris, J. B. Baillière, 1858, 560 p.
DIDAY(Professeur H.), 〈Nouveau système d'assainissement de la prostitution.〉 Extrait des *Annales de dermatologie et syphiligraphie.* (1873-1874.) Paris, Masson, 1874, 23 p.
— *Le péril vénérien dans les familles.* Paris, Asselin, 1881, XIX-448 p.
— 〈Assainissement méthodique de la prostitution.〉 *Bullet. de l'Acad. de Méd.* 1888, pp. 491 sq.
DIDIOT(Docteur P.A.), *Etude statistique de la syphilis dans la garnison de Marseille.* Marseille, Arnaud et Cayer, 1886, 43 p.
DOLLEANS(E.), 〈L'hygiène sociale.〉 *Le Mouvement socialiste*, 1902, pp. 1784-1791.
— *La police des mœurs.* Paris, L. Larose, 1903, 262 p.
DONZELOT(Jacques), *La police des familles.* Paris, Ed. de Minuit, 1977, 224 p.
DREYFUS(Ferdinand), 〈Des réformes proposées et des moyens déjàmis en pratique par le tribunal de la Seine pour réprimer la prostitution des filles mineures de seize ans.〉 *Comité de défense des enfants traduits en justice.* Rapport présenté dans la séance du 5 février 1896. Paris, Kugelmann, pp. 57-78.
— *Misères sociales et études historiques.* Paris, Ollendorff, 1901, 285 p. 〈Le congrès de Londres et la traite des blanches〉, pp. 57-78.
DROUINEAU(Docteur G.), (de La Rochelle), 〈Discussion du rapport de M. le docteur Vibert sur la réglementation de la prostitution.〉 *Revue d'hygiène et de police sanitaire*, 1884, pp. 62-68.
— 〈La réglementation de la prostitution〉, *Revue d'hygiène et de police sanitaire*, 1898, p. 508.
DU CAMP(Maxime), *Paris, ses organes, ses fonctions et sa vie dans la seconde moitié du XIXe siècle.* Paris, Hachette, 1869-1875, 6 vol., t. III, 1872.
DUCLAUX(Emile), *L'hygiène sociale.* Paris, F. Alcan, 1902, IV-271 p.
DUCPETIAUX(Edouard), *De la condition physique et morale des jeunes ouvriers et des moyens de l'améliorer.* Bruxelles, 1843, 2 vol.
DUFOUR(Pierre), Pseudonyme de Paul LACROIX, bien qu'il ait désavoué cet ouvrage. *Histoire de la prostitution chez tous les peuples du monde depuis l'antiquité la plus reculée jusqu'à nos jours.* Paris, Seré, 1851-1853, 6 vol.
DUMAS(Alexandre père), *Filles, lorettes et courtisanes.* Paris, Dolin, 1843, 338 p.
DUMAS(Alexandre fils), *L'affaire Clemenceau.*
— *Théâtre complet.* Paris, 1868, Préface.
DURBAN(Docteur Pierre), *La psychologie des prostituées.* Paris, Maloine, 1969, 239 p.
DUTASTA(Emile), *Compte rendu des travaux de la police présenté à M. le maire de Bordeaux par M. E. Dutasta. Année 1854.* Bordeaux, Imp. de G. Gounouilhou, 1855, 35 p., carte.
ELLIS(Havelock), *Etudes de psychologie sexuelle.* Paris, 1908...
— *La prostitution. Ses causes, ses remèdes.* Paris, Mercure de France, 1929, 215 p. (t. IX des

Etudes.)
ELOUIN(M.), TREBUCHET(A.) et LABAT(E.), *Nouveau dictionnaire de police...* Paris, Béchet jeune, 1835, 2 vol.
ENGELS(F.), *L'origine de la famille, de la propriété privée et de l'Etat.* Paris, G. Carré, 1893, 291 p.
ESQUIROS(Adèle), *Les marchandes d'amour.* Paris, F. Pick, 1865, 224 p.
ESQUIROS(Alphonse), *Les vierges folles.* Paris, A. Le Gallois, 1840, 128 p.
ETIENNE(Professeur G.), *Etudes sur la prostitution.* Nancy, 1901, 74 p.
FALLOT(T.), *La femme esclave.* Paris, Fischbacher, 1884, 81 p.
La Femme dans la nature, dans les mœurs, dans la légende, dans la société. T. IV, 〈Le féminisme.〉 Paris, 1910.
FERE(Docteur Ch.), *Dégénérescence et criminalité.* Paris, Alcan, 1888, 179 p.
— *La pathologie des émotions, études physiologiques et cliniques.* Paris, F. Alcan, 1892, XII-605 P.
FESCHET(J.), *A seize ans au trottoir, piégées par le système.* Paris, Ed. ouvrières, 1975, 240 p.
FIAUX(Docteur L.), *La femme, le mariage et le divorce. Etude de physiologie et de sociologie.* Paris, G. Baillière, 1880, III-236 p.
— *Rapport présenté au Conseil municipal de Paris sur les résultats de l'enquête concernant la Police des mœurs...*, Paris, Imp. municipale, 1883.
— 〈La question de la prostitution devant l'Académie de Médecine.〉 *Revue socialiste*, n° 41, 15 mai 1888.
— *La police des mœurs en France et dans les principaux pays de l'Europe.* Paris, E. Dentu, 1888, VII-1010 p.
— 〈Note sur la rareté des maladies vénériennes dans la population ouvrière de Paris.〉 *Gazette des Hôpitaux*, 18 sept. 1890, 10 fév., 10 sept 1891.
— *Les maisons de tolérance, leur fermeture.* Paris, G. Carré, 1892, V-394 p.
— *L'organisation actuelle de la surveillance médicale de la prostitution est-elle susceptible d'amélioration?* Bruxelles, Lamertin, 1899, 121 p.
— *La prostitution réglementée et les pouvoirs publics dans les principaux Etats des deux mondes.* T. I. Belgique, Russie, France et Suisse. Paris, bureaux du *Progrès médical*, 1902.
— *La prostitution cloîtrée étude de biologie sociale.* Paris, F. Alcan, 1902.
— *Le délit pénal de contamination intersexuelle.* Paris, Alcan, 1907, 261 p.
— *La police des mœurs devant la commission extra-parlementaire du régime des mœurs. Introduction. Rapports. Débats. Abolition de la police des mœurs. Le régime de la loi. Documents inédits.* Paris, Alcan, 1907-1910, 3 vol.
— *L'armée et la police des mœurs. Biologie sexuelle du soldat. Essai moral et statistique.* Paris, Alcan, 1917, 325 p.
FILHOL, *Le monde des particulières.* Paris, Gallimard, 1959, 262 p.
FISCHER(Docteur G.), 〈Essai de prophylaxie des maladies vénériennes.〉 *La Presse médicale*, 2 avril 1902, pp. 217-318.
FLANDRIN(J. L.), 〈Contraception, mariage et relations amoureuses dans l'Occident chrétien.〉 *Annales E.S.C.*, nov.-déc. 1969, pp. 1370-1390(Essentiel).

— ⟨Mariage tardif et vie sexuelle. Discussion et hypothèses de recherche.⟩ *Annales E.S.C.*, nov.-déc. 1972, pp. 1351 sq.
— *Les amours paysannes(XVIe-XIXe sièle)*. Paris, Julliard, 1975, 256 p.
FLAUBERT(G.), *Bouvard et Pécuchet*.
FLEURY(Docteur Maurice de), *Les Mères de demain. L'éducation de la jeune fille d'après sa physiologie*. Paris, 1902.
— *Nos enfants au collège, le corps et l'âme de l'enfant*, Paris, A. Colin, 1899-1905, 2 vol.
FLEVY D'URVILLE, *Les ordures de Paris*. Paris, Sartorius, 1874, 302 p.
FLEXNER(Abraham), *La prostitution en Europe*. Préface d'H. Minod. Paris, 1919. (Paru à New York en 1913.)
FODERE(F. E.), *Traité de médecine légale et d'hygiène publique ou de police de santé...* Paris, Mame, 1813, 6 vol.
Folles femmes de leur corps. Recherches, n° 26, mars 1977, 246 p.
FOREL(Professeur A. de Zurich), *La question sexuelle exposée aux adultes cultivés*. Paris, Steinheil, 1906, VIII-604 p.
FOUCAULT(Michel), *Histoire de la sexualité*, 1. ⟨La volonté de savoir.⟩ Paris, Gallimard, 1976, 211 p.
— *Surveiller et punir. Naissance de la prison*. Paris, Gallimard, 1975, 323 p.
FOURNIER(Professeur Alfred-Jean), *Clinique de l'hôpital de Lourcine. Leçons sur la syphilis, étudiée plus particulièrement chez la femme*. Paris, A. Delahaye, 1873, 1108 p.
— ⟨Documents statistiques sur les sources de la syphilis chez la femme⟩ et ⟨La syphilis des honnêtes femmes.⟩ *Bulletin de l'Académie de Médecine*, 25 oct. 1887, pp.339-549, 2 et 9 oct. 1906, pp. 190-206 et 232-246.
— *Prophylaxie de la syphilis*, Paris, J. Rueff, 1903, 558 p.
— *Traitement de la syphilis*, Paris, J. Rueff, 1894, 600 p.
— *Ligue contre la syphilis*, Paris, Delagrave, 1904. 57 p.
— *Commission extra-parlementaire du régime des mœurs...*(Rapport). Melun, 1904, 68 p.
— *Danger social de la syphilis*, Paris, Delagrave, 1905, 84 p.
FOURNIER(Christiane), *Ces filles perdues*, Paris, Centurion, 1963, 174 p.
FOURNIER(Professeur E.), ⟨A quel âge se prend la syphilis?⟩ *Presse médicale*, 1900, 4 avril, pp.164-167.
FOURNIER(Docteur H.), *L'onanisme, causes, dangers et inconvénients pour les individus, la famille et la société*, Paris, J. B. Baillière, 1876, 178 p.
FRANCE(Hector), *Marie-Queue-de-Vache*. Paris, Lib. du progrès, 1883, 481 p.
FRANCILLON-LOBRE(Docteur Marthe), *Essai sur la puberté chez la femme, étude de psycho-physiologie féminine*. Paris, Félix Alcan, 1906, V-300 p.
— *Hygiène de la femme et de la jeune fille*. Paris, C. Delagrave, 1909, VII-200 p.
FRAPIE(Léon), *La proscrite*. Paris, C. Lévy, 1907, 314 p.
FRAPPA(Jean-José), *Enquête sur la prostitution: ce qu'elle est aujourd'hui—les trottoirs de Paris—les agences—prostituées clandestines—maisons de tolérance—maisons de rendez-vous—maisons d'abattage—Faut-il réglementer la prostitution ou l'émanciper?* Paris, Flammarion, 1937, 212 p.
FREGIER(H. A.), *Des classes dangereuses de la population dans les grandes villes, et des moyens de*

        les rendre meilleures. Paris, J. B. Baillière, 1840, 2 vol., XII-435, 428 p.
FREUD(S.), *Sur la sexualité féminine*. Paris, P. U. F., 1969.
FROMENT(M.), *La police dévoilée depuis la Restauration et notamment sous MM. Franchet et Delavau* (rédigé par M. Guyon). Paris, Lemonnier, 1829, 3 vol.
GAILLARD(Jeanne), *Paris, La ville. 1852-1870*. Paris, Champion, 1977, 686 p.
GARIN(Docteur Joseph), *De la police sanitaire et de l'assistance publique dans leurs rapports avec l'extinction des maladies vénériennes*. Paris, V. Masson et fils, 1866, VIII-191 p.
— *Le Service sanitaire de Lyon, son organisation médicale et ses résultats pratiques*. Paris, G. Masson, 1878, 62 p.
GARNIER(Docteur P.), *Célibat et célibataires. Caractères, dangers et hygiène chez les deux sexes*. Paris, Garnier frères, 1887, 542 p.
GAUCHER(Professeur), 〈Des moyens propres à prévenir la prostitution〉, *Bulletin de la Société internationale de prophylaxie sanitaire et morale*. Bruxelles, 1901, n° 4, pp. 313-318.
GEFFROY(Gustave), *L'apprentie*. Paris, E. Fasquelle, 1904, 319 p.
GEREMEK(Bronislaw), *Les marginaux parisiens aux XIVe siècles*. Paris, Flammarion, 1976, 355 p.
GIDE(Professeur Charles), 〈L'influence de l'immoralité sur le mouvement de la population.〉 *Revue de morale sociale*, Paris, Alcan, déc. 1903, pp. 411-433.
— *Rapport sur la moralité publique*. Melun, Impr. Administr. 1903, 22 p.
GONCOURT(Ed. et J. HUOT de), *La lorette*, Paris, Dentu, 1853.
— *Journal, mémoires de la vie littéraire*. Ponaco, Imp. Nat., 1956-1958.
— *Germinie Lacerteux*. Paris, Charpentier, 1864, VIII-279 p.
GONCOURT(Ed. de), *La fille Elisa*. Paris, Charpentier, 1877.
GONNARD(R.), *La femme dans l'industrie*. Paris, A. Colin, 1906, 283 p.
GORON(M. F.), *L'amour à Paris*; Paris, Flammarion, 1899, t. II 〈Les industries de l'amour〉, t. IV 〈Le marché aux femmes.〉
GRANDPRE(Mlle Pauline Chevalier dite de), *Les condamnées de Saint-Lazare, mémoires par Mme...* Paris, F. Curot, 1869, 336 p.
— *La prison de Saint-Lazare depuis vingt ans*. Paris, Dentu, 1889, 434 p.
GRAS(Docteur François), *L'aliénation mentale chez les prostituées*. Thèse, Lyon, 1901, 106 p.
GRAUVEAU(A.), *La prostitution dans Paris*. Paris, 1867, 153 p.
GRAUX(Docteur Lucien), *Les arrêtés municipaux et les lois sanitaires des 15 et 19 février 1902 et 7 avril 1903*. Paris, Rousset, 1905, 19 p.
GRIMAL(P.), (sous la direction de), *Histoire mondiale de la femme*. Tome IV: 〈Sociétés contemporaines〉, Livre II 〈La femme au XIXe siècle〉, Ch. I: 〈La femme en France au XIXe siècle〉 par Nicole Bothorel et Marie-Françoise Laurent(pp. 101-161). Paris, Nlle Librairie de France, 1966.
GUEPIN(A.), et BONAMY(E.), *Nantes au XIXe siècle; statistique topographique, industrielle et morale*. Nantes, Prosper Sebire, 1835, 650 p.
GUIARD(Docteur F. P.), 〈Le danger vénérien pour la santé publique. Urgence d'une réglementation nouvelle de la prostitution pour le combattre.〉 *Revue de médecine légale.*, 1899, p. 18.
GUILBERT(Madeleine), *Les femmes et l'organisation syndicale avant 1914*. Paris, Ed. du C.N.R.S., 1966,

509 p.
GUILLAUME(P.), *La population de Bordeaux au XIX*ᵉ *siècle : essai d'histoire siciale*. Paris, A. Colin, 1972, 304 p.
GUYOT(Yves), *Un drôle*. Paris, Flammarion, 1885, 384 p.
— *La Traite des vierges à Londres*. Paris, G. Charpentier(E. Fasquelle), 1885, XXXVI-285 p.
— *La prostitution*. Paris, G. Charpentier(E. Fasquelle), 1882, IV-580 p.
HAUSSONVILLE(Cte d'), 〈Le combat contre le vice. L'inconduite.〉 *Revue des Deux-Mondes*, décembre 1887.
— 〈L'enfance à Paris.〉 *Revue des Deux-Mondes*, 1876(1ᵉʳ oct. et 1ᵉʳ déc.), 1877(1ᵉʳ mars), 1878(juin).
— 〈Les non-classées et l'émigration des femmes aux colonies.〉 *Revue des Deux-Mondes*, 15 juin 1898.
— *Salaires et misères des femmes*. Paris, Calmann-Lévy, 1900, 314 p.
HAYEM(Henri), 〈La police des mœurs en province〉, in *Bulletin de la Société des prisons, Revue pénitentiaire*. Fév. 1904, pp. 251-262.
HEBERT(Docteur G.), *Où se prennent les maladies vénériennes? Comment elles sont soignées comment elles devraient l'être*. Thèse, Paris, 1906, 53 p.
HENNEQUIN(F.), *Rapport de M. Hennequin, Chef de bureau au ministère de l'Intérieur, sur la réglementation de la prostitution en France(Seine, Algérie et colonie exceptées)*. Melun, Imprimerie administrative, 1903, 100 p.
HENNIQUE(Léon), 〈L'Affaire du grand 7.〉 *Les soirées de Médan*.
HERMANT(A.), *Le Cavalier Miserey*, Paris, G. Charpentier, 1887.
HERMITE(Docteur E.), *Prostitution et réglementation sanitaire de la police des mœurs à Grenoble*. Grenoble, 1907, 17 p.
HESNARD(Docteur), *Traité de sexologie normale et pathologique*. Paris, Payot, 1939, 718 p.
HOCHE(Jules), *Saint-Lazare, roman social*. Paris, Lib. Contemp., 1901, XIV-399 p.
— 〈Une visite à Saint-Lazare.〉 *Grande Revue*, 1ᵉʳ mars 1901.
HOMO(Docteur Hippolyte), *Etude sur la prostitution dans la ville de Château-Gontier suivie Le considérations sur la prostitution en général...* Paris, J. B. Baillière, 1872, VI-183 p.
HUGO(Victor), *Les Misérables* et notes et variantes publiées par M. Allem. Paris, Gallimard, Collection 〈La Pléiade.〉
HUYSMANS(J.K.), Œuvres romanesques et critiques; en particulier: *Marthe, histoire d'une fille, Les Sœurs Vatard, En ménage, A vau-l'eau, A rebours, En rade, Un dilemme, Certains*.
IBELS(André), *La Traite des chanteuses (mœurs de province), beuglants et bouis bouis, le prolétariat de l'art ou de... l'amour?* Paris, F. Juven, 1906, in-16, 320 p.
IBSEN, *Les revenants*. Paris, 1894.
ICARD(Docteur S.), *La femme pendant la période menstruelle*. Paris, F. Alcan, 1890, 283 p.
Influence des expositions universelles sur l'état sanitaire des prostituées à Paris. Paris, 1901, 283 p.
ISSALY(Docteur Léon), *Contribution à l'étude de la syphilis dans les campagnes*. Thèse, Paris, 1895.
JEANNEL(Docteur Julien F.), *Mémoire sur la prostitution publique et parallèle complet de la prostitution romaine et de la prostitution contemporaine, suivis d'une étude sur le dispensaire de salubrité de Bordeaux... et d'un essai statistique de l'infection vénérienne dans les garnisons*

de l'Empire. Paris, G. Baillière, 1862, 241 p.
- *De la prostitution dans les grandes villes au XIXe siècle et de l'extinction des maladies vénériennes...* Paris, J. B. Baillière et fils, 1868, X-416 p.

JOLY(Adolphe), *La prostitution au XIXe siècle, exposé des causes régénératrices de cette plaie sociale et indication de réformes humaines seules capables de la cautériser.* Paris, A. Pierre, s. d.

JOLY(Henri), *Les maisons du Bon-Pasteur.* Paris, secrétariat de la Société d'économie sociale, 1901, 24 p.
- *L'enfance coupable.* Paris, Lecoffre. 1904. 222 p.

JULLIEN(Docteur), ⟨Les vénériennes de Saint-Lazare.⟩ extr. du *Journal des maladies cutanées et syphilitiques*, Clermont(Oise), Daix, 1900, 16 p.

KNIBIEHLER(Y.), ⟨Les médecins et la nature féminine au temps du code civil.⟩ *Annales E.S.C.*, juil.-août 1976, pp. 824-845.
- ⟨Le discours sur la femme: constantes et ruptures.⟩ *Mythes et représentations de la femme au XIXe siècle.* Paris, Champion, 1976.

KRAFFT-EBING, *Psychopathia sexualis*. Paris, G. Carré, 1895, 595 p.

LACASSAGNE(Docteur A.), *Les tatouages, étude anthropologique et médico-égale.* Paris, J.B. Baillière et fils, 1881.

LAFARGUE(P.), *La question de la femme.* Paris, Ed. de l'Œuvre nouvelle, 1904, 24 p.

LAGNEAU(Docteur G.), *Mémoire sur les mesures hygiéniques propres à prévenir la propagation des maladies vénériennes.* Paris, J. B. Baillière, 1856, 107 p.

LAMBERT-THIBOUST(P.A.), *Les filles de marbre.* Paris, Michel Lévy, 1853, 76 p.

LANGLET(Professeur), ⟨La cure de prison.⟩ *Union médicale et scientifique du Nord-Est.* N° 30, juillet 1905.

LANO(Pierre de), *Courtisane.* Paris, Rouveyre, 1883, 220 p.

LARDIER(Docteur P.), *Les vénériens des champs et la prostitution à la campagne.* Paris, Doin, 1882, 40 p.

LASSAR, *Die Prostitution zu Paris. Ein Bericht.* Berlin, Klin. Wochenschr. 1892.

LAURENT(Docteur Emile), *Les habitués des prisons de Paris, étude d'anthropologie et de psychologie criminelles.* Lyon, A. Storck, 1890. 616 p.
- *L'amour morbide, étude de psychologie pathologique.* Paris, Soc. d'Ed. Scientifiques, 1891, X-287 p.
- *L'anthropologie criminelle et les nouvelles théories du crime.* Paris, Soc. d'ed. scientifiques, 1893, 242 p.
- ⟨Prostitution et dégénérescence.⟩ *Annales médico-psychologiques*, 1899, pp. 353 sq.
- *Fétichistes et érotomanes.* Paris, Vigot frères, 1905, 270 p.
- *La criminalité infantile.* Paris, Maloine, 1906, 168 p.

LAYRAC(Louis), *De l'excitation à la débauche.* (Loi du 3 avril 1903.) Thèse, Bordeaux, 1904, 242 p.

LEBLOND(Docteur Albert), et LUCAS(Docteur Arthur), *Du tatouage chez les prostituées.* Paris, 1899, 96 p.

LE BLOND(Maurice), Ed. de *Nana*, Notes et commentaires(avec des extraits du dossier préparatoire). Paris, Ed. Bernouard, 1928.

LE CLECH(Jules), *La prostitution des mineures, commentaire des lois du 11 avril 1908 et 19 juillet,*

        1909 et des décrets des 5 mars et 13 juin 1910. Paris, s.d., 144 p.
LECLERC(Adhémar), *Etudes sociales. Les cancers. La femme déchue. L'exploiteur. L'homme déchu.* Paris, Librairie universelle de Godet, 1876, 35 p.
LECOUR(Charles-Jérôme), *Police médicale. De la prostitution et des mesures de police dont elle est l'objet à Paris au point de vue de l'infection syphilitique.* Paris, P. Asselin, 1868, 32 p.
— *La prostitution à Paris et à Londres, 1789-1870.* Paris, P. Asselin, 1870, VI-372 p.
— 2ᵉ éd. augmentée de chapitres sur la prostitution à Paris pendant le Siège et sous la Commune et de nouveaux renseignements statistiques. Paris, P. Asselin, 1872, VI-416 p.
— *De l'état actuel de la prostitution parisienne.* Paris, Asselin, 1874, 59 p.
— *La campagne contre la préfecture de police, envisagée surtout au point de vue du service des mœurs.* Paris, Asselin, 1881, VIII-503 p.
LE FOYER(Lucien), *Des conséquences juridiques de la contamination syphilitique.* Paris, Giard et Brière, 1902, 34 p.
LEGOUVE(E.), *Histoire morale des femmes.* Paris, G. Sandré 1849, VII-450 p.
LEJEUNE(Ph.), 〈Le dangereux supplément. Lecture d'un aveu de Rousseau.〉 *Annales E.S.C.,* juil.-août 1974, pp. 1009-1022.
LELOIR(H.), 〈La syphilis et les cabarets dans la région du Nord ; les brasseurs.〉 *Journal des connaissances médicales,* 24 et nov. 1887, p. 371.
LE MOAL(Docteur Paul), *Etudes sur la prostitution des mineures.* Paris, Editions sociales françaises, 1965, 220 p.
LENOBLE(Jules), *La traite des blanches et le congrès de Londres de 1899. Etude sur la protection de la jeune fille en France et à l'étranger.* Paris, L. Larose, 1900, 102 p.
LE PILEUR(Docteur Louis), *Prophylaxie de la syphilis : réglementation de la prostitution à Paris, rapport adressé à M. le Préfet de Police au nom de la sous-commission...* Clermont(Oise), Imp. de Daix frères, 1887, 48 p.
— 〈De la mortalité infantile causée par la syphilis. Documents recueillis à la prison de Saint-Lazare.〉 *Journal des maladies cutanées et syphilitiques,* juin 1889, p. 78.
— *De l'hospitalisation des prostituées vénériennes.* Paris, J. B. Baillière et fils, 1889, 24 p.
— *A propos du projet de loi de M. Bérenger, sénateur, visant le racolage sur la voie publique.* Paris, Maloine, 1895, 40 p.
— *Rapport sur la conférence internationale tenue à Bruxelles en septembre 1899 pour la prophylaxie de la syphilis et des maladies vénériennes présenté à M. le ministre de l'Intérieur...* Clermont(Oise), 1901, 141 p.
— *Indications sur la prostitution vulgivague à Paris depuis le début de la guerre.* Paris, Imp. de Tancrède, 1918, 20 p.
LEPINE(préfet L.), *Rapport de M. Lépine, préfet de Police, sur la réglementation de la prostitution à Paris et dans le département de la Seine.* Imp. administrative de Melun, 1904, 28 p.
LEROY-ALLAIS(Mme Jeanne), *Le rôle des mères dans l'éducation de leurs fils au point de vue de la morale.* Paris, Maloine, 1905, 16 p.
— *Comment j'ai instruit mes filles des choses de la maternité.* Paris, Maloine, 1907, 134 p.
LEROY-BEAULIEU(Paul), *De l'état moral et intellectuel des populations ouvrières et de son influence*

        sur le taux des salaires, Paris, Guillaumin, 1868, XXVIII-303 p.
—   Le travail des femmes au XIXe siècle. Paris, Charpentier, 1873, 468 p.
LEVÊQUE(P.), Prophylaxie des maladies vénériennes et police des mœurs, Thèse, Lyon, A. Rey, 1905, 271 p.
LEVI(Vittorio), La prostitution chez la femme et la traite des blanches... Naples, Imp. Castiglione, 1912, 128 p.
LEWINSOHN, Histoire de la vie sexuelle. Paris, Payot, 1957, 409 p.
LOBROT(Michel), La libération sexuelle. Paris, Payot, 1975, 217 p.
LOHSE(Félix), La prostitution des mineures en France avant et après la loi du 11 avril 1908. Paris, A. Rousseau, 1913, 696 p.
LOMBROSO(C.), et FERRERO(G.), La femme criminelle et la prostituée. Paris, F. Alcan, 1896, XVI-679 p.
LONDRES(Albert), Le chemin de Buenos-Aires. Paris, A. Michel, 1927, 258 p.
LUTAUD(Docteur A.), 〈Considérations sur la réglementation de la prostitution à Paris.〉 Bulletin et mémoires de la Société de médecine pratique de Paris, n° du 15 fév. 1888.
—   〈La prostitution patentée〉, Journal de médecine de Paris, 7 juin 1903.
MACE(G.), La police parisienne. T. IV, 〈Gibier de Saint-Lazare〉, Paris, Charpentier, 1888, 320 p.
MAILLARD(Docteur Claude), Les prostituées. Ce qu'elles disent quand elles parlent à une femme. Paris, R. Laffont, 1975, 232 p.
MAIREAU(Docteur), Syphilis et prostituées et principalement contribution à l'étude de la syphilide pigmentaire. Paris, J. Le Clère, 1884, 95 p.
MALECOT(Docteur A.), Les vénériens et le droit commun. Paris, Carré, 1888, 24 p.
MALON(Benoît), Le socialisme intégral. Paris, F. Alcan, 1890-1891, t. I, ch. VII: 〈L'évolution familiale et le socialisme.〉
MANCINI(Jean-Gabriel), Prostitution et proxénétisme. Paris, P.U.F., 〈Que sais-je?〉, 1972, 126 p.
MARGUERITTE(Victor), Prostituée. Paris, E. Fasquelle, 1907, 500 p.
MARTINEAU(Docteur L.), La prostitution clandestine. Paris, Delahaye, 1885, IV-216 p.
MATTER(Paul), Le trafic de la débauche et les délits internationaux. Commentaire théorique et pratique de la loi du 3 avril 1903. Paris, Bureau des Lois Nouvelles, 1903, 90 p.
MAUPASSANT(Guy de), Œuvres diverses, en particulier: 〈Le Horla〉, 〈L'odyssée d'une fille〉, 〈Le port〉, 〈Le signe〉, 〈l'ami Patience〉, 〈Le lit 29〉, 〈La maison Tellier〉, 〈Les tombales〉.
MAURIAC(Docteur Ch.), Leçons sur les maladies vénériennes, professées à l'hôpital du Midi. Paris, J. B. Baillière et fils, 1883, cf. p. 108 sq., 〈Du régime de la prostitution dans la ville de Paris.〉
MENDÈS(Catulle), La femme-enfant. Paris, Charpentier, 1891, 631 p.
MERCIER(Louis-Sébastien), Tableau de Paris, 1781, 2 vol., in-8°.
MIGNOT(Docteur F.), Le péril vénérien et la prophylaxie des maladies vénériennes. Paris et Nantes, Doin et Dugas, 1905, 238 p.
MILLETT(Kate), La prostitution, quatuor pour voix féminines. Paris, Denoël, 1972, 128 p.
MINIME(Docteur), (Docteur A. LUTAUD), La prostitution et la traite des blanches à Londres et à Paris. Paris, Marpon et Flammarion, 1886, 1 vol., 274 p.

Ministère de la Guerre, *Statistique médicale de l'armée.* Annuel depuis 1851.
MINOD(H.), *Simple exposé du but et des principes de la Fédération abolitionniste internationale.* 5ᵉ éd., Genève, 1912.
— *V° Congrès international des Patronages. IVᵉ session—IIIᵉ section—⟨Patronage des mendiants et vagabonds.⟩ 2ᵉ question*(La prostitution). Liège, août 1905, 120 p.
MIRBEAU(Octave), *Le journal d'une femme de chambre.* Paris, Fasquelle, 1900, 519 p.
MIREUR(Docteur Hippolyte), *La prostitution à Marseille. Histoire, administration et police, hygiène.* Paris, E. Dentu, 1882, XIII-404 p.
— *La syphilis et la prostitution dans leurs rapports avec l'hygiène, la morale et la loi.* Paris, G. Masson, 1875, II-475 p.
— *L'avarie, origine, symptômes, contagion, traitement, prophylaxie.* Paris, Stock, 1906, IV-161 p.
MITHOUARD(A.), *Conseil municipal de Paris, 17 novembre 1908.* ⟨Rapport au nom de la commission sur l'application de la loi du 15 avril 1908 concernant la prostitution des mineures présenté par A. Mithouard et Ranvier.⟩
MOLINARI(G. de), *La viriculture.* Paris, Guillaumin, 1897, 253 p.
MOLL(Docteur Albert), *Les perversions de l'instinct génital, étude sur l'inversion sexuelle.* Paris, G. Carré, 1893, 327 p.
MONCHARVILLE(M.), *La traite des blanches et le congrès de Londres. Rapport présenté comité français de participation au congrès par M. Moncharville.* Paris, P. Mouillot, 1900, 26 p.
MONNET(Docteur L.E.), *Conseils aux avariés.* Paris, Vigot, 1902, 148 p.
MONOD(Henri), article ⟨Prostitution.⟩ *Encyclopédie d'hygiène et de médecine publiques,* sous la direction de Jules ROCHARD. Paris, Vigot, 1897, t. VIII, fasc. XLI, pp. 512 sq.
MONSELET(Ch.), *Le musée secret de Paris.* Paris, Michel Lévy, s. d., 200 p.
MORALI-DANINOS(Docteur André), *Histoire des relations sexuelles.* Paris, P.U.F., 1970, 128 p.
— *Evolution des mœurs sexuelles.* Paris, Casterman, 1972, 171 p.
MONROE(Lord), *La clarisse au XIXᵉ siècle ou la traite des blanches.* Londres, Paris, Bruxelles, 1881, 367 p.
MOREL(Docteur Benedict A.), *Traité des dégénérescences physiques, intellectuelles et morales de l'espèce humaine...* Paris, J.B. Baillière, 1857, 700 p.
MOREL DE RUBEMPRE(Docteur M.J.), *La pornologie, ou histoire nouvelle, universelle et complète de la débauche...* Paris, 2 vol., 1848 et 1850, 302 et 306 p.
MORHARDT(Docteur Paul-Emile), *Les maladies vénériennes et la réglementation au point de vue de l'hygiène sociale.* Paris, Doin, 1906, 216 p.
MORSIER(Auguste de), *Fédération abolitionniste internationale, branche française. Rapport au Congrès de Londres(12-15 juillet 1898), sur la lutte contre la prostitution réglementée en France.* Alençon, de Guy, 1898, 32 p.
— *La police des mœurs en France et la campagne abolitionniste.* Paris, Stock, 1901, 217 p.
— *Le droit des femmes et la morale intersexuelle, une question d'éducation sociale.* Genève, H. Kundig, 1903, 88 p.
MOTY(Docteur M.), ⟨Prophylaxie des maladies vénériennes.⟩ *Echo médical du Nord.* 17 août 1902.
MULLEM(Louis), *Chez Madame Antonin.* Paris, Stock, 1887, V-304 p.

MURARD(Lion), et ZYLBERMAN(Patrick), *Le petit travailleur infatigable*. Recherches, n° 25, 1976, 292 p.
NOONAN(John T.), *Contraception et mariage*. Paris, Ed. du Cerf, 1969, 722 p.
OSMONT(Alain), *La prostitution et le monde des prostituées à Caen dans la seconde moitié du XIXe siècle*. Mémoire de maîtrise, Caen, 1977.
PACHOT(Ed.), ⟨Le régime actuel des mœurs en France; sa réforme.⟩ *Archives d'anthropologie criminelle et le Médecine légale*. Oct.-nov. 1908, pp. 687-721.
Le Palais-Royal ou les filles à bonne fortune. Paris, 1815.
PARENT-DUCHÂTELET(Docteur Alex. J.B.), *De la prostitution dans la ville de Paris...* Paris, J. B. Baillière, 1836, 2 vol.
3e éd. complétée par des documents nouveaux par MM. A. TREBUCHET, POIRAT-DUVAL... Paris, J. B. Baillière et frères, 1857, 2 vol.
PARENT-LARDEUR, *Les demoiselles de magasin*. Paris, Ed. Ouvrières, 1969, 159 p.
PAYENNEVILLE(Docteur J.), *Le péril vénérien*. Paris, P.U.F., 1965.
PATOIR(Docteur), ⟨La prostitution à Lille.⟩ *Echo médical du Nord*, 10 août 1902.
PELACY(Docteur), ⟨Rapport fait au Conseil de salubrité de la ville de Marseille.⟩ *Annales d'hygiène*, 1re série. T. XXV, pp. 297 sq.
PELLETIER(Madeleine), *L'émancipation sexuelle de la femme*. Paris, Giard et Brière, 1911, 87 p.
PERROT(Jean-Claude), *Genèse d'une ville moderne: Caen au XVIIIe siècle*. Paris, La Haye, Mouton, 1975, pp. 839 sq. (prostitution.)
PERROT(Michelle), *Les ouvriers en grève, France, 1871-1890*. Paris, La Haye, Mouton, 1973, 2 vol., 901 p.
— ⟨L'éloge de la ménagère dans le discours des ouvriers français au XIXe siècle.⟩ *Mythes et représentations de la femme au XIXe siècle*. Paris, Champion, 1976.
PHILIPPE(Charles-Louis), *Bubu de Montparnasse*. 1901.
PHILIPPON(Odette), série d'ouvrages: *L'esclavage de la femme dans le monde contemporain, le trafic des femmes, l'esclavage du siècle*. Ed. Téqui, 1954, 1956 et 1969.
PIERRARD(Pierre), *La vie ouvrière à Lille sous le Second Empire*. Paris, Bloud et Gay, 1965, 532 p.
PIGNOT(Docteur Albert), *L'Hôpital du Midi et ses origines. Recherches sur l'histoire... de la syphilis à Paris*. Thèse de Doctorat, Paris, 1885, 147 p.
Plaintes et révélations nouvellement adressées par les filles de joie de Paris à la Congrégation... Paris, Garnier, 1830, 38 p.
La police des mœurs. Réunion de la salle Lévis du 10 avril 1880. Paris, 1880, 95 p.
POTTET(Eugène), *Histoire de Saint-Lazare*. 1122-1912, Paris, 1912, 340 p.
POTTON(Docteur F.F.A.), *De l'hospice de l'Antiquaille...* Lyon, Imp. de L. Perrin, 1845, 77 p.
POTTON(Docteur Ariste), *De la prostitution et de la syphilis dans les grandes villes, dans la ville de Lyon en particulier*. Paris, J. B. Baillière, 1842, XVI-291 p.
PRADIER(Docteur F. H.), *Histoire statistique et médicale et administrative de la prostitution dans la ville de Clermont-Ferrand*. Clermont-Ferrand, P. Hubler, 1859, 157 p.
PREVOST(Eugène), *De la prostitution des enfants. Etude juridique et sociale*. Paris, Plon, 1909, 336 p.
PREVOST(M.E.), *Les demi-vierges*. Paris, A. Lemerre, 1894, 361 p.
PROUDHON(P.J.), *Œuvres complètes*. T. XI, *La Pornocratie*. Paris, M. Rivière, 1939.

PUIBARAUD(Louis), *Les malfaiteurs de profession*. Paris, E. Flammarion, 1893, VII-416 p., ch. V: ⟨Les souteneurs⟩, pp. 90-106.
QUEYRAT(Docteur Louis), *Contribution à la défense sociale contre le péril vénérien. La démoralisation de l'idée sexuelle*. Paris, Rueff, 1902, 31 p.
RAISSON(H.), *Histoire de la police de Paris*. Paris, Levasseur, 1844, 404 p.
RANC, Conseil municipal de Paris. Session ordinaire du budget 1871-1872. *Rapport complémentaire présenté au nom de la 8ᵉ commission par M. Ranc sur l'administration centrale de la préfecture de police*. (Police des mœurs).
RAOULT(Docteur Ferdinand), *Etude sur la prophylaxie de la syphilis*. Paris, G. Steinheil, 1902, 238 p.
RAUX, *Nos jeunes détenus; étude sur l'enfance coupable avant, pendant et après son séjour... correctionnel*. Paris, Lyon, Storck et Maloine, 2ᵉ éd., 1890 et 1902, 372 p.
RAYNAUD(Ernest), ⟨Les écrivains de filles.⟩ *Mercure de France*, 1ᵉʳ juillet 1890.
— *Souvenirs de police, au temps de Félix Faure*. Paris, Payot 1925, 251 p.
— *Souvenirs de police. La vie intime des commissariats*. Paris, Payot, 1926, 267 p.
— *La Police des mœurs...* Paris, Soc. Franç. d'éd. litt. et tech., 1934, 191 p.
REGNAULT(Docteur Félix), ⟨De l'évolution de la prostitution et plus spécialement de la maison.⟩ *La France médicale*, août-sept. 1892.
— ⟨Hygiène sociale, réglementation, abolition.⟩ *Revue moderne de médecine et de chirurgie*. n° 8, août 1905, pp. 270-279.
— *L'évolution de la prostitution*. Paris, Flammarion, 1906, VII-354 p.
RELCH(W.), *La révolution sexuelle*. Paris, Plon, 1968.
RENON(Docteur L.), *Etude médico-sociale. Les maladies populaires; maladies vénériennes, alcoolisme, tuberculose...* Paris, Masson, 2ᵉ éd., 1905, 477 p.
La répression de la traite des blanches. Compte rendu du IIIᵉ congrès international tenu à Paris les 22-25 octobre 1906. Paris, Soc. ann. de publ., 1907, 455 p.
La répression de la traite des blanches. Compte rendu du IVᵉ congrès international tenu à Madrid les 24-28 oct. 1910. Madrid, 1912.
RESTIF DE LA BRETONNE, *Le pornographe ou idées d'un honnête homme sur un projet de règlement pour les prostituées*. Londres, La Haye, 1769, 368 p.
REUSS(Docteur Louis), ⟨Influence de la prostitution habituelle sur la santé des prostituées. Fréquence des maladies communes et générales chez les prostituées.⟩ *Annales d'hygiène*, janv.-juin 1888.
— *La prostitution au point de vue de l'hygiène et de l'administration en France et à l'étranger*. Paris, J. B. Baillière, 1889, VIII-636 p.
REVILLE(Marc), *La prostitution des mineures selon la loi pénale*. Paris, Fischbacher, 1896, 36 p.
⟨Révolte des vénériennes de Lyon.⟩ *La Province médicale*, n° 13, 20 mars 1887, p. 208.
REY(J. L.), ⟨Des prostituées et de la prostitution en général...⟩ par J. L. Rey, commissaire de police au Mans. Le Mans, Julien, Lanier et Cie, 1847, 185 p.
RICATTE(Robert), *La Genèse de ⟨la Fille Elisa.⟩* Paris, P.U.F., 1960, 220 p.
RICHARD(Cdt Charles), maire de Toulon. *La prostitution devant le philosophe*. Paris, Ghio, 1881, 176 p.
RICHARD(Emile), *La prostitution à Paris*. Paris, J. B. Baillière, 1890, 295 p.

RICHARD(Marthe), *Appel des sexes*, Paris, les éd. du Scorpion, 1951, 298 p.
RICHARDSON(Joanna), *Les Courtisanes. Le demi-monde au XIXe siècle*, Traduction de Antoine Gentien. Paris, Stock, 1968, 272 p.
RICORD(Docteur Philippe), *Clinique de l'hôpital du Midi. Leçons sur el chancre... rédigées et publiées par Alfred Fournier... suivies de notes et pièces justificatives...* Paris, A. Delahaye, 1860, VIII-541 p.
— *Traité complet des maladies vénériennes...* Paris, J. Rouvier, 1862, 201 p.
ROBIN(Paul), *Propos d'une fille recueillis par...* Paris, Librairie de Régénération, 1905, 16 p.
ROBIQUET(Paul), *Histoire et Droit*, Paris, Hachette, 1907.
ROGEAT(Marcel), *Mœurs et prostitution. Les grandes enquêtes sociales*, Paris, Nouvelles éditions latines, 1935, 354 p.
ROLLET(Henri), *Les enfants en prison, études anecdotiques sur l'enfance criminelle par Guy Tomel*, Paris, Plon, 1891, 303 p., 1re partie, IVe chapitre; ⟨les petites prostituées.⟩
ROMI, *Maisons closes dans l'histoire, l'art, la littérature et les mœurs...* Paris, Serg, 2 vol., 1965, 309 p. et 240 p.
RONSIN(Francis), *Mouvements et courants néo-malthusiens en France*, Thèse 3e cycle, Paris VII, juin 1974.
ROSSIAUD(J.), ⟨Prostitution, jeunesse et société dans les villes du Sud-Est au XVe siècle.⟩ *Annales E.S.C.*, mars-avril 1976, pp. 289-325.
ROUGERIE(J.), ⟨Recherche sur le Paris du XIXe siècle.⟩ *Recherches et Travaux*. Institut d'histoire économique et sociale de l'Université de Paris I, n° 5, janv. 1977.
ROUSSEL(Théophile), Sénateur, *Journal officiel, Sénat, Documents annexes N° 451, Séance du 25 juillet 1882*. Rapport sur la proposition de loi concernant la protection des enfants abandonnés. Réponses préfectorales à la 13e question concernant la prostitution des mineures, pp. 272 et 291-296.
ROUVRE(Ch. de), *L'employée*, Paris, 1894, XV-215 p.
RYAN(Michael), *Prostitution in London with a comparative view of that of Paris and New York*, London, H. Baillière, 1839, XX-447 p.
RYCKÈRE(Raymond de), *La servante criminelle. Etude de criminologie professionnelle*, Paris, Maloine, 1908, 461 p.
SABATIER, *Histoire de la législation sur les femmes publiques et les lieux de débauche*, Paris, J. P. Roret, 1828, 267 p.
SACOTTE(Marcel), *La prostitution*, Paris, Buchet-Chastel, 1965, 183 p.
SARTRE(J. P.), *L'idiot de la famille, Gustave Flaubert de 1821 à 1857*, Paris, 1971, t. III.
SAVIOZ(Avril de Sainte-Croix Mme), ⟨Les femmes à Saint-Lazare.⟩ *La Fronde*, 15, 16 et 17 décembre 1897.
— *La serve. Une iniquité sociale*, 1901.
— ⟨La traite des blanches.⟩ *La Grande Revue*, 2e sem. 1902, pp. 281-294.
SCHELSKY(H.), *Sociologie de la sexualité*, Paris, Gallimard, Collect. Idées, 1966, 255 p.
SCHOR(Noami), ⟨Le sourire du sphinx⟩: Zola et l'énigme de la féminité. *Mythes et représentations de la femme au XIXe siècle*(déjà cité).

SCHREIBER(Hermann), *Le plus vieux métier du monde*. Paris. A. Michel, 1968, 251 p.

SERMAN(W.), *Les officiers français. 1848-1870*. Thèse, Paris, 1977, exemplaire dactylographié, pp. 1078 sq. Traite des relations avec les prostituées.

SERVAIS(Jean-Jacques) et LAUREND(Jean-Pierre), *Histoire et dossier de la prostitution*. Paris, Ed. Planète, 1967, 458 p.

〈Sexualité et capitalisme〉, *Crapouillot*, 1961, 74 p.

SIMONOT(Docteur Octave), 〈Psychologie physiologique de la prostituée.〉 *Annales d'hygiène*, 1911, pp. 498-567.

SKANDHA(E.), 〈La prostitution et la police des mœurs.〉 *La Revue Blanche*, 1ᵉʳ sept. 1902, pp. 49-62.

Société médicale de l'Elysée. *Discussion sur la réglementation de la prostitution*. Séances des 4 avril, 6 juin, 4 juillet 1898. Clermont d'Oise, Daix, 1898, 24 p.

SOLE(Jacques), 〈Passion charnelle et société urbaine d'Ancien Régime: amour vénal, amour libre et amour fou à Grenoble au milieu du règne de Louis XIV.〉 *Annales de la Faculté des Lettres et Sciences Humaines de Nice*, n° 9/10. 1969, pp. 211-232.

SORR(Angelo de), *Les filles de Paris*. Paris, Comptoir des imprimeursunis, 1848, 3 vol.

SPENCER(Herbert), *Introduction à la science sociale*. Paris, Baillière, 1874, 438 p.

SPILLMANN(L.), et ZUBER, 〈Syphilis et prostitution à Nancy.〉 *Société de médecine de Nancy*, 1913, pp. 298 sq.

SPILLMANN(Professeur L.), *Du Refuge à la Maison de Secours(1614-1914). Histoire de la clinique de dermato-vénéréologie de Nancy*. (Collab. avec M. J. Benech.) Imprimeries réunies de Nancy, juillet 1914.

— *L'évolution de la lutte contre la syphilis. Un bilan de 25 ans(Nancy 1907-1932)*. Paris, Masson, 1933, 291 p.

SUE(Eugène), *Les mystères de Paris*. Paris, C. Gosselin, 1842-1843.

SURBLED(Docteur G.), *La vie de jeune homme*. Paris, Maloine. 1900, V-160.

— *La vie de jeune fille*. Paris, Maloine, 1903, 256 p.

TACUSSEL(F.), *La traite des blanches*. Paris, J. Bonhoure, 1877.

TALMEYR(Maurice), *La fin d'une société: les maisons d'illusion*. Paris, F. Juven, 1906, VIII-285 p.

TARDE(G.), 〈La morale sexuelle.〉 *Archives d'anthropologie criminelle*, 1907, pp. 23 sq.

TARNOWSKY(Docteur Pauline), *Etude anthropométrique sur les prostituées et les voleuses*. Paris, Lecrosnier et Babé, 1889, VI-226 p.

TAXIL(Léo), *La prostitution contemporaine, étude d'une question sociale*. Paris, Lib. populaire(s. d.), 508 p.

TEUTSCH(Docteur Robert), *Morale de l'instinct sexuel. Prophylaxie par les maisons de tolérance réformées*. Paris, Coccoz, 1902, 54 p.

THIBIERGE(Docteur Georges) (médecin de Broca), *Syphilis et déontologie*. Paris, Masson, 1903, XI-296 p.

— *L'avènement des doctrines syphiligraphiques modernes. L'œuvre de Joseph Rollet, chirurgien major de l'hospice de l'Antiquaille à Lyon, de 1855 à 1864. Sa vie 1824-1894*. Paris, Masson, 1924, 75 p.

THULIE(Docteur H.), *Les enfants assistés de la Seine*. Paris, Delahaye et Lecrosnier, 1887, 700 p.

TIMON-DAVID(Chanoine), *Traité de la confession des enfants et des jeunes gens*. Paris, V. Sarlit,

1865.

Tolstoï(Léon), *Résurrection.* Paris, Perrin, 1900, 2 vol.

Turot(Henri), Mithouard(Adrien) et Quentin(Maurice), *Conseil municipal de Paris. Rapport au nom de la deuxième commission sur la prostitution et la police des mœurs,* Paris, 1904.

Turot(Henri), *Le prolétariat de l'amour.* Paris, Librairie universelle, 1904, avec introduction historique de M. Paul-Louis Garnier, 344 p.

Van der Gun(W.H.), *La courtisane romantique et son rôle dans la Comédie humaine de Balzac.* Assen van Gorcum et Cie, s. d.

Van Ussel(Jos), *Histoire de la répression sexuelle.* Laffont, 1972, 351 p.

Vast-Ricouard(R. et G.), *Vices parisiens.* Paris, Derveaux, 1879, 276 p.

Veith(Docteur Ilza), *Histoire de l'hystérie.* Paris, Seghers, 1972, 285 p.

Venot(Docteur J.B.), *Aperçu de statistique médicale et administrative sur l'hospice des vénériens de Bordeaux.* Paris, Baillet, 1837, 86 p.

— *Comment s'opposer aux ravages de la syphilis? Les mesures d'hygiène auxquelles on soumet les prostituées sont-elles suffisantes?* Bordeaux, Imp. de A. Péchade, 1846, 16 p.

— *Hygiène: Rapprochements statistiques entre les deux prostitutions, inscrite et clandestine, au point de vue de la syphilis.* Bordeaux, Imp. de G. Gounouilhou, 1857, 16 p.

— *De la pseudo-syphilis chez les prostituées, envisagée au point de vue de l'hygiène publique.* Bordeaux, Imp. de G. Gounouilhou, 1859, 32 p.

Verchère(Docteur), ⟨De la réorganisation de Saint-Lazare...⟩ *Bulletin médical,* 19 mars 1890.

Vernet(Madeleine) (Mme Louis Tribier), *L'amour libre.* Paris, 1907.

Veron(L.), *Mémoires d'un bourgeois de Paris.* Paris, G. de Gonet, 1853-1855, 6 vol.

Veron(Pierre), *Paris amoureux.* Paris, C. Lévy, 1891, 308 p.

Vibert(Docteur), ⟨Rapport sur la prostitution dans ses rapports avec la police médicale.⟩ *Revue d'hygiène.* 1883, pp. 912 sq.

Vigneron(Victor), *La prostitution clandestine à Nancy. Esquisse d'hygiène sociale.* Thèse, Nancy, 1901, 103 p.

Villerme(Docteur Louis-René), *Tableau de l'état physique et moral des ouvriers employés dans les manufactures de coton, de laine et de soie.* Paris, J. Renouard, 1840, 2 vol.

Villette(Armand), *Du trottoir à Saint-Lazare. Etude sociale de la fille à Paris.* Paris, Lib. Universelle, 1907, II-284 p.

Vintras(Docteur), *On the repressive measures adopted in Paris, compared with the incontroled prostitution in London and New York.* London, 1867.

Virmaître(Charles), *Paris galant.* Paris, L. Genonceaux, 1890, 300 p.

— *Paris impur.* Paris, C. Dalou, 1889, 302 p.

— *Les flagellants et les flagellés de Paris.* Paris, C. Carrington, 1902, XCII-303 p.

— *Trottoirs et lupanars.* Paris, H. Perrot, 1893, 285 p.

Wajeman(Gérard), ⟨Psyché de la femme: note sur l'hystérique au XIXe siècle.⟩ *Mythes et représentations de la femme au XIXe siècle,* Paris, Champion, 1976.

Winaver(Docteur), *Vie sexuelle et risques vénériens,* Paris, Casterman, 1972, 161 p.

Weidmann(Peter), *Die venerologie in Paris von 1800-1850.* Zurich, Juris-Verlag, 1965, 67 p.

Wylm(Docteur), *La morale sexuelle*. Paris, F. Alcan, 1907.
Yvaren(Docteur), *Les métamorphoses de la syphilis*. Paris, J. B. Baillière, 1854.
Zeldin(Theodor), *France 1848-1950*. T. I 〈Ambition. Love. Politics.〉
Zola(Emile), *Les Rougon-Macquart*. (En particulier: *La Curée, L'Assommoir, Nana, Pot-Bouille, Au Bonheur des Dames, Germinal*.) Paris, Gallimard, collection 〈La Pléiade〉 présentés par H. Mitterand.
Zylberberg-Hocquard, *Féminisme et syndicalisme en France avant 1914*. Tours, thèse IIIe cycle, 1973.

창 부

초판인쇄:1995년 3월 10일
초판발행:1995년 3월 15일

지은이:알렝 꼬르벵
옮긴이:이종민
펴낸이:신성대
편집설계:한인숙

東文選
제10-64호, 1978. 12. 16 등록
서울 용산구 문배동 40-21
전화:719-4015

ⓒ 1995. 이종민, Printed in Seoul, Korea
ISBN 89-8038-370-3 94330